国家卫生健康委员会住院医师规范化培训规划教材配套精选习题集

U0644105

临床病理科分册

主　审　陈　杰

主　编　步　宏

副 主 编　王国平　韩安家　刘月平

人民卫生出版社

·北京·

图书在版编目（CIP）数据

国家卫生健康委员会住院医师规范化培训规划教材配套精选习题集．临床病理科分册 / 步宏主编．—北京：人民卫生出版社，2023.5

ISBN 978-7-117-34325-1

Ⅰ.①国… Ⅱ.①步… Ⅲ.①病理学 – 职业培训 – 习题集 Ⅳ.①R192.3-44

中国版本图书馆 CIP 数据核字（2022）第 250820 号

人卫智网	www.ipmph.com	医学教育、学术、考试、健康，购书智慧智能综合服务平台
人卫官网	www.pmph.com	人卫官方资讯发布平台

临床病理科分册
Linchuang Binglike Fence

主　　编：步　宏
出版发行：人民卫生出版社（中继线 010-59780011）
地　　址：北京市朝阳区潘家园南里 19 号
邮　　编：100021
E - mail：pmph @ pmph.com
购书热线：010-59787592　010-59787584　010-65264830
印　　刷：北京华联印刷有限公司
经　　销：新华书店
开　　本：787×1092　1/16　印张：27
字　　数：726 千字
版　　次：2023 年 5 月第 1 版
印　　次：2023 年 6 月第 1 次印刷
标准书号：ISBN 978-7-117-34325-1
定　　价：98.00 元

打击盗版举报电话：**010-59787491**　E-mail：**WQ @ pmph.com**
质量问题联系电话：**010-59787234**　E-mail：**zhiliang @ pmph.com**
数字融合服务电话：**4001118166**　E-mail：**zengzhi @ pmph.com**

编者名单（按姓氏笔画排序）

王力夫　河南省人民医院
王国平　华中科技大学同济医学院附属同济医院
邓会岩　河北医科大学第四医院
石素胜　中国医学科学院肿瘤医院
石慧娟　中山大学附属第一医院
卢韶华　复旦大学附属中山医院
白辰光　海军军医大学第一附属医院
师晓华　北京协和医院
刘月平　河北医科大学第四医院
孙　璐　解放军总医院第一医学中心
李　君　浙江大学医学院附属第一医院
李　海　江苏省人民医院
李庆昌　中国医科大学
李建莎　华中科技大学同济医学院附属同济医院
李增山　空军军医大学西京医院
步　宏　四川大学华西医院
吴　鹤　哈尔滨医科大学附属第一医院
张俊毅　赤峰学院附属医院
郑　洪　遵义医科大学附属医院
赵　亮　南方医科大学
饶　秋　解放军东部战区总医院
姜　勇　四川大学华西医院
宫惠琳　西安交通大学第一附属医院
高　鹏　山东大学
常　青　首都医科大学附属北京天坛医院
韩安家　中山大学附属第一医院

编写秘书

邓会岩　河北医科大学第四医院
李　琳　中国医学科学院肿瘤医院

出版说明

为了深入贯彻原国家卫生和计划生育委员会等7部门联合发布的《关于建立住院医师规范化培训制度的指导意见》文件精神,满足全国各地住院医师规范化培训的要求,在原国家卫生和计划生育委员会科教司的领导和支持下,人民卫生出版社于2014年组织编写并出版了住院医师规范化培训系列规划教材,反响较好。

为配合住院医师规范化培训结业考核的推行,满足广大学员自学、自测的需求,在对住院医师规范化培训基地进行全面、充分调研的基础上,人民卫生出版社组织编写了本套住院医师规范化培训规划教材配套精选习题集。

本套习题集共20种,作为住培规划教材的配套用书,二者均以《住院医师规范化培训内容与标准(试行)》和住院医师规范化培训结业理论考核大纲为依据,遵循科学、严谨、客观、规范的原则,以帮助读者实现"基本理论转化为临床实践、基本知识转化为临床思维、基本技能转化为临床能力"的三个转化,并顺利通过各科轮转及结业考试。

本套习题集严格按照实际考试的科目划分和题型分布进行编写,包含单项选择题(A1型题、A2型题、A3/A4型题)和不定项选择题(病例分析题),从不同角度(掌握、了解两个层级区别考题比例)围绕考核重点、难点帮助读者巩固、复习、检验所学知识,考前自测、考查和反馈复习成果。公共理论和专业理论涵盖各科目考核大纲所有知识点,帮助读者随学随测、强化记忆;重点和难点内容附详细解析,全面分析考点、答题思路和方法,帮助读者更有针对性地提高临床技能、开拓诊疗思维。模拟试卷全面模拟考试真题,针对考生临考备战进行综合性巩固。针对住院医师临床工作的特殊性,本套习题集将同时出版电子书,有助于学员在更多的场景下,利用碎片化时间随时阅读和练习。下载"人卫"APP,搜索本书,购买后即可在APP中畅享阅读。

为了能够有效复习,建议分为四个阶段进行。第一阶段:加强日常学习,制订符合自身复习时间的计划表,可根据大纲按章节进行。第二阶段:多做本套习题。通过大量试题的反复检验,可高效筛查出易错、易混知识点。第三阶段:查漏补缺。当复习完成一遍之后,对所学知识进行回顾、反思,抓住重点、难点和自己的薄弱点,做到有的放矢。第四阶段:模拟练习。在复习接近尾声时,做模拟试卷,培养心理上的自我承受意识及学习上举一反三、触类旁通的能力,尽可能熟悉考试题型、题量、分值比例、出题思路等关键要素。

鉴于时间仓促和编写人员水平有限,本套习题集内容难免有不当或遗漏之处,诚请各位读者批评指正。读者使用本套习题集时如有任何问题或建议,欢迎及时反馈(电子邮箱:jiaocaidiaoyan@163.com)。

题型介绍

全国住院医师规范化培训理论考核试题全部采用客观选择题形式,目前题型分为Ⅰ型题(单选题,为 A1、A2 型题)、Ⅱ型题(共用题干单选题,为 A3/A4 型题)和Ⅳ型题(不定项选择题,为案例分析题)三大类。考生在答题前应仔细阅读题型说明,以便在考试时能顺利应答。

单选题(A1、A2 型题)

由一个题干和五个备选答案组成,题干在前,选项在后。选项 A、B、C、D、E 中只有 1 个为正确答案,其余均为干扰答案。干扰答案可以部分正确或完全不正确,考生在回答本题型时需对备选答案进行比较,找出最佳的或最恰当的备选答案,排除似是而非的选项。

例如:二尖瓣狭窄患者最常见的早期症状为

A. 阵发性夜间呼吸困难　　　　　　　　B. 端坐呼吸

C. 咯血　　　　　　　　　　　　　　　D. 劳力性呼吸困难

E. 声音嘶哑

共用题干单选题(A3/A4 型题)

叙述一个以单一患者或家庭为中心的临床情景,提出 2~6 个相互独立的问题,问题可随病情的发展逐步增加部分新信息,每个问题只有 1 个正确答案,以考查临床综合能力。答题过程是不可逆的,即进入下一问后不能再返回修改所有前面的答案。

例如:(1~4 题共用题干)

患者,男性,40 岁。1 年来进行性心悸、气短、腹胀、下肢水肿。体格检查:一般状况好,血压 130/90mmHg;颈静脉怒张;心脏叩诊浊音界向两侧扩大,心尖搏动及第一心音减弱,心尖部有 3/6 级收缩期杂音,心率 100 次/min,律齐,双肺底湿啰音;肝肋下 4cm,脾未及;双下肢水肿(+)。心电图示完全性右束支传导阻滞。

1. 该病例最可能的诊断是

   A. 风湿性心脏病、二尖瓣关闭不全　　　B. 高血压心脏病

   C. 冠心病伴乳头肌功能不全　　　　　　D. 扩张型心肌病

   E. 缩窄性心包炎

2. 该病例主要与下列疾病相鉴别的是

   A. 心包积液　　　　　　　　　　　　　B. 冠心病

   C. 限制型心肌病　　　　　　　　　　　D. 缩窄性心包炎

   E. 肥厚型心肌病

3. 为进一步确诊应进行的检查是
   A. 动态心电图
   B. 胸部 X 线片
   C. 超声心动图
   D. 心肌酶谱
   E. 红细胞沉降率

4. 下列治疗措施中，**不适合**用于该患者的药物是
   A. 钙通道阻滞剂
   B. 利尿剂
   C. 硝酸盐类制剂
   D. β 受体阻滞剂
   E. 血管紧张素转化酶抑制剂

不定项选择题（案例分析题）

案例分析题是一种模拟临床情境的串型不定项选择题，用以考查考生在临床工作中所应该具备的知识、技能、思维方式和对知识的综合应用能力。侧重考查考生对病情的分析、判断及其处理能力，还涉及对循证医学的了解情况。考生的答题情况在很大程度上与临床实践中的积累有关。

试题由一个病例和多个问题组成。开始提供一个模拟临床情境的病例，内容包括患者的性别、年龄（诊断需要时包括患者的职业背景）、就诊时间点、主诉、现病史、既往疾病史和有关的家族史。其中主要症状不包括需体格检查或实验室检查才可得到的信息。随后的问题根据临床工作的思维方式，针对不同情况应该进行的临床任务提出。问题之间根据提供的信息可以具有一定的逻辑关系，随着病程的进展，不断提供新的信息，之后提出相应的问题。

案例分析题每个提问的备选答案至少 6 个，正确答案及错误答案的个数不定（≥1）。考生每选对一个正确答案给 1 个得分点，选错一个扣 1 个得分点，直至扣至本问得分为 0，即不会得负分。案例分析题的答题过程是不可逆的，即进入下一问后不能再返回修改所有前面的答案。

例如：患者，男性，66 岁。因"嗜睡、意识模糊 4h 并两次抽搐后昏迷"来院急诊。近 1 周因受凉后发热、咳嗽，经当地卫生院静脉滴注葡萄糖液及肌内注射庆大霉素等治疗 3d 后，出现乏力、口干、多饮多尿等症状并日渐加剧。体格检查：体温 38.8℃，脉搏 108 次 /min，血压 150/110mmHg。肥胖体形，唇舌干燥，皮肤弹性差，无面瘫体征，颈无抵抗，左下肺可闻及湿啰音。

提问 1：急诊先重点检查的项目有
   A. 血清钾、钠、氯、钙
   B. 腰椎穿刺脑脊液检查
   C. 血气分析
   D. 尿糖
   E. 血脂
   F. 血糖

提问 2：急诊应作出的判断是
   A. 重度昏迷
   B. 糖尿病酮症酸中毒昏迷
   C. 糖尿病高渗性无酮症性昏迷
   D. 脑血管意外
   E. 糖尿病乳酸性酸中毒昏迷
   F. 2 型糖尿病

提问 3：目前急诊应作出的处理是
   A. 静脉滴注 5% 葡萄糖液
   B. 静脉滴注 5% 碳酸氢钠液
   C. 静脉滴注 0.9% 氯化钠液或 0.45% 氯化钠液
   D. 静脉滴注 1.87% 乳酸钠液
   E. 应用 20% 甘露醇脱水
   F. 皮下注射胰岛素

提问 4：下一步治疗应作出的调整有
   A. 皮下注射胰岛素控制血糖
   B. 皮下注射低精蛋白锌胰岛素控制血糖
   C. 按糖尿病要求控制饮食
   D. 口服磺脲类降血糖药
   E. 口服双胍类降血糖药
   F. 静脉滴注胰岛素

前　言

　　作为国家卫生健康委员会住院医师规范化培训(以下简称"住培")规划教材配套精选习题集之一,《临床病理科分册》是国家卫生健康委员会指定的临床病理科住培教材配套习题集。本书是临床病理科住院医师第一阶段培训的重要参考资料,以住培结业考核大纲和住培教材为蓝本,邀请了国内具有丰富临床病理诊断经验且从事病理学教学多年的病理专家负责编写。内容紧扣临床病理科住培培养细则,以一阶段临床病理住培考试的实战要求为基准,尤其兼顾了临床病理学科的特点,从不同角度围绕考核(掌握、熟悉、了解三个层级区别考题比例)重点、难点帮助住院医师巩固、复习、检验所学知识。题型也与结业考试保持一致,包括 A1 型题、A2 型题、A3/A4 型题和案例分析题,每道题均含有答案,重点难点的习题配有详尽的解析。期望通过此习题集,可以帮助住院医师完善知识点,查漏补缺,并为下一阶段病理医师的专科培训及成为一名合格的病理医师夯实基础。

　　在此,我们要特别感谢本习题集的各位编者,尤其是本书的编写秘书,他们做了大量细致的组织、协调和整理工作,对本教材的编写有很大贡献。参与本书最终校对和审读工作的还有河北医科大学第四医院、四川大学华西医院的青年病理医师和住院医师们,感谢他们的辛勤付出!

　　尽管各位编者都尽了最大的努力,但由于编写时间紧迫,又是初次尝试住培配套习题集的编写,缺乏经验,书中的错误和不足在所难免,尤其在启发性和实际工作能力方面,还没有找到更理想的考核办法。希望广大病理医师,尤其是参与住培的指导教师及接受住培的住院医师,能提出宝贵的意见和建议,并对书中的错误给予批评指正,以使本习题集不断完善,真正成为能够满足广大临床病理科住院医师需求的习题集。

步　宏

2023 年 4 月

目　录

第三篇　模拟试卷及答案与解析

第一篇　公共理论

第一章　政策法规

第一节　卫生法基本理论

【A1 型题】

1. 我国卫生法有以下几种表现形式,除了
   - A. 宪法
   - B. 卫生法律、法规、规章
   - C. 技术性法规
   - D. 国际卫生条约
   - E. 政府红头文件

   【答案】E
   【解析】卫生法渊源主要形式:①宪法;②卫生法律;③卫生行政法规;④卫生部门规章;⑤地方性卫生法规和地方政府卫生规章;⑥卫生自治条例与单行条例;⑦特别行政区有关卫生事务的规范性法律文件;⑧卫生标准;⑨国际卫生条约。

2. 组成法律规范结构的是
   - A. 假定、处理、制裁
   - B. 假定、处分、制裁
   - C. 确定、处理、制裁
   - D. 假定、处理、裁决
   - E. 假定、处理、司法

   【答案】A

3. 卫生法律关系是指卫生法所调整的国家机关、企事业单位、社会团体之间,它们的内部机构以及与公民之间在卫生管理和医疗卫生预防保健服务过程中所形成的
   - A. 命令和执行关系
   - B. 权利和义务关系
   - C. 指挥和义务关系
   - D. 指导和管理关系
   - E. 权利和服从关系

   【答案】B

【解析】卫生法律关系是卫生法旨在保障个人和社会健康,调整不平等主体间和平等主体间权利义务的社会关系。

4. 卫生法律关系的主体,在卫生法律关系中
   - A. 享有权利并承担义务
   - B. 享有权利不承担义务
   - C. 不享有权利只承担义务
   - D. 既不享有权利也不承担义务
   - E. 以上都不是

   【答案】A
   【解析】卫生法律关系的内容是指卫生法律关系主体依法享有的卫生权利和承担的卫生义务。

5. 卫生行政法律关系的行政主体的义务表现为以下几方面,除了
   - A. 对相对人违法行为承担法律责任
   - B. 依法行使法律所赋予的职权
   - C. 接受被管理者的监督
   - D. 为公民提供咨询服务
   - E. 接受全体公民监督其执法

   【答案】A
   【解析】卫生义务是卫生法律关系中的义务主体依照卫生法规定,为了满足权利主体某种利益而为一定行为或者不为一定行为的必要性。它包含三层含义:①义务主体应当依据卫生法的规定,为一定行为或者不为一定行为,以便实现权利主体的某种利益;②义务主体负有的义务是在卫生法规定的范围内为一定行为或者不为一定行为,对于权利主体超出法定范围的要求,义务主体不承担义务;③卫生义务是一种法定义务,受到国家强制力的约束,如果义务主体不履行或者不适当履行,就要承担相应的法律责任。

6. 对以下行政行为提起行政诉讼,人民法院受理,除了
   - A. 拒绝颁发许可证
   - B. 拒绝履行保护财产权的职责

C. 发布有普遍约束力的决定

D. 侵犯个体医疗机构的经营自主权

E. 违法要求经营者履行义务

【答案】C

7. 目前,我国卫生法多涉及的民事责任的主要承担方式是

A. 恢复原状　　　B. 赔偿损失

C. 停止侵害　　　D. 消除危险

E. 支付违约金

【答案】B

【解析】民事责任的承担方式有停止侵害、排除障碍、消除危险、返还财产、恢复原状、修理、重做、更换、赔偿损失、支付违约金、消除影响、恢复名誉、赔礼道歉,其中最主要的是赔偿损失。

8. 我国现行卫生标准的部标准可适用于

A. 全国范围内各部门各地区

B. 全国卫生专业范围内

C. 局部地区卫生专业范围

D. 企业单位

E. 以上都不是

【答案】B

9. 下列各项,**不属于**卫生法制定基本原则的是

A. 公平原则

B. 遵循宪法原则

C. 依照法定权限和程序的原则

D. 坚持民主立法的原则

E. 从实际出发的原则

【答案】E

【解析】应注意与卫生法的基本原则相区别,卫生法的基本原则主要有五个方面:卫生保护原则、预防为主原则、公平原则、保护社会健康原则、患者自主原则。

10. 卫生法律是由

A. 国务院制定

B. 国家卫生健康委员会制定

C. 国家卫生健康委员会提出草案,经国务院批准

D. 全国人大常委会制定

E. 地方政府制定,经国务院批准

【答案】D

【解析】狭义,由全国人民代表大会及其常务委员会制定、颁发的卫生法律,其包括卫生基本法律和基本法以外的卫生法律。广义,除了狭义外,还包括其他国家机关依照法定程序制定、颁布的卫生法规和卫生规章等,也包括宪法和其他部门法中有关卫生内容的规定。

第二节　医疗机构管理法律制度

【A1 型题】

1. (　　)依据当地《医疗机构设置规划》及《医疗机构管理条例》细则审查和批准医疗机构的设置

A. 省、自治区、直辖市人民政府卫生行政部门

B. 市级人民政府卫生行政部门

C. 县级人民政府卫生行政部门

D. 乡镇人民政府卫生行政部门

E. 村级人民政府卫生行政部门

【答案】C

2. 申请设置医疗机构**除外**下列哪种情形,不予批准

A. 不符合当地《医疗机构设置规划》

B. 设置人不符合规定的条件

C. 不能提供满足投资总额的资信证明

D. 投资总额不能满足各项预算开支

E. 医疗机构选址合理

【答案】E

3. 《设置医疗机构批准书》的有效期,由(　　)规定

A. 省、自治区、直辖市人民政府卫生行政部门

B. 市级人民政府卫生行政部门

C. 县级人民政府卫生行政部门

D. 乡镇人民政府卫生行政部门

E. 村级人民政府卫生行政部门

【答案】A

4. 床位在一百张以上的综合医院、中医医院、中西医结合医院、民族医医院以及专科医院、疗养院、康复医院、妇幼保健院、急救中心、临床检验中心和专科疾病防治机构的校验期为

A. 1 年　　　B. 3 年　　　C. 5 年

D. 7 年　　　E. 9 年

【答案】B

5. 医疗机构门诊病历的保存期不得少于

A. 5 年　　　B. 10 年　　　C. 15 年

D. 20 年　　　E. 25 年

【答案】C

6. 医疗机构住院病历的保存期不得少于

    A. 15 年   B. 20 年   C. 25 年

    D. 30 年   E. 35 年

【答案】D

7. 医疗机构有下列情形之一的,登记机关可以责令其限期改正

    A. 发生重大医疗事故

    B. 连续发生同类医疗事故,不采取有效防范措施

    C. 连续发生原因不明的同类患者死亡事件,同时存在管理不善因素

    D. 管理混乱,有严重事故隐患,可能直接影响医疗安全

    E. 省、自治区、直辖市卫生行政部门规定的其他情形

【答案】B

第三节　执业医师法律制度

【A1 型题】

1. 《中华人民共和国执业医师法》规定,医师在执业活动中应履行的义务之一是

    A. 在注册的执业范围内,选择合理的医疗、预防、保健方案

    B. 从事医学研究、学术交流,参加专业学术团体

    C. 参加专业培训,接受继续医学教育

    D. 努力钻研业务,更新知识,提高专业水平

    E. 获得工资报酬和津贴,享受国家规定的福利待遇

【答案】D

【解析】医师在执业活动中履行下列义务:①遵守法律、法规,遵守技术操作规范;②树立敬业精神,遵守职业道德,履行医师职责,尽职尽责为患者服务;③关心、爱护、尊重患者,保护患者的隐私;④努力钻研业务,更新知识,提高专业技术水平;⑤宣传卫生保健知识,对患者进行健康教育。所有选项中只有选项D是医师履行的义务之一,注意B和C选项从事医学研究和接受继续教育属于医师的权利。

2. 《中华人民共和国执业医师法》规定,在医疗、预防、保健机构中试用期满一年,具有以下学历者可以参加执业医师资格考试

    A. 高等学校医学专业本科以上学历

    B. 高等学校医学专业专科学历

    C. 取得助理执业医师执业证书后,具有高等学校医学专科学历

    D. 中等专业学校医学专业学历

    E. 取得助理执业医师执业证书后,具有中等专业学校医学专业学历

【答案】A

【解析】具有下列条件之一的,可以参加执业医师资格考试:①具有高等学校医学专业本科以上学历,在执业医师指导下,在医疗、预防、保健机构中试用期满一年的;②取得执业助理医师执业证书后,具有高等学校医学专科学历,在医疗、预防、保健机构中工作满两年的;具有中等专业学校医学专业学历,在医疗、预防、保健机构中工作满五年的。故本题选A。

3. 医师中止执业活动两年以上,当其中止的情形消失后,需要恢复执业活动的,应当经所在地的县级以上卫生行政部门委托的机构或者组织考核合格,并依法申请办理

    A. 准予注册手续   B. 中止注册手续

    C. 注销注册手续   D. 变更注册手续

    E. 重新注册手续

【答案】E

【解析】中止医师执业活动两年以上的,当其中止的情形消失后,需要恢复执业活动的,应当经所在地的县级以上卫生行政部门委托的机构或者组织考核合格,并依法申请办理重新注册。故本题选E。

4. 对医师的业务水平、工作成绩和职业道德状况,依法享有定期考核权的单位是

    A. 县级以上人民政府

    B. 县级以上人民政府卫生行政部门

    C. 受县级以上人民政府卫生行政部门委托的机构或者组织

    D. 医师所在地的医学会或者医师协会

    E. 医师所在的医疗、预防、保健机构

【答案】C

【解析】根据《中华人民共和国执业医师法》第四章第三十一条 受县级以上人民政府卫生行政部门委托的机构或者组织应当按照医师执业标准,对医师的业务水平、工作成绩和职业道德状况进行定期考核。对医师的考核结果,考核机构应当报告准予注册的卫生行政部门备案。所有选项,只有选项C符合,故本题选C。

5. 《中华人民共和国执业医师法》规定对考核不合格的医师,卫生行政部门可以责令其暂停执业活动,并接受培训和继续医学教育。暂停期限是3个月至

    A. 5个月   B. 6个月   C. 7个月

    D. 8个月   E. 9个月

【答案】B

【解析】对考核不合格的医师,县级以上人民政府卫生行政部门可以责令其暂停执业活动3~6个月,并接受培训和继续医学教育。暂停执业活动期满,再次进行考核,对考核合格的,允许其继续执业;对考核不合格的,由县级以上人民政府卫生行政部门注销注册,收回医师执业证书。本题选B。

6. 某县医院妇产科医师计划开展结扎手术业务,按照规定参加了相关培训,培训结束后,有关单位负责对其进行了考核并颁发给相应的合格证书,该有关单位是指
   A. 地方医师协会
   B. 所在医疗保健机构
   C. 国家卫生健康委员会
   D. 地方医学会
   E. 地方卫生行政部门

【答案】E

【解析】从事婚前医学检查、实行结扎手术和妊娠手术的人员以及从事家庭接生的人员,必须经过县级以上地方人民政府卫生行政部门的考核,并取得相应的合格证书。

7. 医师在执业活动中**不属于**应当履行的义务是
   A. 宣传普及卫生保健知识
   B. 尊重患者隐私权
   C. 人格尊严、人身安全不受侵犯
   D. 努力钻研业务,及时更新知识
   E. 爱岗敬业,努力工作

【答案】C

【解析】根据《中华人民共和国执业医师法》第三章第二十二条 医师在执业活动中履行下列义务:

   (一)遵守法律、法规,遵守技术操作规范;
   (二)树立敬业精神,遵守职业道德,履行医师职责,尽职尽责为患者服务;
   (三)关心、爱护、尊重患者,保护患者的隐私;
   (四)努力钻研业务,更新知识,提高专业技术水平;
   (五)宣传卫生保健知识,对患者进行健康教育。

   选项C人格尊严、人身安全不受侵犯属于医师享有的权利,选项A、B、D、E皆是医师的义务。

8. 医师在执业活动中,违反《中华人民共和国执业医师法》规定,有下列行为之一的,由县级以上人民政府卫生行政部门给予警告或者责令暂停六个月以上一年以下执业活动;情节严重的,吊销其医师执业证书
   A. 未经批准开办医疗机构行医的
   B. 未经患者或家属同意,对患者进行实验性临床医疗的
   C. 在医疗、预防、保健工作中造成事故的

   D. 不参加培训和继续教育的
   E. 干扰医疗机构正常工作的

【答案】B

【解析】《中华人民共和国执业医师法》第三十七条 医师在执业活动中,违反本法规定,有下列行为之一的,由县级以上人民政府卫生行政部门给予警告或者责令暂停六个月以上一年以下执业活动;情节严重的,吊销其执业证书;构成犯罪的,依法追究刑事责任:

   (一)违反卫生行政规章制度或者技术操作规范,造成严重后果的;
   (二)由于不负责任延误急危患者的抢救和诊治,造成严重后果的;
   (三)造成医疗责任事故的;
   (四)未经亲自诊查、调查,签署诊断、治疗、流行病学等证明文件或者有关出生、死亡等证明文件的;
   (五)隐匿、伪造或者擅自销毁医学文书及有关资料的;
   (六)使用未经批准使用的药品、消毒药剂和医疗器械的;
   (七)不按照规定使用麻醉药品、医疗用毒性药品、精神药品和放射性药品的;
   (八)未经患者或者其家属同意,对患者进行实验性临床医疗的;
   (九)泄露患者隐私,造成严重后果的;
   (十)利用职务之便,索取、非法收受患者财物或者牟取其他不正当利益的;
   (十一)发生自然灾害、传染病流行、突发重大伤亡事故以及其他严重威胁人民生命健康的紧急情况时,不服从卫生行政部门调遣的;
   (十二)发生医疗事故或者发现传染病疫情,患者涉嫌伤害事件或者非正常死亡,不按照规定报告的。

   本题所有选项只有选项B符合第(八)款,故本题选B。

9. 医师医疗权的权利**不包括**
   A. 获得报酬   B. 医学处置
   C. 出具证明文件   D. 选择医疗方案
   E. 医学检查

【答案】A

【解析】医师在执业活动中享有下列权利:医师在执业活动中享有注册的执业范围内,进行医学诊查、疾病调查、医学处置、出具相应的医学证明文件,选择合理的医疗、预防、保健方案的权利。所有选项中只有获得报酬不包括在内,故本题选A。

10. 在医疗活动中,医务人员应当如实向患者告知病情、医疗措施、医疗风险,这是
    A. 医务人员的权利
    B. 医务人员的义务
    C. 医务人员的职业道德
    D. 患者的权利
    E. 患者的义务

【答案】B

【解析】根据《中华人民共和国执业医师法》第二十六条 医师应当如实向患者或者其家属介绍病情,但应注意避免对患者产生不利后果。医师进行实验性临床医疗,应当经医院批准并征得患者本人或者其家属同意。这属于医务人员应当切实履行的一些告知义务,故本题选B。

11. 对急危患者,医师应该采取的救治措施是
   A. 积极措施   B. 紧急措施
   C. 适当措施   D. 最佳措施
   E. 一切可能的措施

【答案】B

【解析】根据《中华人民共和国执业医师法》第二十四条 对急危患者,医师应当采取紧急措施进行诊治;不得拒绝急救处置。故本题选B。

12. 医师的下列行为不属于违法违规的是
   A. 违反技术操作规范
   B. 延误救治
   C. 拒绝以其他医院的检验结果为依据出具诊断证明书
   D. 未经患者同意实施实验性临床医疗
   E. 泄露患者隐私

【答案】C

【解析】根据《中华人民共和国执业医师法》第二十三条 医师实施医疗、预防、保健措施,签署有关医学证明文件,必须亲自诊查调查,并按照规定及时填写医学文书,不得隐匿、伪造或者销毁医学文书及有关资料。医师不得出具与自己执业范围无关或者与执业类别不相符的医学证明文件。而拒绝以其他医院的检验结果为依据出具诊断证明书是正确的行为,不属于违法违规。故本题选C。其他选项皆属于违法违规。

13. 未经有关部门批准,医师擅自开办诊所,卫生行政部门可采取的措施不包括
   A. 没收违法所得
   B. 责令赔偿患者损失
   C. 没收药品、器械
   D. 吊销执业证书
   E. 取缔

【答案】B

【解析】根据《中华人民共和国执业医师法》第三十九条 未经批准擅自开办医疗机构行医或者非医师行医的,由县级以上人民政府卫生行政部门予以取缔,没收其违法所得及其药品、器械,并处十万元以下的罚款;对医师吊销其执业证书;给患者造成损害的,依法承担赔偿责任;构成犯罪的,依法追究刑事责任。所有选项中只有责令赔偿患者损失不包括在内,故本题选B。

14. 执业医师是指在医疗机构中的
   A. 从业人员
   B. 执业的医务人员
   C. 经注册的医务人员
   D. 取得医师资格的医务人员
   E. 取得医师资格并经注册的执业医务人员

【答案】E

【解析】医师包括执业医师和执业助理医师,指依法取得执业医师资格或者执业助理医师资格,经注册在医疗、预防、保健机构中执业的专业医务人员。选项E较为完整地定义了执业医师的概念,而其他答案均有所欠缺。故本题选E。

15. 医师拒绝按照其他医院的检验结果开处方,应
   A. 不受处罚   B. 受纪律处罚
   C. 受党纪处罚   D. 受行政处罚
   E. 受司法处罚

【答案】A

【解析】未经医师亲自诊查、调查,签署诊断、治疗、流行病学等证明文件或者有关出生、死亡等证明文件的,将由县级以上人民政府卫生行政部门给予医师警告或者责令暂停六个月以上一年以下执业活动;情节严重的,吊销执业证书;构成犯罪的,依法追究刑事责任。所以说,某医师拒绝按照其他医院检验结果开处方的行为是正确的,不受处罚。故本题选A。

16. 医师跨省调动工作,需申请办理变更执业注册手续时,应
   A. 向原注册管理部门申请
   B. 向拟执业地注册管理部门申请
   C. 向原或拟执业地任何一个注册管理部门申请
   D. 先向原注册管理部门申请,再向拟执业地注册管理部门申请
   E. 先向拟执业地注册管理部门申请,再向原注册地管理部门申请

【答案】B

【解析】根据《中华人民共和国执业医师法》第二章第十七条 医师变更执业地点、执业类别、执业范围等注册事项的,应当到准予注册的卫生行政部门依照本法第十三条的规定办理变更注册手续。故应向拟执业地注册管理部门申请。

17. 对于涂改、伪造病历资料的医务人员,卫生行政部门可给予的行政处罚不包括
   A. 行政处分   B. 纪律处分
   C. 吊销执业证书   D. 吊销资格证书
   E. 赔偿患者损失

【答案】E

【解析】根据《中华人民共和国执业医师法》第五章第三十七条 隐匿、伪造或者擅自销毁医学文书及有关资料的医师将由县级以上人民政府卫生行政部门给予警告或者责令暂停六个月以上一年以下执业活动;情节严重的,吊销执业证书;构成犯罪的,依法追究刑事责任。所有选项中只有"赔偿患者损失"不包括在内,故本题选E。

【A2 型题】

1. 某医师,在去年8月至今年6月的执业活动中,为了从个体推销商手中得到好处,多次使用未经批准的药品和消毒药剂,累计获得回扣8 205元。根据《中华人民共和国执业医师法》的规定,应当依法给予该医师的行政处罚是
   A. 警告
   B. 责令暂停9个月执业活动
   C. 罚款1万元
   D. 吊销执业证书
   E. 没收非法所得

【答案】D

【解析】《中华人民共和国执业医师法》第五章第三十七条 医师在执业活动中,违反本法规定,有下列行为之一的,由县级以上人民政府卫生行政部门给予警告或者责令暂停六个月以上一年以下执业活动;情节严重的,吊销其执业证书;构成犯罪的,依法追究刑事责任。本题该医师属于其中的第(十)款:利用职务之便,索取、非法收受患者财物或者牟取其他不正当利益的,应给予吊销执业证书。故本题选D。

2. 中等卫校毕业生林某,在乡卫生院工作,2000年取得执业助理医师执业证书。他要参加执业医师资格考试,根据《中华人民共和国执业医师法》规定,应取得执业助理医师执业证书后,在医疗机构中工作满
   A. 六年　　　　B. 五年　　　　C. 四年
   D. 三年　　　　E. 两年

【答案】B

【解析】根据《中华人民共和国执业医师法》第二章第九条 具有下列条件之一的,可以参加执业医师资格考试:

(一)具有高等学校医学专业本科以上学历,在执业医师指导下,在医疗、预防、保健机构中试用期满一年的;

(二)取得执业助理医师执业证书后,具有高等学校医学专科学历,在医疗、预防、保健机构中工作满两年的;具有中等专业学校医学专业学历,在医疗、预防、保

健机构中工作满五年的。

本题林某属于第九条第(二)款的情况,故选B。

3. 黄某2010年10月因医疗事故受到吊销医师执业证书的行政处罚,2012年9月向当地卫生行政部门申请重新注册。卫生行政部门经过审查决定对黄某不予注册,理由是黄某的行政处罚自处罚决定之日起至申请注册之日止不满
   A. 一年　　　　B. 两年　　　　C. 三年
   D. 四年　　　　E. 五年

【答案】B

【解析】根据《中华人民共和国执业医师法》第十五条 有下列情形之一的,不予注册:

(一)不具有完全民事行为能力的;

(二)因受刑事处罚,自刑罚执行完毕之日起至申请注册之日止不满两年的;

(三)受吊销医师执业证书行政处罚,自处罚决定之日起至申请注册之日止不满两年的;

(四)有国务院卫生行政部门规定不宜从事医疗、预防、保健业务的其他情形的。

受理申请的卫生行政部门对不符合条件不予注册的,应当自收到申请之日起三十日内书面通知申请人,并说明理由。申请人有异议的,可以自收到通知之日起十五日内,依法申请复议或者向人民法院提起诉讼。本题黄某属于第十五条第(三)款的情况,故本题选B。

第四节 医疗事故与损害法律制度

【A1 型题】

1. 《医疗事故处理条例》将医疗事故分为四级,它们是根据
   A. 对患者人身造成的损害程度
   B. 医疗事故的责任
   C. 患者病情严重程度
   D. 医疗事故的定性
   E. 患者患病的病种情况

【答案】A

【解析】《医疗事故处理条例》第四条 根据对患者人身造成的损害程度,医疗事故分为四级。

2. 因抢救急危患者,未能及时书写病历的,有关医务人员应当在抢救结束后几小时内据实补记,并加以注明
   A. 3小时　　　B. 6小时　　　C. 9小时
   D. 12小时　　　E. 24小时

【答案】B

【解析】《医疗事故处理条例》第八条 医疗机构应当按照国务院卫生行政部门规定的要求，书写并妥善保管病历资料。因抢救急危患者，未能及时书写病历的，有关医务人员应当在抢救结束后6小时内据实补记，并加以注明。

3. 发生医疗事故争议情况，封存和启封病历等资料时应

   A. 有医患双方在场
   B. 有第三方公证人在场
   C. 有医疗事故鉴定委员会专家在场
   D. 有卫生行政部门有关人员在场
   E. 经请卫生行政部门批准后

【答案】A

【解析】《医疗事故处理条例》第十六条 发生医疗事故争议时，死亡病例讨论记录、疑难病例讨论记录、上级医师查房记录、会诊意见、病程记录应当在医患双方在场的情况下封存和启封。封存的病历资料可以是复印件，由医疗机构保管。

4. 当事人对首次医疗事故技术鉴定不服的，可以自收到首次医疗事故技术鉴定结论之日起几日内向所在地卫生行政部门提出再次鉴定的申请

   A. 5 日   B. 10 日   C. 15 日
   D. 20 日   E. 25 日

【答案】C

【解析】《医疗事故处理条例》第二十二条 当事人对首次医疗事故技术鉴定结论不服的，可以自收到首次鉴定结论之日起15日内向医疗机构所在地卫生行政部门提出再次鉴定的申请。

5. 当事人自知道或者应当知道其身体健康受到损害之日起（　　）年内，可以向卫生行政部门提出医疗事故争议处理申请

   A. 0.5   B. 1   C. 1.5
   D. 2   E. 2.5

【答案】B

【解析】《医疗事故处理条例》第三十七条 发生医疗事故争议，当事人申请卫生行政部门处理的，应当提出书面申请。申请书应当载明申请人的基本情况、有关事实、具体请求及理由等。当事人自知道或者应当知道其身体健康受到损害之日起1年内，可以向卫生行政部门提出医疗事故争议处理申请。

6. 医疗事故赔偿的项目有

   A. 7 项   B. 8 项   C. 9 项
   D. 10 项   E. 11 项

【答案】E

【解析】《医疗事故处理条例》第五十条 医疗事故

赔偿的项目包括11项，具体为：医疗费、误工费、住院伙食补助费、陪护费、残疾生活补助费、残疾用具费、丧葬费、被抚养人生活费、交通费、住宿费、精神损害抚慰金等，并较为明确地规定了上述赔偿项目的计算标准和计算办法。

7. 调整医疗活动中医患双方权利和义务，保障医患双方合法权益得以实现的具体卫生行政法规是

   A.《中华人民共和国食品卫生法》
   B.《医疗事故处理条例》
   C.《麻醉药品管理办法》
   D.《中华人民共和国传染病防治法》
   E.《中华人民共和国药品管理法》

【答案】B

【解析】《医疗事故处理条例》是国务院2002年4月4日颁布的条例。制定的目的是正确处理医疗事故，保护患者和医疗机构及其医务人员的合法权益，维护医疗秩序，保障医疗安全，促进医学科学的发展。

8.《医疗事故处理条例》开始施行的日期为

   A. 2002 年 4 月 4 日
   B. 2002 年 9 月 1 日
   C. 2003 年 4 月 4 日
   D. 2002 年 2 月 20 日
   E. 2003 年 9 月 1 日

【答案】B

【解析】最新的条例于2002年2月20日国务院第55次常务会议通过，于2002年9月1日起公布施行，共计七章六十三条。

9. 当事人对首次医疗事故技术鉴定结论有异议，申请再次鉴定的，卫生行政部门应当自收到之日起7日内，交由什么组织再次鉴定

   A. 地、市级地方医学会
   B. 省、自治区、直辖市地方医学会
   C. 中华医学会
   D. 人民法院
   E. 以上均不是

【答案】B

【解析】《医疗事故处理条例》第三十九条 当事人对首次医疗事故技术鉴定结论有异议，申请再次鉴定的，卫生行政部门应当自收到申请之日起7日内交由省、自治区、直辖市地方医学会组织再次鉴定。

10. 医疗机构内死亡的，尸体应立即移放太平间。死者尸体存放时间一般不超过多长时间

   A. 1 周   B. 2 周   C. 3 周
   D. 4 周   E. 5 周

【答案】B

【解析】《医疗事故处理条例》第十九条 患者在医疗机构内死亡的，尸体应当立即移放太平间。死者尸体存放时间一般不得超过2周。逾期不处理的尸体，经医疗机构所在地卫生行政部门批准，并报经同级公安部门备案后，由医疗机构按照规定进行处理。

11. 下列选项中哪种情形**不属于**医疗事故
   A. 在紧急情况下为抢救垂危患者生命而采取紧急措施造成不良后果的
   B. 在医疗活动中由于患者病情异常或者患者体质特殊而发生医疗意外的
   C. 无过错输血感染造成不良后果的
   D. 经患者同意，对患者实行实验性诊疗发生不良后果
   E. 以上都不是医疗事故

【答案】E

【解析】《医疗事故处理条例》第三十三条 有下列情形之一的，不属于医疗事故：
   （一）在紧急情况下为抢救垂危患者生命而采取紧急医学措施造成不良后果的；
   （二）在医疗活动中由于患者病情异常或者患者体质特殊而发生医疗意外的；
   （三）在现有医学科学技术条件下，发生无法预料或者不能防范的不良后果的；
   （四）无过错输血感染造成不良后果的；
   （五）因患方原因延误诊疗导致不良后果的；
   （六）因不可抗力造成不良后果的。

12. 医疗纠纷需进行尸检，尸检时间应在死后
   A. 12小时内   B. 24小时内
   C. 36小时内   D. 48小时内
   E. 72小时内

【答案】D

【解析】《医疗事故处理条例》第十八条 患者死亡，医患双方当事人不能确定死因或者对死因有异议的，应当在患者死亡后48小时内进行尸检；具备尸体冻存条件的，可以延长至7日。尸检应当经死者近亲属同意并签字。

13. 发生重大医疗过失行为，医疗机构应当在规定的时限向当地卫生行政部门报告，重大医疗过失行为是指下列哪种情形
   A. 造成患者一般功能障碍
   B. 造成患者轻度残疾
   C. 造成患者组织损伤导致一般功能障碍
   D. 造成患者明显人身损害的其他后果
   E. 导致3人以上人身损害后果

【答案】E

【解析】《医疗事故处理条例》第十四条 发生医疗事故的，医疗机构应当按照规定向所在地卫生行政部门报告。发生下列重大医疗过失行为的，医疗机构应当在12小时内向所在地卫生行政部门报告：
   （一）导致患者死亡或者可能为二级以上的医疗事故；
   （二）导致3人以上人身损害后果；
   （三）国务院卫生行政部门和省、自治区、直辖市人民政府卫生行政部门规定的其他情形。

14. 事故赔偿被抚养人的生活费时，正确的是
   A. 不满16周岁的，抚养到16岁
   B. 不满16周岁的，抚养到18岁
   C. 年满16周岁但无劳动能力的，抚养30年
   D. 60周岁以上的，不超过20年
   E. 70周岁以上的，不超过10年

【答案】A

【解析】《医疗事故处理条例》第五十条 以死者生前或者残疾者丧失劳动能力前实际抚养且没有劳动能力的人为限，按照其户籍所在地或者居所地居民最低生活保障标准计算。对不满16周岁的，抚养到16周岁；对年满16周岁但无劳动能力的，抚养20年；但是，60周岁以上的，不超过15年；70周岁以上的，不超过5年。

15. 进行医疗事故赔偿调解的依据是
   A. 卫生行政部门作出的医疗事故技术鉴定结论报告
   B. 卫生行政部门审核的、依照条例规定作出的医疗事故鉴定技术结论
   C. 双方当事人自行协商解决的医疗事故技术鉴定报告结论
   D. 双方当事人有争议的医疗事故鉴定结论
   E. 卫生行政部门作出的鉴定结论

【答案】B

【解析】《医疗事故处理条例》第四十八条 已确定为医疗事故的，卫生行政部门应医疗事故争议双方当事人请求，可以进行医疗事故赔偿调解。调解时，应当遵循当事人双方自愿原则，并应当依据本条例的规定计算赔偿数额。经调解，双方当事人就赔偿数额达成协议的，制作调解书，双方当事人应当履行；调解不成或者经调解达成协议后一方反悔的，卫生行政部门不再调解。

16.《医疗事故处理条例》规定，医院对参加事故处理的患者近亲属交通费、误工费和住宿费的损失赔偿人数**不超过**
   A. 2人   B. 3人   C. 4人
   D. 5人   E. 6人

【答案】A

【解析】《医疗事故处理条例》第五十一条 参加医疗事故处理的患者近亲属所需交通费、误工费、住宿费、

参照本条例第五十条的有关规定计算,计算费用的人数不超过 2 人。医疗事故造成患者死亡的,参加丧葬活动的患者的配偶和直系亲属所需交通费、误工费、住宿费,参照本条例第五十条的有关规定计算,计算费用的人数不超过 2 人。

17. 医疗事故的要件之一是

    A. 直接故意　　　　B. 间接故意

    C. 过失　　　　　　D. 意外事件

    E. 以上均不对

【答案】C

【解析】《医疗事故处理条例》第二条　本条例所称医疗事故,是指医疗机构及其医务人员在医疗活动中,违反医疗卫生管理法律、行政法规、部门规章和诊疗护理规范、常规,过失造成患者人身损害的事故。

18. 重大医疗过失行为,例如导致 3 人以上人身损害后果,医疗卫生机构应当在几小时内向所在地卫生行政部门报告

    A. 6 小时内　　　　B. 8 小时内

    C. 12 小时内　　　D. 24 小时内

    E. 48 小时内

【答案】C

【解析】《医疗事故处理条例》第十四条　发生重大医疗过失行为的,医疗机构应当在 12 小时内向所在地卫生行政部门报告。

19. 医疗事故的责任主体是依法取得

    A. 大学毕业证书的医学院校毕业生

    B. 医学教育资格的机构

    C. 医疗机构执业许可证的机构

    D. 考试合格资格的考生

    E. 医学临床研究资格的机构

【答案】C

【解析】《医疗事故处理条例》第六十条　本条例所称医疗机构,是指依照《医疗机构管理条例》的规定取得《医疗机构执业许可证》的机构。

20. 对事故所作首次鉴定结论不服的,当事人申请再次鉴定的时限应是

    A. 收到首次鉴定结论之日起 20 日后

    B. 收到首次鉴定结论之日起 15 日内

    C. 收到首次鉴定结论之日起 30 日后

    D. 收到首次鉴定结论之日起 10 日内

    E. 收到首次鉴定结论之日起 15 日后

【答案】B

【解析】《医疗事故处理条例》第二十二条　当事人对首次医疗事故技术鉴定结论不服的,可以自收到首次鉴定结论之日起 15 日内向医疗机构所在地卫生行政部门提出再次鉴定的申请。

第五节　母婴保健法律制度

【A1 型题】

1. 母婴保健技术服务**不包括**

    A. 有关母婴保健的科普宣传、教育和咨询

    B. 婚前医学检查

    C. 产前诊断和遗传病诊断

    D. 助产技术

    E. 内、外科诊疗

【答案】E

2. 孕妇有下列情形之一的,医师**不必**对其进行产前诊断

    A. 羊水过多或者过少的

    B. 胎儿发育异常或者胎儿有可疑畸形的

    C. 孕早期接触过可能导致胎儿先天缺陷的物质的

    D. 有遗传病家族史或者曾经分娩过先天性严重缺陷婴儿的

    E. 初产妇年龄不满 35 岁

【答案】E

3. 严禁采用技术手段对胎儿进行性别鉴定,对怀疑胎儿可能为伴性遗传病,需要进行性别鉴定的,由（　　）指定的医疗、保健机构按照国务院卫生行政部门的规定进行鉴定

    A. 省、自治区、直辖市人民政府卫生行政部门

    B. 市级人民政府卫生行政部门

    C. 县级人民政府卫生行政部门

    D. 乡镇人民政府卫生行政部门

    E. 村级人民政府卫生行政部门

【答案】A

4. 没有条件住院分娩的,应当由经（　　）许可并取得家庭接生员技术证书的人员接生

    A. 省、自治区、直辖市人民政府卫生行政部门

    B. 市级人民政府卫生行政部门

    C. 县级人民政府卫生行政部门

    D. 乡镇人民政府卫生行政部门

    E. 村级人民政府卫生行政部门

【答案】C

5. 国家推行（　　）喂养
　　A. 母乳　　　　　　　B. 混合
　　C. 母乳代用品　　　　D. 配方奶
　　E. 纯牛奶
　　【答案】A

6. 当事人对婚前医学检查、遗传病诊断、产前诊断结果有异议，需要进一步确诊的，可以自接到检查或者诊断结果之日起（　　）向所在地县级或者设区的市级母婴保健医学技术鉴定委员会提出书面鉴定申请
　　A. 7 日内　　　　B. 10 日内　　　C. 15 日内
　　D. 20 日内　　　E. 25 日内
　　【答案】C

7. 母婴保健医学技术鉴定委员会应当自接到鉴定申请之日起（　　）作出医学技术鉴定意见，并及时通知当事人
　　A. 15 日内　　　B. 20 日内　　　C. 25 日内
　　D. 30 日内　　　E. 35 日内
　　【答案】D

8. 当事人对母婴保健医学技术鉴定意见有异议的，可以自接到鉴定意见通知书之日起（　　）向上一级母婴保健医学技术鉴定委员会申请再鉴定
　　A. 7 日内　　　　B. 10 日内　　　C. 15 日内
　　D. 20 日内　　　E. 25 日内
　　【答案】C

9. 母婴保健医学技术鉴定委员会进行医学鉴定时须有（　　）以上相关专业医学技术鉴定委员会成员参加
　　A. 3 名　　　　　B. 5 名　　　　　C. 7 名
　　D. 9 名　　　　　E. 11 名
　　【答案】B

第六节　传染病防治法律制度

【A1 型题】

1.《中华人民共和国传染病防治法》规定的乙类传染病有
　　A. 鼠疫　　　　　　　B. 流行性感冒
　　C. 艾滋病　　　　　　D. 风疹
　　E. 霍乱
　　【答案】C

【解析】甲类传染病是指：鼠疫、霍乱。乙类传染病是指：传染性非典型肺炎、艾滋病、病毒性肝炎、脊髓灰质炎、人感染高致病性禽流感、麻疹、流行性出血热、狂犬病、流行性乙型脑炎、登革热、炭疽、细菌性和阿米巴性痢疾、肺结核、伤寒和副伤寒、流行性脑脊髓膜炎、百日咳、白喉、新生儿破伤风、猩红热、布鲁氏菌病、淋病、梅毒、钩端螺旋体病、血吸虫病、疟疾。丙类传染病是指：流行性感冒、流行性腮腺炎、风疹、急性出血性结膜炎、麻风病、流行性和地方性斑疹伤寒、黑热病、棘球蚴病、丝虫病，除霍乱、细菌性和阿米巴性痢疾、伤寒和副伤寒以外的感染性腹泻病。选项 C 属于乙类传染病，故本题选 C。

2.《中华人民共和国传染病防治法》规定，国家对传染病实行的方针与管理办法是
　　A. 预防为主，防治结合，统一管理
　　B. 预防为主，防治结合，分类管理
　　C. 预防为主，防治结合，划区管理
　　D. 预防为主，防治结合，分片管理
　　E. 预防为主，防治结合，层级管理
　　【答案】B
　　【解析】根据《中华人民共和国传染病防治法》第二条　国家对传染病防治实行预防为主的方针，防治结合、分类管理、依靠科学、依靠群众。故本题选 B。

3. 对从事传染病预防、医疗、科研的人员以及现场处理疫情的人员，为了保障其健康，他们所在单位应当根据国家规定采取
　　A. 防治措施和强制治疗措施
　　B. 防治措施和强制隔离措施
　　C. 防治措施和医疗保健措施
　　D. 防治措施和追踪调查措施
　　E. 防治措施和紧急控制措施
　　【答案】C
　　【解析】根据《中华人民共和国传染病防治法》第六十四条　对从事传染病预防、医疗、科研、教学、现场处理疫情的人员，以及在生产、工作中接触传染病病原体的其他人员，有关单位应当按照国家规定，采取有效的卫生防护措施和医疗保健措施，并给予适当的津贴。故本题应选 C。

4. 在自然疫源地和可能是自然疫源地的地区兴办的大型建设项目开工前，建设单位应当申请当地卫生防疫机构对施工环境进行
　　A. 环保调查　　　　　B. 卫生调查
　　C. 卫生资源调查　　　D. 环境资源调查
　　E. 危害因素调查
　　【答案】B
　　【解析】根据《中华人民共和国传染病防治法》第二十八条　在国家确认的自然疫源地计划兴建水利、交

通、旅游、能源等大型建设项目的,应当事先由省级以上疾病预防控制机构对施工环境进行卫生调查。建设单位应当根据疾病预防控制机构的意见,采取必要的传染病预防、控制措施。故本题选B。

5. 对传染病病人或疑似传染病病人污染的场所和物品,医疗保健机构应当及时采取
   A. 封闭场所并销毁物品
   B. 强制隔离治疗
   C. 必要的卫生处理
   D. 报告上级卫生行政机关处理
   E. 提请卫生防疫部门处理
   【答案】C

6. 属于乙类传染病,但采取甲类传染病预防和控制措施的疾病是
   A. 新生儿破伤风
   B. 梅毒
   C. 百日咳
   D. 传染性非典型性肺炎
   E. 白喉
   【答案】D
   【解析】对乙类传染病中传染性非典型肺炎、炭疽中肺炭疽和人感染高致病性禽流感,采取《中华人民共和国传染病防治法》中甲类传染病的预防、控制措施。

7. 国家对传染病菌种毒种的采集、保藏、携带、运输和使用实行的管理方式是
   A. 分类管理　　B. 行业管理
   C. 专项管理　　D. 集中管理
   E. 分层管理
   【答案】A
   【解析】对可能导致甲类传染病传播的以及国务院卫生行政部门规定的菌种、毒种和传染病检测样本,确需采集、保藏、携带、运输和使用的,实行分类管理,建立健全严格的管理制度。须经省级以上人民政府卫生行政部门批准。

8. 下列属于《中华人民共和国传染病防治法》规定的乙类传染病的是
   A. 鼠疫
   B. 流行性感冒
   C. 人感染高致病性禽流感
   D. 黑热病
   E. 霍乱
   【答案】C
   【解析】根据《中华人民共和国传染病防治法》,甲类传染病是指:鼠疫、霍乱。乙类传染病是指:传染性非典型肺炎、艾滋病、病毒性肝炎、脊髓灰质炎、人感染高

致病性禽流感、麻疹、流行性出血热、狂犬病、流行性乙型脑炎、登革热、炭疽、细菌性和阿米巴性痢疾、肺结核、伤寒和副伤寒、流行性脑脊髓膜炎、百日咳、白喉、新生儿破伤风、猩红热、布鲁氏菌病、淋病、梅毒、钩端螺旋体病、血吸虫病、疟疾。丙类传染病是指:流行性感冒、流行性腮腺炎、风疹、急性出血性结膜炎、麻风病、流行性和地方性斑疹伤寒、黑热病、棘球蚴病、丝虫病,除霍乱、细菌性和阿米巴性痢疾、伤寒和副伤寒以外的感染性腹泻病。故选项C属于乙类传染病,本题选C。

9. 医疗机构在发现甲类传染病时,对疑似病人在明确诊断前,应在指定场所进行
   A. 访视　　　　B. 留验
   C. 单独隔离治疗　　D. 医学观察
   E. 就地诊验
   【答案】C
   【解析】医疗机构发现甲类传染病时,应当及时采取下列措施:①对病人、病原携带者,予以隔离治疗,隔离期限根据医学检查结果确定;②对疑似病人,确诊前在指定场所单独隔离治疗;③对医疗机构内的病人、病原携带者、疑似病人的密切接触者,在指定场所进行医学观察和采取其他必要的预防措施。故本题选C。

10. 传染病暴发、流行时,县级以上地方人民政府应当
    A. 宣布疫区
    B. 限制或者停止集市、集会
    C. 停业、停工、停课
    D. 临时征用房屋、交通工具
    E. 立即组织力量防治,切断传播途径
    【答案】E
    【解析】根据《中华人民共和国传染病防治法》第四十二条 传染病暴发、流行时,县级以上地方人民政府应当立即组织力量,按照预防、控制预案进行防治,切断传染病的传播途径,必要时,报经上一级人民政府决定,可以采取下列紧急措施并予以公告:
    (一) 限制或者停止集市、影剧院演出或者其他人群聚集的活动;
    (二) 停工、停业、停课;
    (三) 封闭或者封存被传染病病原体污染的公共饮用水源、食品以及相关物品;
    (四) 控制或者扑杀染疫野生动物、家畜家禽;
    (五) 封闭可能造成传染病扩散的场所。
    故本题选E。

11. 发生传染病流行时,县级以上地方政府有权在本行政区域内
    A. 调集各级各类医疗、防疫人员参加疫情控制工作
    B. 停工、停业、停课
    C. 封锁甲类或按甲类传染病管理的传染病

疫区

    D. 封锁跨省、自治区、直辖市的疫区

    E. 宣布疫区

【答案】B

12. 为查找传染病原因,医疗机构依法对疑似传染病病人尸体进行解剖,应当

    A. 有病人死亡前签署的同意尸检的书面意见

    B. 征得死者家属同意并签字

    C. 征得死者家属同意

    D. 选择性告知死者家属

    E. 告知死者家属

【答案】E

【解析】根据《中华人民共和国传染病防治法》第四十六条 患甲类传染病、炭疽死亡的,应当将尸体立即进行卫生处理,就近火化。患其他传染病死亡的,必要时,应当将尸体进行卫生处理后火化或者按照规定深埋。为了查找传染病病因,医疗机构在必要时可以按照国务院卫生行政部门的规定,对传染病病人尸体或者疑似传染病病人尸体进行解剖查验,并应当告知死者家属。故本题选 E。

13. 对于住院的甲型肝炎病人使用过的卫生洁具,医疗机构应当采取的措施是

    A. 销毁

    B. 彻底清洗

    C. 必要的卫生处理

    D. 请卫生行政机关处理

    E. 请防疫机构处理

【答案】C

【解析】根据《中华人民共和国传染病防治法》第二十七条 对被传染病病原体污染的污水、污物、场所和物品,有关单位和个人必须在疾病预防控制机构的指导下或者按照其提出的卫生要求,进行严格消毒处理;拒绝消毒处理的,由当地卫生行政部门或者疾病预防控制机构进行强制消毒处理。故本题选 C。

14. 有权对拒绝隔离治疗的霍乱病人采取强制措施的机构是

    A. 医疗机构   B. 防疫机构

    C. 公安机关   D. 卫生行政部门

    E. 政府综合执法机构

【答案】C

【解析】医疗机构发现甲类传染病时,应当及时采取下列措施:①对病人、病原携带者,予以隔离治疗,隔离期限根据医学检查结果确定;②对疑似病人,确诊前在指定场所单独隔离治疗;③对医疗机构内的病人、病原携带者、疑似病人的密切接触者,在指定场所进行医学观察和采取其他必要的预防措施。拒绝隔离治疗或者

隔离期未满擅自脱离隔离治疗的,可以由公安机关协助医疗机构采取强制隔离治疗措施。故本题选 C。

15. 《中华人民共和国传染病防治法》规定,有关单位应当根据国家规定,对以下人员采取有效的防护措施和医疗保健措施

    A. 从事传染病预防的人员以及在生产、工作中接触传染病病原体的其他人员

    B. 从事传染病预防、医疗的人员

    C. 从事传染病预防、医疗、科研的人员

    D. 医疗、教学的人员,以及在生产、工作中接触传染病病原体的其他人员

    E. 从事传染病预防、医疗、科研、教学的人员,以及在生产、工作中接触传染病病原体的其他人员

【答案】E

【解析】《中华人民共和国传染病防治法》第六十四条 对从事传染病预防、医疗、科研、教学、现场处理疫情的人员,以及在生产、工作中接触传染病病原体的其他人员,有关单位应当按照国家规定,采取有效的卫生防护措施和医疗保健措施,并给予适当的津贴。

16. 除《中华人民共和国传染病防治法》规定以外的其他传染病,根据其暴发、流行情况和危害程度,需要列入乙类、丙类传染病的,由哪个部门决定并予以公布

    A. 国务院公安部门

    B. 国务院卫生行政部门

    C. 国务院畜牧兽医部门

    D. 国务院办公厅

    E. 国务院司法部门

【答案】B

【解析】《中华人民共和国传染病防治法》第三条 国务院卫生行政部门根据传染病暴发、流行情况和危害程度,可以决定增加、减少或者调整乙类、丙类传染病病种并予以公布。

17. 卫生行政部门工作人员依法执行职务时,应当不少于

    A. 2 人   B. 3 人   C. 4 人

    D. 5 人   E. 6 人

【答案】A

【解析】《中华人民共和国传染病防治法》第五十六条 卫生行政部门工作人员依法执行职务时,应当不少于 2 人,并出示执法证件,填写卫生执法文书。卫生执法文书经核对无误后,应当由卫生执法人员和当事人签名。当事人拒绝签名的,卫生执法人员应当注明情况。

【A2 型题】

1. 患儿刘某,因发热 3 日到县医院就诊,门诊接诊医生张某检查后发现刘某的颊黏膜上有科氏斑,拟诊断为麻疹。张某遂嘱患儿刘某的家长带刘某去市传染病医院就诊。按照《中华人民共和国传染病防治法》的规定,张某应当
   A. 请上级医生会诊,确诊后再转诊
   B. 请上级医生会诊,确诊后隔离治疗
   C. 向医院领导报告,确诊后由防疫部门进行转送隔离
   D. 向医院领导报告,确诊后对刘某就地进行隔离
   E. 在规定时间内,向当地防疫机构报告

【答案】E
【解析】责任疫情报告人发现甲类传染病和乙类传染病中人感染高致病性禽流感、非典型病原体肺炎、肺炭疽的病人、病原携带者和疑似传染病病人时,应于 2 小时内向发病地的卫生防疫机构报告。发现乙类和丙类传染病应在 12 小时内当地防疫机构报告。故选 E。

2. 甲县某养鸡场发生高致病性禽流感疫情。其相邻养鸡场场主杨某因舍不得灭杀种鸡,便趁夜晚驾车将数十只种鸡运往位于乙县的表哥家藏匿,但在途经乙县、丙县和丁县交界处时,被丁县动物防疫部门截获。遂将车上的种鸡在丁县全部灭杀以及无害化处理。在与杨某的交涉中,丁县动物防疫人员发现杨某体温高、不断咳嗽,随后便通知了上述各县疾病预防控制部门。对于杨某进行医学观察的场所应选择在
   A. 甲县　　　 B. 乙县　　　 C. 丙县
   D. 丁县　　　 E. 上级市

【答案】D
【解析】疑似甲类或乙类中的某些传染病病人在明确诊断前,应就地进行医学观察。根据题干,防疫人员现怀疑杨某患有"人禽流感",故应就地(丁县)进行医学观察,故选 D。

第七节　药品及处方管理法律制度

【A1 型题】

1. 医疗机构配制制剂,应是本单位临床需要而市场上没有供应的品种,并须经所在地哪个部门批准后方可配制
   A. 省级卫生行政部门
   B. 省级药品监督管理部门
   C. 县级卫生行政部门
   D. 地市级药品监督管理部门
   E. 省级工商行政管理部门

【答案】B
【解析】根据《中华人民共和国药品管理法》第七十六条　医疗机构配制的制剂,应当是本单位临床需要而市场上没有供应的品种,并应当经所在地省、自治区、直辖市人民政府药品监督管理部门批准;但是,法律对配制中药制剂另有规定的除外。医疗机构配制的制剂应当按照规定进行质量检验;合格的,凭医师处方在本单位使用。经国务院药品监督管理部门或者省、自治区、直辖市人民政府药品监督管理部门批准,医疗机构配制的制剂可以在指定的医疗机构之间调剂使用。医疗机构配制的制剂不得在市场销售。选项 B 符合题目要求,故本题选 B。

2. 医疗机构从事药剂技术工作必须配备
   A. 保证制剂质量的设施
   B. 管理制度
   C. 检验仪器
   D. 相应的卫生条件
   E. 依法经过资格认定的药师或者其他药学技术人员

【答案】E
【解析】《中华人民共和国药品管理法》第六十九条　医疗机构应当配备依法经过资格认定的药师或者其他药学技术人员。非药学技术人员不得直接从事药剂技术工作。故本题选 E。

3. 医疗机构在药品购销中暗中收受回扣或者其他利益,依法对其给予罚款处罚的机关是
   A. 卫生健康主管部门
   B. 药品监督管理部门
   C. 工商行政管理部门
   D. 市场监督管理部门
   E. 中医药管理部门

【答案】D
【解析】根据《中华人民共和国药品管理法》第一百四十一条　药品上市许可持有人、药品生产企业、药品经营企业或者医疗机构在药品购销中给予、收受回扣或者其他不正当利益的,药品上市许可持有人、药品生产企业、药品经营企业或者代理人给予使用其药品的医疗机构的负责人、药品采购人员、医师、药师等有关人员财物或者其他不正当利益的,由市场监督管理部门没收违法所得,并处三十万元以上三百万元以下的罚款;情节严重的,吊销药品上市许可持有人、药品生产企业、药品

经营企业营业执照,并由药品监督管理部门吊销药品批准证明文件、药品生产许可证、药品经营许可证。故本题选D。

4. 下列不属于药品的是

A. 抗生素　　　　　　B. 血液

C. 疫苗　　　　　　　D. 血液制品

E. 血清

【答案】B

【解析】药品是指用于预防、治疗、诊断人的疾病,有目的地调节人的生理功能并规定有适应证或功能主治、用法和用量的物质,包括中药材、中药饮片、中成药、化学原料药及其制剂、抗生素、生化药品、放射性药品、血清、疫苗、血液制品和诊断药品等。血液不属于药品。故选B。

5. 医疗机构必须配备药学技术人员,配备的这类人员应是依法经过

A. 学历认定　　　　　B. 资历认定

C. 资格认定　　　　　D. 资质认定

E. 执业认定

【答案】C

【解析】详见【A1型题】第2题。故选C。

6. 执业医师处方权的取得方式是

A. 被医疗机构聘用后取得

B. 在注册的执业地点取得

C. 在上级医院进修后取得

D. 医师资格考试合格后取得

E. 参加卫生行政部门培训后取得

【答案】B

【解析】经注册的执业医师在执业地点取得相应的处方权。进修医师由接收进修的医疗机构对其胜任本专业工作的实际情况进行认定后授予相应的处方权。故本题选B。

7. 医疗机构药剂人员调配处方时的错误行为是

A. 处方须经过核对,对所有药品不得擅自更改

B. 处方所列药品缺货时用同类药品代用

C. 对有配伍禁忌的处方,应当拒绝调配

D. 对有超剂量的处方,应当拒绝调配

E. 必要时,经处方医师更正或者重新签字,方可调整

【答案】B

【解析】医疗机构的药剂人员调配处方,必须经过核对,对处方所列药品不得擅自更改或代用。对有配伍禁忌或者超剂量的处方,应当拒绝调配;必要时,经处方医师更正或者重新签字,方可调配。根据上述,A、C、D、E的行为都是正确行为,故选B。

8. 每次开处方,每张处方所包含的药品种类上限为

A. 5种　　　　B. 3种　　　　C. 6种

D. 4种　　　　E. 7种

【答案】A

【解析】门诊处方一般上限:当日有效,3天效期,5种药物,7日用量,慢性证明延长用量。故本题选A。

9. 可授予特殊使用级抗菌的药物处方权的医务人员是

A. 主治医师　　　　　B. 住院医师

C. 乡村医生　　　　　D. 副主任医师

E. 实习医生

【答案】D

【解析】具有高级专业技术职务任职资格的医师,可授予特殊使用级抗菌药物处方权。故本题选D。

10. 医师开具处方不能使用

A. 药品通用名称

B. 复方制剂药品名称

C. 新活性化合物的专利药品名称

D. 药品的商品名或曾用名

E. 国家卫生健康委员会公布的药品习惯名称

【答案】D

【解析】《处方管理办法》第十七条　医师开具处方应当使用经药品监督管理部门批准并公布的药品通用名称、新活性化合物的专利药品名称和复方制剂药品名称。医师开具院内制剂处方时应当使用经省级卫生行政部门审核、药品监督管理部门批准的名称。医师可以使用由国家卫生健康委员会公布的药品习惯名称开具处方。

11. 处方开具当日有效。特殊情况下需延长有效期的,由开具处方的医师注明有效期限,但有效期最长不得超过

A. 2天　　　　B. 3天　　　　C. 4天

D. 5天　　　　E. 6天

【答案】B

【解析】《处方管理办法》第十八条　处方开具当日有效。特殊情况下需延长有效期的,由开具处方的医师注明有效期限,但有效期最长不得超过3天。

12. 对已确认发生严重不良反应的药品,可以采取停止生产、销售、使用的紧急控制措施的是

A. 地方人民政府和药品监督管理部门

B. 国务院或者省级人民政府的药品监督管理部门

C. 药品监督管理部门及其设置的药品检验机构

D. 药品监督管理部门及其设置的药品检验机构的工作人员

E. 药品生产、经营企业和医疗机构的药品检验机构或者人员

【答案】B

【解析】《中华人民共和国药品管理法》第八十一条 对已确认发生严重不良反应的药品，由国务院药品监督管理部门或者省、自治区、直辖市人民政府药品监督管理部门根据实际情况采取停止生产、销售、使用等紧急控制措施，并应当在五日内组织鉴定，自鉴定结论作出之日起十五日内依法作出行政处理决定。

13. 药品的生产企业、经营企业、医疗机构违反《中华人民共和国药品管理法》规定，给药品使用者造成损害的

A. 依法承担赔偿责任

B. 依法给予行政处分

C. 依法给予行政处罚

D. 依法追究刑事责任

E. 不予行政处罚

【答案】A

【解析】《中华人民共和国药品管理法》第一百四十四条 药品上市许可持有人、药品的生产企业、药品经营企业或者医疗机构违反本法规定，给用药者造成损害的，依法承担赔偿责任。

【A2型题】

1. 某患者到省人民医院就医，接诊医师在诊治过程中，使用了一种新上市的抗生素，致使该患者出现了严重不良反应。按照《中华人民共和国药品管理法》的规定，该医院应当向有关部门报告。接受报告的部门是

A. 国家工商行政管理部门

B. 省级药品监督管理部门和卫生行政部门

C. 国家药品监督管理部门

D. 国务院卫生行政部门

E. 国家中医药管理部门

【答案】B

【解析】当药品生产企业、药品经营企业、医疗机构发现可能与用药有关的严重不良反应时，在24小时内应向当地省、自治区、直辖市药品监督管理部门和卫生行政部门报告。

2. 某县药品监督管理部门接到某药店将保健食品作为药品出售给患者的举报后，立即对该药店进行了查处，并依照《中华人民共和国药品管理法》的规定，将其销售给患者的保健食品认定为

A. 按假药论处的药　　B. 假药

C. 劣药　　　　　　　D. 食品

E. 按劣药论处的药

【答案】B

【解析】假药：药品所含成分与国家药品标准规定的成分不符；以非药品冒充药品或者以他种药品冒充此种药品。按假药论处：国务院药品监督管理部门规定禁止使用的；依照本法必须批准而未经批准生产、进口，或者依照本法必须检验而未经检验即销售的；变质的；被污染的；使用依照本法必须取得批准文号而未取得批准文号的原料药生产的；所标明的适应证或者功能主治超出规定范围的。

3. M药厂销售代表在和某医院几名医师达成协议后，医师在处方时使用M药厂生产的药品，并按使用量的多少收受了药厂给予的提成。事情曝光以后，对M药厂按《中华人民共和国药品管理法》的有关规定处理；对于医师的错误行为，有权决定给予处分、没收违法所得的部门是

A. 药品监督管理部门

B. 工商行政管理部门

C. 医师协会

D. 消费者权益保护协会

E. 卫生健康主管部门

【答案】E

【解析】根据《中华人民共和国药品管理法》第一百四十二条 医疗机构的负责人、药品采购人员、医师、药师等有关人员收受药品上市许可持有人、药品生产企业、药品经营企业或者代理人给予的财物或者其他不正当利益的，由卫生健康主管部门或者本单位给予处分，没收违法所得；情节严重的，还应当吊销其执业证书。故本题选E。

4. F药厂销售代表和某医院多名医师约定，医师在处方时使用F药厂生产的药品，并按使用量的多少给予提成。事情曝光以后，按《中华人民共和国药品管理法》的规定，对F药厂可以作出行政处罚的部门是

A. 市场监督管理部门

B. 工商行政管理部门

C. 税务管理部门

D. 医疗保险部门

E. 卫生健康主管部门

【答案】A

【解析】根据《中华人民共和国药品管理法》第一百四十一条 药品上市许可持有人、药品生产企业、药品经营企业或者医疗机构在药品购销中给予、收受回扣或者其他不正当利益的，药品上市许可持有人、药品生产企业、药品经营企业或者代理人给予使用其药品的医疗机构的负责人、药品采购人员、医师、药师等有关人员财物或者其他不正当利益的，由市场监督管理部门没收违法所得，并处三十万元以上三百万元以下的罚款；情节严重的，吊销药品上市许可持有人、药品生产企业、药品经营企业营业执照，并由药品监督管理部门吊销药品批准证明文件、药品生产许可证、药品经营许可证。故本题选A。

5. 李某为中度慢性疼痛患者，医师开具第一类精神药品控制缓解制剂为其治疗，根据《处方管理办法》，每张处方用药量的最多天数是

    A. 15 日   B. 3 日   C. 5 日

    D. 7 日   E. 10 日

【答案】A

【解析】为门（急）诊癌症疼痛患者和中、重度慢性疼痛患者开具的麻醉药品、第一类精神药品注射剂，每张处方不得超过3日常用量；控制缓释剂，每张处方不得超过15日用量。故本题选A。

6. "献血大王"刘某，在过去的 7 年间，献血总量已达 5 600ml。快满 50 周岁的刘某告诉记者，如果身体一直保持健康状态，他满 55 周岁以前，还可争取无偿献血

    A. 7 次   B. 8 次   C. 9 次

    D. 10 次   E. 11 次

【答案】D

【解析】根据《中华人民共和国献血法》第九条 血站对献血者必须免费进行必要的健康检查；身体状况不符合献血条件的，血站应当向其说明情况，不得采集血液。献血者的身体健康条件由国务院卫生行政部门规定。血站对献血者每次采集血液量一般为二百毫升，最多不得超过四百毫升，两次采集间隔不少于六个月。严格禁止血站违反前款规定对献血者超量、频繁采集血液。在接下来的 5 年内，由于两次采集间隔不少于六个月，刘某还可以无偿献血10次，故本题选D。

7. 某村发生一起民居垮塌事故，重伤者 9 人，急送乡卫生院抢救。市中心血站根据该院用血要求，急送一批无偿献血的血液到该院。抢救结束后，尚余 900ml 血液，该院却将它出售给另一医疗机构。根据《中华人民共和国献血法》规定，对于乡卫生院的这一违法行为，县卫生局除了应当没收其违法所得外，还可以对其处以罚款

    A. 十万元以下   B. 五万元以下

    C. 三万元以下   D. 一万元以下

    E. 五千元以下

【答案】A

【解析】根据《中华人民共和国献血法》第十八条 有下列行为之一的，由县级以上地方人民政府卫生行政部门予以取缔，没收违法所得，可以并处十万元以下的罚款；构成犯罪的，依法追究刑事责任：①非法采集血液的；②血站、医疗机构出售无偿献血的血液的；③非法组织他人出卖血液的。故本题选A。

第八节 血液管理法律制度

【A1 型题】

1. 《医疗机构临床用血管理办法》经原卫生部部务会议审议通过，施行时间为

    A. 2008 年 8 月 1 日

    B. 2009 年 8 月 1 日

    C. 2010 年 8 月 1 日

    D. 2011 年 8 月 1 日

    E. 2012 年 8 月 1 日

【答案】E

2. 医疗机构的储血设施应当保证运行有效，全血、红细胞的储藏温度应当控制在 2~6℃，同一患者一天申请备血量达到或超过 1 600ml 的，由具有中级以上专业技术职务任职资格的医师提出申请，科室主任核准签发后，报（   ）批准，方可备血

    A. 医务部门   B. 护理部门

    C. 门诊部门   D. 院办部门

    E. 院感部门

【答案】A

3. 申请输血应由经治医师逐项填写《临床输血申请单》，由（   ）核准签字，连同受血者血样于预定输血日期前送交输血科（血库）备血。

    A. 住院医师   B. 主治医师

    C. 副主任医师   D. 主任医师

    E. 科主任

【答案】B

4. 肝素抗凝的主要机制是

    A. 抑制凝血酶原的激活

    B. 抑制因子X的激活

    C. 促进纤维蛋白吸附凝血酶

D. 增强抗凝血酶Ⅲ活性

E. 抑制血小板聚集

【答案】D

5. 急性失血输血合理的是

A. 失血量达到总血容量的20%,输浓缩红细胞及全血

B. 失血量达到总血容量的35%,只输浓缩红细胞

C. 失血量达到总血容量的15%,输浓缩红细胞

D. 失血量低于总血容量的20%可考虑不输血

E. 失血量达到总血容量的55%只输浓缩红细胞及全血

【答案】D

6. 原卫生部何年何月颁发的《临床输血技术规范》

A. 2001年2月　　　　B. 2000年6月

C. 2002年8月　　　　D. 2003年6月

E. 2003年8月

【答案】B

7. 交叉配血的血样标本必须是输血前（　　）天内的

A. 2　　　　B. 3　　　　C. 5

D. 7　　　　E. 9

【答案】B

8. 一次输血**不应**超过

A. 8小时　　　B. 4小时　　　C. 2小时

D. 6小时　　　E. 5小时

【答案】B

9. 我国健康公民自愿献血的年龄是

A. 18~50周岁　　　　B. 20~60周岁

C. 18~60周岁　　　　D. 18~55周岁

E. 20~55周岁

【答案】D

10. 献血者每次采集血液量和两次采集间隔为

A. 献血者每次采集血液量一般为200ml,最多不超过400ml,两次采集时间不得少于3个月

B. 献血者每次采集血液量一般为400ml,两次采集间隔不少于6个月

C. 献血者每次采集血液量一般为200ml,两次采集间隔不少于3个月

D. 献血者每次采集血液量一般为200ml,最多不超过400ml,两次采集间隔不少于6个月

E. 献血者每次采集血液量一般为200ml,最多不超过400ml,两次采集间隔不少于9个月

【答案】D

第九节 突发公共卫生事件的应急处理条例

【A1型题】

1. 在突发公共卫生事件应急处理工作中,有关单位和个人不配合有关专业技术人员调查、采样、技术分析和检验的,对有关责任人给予

A. 警告

B. 吊销执照

C. 降级或者撤职的纪律处分

D. 行政处分或者纪律处分

E. 追究刑事责任

【答案】D

【解析】根据《突发公共卫生事件应急条例》第五十一条 在突发事件应急处理工作中,有关单位和个人未依照本条例的规定履行报告职责,隐瞒、缓报或者谎报,阻碍突发事件应急处理工作人员执行职务,拒绝国务院卫生行政主管部门或者其他有关部门指定的专业技术机构进入突发事件现场,或者不配合调查、采样、技术分析和检验的,对有关责任人员依法给予行政处分或者纪律处分;触犯《中华人民共和国治安管理处罚条例》,构成违反治安管理行为的,由公安机关依法予以处罚;构成犯罪的,依法追究刑事责任。故本题选D。

2. 医疗机构发现发生或者可能发生传染病暴发流行时,应当

A. 在1小时内向所在地县级人民政府卫生行政主管部门报告

B. 在2小时内向所在地县级人民政府卫生行政主管部门报告

C. 在4小时内向所在地县级人民政府卫生行政主管部门报告

D. 在6小时内向所在地县级人民政府卫生行政主管部门报告

E. 在8小时内向所在地县级人民政府卫生行政主管部门报告

【答案】B

【解析】国家建立突发事件应急报告制度。国务院卫生行政主管部门制定突发事件应急报告规范，建立重大、紧急疫情信息报告系统。突发事件监测机构、医疗卫生机构和有关单位发现有下列情形之一的，应当在2小时内向所在地县级人民政府卫生行政主管部门报告；接到报告的卫生行政主管部门应当在2小时内向本级人民政府报告，并同时向上级人民政府卫生行政主管部门和国务院卫生行政主管部门报告。县级人民政府应当在接到报告后2小时内向设区的市级人民政府或者上一级人民政府报告；设区的市级人民政府应当在接到报告后2小时内向省、自治区、直辖市人民政府报告。省、自治区、直辖市人民政府应当在接到报告1小时内，向国务院卫生行政主管部门报告。国务院卫生行政主管部门对可能造成重大社会影响的突发事件，应当立即向国务院报告：①发生或者可能发生传染病暴发、流行的；②发生或者发现不明原因的群体性疾病的；③发生传染病菌种、毒种丢失的；④发生或者可能发生重大食物和职业中毒事件的。

3.《突发公共卫生事件应急条例》规定，医疗卫生机构应当对传染病做到
   A. 早发现、早观察、早隔离、早治疗
   B. 早报告、早观察、早治疗、早康复
   C. 早发现、早报告、早隔离、早治疗
   D. 早发现、早报告、早隔离、早康复
   E. 早预防、早发现、早治疗、早康复

【答案】C

【解析】根据《突发公共卫生事件应急条例》第四十二条　有关部门、医疗卫生机构应当对传染病做到早发现、早报告、早隔离、早治疗，切断传播途径，防止扩散。故本题选C。

4. 对流动人口中的传染性非典型肺炎病人、疑似病人处理的原则是
   A. 就地控制、就地治疗、就地康复
   B. 就地隔离、就地治疗、就地康复
   C. 就地控制、就地观察、就地治疗
   D. 就地隔离、就地观察、就地治疗
   E. 就地观察、就地治疗、就地康复

【答案】D

【解析】根据《突发公共卫生事件处理条例》第四十一条　对传染病暴发、流行区域内流动人口，突发事件发生地的县级以上地方人民政府应当做好预防工作，落实有关卫生控制措施；对传染病病人和疑似传染病病人，应当采取就地隔离、就地观察、就地治疗的措施。故本题选D。

5. 教育部所属综合大学的附属医院发现脊髓灰质炎疫情，应当报告的部门是
   A. 国家教育行政部门
   B. 国家卫生行政部门
   C. 国家疾病预防控制机构
   D. 所在地的政府卫生行政部门
   E. 所在地的疾病预防控制机构

【答案】E

【解析】传染病疫情报告是属地管理。教育部所属综合大学的附属医院发现脊髓灰质炎疫情，应当向所在地的疾病预防控制机构报告，故本题选E。

6.《突发公共卫生事件应急条例》(国务院376号令)公布实施的日期为
   A. 2003年5月9日　　B. 2002年5月9日
   C. 2002年9月5日　　D. 2003年9月5日
   E. 2001年5月9日

【答案】A

【解析】《突发公共卫生事件应急条例》由中华人民共和国国务院于2003年5月9日发布，自公布之日起施行。共六章五十四条。

7. 突发公共卫生事件应急处理指挥部根据突发事件应急处理的需要，可以对以下哪些环节采取控制措施
   A. 食物　　　　　　B. 食物和水源
   C. 水源和交通　　　D. 交通
   E. 水源

【答案】B

【解析】《突发公共卫生事件应急条例》第三十四条　突发事件应急处理指挥部根据突发事件应急处理的需要，可以对食物和水源采取控制措施。

8. 对新发现的突发传染病，国家卫生健康委员会根据危害程度、流行强度，依法及时宣布为
   A. 法定传染病　　　B. 甲类传染病
   C. 乙类传染病　　　D. 丙类传染病
   E. 丁类传染病

【答案】A

【解析】《突发公共卫生事件应急条例》第三十条　国务院卫生行政主管部门对新发现的突发传染病，根据危害程度、流行强度，依照《中华人民共和国传染病防治法》的规定及时宣布为法定传染病；宣布为甲类传染病的，由国务院决定。

9. 突发事件应急工作应当遵循什么方针
   A. 统一领导，分级负责
   B. 预防为主，常备不懈
   C. 反应及时，措施果断
   D. 依靠科学，加强合作
   E. 现场处理，监督检查

【答案】B

【解析】《突发公共卫生事件应急条例》第五条 突发事件应急工作,应当遵循预防为主、常备不懈的方针,贯彻统一领导、分级负责、反应及时、措施果断、依靠科学、加强合作的原则。

10. 全国突发事件应急预案应当包括
    A. 突发事件应急处理指挥部的组成和相关部门的职责
    B. 突发事件信息的收集、分析、报告、通报制度
    C. 突发事件应急处理技术和监测机构及其任务
    D. 突发事件预防、现场控制,应急设施、设备、救治药品和医疗器械以及其他物资和技术的储备与调度
    E. 以上均包括

【答案】E

【解析】《突发公共卫生事件应急条例》第十一条 全国突发事件应急预案应当包括以下主要内容:

(一)突发事件应急处理指挥部的组成和相关部门的职责;

(二)突发事件的监测与预警;

(三)突发事件信息的收集、分析、报告、通报制度;

(四)突发事件应急处理技术和监测机构及其任务;

(五)突发事件的分级和应急处理工作方案;

(六)突发事件预防、现场控制,应急设施、设备、救治药品和医疗器械以及其他物资和技术的储备与调度;

(七)突发事件应急处理专业队伍的建设和培训。

第二章 医学伦理学

第一节 医学伦理学的理论基础和规范体系

【A1 型题】

1. 医学伦理学基本理论**不包括**
   A. 生命神圣论　　　　B. 后果论
   C. 美德论　　　　　　D. 道义论
   E. 人权论
   【答案】E

2. 医学伦理学发展到生命伦理学阶段,其理论基础的核心是
   A. 生命神圣论
   B. 美德论
   C. 义务论
   D. 生命质量与生命价值论
   E. 人道论
   【答案】D
   【解析】生命伦理学是根据道德价值和原则,对生命科学和卫生保健领域内的人类行为进行系统研究的科学,是对传统医学伦理学的继承和发展,它是围绕改进生命和提高生命质量而展开的有关人类行为的各种伦理问题的概括。

3. 下列哪一个**不属于**医学伦理学的理论基础
   A. 生命价值论　　　　B. 美德论
   C. 义务论　　　　　　D. 社会论
   E. 公益论
   【答案】D

4. 关于公益原则,**错误**的是
   A. 当前利益与长远利益兼顾
   B. 局部利益与个体利益兼顾

C. 与公正原则相辅相成
   D. 以公共利益不受损害为前提
   E. 以整体利益、长远利益为重
   【答案】B
   【解析】公益论的内容:兼容观、兼顾观(任何医疗行为都应该兼顾到社会、个人、集体的利益)、社会效益观。

5. 生命神圣论的积极意义**不包括**
   A. 对人的生命的尊重
   B. 推行医学人道主义,反对非人道的医疗行为
   C. 反对不平等的医疗制度
   D. 合理公正地分配卫生资源
   E. 实行一视同仁的医德规范
   【答案】D
   【解析】①尊重患者的生命,是医学人道主义最基本的或最根本的思想,医者应当珍重生命,尊重人的价值,尽力救治患者;②尊重患者的人格,患者具有正常人的权利也具有一些特殊的权利,是提高医疗质量及效果的必须要求;③尊重患者的平等,医疗中应当尽量排除非医疗因素,让每个患者都能人道地、平等地实现医疗目的;④尊重患者的生命价值,要求重视患者的生命质量和价值。

6. 下列有关公益论的表述,**不正确**的是
   A. 科学公益
   B. 后代公益
   C. 医疗群体公益
   D. 绝大多数人的利益
   E. 少数人的利益
   【答案】E
   【解析】公益论的内容:兼容观、兼顾观(任何医疗行为都应该兼顾到社会、个人、集体的利益)、社会效益观。

7. 生命质量的衡量标准**不包括**
   A. 个体生命健康程度
   B. 个体生命德才素质

C. 个体生命优化条件

D. 个体生命治愈希望

E. 个体生命预期寿命

【答案】C

【解析】生命质量的衡量标准：①主要质量指人体的身体和智力状态；②根本质量指生命的目的、意义及人在社会、道德上的相互作用；③操作质量指利用智商、诊断学的标准来测量智能、生理方面的人性质量。而个体生命优化条件不属于上述范畴。

8. 下面关于公益论作用的表述，**不正确**的是

A. 公正合理地解决医疗活动中出现的各种利益矛盾

B. 使医疗活动为人类的整体利益服务

C. 改善人体的生存环境

D. 促进医学科学的发展

E. 消除卫生资源的浪费现象

【答案】E

【解析】公益论就是从社会和全人类的长远利益出发，公正合理地解决医疗活动中出现的各种利益矛盾，使医疗活动不仅有利于患者个体，还有利于群体和后代，有利于社会，有利于人类生存环境的改善，有利于医学科学的发展。

9. 医院以医学人道主义精神服务于人类社会，主要表现的是

A. 经济效益　　　　B. 社会效益

C. 功利并重　　　　D. 功利主义

E. 优化效益

【答案】B

【解析】医学人道主义在医学活动中，特别是在医患关系中表现出来的同情和关心患者、尊重患者的人格与权利、维护患者的利益，珍视人的生命价值和质量的伦理思想和权利观念。

10. 下列**不属于**公益论原则的是

A. 人人享有最基本的医疗权利

B. 当发生个体利益与群体利益矛盾时，以群体利益为重

C. 当发生局部利益与整体利益矛盾时，以整体利益为重

D. 当发生眼前利益与长远利益矛盾时，以长远利益为重

E. 当发生个人与社会之间的矛盾时，以社会利益为重

【答案】A

【解析】公益论根据行为是否以社会公共利益为直接目的而确定道德规范的伦理理论。公益论认为确定的道德规范必须直接有利于人类的共同利益。

11. 医学伦理学的学科性质属于

A. 医德学　　　　B. 元伦理学

C. 规范伦理学　　D. 应用伦理学

E. 道德哲学

【答案】D

12. 现代生命伦理学面对的矛盾、悖论乃至道德冲突，本质上源于

A. 新的科技成果在医疗卫生领域特别是临床上的应用

B. 生命科学与技术的进步

C. 社会对医学评价标准的全面化提升

D. 社会传统文化与科技成果广泛运用之间矛盾的反映

E. 科学主义和市场经济的挑战

【答案】D

13. 道德义务是一种自觉自愿的行为，而法律义务具有的特性是

A. 约束性　　　　B. 强制性

C. 非强制性　　　D. 广泛性

E. 技术性

【答案】B

14. "只有当那些最需要卫生保健体系的人能从中得益，卫生保健体系的不平等才情有可原"体现的伦理学理论是

A. 德性论　　B. 道义论　　C. 正义论

D. 功利论　　E. 后果论

【答案】C

15. 道德最显著的特征是

A. 继承性　　B. 实践性　　C. 自律性

D. 他律性　　E. 客观性

【答案】C

16. 医学伦理最突出的特征是

A. 实践性、继承性

B. 时代性、人道性

C. 人道性、全人类性

D. 全人类性、继承性

E. 人道性、实践性

【答案】C

17. 生命伦理学研究的主要内容是

A. 义务公平　　　　B. 公益论

C. 公平理论　　　　D. 生命道德理论

E. 生命科学

【答案】D

18. 医学与医学伦理学的关系是
    A. 医学实践活动是医学伦理学产生的结果
    B. 医学实践活动是医学伦理学的尺度和方式
    C. 医学道德是医学工作者实现人类健康服务的保障
    D. 只要技术过硬就能够实现全心全意为人民健康服务的目的
    E. 在现代医学科学研究中医学道德服从医学成果
    【答案】C

19. 当代医学科学研究和创新的"双刃剑"效应是指
    A. 当代医学科学研究和创新带来了医学的进步
    B. 当代医学科研研究和创新带来了道德的进步
    C. 当代医学科研和创新促进了人类健康
    D. 当代医学科学研究和创新可能用于危害人类健康
    E. 当代医学科学研究和创新既有用于促进人类健康的价值又有用于危害人类健康的可能
    【答案】E

20. 以下关于"不伤害"原则的表达不正确的是
    A. 无损伤
    B. 尽可能避免身体的伤害
    C. 尽可能避免生理的伤害
    D. 尽可能避免心理的伤害
    E. 尽可能避免经济上的损失
    【答案】A

21. 医学伦理的"有利"原则不包括
    A. 努力使患者受益
    B. 关心患者的客观利益和主观利益
    C. 选择受益最大、伤害最小的行动方案
    D. 努力预防或减少难以避免的伤害
    E. 把患者的利益看得高于一切
    【答案】E

22. 医学伦理的"尊重"原则不包括
    A. 尊重患者及其家属的自主性或决定
    B. 尊重患者的一切主观意愿
    C. 治疗要获得患者的知情同意
    D. 保守患者的秘密
    E. 保守患者的隐私
    【答案】B

23. 要尊重患者的医疗自主权,其中自主权内容不包括
    A. 自我选择
    B. 按个人意愿服药
    C. 依照个人意愿自我管理
    D. 自我决策
    E. 自由行动
    【答案】B

24. 尊重患者的医疗自主权,以下哪种情况医方做主才是合理的
    A. 患者昏迷、病情危急
    B. 患者将治疗权全权授予医生
    C. "无主"患者(身边无任何人)需要急救,而本人不能行使自主权
    D. 患者有对他人和社会有危害的疾病,有不合理的要求
    E. 早期癌症患者坚持不接受治疗
    【答案】B

25. 保护患者的隐私权,其内容不包括
    A. 目前健康状况   B. 既往病史资料
    C. 自杀企图   D. 身体私密部位
    E. 医疗自主
    【答案】C

26. 对隐私权的保护不是无限制的、绝对的,以下需要对隐私权公开的情况,不包括
    A. 保护隐私权和公共利益相冲突
    B. 保护隐私权和公民合法知情权相冲突
    C. 保护隐私权和国家法律相冲突
    D. 保护隐私权和他人健康相冲突
    E. 保护隐私权和医院利益相冲突
    【答案】E

【A2 型题】

1. 某医院曾曝出过一起"死者眼球丢失案"。经查,死者眼球是一位专攻角膜移植的眼科医生为了抢救两名将要失明的患者而盗走的。这位医生擅自进入该医院的太平间,摘取了一位死者的双侧眼球,很快给一位氨水烧伤的患者施行了手术,使之复明。同时还将另外一个角膜移植给一位老人,治好了她

的眼疾。基于该案例,下列描述合乎伦理的是

A. 仅以医学行为后果作为评判行为正当与否的依据,有时难以具有充分的说服力

B. 医学行为的后果是医学行为正当与否的唯一依据

C. 医学行为的动机是医学行为正当与否的唯一依据

D. 医学行为只要符合义务的原则要求就是正当的

E. 以上选项都不对

【答案】A

2. 2000 年 6 月,美、英、日、法、德、中六国公布人类基因组序列图的"工作框架图"绘出。这将为人类疾病的本原、新药的设计、新治疗方法的产生提供重要依据。同时人们也担心这一成果如果用于危害人类研究,其后果是不可设想的。上述情况表达的最主要思想是

A. 科学技术进步的力量是无穷的

B. 道德在科学技术进步面前是无能为力的

C. 现代医学科学发展需要医学道德把关

D. 医学道德制约了医学科学的发展

E. 基因科学的发展是解决人类全部健康问题的根本

【答案】C

第二节　医患关系伦理

【A1 型题】

1. 下列关于良好医患关系的重要性,**不包括**

A. 提高患者的社交能力

B. 提高患者对医务人员的信任度

C. 有利诊断、治疗得到顺利实现

D. 造就医患之间良好的心理气氛

E. 本身就是一种治疗手段

【答案】A

【解析】第一,良好的医患关系是医疗活动顺利开展的必要基础。例如从诊断方面看,医患之间没有充分的交往,医生就往往采集不到确切的病史资料。从治疗方面看,患者遵从医嘱是治疗成功的关键。第二,融洽的医患关系会造就良好的心理气氛和情绪反应。对于患者来说,不仅可消除疾病所造成的心理应激,而且可以从良好的情绪反应所致的躯体效应中获益。对于医生

来说,从这种充满生气的医疗活动中亦可得到更多的心理上的满足,即良好的医患关系本身就是一种治疗的手段,它不仅可以促进患者的康复,而且对医生的心理健康也是必需的。

2. 下列**不属于**医务人员非语言沟通技巧的是

A. 语调　　　　　B. 目光

C. 身体姿势　　　D. 表情

E. 文字暗示

【答案】E

【解析】非语言沟通是指医务人员通过仪表、体态、面部表情、眼神、声调、手势、抚触、距离等非语言特征沟通方式与患者进行信息交流,在沟通中可以达到支持、补充和深化语言表达的效果。

3. 下列会直接影响医务人员与患者进行语言沟通的是

A. 声调　　　　　B. 手势

C. 谈话地点　　　D. 关闭式谈话

E. 以上均不是

【答案】D

4. 医患冲突的结果,可能造成

A. 患者的被动-攻击行为

B. 患者不遵从医嘱

C. 患者难以公开谈出自己的需要

D. 患者的情绪不好

E. 以上情况均有可能发生

【答案】E

5. 医患间交往障碍的原因,医生方面可能有

A. 对患者的病痛缺乏同情心

B. 以是否有科研价值对待患者

C. 关心对方能否给自己带来物质利益

D. 情绪不稳

E. 以上原因均有可能

【答案】E

【解析】主要是有的人虽有较高的技术,但缺乏医德修养,有的人甚至两者都缺乏。他们在诊治过程中对患者的病痛缺乏应有的同情和责任感,对患者态度冷淡、漠不关心、厌烦甚至鄙视,以权威、救世主自居。在医务工作中,对患者以是否有"治疗价值"或"科研价值"的标准去对待。只注意自己"提高技术"而不关心患者的疾苦;对常见病、多发病不是马虎地诊治,就是一推了之。有些医务人员因受社会上的不良影响,以对方能否给自己带来某种物质利益或获得某种方便来确定医患关系,导致医患关系的紧张。

6. 在患者处于急性感染但无意识障碍的情况下,通常采用的医患关系模式是

A. 共同参与型　　　B. 指导-合作型

C. 主动-被动型　　　D. 父母与婴儿式

E. 以上均不是

【答案】B

【解析】指导-合作型的医患关系模式中,患者有一定意志要求,需要医师帮助,并愿意合作。他们常常把医师置于权威性位置,医师也自觉或不自觉地在防治过程中使用自己的权威,发挥其指导作用,这是目前最常见的医患关系模式,主要适用于急性疾病和外科手术恢复期。在这类模式中,医患双方产生各种心理的相互作用。医师以恩赐者自居、患者对医师的过度依赖都对医患关系有很大影响,有时可能延缓康复过程。因此,随着急性疾病发生的减少,这类模式的应用也将缩小。

7. 对大多数慢性病患者,帮助患者自助属于哪种医患关系模式

A. 共同参与型　　　B. 指导-合作型

C. 主动-被动型　　　D. 父母与婴儿式

E. 以上均不是

【答案】A

【解析】指导-合作型的要点是医生告诉患者做什么,患者缺乏较多的主动性和能力;也相当于父母与婴儿式的关系。在主动-被动型的医患关系中患者的主动性和能力则更低。故医生帮助患者自助的医患关系属共同参与型。

8. 随着病情的变化,医患关系可以

A. 一直保持不变

B. 由主动-被动型转化为指导-合作型

C. 由主动-被动型转化为共同参与型

D. 最终都要进入共同参与型

E. 由一种模式转向另一种模式

【答案】E

9. 医务人员职业道德**不要求**

A. 无私的奉献

B. 崇高的爱情

C. 利他精神

D. 把患者的痛苦看得高于一切

E. 以上均不是

【答案】B

10. 医务人员职业要求其情绪主要是

A. 积极而稳定　　　B. 爱憎分明

C. 心境平和　　　　D. 悲喜有节制

E. 永远快乐

【答案】A

11. 对医务人员记忆力的主要要求是

A. 记忆的准备性　　B. 记忆的持久性

C. 记忆的专一性　　D. 记忆的敏捷性

E. 记忆的准确性

【答案】E

12. 心理品质是指

A. 遗传的心理素质

B. 一个人的情绪和行为体系

C. 一个人独特的精神面貌

D. 一个人的认知、情感、意志和行为活动的有机结合

E. 良好的气质

【答案】D

13. 萨斯和荷伦德提出的医患关系基本模式是

A. 主动-被动型、共同参与型

B. 主动型、共同参与型

C. 被动-主动型、共同参与型

D. 主动-被动型、指导-合作型、共同参与型

E. 主动-被动型、指导-配合型

【答案】D

【解析】①主动-被动型:是一种传统的医患关系类型,这种模式在现代医学实践中普遍存在,如外科、麻醉、抗菌治疗。这一模型适用于急诊治疗、严重创伤、大出血或休克昏迷等。②指导-合作型:是一种现代医患关系基础的模型。医患间存在着相互作用,患者因某些症状,如急性感染,主动寻求医生帮助。医生则告诉患者做什么,并期望患者对指令性的治疗服从、合作。医生不喜欢患者提问题或表示异议,或不履行应该接受的医嘱。这种关系虽然患者有了一定的地位和主动性,但在总体上医患的权利还是不平等的。③共同参与型:医生和患者有近似相等的权利和地位,医生帮助患者治疗,几乎所有的心理治疗均属于这种模式,大多数慢性病也适用这种模式。这种模型就参与者双方而言,比上述两种模型需要更为复杂的心理要求。

14. 医患沟通的伦理准则是

A. 尊重　　　B. 有利　　　C. 公正

D. 诚信　　　E. 以上均是

【答案】E

【解析】医患沟通的伦理准则:尊重、有利、公正、诚信。

15. 医患沟通的伦理意义是

A. 实践"人是目的"的伦理价值

B. 发挥道德情感的传递作用

C. 推动人道主义精神的发展

D. 促进医患双方道德境界的提升

E. 以上均是

【答案】E

【解析】医患沟通的伦理意义:①实践"人是目的"的伦理价值;②发挥道德情感的传递作用;③推动人道主义精神的发展;④促进医患双方道德境界的提升。

16. 现代医学实践中医患关系的常用模式是
    A. 主动-被动型模式
    B. 指导-合作型模式
    C. 指导-参考型模式
    D. 共同参与型模式
    E. 相互协作型模式

【答案】B

【解析】现代医学实践中医患关系的常用模式是指导-合作型模式。

17. 医患纠纷增多的原因
    A. 医疗体制改革相对于市场经济发展的滞后
    B. 医院管理的缺陷
    C. 医务人员的服务态度
    D. 媒体的推波助澜
    E. 以上均是

【答案】E

【解析】医患纠纷增多的原因：①医疗体制改革相对于市场经济发展的滞后；②医院管理的缺陷；③医务人员的服务态度；④患者缺乏理性态度；⑤媒体的推波助澜。

18. 医患关系的意义包括
    A. 有利于医学事业的发展
    B. 共同维护患者利益和社会利益
    C. 相互信任、支持与协作
    D. 相互学习与竞争
    E. 彼此平等和相互尊重

【答案】A

【解析】医患关系的意义包括：①有利于医学事业的发展；②有利于发挥医院的整体效应而提高各项工作的效率；③有利于建立和谐的医患关系；④有利于医务人员成才。

19. 良好医患关系的建立有利于
    A. 增强尊重患者的权利的意识
    B. 建立协调医患关系的组织
    C. 确立公正的社会舆论导向
    D. 普及医学、伦理学、法律知识
    E. 以上均是

【答案】E

【解析】良好医患关系的建立，有利于：①增强尊重患者的权利的意识，这主要是针对医方而言，因为患方属于弱势群体，其权益更易受到侵害；②建立协调医患关系的组织，如医院伦理委员会会很好的协调医患关系；③确立公正的社会舆论导向，一种公正的舆论导向对于建设良好的医患关系十分重要，因为公众的行为方式极易受到社会舆论的引导；④普及医学、伦理学、法律知识，患者由于医学知识和伦理、法律的欠缺，容易造成

医患关系中的被动，医务人员的伦理、法律知识也很缺乏，从而导致对患者权益的忽视和在一些伦理困境中的不知所措。医学、伦理、法律知识的广泛普及，必定是建立理想医患关系的必由之路。

20. 改善医患关系的措施包括
    A. 提高专业技术、品德修养、尊重患者权利等
    B. 尊重医务人员和医院的规章制度，普及医学伦理法律知识，积极配合治疗
    C. 完善医疗制度，规范医院的管理，完善卫生补偿体制
    D. 建立协调医患关系的组织
    E. 以上均是

【答案】E

【解析】改善医患关系的措施包括：
①医方：提高专业技术、品德修养，尊重患者权利等；②患方：尊重医务人员和医院的规章制度，普及医学伦理法律知识，积极配合治疗；③加快卫生体制改革：完善医疗制度、规范医院的管理、完善卫生补偿体制；④建立协调医患关系的组织；⑤确立公正的社会舆论导向。

21. 医患双方都具有独立人格，要求医师做到
    A. 不伤害患者
    B. 从各方面关心患者
    C. 患者是上帝
    D. 平等对待患者
    E. 以上均不是

【答案】D

【解析】首先医患双方具有独立人格的前提是具有平等的关系，所以医生要做到平等对待患者。

22. 医患之间正常的信托关系应该建立于
    A. 上下级关系
    B. 契约关系
    C. 社会主义医德关系和法制关系
    D. 亲属关系
    E. 以上均不是

【答案】C

【解析】医患之间的信任关系表现为：一方面患者对医方的信任，把自己的健康和生命交付给医务人员和医院，相信医方能负起这一重责；另一方面医生也信任患者，相信患者对病情的诉说是真实的，患者是尊医的、是能配合医疗的。这种信任关系在法制社会里，应该明显地带有法制关系性质，但不是抽象的法律关系。医患之间的法律关系是医生(医院)与患者双方对有关患者医疗问题达成的一种约定，即医患之间确立、变更、终止医疗民事权利的协议或诺言。医患之间的这种法律关系属性是重要且必需的，但不同于一般的契约关系，既没有订立一般契约的那种程序和条款，也没有考虑经济指

标。所以,这种法律约束在医患关系中应位于次要地位,医患关系仍应以伦理道德关系为主。

23. 下列哪项**不属于**正确处理医务人员之间关系的意义

A. 有利于医学事业的发展

B. 有利于医院整体效益的发挥

C. 有利于医务人员的成长

D. 有利于建立和谐的医患关系

E. 有利于共同对付患者及其家属

【答案】E

【解析】正确处理医务人员之间关系的意义:①有利于医学事业的发展;②有利于发挥医院的整体效应而提高各项工作的效率;③有利于建立和谐的医患关系;④有利于医务人员成才。

24. 确切地说,按规定积极参加会诊,这一做法最能体现的正确处理医务人员之间关系的意义和道德原则是

A. 有利于建立和谐的医患关系;共同维持社会公益

B. 有利于医院集体力的发挥;彼此独立、互相支持和帮助

C. 有利于加深朋友之谊;彼此信任、礼尚往来

D. 有利于分担风险;彼此独立、相互支持和帮助

E. 有利于医院集体力量的发挥;彼此信任、礼尚往来

【答案】B

25. 医生和患者所采取沟通方式,哪项**不属于**非语言沟通

A. 面部表情　　　　B. 说话声调

C. 书面通知　　　　D. 身体姿态

E. 眼神手势

【答案】C

【解析】非语言沟通指不以自然语言为载体进行信息传递,而是以人的仪表、服饰、动作、神情等非语言信息作为沟通媒介进行的信息传递。

26. 非语言沟通方法有3种:动态的、静态的和副语言。下列哪项属于副语言

A. 手势　　　　　　B. 仪表

C. 语调　　　　　　D. 医院的导诊牌

E. 医生和患者之间的空间距离

【答案】C

【解析】"狭义的副语言"指有声现象,如说话时气喘、嗓子沙哑、整句话带鼻音、某个字音拉得很长、压低

噪音、说话不连贯等。

27. 医患沟通的意义中**不包括**

A. 是医学目的的需要

B. 是提高医生技术水平的需要

C. 是临床治疗的需要

D. 是医学人文精神的需要

E. 是医疗诊断的需要

【答案】B

【解析】在医疗市场竞争日趋激烈的社会背景下,加强与患者的沟通,充分尊重患者的知情权、选择权,能使患者积极支持、配合医疗工作,减少不必要的医患纠纷。①医患沟通是医疗诊断的需要;②医患沟通是医学发展的需要;③医患沟通是减少纠纷的需要;④医患沟通是双向性的。

28. 患者的知情同意权主要体现在

A. 医生的技术水平

B. 对自己健康的维护

C. 医生的主要诊治手段

D. 医院的各项规章制度

E. 自己承担的社会责任

【答案】C

29. 患者的权利中**不包括**

A. 经济免责权　　　B. 平等医疗权

C. 疾病认知权　　　D. 法律诉讼权

E. 知情同意权

【答案】A

【解析】患者的权利包括基本医疗权、疾病认知权、知情同意权、保护隐私权、监督医疗权、免除一定的社会责任权、要求赔偿权。而经济免责权不属于上述范畴。

30. 下列各项中**不属于**医患之间非技术关系的是

A. 道德关系　　　　B. 利益关系

C. 价值关系　　　　D. 经济关系

E. 法律关系

【答案】D

【解析】医患之间的非技术性关系是:道德关系、利益关系、价值关系、法律关系、文化关系。

31. 在诊疗过程中医务人员之间、专业相互之间和科室相互之间通力协作、密切配合和团结一致,共同为患者的康复而努力,该诊疗伦理原则是

A. 整体性原则　　　B. 协同一致的原则

C. 最优化原则　　　D. 知情同意原则

E. 病人为中心原则

【答案】B

32. 保守患者的秘密,其实质是
    A. 尊重患者自主
    B. 不伤害患者自尊
    C. 保护患者隐私
    D. 医患双方平等
    E. 人权高于一切
    【答案】A

33. 医务人员应当对患者保守的医疗秘密是
    A. 患者的病情
    B. 患者的医疗方案
    C. 患者的性别
    D. 医务人员的家庭住址
    E. 医院及医务人员的特色、特长
    【答案】D

34. 医疗活动中最基本、最重要的人际关系是
    A. 医患关系
    B. 医疗团体与社会的关系
    C. 医护关系
    D. 医际关系
    E. 护患关系
    【答案】A

35. 医患关系是契约关系,表明
    A. 医患关系不是民事法律关系
    B. 医患之间是平等的
    C. 医患关系的主体是来就诊的患者
    D. 医患关系是患者出于无奈与医务人员及医疗机构结成的
    E. 医患关系的客体是社会
    【答案】B

36. 医患关系的性质是
    A. 医患关系是一般的契约关系
    B. 医患关系是纯粹的信托关系
    C. 医患关系是在信托关系基础上的契约关系
    D. 医患关系是信托关系就不是契约关系
    E. 医患关系是契约关系就不是信托关系
    【答案】C

37. 患者的自主性取决于
    A. 医患之间的契约关系
    B. 医患之间的经济关系
    C. 医患之间的政治关系
    D. 医患之间的亲疏关系
    E. 医患之间的工作关系
    【答案】A

38. 在医患交往中,强调维护患者权益取决于
    A. 患者在信托关系中居于弱势地位
    B. 患者在信托关系中有明确要求
    C. 患者在信托关系中居于强者地位
    D. 医师对患者的承诺
    E. 医师对患者的关心
    【答案】A

39. 构成医患信托关系的根本前提是
    A. 患者求医行为中包含对医师的信任
    B. 患者在医患交往中处于被动地位
    C. 医师是"仁者"
    D. 现代医学服务是完全可以信赖的
    E. 医患交往中加入一些特殊因素
    【答案】A

40. 为维护医患之间相互信任的关系,医师必须做到但应**除外**的是
    A. 主动赢得患者信任
    B. 珍惜患者的信任
    C. 对患者所提要求言听计从
    D. 努力消除误解
    E. 对患者出现的疑虑尽量澄清
    【答案】C

41. 患者的权利受到关注的社会背景是
    A. 人的权利意识、参与意识增强和对人的本质的进一步认识
    B. 医患间医学知识的差距逐渐缩小
    C. 对人的本质有了进一步认识
    D. 意识到医源性疾病的危害
    E. 世界性的医患关系冷漠化
    【答案】A

42. 在医疗过程中,医生的医疗权应该
    A. 服从医院的发展
    B. 服从患者的权利
    C. 服从社会公益
    D. 服从医院行政领导
    E. 服从家属的意愿
    【答案】B

43. 尊重患者的疾病认知权需要一定的前提是
    A. 不影响医务人员与家属的关系
    B. 不让患者难过
    C. 不影响医患关系的确立
    D. 不影响医生治疗方案的选择
    E. 不加重患者的心理负担和影响治疗效果

【答案】E

44. 患者的道德义务有
   A. 保持健康和恢复健康
   B. 在医师指导下接受和积极配合医生诊疗
   C. 帮助医务人员工作
   D. 服从医院的行政领导
   E. 要求家属帮助护士工作

【答案】B

45. 当患者对医生所实施的诊治手段有质疑时，医生必须详细介绍，在患者愿意时才能继续进行，这属于患者的
   A. 平等医疗权   B. 疾病认知权
   C. 知情同意权   D. 社会责任权
   E. 保护隐私权

【答案】C

46. 患者的权利**不包括**
   A. 基本医疗权   B. 自我决定权
   C. 知情同意权   D. 要求保密权
   E. 保管病志权

【答案】E

47. 患者义务应**除外**
   A. 完全听从医师的安排
   B. 如实提供病情信息
   C. 认真执行医嘱
   D. 不将疾病传播他人
   E. 尊重医师及其劳动

【答案】A

48. 下列关于患者享有平等医疗权利的表述，**错误**的是
   A. 公民享有生命健康权
   B. 对所有患者都应一视同仁
   C. 对患者的要求都予以满足
   D. 患者享有的医疗保健权在实现时是受条件限制的
   E. 应充分给患者提供医疗信息

【答案】C

49. 对患者知情同意权的做法中，**错误**的是
   A. 婴幼儿患者可以由监护人决定
   B. 对某些特殊急诊抢救视为例外
   C. 无家属承诺，即使患者本人知情同意也不能给予手术治疗
   D. 做到完全知情
   E. 做到有效同意

【答案】C

50. 患者在诊治过程中**不能拒绝**
   A. 治疗   B. 公开病情
   C. 手术   D. 实验
   E. 遵守医院制度

【答案】E

51. 患者下列义务中应该经其同意后才能合理履行的是
   A. 如实提供病情
   B. 尊重医务人员的劳动
   C. 避免将疾病传播给他人
   D. 遵守住院规章
   E. 支持医学生实习和发展医学

【答案】E

52. 医患关系出现物化趋势的最主要原因是
   A. 医学高技术手段的大量应用
   B. 医院分科越来越细，医生日益专科化
   C. 医生工作量加大
   D. 患者对医生的信任感降低
   E. 患者过多依赖医学高技术的检测手段

【答案】A

53. 现代诊疗过程中医生越来越依赖于辅助检查所得的指标和数据，医生和患者的直接交流因此减少。这反映出医患关系出现
   A. 民主化趋势
   B. 物化趋势
   C. 法制化趋势
   D. 分化趋势
   E. 商品化趋势

【答案】B

54. 共同参与型的医患关系中
   A. 医生有绝对的权威，患者无条件地配合医生
   B. 医生相对主动，患者相对被动
   C. 医生和患者共同商讨病案并决定治疗方案
   D. 患者的主动性大于医生的主动性
   E. 现实中不存在

【答案】C

55. 医患双方都具有独立人格，要求医师做到
   A. 不伤害患者
   B. 从各方面关心患者
   C. "患者是上帝"

D. 平等对待患者

E. 关心患者心理需求

【答案】D

56. 下列对医际关系伦理意义的描述，**不准确**的是

A. 有利于医学事业发展

B. 有利于医务人员成才

C. 有利于取得更高的经济收益

D. 有利于医院集体力量的发挥

E. 有利于建立和谐的医患关系

【答案】C

57. 正确处理医际关系的原则是

A. 根据职务、职称不同，区别对待

B. 根据学历、职务的高低，分配发展机会

C. 彼此信任，互相协作和监督

D. 互相尊重，"井水不犯河水"

E. 相互尊重，坚持独立，注重自我发展

【答案】C

58. 下列处理医际关系的原则，**不正确**的是

A. 彼此平等、互相尊重

B. 彼此独立、互相支持和帮助

C. 彼此协作，力争最大经济效益

D. 彼此信任，相互协作和监督

E. 相互学习，共同提高和发挥优势

【答案】C

【A2型题】

1. 患者李某，女，26岁，未婚，体检中发现左侧乳房有肿块来院治疗。经医生诊断后拟进行手术治疗，但患者十分担心手术后会影响今后生活质量，医生积极解释，消除了患者的心理负担，在征得患者家属同意的情况下，进行手术且手术顺利，患者及家属都很满意。本案例集中体现了尊重患者的

A. 基本医疗权

B. 知情同意权

C. 疾病认知权

D. 提出问题并要求医生解答的权利

E. 监督医疗过程的权利

【答案】B

2. 因车祸受重伤的男子被送去医院急救，因没带押金，医生拒绝为患者办理住院手续。当患者家属拿来钱时，已错过了抢救最佳时机，患者死亡。本案例违背了患者权利的

A. 享有自主权

B. 享有知情同意权

C. 享有保密和隐私权

D. 享有基本的医疗权

E. 享有参与治疗权

【答案】D

3. 甲医师发现邻病房乙医师的诊治失误后，及时反映给主管部门。这体现了正确处理医务人员之间关系的道德原则是

A. 共同维护社会公益

B. 共同维护患者利益

C. 开展正当竞争

D. 全心全意为人民服务

E. 以上都不是

【答案】B

4. 某医师为不得罪同事，将患者严格区分为"你的"和"我的"，对其他医生所负责的患者一概不闻不问，即使同事出现严重失误，也是如此。这种做法违反了正确处理医务人员之间关系的道德原则

A. 彼此平等、互相尊重

B. 彼此独立、相互支持和帮助

C. 彼此信任、互相协作和监督

D. 彼此独立、相互协作和监督

E. 彼此平等、互相协作和监督

【答案】C

5. 一位女医生对患者说话声调柔和、目光亲切、讲话时面带微笑，说明她在下列哪一方面做得好

A. 语言沟通和非语言沟通

B. 语言沟通技巧

C. 非语言沟通技巧

D. 目光沟通

E. 以上都不是

【答案】C

【解析】医患交往的两种形式:语言形式的交往和非语言形式的交往。前者顾名思义，是用语言传递信息，后者包括语调、表情等。依题意，这位女医生是非语言形式的交往做得好。

29

C. 是否发生严重不良反应或者不良事件

D. 是否需要暂停或者提前终止研究项目

E. 以上都是

【答案】E

第四节　医学道德的评价、监督和修养

【A1 型题】

1. 医德修养的根本途径和方法是

A. 自我批评　　　B. 自我反思

C. 见贤思齐　　　D. 接受患者监督

E. 与医疗实践结合

【答案】E

【解析】与医疗实践相结合是医德修养的根本途径和方法,具体是从以下三个方面做起:①要坚持在为人民健康服务的医疗实践中认识主观世界,改造主观世界;②要坚持在医疗实践中检验自己的品德,自觉地进行自我教育,自我锻炼,提高自己医学修养;③要随着医疗实践的发展,使自己的认识不断提高,医学道德修养不断深入。

2. 医学道德修养的范畴包括

A. 意志、情操、仪表、品行

B. 举止、仪表、意志、情感

C. 情操、信念、习惯、举止

D. 情操、举止、仪表、品行

E. 仪表、品行、情操、信念

【答案】D

【解析】医德修养包括医疗实践中所形成的情操、举止、仪表和品行等。

3. 医学道德教育的过程不包括

A. 提高道德意识

B. 培养医德情感

C. 锻炼医德意志

D. 鉴定医德信念

E. 进行自我教育和自我锻炼

【答案】E

【解析】医学道德教育的过程包括提高医德认识、培养医德情感、锻炼医德意志、坚定医德信念以及养成医德行为习惯。

4. 医学道德的意义不包括

A. 有助于形成医务人员的内在品质

B. 有助于培养医务人员的人文素养和道德情操

第三节　生物医学研究伦理

【A1 型题】

1.《涉及人的生物医学研究伦理审查办法》已于 2016 年 9 月 30 日经国家卫生和计划生育委员会主任会议讨论通过,自（　　）起施行

A. 2016 年 9 月 30 日　B. 2016 年 10 月 1 日

C. 2016 年 11 月 1 日　D. 2016 年 12 月 1 日

E. 2017 年 1 月 1 日

【答案】D

2. 伦理委员会的委员应当从生物医学领域和伦理学、法学、社会学等领域的专家和非本机构的社会人士中遴选产生,人数不得少于（　　）人,并且应当有不同性别的委员,少数民族地区应当考虑少数民族委员

A. 3　　　B. 5　　　C. 7

D. 9　　　E. 11

【答案】C

3. 伦理委员会委员任期为

A. 2 年　　　B. 3 年　　　C. 4 年

D. 5 年　　　E. 6 年

【答案】D

4. 医疗卫生机构应当于每年（　　）前向备案的执业登记机关提交上一年度伦理委员会工作报告

A. 1 月 31 日　　　B. 2 月 28 日

C. 3 月 31 日　　　D. 4 月 30 日

E. 5 月 31 日

【答案】C

5. 伦理委员会作出决定应当得到伦理委员会全体委员的（　　）同意,伦理审查时应当通过会议审查方式,充分讨论达成一致意见

A. 二分之一以上　　　B. 三分之二以上

C. 五分之三以上　　　D. 七分之四以上

E. 九分之五以上

【答案】A

6. 对已批准实施的研究项目,伦理委员会应当指定委员进行跟踪审查,跟踪审查包括

A. 是否按照已通过伦理审查的研究方案进行试验

B. 研究过程中是否擅自变更项目研究内容

C. 有助于促进医学科学工作发展

D. 是将医学道德原则和规范转化为内心信念的重要环节

E. 是确保维护社会公益的原则

【答案】E

【解析】医学道德教育的意义包括：①有助于形成医务人员的内在品质，是把医学和规范转化为内心信念的重要一环；②有助于培养医务人员的人文素养和道德情操，是形成良好医德医风的重要环节；③有助于培养高素质的医学人才，是促进医学科学工作发展的重要措施。

5. 正确把握医德评价依据的观点是

A. 动机论　　　　B. 手段论

C. 效果论　　　　D. 目的论

E. 动机与效果、目的与手段辩证统一论

【答案】E

【解析】正确把握医德评价依据的观点：①在医学道德评价上，我们应该坚持哲学上的动机与效果辩证统一的观点，即必须从效果上去检验动机，又要从动机上去看待效果，对具体情况做具体分析。②一般情况下目的决定手段，手段服从目的，没有目的的手段是毫无意义的。同时，没有一定的手段相助，目的也是无法实现的。在评价医务人员的医德行为时，不仅要看其目的是否正确，还要看其是否选择了恰当的手段。

6. 医学道德评价的标准包括

A. 疗效标准、社会标准、科学标准

B. 舆论标准、价值标准、疗效标准

C. 科学标准、社会标准、舆论标准

D. 科学标准、疗效标准、价值标准

E. 社会标准、价值标准、舆论标准

【答案】A

【解析】医学道德评价标准有疗效标准、社会标准、科学标准。

7. 对医德评价的意义理解有误的是

A. 表明评价者个人的喜好

B. 形成健康的医德氛围

C. 调节医学人际关系

D. 有助于将外在医德规范内化为医务人员的信念

E. 有助于指导医务人员选择高尚的医德行为

【答案】A

【解析】医德评价是医务人员行为、医疗卫生保健单位活动的监视器和调节器；维护医德原则、规范和准则的重要保障；使医德原则、规范和准则转化为医务人员行为和医疗卫生保健单位活动的中介和桥梁。

8. 医德品质构成的基本要素是

A. 内心信念　　　B. 社会舆论

C. 传统习俗　　　D. 真诚信仰

E. 科学标准

【答案】A

【解析】内心信念是指医务人员发自内心地对道德义务的深刻认识、真诚信仰和强烈的责任感，是医务人员对自己行为进行善恶评价的内在动力，是医德品质构成的基本要素，也是医德评价的重要方式。

9. 对医务人员在医德修养方面提倡"慎独"，不正确的是

A. "慎独"是古代儒家用语，是封建社会道德特有的范畴

B. "慎独"是道德修养的方法

C. "慎独"是指个人在独处无人监督时，仍能坚持道德原则和道德信念

D. "慎独"是中性名词，在今天使用它可以有崭新的内容和含义

E. 医德修养是有层次的，提倡"慎独"，是希望医务人员的医德修养达到更高境界

【答案】A

10. 医学评价中最普遍、最具有影响力的方式是

A. 内心信念　　　B. 社会舆论

C. 传统习俗　　　D. 真诚信仰

E. 科学标准

【答案】B

【解析】社会舆论是指公众对某种社会现象、行为和事件的看法和态度，即公众的认识。社会舆论可以形成一种强大的精神力量，调整人们的道德行为，指导人们的道德生活，适宜的评价最普遍、最具有影响力的方式，在医德评价中起着重要作用。

11. 市场经济条件下加强医学伦理教育的必要性主要取决于

A. 公正分配医药卫生资源的要求

B. 实现医疗活动道德价值的要求

C. 协调医际关系的要求

D. 合理解决卫生劳务分配问题的要求

E. 正确处理市场经济对医学服务正负双重效应的要求

【答案】E

12. 医德修养的内容不包括

A. 学习医疗卫生体制改革文件，进行政策修养

B. 学习科学的医学伦理学理论，进行医德理论修养

C. 在医疗实践中以医德原则和规范要求自己,进行医德规范认同修养

D. 以正确的医德思想战胜错误的医德思想,进行医德情感和信念修养

E. 实践正确的医德认识,进行医德品质和习惯修养

【答案】A

13. 应大力宣传医务人员中的先进人物和先进事迹,所根据的医德教育原则是
    A. 目的性原则
    B. 理论联系实际原则
    C. 正面引导原则
    D. 因人施教原则
    E. 实践性原则

【答案】C

14. 医德的维系手段是
    A. 强制性力量　　　B. 非强制力量
    C. 卫生法纪　　　　D. 经济奖惩
    E. 行政处罚

【答案】B

15. 医德评价方式不包括
    A. 正式社会舆论　　B. 非正式社会舆论
    C. 传统习俗　　　　D. 内心信念
    E. 卫生行政仲裁

【答案】E

16. 医学道德评价一般分为
    A. 自我评价与非自我评价
    B. 社会评价
    C. 内心信念
    D. 传统习俗
    E. 社会评价与他人评价

【答案】A

17. 原中华人民共和国卫生部颁布的《医务人员医德规范及实施办法》的精神是
    A. 对患者一视同仁
    B. 文明礼貌服务
    C. 廉洁行医
    D. 为患者保守隐私
    E. 实行社会主义人道主义

【答案】E

18. 临床医师应尽的道德义务中,首要和根本的是
    A. 对同事的义务　　B. 对医院的义务
    C. 对医学的义务　　D. 对社会的义务
    E. 对患者的义务

【答案】E

19. 对"慎独"最正确的理解是
    A. 无人监督时注意不违背医德
    B. 别人无法监督时注意不违背医德
    C. 有错误思想干扰时注意加以抵制
    D. 坚持从小事上点点滴滴做起
    E. 坚持医德修养的高度自觉性、坚定性、一贯性

【答案】E

20. 评价医德行为善恶的根本标准是
    A. 患者的个人意见
    B. 患者家属的意见
    C. 新闻媒体的认定
    D. 有利于患者康复、有利于医学发展、有利于人类生存环境的改善
    E. 社会主义医德规范体系

【答案】D

第二篇　专业理论

第一章　总论

【A1型题】

1. 下列选项**不符合**细胞水肿的描述的是
   A. 属于可复性改变
   B. 与线粒体受损有关
   C. 好发于心、肝、肾等实质细胞
   D. 细胞可发生气球样变
   E. 细胞内出现玻璃样小体
   【答案】E

2. 脂肪坏死属于特殊类型的
   A. 凝固性坏死　　　B. 液化性坏死
   C. 干酪样坏死　　　D. 干性坏疽
   E. 纤维素样坏死
   【答案】B

3. 关于凋亡,下列描述正确的是
   A. 破坏组织结构
   B. 细胞膜破裂、核碎裂
   C. 发生与基因调节有关
   D. 引发局部炎症反应
   E. 局部性细胞、组织的死亡
   【答案】C

4. 关于萎缩,下述**不正确**的是
   A. 已正常发育的细胞、组织、器官的缩小
   B. 胞质内可有脂褐素沉着
   C. 萎缩的器官或组织间质不减少,有时反而增生
   D. 营养缺乏及血供断绝均可引起萎缩
   E. 萎缩细胞内线粒体变小,但残存小体增多
   【答案】D

5. 下列属于稳定细胞的是
   A. 间皮细胞　　　B. 成纤维细胞
   C. 淋巴细胞　　　D. 骨骼肌细胞
   E. 造血细胞
   【答案】B

6. 瘢痕组织的特点是
   A. 血肿形成
   B. 出现炎症反应
   C. 毛细血管改建为小动脉和小静脉
   D. 新生毛细血管和成纤维细胞增生
   E. 成纤维细胞变为纤维细胞,产生大量胶原纤维
   【答案】E

7. 肺褐色硬化时可见到的典型细胞是
   A. 红细胞　　　B. 肺泡上皮细胞
   C. 心衰细胞　　　D. 中性粒细胞
   E. 淋巴细胞
   【答案】C

8. 下述因素有利于血栓形成的是
   A. 血管内膜完整
   B. 血流加快
   C. 血小板数量减少
   D. 癌细胞释放促凝因子
   E. 纤维蛋白溶解增加
   【答案】D

9. 下列疾病**不属于**I型变态反应的是
   A. 皮肤荨麻疹
   B. 过敏性鼻炎(花粉症)
   C. 支气管哮喘
   D. 食物过敏
   E. 类风湿关节炎
   【答案】E

10. II型超敏反应又称为
    A. 血管炎型超敏反应

B. 细胞毒性反应

C. 过敏反应

D. 速发型超敏反应

E. 迟发型超敏反应

【答案】B

11. HIV(人类免疫缺陷病毒)主要破坏人体哪种细胞

A. NK 细胞　　　　B. 巨噬细胞

C. B 细胞　　　　D. T4 细胞

E. T8 细胞

【答案】D

12. 下列**不属于**系统性自身免疫病的是

A. 类风湿关节炎　　B. 复合性软骨炎

C. 皮肌炎　　　　D. 硬皮病

E. 重症肌无力

【答案】E

13. 下列**不属于**器官特异性自身免疫病的是

A. 桥本甲状腺炎

B. 支气管哮喘

C. 胰岛素依赖型糖尿病

D. 克罗恩病

E. 结节性多动脉炎

【答案】E

14. 细菌入血流繁殖、生成毒素,致全身中毒性病症的是

A. 菌血症　　　　B. 毒血症

C. 败血症　　　　D. 脓毒败血症

E. 化脓性炎症

【答案】C

15. 细菌入血流,无全身症状,血菌培养可阳性的是

A. 脓毒败血症　　B. 毒血症

C. 菌血症　　　　D. 出血性炎症

E. 败血症

【答案】C

【A2 型题】

1. 男性,50 岁,因右股骨骨折入院。入院后突然出现晕厥、呼吸困难,随即出现胸痛和发绀;听诊肺部有湿啰音;X 线检查,肺不张、胸腔内少量积液。该患者最可能的诊断为

A. 小叶性肺炎　　B. 肺脂肪栓塞

C. 肺淤血　　　　D. 肺不张

E. 呼吸衰竭

【答案】B

2. 女性,40 岁,因胆囊炎住院手术。手术后 3 天,患者出现左侧胸痛,伴有咳嗽、气喘。查体,左侧胸膜可闻及摩擦音。右小腿肿胀,凹陷性水肿,腓肠肌压痛。X 线检查,左下肺有阴影。临床诊断应为

A. 右下肢深静脉炎

B. 左肺小叶性肺炎

C. 肺淤血

D. 急性呼吸窘迫综合征

E. 右下肢深静脉血栓形成,肺动脉血栓栓塞伴肺梗死

【答案】E

3. 男性,60 岁,近 1 年来经常出现劳累后间歇性胸痛,并且疼痛向左肩、左臂放射。此次发作胸痛持续时间超过 4 小时。心电图显示 T 波倒置。临床诊断为心肌梗死,属于

A. 干酪样坏死　　　　B. 贫血性梗死

C. 出血性梗死　　　　D. 败血性梗死

E. 液化性坏死

【答案】B

4. 女性,25 岁,素来体健。分娩时突然出现发绀、呼吸困难、休克。应考虑为

A. 羊水栓塞　　　　B. 呼吸衰竭

C. 心力衰竭　　　　D. 过敏性休克

E. 血型不合引起急性溶血

【答案】A

5. 男性,8 岁,有骨骼畸形和智力障碍,基因检测示 *NF-1* 基因突变。最有可能的诊断为

A. 视网膜母细胞瘤

B. 神经纤维瘤病

C. 结肠腺瘤性息肉病

D. 肾母细胞瘤

E. 神经鞘瘤

【答案】B

6. 女性,3 岁,视物模糊,切除肿物,镜下见肿瘤细胞为幼稚的小圆细胞,可见特征性 Flexener-Wintersteiner 菊形团。考虑的诊断是

A. 胶质瘤

B. 视网膜母细胞瘤

C. 无性细胞瘤

D. 黑色素瘤

E. 脑膜瘤

【答案】B

7. 男性,46岁,半年来听力下降,近来加重伴有头痛,切除肿物,镜下见瘤细胞呈栅栏状或不完全漩涡状排列(Verocay 小体)。最可能的诊断为

A. 黑色素瘤 B. 神经纤维瘤

C. 脑膜瘤 D. 胶质瘤

E. 神经鞘瘤

【答案】E

8. 女性,36岁,近1年来下腹痛,超声提示宫腔实性占位,活检病理诊断为绒毛膜上皮癌,对于该肿瘤。最容易出现以下哪种情况

A. 淋巴结转移 B. 种植转移

C. 局部浸润 D. 血道转移

E. 一般不转移

【答案】D

9. 男性,60岁,排尿困难半年,PSA 高于正常值,活检为前列腺癌。该肿瘤最容易转移到以下哪个部位

A. 脑 B. 胃 C. 脊椎

D. 肝 E. 肺

【答案】C

10. 男性,65岁,CT 检查提示腹膜后软组织影,活检病理诊断为脂肪肉瘤。下列特殊染色可用于该肿瘤鉴别诊断的是

A. 苏丹Ⅲ染色 B. PAS 染色

C. VG 三色染色 D. 嗜银染色

E. 弹力纤维染色

【答案】A

(步 宏)

第二章 口腔及涎腺疾病

【A1 型题】

1. 以下**不符合**口腔扁平苔藓的为
   A. 多见于老年人,可发生于口腔黏膜的任何部位
   B. 主要表现为鳞状上皮过度角化或不全角化,多见颗粒层增生变厚,也有少数颗粒层萎缩
   C. 表皮角化亢进,棘层不规则增生,上皮钉突可变尖呈锯齿状,基底层细胞液化、变性
   D. 固有层内以 T 细胞为主的淋巴细胞呈密集的带状浸润
   E. 在上皮的棘层、基底层或固有层可见圆形或卵圆形,均质性嗜伊红的胶样小体

   【答案】A
   【解析】口腔扁平苔藓好发于中年女性,可发生于口腔黏膜的任何部位。

2. 以下关于成釉细胞纤维瘤的描述中,**错误**的是
   A. 多发生在 20 岁前,下颌前磨牙及磨牙区多见
   B. 由较原始的牙源性外胚间充质和类似牙板和成釉器的上皮条索及巢团构成
   C. 肿瘤细胞排列呈条索状和岛状,外周为立方状或柱状细胞,中央可有少量星网状细胞
   D. 上皮细胞间的间叶细胞密集、圆形或多角形,相似于牙胚中牙乳头的细胞,胶原丰富
   E. X 线片上表现为界限清楚的囊样透射区,肿瘤界限较清楚,实质性,切面灰白、质软脆

   【答案】D
   【解析】上皮细胞间的间叶成分中胶原少。

3. 骨化性纤维瘤的特点**不包括**
   A. 为边界清楚、由富于细胞的纤维组织和表现多样的矿化组织构成的肿瘤
   B. X 线片见界限清楚的投射影,内含不同数量的阻射物质
   C. 由纤维组织构成,其中含有不同数量的类似骨和/或牙骨质的矿化物
   D. 有些病变中含有圆形或分叶状的强嗜碱性钙化团块,有些病变中含有典型化生的骨小梁
   E. 侵袭性骨化性纤维瘤指主要累及成人的活跃增生性病变

   【答案】E
   【解析】侵袭性骨化性纤维瘤指主要累及 15 岁以下青少年的活跃增生性病变。

4. 以下**不符合**牙源性钙化囊性肿瘤特点的是
   A. X 线片上呈现为界限清楚的透射区,其中含有不等量的阻射物
   B. 镜下可分为囊肿型和实性型
   C. 囊肿型的特点是内衬上皮基底细胞呈柱状,排列整齐,核远离基底膜,基底细胞浅层细胞排列疏松,似星网状细胞,上皮内见影细胞和钙化
   D. 基底膜下方可见多少不等的牙硬组织形成
   E. 当瘤细胞有明显的恶性特征,浸润性生长时称为牙源性影细胞癌

   【答案】B

【解析】镜下可分为囊肿型和肿瘤型。

5. 在慢性盘状红斑狼疮的病理诊断中,正确的是
   A. 上皮水肿
   B. 棘细胞增厚
   C. 基底细胞增生活跃
   D. 基底细胞液化变性,基底膜不清晰
   E. 固有层淋巴细胞呈带状浸润

   【答案】D

6. 以下关于淋巴管瘤描述中**错误**的是
   A. 淋巴管瘤是由扩张的淋巴管构成的海绵状、囊性良性病变,属于组织发育畸形
   B. 遗传学异常对发病有促进作用
   C. 病损大多见于成人,腹腔最常见
   D. 在病损局部的皮肤或黏膜面上可见孤立的或多发散在的小圆形结节,切面上见多数小囊腔,内含稀薄澄清淡黄色液体。由数个大囊腔构成者称为囊性淋巴管,或囊性水瘤
   E. 光镜下可见多量大小不等的薄壁扩张的淋巴管,管壁衬以扁平内皮细胞,腔内含有淋巴液及少量淋巴细胞

   【答案】C

   【解析】淋巴管瘤大多见于儿童,甚至为先天性的,头颈部最常见。

7. 口腔复发性阿弗他溃疡的特点是
   A. 是口腔黏膜病中最常见的溃疡类疾病,居口腔黏膜病之首
   B. 病因复杂,但又不十分明了,认为与下列因素有关:免疫、遗传、感染、系统性疾病、环境、内分泌失调、营养缺乏及精神紧张等
   C. 本病呈周期性复发但又有自限性,为孤立的、圆形或椭圆形浅表溃疡
   D. 其主要病理表现为病损处上皮溶解、破溃、脱失,溃疡表面可有纤维蛋白性渗出物所形成的假膜,下方为密集的炎症细胞浸润,以中性粒细胞及淋巴细胞为主
   E. 以上均是

   【答案】E

8. 以下哪一项**不符合**口腔白斑特点
   A. 是口腔黏膜显著的白色斑块,常伴疼痛
   B. 呈乳白色或灰色,可与黏膜平齐或略高起,临床上分为均质和非均质性

   C. 主要为棘层增生显著,表层上皮可有过度角化或过度不全角化,固有层和黏膜下层有不同程度的淋巴细胞、浆细胞浸润
   D. 上皮与结缔组织之间的基底膜清晰
   E. 白斑属于癌前病变

   【答案】A

   【解析】口腔白斑多无自觉症状。

9. 关于口腔红斑描述**不正确**的是
   A. 口腔黏膜上鲜红色、天鹅绒样斑块
   B. 口腔黏膜鳞状上皮增生
   C. 固有层血管增生、扩张,与临床所见的红色相关
   D. 伴有不同程度的上皮异常增生,多为重度异常增生或原位癌
   E. 如果异常增生的细胞突破基底膜则应诊断为微浸润鳞状细胞癌或鳞状细胞癌

   【答案】B

   【解析】口腔红斑上皮萎缩

10. 关于成牙骨质细胞瘤,下列陈述正确的是
    A. 肿瘤一般与一个牙的牙根紧密相连,并将其部分包绕
    B. X线片显示肿瘤边界清楚,在阻射区周围环绕一宽度均匀的透射带
    C. 受累牙根变短并与牙骨质样组织融合,在生长较成熟的区域,硬组织中含有少量埋入的细胞及许多强嗜碱性骨沉积线
    D. 外围生长区可见较多骨小梁样结构,小梁周围见类似于成骨细胞的成牙骨质细胞,在该组织周缘常有排列呈放射状的胶原纤维埋入
    E. 以上均是

    【答案】E

11. 关于硬化性多囊性腺病,下列陈述**不正确**的是
    A. 硬化性多囊性腺病与乳腺纤维囊性变和硬化性腺病相似,故而得名
    B. 好发于青年女性,多位于腮腺,肿块不规则,质地坚韧,有时呈多灶性病变
    C. 组织学表现为透明变性的背景中出现多个囊性扩张的导管,导管内衬立方上皮、胞质丰富、淡嗜碱性,并可见泡沫样细胞、大汗腺化生等

D. 硬化性多囊性腺病可伴局灶性导管上皮增生,其表现与导管内癌相似,常常发展为浸润性癌

E. 为非肿瘤性良性病变,故免疫组化肌上皮细胞标志物 p63 和 calponin 染色均为阳性

【答案】D

12. 关于唾液腺发生的囊腺癌,下列描述**不正确**的是

A. 以囊性生长为主,常见囊内乳头的唾液腺恶性上皮性肿瘤

B. 肿瘤常常生长迅速伴疼痛及面神经麻痹

C. 肿物圆形或分叶状,无完整包膜,切面暗红色或灰白色,可见大小不等的囊腔

D. 癌细胞立方形或柱状,体积较大,胞核圆形,染色质颗粒状,有不等的异型性,分裂象较常见,胞质丰富,嗜酸性,浸润性生长

E. 肿瘤形成许多大小不一的、单层或多层细胞的腺样结构或囊腔,内有带结缔组织轴的乳头状突起

【答案】B

【解析】肿瘤生长缓慢,可有生长加快、疼痛及面神经麻痹。

13. 淋巴上皮性唾液腺炎的病理特征**不包括**

A. 多见于年轻女性,表现为口干、龋齿增多等

B. 唾液腺内明显的淋巴细胞浸润

C. 腺体实质萎缩

D. 淋巴上皮病变形成

E. 该病与舍格伦综合征的关系密切,可伴有类风湿关节炎等

【答案】A

【解析】淋巴上皮性唾液腺炎多见于中年女性。

14. 关于舍格伦综合征,下列描述**不正确**的是

A. 腺体内可见淋巴细胞及组织细胞增生浸润

B. 病变多从小叶周边开始,小叶轮廓一般仍保留,可见腺泡破坏或消失,间质纤维增生

C. 淋巴细胞浸润于腺泡之间,每 50 个以上的淋巴细胞为一个浸润灶,一般 2 个以上浸润灶具有诊断意义

D. 小叶内导管上皮增生,形成"上皮岛"

E. 淋巴组织成分及上皮成分均可恶变

【答案】B

【解析】病变多从小叶中心开始,一般无纤维增生。

15. 关于慢性阻塞性唾液腺炎,下列说法中**错误**的是

A. 多由于唾液腺导管结石引起

B. 好发于颌下腺及腮腺

C. 患者唾液腺肿大,有酸胀感,进食时加重,挤压患部有浑浊样唾液流出

D. 早期导管周围有炎症反应,结缔组织水肿,血管扩张充血,导管系统扩张,管壁上皮细胞变性,管腔内有嗜伊红唾液沉积物

E. 晚期纤维组织增生且玻璃样变性导致管腔狭窄,腺泡结构仍然保存

【答案】E

【解析】慢性阻塞性唾液腺炎腺泡大部被破坏消失,仅存导管。

16. 肌上皮瘤的病理特点是

A. 好发于腮腺

B. 几乎完全由具有肌上皮分化的细胞组成

C. 可见黏液样区,但不形成软骨样组织

D. 无腺管样结构或腺管样结构区占肿瘤 10% 以下

E. 以上均是

【答案】E

17. 关于口腔黑斑的描述,以下**不正确**的是

A. 是口腔黏膜获得性、棕色或黑色良性病变,常伴黑色素细胞的增加

B. 一般为平坦、界清、圆形或椭圆形的斑块,颜色均匀,病变形态及颜色长期固定不变

C. 鳞状上皮形态正常,但基底层及副基底层的角质形成细胞内黑色素沉积

D. 固有层浅层也可见色素及噬色素细胞

E. 固有层结缔组织通常无明显炎症

【答案】A

【解析】口腔黑斑一般不伴黑色素细胞的增加。

18. 牙源性黏液瘤的特点**不包括**

A. 青壮年下颌多见,X 线片上常显示为肥皂泡样表现

B. 肿瘤包膜不完整,切面实性,胶冻样,其

中有细小的骨梁

  C. 镜下可见大量的黏液样基质内有梭形、星形细胞,核分裂象极为罕见

  D. 大多数肿瘤中含有丰富的胶原,且常发生玻璃样变性,呈均质宽带状

  E. 肿瘤中常有牙源性上皮岛或条索

【答案】D

【解析】多数肿瘤中只含有很少量的胶原,但也有些含胶原相对较多,且常发生玻璃样变性,呈均质宽带状。

19. 关于沃辛瘤,下列说法**错误**的是

  A. 肿瘤呈圆或卵圆形,包膜完整,表面光滑,略呈分叶状

  B. 切面常有大小不等的囊腔,内容物为黏液或胶胨样物

  C. 镜下由腺上皮和淋巴样间质组成

  D. 上皮细胞呈腺管状,排列成两排

  E. 有时上皮细胞可见杯状细胞及鳞状上皮化生,易恶变为鳞状细胞癌或黏液表样癌

【答案】E

【解析】本瘤偶见恶变,可为鳞状细胞癌或黏液表样癌。

20. 肌上皮癌的病理特征**不包括**

  A. 大体呈结节状,无包膜,切面实性,灰白色,可有出血及坏死、囊性变

  B. 镜下肿瘤形态与肌上皮瘤相似,但呈浸润性生长,细胞有异型性,可见核分裂象

  C. 肿瘤细胞可以形成实体、小梁和网状结构,间质可呈黏液样和软骨样

  D. 瘤细胞多呈梭形和浆细胞样,部分呈透明状或上皮样

  E. 免疫组化:CK、calponin、actin、myosin、GFAP、SMA 及 S-100 蛋白均呈阳性

【答案】C

【解析】肌上皮癌的间质不形成软骨样组织。

21. 腮腺肿瘤镜下见由上皮和淋巴样组织组成,上皮细胞胞质嗜酸性,呈腺管状排列成两排,靠腺腔一侧为高柱状,外侧为立方状,间质中见淋巴细胞密集并形成滤泡。最可能的病理诊断是

  A. 腺泡细胞癌   B. 腺淋巴瘤

  C. 嗜酸性腺瘤   D. 肌上皮瘤

  E. 上皮-肌上皮癌

【答案】B

【解析】腺淋巴瘤又称为沃辛瘤。肿瘤由腺上皮和淋巴样间质组成,上皮下间质中见淋巴细胞密集并形成滤泡。

22. 腮腺肿瘤其特征是肿瘤细胞呈合胞体样浸润性生长模式和密集的非肿瘤性淋巴细胞浸润,原位杂交 EBRR 阳性,考虑病理诊断是

  A. 淋巴上皮性涎腺炎

  B. 淋巴腺瘤

  C. 鳞状细胞癌

  D. 淋巴上皮癌

  E. NUT 癌

【答案】D

【解析】淋巴上皮癌被认为是一种 EB 病毒相关的肿瘤,伴有明显的非肿瘤性淋巴细胞和浆细胞浸润的未分化癌。

23. 腮腺肿瘤呈结节状、推挤性生长,切面呈灰白色,可见坏死和囊性变。镜下肿瘤具有双相形态学特点,内层衬覆导管上皮细胞,外层为透明的肌上皮细胞,局部可见完全由透明细胞构成的实性区,细胞具有异型性,核分裂象可见。该肿瘤最有可能的病理诊断为

  A. 肌上皮癌

  B. 透明细胞癌

  C. 上皮-肌上皮癌

  D. 癌在多形性腺瘤中

  E. 多形性腺癌

【答案】C

【解析】上皮-肌上皮癌为一种罕见的肿瘤,主要发生于腮腺及颌下腺。肿瘤由腺上皮细胞和肌上皮细胞构成,腺上皮细胞立方形或矮柱状,围成腺管。其外周有透明肌上皮细胞环绕。

【A2 型题】

1. 男性,15 岁,发现左侧颈部囊肿 20 天,镜下见囊壁内衬复层鳞状上皮,囊壁内有大量淋巴样组织并形成淋巴滤泡,囊肿内为黄绿色液体。最可能的诊断是

  A. 脓肿   B. 甲状舌管囊肿

  C. 鳃裂囊肿   D. 表皮样囊肿

  E. 皮样囊肿

【答案】C

【解析】鳃裂囊肿又称为颈部淋巴上皮囊肿,其组织发生来源于鳃裂或咽囊的上皮剩余。肉眼观察可见囊

肿内含有黄绿或棕色清亮液体,或含浓稠胶样、黏液样物质。镜下囊壁内衬复层鳞状上皮,伴或不伴有角化,部分囊肿可内衬假复层柱状上皮,囊壁内有大量淋巴样组织并形成淋巴滤泡。

2. 女性,35岁,发现颌下腺肿块3个月。镜下见颌下腺体积增大,导管、腺泡周围的炎大量浆细胞、淋巴细胞浸润,腺泡萎缩,腺体的间质有明显的纤维化和闭塞性静脉炎。最可能的诊断是

   A. IgG4 相关性涎腺炎

   B. Sjogren 综合征

   C. 慢性阻塞性唾液腺炎

   D. 淋巴上皮性唾液腺炎

   E. 慢性颌下腺炎

【答案】A

【解析】IgG4 相关性涎腺炎属于 IgG4 相关的硬化病的表现之一。镜下特征是致密的腺小叶内外,特别是导管、腺泡周围的炎症浸润,以淋巴细胞和浆细胞为主。腺泡萎缩。淋巴细胞聚集成形态不规则的淋巴滤泡。腺体的间质有明显的纤维化。

3. 男性,46岁,口腔黏膜下薄壁水疱3天,逐渐增大,手术切除。镜下见棘层上皮细胞松解,上皮内疱形成,疱底部位可见结缔组织乳头层呈绒毛状突起,其表面为单层的基底细胞,直接免疫荧光染色可见上皮棘细胞层呈网状荧光,松解的棘细胞膜呈环状荧光。下列最可能的诊断是

   A. 疱疹样天疱疮　　B. 疱疹样皮炎

   C. 类天疱疮　　　　D. 天疱疮

   E. 白色海绵状斑痣

【答案】D

【解析】天疱疮为自身免疫性疾病。病理特征为棘层上皮细胞松解,上皮内疱形成。

4. 男性,7岁,发现口腔黏膜对称性白色斑块。病理检查示表层过度不全角化,棘细胞层增生伴广泛水肿,棘层细胞内见嗜酸性胞质浓缩,聚集在细胞核周围,上皮无异常增生,固有层可见散在炎症细胞浸润。最可能的诊断是

   A. 白斑　　　　　　B. 白色海绵状斑痣

   C. 扁平苔藓　　　　D. 黏液水肿性苔藓

   E. 类天疱疮

【答案】B

【解析】白色海绵状斑痣也称白褶病,较为少见,为常染色体显性遗传病。好发于颊、口底及舌腹黏膜。

5. 男性,25岁,牙痛1个月后发现牙根部囊肿。镜检示囊肿内衬复层鳞状上皮,可见到透明小体,近上皮处结缔组织透明变,纤维囊壁中常有大量的胆固醇结晶沉积,局灶钙化伴混合性炎症细胞浸润。最可能的诊断为

   A. 牙源性钙化囊肿　　B. 含牙囊肿

   C. 牙周囊肿　　　　　D. 根尖脓肿

   E. 根尖囊肿

【答案】E

6. 男性,35岁,发现双侧腮腺区肿块,血中嗜酸性粒细胞和淋巴细胞增高。镜下见淋巴组织增生,形成淋巴滤泡,滤泡中心可见嗜酸性物质沉积,病变中嗜酸性粒细胞浸润,血管增生、内皮细胞肿胀。最可能的诊断为

   A. Castleman 病

   B. 腮腺炎

   C. 淋巴瘤

   D. 嗜酸性淋巴肉芽肿

   E. 淋巴结过敏性炎

【答案】D

7. 女性,28岁,牙痛后出现牙根部肿物伴咀嚼不适。X线示患牙根尖区有界限清楚的圆形透射阴影。镜下见根尖周炎性肉芽组织增生,周围纤维组织增生,形成肉芽肿,肉芽肿中可见成簇的吞噬脂质的泡沫细胞、胆固醇裂隙及多核巨细胞,病变内可见有增生的上皮团。病理诊断为

   A. 根尖脓肿　　　　B. 根尖周肉芽肿

   C. 根尖囊肿　　　　D. 黄色瘤

   E. 牙龈瘤

【答案】B

8. 女性,55岁,左侧腮腺区无痛性包块3年,近3个月来肿块增大明显,与周围组织粘连,不活动,伴麻木感。镜下肿瘤内可见腺上皮、软骨样组织和黏液样组织,其中上皮细胞成分丰富,核多形性,肿瘤侵犯包膜。病理诊断为

   A. 癌在多形性腺瘤　　B. 多形性腺瘤

   C. 腺样囊性癌　　　　D. 腺泡细胞癌

   E. 肌上皮癌

【答案】A

9. 女性,24岁,发现上颌骨囊肿3个月,X线片为界限清楚的透射区,并与一个未萌出牙牙冠相连,手术切除。镜检:囊肿壁内衬无角化

的鳞状上皮,并含有多少不等的黏液细胞及纤毛细上皮,囊壁结缔组织内可见增生不活跃的牙源性上皮岛。诊断为

A. 牙源性钙化囊肿 　　B. 牙源性角化囊肿

C. 含牙囊肿 　　D. 牙周囊肿

E. 根尖囊肿

【答案】C

【解析】含牙囊肿又称滤泡囊肿。光镜囊肿壁内衬无角化的鳞状上皮,上皮层薄,纤维囊壁内可有牙源性上皮岛。

10. 男性,52 岁,上颌腭中线前部出现肿胀 3 个月,X 线片提示为囊肿。镜下:囊肿由纤维囊壁及上皮衬里组成,衬里上为纤毛柱状上皮和立方上皮,囊壁内可见黏液腺及软骨。诊断为

A. 支气管源性囊肿 　　B. 正中囊肿

C. 畸胎样囊肿 　　D. 腺牙源性囊肿

E. 鼻腭管囊肿

【答案】E

【解析】鼻腭管囊肿也称切牙管囊肿,由胚胎性上皮残余形成。囊肿衬里上皮为复层鳞状上皮,也可为假复层纤毛柱状上皮,或两种兼有之。结缔组织囊壁内可含有大的血管或神经束。

11. 男性,肾移植术后 3 年,颊黏膜充血,上有针尖大小凝乳状白点,局部见不规则的白色斑片。镜下可见上皮表层水肿,棘层增生,上皮钉突延长,角化层可见菌丝,固有层中有炎细胞浸润。病理诊断为

A. 白斑 　　B. 扁平苔藓

C. 假上皮瘤样增生 　　D. 念珠菌病

E. 白塞综合征

【答案】D

12. 女性,65 岁,腭黏膜下厚壁水疱 1 个月。镜检:水疱位于基底层下,无棘层松解,胶原纤维水肿,其间有大量淋巴细胞浸润,直接免疫荧光染色可见基底膜区域有免疫球蛋白沉积形成阳性基底膜荧光带。病理诊断为

A. 寻常性天疱疮

B. 良性黏膜类天疱疮

C. 疱疹样天疱疮

D. 疱疹样皮炎

E. 黏液囊肿

【答案】B

【解析】良性黏膜类天疱疮为慢性自身免疫性疾病。

镜下见形成上皮基底层下疱,基底细胞变性,病损部位的上皮全层剥脱,结缔组织表面光滑,胶原水肿,其中大量淋巴细胞浸润。

13. 男性,50 岁,口底区有一菜花样肿物。镜下见增生的复层鳞状上皮呈指状突起,中心为纤维血管组织,表层上皮有不全角化和过度角化,棘细胞层不同程度增生,基底层增生也较明显,可见较多的核分裂,但不见明显的细胞异型性和病理性核分裂。最可能的诊断是

A. 鳞状细胞乳头状瘤

B. 疣状癌

C. 鳞状细胞癌

D. 纤维上皮性息肉

E. 以上都不是

【答案】A

14. 女性,20 岁,唇部肿胀、上唇肥厚 1 年。取活检,镜下示黏膜上皮无明显增生,固有层及黏膜下层有由上皮样细胞、淋巴细胞及浆细胞组成的结节样聚集,结节内可见血管和多核巨细胞,不伴面神经麻痹和沟纹舌。病理诊断为

A. 结核 　　B. 结节病

C. 肉芽肿性唇炎 　　D. 肉芽肿性血管炎

E. 梅克松-罗森塔尔综合征

【答案】C

【解析】肉芽肿性唇炎多见于青春期之后,从唇之一侧开始发病,波及全唇。光镜下唇黏膜上皮下炎症细胞浸润结节,结节中央有上皮样细胞。

15. 男性,45 岁,发现口颊黏膜白色病变 6 个月,病变边界不清,镜下见黏膜上皮全层细胞发生非典型性改变,失去正常的分层及排列特点,上皮有完整的基底膜,固有层炎症细胞浸润。病理诊断为

A. 鳞状细胞癌

B. 扁平苔藓

C. 慢性盘状红斑狼疮

D. 白斑

E. 原位癌

【答案】E

16. 男性,25 岁,左下颌角及升支处渐进性颌骨膨大 5 年,X 线表现为单囊透射阴影。病理检查见肿物呈囊性,囊壁较薄,囊内含角化

物及蛋白液,囊壁内衬上皮为薄层复层鳞状上皮,可见不全角化,上皮厚度均匀,无钉突,易与结缔组织囊壁分离,基底层细胞立方状或柱状,栅栏样排列,核分裂象易见。最可能的病理诊断是

A. 单囊型成釉细胞瘤

B. 牙源性角化囊性瘤

C. 牙源性鳞状细胞瘤

D. 牙源性鳞状细胞癌

E. 含牙囊肿

【答案】B

17. 女性,40岁,腮腺肿物1年。大体检查示肿物切面呈灰白色,有大小不等的囊腔,可见乳头状突起,囊腔内含胶冻样物。镜下见肿瘤由多个囊腔构成,囊腔内有结缔组织轴的乳头状突起,表面细胞为立方形,其间分布黏液细胞和杯状细胞,间质为结缔组织。最可能的病理诊断是

A. 黏液表皮样癌 　　B. 分泌性癌

C. 多形性腺瘤 　　D. 囊腺瘤

E. 上皮-肌上皮瘤

【答案】D

【解析】可分为乳头状囊腺瘤和黏液性囊腺瘤。镜下见扩张的腺样囊腔内主要衬覆立方状细胞,局部见黏液细胞。

18. 男性,48岁,腭部无痛性包块半年。镜下见肿瘤细胞形态一致,但组织结构表现多样,呈实性、条索状、管状、乳头状和腺样结构,排列成同心圆样,浸润生长。最可能的病理诊断是

A. 多形性腺瘤 　　B. 乳头状囊腺瘤

C. 分泌性癌 　　D. 腺泡细胞癌

E. 多形性腺癌

【答案】E

19. 腮腺肿瘤包膜完整,切面呈实性均质状,棕红色。镜下见瘤细胞体积大,呈圆形、卵圆形或多边形,胞质丰富,充满嗜酸性细小颗粒,核圆形或卵圆形,有一个或多个核仁,瘤细胞排列成实性或腺泡样团块,偶见腺管样结构,间质富于毛细血管,并有多少不等的淋巴细胞浸润,但无淋巴滤泡形成。最可能的病理诊断是

A. 腺泡细胞癌 　　B. 肌上皮瘤

C. 嗜酸性腺瘤 　　D. 分泌性癌

E. 腺淋巴瘤

【答案】C

【解析】嗜酸性腺瘤为涎腺中少见的良性肿瘤,绝大多数发生于腮腺,以老年女性多见。瘤细胞体积大,呈圆形或多边形,胞质丰富,充满嗜酸性细小颗粒,核圆形或卵圆形,深染。瘤细胞排列成实性、片状或小梁状。

20. 女性,54岁,发现口腔硬、软腭交界处黏膜表面火山口样溃疡1个月,溃疡深达骨面。手术创伤后亦可出现。镜下见涎腺腺泡破坏,腺小叶坏死但轮廓尚存,腺导管可见明显的鳞状细胞化生,形成上皮条索和上皮岛,溃疡周围上皮呈假上皮瘤样增生,有较明显的核分裂,但无病理性核分裂,腺体内弥散的炎症细胞浸润。最可能的病理诊断是

A. 坏死性唾液腺化生

B. 淋巴上皮性唾液腺炎

C. 鳞状细胞癌

D. 肌上皮癌

E. 以上都不是

【答案】A

21. 男性,17岁,上颌骨肿物,X线病变为境界清楚的透光区,其中有结节状阻射物。镜下见肿物有包膜,主要由排列紊乱的牙体组织混合组成。诊断为

A. 牙瘤

B. 牙源性钙化上皮瘤

C. 成牙骨质细胞瘤

D. 牙本质细胞瘤

E. 牙成釉细胞瘤

【答案】A

【解析】牙瘤是一种成牙组织的错构瘤或发育畸形,是由釉质、牙本质、牙骨质和牙髓组织构成,是高分化的良性肿瘤,常有包膜,可分为混合性牙瘤和组合牙瘤。

22. 男性,50岁,颊部有一溃疡型肿块,质地硬,与周围组织粘连,不活动。镜下可见癌细胞向黏膜下层浸润生长,呈团块状排列,形成癌巢,中间可见角化珠。病理诊断为

A. 疣状癌 　　B. 鳞状细胞癌

C. 基底细胞癌 　　D. 乳头状瘤

E. 未分化癌

【答案】B

23. 男性,45岁,颊黏膜外突性无蒂肿物,暗红色,质较韧,切面呈实性、分叶状。镜下见病

变主要由较致密的纤维组织构成,胶原纤维纵横排列,与正常组织间无明显界限,表面被覆复层鳞状上皮,可见过度角化。诊断为

A. 纤维瘤　　　　B. 纤维上皮瘤

C. 纤维上皮息肉　D. 牙龈瘤

E. 牙龈纤维瘤

【答案】C

24. 女性,22 岁,发现左颈部暗紫色硬结 2 个月,而后出现瘘管并排出脓液,取活检。镜下主要表现为炎性肉芽组织及脓肿内可见硫磺样颗粒、菌体及菌丝,菌丝在边缘部呈放射状,菌丝顶部呈杵状体。最可能的病理诊断是

A. 放线菌病　　　B. 念珠菌病

C. 曲菌病　　　　D. 链球菌病

E. 以上都不是

【答案】A

25. 女性,35 岁,发现腮腺肿瘤 3 个月,镜下见肿瘤细胞呈圆形或多边形,大小一致,胞质含嗜碱性颗粒,瘤细胞排列成片块,具有分泌功能,但缺乏导管系统,免疫组化染色 Dog-1 阳性。最可能的病理诊断是

A. 多形性腺瘤　　B. 分泌性癌

C. 腺泡细胞癌　　D. 肌上皮癌

E. 多形性腺癌

【答案】C

【解析】腺泡细胞癌为低度恶性肿瘤,多发于腮腺。肿瘤由腺泡样细胞、闰管样细胞、空泡样细胞、透明细胞和非特异性腺样细胞构成。癌细胞胞体较大,胞质嗜碱性呈细颗粒状,核圆形,瘤细胞常呈腺泡状或实性片状排列。

26. 女性,40 岁,平时喜欢咀嚼槟榔,发现颊、腭部黏膜白色病变。镜下见黏膜固有层及黏膜下层纤维性变性,胶原纤维粗大、紊乱,上皮下出现一条胶原纤维玻璃样变性带,并见淋巴细胞和浆细胞浸润,血管狭窄、管腔闭塞。最可能的病理诊断是

A. 白斑

B. 硬皮病

C. IgG4 相关性疾病

D. 口腔黏膜下纤维化

E. 口腔黏膜淀粉样变

【答案】D

27. 男性,72 岁,巨舌症,活检发现舌黏膜固有层、肌层部出现均质、淡嗜伊红无定型物沉积,刚果红染色呈红色。病理诊断为

A. 舌玻璃样变性

B. 舌淀粉样变性

C. 舌纤维素样变性

D. 局限性硬皮病

E. 口腔黏膜下纤维化

【答案】B

28. 女性,25 岁,发现下唇囊肿直径约 1cm,镜下见囊肿无衬里上皮,由肉芽组织包绕,可见泡沫细胞。最可能的病理诊断是

A. 甲状舌管囊肿　　B. 单纯性囊肿

C. 腮裂囊肿　　　　D. 假性囊肿

E. 黏液囊肿

【答案】E

29. 成釉细胞癌病理特点是

A. 具有成釉细胞瘤的形态结构和细胞学上恶性特征的牙源性肿瘤

B. X 线表现为界限不清或边缘不整齐的透射影,可侵犯骨皮质及邻近的解剖结构

C. 可出现具有多形性的高柱状细胞、核分裂象、局部坏死、神经周浸润

D. 肿瘤细胞可排列成巢或较宽的条索状,还可形成分支并融合成网状

E. 以上均是

【答案】E

30. 女性,55 岁,发现上颚无痛性肿块 1 年,缓慢增大。镜下肿瘤由胞质透明的细胞组成,呈巢、索、小梁状和单细胞样浸润生长,肿瘤细胞巢周围绕以透明样变及纤维黏液样间质,分子检测 *EWSR1-ATF1* 基因融合。该肿瘤的病理诊断为

A. 腺泡细胞癌　　B. 黏液表皮样癌

C. 肌上皮癌　　　D. 透明细胞癌

E. 分泌性癌

【答案】D

31. 腮腺肿瘤表现与乳腺高级别导管癌相似,包括大导管内粉刺样坏死、筛状和罗马桥结构,瘤细胞呈立方状或多边形,界限清楚,胞质丰富嗜酸性,可见顶浆分泌,核多形性明显,染色质粗、核仁明显,核分裂象较多。免

疫组化:雄激素受体阳性,Fish 检测 *HER2*
基因扩增。最可能的诊断为

- A. 涎腺导管内癌
- B. 涎腺导管癌
- C. 分泌性癌
- D. 癌在多形性腺瘤中
- E. 多形性腺癌

【答案】B

【解析】涎腺导管癌中老年男性好发,主要发生于腮
腺。肿瘤细胞排列成实性上皮团,上皮团中央坏死可形
成粉刺样。

32. 女性,40 岁,牙龈乳头状外突性肿物 1 年,
直径 1.2cm。镜下见黏膜鳞状上皮呈乳头
状增生,表面过度角化,上皮表面呈反复深
陷折叠,构成裂隙样间隙,内有角化物填充,
钉突延长,但无上皮异常增生,钉突间结缔
组织乳头内充满胞质丰富的泡沫细胞,有不
同程度的炎症细胞浸润。病理诊断为

- A. 鳞状细胞乳头状瘤
- B. 纤维瘤
- C. 纤维上皮性息肉
- D. 黄色瘤
- E. 疣状黄瘤

【答案】E

33. 女性,40 岁,3 年前曾行右腮腺肿物切除术,
一年前发现右腮腺多个无痛性肿物,逐渐增
大,再次手术切除。镜下如图片所示。下面
最可能的诊断是

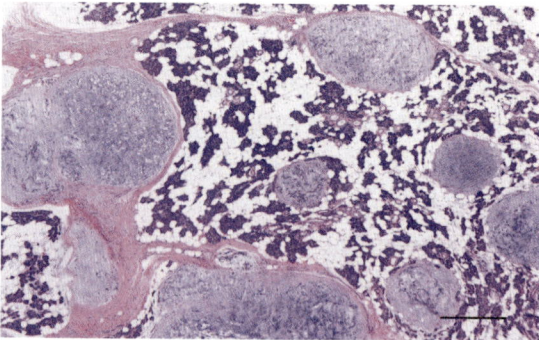

- A. 恶性多形性腺瘤
- B. 癌在多形性腺瘤中
- C. 多形性腺癌
- D. 复发性多形性腺瘤
- E. 黏液软骨肉瘤

【答案】D

34. 男性,36 岁,发现右颌下腺肿物 1 个月,直
径 1.5cm,切面肿物呈实性,界限清楚,黄褐
色,有光亮。镜下如图片所示,下面最可能
的诊断是

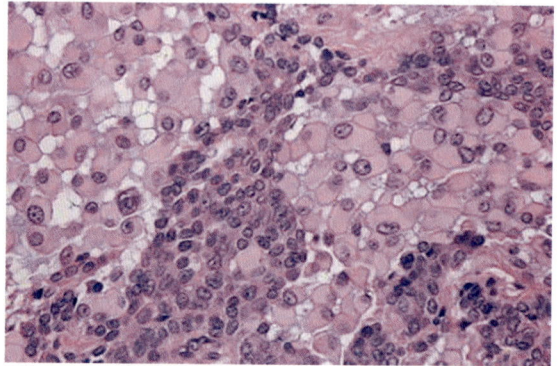

- A. 多形性腺瘤
- B. 肌上皮瘤
- C. 腺肌上皮瘤
- D. 浆细胞瘤
- E. 嗜酸细胞瘤

【答案】B

35. 男性,43 岁,因发现左腮腺肿块 3 个月入院。
患者 3 个月前无意中发现左腮部肿块,初始
无疼痛,未在意,近 1 个月自觉肿块生长,偶
有自发性疼痛,不伴面瘫、张口受限及听力
障碍等,手术切除。镜下如图片所示,下面
最可能的诊断是

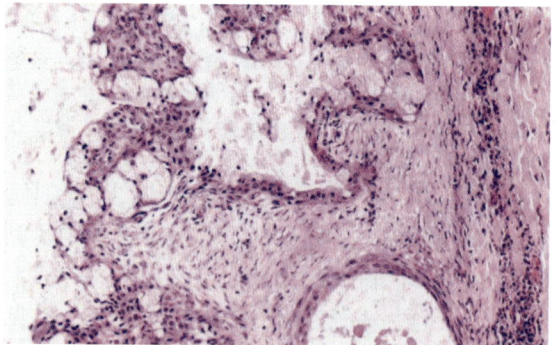

- A. 乳头状涎腺瘤
- B. 囊腺瘤
- C. 黏液表皮样癌
- D. 腺泡细胞癌
- E. 分泌性癌

【答案】C

36. 女性,50 岁,双侧腮腺弥漫肿大 3 个月伴疼
痛,镜下如图片所示,下面最可能的诊断是

- A. 淋巴上皮样涎腺炎

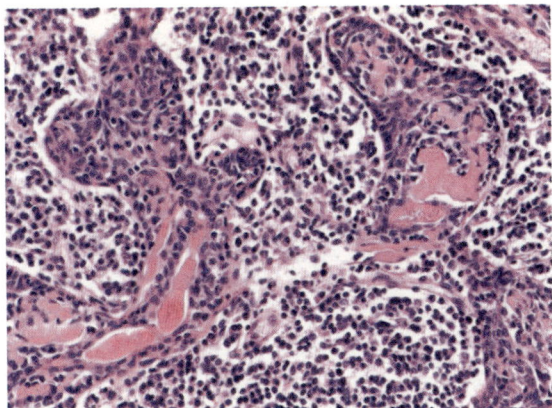

B. MALT 淋巴瘤

C. Kimura 病

D. 硬化性多囊性腺病

E. 淋巴结转移性肌上皮癌

【答案】A

37. 男性,30 岁,发现右侧腮腺肿块 6 个月,偶伴疼痛。实验室检查示:外周血嗜酸性粒细胞增多,IgE 升高。手术切除肿块镜下改变如图片所示,下面最可能的诊断是

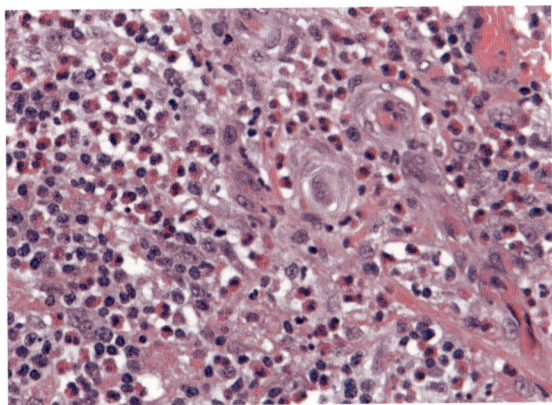

A. MALT 淋巴瘤

B. 淋巴上皮样涎腺炎

C. 过敏性腮腺炎

D. Sjogren 综合征

E. 嗜酸性淋巴肉芽肿

【答案】E

38. 女性,56 岁,右侧腮腺肿物逐渐增大 1 年余。切除术后肿物镜下改变如图片所示,下面最可能的诊断是

A. 淋巴浆细胞性淋巴瘤

B. 结外 MALT 淋巴瘤

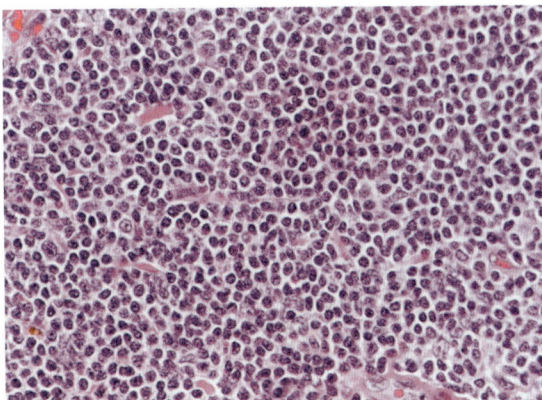

C. Sjogren 综合征

D. 淋巴上皮样涎腺炎

E. 慢性腮腺炎

【答案】B

39. 男性,42 岁,右腮腺肿物切除术后复发 3 年,近一年体积突然增大伴疼痛,再次行手术切除,镜下如图片所示,下面最可能的诊断是

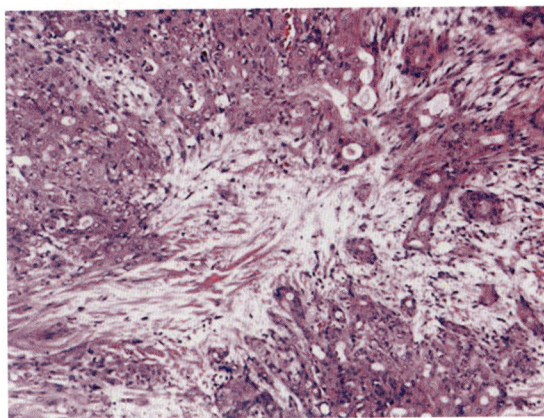

A. 恶性多形性腺瘤

B. 上皮-肌上皮癌

C. 多形性腺癌

D. 癌在多形性腺瘤中

E. 复发性多形性腺瘤

【答案】D

40. 女性,52 岁,发现右腮腺肿物 3 个月,手术切除;大体:肿瘤呈结节状,无包膜,切面实性,灰白色,质硬。镜下如图片所示,下面最可能的诊断是

A. 涎腺导管癌　　　B. 导管内癌

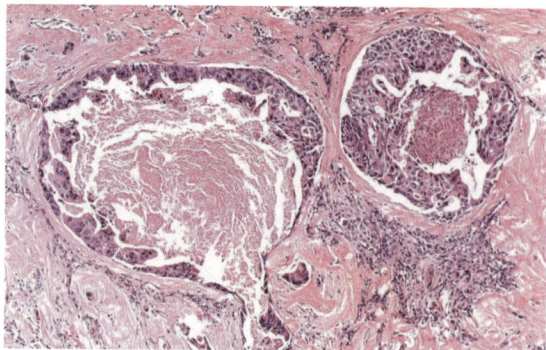

C. 非特异性腺癌　　D. 黏液表皮样癌

E. 肌上皮癌

【答案】A

41. 女性,65 岁,咽部不适 3 个月,检查发现硬腭肿块,表面黏膜完整。大体上,肿块位于黏膜下,直径 2.4cm,切面灰白色,质较硬,边缘不规则。镜下如图片所示,下面最可能的诊断是

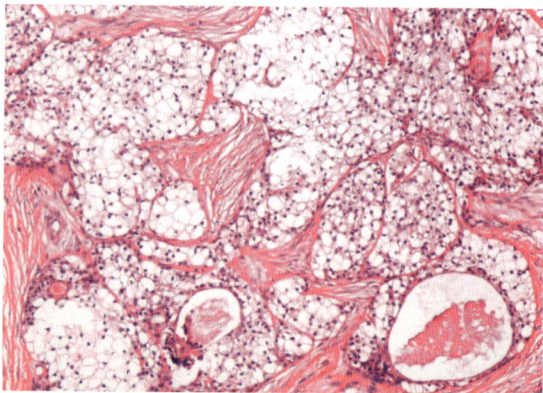

A. 黏液表皮样癌　　B. 腺泡细胞癌

C. 透明细胞癌　　　D. 涎腺导管癌

E. 非特异性腺癌

【答案】C

42. 男性,44 岁,硬腭肿胀,伴溃疡形成 2 周,大体上,病变境界不清,灰红色,黏膜溃疡约 1.5cm×1.2cm。镜下如图片所示,下面最可能的诊断是

A. 鳞状细胞癌

B. 淋巴上皮癌

C. 黏液表皮样癌

D. 坏死性涎腺化生

E. 淋巴上皮样涎腺炎

【答案】D

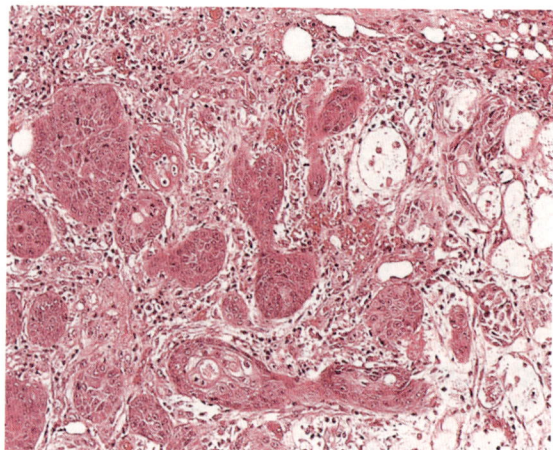

【A3/A4 型题】

(1~2 题共用题干)

女性,40 岁。发现右腮腺区结节状肿块半年,可活动,行肿块切除术,肉眼检查见肿瘤包膜完整,切面实性,可见浅蓝色的软骨样组织、半透明胶胨状的黏液样组织。

1. 患者病理诊断最可能为

A. 骨外软骨瘤　　　B. 肌上皮瘤

C. 黏液表皮样癌　　D. 多形性腺瘤

E. 以上均不是

【答案】D

2. 镜下表现最可能为

A. 肿瘤由表皮样细胞、中间细胞及黏液细胞构成

B. 瘤细胞呈梭形、浆细胞样、透明状或上皮样

C. 胞质嗜碱性,呈细颗粒状

D. 组织结构具有多形性,由上皮性成分、黏液样组织和软骨样组织等混杂组成

E. 肿瘤由腺上皮和肌上皮构成,腺上皮细胞围成腺管状,外有透明的肌上皮细胞环绕

【答案】D

【解析】多形性腺瘤好发年龄为 30~49 岁,女性多见,肿块常呈结节状,可活动,切面实性,灰白色,可见浅蓝色的软骨样组织、半透明胶胨状的黏液样组织及灰黄色圆形的小块角化物,可有出血坏死和囊腔形成。组织结构具有多形性,由上皮性成分、黏液样组织和软骨样组织等混杂组成。上皮性成分常形成腺管样结构,外侧为肌上皮成分。

(3~4题共用题干)

女性,27岁,颊黏膜处有一直径1cm蓝紫色包块,质软,压之可褪色。

3. 患者病理诊断最可能为是
    A. 血管瘤
    B. 红斑
    C. 慢性盘状红斑狼疮
    D. 牙龈瘤
    E. 以上均不是
    【答案】A

4. 镜下病变呈分叶状,由大量分化成熟的毛细血管构成。病理诊断为
    A. 动静脉血管瘤
    B. 毛细血管瘤
    C. 肉芽组织性血管瘤
    D. 海绵状血管瘤
    E. 血管性牙龈瘤
    【答案】B
    【解析】毛细血管瘤为血管瘤最常见的一种类型。大小不等,直径从数毫米至2~3cm,颜色与病变所在的深浅有关,质地较软,无包膜。光镜下可见大量分化成熟的毛细血管密集排列,血管之间有少量纤维组织,使病变呈分叶状。

(5~6题共用题干)

男性,40岁,发现右腮腺肿块1年,逐渐增大,手术切除。镜下见肿瘤细胞排列成乳头状、微囊状、滤泡状、管状,腔内可见嗜伊红分泌物。

5. 下面最可能的诊断是
    A. 腺泡细胞癌　　　　B. 黏液表皮样癌
    C. 涎腺导管癌　　　　D. 多形性腺癌
    E. 分泌性癌
    【答案】E

6. 关于该肿瘤特征性分子生物学改变描述正确的是
    A. 存在 *MYB-NFIB* 基因融合
    B. 存在 *EWSR1-ATF1* 基因融合
    C. 存在 *ETV6-NTRK3* 基因融合
    D. 存在 *CRTC1-MAML2* 基因融合
    E. 存在 *MYBL1-NFIB* 基因融合
    【答案】C
    【解析】分泌性癌是一种低级别涎腺腺癌,其特征是与乳腺分泌性癌形态相似伴有 *ETV6-NTRK3* 基因融合。肿瘤形态与乳腺分泌性癌相似,由微囊/实性、管状、滤

泡和乳头状囊性结构组成,具有独特的腔内分泌特点。

(7~8题共用题干)

男性,35岁,左侧腮腺区无痛渐进性肿物1年。镜下可见肿瘤组织由黏液样细胞、中间细胞或表皮样细胞组成,排列成实性团片,可见核分裂象。

7. 病理诊断为
    A. 多形性腺瘤　　　　B. 黏液表皮样癌
    C. 恶性肌上皮瘤　　　D. 多形性腺癌
    E. 癌在多形性腺瘤
    【答案】B

8. 该肿瘤可存在以下哪种融合基因
    A. 存在 *MYB-NFIB* 基因融合
    B. 存在 *EWSR1-ATF1* 基因融合
    C. 存在 *ETV6-NTRK3* 基因融合
    D. 存在 *ALK-EML4* 基因融合
    E. 存在 *CRTC1-MAML2* 基因融合
    【答案】E
    【解析】黏液表皮样癌是一种独特的涎腺恶性肿瘤,由黏液细胞、中间细胞(透明细胞)和表皮样细胞组成,形成囊性和实性结构。30%~70% 的黏液表皮样癌出现染色体异位 t(11;19)(q21;p13),导致形成融合基因 *CRTC1-MAML2*。

(9~10题共用题干)

女性,26岁,妊娠3个月。上牙龈表面有一红紫色包块,质软,易出血。

9. 患者最可能的病理诊断是
    A. 血管瘤　　　　　　B. 纤维上皮型息肉
    C. 乳头状瘤　　　　　D. 牙龈瘤
    E. 以上均不是
    【答案】D

10. 镜下可见病变内血管丰富,血管内皮细胞增生呈实性条索或片状,间质水肿伴炎细胞浸润。病理诊断为
    A. 先天性牙龈瘤　　　B. 血管性龈瘤
    C. 毛细血管瘤　　　　D. 巨细胞性龈瘤
    E. 纤维性龈瘤
    【答案】B
    【解析】血管性龈瘤大体检查呈紫红色,质软,查体有溃疡和出血。光镜下小血管或大的薄壁血管丰富,血管内皮细胞增生,可呈条索状或实性片块,间质水肿,伴有炎症细胞不同程度浸润,可见于妊娠期的第1~9个月,以前3个月发生者多见,因此又称妊娠性牙龈瘤。

(11~12题共用题干)

女性,45岁,右侧下颌骨的磨牙区渐进性膨隆2年,X线片表现为多房性透射影,无明显疼痛。

11. 此疾病最可能的病理诊断是

    A. 牙源性钙化囊肿

    B. 牙源性角化囊肿

    C. 成釉细胞瘤

    D. 牙源性钙化上皮瘤

    E. 下颌骨修复性肉芽肿

【答案】C

12. 镜下可见肿瘤性上皮形成大小不等的上皮岛或滤泡,内部为星网状细胞,细胞间隙大,有突起相互连接,外层细胞高柱状,细胞核远离基底膜。病理诊断为

    A. 滤泡型成釉细胞瘤

    B. 丛状型成釉细胞瘤

    C. 牙源性钙化上皮瘤

    D. 牙源性腺样瘤

    E. 牙源性鳞状细胞瘤

【答案】A

【解析】成釉细胞瘤是呈牙胚胎时期成釉器样分化的良性、具有局部侵袭性的肿瘤,好发于下颌磨牙区和升支。X线片可表现为单房或多房性透射影。基本型包括2种类型:①滤泡型:肿瘤细胞排列成团块状,与结缔组织有基底膜相隔。外层细胞高柱状,细胞核远离基底膜,团块内部为星网状细胞,细胞间隙大,有突起相互连接。②丛状型:肿瘤细胞呈细条索状并且互相吻合成网状,外层为柱状、立方或扁平细胞,有时可见核远离基底膜,内层细胞呈星网状。

(13~14题共用题干)

女性,30岁,发现颌下腺肿块6个月,镜下见颌下腺体积增大,导管、腺泡周围的炎大量浆细胞、淋巴细胞浸润,腺泡萎缩,腺体的间质有明显的纤维化和闭塞性静脉炎。

13. 最可能的病理诊断是

    A. IgG4相关性涎腺炎

    B. Sjogren综合征

    C. 慢性阻塞性唾液腺炎

    D. 淋巴上皮性唾液腺炎

    E. 慢性颌下腺炎

【答案】A

14. 与此疾病的描述有关是

    A. IgG4$^+$/IgG$^+$浆细胞大于30%

    B. IgG4$^+$/IgG$^+$浆细胞大于40%

    C. IgG4$^+$/IgG$^+$浆细胞大于50%

    D. IgG$^+$/IgG4$^+$浆细胞大于40%

    E. 以上均不是

【答案】B

【解析】IgG4相关性涎腺炎以前常称为慢性硬化性涎腺炎,属于IgG4相关的硬化病的表现之一。诊断要点:受累腺体增大、实性,但维持其正常的结构;特征是致密的腺小叶内外,特别是导管、腺泡周围的炎症性浸润,以淋巴细胞和浆细胞为主,腺泡萎缩,淋巴细胞聚集形成形态不规则的淋巴滤泡,腺体的间质有明显的纤维化,部分病例中出现闭塞性静脉炎,IgG4$^+$/IgG$^+$浆细胞大于40%。

(15~16题共用题干)

男性,70岁,下唇肿物2年,肿物基底宽,表面呈乳头状,白色,较硬,不易推动,伴局部麻木感。

15. 本例最可能诊断是

    A. 乳头状瘤   B. 角化棘皮瘤

    C. 疣状癌   D. 基底细胞癌

    E. 以上都不是

【答案】C

16. 关于此疾病叙述**错误**的是

    A. 以老年男性多见,常见于下唇,也可发生在颊、舌背、牙龈及牙槽黏膜

    B. 是非转移性高分化鳞状细胞癌的一种亚型,缺乏一般恶性肿瘤的细胞学改变,一般不转移,预后好

    C. 肉眼检查疣状癌通常表现为宽的基底,乳头状或疣状,表面白色,常较硬

    D. 光镜下由分化良好且伴有明显角化的增生性鳞状上皮和纤细的纤维血管轴心,向表面生长呈乳头状,钉突增宽

    E. 呈锯齿状突向下方侵袭间质,有密集的淋巴细胞和浆细胞反应

【答案】E

【解析】疣状癌呈圆钝状突向下方或呈推进式生长侵袭间质。

(17~18题共用题干)

女性,44岁,舌部肿物,大小2cm×2cm×1.6cm。镜下见瘤细胞较大,多边形或被拉长形,胞质丰富,内含大量小而规则的嗜伊红颗粒,细胞核小,圆形,多位于细胞中央。瘤细胞排列紧密,

形成不规则的巢状或条索状,局部见瘤细胞与横纹肌纤维联系紧密。

17. 患者病理诊断最可能是

A. 先天性牙龈瘤　　B. 横纹肌母细胞瘤

C. 颗粒细胞瘤　　　D. 黄色瘤

E. 以上都不是

【答案】C

18. 一般使用下列哪种标志物进行特异性标记

A. desmin　　B. CK　　C. vimentin

D. S-100　　E. myoglobin

【答案】D

【解析】颗粒细胞瘤曾被称为颗粒细胞肌母细胞瘤,病因不清,常见于舌,还可见于口腔的颊黏膜、口底或腭部。任何年龄均可发生,40~60岁为发病高峰年龄,女性较多见。光镜下见瘤细胞较大,多边形或被拉长形,胞质丰富,内含大量小而规则的嗜伊红颗粒,偶尔可见过碘酸希夫反应(PAS)强阳性的圆形小滴混杂其中。细胞核小,圆形,多位于细胞中央。瘤细胞排列紧密,形成不规则的巢状或条索状,有时可见瘤细胞与横纹肌纤维联系紧密。多数病例的肿瘤细胞表达S-100蛋白、CD57。

(19~21题共用题干)

男性,40岁,硬腭部出现一无痛性肿块,约2cm。镜下可见肿瘤无包膜,肿瘤细胞排列成圆形、卵圆形或不规则的上皮性团块,呈筛孔状排列,筛孔中心可见嗜酸性或嗜碱性分泌物。

19. 最可能的病理诊断为

A. 基底细胞腺瘤　　B. 黏液表皮样癌

C. 肌上皮癌　　　　D. 腺样囊性癌

E. 多形性腺瘤

【答案】D

20. 一般进行特异性标记的标志物为

A. CK,EMA,S-100　　B. P63,CK5/6,S-100

C. CD117,P63,SMA　　D. CK,EMA,vimentin

E. CK,CEA,S-100

【答案】C

21. 该肿瘤存在的融合基因是

A. 存在 *MYB-NFIB* 基因融合

B. 存在 *EWSR1-ATF1* 基因融合

C. 存在 *ETV6-NTRK3* 基因融合

D. 存在 *MECT1-MAML2* 基因融合

E. 存在 *CRTC1-MAML2* 基因融合

【答案】A

【解析】腺样囊性癌由导管内衬上皮细胞和肿瘤性肌上皮细胞组成:①腺上皮细胞呈立方或柱状,胞质

少,核大,核仁明显。②肌上皮细胞呈圆形或卵圆形,胞界不清,核深染。瘤细胞排列成三种结构。①筛状型(腺样型):瘤细胞排列成圆形或不规则的上皮团块,其间有筛孔状囊腔,囊腔内衬肌上皮细胞,腔内有淡蓝色黏液样物,细胞团周围有嗜碱性黏液样物质,远离细胞部分呈嗜酸性玻璃样物。②管状型:2~3列瘤细胞排成小管状或条索状,内层为立方状腺上皮细胞,外层为肌上皮细胞,腔内含嗜酸性物质。③实性型:较少见,瘤细胞似基底样细胞,形成大小不等的实性片团,可见坏死和筛孔状腔隙形成。免疫组化:肿瘤细胞CD117、p63、SMA、S-100蛋白阳性。存在 *MYB-NFIB* 基因融合。

(22~23题共用题干)

女性,39岁,发现右腮腺肿块3年,逐渐增大,不可推动。镜下见肿瘤细胞排列成乳头状、滤泡状、微囊状、管状,腔内可见嗜伊红分泌物。

22. 最先应该考虑的病理诊断是

A. 腺泡细胞癌　　B. 黏液表皮样癌

C. 涎腺导管癌　　D. 多形性腺癌

E. 分泌性癌

【答案】E

23. 关于本肿瘤特征性免疫组化标记,描述正确的是

A. S-100、AR 阳性,DOG-1 阴性

B. S-100、Mammaglobin 阳性,DOG-1 阴性

C. AR、GCDFP15 阳性,S-100 阴性

D. Dog-1、SOX10 阳性,Mammaglobin 阴性

E. AR 阳性,ER、PR 阴性

【答案】B

【解析】分泌性癌是一种低级别涎腺腺癌,肿瘤由微囊/实性、管状、滤泡和乳头状囊性结构组成,具有独特的腔内分泌特点。免疫组化S-100、Mammaglobin 阳性,DOG-1 阴性。

(24~25题共用题干)

女性,56岁,发现腮腺肿瘤1年,手术切除。肿瘤有完整包膜,镜下见肿瘤细胞团周边为矮柱状细胞,排列成栅栏状,中央细胞较大,多边形,胞质丰富,核淡染,细胞团周围、细胞间或毛细血管周围可见增厚的基膜样物。

24. 最可能的诊断是

A. 基底细胞腺瘤　　B. 腺样囊腺癌

C. 多形性腺瘤　　　D. 多形性腺癌

E. 肌上皮瘤

【答案】A

25. 关于该肿瘤,下列描述**不正确**的是
    A. 发生于腮腺者多有完整包膜,发生于小涎腺者常无包膜
    B. 切面实性,灰白或灰黄色,可有囊腔形成,内含褐色黏液样物
    C. 肿瘤由单一的立方形或矮柱状基底样细胞组成,胞核圆形或卵圆形,位于中央,小而染色深,胞质少,略嗜碱性;细胞界限不清,周边细胞呈栅栏状排列,有明显的基膜样物质包绕
    D. 以膜状型最多见,可能是一种常染色体显性遗传病
    E. 瘤细胞团周边的基膜样物 PAS 反应阳性
【答案】D
【解析】膜状型基底细胞腺瘤少见,瘤细胞团周边为矮柱状细胞,排列成栅栏状,中央细胞较大,多边形,胞质丰富,核淡染,细胞团周围、细胞间或毛细血管周围可见增厚的基膜样物,呈玻璃样均质带,可能是一种常染色体显性遗传病。

(26~27题共用题干)
男性,30 岁,腮腺肿瘤 1 年。肿瘤包膜完整,切面呈实性均质状,棕红色。镜下见瘤细胞体积大,呈圆形、卵圆形或多边形,胞质丰富,充满嗜酸性细小颗粒,核圆形或卵圆形,有一个或多个核仁,瘤细胞排列成实性或腺泡样团块,间质富于毛细血管,并有少量淋巴细胞浸润。

26. 最可能的病理诊断是
    A. 腺泡细胞癌   B. 肌上皮瘤
    C. 嗜酸性腺瘤   D. 分泌性癌
    E. 腺淋巴瘤
【答案】C

27. 电镜下胞质内的嗜酸性颗粒本质是
    A. 线粒体   B. 溶酶体
    C. 高尔基体   D. 内质网
    E. 以上都不是
【答案】A

(28~29题共用题干)
男性,56 岁,腮腺无痛性肿物 1 年伴面部麻痹。大体上肿瘤质地硬,切面呈现鱼肉样外观,镜下见肿瘤细胞为多角形,大小、形态一致,胞界不清,胞质弱嗜酸性,核空泡状、核仁明显,间质有大量的淋巴细胞和浆细胞浸润。

28. 最可能的病理诊断是
    A. 淋巴上皮病   B. 淋巴瘤
    C. 鳞状细胞癌   D. 淋巴上皮癌
    E. NUT 癌
【答案】D

29. 关于本肿瘤特异性特殊检查描述正确的是
    A. EBER(+)   B. HPV(+)
    C. NUT(+)   D. LCA(+)
    E. 以上均有可能
【答案】A
【解析】淋巴上皮癌是一种未分化癌,其特征是肿瘤细胞呈合胞体样生长模式和密集的非肿瘤性淋巴细胞浸润,诊断要点:肿瘤边界清楚,分叶状,实性,切面呈棕色或白色;肿瘤细胞界限不清,排列呈片状、巢状、索状;癌细胞质中等量、嗜酸性,核大而圆、泡状,核仁突出,易见核分裂和坏死;肿瘤结节内及周围有大量淋巴浆细胞浸润,常伴淋巴滤泡形成;用原位杂交的方法可检测到肿瘤细胞含 EBV 编码的 RNA(EBER)和 EBV DNA。

(30~31题共用题干)
男性,15 岁,上颌骨膨隆、颜面不对称两年,X 线示病变区呈毛玻璃样。

30. 最可能的病理诊断是
    A. 骨化性纤维瘤
    B. 骨纤维异常增殖症
    C. 颌骨骨样骨瘤
    D. 骨母细胞瘤
    E. 成釉细胞瘤
【答案】B

31. 该肿瘤的病理特点是
    A. 纤维组织代替了正常骨组织
    B. 骨小梁形态不一、粗细不等,多排列呈"C"形、"O"形或"V"形,周围缺乏成骨细胞
    C. 可见纤维组织直接化骨成为骨样组织
    D. 分子病理学检查可见 GNAS 基因突变
    E. 以上均是
【答案】E

(32~33题共用题干)
女性,2 岁,下颌骨肿物,X 线表现为虫蚀样骨破坏。

32. 最可能的病理诊断是
    A. 骨纤维异常增殖症
    B. 骨化性纤维瘤
    C. 朗格汉斯细胞组织细胞增生症
    D. 骨母细胞瘤
    E. 成釉细胞瘤
    【答案】C

33. 该肿瘤的病理特点不包括
    A. 病变为炎症样背景,瘤细胞核的特征是有皱褶或类似于咖啡豆的沟
    B. 核染色质分散,核仁不明显,核膜薄,核分裂可多可少
    C. 病变中还有多少不等的嗜酸性细胞浸润
    D. 电镜检查可见细胞内含特征性网球拍状的 Birbeck 颗粒
    E. 病变细胞表达 CD21、CD35
    【答案】E
    【解析】朗格汉斯细胞组织细胞增生症细胞表达 S-100 蛋白、CD1a、langerin。

(34~35 题共用题干)

男性,45 岁,腮腺区渐进性增大肿块 2 年。镜下肿瘤细胞多呈梭形和浆细胞样,部分呈透明状或上皮样,形成实体、小梁和网状结构,间质呈黏液样和透明玻变样,肿瘤向周围组织内浸润性生长,细胞有异型性,可见核分裂象。

34. 病理诊断为
    A. 癌在多形性腺瘤中   B. 多形性腺瘤
    C. 多形性腺癌   D. 肌上皮癌
    E. 腺样囊性癌
    【答案】D

35. 该肿瘤免疫组化特征是
    A. CK5/6、P63 及 S-100 蛋白均呈阳性
    B. CK,EMA,S-100 蛋白均呈阳性
    C. CD117,P63,SMA 均呈阳性
    D. CK,EMA,vimentin 均呈阳性
    E. CK,CEA,S-100 蛋白均呈阳性
    【答案】A

(36~37 题共用题干)

男性,17 岁,发现颈部中线皮下囊肿,表面光滑、界清,有波动感,可随吞咽而上下移动,与甲状舌骨关系密切。

36. 最可能的诊断为
    A. 腮裂囊肿   B. 支气管源性囊肿
    C. 甲状舌管囊肿   D. 黏液囊肿
    E. 以上均不是
    【答案】C

37. 镜下表现错误的是
    A. 囊肿内衬复层鳞状上皮和纤毛柱状上皮
    B. 囊壁纤维组织中有时可见甲状腺组织
    C. 纤维囊壁内含有大量淋巴样组织并形成淋巴滤泡
    D. 发生感染时上皮可增生或连续性中断,有时上皮消失
    E. 囊壁内面光滑,内含清亮浆液或黏液
    【答案】C
    【解析】甲状舌管囊肿以青少年多见,囊肿多位于颈部中线皮下,可随吞咽而上下移动。诊断要点:完整摘除的囊肿呈圆形,囊壁内面光滑,内含清亮浆液或黏液。镜下见:①发生在舌骨水平以上者,常内衬复层鳞状上皮;位于舌骨水平以下者常为纤毛柱状上皮,同一囊肿内可见不同类型的上皮衬里。②囊壁纤维组织中有时可见甲状腺组织、淋巴样组织、黏液细胞和黏液腺体等。③发生感染时上皮可增生或连续性中断,有时上皮消失。④囊壁纤维组织中有炎症细胞浸润。

(38~39 题共用题干)

男性,78 岁,巨舌症,活检发现舌黏膜固有层、肌层部出现均质、淡嗜伊红无定型物沉积。

38. 最可能的病理诊断为
    A. 舌玻璃样变性   B. 舌纤维素样变性
    C. 局限性硬皮病   D. 舌淀粉样变性
    E. 口腔黏膜下纤维化
    【答案】D

39. 可通过以下何种染色证实
    A. 刚果红染色   B. PAS 染色
    C. AB 染色   D. 奥辛蓝染色
    E. 甲苯胺蓝染色
    【答案】A

(40~41 题共用题干)

女性,58 岁,发现腮腺肿瘤 1 年,镜下表现类似乳腺高级别导管癌,包括大导管内粉刺样坏死、筛状和罗马桥结构,瘤细胞呈立方状或多边形,界限清楚,胞质丰富嗜酸性,可见顶浆分泌,核多形性明显,染色质粗,核仁明显,核分裂象较多。

40. 最可能的病理诊断为
    A. 涎腺导管内癌
    B. 涎腺导管癌
    C. 分泌性癌
    D. 癌在多形性腺瘤中
    E. 多形性腺瘤
    【答案】B

41. 免疫组化常表现为
    A. ER(-)、PR(-)、AR(+)
    B. ER(+)、PR(+)、AR(-)
    C. ER(+)、PR(+)、AR(+)
    D. Mammoglobin(+)、S-100(+)、AR(-)
    E. 以上均不对
    【答案】A

(42~43题共用题干)

女性,45岁,发现上颚无痛性肿块1年。镜下肿瘤由透明细胞组成,呈巢、索、梁状浸润生长,肿瘤细胞巢周围围绕以透明样变的间质。

42. 病理诊断为
    A. 腺泡细胞癌
    B. 透明细胞癌
    C. 肌上皮癌
    D. 透明细胞变异型黏液表皮样癌
    E. 分泌性癌
    【答案】B

43. 该肿瘤可存在的融合基因是
    A. 存在 MYB-NFIB 基因融合
    B. 存在 EWSR1-ATF1 基因融合
    C. 存在 ETV6-NTRK3 基因融合
    D. 存在 MECT1-MAML2 基因融合
    E. 存在 CRTC1-MAML2 基因融合
    【答案】B

(44~45题共用题干)

女性,65岁,左侧腮腺区无痛性包块3年,近6个月来肿块增大明显,与周围组织粘连,不活动,伴麻木感。镜下肿瘤内可见上皮、软骨和黏液样组织,其中上皮细胞成分丰富,核异型性明显,核分裂象增多。

44. 首先考虑的肿瘤为
    A. 多形性腺瘤
    B. 多形型腺癌

C. 肌上皮癌瘤
D. 腺泡细胞癌
E. 癌在多形性腺瘤中
【答案】E

45. 关于该肿瘤,下列说法错误的是
    A. 良性和恶性成分的比例可以相当不同,偶尔需要广泛取材以发现良性成分,罕见情况下不能发现良性成分
    B. 癌成分可以是纯上皮性的,也可以是肌上皮性的,浸润到周围的腺和腺外组织
    C. 恶性成分最常见的是肌上皮癌
    D. 最可靠的诊断标准是侵袭性、破坏性生长方式
    E. 分为非侵袭性、微侵袭性(恶性成分侵入包膜外等于或小于1.5mm)和侵袭性(肿瘤侵入邻近组织的深度大于1.5mm)
    【答案】C
    【解析】癌在多形性腺瘤中恶性成分最常见的是高级别腺癌,典型的是涎腺导管癌;其他常见的癌包括肌上皮癌(常为低级别,约占35%);但是实际上任何类型的癌都可见到,最可靠的诊断标准是侵袭性、破坏性的生长方式。

(46~47题共用题干)

男性,46岁,发现口腔黏膜白色斑块变6个月,病变边界清楚,与黏膜平齐,舌舔时有粗糙感。

46. 最可能的病理诊断为
    A. 白斑
    B. 扁平苔藓
    C. 原位癌
    D. 慢性盘状红斑狼疮
    E. 鲍恩病
    【答案】A

47. 关于本病下列说法错误的是
    A. 表现为鳞状上皮增生,粒层明显,主要为棘层增生显著
    B. 表层上皮可有过度角化或过度不全角化
    C. 固有层和黏膜下层有不同程度的淋巴细胞、浆细胞浸润
    D. 上皮与结缔组织之间的基底膜清晰
    E. 白斑异常增生程度与癌变潜能无关
    【答案】E
    【解析】口腔白斑是口腔黏膜显著的白色斑块,可发生在口腔各部位,以颊、舌为多见。多无自觉症状。

呈乳白色或灰色,可与黏膜平齐或略高起。临床上分为均质和非均质性。白斑属于潜在恶性病变。诊断要点:鳞状上皮增生,粒层明显,主要为棘层增生显著;表层上皮可有过度角化或过度不全角化,或两者同时出现为混合角化;固有层和黏膜下层有不同程度的淋巴细胞、浆细胞浸润;上皮与结缔组织之间的基底膜清晰;白斑伴有上皮异常增生时,根据上皮异常增生的轻、中、重程度表明其癌变的潜能增加。

(48~50题共用题干)

男性,35岁,发现腮腺肿瘤1年。镜下见肿瘤细胞呈圆形或多边形,大小一致,胞质含嗜碱性颗粒,瘤细胞排列成片块,具有分泌功能,但缺乏导管系统。

48. 最可能的病理诊断是

A. 多形性腺瘤　　　B. 多形性腺癌

C. 分泌性癌　　　　D. 腺泡细胞癌

E. 肌上皮癌

【答案】D

49. 关于本肿瘤特征性免疫组化标记描述正确的是

A. S-100、AR阳性,DOG-1阴性

B. S-100、Mammaglobin阳性,DOG-1阴性

C. AR、GCDFP15阳性,S-100阴性

D. Dog-1、SOX10阳性,Mammaglobin阴性

E. AR阳性,ER、PR阴性

【答案】D

50. 该肿瘤可能存在的融合基因是

A. 存在 *MYB-NFIB* 基因融合

B. 存在 *EWSR1-ATF1* 基因融合

C. 存在 *ETV6-NTRK3* 基因融合

D. 存在 *MECT1-MAML2* 基因融合

E. 以上都不对

【答案】E

【解析】腺泡细胞癌肿瘤细胞有四种类型:腺泡样细胞,与正常浆液腺泡细胞相似,胞质富含嗜碱性颗粒,核小而圆、深染;透明细胞,呈圆形,细胞边界清楚,胞质透明,核小居中;闰管样细胞,呈立方或低柱状,胞质微嗜酸性,核圆形、居中,可见核仁;空泡状细胞,胞质内含多个小空泡或数个大空泡,空泡破裂后可融合成多数小囊。瘤细胞可排列为四种结构:实体型、微囊型、囊性乳头状型、滤泡型。免疫组化:腺泡细胞和闰管细胞Dog-1、SOX10阳性,Mammaglobin阴性。组化染色:PAS(+)。

(51~52题共用题干)

女性,25岁,发现硬、软腭交界处黏膜表面火山口样溃疡1个月,深达骨面,但无骨质破坏,溃疡周围黏膜肿胀、充血,有触痛。

51. 最可能的病理诊断是

A. 硬化性多囊性腺病

B. 坏死性涎腺化生

C. 恶性黑色素瘤

D. 鳞状细胞癌

E. 角化棘皮瘤

【答案】B

52. 关于本病变描述错误的是

A. 溃疡周围上皮可呈假上皮瘤样增生

B. 腺泡破坏、消失、黏液溢出,腺小叶坏死,但腺小叶轮廓尚存

C. 腺导管可见明显的鳞状细胞化生,形成上皮条索或上皮岛

D. 可有较明显的核分裂及细胞异型性

E. 腺体内弥散的炎症细胞浸润

【答案】D

【解析】坏死性唾液腺化生是病因不明且有自愈倾向的唾液腺良性病变,多发生于硬、软腭交界处。特征为黏膜表面火山口样溃疡,可深达骨面,也可呈发红的肿块。6~8周可自愈。手术创伤后亦可出现。诊断要点:溃疡周围上皮可呈假上皮瘤样增生,腺泡破坏、消失、黏液溢出,腺小叶坏死,但腺小叶轮廓尚存,腺导管可见明显的鳞状细胞化生,形成上皮条索或上皮岛,有较明显的核分裂,但无病理性核分裂,一般细胞核无非典型性,腺体内弥散的炎症细胞浸润。

【案例分析题】

案例一　男性,43岁,发现右腮腺肿块半年。大体上,肿块境界较清楚,但无包膜,最大直径3cm,切面浅棕色。肿瘤呈分叶状生长,伴有纤维状隔,由微囊/实性、管状、滤泡和乳头状囊性结构组成,具有独特的腔内分泌特点。

提问1:该疾病最可能为

A. 分泌性癌　　　B. 腺泡细胞癌

C. 腺样囊性癌　　D. 多形性腺瘤

E. 多形性腺癌　　F. 黏液表皮样癌

【答案】A

提问2:关于该肿瘤组织学类型描述,下列正确的是

A. 微囊型/大囊型/滤泡型

B. 乳头-囊型

C. 实体型

D. 管状

E. 条索型

F. 器官样

【答案】ABCD

提问3：关于该肿瘤特征性免疫组化标记描述正确的是

    A. S-100、AR 阳性，DOG-1 阴性

    B. S-100、Mammaglobin 阳性，DOG-1 阴性

    C. AR、GCDFP15 阳性，S-100 阴性

    D. Dog-1、SOX10 阳性，Mammaglobin 阴性

    E. AR 阳性，ER、PR 阴性

    F. GCDFP-15、HER2 阳性，P63 阴性

【答案】B

提问4：最有可能是该肿瘤的特征性分子生物学改变是

    A. 存在 *MYB-NFIB* 基因融合

    B. 存在 *EWSR1-ATF1* 基因融合

    C. 存在 *ETV6-NTRK3* 基因融合

    D. 存在 *CRTC1-MAML2* 基因融合

    E. 存在 *MYBL1-NFIB* 基因融合

    F. 存在 *MYBL1* 基因重排

【答案】C

【解析】分泌性癌是一种低级别涎腺腺癌，其特征是与乳腺分泌性癌形态相似伴有 *ETV6-NTRK3* 基因融合。肿瘤形态与乳腺分泌性癌相似，由微囊/实性、管状、滤泡和乳头状囊性结构组成，具有独特的腔内分泌特点。免疫组化 S-100、Mammaglobin 阳性，DOG-1 阴性。

案例二 男性，40岁，舌下腺肿物 1 年，近期出现感觉异常、麻木和疼痛。光镜下见肿瘤形态多样，包括管状、筛状和实性结构，细胞团周围有嗜碱性黏液样物质及嗜酸性玻璃样物。

提问1：该疾病最可能为

    A. 多形性腺癌

    B. 多形性腺瘤

    C. 肌上皮瘤

    D. 腺样囊性癌

    E. 基底细胞腺癌

    F. 导管腺癌

【答案】D

提问2：关于该疾病说法正确的是

    A. 肿瘤生长迅速，易于早期侵犯神经

    B. 大体呈圆形或结节状，无包膜，边界不清

    C. 肿瘤由腺上皮细胞和肌上皮细胞构成，两种细胞均较小，核深染，核分裂少见，胞质少

    D. 分为筛状型、管状型、实性型

    E. 少数病例可发生高级别转化或与其他类型肿瘤形成杂交瘤

    F. 淋巴结常见转移

【答案】BCDE

提问3：一般进行特异性标记的标志物为

    A. CK，EMA，S-100

    B. P63，CK5/6，S-100

    C. CD117，P63，SMA

    D. CK，EMA，vimentin

    E. CK，CEA，S-100

    F. CKT，S-100，pan-TRK

【答案】C

提问4：该肿瘤最有可能存在的融合基因是

    A. *CRTC1-MAML2* 基因融合

    B. *EWSR1-ATF1* 基因融合

    C. *ETV6-NTRK3* 基因融合

    D. *MECT1-MAML2* 基因融合

    E. *MYB-NFIB* 基因融合

    F. *EWSR1-WT1* 基因融合

【答案】E

【解析】腺样囊性癌由腺上皮细胞和肌上皮细胞构成，两种细胞均较小，核深染，无明显异型性，核分裂少见，胞质少。腺上皮细胞排列成管状，肌上皮成分占肿瘤的大部分，常为片状或围绕管状结构外围，细胞核常呈角状。按肿瘤细胞排列可分为3种类型筛状型、管状型和实性型，同一肿瘤中可见上述3种结构。少数病例可发生高级别转化或与其他类型肿瘤形成杂交瘤。好发年龄40~60岁，小涎腺均可发生，好发于腭腺和腮腺。发生于舌下腺者，应首先考虑为腺样囊性癌。肿瘤生长缓慢，易于早期侵犯神经，引起感觉异常、麻木和疼痛。

案例三 女性，39 岁，半年前发现右腮腺区肿块，触之不易推动，近两个月肿块进行性增大。手术切除，见肿瘤包膜不完整，切开有大小不等的囊腔，腔内为黏液样物。

提问1：患者最可能为病理诊断是

    A. 腺样囊性癌

    B. 腺淋巴瘤

    C. 黏液表皮样癌

    D. 多形性腺瘤

E. 癌在多形性腺瘤中

F. 以上均不是

【答案】C

提问2:镜下表现最可能为是

A. 肿瘤由表皮样细胞、中间细胞及黏液细胞构成

B. 胞质丰富嗜碱性,呈细颗粒状

C. 细胞结构正常、细胞异型性不大,无核分裂象

D. 肿瘤由腺上皮和肌上皮构成,腺上皮细胞围成腺管状,外有透明的肌上皮细胞环绕

E. 常由囊性的腺样结构构成,囊腔衬覆特征性的双层上皮,内层为柱状嗜酸性粒细胞,外围为较小的基底细胞,间质含不等量的含生发中心的淋巴样组织

F. 分为筛状型、管状型、实性型

【答案】A

提问3:该肿瘤特征免疫组化标记是

A. CK,EMA,S-100 阳性

B. P63,CK5/6,SMA 阳性

C. CD117,P63,SMA 阳性

D. CK,CK5/6,P63 阳性

E. CD117,CEA,S-100 阳性

F. CKT,S-100,pan-TRK

【答案】D

提问4:该肿瘤特征性融合基因是

A. *CRTC1-MAML2* 基因融合

B. *ALK-EML4* 基因融合

C. *ETV6-NTRK3* 基因融合

D. *EWSR1-ATF1* 基因融合

E. *MYB-NFIB* 基因融合

F. 存在 *MYBL1* 基因重排

【答案】A

【解析】见 A3/A4 型第 8 题解析。

案例四 女性,45 岁,发现腮腺肿瘤 1 年。镜下可见大导管内粉刺样坏死、筛状和罗马桥结构,瘤细胞呈立方状或多边形,界限清楚,胞质丰富嗜酸性,可见顶浆分泌,核异型性明显,染色质粗、核仁明显,核分裂象较多。

提问1:最可能的病理诊断为

A. 分泌性癌

B. 癌在多形性腺瘤中

C. 涎腺导管内癌

D. 涎腺导管癌

E. 多形性腺癌

F. 腺样囊性癌

【答案】D

提问2:免疫组化常表现为

A. ER(+)、PR(+)、AR(+)

B. ER(+)、PR(+)、AR(−)

C. ER(−)、PR(−)、AR(+)

D. Mammoglobin(+)、S-100(+)、AR(−)

E. CK(+)、CK5/6(+)、P63(+)

F. 以上均不对

【答案】C

提问3:分子检测结果可表现为

A. *HER2* 基因扩增

B. *EGFR* 基因扩增

C. *PTEN* 基因扩增

D. *EBER* 阳性

E. *MYBL1* 基因重排

F. 以上均不对

【答案】A

【解析】涎腺导管癌与乳腺高级别导管癌有惊人的相似之处,包括大导管内粉刺样坏死、筛状和罗马桥结构。瘤细胞呈立方状或多边形,界限清楚,胞质丰富嗜酸性,可见顶浆分泌,核多形性明显,染色质粗、核仁明显,核分裂象较多。大约 70% 男性和女性患者表现为雄激素受体阳性、雌激素受体和孕激素受体呈阴性,在 25%~30% 的病例中发现 *HER2* 高表达。FISH 检测:25% 的病例 *HER2* 基因扩增。

(宫惠琳 赵 亮)

第三章 消化道疾病

【A1 型题】

1. 关于 Barrett 食管,以下**错误**的是
   A. 食管远端黏膜的鳞状上皮被化生的柱状上皮替代
   B. 具有进展为腺癌的危险
   C. 与胃食管反流密切相关
   D. 属于化生性改变
   E. 大体呈灰白色改变

   【答案】E

   【解析】Barrett 食管为食管鳞状上皮被化生的柱状上皮替代,多数由于反流性食管炎所引起。内镜下表现为管状食管呈现"三文鱼样"粉红色黏膜,可成片或岛状散在分布,有时可伴糜烂或溃疡。

2. 胃黏膜病变中属于非肿瘤性病变的是
   A. 胃底腺息肉
   B. 高级别异型增生/上皮内瘤变
   C. 低级别异型增生/上皮内瘤变
   D. 原位癌
   E. 黏膜内癌

   【答案】A

3. 关于食管鳞状上皮癌前病变的描述,以下**错误**的是
   A. 上皮内瘤变/异型增生属于癌前病变
   B. 鳞状上皮基底膜结构存在
   C. 鳞状上皮细胞出现异型性改变
   D. 大体多表现为凹陷型病变
   E. 淋巴结转移风险很低

   【答案】D

4. 以下胃肠道间质瘤免疫组化指标通常为阴性的是
   A. CD117   B. CD34   C. S-100

   D. DOG-1   E. vimentin

   【答案】C

   【解析】胃肠道间质瘤免疫组织化学 vimentin、CD117、DOG-1、CD34 阳性。

5. 关于慢性萎缩性胃炎,以下描述**错误**的是
   A. 胃黏膜内固有腺体减少
   B. A 型慢性萎缩性胃炎病变主要位于胃窦
   C. B 型慢性萎缩性胃炎与幽门螺杆菌感染密切相关
   D. 镜下可见肠上皮化生
   E. 固有层可见淋巴细胞、浆细胞浸润

   【答案】B

   【解析】A 型慢性萎缩性胃炎属于自身免疫性胃炎,病变主要位于胃体。

6. 关于胃黏膜肠上皮化生,以下**错误**的是
   A. 镜下可见吸收细胞、杯状细胞、帕内特细胞
   B. 分为小肠型化生、结肠型化生和混合型
   C. 小肠型化生与胃癌的发生密切相关
   D. 不同类型的化生其上皮细胞内黏液成分不同
   E. 结肠型化生又称为Ⅱb 型化生

   【答案】C

7. 早期胃癌是指
   A. 原位癌
   B. 黏膜内癌和黏膜下癌
   C. 原位癌和黏膜内癌
   D. 黏膜下癌
   E. 黏膜内癌

   【答案】B

8. 胃增生性息肉镜下可见过度增生的成分是
   A. 胃小凹上皮

B. 胃幽门腺体

C. 胃底腺

D. 发生肠上皮化生的腺体

E. 发生上皮内瘤变的腺体

【答案】A

9. 关于胃底腺息肉的描述以下**错误**的是

A. 表面光滑

B. 镜下可见腺体囊性扩张

C. 部分病例与服用质子泵抑制剂有关

D. 腺体中可见主细胞和壁细胞

E. 多发的病变恶变风险高

【答案】E

10. 消化道神经内分泌肿瘤 G2 的 Ki-67 指数为

A. ≤5%　　　　B. 5%~20%

C. ≤2%　　　　D. 3%~20%

E. ≤10%

【答案】D

【解析】消化道神经内分泌肿瘤 G1（低级别，核分裂 <2 个/10 HPF；Ki-67 指数≤3%）；G2（中级别，核分裂 2~20 个/10 HPF；Ki-67 指数 3%~20%）、G3（高级别，核分裂 >20 个/10 HPF；Ki-67 指数 >20%）。

11. 胃的 I 型神经内分泌肿瘤

A. 与自身免疫性胃炎相关

B. 多为单发病变

C. 细胞异型明显

D. 坏死多见

E. 直径多大于 2cm

【答案】A

【解析】I 型胃神经内分泌肿瘤（NET）继发于自身免疫性慢性萎缩性胃炎，好发于胃底胃体，常为多发，分化好，多 G1 级，预后好。

12. 胃肠道间质瘤最多见的部位是

A. 食管　　　　B. 胃　　　　C. 小肠

D. 结肠　　　　E. 直肠

【答案】B

13. 与胃肠道间质瘤的危险度和分级**无关**的因素是

A. 原发肿瘤的部位

B. 肿瘤的大小

C. 核分裂数

D. 是否发生肿瘤破裂

E. CD34 阳性表达

【答案】E

【解析】胃肠道间质瘤目前判断预后的主要指标为原发部位、肿瘤大小、核分裂数、肿瘤是否破裂。

14. 关于 Peutz-Jeghers 综合征，以下**错误**的是

A. 是常染色体显性遗传性综合征

B. 胃肠道可见错构性息肉

C. 最常发生于小肠

D. 典型的 Peutz-Jeghers 息肉中心平滑肌组织呈树枝状分布

E. 多表现为高微卫星不定性

【答案】E

【解析】Peutz-Jeghers 综合征为常染色体显性遗传病，包括三个部分：胃肠道 Peutz-Jeghers 息肉、常染色体显性遗传、皮肤黏膜黑色素沉着。一般认为 Peutz-Jeghers 息肉是一种错构瘤，最多见于小肠，由黏膜肌层的肌纤维增生形成树枝样结构。

15. 腹膜假黏液瘤最常来源于

A. 阑尾低级别黏液性肿瘤

B. 结肠腺癌

C. 胃腺癌

D. 乳腺黏液癌

E. 胰腺导管腺癌

【答案】A

【解析】腹膜假黏液瘤本身是一个临床用词，指腹腔内的肿瘤性黏液细胞持续产生黏液，造成缓慢但不断增多的黏液，形成胶样腹水。现在认为可来源于阑尾或卵巢。

16. 关于先天性巨结肠，以下描述**错误**的是

A. 为肠壁神经节细胞缺如引起的肠道发育畸形

B. 病变多发生于直肠、直肠肛门交界处或直肠与乙状结肠交界处

C. 肠管黏膜下及肌间神经丛神经节细胞缺如

D. 肠壁神经纤维增生

E. 病变远端肠管显著扩张

【答案】E

【解析】先天性巨结肠发病机制是远端肠管神经节细胞缺如或功能异常，使肠管处于痉挛狭窄状态，肠管通而不畅，近端肠管代偿性增大，壁增厚。本病有时可合并其他畸形。

17. 以下典型溃疡性结肠炎的临床病理特征**不包括**

A. 病变呈节段性分布

B. 病变通常起始于直肠

C. 病变多位于黏膜和黏膜下层

D. 病变活动期可见隐窝炎及隐窝脓肿

E. 暴发型病例可表现为中毒性巨结肠

【答案】A

【解析】溃疡性结肠炎主要病变在直肠、乙状结肠,向上蔓延可累及降结肠,甚至全结肠。病理改变以溃疡糜烂为主。具有弥漫性、表浅性、连续性的特点。最早的病变发生在肠腺基底的隐窝上皮,大量中性粒细胞浸润而形成小脓肿,进而相互连接形成溃疡,严重时溃疡蔓延全结肠,发生中毒性结肠扩张。

18. 典型肠结核的病理特征**不包括**
    A. 肠镜下可见纵行溃疡
    B. 回盲部最多见
    C. 显微镜下可见肉芽肿结构
    D. 溃疡愈合后可导致肠腔狭窄
    E. 增生型肠结核可表现为瘤样肿块

【答案】A

【解析】肠结核主要位于回盲部,人体对结核分枝杆菌的免疫力与过敏反应程度影响本病的病理性质。当人体的过敏反应强,病变以炎症渗出性为主;当感染菌量多、毒力大,可发生干酪样坏死,形成溃疡,成为溃疡型肠结核。患者机体免疫状况良好,感染较轻,则表现为肉芽组织增生和纤维化,成为增生型肠结核。

19. 关于结直肠癌的描述以下**错误**的是
    A. 脉管侵犯提示转移风险增高
    B. 血行转移最常见的部位是肝脏
    C. *KRAS* 和 *NRAS* 基因突变检测可指导临床靶向治疗
    D. *BRAF* 突变与预后相关
    E. 胶样癌预后好

【答案】E

20. 以下肛管原发恶性黑色素瘤免疫组化染色通常为阴性的是
    A. HMB45   B. S-100   C. CD117
    D. Pan-Mel   E. DOG-1

【答案】E

21. 关于食管腺鳞癌的定义,以下描述正确的是
    A. 鳞状细胞癌巢中出现黏液细胞
    B. 鳞状细胞癌和腺癌成分同时可见
    C. 腺癌伴有鳞状上皮化生
    D. 腺癌伴有实性排列区域
    E. 鳞状上皮原位癌合并黏膜下腺癌

【答案】B

【解析】食管腺鳞癌具有明确的鳞状细胞癌和腺癌成分。

22. 食管最常见的神经内分泌肿瘤是
    A. 小细胞神经内分泌癌
    B. 大细胞神经内分泌癌
    C. 神经内分泌瘤,G1
    D. 神经内分泌瘤,G2
    E. 神经内分泌瘤,G3

【答案】A

【解析】食管分化好的神经内分泌肿瘤极罕见,主要为小细胞神经内分泌癌。肿瘤较大,直径多 >4cm,可位于食管的任何部位,但以下段多见。

23. 关于食管癌肉瘤,以下描述**错误**的是
    A. 大体多呈外生性息肉状
    B. 大体多表现为食管壁弥漫增厚
    C. 镜下可见梭形细胞成分
    D. 镜下可见鳞状细胞癌成分
    E. 可出现巨细胞、骨或软骨成分

【答案】B

【解析】食管癌肉瘤又称肉瘤样癌,常为息肉状,有一长短不一的蒂,突向食管腔。肿瘤由肉瘤成分和癌混合而成,肉瘤成分多数向恶性纤维组织细胞瘤并可向软骨、骨或横纹肌分化。

24. 男性,59 岁,吞咽不适 6 月余。内镜显示食管中段结节状隆起,活检标本镜下可见弥漫分布的卵圆形或多角形细胞,胞质为嗜酸性颗粒状,核小而深染,免疫组化结果显示 S-100 阳性,Ki-67 指数为 2%,该病例最有可能的诊断是
    A. 恶性黑色素瘤
    B. 胃肠道间质瘤
    C. 神经鞘瘤
    D. 颗粒细胞瘤
    E. 胃肠道原始神经外胚层肿瘤

【答案】D

【解析】胃肠道发生的颗粒细胞瘤以食管最多见。肿瘤为单发或多发黏膜下肿物,表面有完整的鳞状上皮黏膜被覆,上皮可呈假上皮瘤样增生。瘤细胞排列成索或巢,胞质丰富,嗜酸性颗粒状。

25. 有关食管恶性黑色素瘤的描述,以下正确的是
    A. 原发病变多于转移性病变
    B. 形态学与皮肤的恶性黑色素瘤不同
    C. CD117 可为阳性
    D. 大多在鳞状上皮内呈派杰样方式生长
    E. 好发于食管上段

【答案】C

26. 关于胃的胰腺异位,以下描述**错误**的是
    A. 近端胃多见
    B. 大多为单发

C. 与正常胰腺之间无解剖学关系

D. 多位于黏膜下层或肌层

E. 可以没有胰岛成分

【答案】A

【解析】胃的胰腺异位占消化道胰腺异位的1/4。多见于胃窦,形成半球形结节或肿物,85%位于黏膜下层,向胃腔突出,其余的位于肌层内。异位胰腺多数由胰腺腺泡和导管构成,很少有胰岛。

27. 关于印戒细胞癌,以下描述**错误**的是

A. 含有黏液的癌细胞占 50% 以上

B. 癌细胞黏蛋白卡红染色阳性

C. 易发生腹腔种植转移

D. DOG1 多为阳性

E. 侵袭性强

【答案】D

28. 以下指标**不能**用于鉴别胃黄斑瘤和印戒细胞癌是

A. S-100   B. CEA   C. CD68

D. PAS   E. CK

【答案】A

【解析】胃黄斑亦称脂质小岛。病变处黏膜固有膜内有成堆含脂质的泡沫细胞。90%的病变 <3mm,少数可达 1cm。男性老年人多见,好发部位为胃窦和小弯。此为良性病变。

29. 以下关于嗜酸细胞性胃肠炎的描述**错误**的是

A. 病变可致肠腔狭窄

B. 外周血嗜酸性粒细胞可升高

C. 嗜酸性粒细胞主要局限于黏膜层

D. 需要与寄生虫病鉴别

E. 儿童和青少年多见

【答案】C

【解析】胃壁特别是胃窦部胃壁因显著水肿和大量嗜酸性粒细胞浸润而显著增厚。原因不明,可能与过敏有关。血嗜酸性粒细胞和血清 IgE 均升高,需要与寄生虫病鉴别。

30. 以下关小肠神经内分泌肿瘤的描述**错误**的是

A. 包括 NET 和 NEC

B. 可出现类癌综合征

C. 通常不发生转移

D. 部分肿瘤与卓-艾综合征相关

E. 胃泌素瘤多位于近端小肠

【答案】C

31. 关于节细胞性副神经节瘤的描述正确的是

A. 属于上皮性肿瘤

B. 镜下可见梭形细胞成分

C. CD117 阳性

D. 包膜完整

E. 肿瘤由神经节细胞构成

【答案】B

【解析】节细胞性副神经节瘤是一种罕见的肿瘤,通常见于十二指肠,由三个部分组成:神经节细胞、上皮样细胞和梭形细胞。

32. 以下**不是**阑尾腺癌特征的是

A. 肿瘤突破黏膜肌层

B. 可见促纤维性间质

C. 囊性推挤性边缘

D. 肿瘤细胞可排列成巢团或条索状

E. 肿瘤细胞富含黏液成分

【答案】C

33. 以下情况**不属于**结直肠上皮内瘤变的是

A. 管状腺瘤

B. 绒毛状腺瘤

C. 炎症性肠病相关的异型增生

D. 传统锯齿状腺瘤

E. 慢性活动性肠炎所致的反应性不典型

【答案】E

34. 结肠黑变病关于黏膜内色素沉着的描述正确的是

A. 沉着的色素位于血管壁

B. 沉着的色素位于上皮细胞内

C. 沉着的色素位于血管内皮细胞

D. 沉着的色素位于巨噬细胞

E. 沉着的色素位于细胞外间质

【答案】D

【解析】结肠黑变病的一段或整个大肠黏膜呈棕黑色。固有膜内有吞噬色素的巨噬细胞。

35. 关于痔的病理学特征,以下正确的是

A. 属于静脉丛静脉曲张

B. 外痔表面被覆柱状上皮

C. 痔的病理特征与直肠黏膜脱垂相同

D. 痔为良性肿瘤

E. 混合痔由黏膜内和黏膜下的痔混合形成

【答案】A

36. 以下指标**不能**用于直肠胃肠道间质瘤和平滑肌瘤鉴别的是

A. SMA   B. desmin   C. CD117

D. DOG1　　E. Ki-67

【答案】E

【A2 型题】

1. 女性,57 岁,胃体部肿物,表面黏膜光滑,镜下为黏膜下梭形细胞肿物。以下病理诊断可能性最大的是
   A. 平滑肌瘤　　　　B. 胃肠道间质瘤
   C. 神经鞘瘤　　　　D. 颗粒细胞瘤
   E. 恶性黑色素瘤

【答案】B

2. 男性,51 岁,降结肠和乙状结肠可见三个半球形亚蒂息肉状病变,病理诊断为腺瘤。以下诊断可能性最小的是
   A. 绒毛状腺瘤　　　B. 管状绒毛状腺瘤
   C. 管状腺瘤　　　　D. 广基锯齿状腺瘤
   E. 传统锯齿状腺瘤

【答案】D

3. 女性,胃镜提示胃窦部不规则隆起性病变,镜下可见弥漫片状单核样淋巴细胞浸润,免疫组化结果显示 CD20、PAX5、CD43 阳性,CD3、BCL2、BCL6、CD10、CD56、CD23、cyclin D1 阴性,Ki-67 指数约 15%。关于该疾病的特征,以下**错误**的是
   A. 属于结外边缘区 B 细胞淋巴瘤
   B. 可出现浆细胞分化特征
   C. 表达 IgM
   D. 可见淋巴上皮病变
   E. 与 HP 感染无关

【答案】E

【解析】胃淋巴瘤的发生与幽门螺杆菌密切相关。

4. 男性,21 岁,突发转移性右下腹痛 1 天,术中见阑尾充血肿胀。以下各项描述最**不可能**的是
   A. 诊断为急性蜂窝织炎性阑尾炎
   B. 阑尾浆膜面可见脓性渗出
   C. 可见大量中性粒细胞浸润
   D. 阑尾黏膜下显著的纤维组织增生
   E. 阑尾黏膜可见溃疡形成

【答案】D

【解析】慢性阑尾炎的主要病变为阑尾各层不同程度纤维化和淋巴细胞、浆细胞浸润。

5. 男性,62 岁,结肠镜检示乙状结肠半球形隆起型病变,行内镜黏膜下剥离术。术后标本

镜下提示为管状腺瘤,肿瘤表面局部区域可见黏膜固有层浸润,未见黏膜肌层侵犯和黏膜下浸润。该肿瘤的病理分期应该为
   A. Tis　　　B. T_1　　　C. T_{1a}
   D. T1b　　　E. Tx

【答案】A

6. 男性,57 岁,食管下段齿状线以上隆起型病变,活检提示为腺癌。以下病变与之关系最密切的是
   A. Barrett 食管　　B. 反流性食管炎
   C. 胃黏膜异位　　　D. 皮脂腺异位
   E. 假幽门腺化生

【答案】A

【解析】食管腺癌占食管癌的 5%~10%,主要发生在 Barrett 食管的基础上,形态与胃肠道腺癌类似,癌旁的 Barrett 食管黏膜上皮常伴不同程度的异型增生。

7. 女性,35 岁,胃镜显示胃壁僵硬,黏膜皱襞粗大。以下病理诊断可能性最大的是
   A. 增生性息肉　　　B. 肥厚性胃病
   C. 印戒细胞癌　　　D. 胃肠道间质瘤
   E. 反应性胃病

【答案】C

8. 男性,65 岁,胃镜显示胃窦不规则隆起,局部溃疡形成。镜下可见片状圆形细胞,核仁明显,免疫组化结果显示 CD20、BCL2、MUM1 阳性,CD3、CD10、BCL6、C-Myc 阴性,Ki-67 指数约 70%。以下诊断可能性最大的是
   A. 弥漫性大 B 细胞淋巴瘤
   B. 间变性大细胞淋巴瘤
   C. 黏膜相关淋巴组织淋巴瘤
   D. 恶性黑色素瘤
   E. 滤泡性淋巴瘤

【答案】A

9. 男性,59 岁,胃镜活检标本显示胃窦黏膜内全部为肠上皮化生的腺体,固有层淋巴细胞、浆细胞浸润。其病理诊断应为
   A. 萎缩性胃炎　　　B. 化生性胃炎
   C. 淋巴细胞性胃炎　D. 活动性胃炎
   E. 感染性胃炎

【答案】A

10. 女性,胃窦部直径约 1cm 的半球形隆起,表面黏膜光滑。胃镜活检显示黏膜内形态一致的肿瘤细胞呈巢团状排列,间质血窦丰富,免疫组化结果显示 CK8/18、Syn 和 CgA

阳性,Ki-67 指数 5%。该肿瘤的病理诊断应为

A. 颗粒细胞瘤

B. 神经内分泌瘤,G1

C. 神经内分泌瘤,G2

D. 神经内分泌瘤,G3

E. 低增殖活性的神经内分泌癌

【答案】C

【解析】见 A1 型第 10 题解析。

11. 男性,47 岁,胃镜显示胃窦部不规则隆起性病变,活检病理诊断提示为黏膜相关淋巴组织淋巴瘤。该疾病与以下微生物感染密切相关的是

A. CMV   B. HP   C. EBV

D. HIV   E. HPV

【答案】B

【解析】胃淋巴瘤的发生与幽门螺杆菌密切相关。

12. 男性,57 岁,腹胀 3 月余,腹腔活检镜下可见黏液湖,周边衬覆分化良好的黏液上皮。以下可能性最大的疾病是

A. 腹腔黏液瘤   B. 腹腔假黏液瘤

C. 腹腔黏液囊肿   D. 腹腔黏液腺瘤

E. 腹腔黏液细胞癌

【答案】B

【解析】腹膜假黏液瘤本身是一个临床用词,指腹腔内的肿瘤性黏液细胞持续产生黏液,造成缓慢但不断增长的黏液,形成胶样腹水。现在认为可来源于阑尾或卵巢。

13. 女性,35 岁,黏液脓血便 2 年。结肠镜显示直肠至升结肠弥漫性炎症改变,镜下可见黏膜结构紊乱、隐窝脓肿和固有层大量淋巴细胞、浆细胞浸润,炎症累及黏膜层和黏膜下浅层。该患者最有可能的病理诊断应为

A. 肠结核   B. 溃疡性结肠炎

C. 克罗恩病   D. 淋巴细胞性肠炎

E. 缺血性肠炎

【答案】B

【解析】溃疡性结肠炎主要病变在直肠、乙状结肠,向上蔓延可累及降结肠,甚至全结肠。病理改变以溃疡糜烂为主。具有弥漫性、表浅性、连续性的特点。最早的病变发生在肠腺基底的隐窝上皮,大量中性粒细胞浸润而形成小脓肿,进而相互连接形成溃疡,严重时溃疡蔓延全结肠,发生中毒性结肠扩张。

14. 男性,61 岁,肛管活检显示弥漫片状分布的上皮样肿瘤细胞,核浆比大,可见显著的嗜酸性核仁,免疫组化显示 HMB45、S-100 阳性,CK、LCA、CD34、SMA 阴性,Ki-67 指数为 60%。其病理诊断应为

A. 低分化腺癌

B. 血管周上皮样细胞肿瘤

C. 恶性外周神经鞘瘤

D. 恶性黑色素瘤

E. 上皮样肉瘤

【答案】D

【解析】多数黑色素瘤发生在肛管的上部呈息肉状突入直肠下端肠腔,或形成黑色圆形浅溃疡位于肛门口。半数肿瘤可找到黑色素,免疫组化显示 HMB45、S-100 阳性。

15. 女性,48 岁,结肠镜提示多发息肉状病变。镜下可见腺管状结构,轮廓规则,胞质黏液成分少,细胞排列拥挤,杆状核假复层排列。病理诊断应为

A. 增生性息肉   B. 管状腺瘤

C. 锯齿状腺瘤   D. 绒毛状腺瘤

E. 错构性息肉

【答案】B

【解析】管状腺瘤由排列紧密的腺体构成,腺体背靠背,固有膜很少。此型腺瘤最多见。

16. 男性,59 岁,直肠镜可见息肉状病变。镜下可见肿瘤细胞位于黏膜内和黏膜下,细胞形态一致,呈条索状分布,间质血窦丰富,拟诊为神经内分泌肿瘤。以下免疫组化结果可提示该肿瘤的分级的是

A. Syn   B. Ki-67   C. CD56

D. CgA   E. CD117

【答案】B

【解析】见 A2 型第 10 题解析。

17. 男性,71 岁,食管下段不规则隆起性病变。活检标本镜下显示肿瘤细胞呈片状和巢团状分布,细胞形似裸核,核深染,染色质细腻,无明显核仁,可见细胞挤压现象,免疫组化结果显示 AE1/AE3、Syn、CD56、TTF-1、CD117 阳性,P40、LCA 阴性,Ki-67 指数约 80%。应诊断为

A. 小细胞癌

B. 鳞状细胞癌

C. 小淋巴细胞性淋巴瘤

D. 低分化腺癌

E. 胃肠道间质瘤

【答案】A

18. 女性,51岁,食管下段隆起性病变,表面黏膜光滑,ESD标本显示该肿物为梭形细胞肿瘤,胞质红染,核呈杆状,免疫组化结果显示SMA、desmin阳性。其最有可能的病理诊断是
    A. 胃肠道间质瘤　　B. 神经鞘瘤
    C. 肉瘤样癌　　　　D. 颗粒细胞瘤
    E. 平滑肌瘤
【答案】E
【解析】平滑肌瘤是食管最常见的非上皮性良性肿瘤。下端较上端食管多见,通常为单发亦可多发,表面黏膜光滑或有溃疡形成。镜下平滑肌弥漫增生,呈旋涡状。

19. 男性,59岁,胃窦部巨大不规则隆起。活检病理诊断弥漫性大B细胞淋巴瘤。以下与该肿瘤的进一步分型无关的指标是
    A. CD20　　B. BCL6　　C. CD10
    D. MUM-1　　E. EBER
【答案】A

20. 女性,17岁,小肠可见多发息肉状病变。镜下可见息肉由不规则的肠型腺体构成,无异型性改变,腺体间可见树枝状的平滑肌结构。该患者同时有口腔黏膜色素沉着,未见其他异常临床表现。该患者的诊断应为
    A. Peutz-Jeghers 综合征
    B. Cronkhite-Canada 综合征
    C. Zollinger-Ellison 综合征
    D. Gardner 综合征
    E. Cowden 综合征
【答案】A
【解析】Peutz-Jeghers 综合征为常染色体显性遗传病,包括三个部分:胃肠道 Peutz-Jeghers 息肉、常染色体显性遗传、皮肤黏膜黑色素沉着。一般认为 Peutz-Jeghers 息肉是一种错构瘤,最多见于小肠,由黏膜肌层的肌纤维增生形成树枝样结构。

21. 男性,49岁,影像提示小肠肠壁占位性病变。手术标本提示为梭形细胞肿瘤,肿瘤细胞束状排列,免疫组化结果显示CD117、DOG1、CD34阳性、S-100、SMA、desmin阴性。应诊断为
    A. 平滑肌瘤
    B. 神经鞘瘤
    C. 炎症性肌纤维母细胞肿瘤
    D. 胃肠道间质瘤

    E. 梭形细胞癌
【答案】D
【解析】胃肠道间质瘤镜下多数为梭形细胞肿瘤,梭形细胞可呈编织状排列,或无明显的排列结构。免疫组化 vimentin、CD117、DOG-1、CD34 阳性,目前判断预后的主要指标是原发部位、肿瘤大小、核分裂数、肿瘤是否破裂。

22. 女性,46岁,胃镜显示胃窦部球形隆起,表面黏膜光滑。超声内镜提示黏膜下占位性病变。以下病理诊断可能性最小的是
    A. 胃肠道间质瘤　　B. 神经内分泌瘤
    C. 异位胰腺　　　　D. 神经鞘瘤
    E. 印戒细胞癌
【答案】E

23. 男性,59岁,胃镜显示贲门部巨大不规则隆起。镜下显示为高分化腺癌。以下免疫组化指标对于靶向治疗有提示意义的是
    A. Her-2　　B. CD10　　C. Ki-67
    D. CK8/18　　E. S-100
【答案】A

24. 男性,29岁,因右下腹痛、午后低热、盗汗就诊。肠镜示回盲部变形,回盲瓣开放。镜下可见慢性肉芽肿性炎改变。以下病理诊断可能性最大的是
    A. 肠结核　　　　B. 克罗恩病
    C. 淋巴瘤　　　　D. 腺癌
    E. 肠白塞综合征
【答案】A
【解析】肠结核肠壁各层均可见有干酪样坏死或无干酪样坏死的结核结节。可有结核典型的全身症状以及右下腹痛。

25. 男性,1岁6月龄,因排便困难就诊。肠镜示直肠上段狭窄,乙状结肠显著扩张,手术切除标本可见肠壁肌间神经丛内缺乏神经节细胞。应诊断为
    A. 先天性巨结肠
    B. 肠神经发育不良
    C. 结肠憩室
    D. 结肠贮袋炎
    E. 肠壁血管畸形
【答案】A
【解析】先天性巨结肠发病机制是远端肠管神经节细胞缺如或功能异常,使肠管处于痉挛狭窄状态,肠管通而不畅,近端肠管代偿性增大,壁增厚。本病有时可合并其他畸形。

26. 男性,62岁,因吞咽困难就诊。胃镜显示食管中段不规则隆起性病变。镜下可见不规则的异型细胞巢于纤维间质中浸润性生长,同时可见细胞内角化和细胞间桥。应诊断为
    A. 腺样囊性癌　　　B. 小细胞癌
    C. 鳞状细胞癌　　　D. 低分化腺癌
    E. 糖原棘皮症
【答案】C

27. 男性,49岁,胃镜显示胃底和胃体多发半球形隆起,表面黏膜色泽和质地与周围黏膜类似。镜下可见表面小凹上皮形态基本正常,胃底腺扩张、形态不规则,壁细胞呈显著的顶端分泌现象。应诊断为
    A. 幽门腺腺瘤　　　B. 增生性息肉
    C. 胃底腺息肉　　　D. 腺瘤性息肉
    E. Brunner腺息肉
【答案】C

28. 男性,39岁,胃镜示胃窦部隆起性病变。镜下可见病变由增生的小凹上皮构成,小凹呈锯齿状形态,固有层水肿,淋巴细胞和浆细胞浸润。应诊断为
    A. 增生性息肉　　　B. 胃底腺息肉
    C. 腺瘤性息肉　　　D. 幼年型息肉
    E. 炎性纤维样息肉
【答案】A
【解析】增生性息肉来自增生的腺窝上皮。息肉表面为增生肥大的腺窝上皮构成的大型腺管,中心部为增生的幽门腺或胃体腺夹杂血管纤维平滑肌组织。

29. 男性,37岁,胃体部巨大隆起性病变,表面黏膜光滑。超声检查提示病变位于浆膜面。手术切除标本提示为梭形细胞肿瘤。以下病理诊断可能性最大的是
    A. 神经鞘瘤
    B. 炎性肌纤维母细胞瘤
    C. 平滑肌瘤
    D. 平滑肌肉瘤
    E. 胃肠道间质瘤
【答案】E

30. 女性,46岁,胃镜提示胃窦部黏膜局部粗糙,血管纹理紊乱。镜下可见上皮异型增生,核圆形,核仁明显,核排列极向紊乱,核分裂象易见,未见明确浸润现象,与周围组织界限清晰。应诊断为
    A. 低级别上皮内瘤变/异型增生
    B. 高级别上皮内瘤变/异型增生
    C. 高分化腺癌
    D. 反应性异型
    E. 增生性息肉
【答案】B
【解析】高级别上皮内瘤变/异型增生,核呈圆形或椭圆形,核浆比例失常,细胞和腺体结构明显异常,核分裂多见,极向消失。

31. 男性,59岁,胃镜可见贲门部巨大不规则隆起,提示为腺癌,以下组织学类型最不常见的是
    A. 管状腺癌　　　　B. 乳头状腺癌
    C. 黏液腺癌　　　　D. 印戒细胞癌
    E. 肝样腺癌
【答案】E
【解析】肝样腺癌含腺癌和肝细胞样分化的癌细胞,少见。

32. 男性,胃镜提示胃体胃窦部弥漫不规则隆起,胃镜活检提示为弥漫性大B细胞淋巴瘤。该肿瘤通常不表达的标志物是
    A. cyclinD1　　B. MUM1　　C. CD79α
    D. BCL6　　　E. BCL2
【答案】A

33. 女性,42岁,胃镜提示为胃窦多发糜烂改变,胃镜活检标本提示为HP感染。通常可见HP菌体结构的部位是
    A. 小凹上皮表面
    B. 小凹上皮胞质内
    C. 幽门腺腺腔内
    D. 黏膜肌层内
    E. 黏膜固有层
【答案】A

34. 女性,47岁,胃镜提示为胃窦黏膜红白相间,胃镜活检标本提示为萎缩性胃炎伴肠上皮化生。在肠上皮化生的腺体中通常不存在的细胞成分是
    A. 帕内特细胞　　　B. 吸收细胞
    C. 杯状细胞　　　　D. 神经内分泌细胞
    E. Cajal细胞
【答案】E

35. 男性,62 岁,结肠镜示乙状结半球形息肉状病变,组织形态如图示。为确诊该疾病,以下免疫组化最有提示意义的是

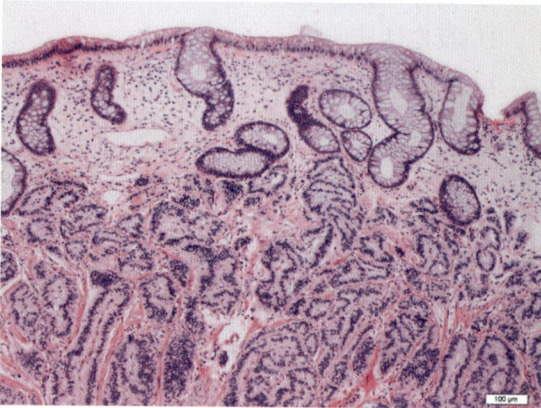

   A. CK8/18   B. Syn   C. CDX2

   D. Ki-67   E. CK20

【答案】B

36. 女性,57 岁,胃体部巨大不规则隆起和凹陷性病变,胃镜活检组织形态如图示。以下病理诊断可能性最小的是

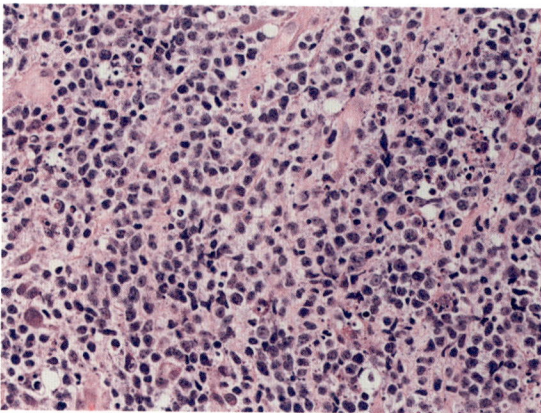

   A. 低分化腺癌

   B. 弥漫性大 B 细胞淋巴瘤

   C. 恶性黑色素瘤

   D. 黏膜相关淋巴组织淋巴瘤

   E. 神经内分泌癌

【答案】D

37. 男性,69 岁,胃镜示胃体部不规则隆起性病变,活检组织形态如图示,免疫组化结果显示其中异型细胞 CK8/18 阳性。据此推断以下最可能阳性的指标是

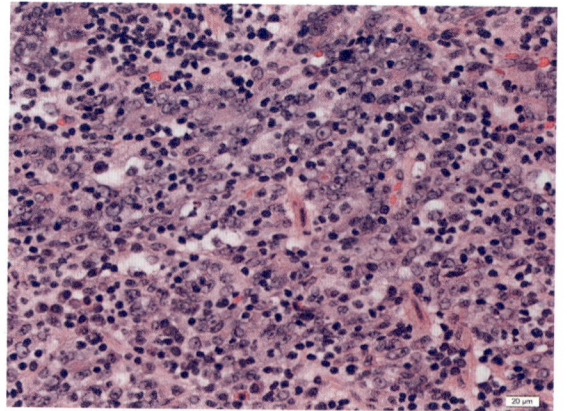

   A. EBER   B. CMV   C. P40

   D. CK20   E. GATA3

【答案】A

38. 患者,女性,胃镜提示胃窦部黏膜发白,黏膜下血管清晰可见,胃镜活检组织形态如图示。该病理诊断应为

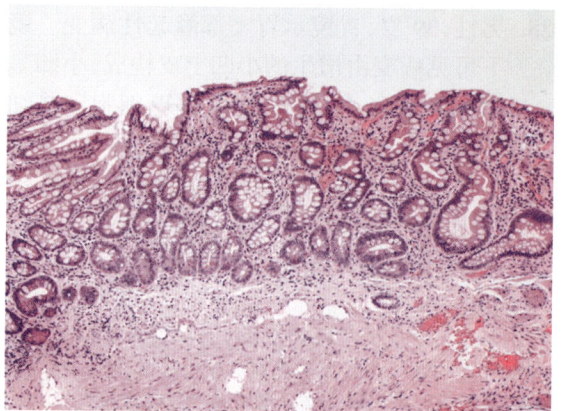

   A. 轻度萎缩性胃炎

   B. 中度萎缩性胃炎

   C. 重度萎缩性胃炎

   D. 轻度非萎缩性胃炎

   E. 浅表性胃炎

【答案】C

39. 男性,72 岁,腹胀 6 月余就诊,腹膜穿刺标本组织形态如图示。最有可能的诊断是

   A. 黏液性囊腺瘤

   B. 交界性黏液性肿瘤

   C. 腹膜假黏液瘤

   D. 黏液上皮化生

   E. 黏液囊肿

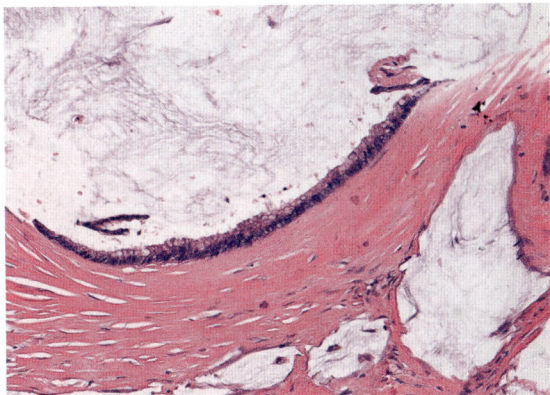

【答案】C

40. 男性,59 岁,结肠镜提示降结肠扁平隆起,活检组织形态学如图示。应诊断为

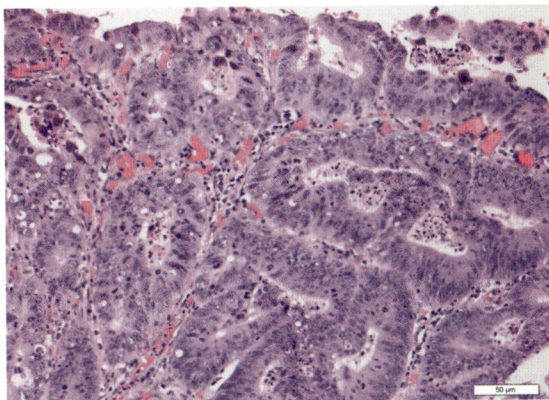

A. 药物性肠炎

B. 增生性息肉

C. 低级别上皮内瘤变

D. 高级别上皮内瘤变

E. 炎性纤维样息肉

【答案】D

【A3/A4 型题】

(1~5 题共用题干)

男性,56 岁,消化不良伴上腹不适半年余。曾自行服用胃舒宁颗粒,未出现缓解现象,近 1 个月出现上腹部疼痛,遂就诊。胃镜显示胃窦部可见一 4cm×4cm 隆起型肿物,行胃镜活检。

1. 以下病理诊断可能性最小的是

A. 腺癌

B. 鳞状细胞癌

C. 弥漫性大 B 细胞淋巴瘤

D. 胃肠道间质瘤

E. 神经内分泌肿瘤

【答案】B

2. 如果为胃肠道间质瘤,需进行的分子检测项目为

A. KRAS、NRAS、BRAF

B. CKIT、PDGFRA

C. ALK、ROS1

D. BRAC1、CDH1

E. MDM2、DDIT3

【答案】B

3. 如果为肠型腺癌,下列可指导靶向治疗的分子检测为

A. HER2　　　B. CD117　　　C. ALK

D. Ki-67　　　E. β-catenin

【答案】A

4. 如果为腺癌,且癌组织侵犯至固有肌层,2 枚淋巴结转移。以下病理分期正确的是

A. pT_1N_1　　　B. pT_1N_2　　　C. pT_2N_1

D. pT_2N_2　　　E. pT_3N_1

【答案】C

5. 如果为腺癌,以下免疫组化指标对组织学亚型的判断**没有**作用的是

A. CDX2　　　B. SALL4　　　C. MUC5AC

D. MUC6　　　E. CK8/18

【答案】E

(6~10 题共用题干)

女性,42 岁,因腹痛腹胀 3 月余就诊。肠镜检查示升结肠环周不规则隆起,活检病理诊断为低分化腺癌,遂行结肠根治性切除。手术切除标本镜下观察可见癌细胞呈实性片状分布,与周围组织界限较清晰,间质富于淋巴细胞,病理分期为 pT_3N_2。

6. 上述形态学提示的组织学诊断为

A. 髓样癌　　　　　B. 微乳头腺癌

C. 腺瘤样腺癌　　　D. 黏液腺癌

E. 印戒细胞癌

【答案】A

7. 免疫组化结果显示 MLH1(+)、PMS2(+)、MSH2(-)、MSH6(-),则提示

A. 家族性腺瘤性息肉病

B. Lynch 综合征

C. Peutz-Jegher 综合征

D. 幼年性息肉病

E. Cronkhite-Canada 综合征

【答案】B

8. 为进一步确认上述情况,需进行的检测是

A. 微卫星不稳定性检测和 *MLH1*、*PMS2* 基因测序

B. 微卫星不稳定性检测和 *MSH2*、*MSH6* 基因测序

C. 微卫星不稳定性检测和 *KRAS* 突变检测

D. 微卫星不稳定性检测和 *BRAF* 突变检测

E. 微卫星不稳定性检测和 *NRAS* 突变检测

【答案】B

9. 对于该患者而言,以下**并非**后续需要做的工作是

A. 根据检测结果指导术后化疗方案

B. 进行家系筛查

C. 检查其他器官和系统有无异常

D. 预防性切除卵巢

E. 定期肠镜复查

【答案】D

10. 该患者如发生结肠癌肝转移,以下免疫组化指标对于鉴别诊断**没有**帮助的是

A. CDX2   B. SATB2   C. CK7

D. CK20   E. SSTR2

【答案】E

(11~15 题共用题干)

女性,57 岁,体检发现回肠中段占位性病变。手术标本提示肿物位于肠壁内,与周围组织界限较清晰,表面黏膜尚光滑,镜下形态学提示为梭形细胞肿瘤。

11. 以下病理诊断可能性最大的是

A. 胃肠道间质瘤   B. 神经鞘瘤

C. 恶性黑色素瘤   D. 平滑肌瘤

E. 炎性纤维样息肉

【答案】A

12. 如该肿瘤细胞 S-100 阳性,CD117、DOG1、HMB45、desmin、CD34 阴性,则提示为

A. 胃肠道间质瘤   B. 神经鞘瘤

C. 恶性黑色素瘤   D. 平滑肌瘤

E. 炎性纤维样息肉

【答案】B

13. 如 CD117 和 DOG1 阳性,以下对提示肿瘤的生物学行为最有意义的参数是

A. 肿瘤部位和侵犯深度

B. 核分裂数和肿瘤直径

C. 细胞异型性

D. 坏死成分的百分比

E. Ki-67 指数

【答案】B

14. 如 CD117 和 DOG1 阳性,以下对于提示肿瘤生物学行为和指导靶向治疗最有意义的分子检测是

A. CKIT 和 PDGFRA   B. KRAS 和 BRAF

C. ALK 和 ROS1   D. HER2 和 EGFR

E. BRAC1 和 BRAC2

【答案】A

15. 如 CD117 和 DOG1 阳性,则提示该肿瘤起源于

A. 肥大细胞   B. 卡哈尔细胞

C. 神经节细胞   D. 神经内分泌细胞

E. 平滑肌细胞

【答案】B

【解析】见 A2 型第 21 题解析。

(16~20 题共用题干)

女性,31 岁,上腹部不适 3 月余就诊。胃镜提示胃体黏膜皱襞粗大、肥厚,胃壁僵硬。活检提示异型上皮细胞呈弥漫浸润性生长,无腺管结构,无细胞外黏液成分,胞质内黏液增多,将细胞核挤压到细胞的一侧。

16. 以下病理诊断可能性最大的是

A. 印戒细胞癌   B. 黏液腺癌

C. B 细胞淋巴瘤   D. 胃肠道间质瘤

E. 组织细胞肉瘤

【答案】A

17. 该肿瘤细胞如 CK8/18 阳性,则属于 Lauren 分型的

A. 弥漫型   B. 肠型

C. 胃型   D. 混合型

E. 不确定类型

【答案】A

18. 如该肿瘤细胞 CK8/18 阳性,该患者最有可能的遗传综合征是

A. Zollinger-Ellison 综合征

B. Peutz-Jeghers 综合征

C. Cronkhite-Canada 综合征

D. 遗传性弥漫性胃癌

E. 家族性腺瘤性息肉病

【答案】D

19. 如拟诊为上述遗传综合征,需检测的基因为

A. *CDH1*　　B. *MLH1*　　C. *BRAF*

D. *KRAS*　　E. *EGFR*

【答案】A

20. 针对该肿瘤细胞胞质内黏液成分,以下特殊染色为阴性的是

A. PAS-D　　　　B. PAS

C. 黏蛋白卡红　　D. 阿辛蓝

E. 刚果红

【答案】E

(21~25 题共用题干)

女性,42 岁,黏液脓血便 1 年余。结肠镜显示直肠至升结肠弥漫性充血水肿,可见假息肉和溃疡形成,镜下可见黏膜结构紊乱,固有层大量淋巴细胞和浆细胞浸润。

21. 应诊断为

A. 自身免疫性肠炎　B. 溃疡性结肠炎

C. 克罗恩病　　　　D. 缺血性肠炎

E. 嗜酸细胞性肠炎

【答案】B

22. 以下组织学表现提示该疾病处于活动期的是

A. 隐窝分支　　　B. 隐窝脓肿

C. 黏膜肌层增厚　D. 固有层纤维化

E. 帕内特细胞化生

【答案】B

23. 该疾病的病变大多位于

A. 肠壁全层

B. 黏膜层和黏膜下层

C. 黏膜肌层和黏膜下层

D. 黏膜下层

E. 固有肌层

【答案】B

24. 以下是该疾病相对常见的临床并发症的是

A. 中毒性巨结肠　B. 肠瘘

C. 肠系膜脓肿　　D. 肠系膜硬化

E. 肛瘘

【答案】A

25. 以下**并非**该疾病的特征性表现的是

A. 大多数病例直肠受累

B. 溃疡表浅

C. 常伴有肠外自身免疫性疾病

D. 病变呈节段性分布

E. 晚期病变肠管纤维化、缩窄、变短

【答案】D

【解析】溃疡性结肠炎主要病变在直肠、乙状结肠,向上蔓延可累及降结肠,甚至全结肠。病变特点为连续性弥漫性黏膜和黏膜下层炎症,具有弥漫性、表浅性、连续性的特点。最早的病变发生在肠腺基底的隐窝上皮,大量中性粒细胞浸润而形成小脓肿,进而相互连接形成溃疡,严重时溃疡蔓延全结肠,发生中毒性结肠扩张。病变表浅,不易发生肠狭窄或穿孔。

(26~30 题共用题干)

女性,47 岁,十二指肠球部占位性病变。内镜提示表面黏膜未见异常,镜下形态学显示黏膜下上皮样肿瘤细胞呈梁索状排列,细胞形态一致,无明显异型性改变,染色质呈细颗粒状,间质血窦丰富,免疫组化染色结果提示 CK8/18、Syn、CgA 阳性,Ki-67 指数 2%。

26. 应诊断为

A. 血管球瘤　　　　B. 神经内分泌瘤

C. 神经内分泌癌　　D. 节细胞神经瘤

E. 节细胞副节瘤

【答案】B

27. 该肿瘤分级应为

A. G0　　　　　B. G1

C. G2　　　　　D. G3

E. 活检标本无法分级

【答案】B

28. 如该患者胃酸水平显著升高,则提示为

A. 生长抑素瘤　　B. 血管活性肠肽瘤

C. 胰高血糖素瘤　D. 胰岛素瘤

E. 胃泌素瘤

【答案】E

29. 如该患者出现转移性病变,则最常见的转移部位是

A. 肝脏　　　　　B. 肾上腺

C. 肺脏　　　　　D. 胰腺

E. 中枢神经系统

【答案】A

30. 该肿瘤的 TNM 病理分期的依据指标为

A. 肿瘤侵犯的范围和肿瘤大小

B. 核分裂数和肿瘤大小

C. 肿瘤侵犯的部位和核分裂数

D. Ki-67 指数和肿瘤大小

E. 肿瘤侵犯的部位和 Ki-67 指数

【答案】A

【解析】见 A1 型第 10 题解析。

【案例分析题】

案例一 男性,67 岁,胃镜提示胃窦部不规则隆起,镜下形态学可见黏膜内片状小到中等大小的淋巴细胞浸润,未见淋巴滤泡结构,可见淋巴上皮性病变,HP(+)。

提问 1:该患者最有可能的病理诊断是

    A. 套细胞淋巴瘤

    B. 滤泡性淋巴瘤

    C. 黏膜相关淋巴组织淋巴瘤

    D. 小淋巴细胞性淋巴瘤

    E. 伯基特淋巴瘤

    F. 肠病相关 T 细胞淋巴癌

【答案】C

提问 2:如上述诊断成立,下述指标可呈阳性表达的是

    A. CD43   B. CD4

    C. CD30   D. CD20

    E. CD19   F. CD8

【答案】ADE

提问 3:为了鉴别该病变是否为克隆性增生,以下指标具有意义的是

    A. TCRα 和 TCRβ

    B. CD20 和 CD3

    C. EBER 和 Hp

    D. κ 和 λ

    E. 免疫球蛋白基因重排检测

    F. *BCL2* 基因重排

【答案】DE

提问 4:黏膜相关淋巴组织淋巴瘤中可提示该病例对于根除 HP 治疗无效的分子遗传学结果异常的是

    A. t(11;18)(q21;q21):BIRC3-MALT1

    B. t(14;18)(q32;q21):IGH-MALT1

    C. TNFAIP3 缺失/高甲基化

    D. 3 号染色体的三倍体

    E. 18 号染色体的三倍体

    F. 7 号染色体的三倍体

【答案】A

【解析】胃部最为常见的淋巴瘤类型就是黏膜相关淋巴组织淋巴瘤,尤其是在 HP 感染的患者中更是如此。细胞为小到中等大小,可呈单核样形态特征,核形态不规则,成片分布,通常没有滤泡结构,亦可呈现浆细胞样分化特征,可见淋巴上皮病变,肿瘤组织附近有时可见淋巴滤泡结构。部分病例与 HP 感染相关。套细胞淋巴瘤、滤泡性淋巴瘤、小淋巴细胞性淋巴瘤和伯基特淋巴瘤在胃部均十分少见,可通过形态学和免疫组化进行鉴别。黏膜相关淋巴组织淋巴瘤 CD19、CD20、CD22、CD79a 和 CD43 可为阳性,κ 和 λ 及免疫球蛋白基因重排可协助判断肿瘤细胞是否为克隆性增生,CD3、TCRα 和 TCRβ 为 T 细胞的标志物,EBER 和 HP 分别用于判断有无 EB 病毒和 HP 感染。黏膜相关淋巴组织淋巴瘤可出现不同类型的分子遗传学异常改变,包括 t(11;18)(q21;q21):BIRC3-MALT1、t(14;18)(q32;q21):IGH-MALT1、TNFAIP3 缺失/高甲基化,3 号染色体的三倍体和 18 号染色体的三倍体等,其中 t(11;18)(q21;q21):BIRC3-MALT1 与根除 HP 治疗无效相关。

案例二 男性,27 岁,确诊肺结核一年余,因腹痛、乏力、午后低热、盗汗就诊。肠镜提示回盲瓣开放,回盲部可见黏膜不规则隆起和溃疡形成。

提问 1:该患者肠镜活检标本中最有可能看到的组织学改变是

    A. 肉芽肿

    B. 淋巴上皮病变

    C. 帕内特细胞化生

    D. 黏膜基底浆细胞浸润

    E. 嗜酸性脓肿

    F. 隐窝炎和隐窝脓肿

【答案】A

提问 2:对于肠道结核病例的活检标本,镜下鉴别诊断中需要考虑的疾病是

    A. 克罗恩病

    B. 耶尔森菌感染

    C. 结肠癌

    D. 组织胞浆菌感染

    E. 巨细胞病毒感染

    F. 溃疡性结肠炎

【答案】AB

提问 3:针对上述鉴别诊断考虑,以下染色具有提示意义的是

    A. PASD   B. 六胺银

    C. 刚果红   D. 抗酸染色

    E. CMV 免疫组化染色

    F. EBER 检测

【答案】ABDE

【解析】肠道结核可继发于肺部结核,典型的形态学特征就是肉芽肿,且多为非干酪性肉芽肿,同样可出现肉芽肿结构的还有克罗恩病,但体积小、数量少,肠道结核活动期有时可见肉芽肿中心出现中性粒细胞,需与耶尔森菌感染鉴别,因后者可出现化脓性肉芽肿、淋巴上皮病变、帕内特细胞化生、黏膜基底浆细胞浸润、嗜酸性脓肿等形态学表现在肠道结核中很少出现,即便出现也不具有特异性的提示作用。组织胞浆菌和巨细胞病毒感染通常不出现肉芽肿,前者在组织细胞胞浆内可见病原体结构,亦可用PASD、六铵银染色协助判断,后者可用CMV免疫组化染色协助判断。

案例三 女性,49岁,上腹部不适3年余就诊。Hp(−),胃镜显示胃体区域红白相间,部分区域黏膜糜烂,局部黏膜下血管清晰可见,未见隆起和凹陷性病变。

提问1:该患者最有可能的病理诊断是

    A. 慢性浅表性胃炎
    B. 慢性萎缩性胃炎
    C. 反应性胃病
    D. 嗜酸细胞性胃炎
    E. 活动性胃炎
    F. 良性溃疡

【答案】B

提问2:该患者胃体活检标本镜下可出现的形态学特征有

    A. 肠上皮化生
    B. 幽门腺化生
    C. 神经内分泌细胞增生
    D. 胃底腺增生
    E. 淋巴浆细胞浸润
    F. 中性粒细胞浸润

【答案】ABCE

提问3:该患者既往未行规范治疗,3年后复查胃镜,显示胃体部多发半球形隆起,黏膜色泽未见明显异常,镜下可见巢团或梁索状排列的细胞成分,细胞体积小,形态一致,核染色质呈细颗粒状,间质富于血窦结构。以下免疫组化指标可用于诊断的是

    A. CK   B. INSM1
    C. CgA   D. Syn
    E. Ki-67   F. P53

【答案】ABCDE

【解析】黏膜色泽发白或红白相间为慢性萎缩性胃炎的典型胃镜表现,慢性浅表性胃炎和活动性胃炎通常没有类似表现,反应性胃病更多见于胃窦,可表现为黏膜发红。嗜酸细胞性胃炎可无特异性表现,亦可出现黏膜发红或结节状隆起、皱襞肥厚等特征。该患者为女性,无幽门螺杆菌感染,病变位于胃体,因此自身免疫性胃炎的可能性最大,镜下可见肠上皮化生、幽门腺化生、胃底腺萎缩、神经内分泌细胞增生等表现,固有层可见淋巴细胞浆细胞浸润。自身免疫性胃炎常见的并发症是胃I型神经内分泌瘤,大体为半球形隆起,且常为多发病变,CK、INSM1、CgA、Syn、Ki-67等免疫组化指标用于明确病变性质和分级。

案例四 男性,61岁,因吞咽哽咽感3月余就诊。胃镜提示食管中下段黏膜稍隆起,可见粉红征,碘染色提示该区域拒染,取活检行病理诊断。

提问1:该患者最有可能的病理诊断是

    A. 鳞状细胞癌   B. Barrett食管
    C. 反应性增生   D. 异位胰腺
    E. 反流性食管炎
    F. 黏膜下平滑肌瘤

【答案】A

提问2:活检组织中如果表现为鳞状上皮有不典型性改变,但形态不确定是肿瘤。以下可协助诊断的免疫组化指标是

    A. p40   B. p63
    C. p53   D. Ki-67
    E. CK5/6   F. SMA

【答案】CD

提问3:超声内镜提示该病变范围局限于黏膜内,遂行内镜黏膜下剥离术。术后标本的评估中,以下为高危因素的是

    A. 侧切缘可见病变组织
    B. 基底切缘可见病变组织
    C. 病变厚度超过200μm
    D. 黏膜下浸润深度超过200μm
    E. 脉管侵犯
    F. 病变范围

【答案】ABDE

【解析】食管鳞状细胞癌早期病变的镜下特征可表现为黏膜稍隆起或凹陷,碘染色拒染和粉红征是较为特征性的表现,其他疾病通常不会同时出现这些特征。镜下形态学不典型或不确定时,可利用p53和Ki-67染色协助判断,尤其是p53出现突变型表达模式时对于明确诊断具有很好地提示意义。食管早期鳞状细胞癌内镜黏膜下剥离标本如果出现切缘阳性、黏膜下浸润深度超过200μm、脉管侵犯等表现均提示为高危因素,但病变厚度本身并非明确的高危因素,如隆起型病变或外生性病变。

(李增山 石素胜)

第四章　鼻腔、鼻窦及咽、喉疾病

【A1 型题】

1. 慢性扁桃体炎时固有膜可见到的病变是
   - A. 间质缺少纤维组织
   - B. 有潴留性囊肿
   - C. 血管未见变化
   - D. 淋巴滤泡生发中心消失
   - E. 滤泡间淋巴细胞明显增生且异型性明显

【答案】B

【解析】慢性扁桃体炎为常见病，发病以青少年为主。间质内淋巴滤泡增大、增多，滤泡间淋巴组织增生，浆细胞浸润，免疫母细胞增生，可有纤维化。

2. 对于鼻息肉来说，正确的是
   - A. 肿物呈息肉或海蜇头样分叶状，切面可见迂回曲折的白色条纹
   - B. 临床上常出现鼻塞、鼻涕带血
   - C. 由鼻黏膜形成的良性肿瘤
   - D. 间质水肿，有不同程度慢性炎细胞浸润，有时嗜酸性粒细胞较多
   - E. 肿物表面被覆复层增生鳞状上皮，有时鳞状上皮明显角化

【答案】D

【解析】镜下鼻息肉根据其主要组织形态学改变特点可分为 5 型，即水肿型、纤维增生型、淋巴血管瘤型、腺体增生型及间质异型核细胞型。镜下息肉表面被覆假复层纤毛柱状上皮，少数病例可伴鳞状化生，但无角化。间质水肿，不同程度慢性炎细胞浸润。腺腔因分泌物潴留而扩张，可形成潴留囊肿。巨大的鼻息肉可致鼻隆起，称为"蛙形鼻"。

3. 对嗅母细胞瘤来说，正确的是
   - A. 发病部位最常见的是下鼻甲和下鼻道
   - B. 大圆形细胞散在分布，肉瘤样结构
   - C. 来源于鼻腔、鼻窦嗅上皮的恶性神经外胚层肿瘤
   - D. 间质有多量大小不一血管，大血管壁缺乏平滑肌
   - E. 瘤细胞呈 GFAP 阳性，NF 和 Syn 阴性

【答案】C

【解析】嗅母细胞瘤属于神经外胚层上皮来源的肿瘤，好发于嗅黏膜区。镜下多数肿瘤细胞大小、形态一致，呈小圆形或小梭形，胞质稀少，核膜不清，被明显的纤维血管性间质分隔，呈小叶状结构。间质血管有时增生明显，甚至可呈血管瘤样。肿瘤细胞神经内分泌标志物可呈不同程度的阳性。

4. 对于成人型咽部乳头状瘤，正确的是
   - A. 常发生于声带
   - B. 常为多发
   - C. 表面呈乳头状肿物，基底部浸润性生长
   - D. 瘤组织侵入组织内，声带活动受限
   - E. 核分裂象多见

【答案】A

【解析】乳头状瘤是喉部最常见的良性肿瘤，临床分型为成人型及幼年型。成人型：常单发，呈灰白或淡红色乳头状肿物，常发生于声带，病变浅表，声带活动不受限，可恶变。

5. 对于鼻息肉来说，**不正确**的是
   - A. 鼻息肉是由黏膜慢性炎症和变态反应引起
   - B. 不形成潴留囊肿
   - C. 巨大鼻息肉称"蛙形鼻"
   - D. 肉眼观苍白，半透明，常有蒂
   - E. 间质水肿

【答案】B

【解析】鼻息肉镜下息肉表面被覆假复层纤毛柱状上皮，少数病例可伴鳞状化生，但无角化。间质水肿，不同程度慢性炎细胞浸润。腺腔因分泌物潴留而扩张，可形成潴留囊肿。巨大的鼻息肉可致鼻隆起，称为"蛙形鼻"。

6. 不属于鼻息肉类型的是

A. 纤维型 　　　　　B. 水肿型

C. 肉芽肿型 　　　　D. 腺体型

E. 血管型

【答案】C

【解析】镜下鼻息肉根据其主要组织形态学改变特点可分为5型，即水肿型、纤维增生型、淋巴血管瘤型、腺体增生型及间质异型核细胞型。

7. 对于鼻硬结病来说正确的是

A. 进展期有大量泡沫细胞、拉塞尔小体和慢性炎细胞浸润

B. 病变的特征为胶原纤维的黏液变性和纤维素样坏死

C. 鼻组织的病变是全身胶原病的局部表现

D. 早期间质血管扩张淤血，多量中性粒细胞浸润

E. 黏膜表面上皮坏死或柱状上皮增生

【答案】A

【解析】鼻硬结病的特点为慢性肉芽肿性炎症，典型组织学病变有大量泡沫细胞、拉塞尔小体和慢性炎细胞浸润。

8. 对 Wegener 肉芽肿来说，正确的是

A. 由坏死组织、类上皮细胞和多核巨细胞形成肉芽肿

B. 好发部位是喉和气管

C. 特征性病变是坏死性肉芽肿和小血管炎

D. 肺和肾等脏器不受累

E. 黏膜表面由完整的假复层柱状上皮覆盖，间质疏松水肿

【答案】C

【解析】Wegener 肉芽肿是一种病因不明的血管性、系统性、炎症性疾病，临床表现为呼吸道坏死性肉芽肿性炎症，继之出现局灶性坏死性肾小球炎。组织学特征性改变为坏死性肉芽肿和小血管炎。血管炎是造成本病多系统损害的基础。

9. 鼻咽癌的镜下主要病理类型是

A. 鳞状细胞癌、腺癌、小细胞癌、泡状核细胞癌

B. 鳞状细胞癌、分化型非角化型、腺癌、泡状核细胞癌

C. 鳞状细胞癌、分化型非角化型、未分化癌、泡状核细胞癌

D. 鳞状细胞癌、分化型非角化型、未分化癌、小细胞癌

E. 鳞状细胞癌、分化型非角化型、腺癌、小细胞癌

【答案】C

10. 鼻-前颅底良性肿瘤中较易恶变的肿瘤有

A. 毛细血管瘤 　　　B. 纤维血管瘤

C. 内翻性乳头状瘤 　D. 乳头状瘤

E. 鼻息肉

【答案】C

【解析】内翻性乳头状瘤多见于成年人，男性多于女性。临床根除困难，术后多复发，约10%发生恶变。

11. 对于儿童咽部乳头状瘤来说，正确的是

A. 常单发性

B. 手术切除后易复发

C. 常发生于声带，声带活动不受限

D. 容易恶变

E. 基底窄，不影响喉腔

【答案】B

【解析】幼年型乳头状瘤：常多发，基底宽，可充满喉腔，致呼吸困难。术后易复发，一般不恶变。

12. 对鼻咽纤维血管瘤的病变来说，不正确的是

A. 免疫组化染色，雄激素受体阴性

B. 主要由纤维组织和血管构成

C. 血管大小不一，大的静脉血管缺乏弹力纤维

D. 纤维组织成分是成纤维细胞、纤维细胞和胶原纤维

E. 纤维组织常不成束，纵横交错排列

【答案】A

【解析】鼻咽纤维血管瘤反复大量鼻出血，伴鼻塞、耳闷，时有头痛。主要由纤维组织和血管构成，表面被覆黏膜。免疫组化染色，雄激素受体阳性。

13. 有关鼻腔内翻性乳头状瘤病变的描述，下列不正确的是

A. 瘤细胞分化较差，核分裂常见

B. 肿瘤呈息肉样、白色或淡红色

C. 鼻腔黏膜被覆上皮增生，并呈实心团块或窦道样长入黏膜间质内

D. 切面可见迂回曲折的白色条纹

E. 瘤巢基底膜完整

【答案】A

14. 鼻腔最常见的恶性肿瘤是

A. 黏液表皮样癌

B. 神经内分泌癌

C. 鳞状细胞癌

D. 腺样囊性癌

E. 腺癌

【答案】C

15. 鼻咽部上皮性恶性肿瘤最多见的组织学类型是

A. 腺鳞癌

B. 未分化型非角化性癌

C. 角化性鳞状细胞癌

D. 鼻咽普通型腺癌

E. 鼻咽涎腺型腺癌

【答案】B

16. 对于喉的淀粉样变性来说,**不正确**的是

A. 黏膜上皮多呈乳头状瘤样增生

B. 肉眼表现为瘤样结节型和弥漫浸润型

C. 好发于声带和室带,可伴有气管、口咽、鼻腔等处病变

D. 刚果红或甲紫染色呈红色

E. 于小血管、黏膜腺体基底膜和纤维组织处,有形状不规则、淡红色、磨玻璃样无结构物质沉积

【答案】A

【解析】喉的淀粉样变性肉眼分为瘤样结节型和弥漫浸润型。镜下于小血管、黏膜腺体基底膜和纤维组织处,有形状不规则、淡红色、磨玻璃样无结构物质沉积。黏膜上皮常无明显变化。

17. 对于慢性扁桃体炎病变来说,正确的是

A. 表面被覆假复层柱状上皮增生

B. 固有膜淋巴滤泡增生,生发中心明显

C. 隐窝内通常未受炎症累及

D. 固有膜组织内无纤维组织增生和软骨化生

E. 黏膜上皮层无中性粒细胞、淋巴细胞和浆细胞浸润

【答案】B

【解析】扁桃体是邻近外界的周围淋巴器官,是免疫器官,对各种病原体易呈不同的反应性增生。病变累及隐窝和固有层,炎症的变质、渗出和增生病变共存。表现为淋巴组织反应性增生;生发中心活跃;黏膜上皮增生;纤维组织增生和少数患者软骨化生及骨化生。渗出指黏膜和组织内急性与慢性炎细胞浸润;隐窝内炎性渗出物。变质为表皮坏死脱落,溃疡形成。

18. 鼻硬结症属于

A. 纤维素性炎   B. 肉芽肿性感染

C. 浆液性炎   D. 变态反应性疾病

E. 化脓性炎

【答案】B

【解析】鼻硬结病的特点为慢性肉芽肿性炎症,典型组织学病变有大量泡沫细胞、拉塞尔小体和慢性炎细胞浸润。

19. 真菌性鼻炎好发于

A. 额窦   B. 蝶窦   C. 上颌窦

D. 前筛窦   E. 后筛窦

【答案】C

20. 对于声带息肉分型来说,下列选项应**除外**

A. 血管型   B. 水肿型   C. 炎症型

D. 纤维型   E. 囊肿型

【答案】C

【解析】声带息肉是与喉慢性炎症、发音不当、吸入刺激性物质等有关,好发于声带前、中 1/3 交界处边缘,常有蒂或基部较宽。有四种类型,即血管型、水肿型、纤维型和囊肿型;无炎症型。

21. 与结外 Rosai-Dorman 病有关的病毒是

A. HPV-6   B. HPV-11   C. HHV-6

D. HHV-11   E. HIV

【答案】C

【解析】结外 Rosai-Dorman 病以组织细胞胞质内吞噬有淋巴细胞为特征。认为与 EBV 及人疱疹病毒-6 (HHV-6)感染有关。

22. 下列关于外生性乳头状瘤的描述,**不正确**的是

A. 几乎均见于鼻中隔

B. 呈外生性生长

C. 恶变罕见

D. 女多于男

E. 与 HPV6/11 感染有关

【答案】D

【解析】外生性乳头状瘤发病年龄较高,平均 56 岁,男多于女。几乎均见于鼻中隔。呈外生性生长。镜下以鳞状上皮增生为主,部分区域以呼吸上皮增生为主,混有黏液细胞。约 20% 可复发,恶变罕见。

23. 下列**不属于**非特异性感染的是

A. 干酪型鼻炎   B. 慢性萎缩性鼻炎

C. 肌球病   D. 鼻息肉

E. 鼻硬结病

【答案】E

【解析】鼻硬结病的特点为慢性肉芽肿性炎症,典型组织学病变有大量泡沫细胞、拉塞尔小体和慢性炎细胞浸润。

24. 下列关于嗜酸性血管中心性纤维化的描述**不正确**的是

A. 血管壁易发生纤维素样坏死

B. 患者以青-中年女性为主

C. 主要发生于上呼吸道

D. 早期病理特点主要是小血管增生、内皮细胞肿胀

E. 与长期的过敏性鼻炎有关

【答案】A

【解析】嗜酸性血管中心性纤维化是一种罕见的疾病，病因及发病机制不明。主要发生于上呼吸道，鼻腔多见。患者以青-中年女性为主。病变早期病理特点主要是小血管增生、内皮细胞肿胀。如病变进展，其特征性的病变是血管周围的胶原纤维束围绕血管，呈旋涡状洋葱皮样增生。血管壁不发生纤维素样坏死。有学者报道该病与长期的过敏性鼻炎有关。

25. 下列属于鼻腔鼻窦最常见的良性肿瘤的是

A. 假上皮瘤样增生

B. 鳞状细胞乳头状瘤

C. Schneiderian 乳头状瘤

D. 鼻息肉

E. 结外 Rosai-Dorman 病

【答案】C

【解析】Schneiderian 乳头状瘤发生于鼻腔鼻窦的黏膜(Schneiderian 膜)，是鼻腔鼻窦最常见的良性肿瘤，与 HPV6/11 感染有关。包括 3 种类型：内翻性乳头状瘤、外生性乳头状瘤、柱状细胞型或嗜酸性细胞型乳头状瘤。

26. 关于鼻腔 NK/T 细胞淋巴瘤免疫组化结果呈阴性的是

A. CD56   B. CD45RO   C. CD2

D. CD3   E. CD20

【答案】E

27. 下列与鼻咽癌发生无关的环境因素是

A. EB 病毒   B. 黄曲霉素

C. 亚硝酸盐   D. 吸烟

E. 甲醛

【答案】B

【解析】鼻咽癌与 EB 病毒、亚硝酸盐、吸烟及甲醛等环境因素有密切关系，男性多见。好发于鼻咽部的上壁和顶部，其次是侧壁的咽隐窝。

28. 下列关于鼻咽乳头状腺癌的描述不正确的是

A. 呈叶状乳头状和腺样结构

B. 以外生性生长为特征

C. 低级别腺癌

D. 与 EB 病毒感染有关

E. 常发生于鼻咽顶部、侧壁和后壁

【答案】D

【解析】鼻咽乳头状腺癌极少见，是一种呈叶状乳头状和腺样结构、以外生性生长为特征的低级别腺癌。常发生于鼻咽顶部、侧壁和后壁。

29. 下列关于毛状息肉的描述，不正确的是

A. 成年人鼻咽部多见

B. 是一种发育异常

C. 常见于鼻咽侧壁

D. 镜下由中心的中胚叶和周围的外胚叶组成

E. 肿物无内胚层来源的组织

【答案】A

【解析】毛状息肉为一种发育异常，多见于女婴，虽然发病率极低，但在新生儿鼻咽部肿物中最常见。常见部位是鼻咽侧壁，软腭靠近鼻咽处。镜下由中心的中胚叶和周围的外胚叶组成。肿物无内胚层来源的组织。

30. 以下不是早期鼻咽癌的 CT 表现的是

A. 腭肌肥大

B. 咽隐窝变浅、消失

C. 乳突气房不含气

D. 两侧咽腔不对称

E. 咽旁间隙向外移位

【答案】E

31. 下列关于嗅神经母细胞瘤，不正确的是

A. 又称为嗅神经上皮瘤

B. 女性多见

C. 好发于嗅黏膜区

D. 可累及邻近的筛窦、上颌窦、蝶窦和额窦

E. 细胞形态学上兼有神经上皮瘤和神经母细胞瘤的特征

【答案】B

【解析】嗅母细胞瘤属于神经外胚层上皮来源的肿瘤，好发于嗅黏膜区。男女性别及种族没有显著差异。镜下多数肿瘤细胞大小、形态一致，呈小圆形或小梭形，胞质稀少，核膜不清，被明显的纤维血管性间质分隔，呈小叶状结构。间质血管有时增生明显，甚至可呈血管瘤样。肿瘤细胞神经内分泌标志物可呈不同程度的阳性。

32. 鼻腔黏膜的 B 细胞淋巴瘤主要为

A. 间变大 B 细胞淋巴瘤

B. 套细胞淋巴瘤

C. 弥漫性大 B 细胞淋巴瘤

D. 边缘区淋巴瘤

E. MALT 淋巴瘤

【答案】C

33. 与咽上皮乳头状瘤的发生密切相关的是

A. HBV   B. HIV

C. HPV6/11 　　　　　　D. EBER

E. HPV33

【答案】C

【解析】咽上皮乳头状瘤的发生与HPV有密切关系，主要是6、11型，16、18、33型等也能检出。

34. 以下说法**错误**的是

A. 咽分为鼻咽、口咽和喉咽

B. 口咽和喉咽是消化道和呼吸道的共同通道

C. 咽扁桃体10岁后退化

D. 咽扁桃体位于口咽侧壁的扁桃体窝内

E. 腭扁桃体表面被覆的黏膜有许多扁桃体小窝

【答案】D

35. 下列关于鼻的描述，**不正确**的是

A. 鼻是呼吸道的起始部和嗅觉器官

B. 鼻包括外鼻、鼻腔和鼻窦

C. 鼻腔由骨、软骨及其表面的黏膜、皮肤构成

D. 鼻腔被鼻中隔分为左右两部分

E. 鼻窦包括额窦、蝶窦和筛窦

【答案】E

36. 关于鼻腔鼻窦型血管外皮瘤，下列说法**错误**的是

A. 发病年龄极广，平均发病年龄为55岁

B. 发病男性远多于女性

C. 瘤细胞排列紧密，其间可见散在裂隙状血管腔

D. 核分裂象≥4个/10HPF，出现出血坏死时应诊断为恶性血管外皮瘤

E. 瘤细胞可表达SMA、MSA

【答案】B

【解析】鼻腔鼻窦型血管外皮瘤发病年龄极广，平均发病年龄为55岁，男女比例相当。瘤细胞排列紧密，其间可见散在裂隙状血管腔，可呈鹿角样结构。核分裂象≥4个/10HPF，出现出血坏死时应诊断为恶性血管外皮瘤。

37. 关于鼻内横纹肌肉瘤，下列说法正确的是

A. 常见于老年人，发病年龄多 >60岁

B. 男性发病多于女性

C. 发生于鼻腔鼻窦部多于鼻咽部

D. 镜下特点及免疫表型同其他部位不同

E. 鉴别诊断包括多种小圆蓝细胞肿瘤，如淋巴瘤、绿色瘤、未分化癌等

【答案】E

【解析】常见于儿童或年轻人，是儿童最常见的肉瘤。无明显性别差异。鼻咽部多于鼻腔鼻窦。镜下特点及免疫表型同其他部位的横纹肌肉瘤。

38. 关于鼻腔鼻窦内神经内分泌型小细胞癌，下列说法**错误**的是

A. 神经内分泌型小细胞癌是鼻腔鼻窦神经内分泌癌中最常见的组织学类型

B. 发病年龄较广，在26~70岁，平均49岁

C. 最常累及鼻腔，其次是筛窦、上颌窦

D. 镜下形态特点与小细胞癌相似

E. 所有病例CK均阳性

【答案】E

【解析】神经内分泌型小细胞癌是鼻腔鼻窦神经内分泌癌中最常见的组织学类型。绝大部分CK阳性，但可有阴性病例。

39. 关于鼻腔内生殖细胞肿瘤，下列说法**错误**的是

A. 与发生于其他部位的同类肿瘤形态一致

B. 发生于鼻腔内生殖细胞肿瘤均罕见

C. 畸胎癌肉瘤是一种高度恶性、高度侵袭性的肿瘤，具有畸胎瘤和癌肉瘤的特点

D. 畸胎瘤是鼻腔鼻窦部位主要的良性生殖细胞肿瘤，来源于两个或三个胚层

E. 活检标本即可诊断

【答案】E

【解析】小的活检标本可能无法体现全部的组织学特点，不充分取材可导致错误诊断。

40. 关于鼻腔鼻窦继发性肿瘤，下列说法**错误**的是

A. 鼻腔鼻窦的转移性肿瘤是指来源于其他部位的原发恶性肿瘤

B. 包括白血病和淋巴瘤

C. 通常是通过血行转移的

D. 可以为孤立性，也可以为多灶性

E. 症状不易与鼻腔内原发肿瘤鉴别

【答案】B

41. 良性淋巴管内T细胞聚集的镜下特点**除外**

A. 管腔内淋巴细胞多为T细胞标记阳性

B. 病灶常为多发病灶

C. 淋巴管明显扩张

D. 扩张的淋巴管周围可见较多淋巴细胞

E. Ki-67指数常小于10%

【答案】B

【解析】良性淋巴管内T细胞聚集多见于扁桃体、咽

弓及阑尾等处。镜下特征性表现为薄壁淋巴管扩张,其内可见单一的小或中等大小的淋巴细胞聚集。管腔内淋巴细胞多为 T 细胞标记阳性,常为单发病灶。

42. 老年女性,近半年出现涕中带血、鼻塞,3 年前行乳腺癌根治术,则应检测的标志物主要有
    A. ER、PR、HER2、Ki-67
    B. Syn、CGA
    C. RCC、CD10
    D. LCA、CD56、CD3、C20
    E. EMA、CK7、CK20
    【答案】A

43. 喉接触性溃疡特点应**除外**
    A. 好发于声带前部
    B. 肉眼成息肉状,常累及双侧声带
    C. 主要为炎性肉芽组织增生
    D. 被覆纤维素性渗出物
    E. 是一种慢性炎症性疾病
    【答案】A
    【解析】喉接触性溃疡又名接触性肉芽肿,好发于声带后部。

44. 关于喉类脂质蛋白沉积症,下列说法**错误**的是
    A. 是一种罕见的常染色体隐性遗传疾病
    B. 主要表现为声音嘶哑
    C. 部分患者可出现癫痫等精神系统症状
    D. 患者多在老年出现症状
    E. HE 染色表现为均质粉染物质
    【答案】D
    【解析】喉类脂质蛋白沉积症是一种罕见的常染色体隐性遗传疾病,患者多在出生不久即出现症状。

45. 关于喉横纹肌瘤,下列说法**错误**的是
    A. 镜下肿瘤细胞圆形、紧密排列、核偏位
    B. 女性多见,男女比例为 1∶3
    C. 根据成熟度分为成人型、少年型、胎儿型
    D. 成人型患者几乎为 40 岁以上成人
    E. 横纹是特征性表现
    【答案】B
    【解析】喉横纹肌瘤根据成熟度分为成人型、少年型、胎儿型,成人型患者几乎为 40 岁以上成人,男性多见,男女比例为 3∶1。

46. 以下不是 DNA 甲基化处理方式的是
    A. 亚硫酸氢盐法
    B. 甲基化免疫共沉淀法
    C. APOBEC 脱氨酶法
    D. Bisulfite 法
    E. 甲酰胺法
    【答案】E

【A2 型题】

1. 男性,57 岁,曾为皮革厂工人,查体发现鼻前庭及侧壁糜烂,咬检后送病理检测。镜下肿瘤细胞界限不清,可见细胞间桥和角化珠,细胞核大、深染、呈不规则条状和巢状。镜下组织学应诊断为
    A. 非角化型鳞状细胞癌
    B. 角化型鳞状细胞癌
    C. 乳头状鳞状细胞癌
    D. 疣状癌
    E. 乳头状瘤
    【答案】B

2. 女性,48 岁,鼻阻、鼻出血 2 个月。查体见鼻腔内息肉状突出,质脆、易出血,表面呈黑褐色。镜下瘤组织呈巢状分布,细胞多角形,大小不一,核空,核仁明显,部分区域可见少量黑色素沉积。免疫组化检测 S-100(+),LCA(−),CK(−),HMB45(+)。该患者的诊断可能是
    A. 未分化癌
    B. 淋巴瘤
    C. 黑色素瘤
    D. 低分化鳞状细胞癌
    E. 移行细胞癌
    【答案】C

3. 男性,8 岁,进行性声嘶 1 个月,喉镜可见声带多发性乳头状肿物,HPV(+)。镜下鳞状上皮呈乳头状生长,可见核分裂。下列最可能的诊断为
    A. 鳞状细胞癌　　　B. 疣状癌
    C. 幼年性喉乳头状瘤　D. 喉囊肿
    E. 腺癌
    【答案】C
    【解析】幼年型乳头状瘤常多发,基底宽,可充满喉腔,致呼吸困难。术后易复发,一般不发生恶变。

4. 男性,35 岁,慢性鼻炎多年,鼻塞进行性加重 1 周,查体可见鼻窦部多个息肉样物,质软,半透明状,宽基。镜下鼻黏膜息肉状增生,水肿明显,可见炎细胞浸润。下列诊断最可能的是
    A. Wegener 肉芽肿　　B. 胆固醇性肉芽肿

C. 炎性息肉 　　　D. 黏液潴留囊肿

E. 结节病

【答案】C

【解析】鼻息肉肉眼通常光滑、有光泽、半透明、灰粉色。镜下可见息肉表面被覆假复层纤毛柱状上皮,少数病例可伴鳞状化生,但无角化。间质水肿,不同程度慢性炎细胞浸润。

5. 女性,45 岁,右侧鼻腔流脓涕伴同侧面部肿痛进行性加重 1 年余,无颈部淋巴结肿大。CT 示上颌窦内半圆形肿物,边界清,增强无强化,MRI 表现为长 T_1、长 T_2 信号。下列最符合的诊断为

A. 上颌窦真菌病 　　B. 上颌窦囊肿

C. 上颌窦恶性肿瘤 　D. 慢性上颌窦炎

E. 上颌窦转移性癌

【答案】B

6. 男性,56 岁,左侧持续性鼻塞,涕中带血。鼻镜示鼻腔内息肉样肿物,灰红色,质硬,触之易出血。CT 示左侧鼻腔及同侧上颌窦内稍高密度软组织影,上颌窦内壁破坏,窦腔扩大不明显,瘤体内可见点、条状钙化,增强扫描无增强。镜下可见增生的形态良好的鳞状上皮和呼吸上皮遍及整个间质,增生的上皮向上皮下间质内呈内生性生长。下列最符合诊断的是

A. 鼻息肉

B. 鼻咽癌

C. 鼻腔淋巴瘤

D. 鼻内翻性乳头状瘤

E. 鼻咽血管瘤

【答案】D

【解析】鼻内翻性乳头状瘤镜下特点为鳞状上皮、呼吸上皮及黏液细胞混合性增生,向上皮下间质内嵌入。表层细胞常为柱状、胞质常见空泡。

7. 男性,21 岁,鼻塞,鼻腔反复大量出血。CT 示鼻咽部后壁软组织肿块,迅速显著强化,镜下肿物由杂乱的血管和纤维性间质混合而成,间质疏松水肿,血管丰富,大小不一。下列诊断最可能的是

A. 鼻咽癌 　　　　　B. 恶性淋巴瘤

C. 鼻息肉 　　　　　D. 鼻咽纤维血管瘤

E. 乳头状瘤

【答案】D

【解析】鼻咽纤维血管瘤反复大量鼻出血,伴鼻塞、

耳闷,时有头痛。主要由纤维组织和血管构成,表面被覆黏膜。免疫组化染色,雄激素受体阳性。

8. 中年男性,鼻腔反复少量出血 1 个月,颈部淋巴结无痛性肿大,CT 示鼻咽部肿块,咽旁脂肪间隙消失,切取活检,肿瘤组织界限不清,角化明显。最符合的诊断为

A. 鼻咽癌 　　　　　B. 恶性淋巴瘤

C. 鼻息肉 　　　　　D. 鼻咽纤维血管瘤

E. 乳头状瘤

【答案】A

【解析】鼻咽癌与 EB 病毒、亚硝酸盐、吸烟及甲醛等环境因素有密切关系,男性多见。好发于鼻咽部的上壁和顶部,其次是侧壁的咽隐窝。最常见的早期症状是颈部淋巴结转移。

9. 男性,65 岁,进行性声嘶 1 个月,咽部有异物感,颈部淋巴结肿大,CT 示喉旁间隙及会厌前间隙消失。切取部分行病理检测,镜下肿瘤组织角化明显,可见细胞间桥,界限不清。最符合的诊断为

A. 血管瘤 　　B. 淋巴瘤 　　C. 结核

D. 喉癌 　　　E. 乳头状瘤

【答案】D

10. 患儿,男性,3 岁,声嘶,犬吠样咳嗽 4 天,咽喉部可见灰白色白膜,下列最可能的诊断为

A. 结核 　　　　　　B. 急性咽炎

C. 白喉 　　　　　　D. 喉真菌病

E. 急性喉炎

【答案】C

11. 患儿,女性,3 个月,高热伴烦躁不安,右侧鼻腔流脓涕 4 天,同侧鼻旁组织及面颊部明显红肿,CT 示右上颌骨骨质破坏。下列最可能的诊断是

A. 鼻窦恶性肿瘤 　　B. 血管瘤

C. 上颌骨骨髓炎 　　D. 面部蜂窝织炎

E. 鼻窦炎

【答案】C

12. 男性,65 岁,涕中带血 1 年,CT 示左侧上颌窦占位,并可见钙化斑,淋巴结无肿大,镜下示病变组织为大片坏死及血栓形成。下列诊断正确的是

A. 上颌窦息肉 　　　B. 上颌窦恶性肿瘤

C. 上颌窦真菌病 　　D. 上颌窦炎

E. 上颌窦囊肿

【答案】C

13. 女性,35 岁,左侧鼻塞伴出血半年。鼻镜示后鼻孔内息肉样肿物。CT 示右侧上颌窦软组织影,骨质无明显破坏。镜下鼻黏膜息肉状增生,水肿明显,可见炎细胞浸润。最可能诊断为
   A. 上颌窦囊肿　　　　　B. 上颌窦息肉
   C. 上颌窦恶性肿瘤　　　D. 上颌窦炎
   E. 上颌窦血管瘤
   【答案】B

14. 女性,34 岁,鼻塞,流涕,嗅觉减退 1 年。鼻镜示鼻腔内可见肿物,表面光滑,呈荔枝肉样。镜下鼻黏膜息肉状增生,水肿明显,可见炎细胞浸润。该肿物的诊断最可能为
   A. 血管瘤　　　　　　　B. 乳头状瘤
   C. 恶性淋巴瘤　　　　　D. 鼻息肉
   E. 鼻腔癌
   【答案】D

15. 女性,23 岁,左侧鼻塞,出血 2 年,左中鼻道前段可见淡红色新生物,表面光滑。CT 示左上颌窦窦壁均一性变薄,无钙化及虫蚀状改变。镜下为增生、扩张的薄血管。最可能诊断为
   A. 上颌窦出血性息肉
   B. 上颌窦真菌性炎
   C. 上颌窦异物
   D. 上颌窦恶性肿瘤
   E. 上颌窦淋巴瘤
   【答案】A

16. 男性,45 岁,右侧鼻腔流脓性分泌物半年。CT 示上颌窦内不均匀密度增高影,其内数个高密度钙化斑。首先考虑
   A. 鼻咽癌　　　　　　　B. 鼻窦恶性淋巴瘤
   C. 上颌窦囊肿　　　　　D. 鼻息肉
   E. 真菌性鼻窦炎
   【答案】E

17. 女性,18 岁,左侧鼻塞,流脓涕半年,无出血。鼻镜示鼻腔后段新生物,荔枝肉样。CT 示上颌窦阴影,骨壁无破坏。镜下鼻黏膜息肉状增生,水肿明显,可见炎细胞浸润。最可能诊断为
   A. 上颌窦囊肿
   B. 上颌窦血管瘤
   C. 上颌窦息肉
   D. 上颌窦恶性肿瘤
   E. 上颌窦乳头状瘤
   【答案】C

18. 患儿,男性,2 岁,右侧鼻塞,涕中带血伴恶臭 9 天。诊断应首先考虑
   A. 鼻咽癌　　　　　　　B. 鼻腔恶性肿瘤
   C. 鼻窦炎　　　　　　　D. 鼻腔异物
   E. 淋巴瘤
   【答案】D

19. 男性,31 岁,左眼球流泪、复视,头痛,眼痛。CT 示筛窦窦腔扩大,骨质变薄。肿物呈圆形、密度均匀,局部膨隆处穿刺有棕色或灰色黏液。诊断为
   A. 恶性肿瘤　　　　　　B. 血管瘤
   C. 鼻息肉　　　　　　　D. 鼻窦黏液囊肿
   E. 淋巴瘤
   【答案】D
   【解析】鼻窦黏液囊肿多因鼻窦开口完全堵塞引起窦内浆液性渗出物和黏液性分泌物积留而成,多发于筛窦和额窦,蝶窦、上颌窦少见。巨大者可侵入眶内和颅内。

20. 男性,26 岁,体检时无意发现右上颌窦局限性半月形阴影,边界清。穿刺时拔出针芯有黄色液体。诊断为
   A. 鼻息肉　　　　　　　B. 恶性肿瘤
   C. 血管瘤　　　　　　　D. 鼻窦黏液囊肿
   E. 鼻窦浆液囊肿
   【答案】E

21. 女性,45 岁,右鼻腔鼻塞十余年,偶尔出血。鼻镜可看到息肉样新生物,色暗红,摘除时大量出血。镜下表现为黏膜上皮下大量大小不一的血管。最可能的诊断为
   A. 上颌窦恶性肿瘤
   B. 上颌窦囊肿
   C. 上颌窦息肉
   D. 上颌窦出血性息肉
   E. 上颌窦海绵状血管瘤
   【答案】E

22. 女性,20 岁,左侧鼻腔反复出血。鼻镜示鼻中隔前下区新生物,表面呈紫红色。镜下表现为黏膜上皮下大量大小不一的血管。最可能诊断为
   A. 血管瘤　　　　　　　B. 恶性肿瘤

C. 淋巴瘤　　　　D. 乳头状瘤

E. 鼻中隔血肿

【答案】A

23. 男性,23 岁,额部疼痛 2 年,左侧额窦轻压痛。X 线及 CT 示右额窦底有一 6mm×5mm 大圆形高密度影,检查示肿物坚硬如象牙,有蒂。最可能诊断为

A. 额窦息肉　　　　B. 额窦囊肿

C. 额窦骨瘤　　　　D. 额窦恶性肿瘤

E. 额窦炎

【答案】C

【解析】骨瘤通常发生于额窦和筛窦,上颌窦和蝶窦较少累及。

24. 女性,60 岁,右侧鼻塞、流脓血性分泌物 1 年余,右侧面部麻木,左磨牙疼痛 2 个月。鼻镜示中、下鼻甲肿胀,鼻腔外侧壁内移。CT 示右上颌窦内密度增高,右上颌窦前壁、内壁骨质破坏。最可能的诊断为

A. 上颌窦真菌病　　B. 上颌窦息肉

C. 上颌窦炎　　　　D. 上颌窦血管瘤

E. 上颌窦恶性肿瘤

【答案】E

25. 女性,45 岁,左侧鼻腔持续性流涕、鼻塞 4 年余,曾先后在当地医院行鼻息肉摘除术,近 1 个月鼻塞加重,涕中带血。鼻镜示左侧鼻腔内灰红色新生物,宽基,表面不平,质硬,触之易出血,取病理,镜下示上皮下的结缔组织中,有增生的上皮内翻性生长。下列最可能的诊断是

A. 复发性鼻息肉

B. 内翻性乳头状瘤

C. 血管瘤

D. 鼻腔恶性肿瘤

E. 恶性淋巴瘤

【答案】B

【解析】鼻内翻性乳头状瘤镜下特点为鳞状上皮、呼吸上皮及黏液细胞混合性增生,向上皮下间质内嵌入。表层细胞常为柱状、胞质常见空泡。

26. 女性,10 岁,鼻镜检查鼻腔后部淡红色新生物。下列应尽量少用的检查是

A. 间接鼻咽镜检查　B. CT

C. MRI　　　　　D. 鼻咽触诊

E. DSA

【答案】D

27. 男性,60 岁,鼻镜示鼻咽顶后壁肉芽肿样隆起,表面粗糙不平。应首选的确诊性检查是

A. 鼻咽 CT

B. 鼻咽 MRI

C. 纤维鼻镜检查

D. 鼻咽部活检

E. EB 病毒血清学检查

【答案】C

28. 男性,14 岁,鼻腔纤维血管瘤。该病变的镜下病理表现是

A. 属于低分化鳞状细胞癌

B. 多为囊性,成单房或多房,囊壁光滑

C. 由胶原纤维及多核成纤维细胞组成网状基质,其间分布大量管壁薄、无弹性血管

D. 空泡细胞和黏液基质,瘤细胞被纤维组织分隔成小叶

E. 肿瘤由复层鳞状上皮、细胞间桥和角蛋白质构成

【答案】C

【解析】鼻咽纤维血管瘤反复大量鼻出血,伴鼻塞、耳闷,时有头痛。主要由纤维组织和血管构成,表面被覆黏膜。免疫组化染色,雄激素受体阳性。

29. 男性,30 岁,教师。声音嘶哑 2 个月,检查见左声带前、中 1/3 交界处绿豆粒大小肿物,光滑,粉红色。最可能诊断为

A. 声带息肉　　　　B. 血管瘤

C. 喉恶性肿瘤　　　D. 喉乳头状瘤

E. 淋巴瘤

【答案】A

【解析】声带息肉可表现为无蒂或有蒂,质地可为软、有弹性或坚硬,颜色可为白色半透明或红色不等,大小可达数厘米。

30. 男性,55 岁,右侧鼻塞,鼻中带血 1 年。检查示右侧上颌窦及右侧后鼻孔软组织影,右上颌窦骨壁吸收变薄,内壁部分缺如。镜下可见增生、扩张的薄壁血管。最可能的诊断为

A. 单纯性鼻窦炎

B. 上颌窦囊肿

C. 上颌窦出血坏死性息肉

D. 上颌窦癌

E. 上颌窦淋巴瘤

【答案】C

31. 男性,53 岁,咽部异物感,梗阻感 3 个月,痰中带血 2 周,有长期吸烟、饮酒史,无声音嘶

哑及呼吸困难,进食顺畅。电子喉镜示下咽部新生物,表面糜烂、溃疡。应首先考虑的疾病是

A. 淋巴瘤

B. 食管炎

C. 口咽、喉咽恶性肿瘤

D. 血管瘤

E. 息肉

【答案】C

32. 女性,45 岁,右鼻腔鼻塞十余年,偶尔出血。鼻镜可看到息肉样新生物,色暗红,摘除时大量出血。镜下表现为黏膜上皮下大量大小不一的血管。最可能的诊断为

A. 上颌窦恶性肿瘤

B. 上颌窦囊肿

C. 上颌窦息肉

D. 上颌窦出血性息肉

E. 上颌窦海绵状血管瘤

【答案】E

33. 患儿,1 岁,鼻出血 3 天。CT 示鼻腔内高密度肿块,边界不清,伴有钙化。镜下肿瘤细胞呈小叶状结构,可见成熟或不成熟的不规则透明软骨岛,软骨岛边界清楚,周围为间叶组织,肿瘤背景呈黏液样,无病理性核分裂象,可见出血。下列诊断最可能的是

A. 软骨瘤

B. 间叶性软骨肉瘤

C. 软骨母细胞瘤

D. 透明细胞软骨肉瘤

E. 鼻软骨间叶性错构瘤

【答案】D

【解析】发生在颅面部的软骨肉瘤较少见,约占头颈部恶性肿瘤的 0.2%。好发于老年,男性多见。可见间叶性软骨肉瘤、去分化软骨肉瘤及透明细胞软骨肉瘤。

34. 男性,20 岁,鼻出血、鼻塞,半年余,间断出现耳鸣。CT 显示肿物位于鼻咽后壁,压迫咽鼓管,光镜下显示肿物由纤维组织及血管构成,纤维结缔组织由丰满的梭形、多角形胶原纤维构成。最可能的诊断为

A. 鼻息肉

B. 淋巴瘤

C. 鼻咽部血管纤维瘤

D. 血管外皮细胞瘤

E. 孤立性纤维性肿瘤

【答案】C

【解析】鼻咽部血管纤维瘤常发生于 10~25 岁青年男性。镜下由纤维组织及血管构成,中央区纤维成分多,周边区血管成分多。

35. 男性,28 岁,声音嘶哑半年。CT 显示喉部可见一囊性肿物。最可能的诊断为

A. 淋巴瘤

B. 喉囊肿

C. 甲状舌管囊肿

D. 淋巴管瘤

E. 血管瘤

【答案】B

36. 男性,72 岁,吞咽困难 16 个月,加重 3 个月。CT 显示肿物位于喉部。病理免疫组化指标为,CgA(+)、Syn(+)、CD56(+)、P40(−)、CK5/6(−)。最可能的诊断为

A. 喉鳞状细胞癌

B. 淋巴瘤

C. 神经内分泌肿瘤

D. 喉软骨肉瘤

E. 腺样囊性癌

【答案】C

37. 男性,58 岁,1 年前出现喉痛、声音嘶哑,痰中带血。CT 显示喉肿物,恶性可能性大。病理诊断为软骨肉瘤。最常见的发病部位是

A. 声门裂

B. 会厌软骨

C. 杓状软骨

D. 声带

E. 环状软骨

【答案】E

【解析】喉软骨肉瘤最常见的发病部位为环状软骨,好发年龄为 50~60 岁,男性多见。

【A3/A4 型题】

(1~3 题共用题干)

男性,61 岁,吸烟史 20 年,8 年前因声音嘶哑,当地医院发现喉部一分支的乳头状肿物,手术取出。病理检查见乳头基底膜完整,局部鳞状上皮细胞呈乳头状增生,细胞层次多,但无异型性,乳头中心为含血管的纤维结缔组织,乳头基底膜完整。近 3 个月再次出现声音嘶哑并伴有疼痛,喉镜检查发现,假声带以上有一隆起肿物,呈乳头状分支,表面糜烂。肿物切除后病理观察见局部上皮细胞异型增生,并突破基底膜,在间质内有数个鳞状细胞巢团,巢团内多有角化物,细胞有异型性,可见病理性核分裂象。

1. 该患者 8 年前喉部肿物为

A. 声带息肉

B. 乳头状瘤

C. 原位癌   D. 疣状癌

E. 高分化鳞状细胞癌

【答案】B

2. 目前的病理诊断应是

  A. 乳头状瘤复发

  B. 疣状癌

  C. 原位癌

  D. 高分化鳞状细胞癌

  E. 低分化鳞状细胞癌

【答案】D

3. 上述肿瘤分型应是

  A. 声门上型   B. 糜烂型

  C. 声门型   D. 声门下型

  E. 跨声门型

【答案】A

【解析】按肿瘤的发生部位,喉鳞状细胞癌分为声门上型、声门型、声门下型及跨声门型。其中声门型最多见。

(4~6 题共用题干)

男性,60 岁,半年前左颈部淋巴结肿大,经抗感染治疗未见好转。近 1 个月鼻涕带血,鼻塞、耳聋、耳鸣。鼻镜检查见左侧鼻咽顶部糜烂,取材后活检。镜下见瘤细胞界限不清,细胞核大、圆或卵圆形呈空泡状,核仁明显;癌细胞间和间质见淋巴细胞浸润。

4. 肿瘤大体分型应为

  A. 结节型   B. 菜花型

  C. 溃疡型   D. 黏膜隆起型

  E. 糜烂型

【答案】E

5. 镜下组织学应诊断为

  A. 未分化型非角化性癌

  B. 分化型非角化性癌

  C. 混合型非角化性癌

  D. 普通性角化性鳞状细胞癌

  E. 变异性角化性鳞状细胞癌

【答案】A

6. 肿瘤最先扩散至

  A. 向前经后鼻孔侵犯鼻腔、鼻窦

  B. 向上经破裂孔或破坏颅底骨组织侵犯颅内

  C. 经咽鼓管口侵犯中耳

  D. 经眶下裂侵犯眼眶

  E. 颈淋巴结转移

【答案】E

【解析】鼻咽癌与 EB 病毒、亚硝酸盐、吸烟及甲醛等环境因素有密切关系,男性多见。好发于鼻咽部的上壁和顶部,其次是侧壁的咽隐窝。最常见的早期症状是颈部淋巴结转移。

(7~10 题共用题干)

男性,自青少年时起,经常有鼻腔堵塞、流涕、不适等症状。在五官科检查时,医师考虑患者可能患鼻炎或鼻窦炎。在讨论中,提出了以下问题。

7. 患者中鼻道的内容物可能来自

  A. 筛窦后群

  B. 蝶窦

  C. 上颌窦

  D. 中鼻甲的炎性物质

  E. 鼻泪管

【答案】C

8. 患者直立时最不容易引流的鼻窦是

  A. 额窦   B. 蝶窦

  C. 上颌窦   D. 筛窦前群

  E. 筛窦后群

【答案】C

9. 鼻窦中开口高于窦底的是

  A. 额窦   B. 蝶窦

  C. 上颌窦   D. 筛窦前、中群

  E. 筛窦后群

【答案】C

10. 在治疗方法中,可作鼻窦穿刺术的是

  A. 通过上鼻道穿刺筛窦后群

  B. 通过中鼻道穿刺上颌窦

  C. 通过中鼻道穿刺额窦

  D. 通过中鼻道穿刺筛窦前、中群

  E. 通过上鼻道穿刺蝶窦

【答案】B

【解析】鼻窦是鼻腔周围颅骨内开口于鼻腔的含气空腔,包括上颌窦、额窦、筛窦和蝶窦。上颌窦是最大的鼻窦,开口于中鼻道的前部,因开口高于窦底,故为患者直立时最不容易引流的鼻窦。治疗可通过中鼻道穿刺上颌窦。

(11~13 题共用题干)

男性,38 岁,近 2 个月鼻塞,出血,鼻腔内可见肿块样物和息肉样物。镜下可见大量泡沫细胞,拉塞尔小体和慢性炎细胞浸润。

11. 最可能的诊断应为
    A. 鼻咽癌　　　　　　B. 鼻硬结病
    C. 鼻结核　　　　　　D. 鼻息肉
    E. 鼻内翻性乳头状瘤
【答案】B

12. 该病**不可见**的成分为
    A. 浆细胞　　　　　　B. Mikulicz 细胞
    C. Mallory 小体　　　D. 组织细胞
    E. 淋巴细胞
【答案】C

13. 由于出现大量泡沫细胞,最需进行鉴别的疾病是
    A. 系统性红斑狼疮　　B. 破伤风
    C. 霉菌病　　　　　　D. 麻风
    E. 梅毒
【答案】D
【解析】鼻硬结病的特点为慢性肉芽肿性炎症,典型组织学病变有大量泡沫细胞、拉塞尔小体和慢性炎细胞浸润。黏膜内可见大量的浆细胞、淋巴细胞及中性粒细胞浸润,可见成群或成簇的胞质空亮的"米库利兹细胞"。

(14~15 题共用题干)
女性,28 岁,近半年出现鼻塞,偶有恶臭,在耳鼻喉科检查时,医师考虑患者可能患鼻炎或鼻窦炎。CT 检查发现肺部有阴影。镜下特征性表现为坏死性肉芽肿性炎。

14. 该患者应诊断为
    A. 鼻炎　　　　　　　B. 鼻窦癌
    C. 鼻结核　　　　　　D. 鼻息肉
    E. 鼻 Wegner 肉芽肿
【答案】E

15. 该病另一个显著特征为
    A. 血管炎　　　　　　B. 淀粉样变性
    C. 出血坏死严重　　　D. 骨化
    E. 黏液变性
【答案】A
【解析】Wegener 肉芽肿是一种病因不明的血管性、系统性、炎症性疾病,临床表现为呼吸道坏死性肉芽肿性炎症,继之出现局灶性坏死性肾小球炎。组织学特征性改变为坏死性肉芽肿和小血管炎。血管炎是造成本病多系统损害的基础。

(16~17 题共用题干)
男性,40 岁,近半年出现鼻塞及出血,肿物堵塞鼻腔,肿物生长缓慢。大体肿物呈息肉状。镜下肿物组织呈小圆形,核圆、胞质少,核膜不清楚,可见 Homer-Wright 菊形团结构。

16. 该病应诊断为
    A. 副神经节瘤　　　　B. 嗅神经母细胞瘤
    C. 鼻咽癌　　　　　　D. 鼻息肉
    E. 胶质瘤
【答案】B

17. 该肿瘤电镜下可见
    A. 半桥粒　　　　　　B. 细肌丝
    C. Birbeck 颗粒　　　D. 神经微丝
    E. 桥粒
【答案】D
【解析】嗅母细胞瘤属于神经外胚层上皮来源的肿瘤,好发于嗅黏膜区。男女性别及种族没有显著差异。镜下多数肿瘤细胞大小、形态一致,呈小圆形或小梭形,胞质稀少,核膜不清,被明显的纤维血管性间质分隔,呈小叶状结构。间质血管有时增生明显,甚至可呈血管瘤样。可见 Homer-Wright 菊形团结构。肿瘤细胞神经内分泌标志物可呈不同程度的阳性。

(18~19 题共用题干)
老年男性,一年前鼻塞,流涕,近 2 个月可见出血,偶有臭味。CT 显示鼻腔鼻窦可见高密度肿块,考虑恶性可能性大。镜下可见肿瘤呈浸润性生长,瘤细胞呈管状、筛状及实性团块样,管腔内 PAS 染色阳性。

18. 目前的病理诊断为
    A. 黏液表皮样癌　　　B. 未分化癌
    C. 腺样囊性癌　　　　D. 肌上皮癌
    E. 鳞状细胞癌
【答案】C

19. 该肿瘤在上呼吸道最好发的部位是
    A. 口咽　　　　　　　B. 喉咽
    C. 鼻前庭　　　　　　D. 蝶窦
    E. 上颌窦
【答案】E

【案例分析题】

案例一　男性,4 岁,近 2 个月发现干咳、声音嘶哑、喉咙痛,偶有呼吸困难。喉镜检查显示喉部暗红色乳头状肿物。
提问 1:该患者最可能的诊断为
    A. 哮喘　　　　　　　B. 支气管炎

　　C. 肺炎　　　　　D. 喉乳头状瘤

　　E. 气管异物　　　F. 淋巴瘤

　　G. PNET　　　　 H. 尤因肉瘤

【答案】D

提问2:关于该病的描述**不正确**的是

　　A. 常多发

　　B. 容易恶变

　　C. 手术切除后易复发

　　D. 常发生于声带,声带活动不受限

　　E. 基底窄,不影响喉腔

　　F. 常单发

　　G. 一般不发生恶变

　　H. 有的可发生于放疗后

【答案】BDEF

【解析】幼年型乳头状瘤:常多发,基底宽,可充满喉腔,致呼吸困难。术后易复发,一般不发生恶变。

案例二　患儿8岁,近1个月咽喉肿痛伴发热。于耳鼻喉科检查发现扁桃体Ⅱ度肿大,伴红肿。血常规显示,白细胞$30×10^9$/L,红细胞沉降率增快,确诊为慢性扁桃体炎。

提问1:该病属于

　　A. 慢性肉芽肿性炎

　　B. 反复发作的急性扁桃体炎的慢性炎症状态

　　C. 浆液性炎

　　D. 纤维素性炎

　　E. 非特异性增生性炎

　　F. 血管炎

　　G. 病毒感染

　　H. 支原体感染

【答案】B

提问2:关于该病变描述**不正确**的是

　　A. 表面被覆假复层柱状上皮增生

　　B. 固有膜淋巴滤泡增生,生发中心明显

　　C. 隐窝内通常未受炎症累及

　　D. 有小囊肿及少数病例有骨化生和软骨化生

　　E. 固有膜组织内无纤维组织增生

　　F. 黏膜上皮层无炎细胞浸润

　　G. 血管未见变化

　　H. 间质缺少纤维组织

【答案】ACEFGH

【解析】见A1型第17题解析。

（卢韶华　李建莎）

第五章　气管及肺疾病

【A1 型题】

1. 关于肺基底样鳞状细胞癌,**错误**的是

 A. 此癌属于差分化鳞状细胞癌

 B. 诊断此癌要求基底样成分大于 50%

 C. 诊断此癌要求基底样成分大于 30%

 D. 癌细胞胞质少,核深染,核仁不明显

 E. 缺乏神经内分泌标记

【答案】C

【解析】按照 2015 版 WHO 给出的肺基底样鳞状细胞癌的定义,当肿瘤中出现角化或非角化鳞状细胞成分时,基底样成分必须超过 50% 才能归类于肺基底样鳞状细胞癌。

2. 关于非典型腺瘤性增生(AAH),**错误**的是

 A. 肺部 CT 上常显示密度淡且均匀的单纯磨玻璃影

 B. 病灶通常≤0.5cm

 C. AAH 与周围正常肺泡通常是渐序性的转换

 D. AAH 的 ICD-O 编码是 1

 E. AAH 是最早期的浸润前病变

【答案】D

【解析】AAH 的 ICD-O 编码是 0。

3. 关于肺原位腺癌(AIS),**错误**的是

 A. 与 AAH 同属浸润前病变

 B. 通常病变范围小于 3cm

 C. 肿瘤性肺泡与周围正常肺泡转换突然

 D. 可分为黏液型和非黏液型两种

 E. 黏液型 AIS 在 CT 上常表现为磨玻璃样结节

【答案】E

【解析】黏液型 AIS 在 CT 上常表现为实性结节。

4. 关于微小浸润性肺腺癌(MIA),下列说法**错误**的是

 A. 可分为黏液型和非黏液型两种类型,ICD-O 编码均为 2

 B. 肿瘤大小常≤3cm

 C. CT 上,非黏液性 MIA 通常表现为磨玻璃样成分为主的亚实性结节

 D. 浸润灶的范围被限定在≤0.5cm

 E. CT 上,黏液性 MIA 通常表现为实性结节

【答案】A

【解析】黏液型 MIA 的 ICD-O 编码为 3,根据 2021 版 WHO,二者 ICD-O 编码均为 3。

5. 下列**不影响**诊断为微小浸润性肺腺癌的是

 A. 脉管腔内出现癌栓

 B. 癌组织侵犯肺膜

 C. 出现 STAS(spread through air spaces)

 D. 浸润灶内出现微乳头状或实性生长方式

 E. 出现肿瘤性坏死

【答案】D

【解析】依据为 2015 版 WHO 对微小浸润性肺腺癌的诊断依据及除外情况。

6. 浸润性黏液性肺腺癌最常见的基因型是

 A. *KRAS* 突变   B. *EGFR* 突变

 C. *ALK* 重排   D. *CTNNB1* 突变

 E. *NRG1* 融合

【答案】A

7. 关于肺大细胞癌,下列说法**不正确**的是

 A. 属于未分化的非小细胞癌

 B. 不能在活检或细胞学样本中作出大细胞癌的诊断

 C. 可有小灶性(<10% 肿瘤细胞)P40 表达

D. 具有横纹样细胞特征的大细胞癌预后更差

E. 每个高倍视野中均可看到≥5 个黏液染色阳性的肿瘤细胞

【答案】E

【解析】依据 2015 版 WHO 诊断标准，每个高倍视野中均可看到≥5 个黏液染色阳性的肿瘤细胞肯定可以诊断为实性型腺癌。

8. 下列关于肺典型类癌表述**不正确**的是

A. ICD-O 编码为 3

B. 肿瘤直径≥0.5cm

C. 不伴坏死

D. 核分裂计数 <2 个/2mm^2

E. 免疫组化显示 TTF1 多为阳性

【答案】E

【解析】肺的典型类癌免疫组化染色 TTF1 多为阴性。

9. 诊断 NUT 癌最重要的依据是

A. 肿瘤组织的突然角化

B. 间质伴有中性粒细胞浸润

C. 免疫组化 NUT 染色显示 >50% 肿瘤细胞核阳性

D. 免疫组化 NUT 染色显示 >50% 肿瘤细胞胞质阳性

E. 肿瘤细胞 CEA 阳性

【答案】C

【解析】本题是考查 NUT 免疫组化的阳性亚细胞定位。

10. 下列肺部肿瘤中，*MAML2* 重排最可能发生在

A. 黏液表皮样癌   B. 肺胶样腺癌

C. 胎儿型腺癌   D. 肠型腺癌

E. 腺样囊性癌

【答案】A

【解析】近年来的文献表明，大多数黏液表皮样癌存在特有的 *MAML2* 重排。

11. 肺腺癌的生长方式中，属于低分化的是

A. 腺泡状生长   B. 贴壁生长

C. 乳头状生长   D. 筛状生长

E. 微乳头状生长

【答案】E

【解析】低分化的生长方式包括实性及微乳头状生长。

12. 关于透明细胞肿瘤，下列说法**错误**的是

A. 多为外周孤立性肿物

B. 薄壁窦样血管

C. 常发生坏死

D. 需排除肾细胞癌转移

E. PAS 染色阳性

【答案】C

【解析】透明细胞肿瘤，又称糖瘤，是一种良性肿瘤，坏死极少出现。

13. 关于肺内 MALT 淋巴瘤，下列说法**错误**的是

A. 肺内最常见的淋巴瘤

B. 增殖指数较高

C. 可有浆细胞分化

D. 可见肿瘤细胞浸润到支气管黏膜上皮

E. 单核样小细胞弥漫增生

【答案】B

【解析】黏膜相关淋巴组织（mucosal-associated lymphoid tissue，MALT）淋巴瘤增殖指数较低（Ki-67 指数 <20%）。

14. 由多核巨细胞及干酪样坏死组成的病变，最可能为

A. 肺部真菌病   B. 血吸虫病

C. 异物肉芽肿   D. 肺结节病

E. 结核病

【答案】E

【解析】含有多核巨细胞及干酪样坏死的肉芽肿为结核病的典型病理表现。

15. 关于小活检标本的诊断原则，**不包括**

A. 可结合细胞学进行诊断

B. 非小细胞癌晚期应建议进行分子检测以指导治疗

C. 应标明应用免疫组化所作出的分型诊断

D. 除非有必要，应尽量少做免疫组化项目

E. 作出 AIS 和 MIA 的诊断

【答案】E

【解析】小活检标本不要作出 AIS 和 MIA 的诊断，当仅呈贴壁生长时应标明"不除外存在浸润成分的可能"。

16. 最容易发生肺泡腔播散的肺腺癌类型是

A. 乳头状生长   B. 微乳头状生长

C. 实性生长   D. 腺泡状生长

E. 以上都是

【答案】B

【解析】肺腺癌中的微乳头亚型易见到肺泡腔播散。

17. 关于肺癌 *EGFR* 突变，以下说法**不正确**的是

A. 指导个体化靶向治疗

B. 突变可增加肿瘤细胞对小分子 EGFR 阻断剂的敏感性

C. 检测 *EGFR* 突变的方法有多种

D. 与从未吸烟者相比，吸烟者更容易发生

EGFR 突变

E. 腺癌和鳞状细胞癌中可见突变

【答案】D

【解析】*EGFR* 突变更容易发生于从未吸烟者。

18. 诊断肺结核病时,常选用的特殊染色方式是

A. Masson 三色染色

B. Van Gieson 苦味酸酸性品红染色

C. 抗酸染色

D. 醋酸氨银染色

E. 弹力纤维染色

【答案】C

【解析】Masson 三色染色用于显示结缔组织多种成分,可分辨胶原纤维、肌纤维和纤维素等;Van Gieson 苦味酸酸性品红染色可用于胶原纤维染色;抗酸染色主要用于结核病和类结核病及麻风病的诊断与鉴别诊断;醋酸氨银染色用于网状纤维染色;弹力纤维染色用于显示真皮弹力纤维增生和变性等多种皮肤疾病,可用于观察心内膜和血管壁中弹力纤维增生程度,显示组织中的弹力纤维等。

19. 以下特殊染色可以用于协助判断肺癌胸膜侵犯的是

A. 弹力纤维染色

B. Van Gieson 苦味酸酸性品红染色

C. 抗酸染色

D. 醋酸氨银染色

E. Masson 三色染色

【答案】A

20. 结节病为一种可侵犯肺等多器官的慢性疾病,其基本病变为

A. Wegener 肉芽肿

B. 过敏性血管炎性肉芽肿

C. 异物肉芽肿

D. 非干酪样坏死性肉芽肿

E. 干酪样坏死性肉芽肿

【答案】D

【解析】结节病的肉芽肿结节多小而无干酪样坏死,常沿淋巴管分布。

21. 肺硅沉着症的常见并发症**不包括**

A. 肺结核病

B. 慢性肺源性心脏病

C. 肺部感染

D. 阻塞性肺气肿

E. 肺癌

【答案】E

【解析】题干强调"常见并发症",显然 E 是不常见的。

22. 下列肺鳞状细胞癌的特点应除外

A. 老年人多见

B. 男性多见

C. 与吸烟关系不密切

D. 早期多经淋巴管转移

E. 大体类型多为中央型

【答案】C

【解析】气道衬覆纤毛柱状上皮,吸烟刺激可引起鳞状上皮化生及非典型增生,长期刺激可引起癌变。

23. 下列关于肺癌的病因,叙述**错误**的是

A. 吸烟是肺癌发生的重要因素

B. 发病率与吸烟量及时间长短呈负相关

C. 肺癌的发病率与苯并芘浓度呈正相关

D. 被动吸烟会增加肺癌发生的危险性

E. 大气污染会增加肺癌发生的危险性

【答案】B

【解析】根据流行病学调查,肺癌发病率与吸烟的时间及量呈正相关。

24. 多沿支气管壁生长,呈界限清楚的棕黄色结节的是

A. 大细胞癌　　　　B. 小细胞癌

C. 腺鳞癌　　　　　D. 类癌

E. 腺癌

【答案】D

【解析】类癌属于神经内分泌癌的一种,常沿支气管壁生长,灰黄色,界限清楚。

25. 关于肺腺癌的叙述,**错误**的是

A. 癌细胞呈腺样结构或产生黏液

B. 50% 的病例应诊断为混合亚型腺癌

C. 低分化癌常无腺样结构

D. 癌细胞可沿尚存的肺泡壁生长

E. 可形成乳头状结构

【答案】B

【解析】肺腺癌可分为贴壁、腺泡、乳头、微乳头及实体状生长方式,肺腺癌按其主要的生长方式诊断相应类型的腺癌,不推荐使用混合亚型。

26. 下列分子诊断方法最适于诊断胸腔积液细胞样本 *EGFR* 突变的是

A. 等位基因特异性 PCR

B. FISH

C. 免疫组化染色

D. 实时定量逆转录 PCR

E. Sanger 双脱氧核苷酸测序

【答案】A

【解析】胸腔积液中含有大量反应性间皮细胞,与肿瘤细胞混杂,难以显微切割,使用等位基因 PCR 较优。

27. 如果不能进行 *EGFR* 突变分析,下列信息最有助于决定肺腺癌患者是否应当接受厄洛替尼治疗的是

    A. 亚裔,女性,无吸烟史

    B. FISH 显示 *EGFR* 基因呈二体型

    C. FISH 显示 *EGFR* 基因呈多体型

    D. *KRAS* 基因第 12 密码子突变(G12A)

    E. EGFR 免疫组织化学染色强阳性

【答案】A

【解析】*KRAS* 与 *EGFR* 突变不能共存,FISH 检测尽管有时提示治疗反应良好,但不能预测其是否突变。

28. EGFR 抑制剂在Ⅲ期临床试验中表现不佳,其原因是

    A. 未经入组筛选

    B. 肺癌不能从治疗中获益

    C. 筛选原则为 EGFR 免疫组织化学染色强阳性,而有效的患者为 EGFR 免疫组织化学染色阴性

    D. 临床试验在欧洲进行,而治疗有效者为亚裔

    E. 临床试验集中于吸烟的患者

【答案】A

【解析】未经明确证实 *EGFR* 突变,尽管有时对治疗有反应,但该类人群占比低,不足以改变实验结果。

29. 下列**不是**大叶性肺炎并发症的是

    A. 肺肉质变

    B. 败血症

    C. 脓胸

    D. 肺肉芽肿性病变

    E. 肺脓肿

【答案】D

【解析】肺肉质变是大叶性肺炎可有的并发症,而肉芽肿性病变与大叶性肺炎的病因往往没有相关性。

30. 关于肺结核病引起的干酪样坏死,下列**错误**的是

    A. 坏死灶呈淡黄色,均匀细腻

    B. 镜下坏死彻底,呈无结构的颗粒状物质

    C. 容易钙化

    D. 属于液化性坏死的一种特殊类型

    E. 坏死中心结核菌少

【答案】D

【解析】干酪样坏死是特殊类型的凝固性坏死。

31. 关于肺隔离症,下列说法**错误**的是

    A. 一般认为属于肺先天性发育异常

    B. 叶外型肺隔离症可发生于任何部位

    C. 叶内型及叶外型肺隔离症表面均有独立肺膜包绕

    D. 叶外型肺隔离症好发于婴幼儿

    E. 隔离肺组织由异常体循环动脉供血

【答案】C

【解析】叶内型隔离症表面没有独立肺膜包绕。

32. 关于肺泡蛋白沉积症,下列说法**错误**的是

    A. 此病以肺泡内大量磷脂蛋白样肺泡表面活性物质聚集为特征

    B. 按病因可分为先天性、免疫性及继发性

    C. 光镜下可见肺泡腔内充满粉染颗粒状蛋白性物质,其内见针状裂隙及泡沫细胞

    D. 特殊染色显示 PAS 阳性,淀粉酶消化性 PAS 阳性,黏液卡红阴性

    E. 先天性肺泡蛋白沉积症为常染色体显性遗传性疾病

【答案】E

【解析】先天性肺泡蛋白沉积症为常染色体隐性遗传性疾病。

33. 关于特发性间质性肺炎,下列说法**错误**的是

    A. 这是一组疾病,包含多种病理类型

    B. 临床-影像-病理综合诊断是特发性间质性肺炎诊断的金标准

    C. 普通型间质性肺炎胸部 HRCT 常可表现为"蜂窝肺"

    D. 普通型间质性肺炎镜下表现为肺间质纤维化,病变时相一致

    E. 普通型间质性肺炎镜下表现为新老病变并存

【答案】D

【解析】普通型间质性肺炎的病理组织学特点为病变斑片状、轻重不一、新老病变并存、纤维母细胞灶形成。

34. 关于淋巴瘤样肉芽肿病,下列说法**错误**的是

    A. 本病中 EBV 阳性的 T 细胞的数量和异型程度决定了病变的分级和预后

    B. 本病儿童罕见

    C. 光镜下可看到以血管为中心的多形性淋巴细胞的浸润

    D. 在淋巴细胞浸润的背景上可见肉芽肿结节形成

E. 本病可能累及多种器官,最常见的是肺

【答案】A

【解析】淋巴瘤样肉芽肿病中 EBV 阳性的 B 细胞的数量和异型程度决定了病变的分级和预后。

【A2 型题】

1. 男性,52 岁,体检发现右主支气管内结节 1 周。实验室检查显示肿瘤标志物阴性。术中大体检查:切开见右主支气管腔内直径约 2cm 的灰白息肉样物。镜下见肿瘤侵犯支气管壁,呈筛状结构,间质广泛玻璃样变。免疫组化显示肿瘤呈 CK7(+)及 SMA(+)的双层细胞结构,且肿瘤细胞 CD117(+)。最可能的诊断是

A. 上皮肌上皮癌　　B. 多形性腺瘤
C. 黏液表皮样癌　　D. 腺泡细胞癌
E. 腺样囊性癌

【答案】E

【解析】形态学上的筛状结构、间质玻璃样变,免疫组化提示的双层上皮及 CD117 的阳性表达均符合腺样囊性癌。

2. 女性,48 岁,体检发现左上肺结节,1 周。实验室检查显示肿瘤标志物阴性。术中大体检查:部分肺组织 5cm×4cm×3cm,切开见一直径约 2.5cm 的灰白灰红界清肿物,未见纤维性包膜。镜下见瘤细胞形态较单一,呈多角形,胞质丰富,胞质嗜碱性颗粒状,间质内见较多淋巴细胞、浆细胞浸润。PAS 染色可见肿瘤细胞内含抗淀粉酶的阳性颗粒,免疫组化显示肿瘤细胞呈 DOG1(+)。最可能的诊断是

A. 上皮肌上皮癌　　B. 多形性腺瘤
C. 黏液表皮样癌　　D. 腺泡细胞癌
E. 腺样囊性癌

【答案】D

【解析】腺泡细胞癌往往境界清晰,瘤细胞形态较单一,呈多角形,胞质丰富,胞质含 PAS 染色阳性的酶原颗粒,新近研究表明 DOG 常常阳性。

3. 女性,67 岁,咳嗽,1 月余。PET/CT 显示右肺上叶占位性病变,大小约 3.6cm×2.4cm,代谢增高。镜下示肺组织内小至中等大的淋巴样细胞弥漫性浸润,可见淋巴上皮病变,CD20 弥漫阳性,CD21 显示 FDC 网扩张;Ki-67 指数低。以下最可能的诊断是

A. 弥漫性大 B 细胞淋巴瘤
B. 间变性大细胞淋巴瘤
C. 淋巴瘤样肉芽肿病
D. 淋巴组织反应性增生
E. 黏膜相关淋巴组织结外边缘区 B 细胞淋巴瘤

【答案】E

【解析】CD20 弥漫阳性提示 B 细胞淋巴瘤的可能,淋巴上皮病变,以及扩张的滤泡树突状细胞网均支持 MALT 淋巴瘤。

4. 女性,52 岁,咳嗽 1 月余,胸片发现右上肺结节 1 周。实验室检查显示肿瘤标志物阴性。术中大体检查:部分肺组织 6cm×4cm×3cm,切开见一直径约 2cm 的灰白灰黄界清肿物,与周围肺组织境界清晰。镜下见多个上皮样肉芽肿结节,部分结节内可见凝固性坏死。最可能的诊断是

A. 结核
B. 结节病
C. 淋巴瘤样肉芽肿病
D. 微结节型胸腺瘤
E. 真菌病

【答案】A

【解析】镜下典型结核结节提示结核。

5. 男性,49 岁,有长期重度吸烟史。体检发现左下肺结节影。实验室检查显示肿瘤标志物阴性。术中大体检查:部分肺组织 10cm×7cm×5cm,切开见一直径约 4cm 的灰白灰红质中肿物。镜下见肺泡间隔增宽,纤维结缔组织增生伴慢性炎症细胞浸润,肺泡腔内可见广泛成纤维细胞栓子形成,部分区域可见腺样肺泡。最可能的诊断是

A. 肺真菌病
B. 炎性肌纤维母细胞瘤
C. 血管瘤样纤维组织细胞瘤
D. 机化性肺炎
E. 非典型腺瘤样增生

【答案】D

【解析】镜下描述提示为慢性非特异性炎症。

6. 女性,36 岁,活动后气喘半年余。CT 检查示双肺囊性病变,呈蜂窝状,其间散在分布结节状阴影。术中大体检查:部分肺组织 12cm×7cm×4cm,切开见大小不等的薄壁囊

性病变。镜下见肺间质囊腔壁内肥胖的梭形肌样细胞增生,其免疫组化染色显示 Melan-A、SMA、ER、PR 及 HMB45 阳性,Ki-67 指数低。以下最可能的诊断是

A. 肺错构瘤

B. 炎性肌纤维母细胞瘤

C. 转移性平滑肌瘤

D. 转移性低级别子宫内膜间质肉瘤

E. 淋巴管平滑肌瘤病

【答案】E

【解析】生育期女性,双肺弥漫分布的囊性病变、组织形态及免疫表型呈血管周上皮样细胞特征,符合答案 E。

7. 女性,50 岁,进行性呼吸困难半年余,CT 发现右上肺近肺门部境界清楚的异质性肿物 3 天。实验室检查显示肿瘤标志物阴性。术中大体检查:部分肺组织 6cm×4cm×3cm,切开见支气管腔内一直径约 1.2cm 的息肉样肿物,与周围组织境界清晰。镜下见温和的梭形、透明细胞样及浆细胞样细胞呈实性片状、腺样及小管状排列,部分细胞"融入"黏液样基质中。下列最可能的诊断是

A. 肺母细胞瘤 　　B. 多形性腺瘤

C. 肺错构瘤 　　　D. 炎性假瘤

E. 黏液表皮样癌

【答案】B

【解析】发病部位及大体观均提示涎腺型肿瘤,结合镜下形态符合多形性腺瘤。

8. 男性,64 岁,咳嗽、咳痰伴痰中带血 2 周余。既往有重度吸烟史。胸部 CT 示左下肺近肺门部直径约 6cm 结节影,考虑为肿瘤性病变。术中大体检查:部分肺组织 17cm×14cm×7cm,切开见近支气管残端一直径约 6cm 的灰白质中肿物,伴出血坏死,与周围组织分界不清。镜下部分区域见高度异型的腺样结构(TTF1 及 NapsinA 阳性),部分区域见软骨肉瘤(上皮标记阴性)。下列最可能的诊断是

A. 肺母细胞瘤

B. 癌肉瘤

C. 癌在多形性腺瘤中

D. 多形性癌

E. 双相型滑膜肉瘤

【答案】B

【解析】肿瘤含有肺腺癌及异源性肉瘤成分,符合癌肉瘤的定义;而肺母细胞瘤为低级别胎儿型腺癌和原始间充质成分构成的双相性恶性肿瘤。

9. 女性,42 岁,体检发现右上肺磨玻璃样结节 3 天。实验室检查显示肿瘤标志物阴性。术中大体检查:部分肺组织 7cm×5cm×2cm,切开见邻近肺膜处一直径约 0.8cm 的色苍白质稍硬区。镜下见病变区肺泡结构仍存,密集的、形态尚温和的肿瘤细胞(TTF1 及 NapsinA 均阳性)沿肺泡壁生长,与周围正常肺组织突然过渡。下列最可能的诊断是

A. 原位腺癌

B. 微小浸润性腺癌

C. 非典型腺瘤样增生

D. 肺泡腺瘤

E. 支气管上皮化生

【答案】A

【解析】影像学特点及组织学特点均符合原位腺癌改变。

10. 男性,60 岁,咳嗽咳痰多年伴咯血一周入院。CT 支气管扩张症可能性大。实验室检查显示肿瘤标志物阴性。术中大体检查:部分肺组织 8cm×5cm×3cm,切开见支气管圆柱状及囊状扩张,局部区域支气管壁可见直径约 4mm 褐色结节,稍突向支气管腔内。镜下见温和的、形态单一的小卵圆形细胞呈巢状增生,间质富含血管。免疫组化示 PCK(弱+),CgA(+),Ki-67 指数约 1%。下列最可能的诊断是

A. 微小瘤

B. 微小脑膜上皮样结节

C. 典型类癌

D. 不典型类癌

E. 副节瘤

【答案】A

【解析】此处考查微小类癌(微小瘤)的定义:由小支气管神经内分泌细胞局灶性异型增生形成的直径大于 2mm,小于 5mm 的结节。

11. 男性,78 岁,咳嗽及呼吸困难半年余。CT 发现左下肺直径约 4cm 的实性肿物。术中大体检查:部分肺组织 16cm×9cm×5cm,切开见肺外周直径约 4cm 的灰白质软肿物,中央可见坏死。镜下见瘤细胞弥漫成片,形态较一致,大小约正常淋巴细胞的 3 倍。

免疫组化示 CD20 弥漫(+)。Ki-67 指数约 70%。下列最可能的诊断是

A. 肉瘤样癌

B. 多形性癌

C. 大细胞癌

D. 弥漫性大 B 细胞淋巴瘤

E. 淋巴瘤样肉芽肿病

【答案】D

【解析】临床特点、形态学及免疫组化均符合弥漫性大 B 细胞淋巴瘤(diffuse large B cell lymphoma,DLBCL)。

12. 女性,57 岁。体检发现双肺多发磨玻璃结节,左上叶结节直径约 15.4mm,右下肺结节直径约 14mm。病理诊断可能为

A. 鳞状上皮乳头状瘤

B. 乳头状腺瘤

C. 肺泡样腺瘤

D. 原位腺癌

E. 机化性肺炎

【答案】D

【解析】原位腺癌影像学表现多为磨玻璃结节。

13. 女性,28 岁,咳嗽咳痰 5 年。CT 示右肺上叶结节(1.18cm);镜下可见软骨、脂肪、结缔组织和平滑肌组织及少许呼吸上皮。该病例应诊断为

A. 平滑肌瘤　　　B. 畸胎瘤

C. 脂肪瘤　　　　D. 错构瘤

E. 肺泡细胞瘤

【答案】D

【解析】错构瘤诊断要点:镜下见分叶状成熟的软骨被其他间叶组织如软骨、脂肪、结缔组织和平滑肌围绕,并常伴有内陷的呼吸上皮。

14. 男性,43 岁,1 个月前无明显诱因出现咳嗽,咳脓痰,发热,最高体温 38.8℃,当地抗炎治疗未见明显好转。镜下可见多核巨细胞,可见小脓肿形成。可能的诊断是

A. 结核病　　　　B. 肺结节病

C. 肺真菌病　　　D. 异物肉芽肿

E. 软组织巨细胞瘤

【答案】C

【解析】化脓性肉芽肿性炎是真菌病最具特征、最常见的肉芽肿性反应。

15. 女性,60 岁,咳嗽半月余。胸部 CT 示胸腔一肿块影;镜下见肿瘤边界清晰,可见细胞丰富区(细胞短缩形)和稀疏区(细胞纤细、

梭形)。免疫组化示 STAT6(+),CD34(+),S-100(−),DES(−),最可能的诊断是

A. 孤立性纤维性肿瘤

B. 神经鞘瘤

C. 间质瘤

D. 上皮样平滑肌瘤

E. 神经纤维瘤

【答案】A

【解析】孤立性纤维性肿瘤(solitary fibrous tumor,SFT)镜下见由梭形细胞构成的细胞密集区与富含胶原的细胞稀疏区混杂存在,免疫组化 STAT6(+)具有特异性。

16. 女性,54 岁,发现左上肺结节。CT 示左肺上叶下舌段结节(1.2cm×1.1cm×1.5cm),镜下见瘤细胞呈腺样、梁状排列,间质血管丰富,细胞异型性小,几乎没有核分裂,无坏死。免疫学标记物:CD56(+),CgA(+),TTF-1(−),可能的诊断是

A. 小细胞癌　　　　B. 大细胞癌

C. 典型类癌　　　　D. 不典型类癌

E. 肉瘤样癌

【答案】C

【解析】典型的类癌无坏死,核分裂 <2 个/10HPF,不典型类癌的瘤细胞会出现一定的异型性,核分裂 2~10 个/10HPF,可出现点状坏死。

17. 男性,63 岁,体检发现右上肺肿块 1 年余,咳白痰半个月,CT 示右肺上叶不规则形肿块 50mm×17mm。镜下见腺癌成分约 30%,鳞状细胞癌约 70%。最准确的诊断是

A. 鳞状细胞癌

B. 鳞状细胞癌伴腺样分化

C. 鳞状细胞癌伴局部腺癌成分

D. 腺鳞癌

E. 以上都不对

【答案】D

【解析】鳞状细胞癌和腺癌成分各占 10% 以上的癌,不管是以何种组织结构为主,均称为腺鳞癌。

18. 女性,20 岁。临床诊断为"Carney 三联征"。肺部发现多发结节,结节镜下为分叶状透明软骨,细胞中等丰富,其内未见内陷呼吸道上皮和平滑肌束,细胞无明显异型。该病例应诊断为

A. 肺错构瘤

B. 炎性肌成纤维细胞瘤

C. 软骨瘤

D. 多形性腺瘤

E. 畸胎瘤

【答案】C

【解析】Carney 三联征包括胃肠间质瘤、肺软骨瘤及肾上腺外副节瘤，好发于年轻女性。

19. 女性，40 岁，咳嗽半月余。胸部 CT 示左侧胸腔见一肿块影，呈中度强化，底部附着于胸膜。肉眼检查见灰白结节样物 7cm×6cm×3cm，切面灰白质韧，部分区域半透明。镜下见肿瘤边界清晰，由交替性分布的细胞丰富区和细胞稀疏区组织，细胞丰富区内，瘤细胞呈短梭形，核常呈栅栏状排列，细胞稀疏区内，可见玻璃样变的血管。免疫组化示 STAT6（−），CD34（部分 +），DES（−），S-100（弥漫 +）。最可能的诊断是

A. 隆突性皮肤纤维肉瘤

B. 神经鞘瘤

C. 孤立性纤维性肿瘤

D. 上皮样平滑肌瘤

E. 神经纤维瘤

【答案】B

【解析】形态学及免疫组化表型均符合神经鞘瘤。

20. 女性，30 岁，咳嗽半月余。胸部 CT 示左上肺结节，大小约 2.6cm×2.3cm，其内密度欠均，可见钙化，边缘少许强化，周围见短毛刺。镜下见结节主要由广泛玻璃样变纤维及温和梭形细胞构成，其中夹杂少量腺样结构，含有 Touton 样巨细胞及较多淋巴细胞、浆细胞浸润。免疫组化示 vimentin（+），ALK1（+），CD99（−），S-100（−）。最可能的诊断是

A. 隆突性皮肤纤维肉瘤

B. 神经鞘瘤

C. 孤立性纤维性肿瘤

D. 上皮样平滑肌瘤

E. 炎性肌纤维母细胞性肿瘤

【答案】E

【解析】炎性肌纤维母细胞性肿瘤由增生的梭形纤维母细胞和肌纤维母细胞组成，呈束状或漩涡状排列，间质内常伴有慢性炎性细胞浸润，遗传学显示约一半的病例有 ALK 基因重排。

21. 男性，60 岁，咯血 1 周。胸部 CT 示右上肺结节，大小约 8.6cm×6.3cm。镜下见肿瘤细胞呈实体团片状，伴多灶性坏死。肿瘤细胞体积大，胞质丰富，核卵圆形，异型性明显，

核分裂多见。免疫组化示：pan-CK（+），TTF-1（−），P40（−），CD56（−）。最可能的诊断是

A. 腺癌　　　　　　B. 鳞状细胞癌

C. 小细胞癌　　　　D. 大细胞癌

E. 神经内分泌癌

【答案】D

【解析】大细胞癌是指未分化的非小细胞肺癌中那些缺乏腺癌、鳞状细胞癌和神经内分泌分化的细胞和结构特点的癌。

22. 男性，47 岁，咳嗽 6 月余，痰中带血 1 周。胸部 CT 示双肺多发结节；行纤维支气管镜取活检诊断肺腺癌，以下分子检查中对于指导其个体靶向治疗可能有意义的是

A. EGFR 基因突变检测

B. KRAS 基因突变检测

C. EML4-ALK 基因突变检测

D. Ros1 基因重排和 c-MET 扩增检测

E. 以上都是

【答案】E

【解析】上述均为肺腺癌可能的分子靶向靶点。

23. 男性，57 岁，咳嗽 2 周。胸部 CT 示左肺上叶结节影。肉眼检查见灰黄结节样物 3cm×3cm×2cm，实性，质中。镜下见肺实质内多个肉芽肿样结节状病灶，并可见菌丝团片状分布，菌丝粗细均匀，常形成 45° 的锐角分支。该患者最可能的诊断为

A. 肺曲菌病

B. 肺毛霉菌病

C. 肺隐球菌病

D. 卡氏肺孢子菌肺炎

E. 肺放线菌病

【答案】A

【解析】曲菌菌丝粗细均匀，常形成 45° 的锐角分支。毛霉菌菌丝粗大，不分隔，常呈钝角或直角分支。隐球菌常形成空泡亮环状，具有透亮折光荚膜。肺卡氏肺孢子菌为圆形或新月形，具有较厚的菌壁。放线菌属于厌氧细菌，不属于真菌。

24. 男性，58 岁，因糖尿病足截肢后卧床 1 个月，现发热、咳嗽、咳脓性痰近一周入院，肺部听诊闻及分散的湿性啰音，胸片示双肺散在多个 1cm 左右结节，右下叶见大片致密影，行肺穿刺活检镜下见肺组织呈化脓性炎改变，病变以发炎的细支气管为中心，最可能的诊断是

A. 大叶性肺炎　　　B. 小叶性肺炎

C. 机化性肺炎 D. 病毒性肺炎

E. 支原体肺炎

【答案】B

【解析】结合该患临床、影像及病理特征,符合小叶性肺炎伴部分融合性小叶性肺炎改变。

25. 男性,57 岁,因"咳嗽咳痰 2 个月"入院。发现左下肺肿物,疑为肺癌,行肿物切除,大小约 4.5cm×3.0cm×2.5cm,边界不清,囊实性,镜下见多灶支气管扩张、扩张支气管上皮呈鳞状上皮化生、管壁呈炎性纤维化增厚并灶性淋巴细胞增生、部分支气管腔内见黏液栓、周围小血管增生、部分肺泡塌陷、肺组织纤维化,该患者最可能的诊断是

A. 支气管扩张症 B. 支气管肺炎

C. 肺乳头状腺癌 D. 肺肉质变

E. 肺间质纤维化

【答案】A

【解析】结合大体及镜下形态该患者符合慢性支气管扩张症改变。

26. 女性,62 岁,平素体健,有被动吸烟史 30 余年。体检发现左上肺邻近胸膜有一最大截面约 2.2cm×1.8cm 的高密度团块影,周围呈毛刺状。穿刺肺组织镜下见腺管样结构,部分伴黏液分泌,部分区域见筛状及实性异型细胞巢团;免疫组化染色结果显示 TTF1、NapsinA 及 CK7 表达(不同区域表达强弱有差异),Ki-67 指数 30%~60%。该患者最可能的诊断是

A. 肺浸润性腺癌 B. 肺癌肉瘤

C. 肺转移性癌 D. 肺腺样囊性癌

E. 肺黏液性囊腺瘤

【答案】A

【解析】该患结合临床、影像、大体及镜下形态特点,以及免疫表型,符合肺原发中低分化腺癌。

27. 男性,47 岁,平素偶有咳嗽,体检发现左下肺邻近胸膜有一最大截面约 4.2cm×3.0cm 的高密度团块影,疑为肺癌,行肿物切除。镜下见形态一致的小到中等大小未分化细胞呈片状或巢状增生,局部可见突兀似突然出现的灶状角化,周围肺泡上皮增生,未见原位癌改变,免疫组化结果显示 PCK、P40、P63、CD34 阳性,小灶区域 TTF1、CgA、Syn 阳性,分子病理结果显示睾丸核蛋白基因重排。最可能的诊断是

A. 肺 NUT 癌

B. 肺鳞状细胞癌

C. 肺神经内分泌癌

D. 肺小细胞癌

E. 肺复合性神经内分泌癌

【答案】A

【解析】肺 NUT 癌是一种高侵袭性分化差的癌,常表现鳞状分化,伴 NUT(睾丸核蛋白)基因重排。

28. 男性,65 岁,农民,早年曾从事采石业 17 年,平时偶有咳嗽、气促,近 3 个月出现咳嗽加重,午后低热,夜间盗汗及端坐呼吸,遂入院。肺胸片示肺门阴影,双肺野见密集的米粒至绿豆大小的结节影,尤以中、下叶为主,胸膜增厚,另于肺部锁骨下区见灶状边缘模糊的云雾状阴影。行 T-SPOT 检测提示有反应性,锁骨下区病灶穿刺组织镜下见坏死性肉芽肿病变及玻璃样变结节。该患者最可能的诊断是

A. 小叶性肺炎

B. 硅肺合并肺结核病

C. 继发性肺结核病

D. 结节病

E. 弥漫性肺癌

【答案】B

【解析】该患者结合职业史、肺部影像、血清学及病理组织特征,最符合硅肺并发肺结核病改变。

29. 女性,39 岁,体检发现左上肺邻近胸膜有一最大截面约 3.2cm×2.5cm 的高密度团块影,疑为肺癌,行肿物切除。肉眼见结节境界清楚,但无包膜;镜下见炎症性间质增生,包括纤维母细胞、肌纤维母细胞、多量胶原纤维及小血管增生,并见多量淋巴细胞、浆细胞浸润,IgG 和 IgG4 免疫组化检测显示 1 个高倍视野下,IgG4 阳性浆细胞大于 50 个,且 IgG4 阳性浆细胞占 IgG 阳性浆细胞的 40% 以上。最需考虑的病理诊断是

A. 间质性肺炎

B. 肺炎性假瘤

C. 肺错构瘤

D. 肺炎性肌纤维母细胞肿瘤

E. 肺 IgG4 相关性疾病

【答案】E

【解析】肺 IgG4 相关性疾病形态上可近似肺炎性假

瘤,其诊断需结合 IgG 和 IgG4 免疫组化检测及临床血清学检测。

30. 男性,62 岁,干咳,痰中带少许血丝 1 年余。患者自幼吸烟,每天 2~3 盒。体格检查:左胸廓饱满,左胸腔穿刺抽出血性胸腔积液 57.3ml。CT 显示左下肺周边一 3cm×5cm 大小、边界毛糙的致密阴影。最可能的诊断是

    A. 肺结核　　　　　B. 肺脓肿

    C. 支气管扩张症　　D. 周围型肺癌

    E. 肺动脉栓塞症

【答案】D

【解析】根据影像学判定大体位置位于周边,结合影像学、临床症状及吸烟史,最可能为周围型肺癌。

31. 男性,65 岁,数月来出现咳嗽,有时带有血丝,消瘦,不伴发热,经抗感染治疗效果不明显。X 线片提示左上叶近肺门处占位,肺门淋巴结肿大。最可能的诊断是

    A. 原发性肺结核

    B. 慢性纤维空洞型肺结核

    C. 肺结核球

    D. 肺癌

    E. 肺脓肿

【答案】D

【解析】患者具有恶病质,抗炎治疗无效,且淋巴结肿大。

32. 肺结核球的特点是

    A. 薄壁空洞　　　　B. 淋巴结转移

    C. 好发肺上叶尖段　D. 浅表淋巴结肿大

    E. 全身毒性症状

【答案】C

【解析】肺结核球属于继发性肺结核病,好发于肺上叶尖段。

33. 关于肺错构瘤下列描述**错误**的是

    A. 由排列成岛状的软骨、平滑肌、脂肪构成

    B. 可衬覆非纤毛柱状上皮

    C. 可有钙化

    D. 并非起始于支气管间叶过度增生

    E. 部分可表达 S-100

【答案】D

【解析】肺错构瘤起始于间叶成分,可有软骨、平滑肌、脂肪、气管等成分。

34. 对于类癌的描述,**错误**的是

    A. 多数患者无神经内分泌表现

    B. 多出现尿中 5-HIAA 降低

    C. 肿瘤细胞均匀一致,为小细胞,核居中

    D. 免疫组化角蛋白阳性

    E. 可弥漫成片,也可呈乳头状生长

【答案】B

【解析】类癌属于神经内分泌癌,具有神经内分泌癌临床及组织学特征,细胞角蛋白阳性,尿中 5-HIAA 升高。

35. 与炎性假瘤临床病理类型相似的**不包括**

    A. 炎性肌纤维母细胞瘤

    B. 浆细胞肉芽肿

    C. 纤维黄色瘤

    D. 组织细胞瘤

    E. 弥漫性大 B 细胞淋巴瘤

【答案】E

【解析】炎性假瘤成分多样,有纤维母/肌纤维母细胞、组织细胞、泡沫细胞等,与炎性肌纤维母细胞瘤、浆细胞肉芽肿、纤维黄色瘤及组织细胞瘤相鉴别。

36. 女性,49 岁,体检发现左上肺直径约 2cm "硬币病变"。实验室检查显示肿瘤标志物阴性。术后镜下见恶性透明细胞巢,间质富含薄壁小血管。免疫组化显示肿瘤细胞呈 PAX8 及 PAX2(+)。此病变最可能的转移器官是

    A. 乳腺　　　　B. 卵巢　　　　C. 阑尾

    D. 涎腺　　　　E. 肾

【答案】E

【解析】恶性透明细胞巢,提示为具有透明细胞特征的癌。PAX8 及 PAX2 均阳性,提示肾来源。

37. 男性,48 岁,体检发现左上肺结节 2 月余,不伴畏寒、发热、咳嗽、咳痰等症状。CT 增强显示左肺上叶结节(直径约 1.6cm),边界尚清,略分叶状,倾向于炎性病变,不完全除外肿瘤。肉眼检查:送检肺组织 6cm×4cm×3cm,已切开,见直径约 1.5cm 灰黄质中结节。HE 染色及 PAS 染色镜下所见如图。下列最可能的诊断是

    A. 结核病

    B. 肺透明细胞肿瘤(糖瘤)

    C. 肺真菌病,新型隐球菌可能性大

    D. 肺鳞状细胞癌

    E. 肺腺癌

【答案】C

【解析】松散的肉芽肿结节、典型的真菌孢子形态、PAS 染色阳性均支持答案 C。

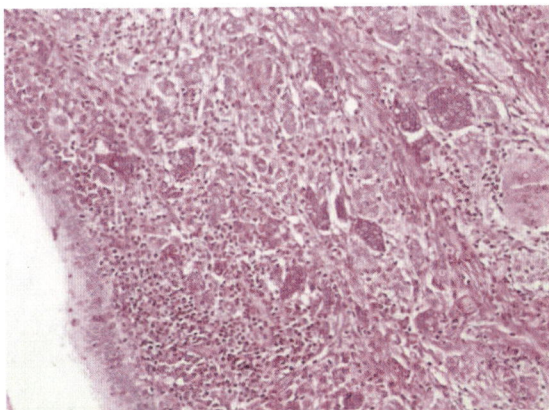

38. 男性,70 岁,咳嗽伴胸闷 1 月余。CT 显示左肺上叶近肺门部直径约 3cm 占位性病变,考虑肿瘤可能性大。实验室检查显示 NSE 水平升高。大体检查:7cm×5cm×3.5cm,已切开,见直径约 3cm 灰黄质中结节。镜下所见如图,免疫组化显示 CD56(+),CgA(+),PCK(弱 +),Ki-67 指数约 90%。以下最可能的诊断是

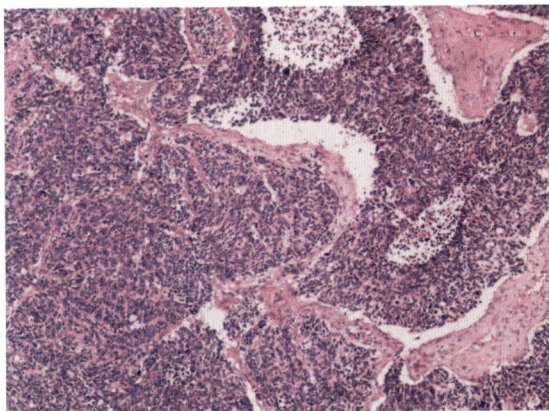

　　A. 滑膜肉瘤　　　　B. 胸腺瘤
　　C. 横纹肌肉瘤　　　D. 小细胞癌
　　E. 不典型类癌
【答案】D
【解析】本例临床及形态学特点主要应与鳞状细胞癌及小细胞癌鉴别,结合实验室检查结果免疫组化示神经内分泌指标阳性,支持小细胞癌的诊断。

39. 男性,68 岁,咳嗽伴痰中带血丝 2 周。既往有长期重度吸烟史。CT 示右肺中叶近肺门部一个直径约 3.5cm 的肿块,考虑肿瘤性病变。大体检查:肺组织 8cm×5cm×5cm,临床已部分剖开,切面见一直径约 3.5cm 灰白

质硬肿块,与周围肺组织分界不清。镜下如图所示。最可能的诊断是

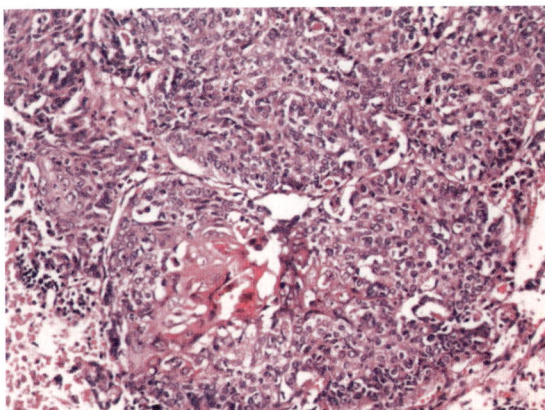

　　A. 肺腺癌　　　　　B. 鳞状细胞癌
　　C. 大细胞癌　　　　D. 小细胞癌
　　E. 不典型类癌
【答案】B
【解析】本例具有典型临床特点,且图片中央偏左下可见角化现象,符合鳞状细胞癌的诊断。

40. 女性,56 岁,咳嗽 2 周余,胸部增强 CT 考虑为左下肺肿瘤性病变。肿瘤标志物检查提示细胞角蛋白片段 19 升高。术中见肺组织 13cm×8cm×6cm,临床已部分剖开,切面见一直径约 5cm 灰白质硬肿块,与周围肺组织分界不清。镜下如图所示,免疫组化提示肿瘤细胞 PCK(强 +),背景淋巴细胞 TdT(−),原位杂交示肿瘤细胞 EBER(+)。最可能的诊断是

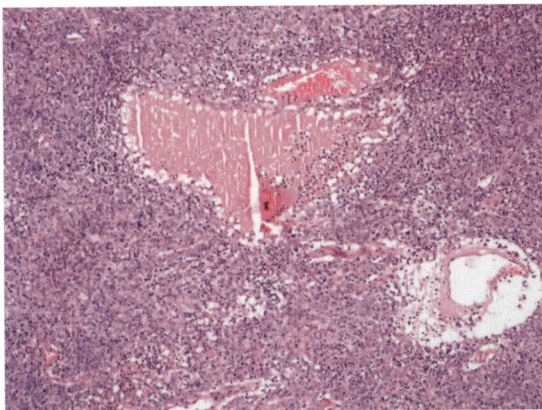

　　A. 淋巴上皮瘤样癌
　　B. B3 型胸腺瘤
　　C. A 型胸腺瘤

D. 胸腺鳞状细胞癌

E. EBV 阳性的弥漫性大 B 细胞淋巴瘤

【答案】A

【解析】此例形态学很像 B 型胸腺瘤,但 TdT(-),EBER(+) 都不支持胸腺瘤的诊断,PCK(强 +) 更支持癌而非淋巴瘤。

41. 女性,45 岁,体检发现右下肺肿块,胸部增强 CT 考虑为肿瘤性病变。肿瘤标志物检查提示 CEA 轻度。术中见肺组织 12cm×8cm×5cm,临床已部分剖开,切面见一直径约 2.5cm 灰白质硬肿块,与周围肺组织分界不清。免疫组化染色显示 TTF1(+),镜下如图所示。最可能的诊断是

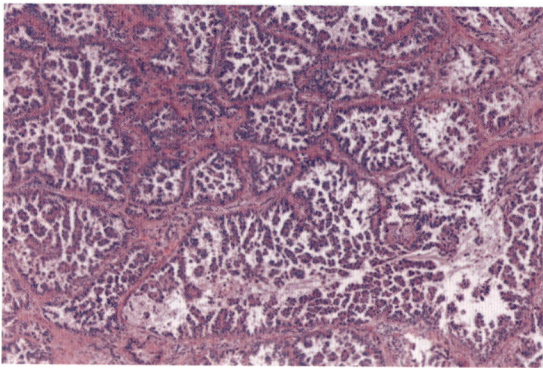

A. 乳头型肺腺癌

B. 转移性甲状腺乳头状癌

C. 转移性低级别浆液性癌(微乳头型)

D. 微乳头型肺腺癌

E. 纤毛黏液结节性乳头状肿瘤

【答案】D

【解析】TTF1 阳性及典型的微乳头结构提示答案 D。

42. 女性,39 岁,体检发现右上肺肿块 1 周。肿瘤标志物检查未见异常。术中见肺组织 10cm×7cm×4cm,临床已部分剖开,切面见一直径约 1.5cm 灰白质硬肿块,与周围肺组织分界尚清。免疫组化染色显示 CD34(+),STAT6(-),镜下如图所示。最可能的诊断是

A. 孤立性纤维性肿瘤

B. 肺错构瘤

C. 脂肪瘤

D. 平滑肌瘤

E. 血管脂肪瘤

【答案】B

【解析】肿瘤包含增生的纤维肌性间质、脂肪组织及陷入其内的呼吸上皮,符合肺错构瘤改变。

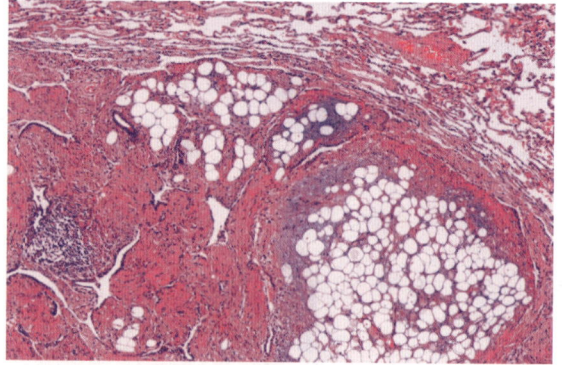

43. 男性,65 岁,体检发现左下肺近肺门部肿块,胸部增强 CT 考虑为肿瘤性病变。肿瘤标志物检查提示 NSE 轻度升高,细胞角蛋白片段 19 明显升高。纤维支气管镜活检示鳞状上皮原位癌。术中见肺组织 18cm×10cm×8cm,临床已部分剖开,切面见一直径约 7.5cm 灰白质硬肿块,与周围肺组织分界不清。免疫组化显示 Ki-67 指数约 80%,镜下如图所示。最可能的诊断是

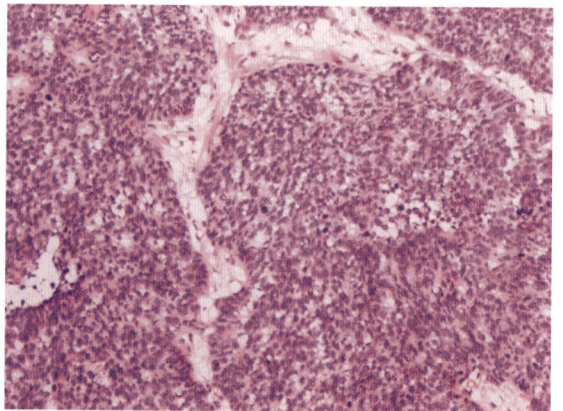

A. 不典型类癌

B. 典型类癌

C. 小细胞癌

D. 基底样鳞状细胞癌

E. 实性型肺腺癌

【答案】D

【解析】纤维支气管镜所见鳞状上皮原位癌、肿瘤标记物细胞角蛋白片段的明显升高、镜下所见癌巢周围栅栏状排列及中央的粉刺样坏死,均符合基底样鳞状细胞癌改变。

44. 男性,22 岁,咳嗽、咳痰 1 个月。胸部 CT 平扫示右下肺感染性病变。行抗感染治

疗 9 天，复查胸部增强 CT 示：右下肺多发结节，右下肺支气管扩张。肿瘤标记物未见明显异常。大体检查：不整形肺组织 15cm×13cm×3cm，表面及切面均可见多个灰白质中结节，支气管黏膜光滑。镜下所见如图，免疫组化示病变区 TTF（弥漫 +），EMA（弥漫 +），pan-CK（散在 +）。以下最可能的诊断是

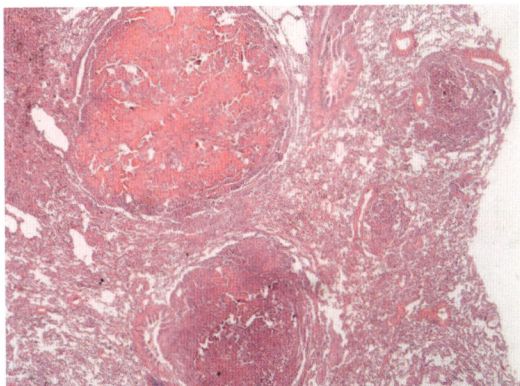

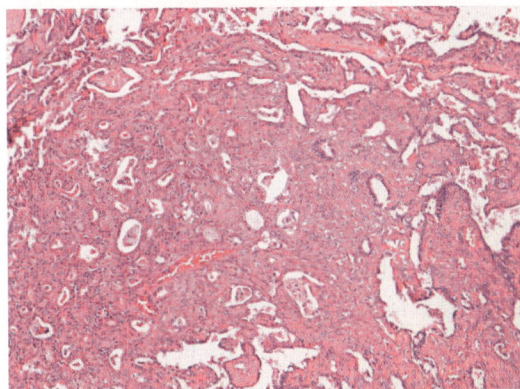

A. 腺泡型肺腺癌

B. 乳头型肺腺癌

C. 转移性甲状腺乳头状癌

D. 转移性甲状腺滤泡性癌

E. 多发性硬化性肺细胞瘤

【答案】E

【解析】本例可看到多种组织学结构：实性区，出血区，乳头状区及硬化区，细胞形态温和，且包含两种细胞成分，两种细胞 TTF1 及 EMA 均为阳性，而只有表面细胞 PCK（+）。因此正确答案应该是 E。

【A3/A4 型题】

（1~3 题共用题干）

29 岁女性，咳嗽伴喘息一周入院。CT 示左主支

气管腔内软组织肿块。实验室检查显示肿瘤标记物阴性。无其他部位肿瘤。术中大体检查：部分肺组织 11cm×6cm×4cm，切开见近肺门处支气管腔内直径约 1.5cm 息肉状肿块。镜下见肿瘤富含黏液样细胞及表皮样细胞。细胞形态较温和。部分区域可见黏液外渗及炎性细胞浸润。

1. 下列最可能的诊断是

A. 腺鳞混合性乳头状瘤

B. 黏液表皮样癌

C. 腺鳞癌

D. 鳞状细胞癌伴腺样分化

E. 浸润性黏液性腺癌

【答案】B

【解析】结合临床特征（年轻人、支气管腔内）及形态学特点（黏液细胞、表皮样细胞、黏液外渗及炎性浸润），更符合黏液表皮样癌。

2. 这种肿瘤最常见的分子遗传学异常是

A. *MAML2* 重排　　　B. *ALK* 重排

C. *RET* 重排　　　　D. *EGFR* 突变

E. *P53* 突变

【答案】A

【解析】大约 50% MEC 病例可检测到 *MAML2* 重排。

3. 关于这种肿瘤的分级，下列说法错误的是

A. 根据肿瘤的组织构成和细胞特征，可分为低级别和高级别

B. 低级别肿瘤中，富含黏液细胞或杯状细胞，常形成囊腔结构

C. 低级别肿瘤中也可出现实性结构

D. 高级别肿瘤以实性生长为主，黏液细胞成分减少

E. 核分裂象 >3 个/10HPF，即可诊断为高级别

【答案】E

【解析】高级别 MEC 核分裂常 >4 个/10HPF，且出现异型性增加、灶性坏死、脉管或神经侵犯。

（4~5 题共用题干）

男性，73 岁。发现右肺占位 2 周余。PET/CT 示：右肺下叶近肺门部肿块，代谢增高；右肺中叶、右肺下叶微小结节，代谢无增高；纵隔及双侧肺门淋巴结增多，部分增大，部分伴钙化，部分代谢增高；肺癌肿瘤标志物神经特异性烯醇化物 69μg/L（参考范围 <16.3μg/L），鳞状细胞癌相关抗原 1.1μg/L（参考范围 <1.5μg/L）。

4. 该患者的诊断首先考虑为
   A. 肺腺癌
   B. 肺小细胞癌
   C. 鳞状细胞癌
   D. 原位腺癌
   E. 肺结核
   【答案】B
   【解析】老年男性,中央型肿块,肺癌肿瘤标志物神经特异性烯醇化物升高提示神经内分泌肿瘤可能。

5. 大体检查,肉眼检查见距支气管残端 5cm 紧邻被膜下可见直径 1.2cm 质硬灰白结节。镜下见主为小细胞癌,部分区域(约 20%)可见鳞状细胞癌。最可能的诊断是
   A. 鳞状细胞癌伴神经内分泌分化
   B. 小细胞癌伴鳞状分化
   C. 复合性小细胞癌
   D. 鳞状细胞癌伴神经内分泌特征
   E. 小细胞癌
   【答案】C
   【解析】当在小细胞癌的组织结构中出现了任何比例的腺癌、鳞状细胞癌,或出现大细胞癌的成分且这些成分占 10% 以上时,则称之为复合性小细胞癌。

(6~7 题共用题干)
患儿,男性,10 岁。1月余前无明显诱因开始出现呼吸困难。纤维支气管镜检查可见左主支气管距隆突 2.5cm 处一巨大肉芽样新生物完全堵塞管腔,基底部位于外侧壁,新生物延续至左下叶,长度约 3cm,左上叶完全堵塞。镜下见形态尚温和的梭形细胞呈肿瘤性增生,混有组织细胞及淋巴细胞浸润。

6. 该患者首先考虑的诊断是
   A. 炎性肌纤维母细胞肿瘤
   B. 孤立性纤维性肿瘤
   C. 上皮样炎性肌纤维母细胞肉瘤
   D. 纤维性肉瘤
   E. 梭形细胞癌
   【答案】A
   【解析】炎性肌纤维母细胞肿瘤是儿童最常见的支气管内间叶性病变。镜下可见梭形细胞排列,细胞异型性不明显。间质炎性细胞(淋巴细胞、浆细胞等)浸润。

7. 最支持上述诊断的免疫组化指标是
   A. SMA   B. DES   C. S-100
   D. ALK   E. LCA

【答案】D
【解析】ALK 为诊断炎性肌纤维母细胞肿瘤的相对特异性标志物。

(8~9 题共用题干)
男性,46 岁,间断低烧,夜间盗汗,体检发现左肺上叶结节 3 年。CT 示左上肺尖后段结节 19.3mm×13.1mm。镜下可见肉芽肿结节伴中央凝固性坏死。

8. 该患者最可能的诊断为
   A. 鳞状细胞癌   B. 腺癌
   C. 肺真菌病   D. 小细胞癌
   E. 结核病
   【答案】E
   【解析】低热、盗汗、好发部位(肺尖)及典型的结核结节均支持结核病的诊断。

9. 下述方法中,敏感性及特异性更强的是
   A. T-SPOT   B. 抗酸染色
   C. TB 定性 RT-PCR   D. PAS 染色
   E. 六胺银染色
   【答案】C

(10~11 题共用题干)
男性,43 岁,1 个月前无明显诱因出现咳嗽,咳脓痰,发热,最高体温 38.8℃,当地抗炎治疗未见明显好转。镜下可见松散的肉芽肿结节伴化脓性炎,未见明确干酪样坏死。

10. 该患者最可能的病理诊断为
    A. 肺结核病   B. 机化性肺炎
    C. 肺真菌病   D. 支气管扩张
    E. 大叶性肺炎
    【答案】C
    【解析】真菌病时普通抗炎治疗无效,镜下化脓性肉芽肿性炎是真菌病最具特征、最常见的肉芽肿性反应。且肉芽肿结节常松散。

11. PAS 及六胺银染色显示略小于红细胞的圆形或卵圆形小体。最可能的病原体是
    A. 新型隐球菌   B. 白念珠菌
    C. 曲菌   D. 毛霉菌
    E. 放线菌
    【答案】A
    【解析】镜下可见肺泡腔内或肉芽肿内巨噬细胞胞质中有多数隐球菌存在,HE 染色可见肺泡腔及巨噬细胞内呈空泡或亮环状;PAS 染色菌体呈粉红色,银染呈黑色。

（12~14 题共用题干）

女性，55 岁。体检发现左上肺结节 2 年。胸部 CT 示左肺上叶舌段分叶状结节状软组织密度影，其内可见钙化影，大小约 2.0cm×2.8cm。镜下见界清结节，无明显包膜，有乳头状、实性区和硬化性的混合结构，局部间质出血，肿瘤由表面细胞和圆形间质细胞构成。

12. 该患者首先考虑的诊断是

　　A. 类癌

　　B. 肺硬化性肺泡细胞瘤

　　C. 乳头状肺上皮性肿瘤

　　D. 透明细胞癌

　　E. 腺癌

【答案】B

【解析】典型结构及两种细胞成分符合肺硬化性肺泡细胞瘤的组织学特点。

13. 最支持上述诊断的免疫组化结果是

　　A. TTF-1（+），EMA（-），VIM（-），S-100（-）

　　B. TTF-1（+），EMA（-），VIM（-），S-100（+）

　　C. TTF-1（+），EMA（+），VIM（+），S-100（-）

　　D. TTF-1（+），EMA（-），VIM（+），S-100（-）

　　E. TTF-1（-），EMA（+），VIM（+），S-100（-）

【答案】C

【解析】肺硬化性肺泡细胞瘤的两种细胞成分 TTF1、VIM 及 EMA 均可阳性。

14. 肺硬化性肺泡细胞瘤的生物学行为属于

　　A. 良性　　　　　　B. 交界性

　　C. 生物学行为未定　D. 原位癌

　　E. 恶性

【答案】A

【解析】肺硬化性肺泡细胞瘤只有少数病例会有局部淋巴结的转移，很少复发，不会远处转移，患者预后好。

（15~16 题共用题干）

男性，53 岁，咳嗽伴间断咯血 2 年余。胸部 CT 结果示右肺下叶见团片状软组织密度影，范围约 4.5cm×4.4cm，周围见毛刺，部分支气管截断，增强扫描可见强化。镜下见肿瘤由弥漫成片的大淋巴样细胞构成，浸润肺实质，可见胸膜受累。免疫组化示肿瘤细胞弥漫表达 LCA 和 CD20。

15. 该患者首先考虑的诊断是

　　A. 黏膜相关淋巴组织型边缘区 B 细胞淋巴瘤

　　B. 弥漫性大 B 细胞淋巴瘤

　　C. 霍奇金淋巴瘤

　　D. 大细胞癌

　　E. 胚胎性癌

【答案】B

16. 最支持上述诊断的免疫组化结果是

　　A. CD20（+），CD10（+），BCL6（+），cyclinD1（-），Ki-67 指数 80%

　　B. CD79α（+），CD38（+），CD138（+），Mum1（+），Ki-67 指数 15%

　　C. CD20（弱 +），PAX-5（+），CD10（-），TdT（+），Ki-67 指数 95%

　　D. CD20（+），CD79α（+），CD5（+），cyclinD1（+），Ki-67 指数 55%

　　E. CD20（+），BCL2（+），BCL6（-），Mum1（+），Ki-67 指数 15%

【答案】A

【解析】肺淋巴增生性肿瘤最常见的是 MALT 型边缘区 B 细胞淋巴瘤和弥漫性大 B 细胞淋巴瘤。MALT 型边缘区 B 细胞淋巴瘤由异质性的类似单核样细胞和小 B 细胞和小淋巴细胞组成。弥漫性大 B 细胞淋巴瘤肿瘤细胞的核超过正常淋巴细胞的两倍，表达全 B 抗原，可分生发中心源性及非生发中心源性；Ki-67 指数一般超过 50%；TdT 阳性、Ki-67 指数高更倾向于淋巴母细胞瘤；D 选项更符合套细胞淋巴瘤；E 选项更支持 MALT 淋巴瘤。

（17~19 题共用题干）

男性，40 岁，体检发现肺占位 2 周。胸部 CT 示右肺下叶胸膜下数个结节影，较大一个大小约 1.6cm×10cm，分叶状，轻度不均匀强化。镜下见肺实质内多个松散的肉芽肿样结节状病灶，肉芽肿内巨噬细胞胞质中多个空泡或亮环状透亮折光荚膜。

17. 该患者首先考虑的诊断是

　　A. 肺真菌病　　　B. 肺结节病

　　C. 肺结核病　　　D. 肺癌

　　E. 小叶性肺炎

【答案】A

18. 针对此病原体采用的特殊染色方法有

　　A. Masson 三色染色

　　B. 磷钨酸苏木素染色

　　C. 抗酸染色

　　D. 六胺银染色

　　E. 弹力纤维染色

【答案】D

19. 该患者最可能的诊断为
    A. 肺曲菌病
    B. 肺毛霉菌
    C. 肺新型隐球菌病
    D. 卡氏肺孢子菌肺炎
    E. 肺放线菌病

【答案】C

【解析】肉芽肿性炎是真菌病常见的组织学改变,找到病原真菌是确诊的唯一依据。PAS 染色或银染色可以将真菌显示得更为清晰。曲菌丝粗细均匀,常形成45° 的锐角分支。毛霉菌菌丝粗大,不分隔,常呈钝角或直角分支。隐球菌常形成空泡亮环状,具有透亮折光荚膜。卡氏肺孢子菌为圆形或新月形,具有较厚的菌壁。放线菌属于厌氧细菌,不属于真菌。

(20~21 题共用题干)

女性,39 岁,左侧气胸急诊入院。1 年前因子宫多发性平滑肌瘤行全子宫切除。CT 示双肺弥漫性囊性病变,大小约 2~5cm。肉眼检查见肺组织 3.8cm×1.5cm×0.6cm,切面灰红海绵状似可见直径 0.5cm 的囊泡,镜下见肺结构破坏,可见多数大小不等的囊性结构,囊性区周围由短梭形细胞围绕。

20. 该患者最可能的病理诊断为
    A. 肺大疱
    B. 肺母细胞瘤
    C. 淋巴管平滑肌瘤病
    D. 良性转移性平滑肌瘤病
    E. 脑膜瘤

【答案】C

21. 瘤细胞免疫组化蛋白标记阴性的是
    A. SMA   B. desmin
    C. vimentin   D. HMB45
    E. LCA

【答案】E

【解析】淋巴管平滑肌瘤病常发生在育龄期女性,影像学表现为肺部弥漫性网状浸润或囊性病变,肿瘤具有数目不等的囊性结构,周围围绕增生的不成熟的平滑肌细胞,肿瘤细胞表达 SMA、desmin、vimentin 和 HMB45。

(22~23 题共用题干)

女性,55 岁,体检胸片发现右上肺近胸膜有一近 5cm 的孤立界清结节,平素并无咳嗽、咳痰、咯血及胸痛等症状,亦无特殊职业接触史;CT 显示肿块伴有明显的对比增强及有显著边缘的低

度衰减灶和钙化;行右上肺叶切除,肉眼观见肿块似可与周围肺分离。

22. 该患者最可能的病理诊断是
    A. 肺鳞状细胞癌
    B. 肺小细胞癌
    C. 肺硬化性肺泡细胞瘤
    D. 肺腺癌
    E. 肺结核球

【答案】C

23. 镜下表现最可能为
    A. 可见有两种细胞,即表面立方上皮细胞核圆形或多角形的间质细胞
    B. 可有乳头状结构
    C. 可有实性结构
    D. 可见出血及硬化区
    E. 以上均可见

【答案】E

【解析】肺硬化性肺泡细胞瘤是一种起源于肺细胞的具有实性、乳头状、硬化和出血区的肿瘤。

(24~25 题共用题干)

男性,75 岁,咳嗽、发现肺部阴影 3 个月。X 线胸片示左上肺占位,并行左上肺切除。肉眼观:切除肺叶内可见一 5cm×4cm×4cm 灰白灰黄病灶,界较清,质实,相邻胸膜增厚。

24. 该患者最可能的病理诊断是
    A. 肺气肿   B. 机化性肺炎
    C. 支气管扩张   D. 结节病
    E. 硅肺

【答案】B

25. 镜下可见
    A. 肺组织结构尚存,部分结构破坏,肺泡内渗出物机化,肺实变
    B. 小灶肺气肿,肺膜表面可见少量纤维素渗出,肺膜纤维结缔组织增生
    C. 部分细小支气管管腔内可见黏液脓栓
    D. 可见中等量单核淋巴细胞灶性浸润
    E. 以上均可见

【答案】E

【解析】与上述选项中其他病变不同,机化性肺炎可在肺局部形成孤立类似肿瘤的结节。

(26~27 题共用题干)

男性,45 岁,发现肺部阴影 3 个月。胸片示左上

肺多发占位,临床结核菌素试验阴性,行穿刺,镜下见非干酪样坏死性肉芽肿。

26. 该患最可能的诊断是

    A. 肺毛霉菌病

    B. 肺泡蛋白沉积症

    C. 结节病

    D. 特发性肺间质纤维化

    E. 肺结核病

【答案】C

27. 以下不是该病特征的是

    A. 炎症病变明显

    B. 病变大小比较一致

    C. 常有早期纤维化,常有绍曼(Schaumann)小体或星状包涵体

    D. 肺门淋巴结常受累

    E. 诊断需要依赖临床和病理结合

【答案】A

【解析】结节病是一种常累及肺的系统性疾病,以大小较一致的非干酪样坏死性肉芽肿病变为特征,有明显初期纤维化,无明显慢性炎症背景。

【案例分析题】

案例一　女性,49岁,因"感冒发热10余天入院",胸部X线检查发现左下肺类圆形阴影3cm×3cm。术后,镜下见病变与周围肺组织界限清楚,主由透明细胞组成,其中局灶可见厚壁血管。

提问1:该病变最有可能的诊断是

    A. 组织细胞增生

    B. 转移性透明细胞癌

    C. 透明细胞糖瘤

    D. 透明细胞鳞状细胞癌

    E. 肺腺癌

    F. 黄色瘤

【答案】C

【解析】透明细胞可出现于上述很多选项中,但中青年女性,厚壁血管,境界清楚等信息更指向透明细胞糖瘤。

提问2:确诊该病最有帮助的免疫组化是

    A. PCK,P63,P40

    B. PCK,PAX8,CAIX,CD10

    C. SMA,HMB45,Melan-A

    D. CK7,TTF-1,NapsinA

    E. PCK,CD68,CD163

    F. PCK,CDX2,Villin

【答案】C

【解析】透明细胞糖瘤属于血管周上皮样细胞来源性肿瘤(PEComa),后者比较经典的免疫组化阳性指标为SMA、HMB45及Melan-A。

提问3:关于该肿瘤描述正确的是

    A. 该肿瘤多发于年轻人,女性多见

    B. 透明细胞PAS染色阴性

    C. 该肿瘤为交界性,ICD编码为1

    D. 该肿瘤为良性,ICD编码为0

    E. 该肿瘤为恶性,ICD编码为3

    F. 肿瘤细胞来源于血管周上皮样细胞

【答案】DF

【解析】透明细胞糖瘤是来源于血管周上皮样细胞的良性肿瘤,稍多发于男性。胞质富含糖原,PAS染色阳性。

案例二　女性,13岁,因"胸闷1周"入院。胸部CT平扫提示右肺中叶肿物,最大径约2.9cm。患者在全麻下行胸腔镜右中肺切除术,术后病理检查示病变由增生的梭形细胞、较多慢性炎性细胞、组织样细胞及黏液水肿的背景构成。

提问1:该病最有可能的诊断是

    A. 炎性假瘤

    B. 炎性肌纤维母细胞肿瘤

    C. 黏液炎性肌纤维母细胞肉瘤

    D. 结节性筋膜炎

    E. 滤泡树突细胞肉瘤

    F. 纤维组织细胞瘤

【答案】B

【解析】典型年龄,较常见部位,典型的形态学特征,故考虑答案B。

提问2:下列免疫组化阳性对诊断最有帮助的是

    A. SMA,ALK1

    B. S-100,SOX10

    C. CD21,CD23,CD35

    D. CD68,CD163

    E. SMA,CD30

    F. SMA,desmin,caldesmon

【答案】A

【解析】IMT瘤细胞不同程度地表达SMA,约50%病例可表达ALK1。

提问3:该疾病发生的分子遗传学机制最有可能的是

    A. 无特定的分子遗传学改变

    B. *SS18*重排

C. *TFE3* 重排

D. *ALK* 重排

E. *USP6* 重排

F. EBER CISH 阳性

【答案】D

【解析】IMT 大约一半的病例免疫组化表达 ALK1，而这与 *ALK* 基因重排有关。

案例三 男性，46 岁。半年前胸闷在当地医院胸部 CT 显示双肺多发磨玻璃样结节影，当地医院抗结核诊断性治疗，3 个月后复查胸部 CT 无明显变化，之后纤维支气管镜检查提示：左主支气管下端息肉样新生物，因送检组织太少难以明确诊断。后转我院诊治，检查未发现其他占位。患者无肿瘤等特殊病史。我院穿刺肺组织镜下见小-中等淋巴样细胞弥漫性浸润伴大量分化较成熟的浆细胞，可见少量肺泡结构，肺泡壁增宽伴密集的淋巴样细胞浸润，并可见肺泡腔内淋巴样细胞填充。

提问 1：根据以上信息，最可能的诊断是

A. 慢性炎症

B. 浆细胞肿瘤

C. 非霍奇金 B 细胞淋巴瘤（惰性）

D. 非霍奇金 B 细胞淋巴瘤（侵袭性）

E. 非霍奇金淋巴瘤（高度侵袭性）

F. 非霍奇金 T 细胞淋巴瘤

【答案】C

【解析】肺原发淋巴瘤约 70%~90% 为 MALT 淋巴瘤，是一种惰性淋巴瘤，重要的组织学特点是小-中等淋巴样细胞弥漫性浸润，且常伴有浆样分化，因此，最可能的诊断是 C。

提问 2：为证实诊断，下列免疫组化检测组合最合理的是

A. PCK，CD3，CD20，CD10，BCL2，CD5，cyclinD1，SOX11，CD23，Ki-67

B. PCK，CD3，CD20，CD10，CD5，BCL2，CD21，kappa，lamda，Ki-67

C. PCK，CD3，CD20，CD10，BCL2，BCL6，CD5，cyclinD1，MYC，Ki-67

D. CD3，CD20，CD10，BCL2，CD5，CD23，LEF1，kappa，lamda，Ki-67

E. CD2，CD3，CD5，CD7，CD4，CD8，CD20，kappa，lamda，Ki-67

F. PCK，CD2，CD3，CD5，CD7，CD20，CD21，kappa，lamda，Ki-67

【答案】B

【解析】PCK 染色可以显示淋巴上皮病变，CD21 往往显示 FDC 网的扩张和破坏，kappa 和 lamda 有助于提示肿瘤的单克隆性；CD3、CD20、CD10、CD5 和 BCL2 有助于联合显示以边缘区 B 细胞的增生为主。

提问 3：免疫组化结果显示 Ki-67 指数低于 20%，最可能的诊断是

A. 滤泡性淋巴瘤

B. 套细胞淋巴瘤

C. 黏膜相关淋巴组织结外边缘区淋巴瘤

D. 弥漫性大 B 细胞淋巴瘤

E. 外周 T 细胞淋巴瘤

F. 慢性炎症

【答案】C

【解析】MALT 淋巴瘤是一种惰性淋巴瘤，Ki-67 指数往往低于 20%。

案例四 男性，62 岁，咳嗽伴呼吸困难 2 周入院。CT 示左上肺实性片状影。实验室检查显示肿瘤标志物阴性。无其他部位肿瘤。术中大体检查：部分肺组织 15cm×9cm×8cm，切开见近肺膜处直径约 3cm 灰白质稍硬区，小灶区域略呈小囊状。镜下见肿瘤由大量富含黏液的肺泡样结构、囊腔及乳头状结构构成。部分区域可见肿瘤沿肺泡壁呈跳跃性生长，瘤细胞形态温和，呈柱状、立方状、胞质富含黏液。

提问 1：下列可能的诊断是

A. 腺性乳头状瘤

B. 硬化性肺细胞瘤

C. 黏液性囊腺瘤

D. 黏液表皮样癌

E. 浸润性黏液性腺癌

F. 细支气管腺瘤

【答案】DEF

【解析】腺性乳头状瘤往往位于较大的支气管腔内，肿瘤常杂有特征性的纤毛细胞；硬化性肺细胞瘤结构多种多样，实性、乳头状、出血性及硬化性，瘤细胞包括上皮细胞及圆形细胞，胞质常不含有黏液；黏液性囊腺瘤无论大体还是镜下均为单纯的囊性结构，衬覆上皮富含黏液，周围为纤维性囊壁；此题干中描述的复杂结构、部位及大量黏液细胞和跳跃式生长，在 D、E、F 选项中都可出现，F 选项细支气管腺瘤即近年来文献中提到的纤毛黏液结节状乳头状肿瘤。

提问2：为明确诊断,下列免疫组化指标最优组合是

  A. CK7,CK20,TTF1,NapsinA,P63,P40,Ki-67

  B. CK7,CK19,TTF1,TG,PAX8,Ki-67

  C. CK7,CK20,Villin,CDX2,TTF1,NapsinA,Ki-67

  D. CK7,CK 5/6,PAX8,PAX2,CD10,Ki-67

  E. CK7,CK5/6,P63,P40,P53,Ki-67

  F. CK7,SMA,P63,P40,CD10,vimentin,Ki-67

【答案】A

【解析】首先需判断肿瘤细胞是单层上皮还是双层,有没有基底细胞,因此P63及P40是必要的,另外需判断黏液细胞肺源性标记及CK20表达的情况,有助于进一步分类。

提问3：如果免疫组化显示P63及P40均为阴性,最终的诊断是

  A. 腺性乳头状瘤

  B. 硬化性肺细胞瘤

  C. 黏液性囊腺瘤

  D. 黏液表皮样癌

  E. 浸润性黏液性腺癌

  F. 细支气管腺瘤

【答案】E

【解析】P63及P40均为阴性,则排除了黏液表皮样癌及细支气管腺瘤的可能,结合上述讨论,所以正确答案是浸润性黏液性腺癌。

（李建莎　刘月平）

第六章　心脏、纵隔及胸膜疾病

1. 支气管源性囊肿好发于下列哪个部位
   A. 上纵隔　　　　　B. 前纵隔
   C. 中纵隔　　　　　D. 后纵隔
   E. 以上均有可能
   【答案】C

2. 关于心包囊肿说法**错误**的是
   A. 通常位于左心膈肌角处
   B. 常为单房,个别呈多房
   C. 可与心包腔相通
   D. 囊内常含清亮液体
   E. 囊内衬覆单层扁平上皮
   【答案】A
   【解析】心包囊肿通常位于右心膈肌角处。

3. 关于支气管源性囊肿说法**错误**的是
   A. 常沿气管、支气管树发生
   B. 最常见于横膈后
   C. 囊肿内含清亮或胶样液体
   D. 常呈单房、薄壁、球形
   E. 常衬覆纤毛柱状上皮
   【答案】B
   【解析】支气管源性囊肿最常见于隆突后。

4. 关于食管囊肿说法**错误**的是
   A. 多数嵌于食管壁下半部
   B. 内衬鳞状、柱状/纤毛柱状上皮
   C. 诊断依据是囊壁的单层平滑肌结构
   D. 偶尔与支气管囊肿难以区分
   E. 也可诊断为食管型囊肿
   【答案】C
   【解析】诊断依据是囊壁的双层平滑肌结构。

5. **不属于**胸腺囊肿的临床特点的是
   A. 常无临床症状,极少数患者伴有重症肌无力
   B. 如发生破裂可引起呼吸困难、胸痛
   C. 最多见于上纵隔
   D. 发病机制与自身免疫性疾病及感染相关
   E. 治疗通常采取囊肿手术切除
   【答案】C
   【解析】胸腺囊肿最多见于前纵隔。

6. 以下**不发生**于纵隔的囊肿是
   A. 心包囊肿
   B. 前肠囊肿
   C. 甲状旁腺囊肿
   D. 胰腺假囊肿
   E. 甲状舌骨囊肿
   【答案】E
   【解析】胰腺假囊肿可表现为原发纵隔的囊肿。甲状舌骨囊肿常位于颈部中线或近上线处。

7. 关于胸腺囊肿的说法**错误**的是
   A. 单房性胸腺囊肿常无临床症状
   B. 镜下见囊肿壁衬覆单层扁平、立方、柱状或鳞状上皮
   C. 囊壁内常可见胸腺组织
   D. 多房性胸腺囊肿的囊肿壁通常较薄
   E. 囊壁部分区域可能无内衬上皮
   【答案】D
   【解析】多房性胸腺囊肿的囊肿壁通常较厚。

8. 胸腺异位好发的部位**不包括**
   A. 甲状腺
   B. 颈部淋巴结
   C. 食管
   D. 左右喉返神经

E. 主动脉弓

【答案】C

9. 弥漫性胸腺纤维化镜下所见**不包括**

A. 胶原沉积

B. 淋巴细胞浸润

C. 浆细胞浸润

D. 中性粒细胞浸润

E. 退化的胸腺组织

【答案】D

10. 关于胸腺滤泡性增生的说法**错误**的是

A. 指胸腺组织中 B 淋巴细胞增生

B. 主要发生在重症肌无力患者中

C. 镜下表现为胸腺皮质增生

D. 大部分标本仅体积增大或并不增大

E. 在早期 HIV 患者中可伴多房囊肿形成

【答案】C

【解析】胸腺滤泡性增生镜下表现为胸腺髓质增生。

11. 关于胸腺肉瘤样癌的说法**错误**的是

A. 多发生在年轻患者,男性多于女性

B. 肿瘤常无包膜,切面灰白伴出血、坏死

C. 肿瘤双向分化

D. 多形性瘤巨细胞易见

E. 可包含如横纹肌肉瘤等异质成分

【答案】A

【解析】胸腺肉瘤样癌多发生在中老年,男女发病率无差异。

12. 儿童最常见的纵隔软组织肿瘤是

A. 脂肪瘤

B. 节细胞神经瘤

C. 淋巴管瘤

D. 脂肪肉瘤

E. 孤立性纤维性肿瘤

【答案】C

13. 关于高分化乳头状间皮瘤的说法**错误**的是

A. 病灶可呈局限性或多中心性

B. 镜下见乳头状结构

C. 被覆细胞可见基底部空泡

D. 核仁突出,可见核分裂象

E. 局部可见局限性侵犯

【答案】D

【解析】高分化乳头状间皮瘤核仁不明显,无核分裂象。

14. 关于慢性炎症相关性弥漫性大 B 细胞淋巴瘤说法**错误**的是

A. 也称脓胸相关性淋巴瘤

B. 是在长期慢性炎症基础上的 EBV 相关性 B 细胞淋巴瘤

C. 好发于中老年人,男性多于女性

D. 肿瘤细胞呈中心母细胞或免疫母细胞样

E. 肿瘤内常见显著的炎症反应

【答案】E

【解析】尽管病变发生在慢性炎症的基础上,但瘤内罕见显著的炎症反应。

15. 关于原发性渗出性淋巴瘤说法**错误**的是

A. 是一种罕见的非霍奇金 B 细胞淋巴瘤

B. 多数患者免疫功能低下,HHV8 阳性

C. 镜下见瘤细胞形态范围较广,体积较大

D. 免疫组化广谱 B 细胞抗原常表达

E. 所有病例均表达 LANA-1

【答案】D

【解析】免疫组化广谱 B 细胞抗原常缺乏。

16. 关于伴淋巴样间质的微结节型胸腺瘤说法**错误**的是

A. 患者一般无明显症状

B. 肉眼见肿瘤多数有包膜、切片灰白质硬

C. 镜下见肿瘤呈分叶状,排列呈小的实性巢或岛状

D. 上皮结节周围可见一些未成熟 T 淋巴细胞

E. Ⅰ、Ⅱ期患者术后基本不需放化疗

【答案】C

【解析】肿瘤无明显分叶结构。

17. 关于纵隔灰区淋巴瘤说法**错误**的是

A. 肿瘤特征介于弥漫性大 B 细胞淋巴瘤和经典型霍奇金淋巴瘤之间

B. 大部分患者可见纵隔大肿块

C. 镜下见多形性肿瘤细胞融合成片生长

D. 肿瘤细胞形态谱广、不同区域形态不同

E. 间质弥漫纤维化,坏死罕见

【答案】E

【解析】间质弥漫纤维化,坏死常明显。

18. 诊断结核性胸膜炎最常用的特殊染色是

A. PAS 染色

B. 刚果红染色

C. 抗酸染色

D. 弹力纤维染色

E. 六胺银染色

【答案】C

19. 诊断结核性胸膜炎最有力的证据是
    A. 胸腔积液检查 LDH 升高
    B. 胸膜活检抗酸染色阳性
    C. T-spot 检查阳性
    D. X 线检查有"肺尖带帽"征
    E. 有发热、盗汗、消瘦病史
    【答案】B

20. 关于类风湿性胸膜炎说法**错误**的是
    A. 患者常伴有类风湿性关节炎
    B. 胸腔积液常为浆液性,以中性粒细胞和单核细胞为主
    C. 胸腔积液中类风湿因子滴度低于血清浓度
    D. 镜下见血管内膜增生、管腔狭窄及类风湿小体
    E. 免疫组化染色 IgG 常阳性
    【答案】C
    【解析】胸腔积液中类风湿因子滴度高于血清浓度。

21. 反应性嗜酸细胞性胸膜炎病灶处的细胞成分常**不包括**
    A. 中性粒细胞   B. 嗜酸性粒细胞
    C. 淋巴细胞   D. 增生的间皮细胞
    E. 组织细胞
    【答案】A

22. 纵隔神经源性肿瘤最常见于
    A. 上纵隔   B. 前纵隔
    C. 中纵隔   D. 后纵隔
    E. 以上均对
    【答案】D

23. 关于纵隔脂肪肉瘤说法**错误**的是
    A. 是最常见的软组织肉瘤
    B. 常发生在 40 岁以上的成年人
    C. 可发生远处转移
    D. 黏液样型是其最常见的亚型
    E. MDM2 的 FISH 检测有助于诊断
    【答案】D
    【解析】高分化型及去分化型是脂肪肉瘤最常见的亚型。

24. 关于心脏横纹肌瘤说法**错误**的是
    A. 由成熟的横纹肌构成的良性肿瘤
    B. 常与结节硬化型综合征伴随
    C. 多见于婴幼儿
    D. 可无任何临床症状

    E. 瘤细胞 PAS 染色常阴性
    【答案】E
    【解析】瘤细胞 PAS 染色阳性。

25. 关于胸腺肉瘤样癌的说法**错误**的是
    A. 大体检查呈浸润性生长
    B. 常伴出血、坏死及囊性变
    C. 肉瘤样成分多数呈束状排列
    D. 可包含异质性成分,以骨肉瘤最常见
    E. 上皮样成分可以是腺癌、未分化癌
    【答案】D
    【解析】异质性成分以横纹肌肉瘤最常见。

26. 伴淋巴样间质的微结节型胸腺瘤中上皮性成分**不表达**的免疫标志物是
    A. CK5/6   B. PCK   C. CK19
    D. TdT   E. CK8/18
    【答案】D
    【解析】未成熟 T 细胞表达 TdT,但上皮成分不表达,且肿瘤中未成熟 T 细胞极少。

27. 关于胸腺滤泡性增生说法**错误**的是
    A. 镜下结构几乎正常
    B. 上皮细胞呈网状分布
    C. 上皮常处于增生状态
    D. 髓质中可见淋巴滤泡形成
    E. 仍有 Hassall 小体存在
    【答案】C
    【解析】胸腺滤泡性增生的上皮常呈萎缩状态。

28. 关于慢性炎症相关性弥漫性大 B 细胞淋巴瘤的免疫表型说法**错误**的是
    A. CD19、CD79α 阳性
    B. CD30 阳性
    C. IRF4/MUM1 阳性
    D. CD15 阳性
    E. LPM1 阳性
    【答案】D
    【解析】慢性炎症相关性弥漫性大 B 细胞淋巴瘤不表达 CD15。

29. 原发性渗出性淋巴瘤的免疫表型常缺失的指标是
    A. CD20   B. CD138   C. CD45
    D. BCL6   E. EMA
    【答案】D
    【解析】原发性渗出性淋巴瘤缺乏 BCL6 的表达。

30. 关于心脏横纹肌瘤下列说法**错误**的是
    A. 是最常见的小儿心脏肿瘤

B. 常伴发结节性硬化症

C. 可发生于心脏任何部位,多见于左心室

D. 典型的肿瘤细胞内含有充满黏液的小空泡

E. 肿瘤细胞可表达 myoglobin、desmin、actin 及 vimentin

【答案】D

【解析】典型的肿瘤细胞内含有充满糖原的小空泡。

31. 关于结核性胸膜炎下列说法错误的是

A. 可发生于任何年龄,多见于儿童、青少年

B. 胸腔积液检查 ADA、LZM 及 LDH 降低

C. 主要通过胸膜活检来确诊

D. 典型病理变化为结核性肉芽肿伴干酪样坏死形成

E. 干性结核性胸膜炎多无明显的 X 线征象

【答案】B

【解析】胸腔积液检查 ADA、LZM 及 LDH 升高。

32. 关于高分化乳头状间皮瘤下列说法错误的是

A. 常发生于胸膜、腹膜

B. 胸膜表面呈现出天鹅绒外观

C. 常伴有 BAP1 基因的胚系突变

D. 瘤细胞核大、异型性明显,常伴有间皮下层的浸润

E. 组织学上呈明显乳头状结构,比较宽的纤维血管轴心

【答案】D

【解析】瘤细胞核大、无明显异型性,偶见间皮下层的浸润。

【A2 型题】

1. 男性,58 岁,无明显诱因出现左侧胸痛 10 天。CT 提示前上纵隔占位。手术后肿物最大径约 2.5cm,表面包膜完整,多结节状;镜下见富含淋巴细胞区域及梭形细胞区域相互穿插生长。最可能的诊断是

A. AB 型胸腺瘤   B. A 型胸腺瘤

C. B1 型胸腺瘤   D. B2 型胸腺瘤

E. 胸腺癌

【答案】A

【解析】任何出现梭形上皮细胞的区域都提示 AB 型胸腺瘤。

2. 男性,42 岁,因"胸痛 4 个月"入院。胸部增强 CT 提示:前纵隔肿块(约 5cm),肉眼观肿块切面灰白实性质韧,未见明显包膜,可见出

血坏死,免疫组化结果提示:CD5+,CD117+,PAX-8+,TdT−。最可能的诊断是

A. AB 型胸腺瘤   B. B1 型胸腺瘤

C. B2 型胸腺瘤   D. B3 型胸腺瘤

E. 胸腺癌

【答案】E

3. 女性,53 岁,胸骨后占位入院。胸部 CT 见大小 7cm×3cm 的胸骨后肿块。患者无胸痛、四肢无力及眼睑下垂等不适。肉眼见肿块包膜完整,切面灰白质软;镜下见两种细胞形态,在温和的梭形细胞背景下可见实性上皮样成分,上皮样成分相互贯通成梁状或呈旋涡状,梭形细胞部分可见席纹状结构;免疫组化结果提示:淋巴细胞 CD5+,CD3+;上皮成分 PAX-8+,P63+,CD5−,TdT−。最可能的诊断是

A. AB 型胸腺瘤   B. A 型胸腺瘤

C. 化生性胸腺瘤   D. B2,B3 型胸腺瘤

E. 胸腺癌

【答案】C

【解析】化生性胸腺瘤为双相型胸腺肿瘤,在无异型性的梭形细胞背景中含有上皮细胞的实性区域,两种细胞成分之间界限清晰或存在过渡。

4. 女性,41 岁,4 个月前出现胸痛、四肢无力及眼睑下垂等不适,近期入院考虑为重症肌无力Ⅱb。胸部 CT 见前纵隔结节(约 2mm)。肉眼见肿瘤包膜完整,切面灰白质软,有白色纤维间隔的分叶结构;镜下见淋巴细胞背景中散在分布的上皮细胞簇(大于 3 个细胞/簇),上皮细胞呈多角形,核呈泡状,卵圆形或圆形,可见小核仁。正确的诊断是

A. AB 型胸腺瘤   B. B1 型胸腺瘤

C. B2 型胸腺瘤   D. B3 型胸腺瘤

E. 胸腺癌

【答案】C

5. 女性,57 岁,无明显诱因出现咳嗽,胸痛及四肢无力,症状持续无明显缓解。CT 提示:右前纵隔占位。肉眼见肿块境界欠清,边缘膨胀性浸润周围脂肪;镜下见粗大纤维分隔的实性片状生长的多角形细胞(细胞轻-中度非典型),其间散在淋巴细胞;免疫组化提示淋巴细胞 CD5(+),CD3(+);上皮成分 PAX-8(+),P63(+),CD5(+),CD117(−),TdT(−)。正确诊断是

A. AB 型胸腺瘤   B. B1 型胸腺瘤

C. B2 型胸腺瘤　　D. B3 型胸腺瘤

E. 胸腺癌

【答案】D

6. 男性,57 岁,自述 1 周前感冒后出现咳嗽咳痰症状伴咽喉疼痛,无畏寒、发热、咯血、胸痛等症状。胸部 CT 提示左肺上叶上段结节大小 4cm×1.3cm。镜下见部分区域肺泡结构破坏,可见融合的多核大细胞,合体样,部分为嗜酸性核仁,周围多量淋巴细胞及浆细胞浸润,结合形态学改变及病史。最可能的诊断是

A. 肺小细胞瘤　　B. 肺腺癌

C. 淋巴瘤　　D. 磨玻璃样细胞癌

E. 淋巴上皮瘤样癌

【答案】E

7. 男性,45 岁,体检发现睾丸肿大,无其他不适。大体检查见睾丸增大,见境界清楚的实性肿块,局灶可见出血坏死;肿瘤弥漫分布,呈圆形或多角形,胞质淡染,具有 1 个以上的大核仁,周围可见含数量不等淋巴细胞的纤维血管间隔。最可能的诊断是

A. 精原细胞瘤　　B. 实性卵黄囊瘤

C. 淋巴瘤　　D. 胚胎性癌

E. 淋巴上皮瘤样癌

【答案】A

8. 男性,20 岁,发现多发淋巴结肿大数天。CT 提示:腹膜后多发肿大淋巴结。颈部淋巴结活检见灰白灰红结节状肿物 4cm×3cm×2cm,包膜完整,切面灰白灰黄;镜下见大片坏死,免疫组化结果:CD30、OCT3/4、SOX2、SALL4 均为+;Glypican3、EMA、CEA 及 VIM 均为阴性。最可能的诊断是

A. 精原细胞瘤　　B. 实性卵黄囊瘤

C. 淋巴瘤　　D. 胚胎性癌

E. 淋巴上皮瘤样癌

【答案】A

9. 男性,48 岁,术后右侧肺不张伴伤口愈合不良 2 个月余,伴发热、全身乏力等不适,无咳嗽咳痰等不适。CT 显示右肺不张伴胸膜增厚及胸腔积液,双侧锁骨上及纵隔淋巴结肿大。淋巴结活检免疫组化提示 CK7+,CK5/6+,WT1+,D2-40+,TTF-1-,PAX8-,CD34-,STAT6-,Ki-67 指数约 40%。正确的诊断是

A. 滑膜肉瘤　　B. 恶性间皮瘤

C. 孤立性纤维性肿瘤　D. 肺腺癌

E. 血管肉瘤

【答案】B

10. 女性,56 岁,体检发现胸部肿物 10 天余,当地医院体检提示胸前区占位性病变。肉眼见肿块大小 8cm×7cm×3cm,部分包膜,切面灰白质韧,局灶区域半透明;镜下见相对均一的梭形细胞和不等量的胶原性间质交错排列,肿瘤内可见扩张血管;免疫组化提示:BCL2(-),CD99(-),TLE1(-),VIM(+),WT1(+),D2-40(+),TTF-1(-),PAX8(-),CD31(+),CD34(+),STAT6(+)。正确诊断是

A. 滑膜肉瘤

B. 恶性间皮瘤

C. 孤立性纤维性肿瘤

D. 肺腺癌

E. 血管肉瘤

【答案】C

11. 男性,57 岁,胸腺囊泡状肿物一枚,大小 5.5cm×3.5cm×3cm,囊壁菲薄,内含清亮液体。镜下见囊壁内衬纤毛柱状上皮。下列最可能的诊断是

A. 胸腺支气管源性囊肿

B. 胸腺食管囊肿

C. 胸腺甲状旁腺囊肿

D. 胸腺原发胰腺假性囊肿

E. A 型胸腺瘤伴囊性变

【答案】A

12. 女性,44 岁,主因“胸闷气促 2 月余”来诊,伴全身乏力,咳嗽,发热。胸片示中上纵隔增宽,右缘呈波浪状改变。血常规提示白细胞 8.5×10^9/L。最可能的诊断是

A. 胸内甲状腺肿　　B. 胸腺瘤

C. 右侧中央型肺癌　D. 淋巴瘤

E. 畸胎瘤

【答案】B

13. 男性,因前纵隔占位入院。血液检查 β-hCG 升高,术后诊断为精原细胞瘤。最**不可能**表达的指标是

A. D2-40　　B. OCT3/4　　C. AFP

D. CD117　　E. UTF1

【答案】C

14. 男性,27 岁,因"肩部疼痛 2 周"入院,血清 AFP 升高。CT 提示纵隔占位,术中见肿瘤与周围组织粘连,界限不清,难以分离。镜下见瘤细胞具有上皮形态,多角形。核排列拥挤,核分裂象多见,可见凝固性坏死及透明小体。以下最有可能的诊断是
   A. 绒毛膜癌
   B. 卵黄囊瘤
   C. 精原细胞瘤
   D. 肺大细胞癌纵隔转移
   E. 胚胎性癌
   【答案】E

15. 女性,11 岁,体检发现前纵隔占位入院,血清 AFP 升高。肉眼见肿瘤切面呈灰白色,质地黏液样。镜下见网状排列的疏松结构,其内衬覆扁平上皮,可见 Schiller-Duval 小体。最可能的诊断是
   A. 绒毛膜癌　　　B. 卵黄囊瘤
   C. 精原细胞瘤　　D. 胸腺多房性囊肿
   E. 胚胎性癌
   【答案】B
   【解析】S-D 小体提示卵黄囊瘤。

16. 男性,22 岁,因自觉乳腺发育 3 月余入院。血清 β-hCG 升高,手术送检胸腺占位组织肉眼观大小 7cm×5.2cm×5cm,切面质软广泛出血。镜下见肿瘤细胞呈现两种形态,二者混合生长,形成双层丛状,无序排列。较大的细胞呈多核,胞质嗜酸性,较小者胞质丰富透明,核仁明显。可能的诊断是
   A. 卵黄囊瘤　　　B. 精原细胞瘤
   C. 绒毛膜癌　　　D. 胚胎性癌
   E. 胸腺癌
   【答案】C

17. 男性,8 岁,平素无症状,3 天前体检时偶然发现后上纵隔近右侧脊柱旁,椭圆形肿物。截面大小约 3cm×2.5cm。最可能的诊断是
   A. 胸腺瘤　　　　B. 畸胎瘤
   C. 胸骨后甲状腺肿　D. 心包囊肿
   E. 神经源性肿瘤
   【答案】B

18. 男性,21 岁,剧烈咳嗽后咳出较多褐色含坏死、毛发样物的痰液。急诊 CT 示右前纵隔肿物,内含不规则含气空洞。最可能的疾病是
   A. 胸腺瘤
   B. 畸胎瘤破入右肺
   C. 巨大食管囊肿
   D. 胸骨后甲状腺肿继发肿块内出血
   E. 神经源性肿瘤
   【答案】B

19. 女性,55 岁,发现颈部肿块 6 年余,突然肿块增大并伴有呼吸困难 1 天。体格检查:下颈部前方可触及较硬肿物,气管左偏,肿物可随吞咽动作上下活动。CT 示前上纵隔至颈根部巨大肿物,其间可见囊实性改变。最可能的诊断是
   A. 胸腺瘤
   B. 神经源性肿瘤
   C. 巨大食管囊肿
   D. 异位甲状腺肿继发肿块内出血
   E. 支气管源性囊肿
   【答案】D

20. 男性,62 岁,因前纵隔占位入院。肿瘤切面实性,呈带有光泽的黏液样外观。镜下见肿瘤由鳞状细胞、黏液细胞及中间型细胞组成。该肿瘤最常见的基因改变为
   A. MAML2 基因异位
   B. EGFR 突变
   C. SS18 基因断裂
   D. SYT-SSX1 基因融合
   E. MDM2 基因扩增
   【答案】A

21. 女性,56 岁,发现纵隔肿块 2 月余。肿物大小 3cm×2.5cm×2cm,质硬,囊实性,界较清。镜下见癌巢外周肿瘤细胞呈栅栏状排列,部分区域可见菊形团。可能的诊断是
   A. B3 型胸腺瘤
   B. 胸腺鳞状细胞癌
   C. 胸腺基底细胞样癌
   D. 胸腺神经内分泌癌
   E. 胸腺转移性癌
   【答案】C
   【解析】胸腺基底细胞样癌周围的基底细胞样肿瘤细胞呈栅栏状排列。

22. 女性,4岁,出现胸骨后疼痛3月余入院,既往有消耗性血小板减少症病史。镜下见肿瘤成多房囊性,囊壁薄,内衬覆扁平内皮细胞,内容粉染蛋白液及红细胞。可能的诊断是
    A. 血管瘤
    B. 淋巴管瘤
    C. 上皮样血管内皮瘤
    D. 纵隔囊肿
    E. 胸腺囊肿
    【答案】A

23. 男性,8岁,平素无症状,3天前体检时偶然发现后上纵隔近右侧脊柱旁,椭圆形肿物。截面大小约3cm×2.5cm,术后诊断为未成熟畸胎瘤,其中最常见的未成熟成分是
    A. 未成熟腺体
    B. 原始骨、软骨
    C. 原始横纹肌
    D. 神经外胚层组织
    E. 室管膜上皮
    【答案】D

24. 男性,55岁,因"前纵隔占位"入院。穿刺提示A型胸腺瘤可能性大。下一步首选的处理方式是
    A. 放疗
    B. 化疗
    C. 手术切除
    D. 免疫治疗
    E. 激素治疗
    【答案】C

25. 女性,56岁,发现纵隔肿块2月余。肿物大小3cm×2.5cm×2cm,质硬,囊实性,界较清。诊断为鳞状细胞癌。支持是胸腺原发肿瘤的免疫表型是
    A. P40(+)/P63(+)/CK5/6(+)
    B. CD5(+)/CD117(+)
    C. GLUT1(+)/PAX8(+)
    D. GLUT1(+)/MUC1(+)
    E. TTF-1(+)/P40(+)/P63(+)
    【答案】B

26. 男性,56岁,发现纵隔肿块2月余。肉眼见肿物大小3cm×2.5cm×2cm,质硬,囊实性,未见明显包膜。诊断为典型类癌。下面描述**错误**的是
    A. 肿瘤无坏死,核分裂象少见
    B. 淋巴血管浸润常见

C. CgA、Syn、CD56常阳性
    D. TTF-1、calcitonin常阳性
    E. 可出现树突状黑色素细胞
    【答案】D

27. 男性,57岁,胸部CT提示弥漫性胸膜结节。镜下见肿瘤细胞排列成乳头状及微乳头状,诊断上皮样间皮瘤。最支持这一诊断的免疫组化是
    A. calretinin(−)/WT-1(−)/D2-40(+)/TTF-1(+)/Napsin A(+)
    B. calretinin(−)/WT-1(−)/D2-40(+)/TTF-1(+)/Napsin A(+)
    C. calretinin(+)/WT-1(−)/D2-40(+)/TTF-1(−)/Napsin A(+)
    D. calretinin(−)/WT-1(+)/D2-40(+)/TTF-1(+)/Napsin A(+)
    E. calretinin(+)/WT-1(+)/D2-40(+)/TTF-1(−)/Napsin A(−)
    【答案】E

28. 男性,17岁,胸部CT提示纵隔高密度影。镜下见梭形肿瘤细胞排列成席纹状,若诊断为胸膜孤立性纤维性肿瘤。最支持这一诊断的免疫组化是
    A. CD99
    B. STAT-6
    C. β-catenin
    D. SMA
    E. BCL2
    【答案】B

29. 女性,30岁,发现右前上纵隔有一椭圆形阴影,其中有斑点状致密影。X线检查见肿块影可随吞咽动作上、下移动。首先考虑
    A. 胸腺瘤
    B. 畸胎瘤
    C. 支气管囊肿
    D. 心包囊肿
    E. 胸内甲状腺肿
    【答案】E

30. 男性,20岁,体检因纵隔肿块入院。无其他自觉症状,考虑为胸腺增生。下列说法**错误**的是
    A. 胸腺增生多见于青少年
    B. 胸腺瘤很少发生于20岁以下者
    C. 伴有重症肌无力者为胸腺瘤,而非胸腺增生
    D. 胸腺增生多无明显肿块轮廓
    E. 胸腺瘤可出现坏死、囊变和出血

【答案】C

【解析】65%重症肌无力患者伴有胸腺增生。

31. 女性,5 月龄,因"体检发现一度房室传导阻滞"入院。心脏彩色超声提示左心室肌间界限清楚的均质回声占位。术后 HE 切片见肿瘤细胞胞质清亮肥大、界限清楚,局灶区域可见"蜘蛛细胞"。免疫组化提示 myoglobin、desmin、actin 及 vimentin 均为(+),特殊染色 PAS(+)。最有可能的诊断是

    A. 组织细胞样心肌病

    B. 心肌细胞错构瘤

    C. 心脏横纹肌瘤

    D. 炎性肌纤维母细胞瘤

    E. 心脏血管瘤

【答案】C

【解析】心脏横纹肌瘤最常见于婴幼儿,常在出生前或出生后 1 年内发现。瘤细胞表达 myoglobin 和 desmin。

32. 男性,23 岁,因"胸闷、气促 1 月余"入院。胸片提示胸腔积液,实验室检查:胸腔积液呈草黄色微混浊,胸腔积液 ADA、LZM 及 LDH 升高;血液检查 T-spot 提示有反应性;胸膜病理活检镜下见肉芽肿伴干酪样坏死形成。以下最有可能的诊断是

    A. 结节病累及胸膜

    B. 非结核分枝杆菌感染累及胸膜

    C. 肉芽肿性炎多血管炎

    D. 真菌性胸膜炎

    E. 结核性胸膜炎

【答案】E

33. 男性,51 岁,从事石棉搬运工作,因"胸闷、气促 1 月余"入院。胸片提示单侧胸腔积液,胸膜活检镜下见乳头状结构,乳头表面被覆单层扁平上皮,周围炎症反应不明显。免疫组化:calretinin、CK5/6、vimentin、WT-1 均为(+)。以下最有可能的诊断是

    A. 增生性间皮病

    B. 上皮样间皮瘤

    C. 胸膜腺瘤样瘤

    D. 高分化乳头状间皮瘤

    E. 双相型间皮瘤

【答案】D

【解析】高分化乳头状间皮瘤以胸膜表面的间皮细胞明显的乳头状增生为特征。

【A3/A4 型题】

(1~2 题共用题干)

女性,68 岁,因"间断心慌、胸闷胸痛加重 1 周"入院。心脏超声提示左心房内异常回声。术中所见:肿瘤呈带蒂息肉状,蒂部较宽,附着于右肺静脉开口处。肿瘤主体呈胶冻样,大小 4cm×4cm×2.8cm。

1. 患者病理诊断最可能为

    A. 心脏血栓

    B. 心脏黏液瘤

    C. 心脏乳头状弹力纤维瘤

    D. 心脏肉瘤

    E. 心脏血管瘤

【答案】B

2. 镜下表现最可能为

    A. 镜下见血小板梁及血细胞

    B. 弹力纤维内衬形态温和的内皮细胞

    C. 浸润性生长,核分裂象多见

    D. 瘤细胞小,形态较一致,成燕麦细胞样

    E. 肿瘤细胞呈星芒状、梭形散在分布于大量黏液样基质中

【答案】E

【解析】老年女性,最可能诊断为心脏黏液瘤。黏液瘤中肿瘤细胞呈星芒状、梭形散在分布于大量黏液样基质中,核多为单核也可呈多核瘤巨细胞。

(3~4 题共用题干)

男性,64 岁,因"眼睑无力 3 月余"就诊。胸部 CT 提示:纵隔肿块,境界清楚。肉眼见灰白肿块,大小 5.5cm×3.5cm×3cm,表面光滑,灰白质硬,局部囊性变。镜下见肿瘤有纤维性包膜,内部纤维分隔不明显,肿瘤细胞排列成车辐状。

3. 最可能的诊断是

    A. 胸腺增生

    B. A 型胸腺瘤

    C. 孤立性纤维性肿瘤

    D. 胸腺不典型类癌

    E. 以上均不是

【答案】B

4. 以下免疫组化指标肿瘤细胞最有可能全部阳性表达的是
   A. CK19、P63、CK5/6
   B. STAT6、TdT、CD20
   C. CD56、CgA、Syn
   D. CD117、DOG-1、CD34
   E. VIM、EMA、CK8/18

【答案】A

【解析】A型胸腺瘤好发于中老年人,肿瘤一般有包膜,境界清楚,内部分隔不明显。肿瘤弥漫表达CK、CK5/6等上皮标记。

(5~6题共用题干)

男性,58岁,因"体检发现纵隔结节5天"入院。胸部CT提示:纵隔实质性肿块。肉眼见灰白肿块,大小4.5cm×3.5cm×2cm,似有包膜。镜下见肿瘤由两种成分构成,一种是缺乏淋巴细胞的梭形成分,一种是富于淋巴细胞的成分,二者比例相当。

5. 患者最可能的诊断为
   A. AB型胸腺瘤　　　B. B1型胸腺瘤
   C. B2型胸腺瘤　　　D. B3型胸腺瘤
   E. 胸腺癌

【答案】A

6. 关于此肿瘤的镜下特征描述正确的是
   A. 髓质岛常见
   B. Hassall小体常见
   C. 血管周围间隙丰富
   D. 其间可见较多未成熟淋巴细胞
   E. 常缺乏纤维间隔

【答案】D

【解析】AB型胸腺瘤的肿瘤由两种成分构成,一种是缺乏淋巴细胞的A型梭形成分,另一种是富于淋巴细胞的B样成分伴有明显的不成熟T细胞,二者比例差异可以很大。AB型胸腺瘤中髓质岛罕见、Hassall小体缺乏,一般无血管周围间隙。

(7~8题共用题干)

男性,57岁。既往身体健康,有20年吸烟史。3个月前出现胸痛、咳嗽、胸闷,X线显示纵隔高密度影。血生化检查显示细胞角蛋白19为3.4μg/L,鳞状细胞癌相关抗原为1.5μg/L。镜下见肿瘤细胞呈巢片状,核分裂象多见。免疫组化肿瘤细胞表达CK、P63、CD5、CD117、PAX-8、P40。

7. 该疾病的最有可能的诊断是
   A. 胸腺B3型胸腺瘤
   B. 肺鳞状细胞癌
   C. 混合性胸腺瘤
   D. 胸腺神经内分泌癌
   E. 胸腺鳞状细胞癌

【答案】E

8. 该肿瘤与胸腺淋巴上皮瘤样癌鉴别最有价值是标记是
   A. CD5　　　B. EBER CISH　C. CD117
   D. Syn　　　E. P40

【答案】B

【解析】胸腺鳞状细胞癌表达CD5、CD117可与肺鳞状细胞癌相鉴别。胸腺淋巴上皮瘤样癌的EBV原位杂交常阳性,这是与其他肿瘤最有价值的鉴别。

(9~10题共用题干)

男性,73岁,因"胸闷、呼吸困难"入院。体检发现前纵隔囊实性肿块。血液中细胞角蛋白片段升高。肉眼见肿瘤直径3cm,切面灰白。镜下见肿瘤细胞呈实性巢状,由大的多角形细胞组成,异型性明显,核仁明显,胞质嗜酸性,核分裂象多见。

9. 最可能的诊断是
   A. 胸腺基底细胞样癌
   B. 胸腺鳞状细胞癌
   C. B3型胸腺瘤
   D. 胸腺神经内分泌癌
   E. 胸腺转移性癌

【答案】B

10. 本病不表达的免疫指标是
    A. PCK　　　B. P63　　　C. PAX8
    D. TdT　　　E. CD117

【答案】D

(11~12题共用题干)

男性,28岁,因"前纵隔占位"入院。血液检查β-hCG升高。胸部CT提示局限性囊实性肿块。肉眼见切面呈鱼肉状,局灶点状出血。

11. 术后诊断最可能的诊断是
    A. 精原细胞瘤　　　B. 卵黄囊瘤
    C. 绒毛膜癌　　　　D. 胚胎性癌
    E. 胸腺癌

【答案】A

12. 对此疾病描述**错误**的是
    A. 瘤细胞形态均一,圆形或多角形,细胞核居中
    B. 瘤细胞胞质丰富,富于糖原,透明或略嗜酸
    C. 常见细胞滋养层细胞或融合性结节
    D. 瘤细胞巢间常见纤细的纤维分割
    E. 可见合体滋养层巨细胞散在分布于瘤组织

【答案】C

(13~14 题共用题干)

男性,57 岁,因"胸痛、气短 2 月余"入院。影像学提示前纵隔不均匀肿块,局部呈低密度影。肉眼见肿瘤与周围组织分界不清,未见明显包膜。镜下见肿瘤排列呈巢团状、相互吻合,肿瘤细胞间及间质内伴有丰富的淋巴细胞,局部可见淋巴滤泡形成及嗜酸性粒细胞浸润。

13. 此病例最可能诊断为
    A. B1 型胸腺瘤
    B. 淋巴上皮瘤样癌
    C. 胸腺鳞状细胞癌
    D. 纵隔原发大 B 细胞淋巴瘤
    E. 纵隔霍奇金淋巴瘤

【答案】B

14. 肿瘤细胞常**不表达**的免疫标记是
    A. PCK   B. P63   C. EMA
    D. CD117   E. TdT

【答案】E

【解析】形态学上与鼻咽部的淋巴上皮癌相似,原位杂交显示癌细胞可表达 EBV DNA。

(15~16 题共用题干)

男性,62 岁,因"前纵隔占位"入院。肿瘤切面实性,呈带有光泽的黏液样外观。镜下见肿瘤由鳞状细胞、黏液细胞及中间型细胞组成,PAS染色强阳性。

15. 本例最可能诊断是
    A. 黏液脂肪肉瘤
    B. 胸腺鳞状细胞癌
    C. 黏液表皮样癌
    D. 胸腺基底细胞样癌伴黏液样变
    E. 胸腺癌伴黏液样变

【答案】C

16. 该肿瘤最有可能的免疫标记表达情况为
    A. PCK(+),EMA(+),P63(-),CK5/6(+),CD5(+),CD117(+)
    B. PCK(-),EMA(-),P63(-),CK5/6(-),CD5(+),CD117(+)
    C. PCK(+),EMA(+),P63(+),CK5/6(+),CD5(-),CD117(-)
    D. PCK(+),EMA(+),P63(+),CK5/6(+),CD5(+),CD117(+)
    E. PCK(+),EMA(+),P63(+),CK5/6(-),CD5(-),CD117(-)

【答案】C

【解析】黏液表皮样癌由鳞状细胞、黏液细胞及中间型细胞组成。

(17~18 题共用题干)

女性,27 岁。胸部 CT 提示纵隔肿物累及肺,行穿刺活检。镜下见肿瘤细胞弥漫成片,可见部分胶原纤维分隔,免疫组化表达广谱 B 系标记,考虑为原发纵隔大 B 细胞淋巴瘤。

17. 以下对该诊断最有意义的阳性指标是
    A. CD23   B. CD21   C. CD35
    D. LCA   E. CD43

【答案】A

18. 关于该肿瘤的表型说法**错误**的是
    A. 一般表达 BOB.1、OCT2
    B. EBER 一般为强阳性
    C. 通常 MUM1 为阳性
    D. 一般无 *BCL2*、*BCL6* 和 *MYC* 基因重排
    E. 可表达 MAL 抗原

【答案】B

(19~20 题共用题干)

女性,13 岁,体检发现前纵隔不规则软组织影约 6.5cm×5.1cm×4.3cm。镜下见肿瘤细胞弥漫分布,破坏正常胸腺组织,肿瘤细胞大小一致,胞质较少,核圆形或椭圆形,染色质均匀细腻,核仁不明显,可见"星空"现象。

19. 根据组织学形态,优先考虑诊断为
    A. T 淋巴母细胞淋巴瘤
    B. 经典型霍奇金淋巴瘤
    C. 原发纵隔的大 B 细胞淋巴瘤
    D. 弥漫性大 B 细胞淋巴瘤
    E. 灰区淋巴瘤

【答案】A

20. 下列最有诊断意义的免疫组化阳性结果是
    A. CD20/PAX5/CD79A
    B. TDT/CD30/ALK
    C. TDT/CD34/CD3
    D. CD30/CD20/LCA
    E. CD3/CD56/TIA1
    【答案】C
    【解析】T淋巴母细胞淋巴瘤的肿瘤细胞呈中等大小,瘤细胞之间可见许多有吞噬活性的组织细胞,散在分布呈"星空"样。

(21~22题共用题干)

男性,30岁,纵隔肿物。胸部CT显示横截面大小约5cm×3cm。血象异常,考虑为淋巴造血系统肿瘤。

21. 关于纵隔淋巴瘤,最常见的是
    A. T淋巴母细胞淋巴瘤
    B. 结节硬化型经典型霍奇金淋巴瘤
    C. 原发纵隔的大B细胞淋巴瘤
    D. 组织树突细胞肉瘤
    E. 灰区淋巴瘤
    【答案】B

22. 若该患者考虑为经典型霍奇金淋巴瘤,下列免疫组化最有意义的是
    A. CD30,CD15   B. CD20,PAX5
    C. CD20,CD3   D. BCL6,BCL2
    E. CD4,CD8
    【答案】A

(23~24题共用题干)

男性,4岁,因"胸骨后疼痛3月余"入院。镜下见肿瘤成多房囊性,囊壁薄,内衬覆扁平细胞,内容粉染蛋白液、淋巴细胞及少许红细胞。

23. 根据以上特点,患者最有可能的诊断是
    A. 血管瘤
    B. 淋巴管瘤
    C. 上皮样血管内皮瘤
    D. 纵隔囊肿
    E. 胸腺囊肿
    【答案】B

24. 关于该疾病说法错误的是
    A. 囊壁内无脂肪组织
    B. 大腔隙的壁内有不完整的平滑肌束

C. 常与周围组织界限不清
    D. 核分裂象罕见
    E. 儿童纵隔常见的肿瘤
    【答案】A
    【解析】淋巴管瘤以儿童多见,多位于前上纵隔。

(25~26题共用题干)

女性,27岁。纵隔肿物累及肺,穿刺结果考虑为原发纵隔大B细胞淋巴瘤(PMBL)。

25. 该肿瘤CD30免疫组化通常的表达情况是
    A. 阴性
    B. 一致强阳性
    C. 表达比在经典型霍奇金淋巴瘤中强
    D. 弱阳性或异质性表达
    E. 以上均不对
    【答案】D

26. 关于该肿瘤的鉴别诊断,下列说法错误的是
    A. 如患者全身受累,需与DLBCL累及纵隔鉴别
    B. 与CHL相比,此肿瘤缺乏炎症背景
    C. 有时与灰区淋巴瘤难以鉴别
    D. 免疫组化和分子分型对PMBL与DLBCL的鉴别无太大帮助
    E. PMBL背景中有明显的嗜酸性粒细胞浸润
    【答案】E

(27~28题共用题干)

男性,67岁,因"胸部钝痛、气短3月余"入院。近来体质消瘦,伴低烧、盗汗等症状出现。影像学提示弥漫性胸膜结节影伴胸腔积液。镜下见细胞呈上皮样,形态温和,局部可见间变样。胞质嗜酸性,泡状核,核分裂象偶见。

27. 患者病理诊断最可能为是
    A. 胸膜结核
    B. 胸膜恶性间皮瘤
    C. 胸膜间皮细胞增生
    D. 上皮样血管内皮瘤
    E. 转移性癌
    【答案】B

28. 关于该疾病下列说法错误的是
    A. 该疾病管状-乳头状最常见,乳头轴心为纤维血管

B. 乳头状是从胸膜表面向胸腔内突起

C. 微乳头模式常缺乏纤维血管轴心

D. 实性生长模式异型性常明显,核分裂罕见

E. 腺瘤样表现为微囊样结构或网状排列

【答案】D

【解析】胸膜恶性间皮瘤起源于间皮细胞,几乎均为弥漫性病变,可分为上皮样、肉瘤样、双相性和促纤维结缔组织增生性四大类。

(29~30题共用题干)

女性,64岁。患者半年前出现胸闷、气促,体检发现纵隔实性占位,CT显示肿物大小3cm×2.2cm×1.6cm,行穿刺活检组织,初步诊断为胸腺神经内分泌肿瘤。

29. 最可能的免疫表型是

A. PCK(−)/EMA(−)/CgA(+)/Syn(+)/CD56(+)/INSM1(+)

B. PCK(+)/EMA(+)/CgA(−)/Syn(−)/CD56(−)/INSM1(+)

C. S-100(+)/Melan-A(+)/CgA(−)/Syn(−)/CD56(−)

D. S-100(−)/Melan-A(−)/CgA(+)/Syn(+)/CD56(+)

E. S-100(+)/Melan-A(+)/Syn(+)/CD56(+)/INSM1(+)

【答案】D

30. 关于胸腺神经内分泌肿瘤说法错误的是

A. 典型类癌是低级别神经内分泌肿瘤,核分裂象<2个/mm²

B. 典型类癌中可伴有少许点状坏死

C. 不典型类癌比典型类癌更常见

D. 小细胞癌是高级别神经内分泌肿瘤

E. 大细胞癌核分裂象常>10个/mm²

【答案】B

(31~32题共用题干)

男性,28岁,因"胸痛3月余、呼吸困难加重2天"入院。血液检查示AFP、β-hCG升高。胸部CT提示局限性囊实性肿块。肉眼观切面鱼肉状,伴大片出血;镜下见瘤细胞呈实体性排列,核大核仁明显,排列成乳头状。

31. 术后诊断最可能的诊断是

A. 精原细胞瘤　　　B. 卵黄囊瘤

C. 绒毛膜癌　　　　D. 胚胎性癌

E. 胸腺癌

【答案】D

32. 该疾病最有可能的免疫表型是

A. EMA(+)/CEA(+)/vimentin(+)/CD30(−)/SALL4(+)

B. EMA(+)/CEA(−)/vimentin(+)/CD30(+)/SALL4(+)

C. EMA(−)/CEA(−)/vimentin(−)/CD30(+)/SALL4(+)

D. EMA(+)/CEA(+)/vimentin(−)/CD30(−)/SALL4(−)

E. EMA(−)/CEA(−)/vimentin(+)/CD30(−)/SALL4(−)

【答案】C

(33~34题共用题干)

女性,48岁,胸部CT提示局限性实性肿块。送检肿物切面灰白,包膜完整;镜下肿瘤细胞成梭形,排列成条车辐状、席纹状,细胞中等大,一致,间质玻璃样变。

33. 最先应该考虑的病理诊断是

A. 孤立性纤维性肿瘤

B. A型胸腺瘤

C. 炎性肌纤维母细胞瘤

D. 硬化性纵隔瘤

E. 滑膜肉瘤

【答案】A

34. 该肿瘤最特异性的免疫指标为

A. SS18　　　B. CDK4　　　C. BCL2

D. CD99　　　E. STAT-6

【答案】E

(35~36题共用题干)

女性,56岁,发现纵隔肿块2月余,肿物大小3cm×2.5cm×2cm,质硬,囊实性,界较清。镜下见癌巢外周肿瘤细胞呈栅栏状排列,部分区域可见菊形团。

35. 最可能的病理诊断为

A. B3型胸腺瘤

B. 胸腺鳞状细胞癌

C. 胸腺基底细胞样癌

D. 胸腺神经内分泌癌

E. 胸腺转移性癌

【答案】C

36. 该肿瘤可能的免疫组化表型是

    A. PCK（+）/P63（+）/P40（+）/CD117（-）/CD5（-）

    B. PCK（-）/P63（-）/P40（-）/CD117（+）/CD5（-）

    C. PCK（+）/P63（-）/P40（-）/CD117（+）/CD5（-）

    D. PCK（-）/CgA（+）/Syn（+）/CD56（+）/INSM1（+）

    E. PCK（+）/CgA（+）/Syn（-）/CD56（-）/INSM1（+）

【答案】A

(37~38 题共用题干)

男性,64 岁,无明显自觉症状,体检发现纵隔不均匀密度影,大小约为 3.5cm×3.0cm×2.0cm。手术送检灰白肿块,切面实性,带有光泽的黏液样外观。镜下见肿瘤由鳞状细胞、黏液细胞及椭圆形胞质嗜酸性的细胞组成。

37. 最有可能的诊断是

    A. 胸腺鳞状细胞癌

    B. 胸腺转移性腺癌

    C. 转移性腺样囊性癌

    D. 黏液表皮样癌

    E. 肺多形性腺瘤

【答案】D

38. 该疾病低级别可出现的形态是

    A. 核分裂象 3 个/10HPF

    B. 血管浸润

    C. 灶状坏死

    D. 核异型

    E. 神经侵犯

【答案】A

(39~40 题共用题干)

男性,40 岁。影像学提示前纵隔密度不均影。手术送检标本肉眼见肿块包膜不完整,切面实

性,灰白灰黄,伴多处出血。镜下见肿瘤细胞排列成片状、巢团状,相互吻合。间质内丰富淋巴细胞、浆细胞浸润;肿瘤细胞体积较大,呈空泡状核,可见多个核仁。

39. 最可能的诊断是

    A. 胸腺低分化鳞状细胞癌

    B. 胸腺大细胞神经内分泌癌

    C. 胸腺未分化癌

    D. 微结节性胸腺癌

    E. 胸腺淋巴上皮瘤样癌

【答案】E

40. 诊断该病最有意义的分子检测方法是

    A. FISH   B. 免疫组化

    C. 原位杂交   D. PCR

    E. 一代测序

【答案】C

(41~42 题共用题干)

男性,29 岁,因"左下颌肿块 1 年余"入院。肿块边界清楚,无触痛,活动度可,无发热、咳嗽等症状。手术切除肿块送检,肉眼见灰红结节样组织 3.5cm×1.5cm×1.5cm,切面灰红实性,包膜完整。

41. 镜下见淋巴结内滤泡增多,生发中心缩小,套区增宽,间区血管增多,浆细胞减少;边缘窦消失,血管长入生发中心内,套细胞呈同心圆排列,套内可见多个生发中心,偶见浆样树突细胞团。最可能的诊断是

    A. 单中心 Castleman 病(透明血管型)

    B. 单中心 Castleman 病(浆细胞型)

    C. 单中心 Castleman 病(混合型)

    D. 多中心浆细胞型 Castleman 病

    E. T 淋巴母细胞淋巴瘤

【答案】A

42. 关于此肿瘤的特征描述**错误**的是

    A. 常发生在结外,膈肌以上的部位

    B. 间质内大量的血管增生

    C. CD21 标记呈同心圆样排列

    D. 预后较好,手术切除即可

    E. 除生发中心外,Ki-67 标记的核增殖指数不高

【答案】A

【解析】单中心 Castleman 病(透明血管型)常发生在

结内,膈肌以上。

【案例分析题】

案例 女性,33岁,患者1年前发现心前区疼痛,症状加重伴呼吸困难3月余来院就诊,自诉无其他症状及肿瘤病史。超声提示心包积液,影像学提示前上纵隔肿物,手术送检灰黄不整形组织大小为2.4cm×1.4cm×1.4cm。

提问1:镜下见胸腺结构破坏,肿瘤细胞弥漫性生长,无结节状生长结构,细胞形态一致,如图所示,可能的诊断有

    A. 多形性套细胞淋巴瘤

    B. 滤泡性淋巴瘤

    C. 间变性大细胞淋巴瘤

    D. 弥漫性大B细胞淋巴瘤

    E. 小淋巴细胞淋巴瘤

    F. 淋巴母细胞淋巴瘤

【答案】ACD

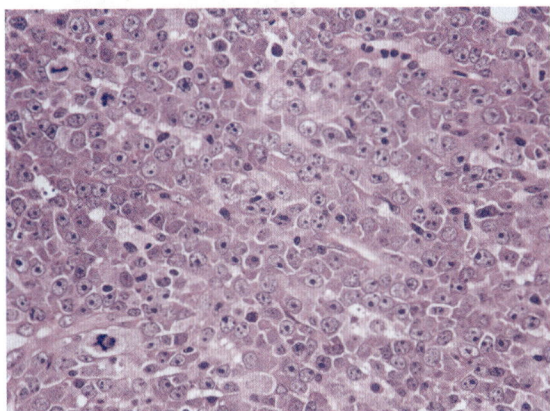

提问2:若要与多形性套细胞淋巴瘤相鉴别,应选择的免疫组化组合是

    A. CD20,CD5,CD23,LEF1,CD3,Ki-67

    B. CD20,CD10,BCL6,BCL2,CD3,CD21

    C. CD30,ALK1,CD3,CD4,CD43,PAX-5

    D. CD20,CD10,BCL6,BCL2,MUM1,C-MYC

    E. CD20,CD5,cyclinD1,SOX11,IgD,CD3

    F. CD20,CD10,TdT,PAX-5,CD34,MPO

【答案】E

提问3:若要与间变性大细胞淋巴瘤相鉴别,应选择的免疫组化组合是

    A. CD30,ALK1,CD3,CD4,CD43,PAX-5

    B. CD20,CD5,CD23,LEF1,CD3,Ki-67

    C. CD20,CD5,cyclinD1,SOX11,IgD,CD3

    D. CD20,CD10,BCL6,BCL2,MUM1,C-MYC

    E. D20,CD10,BCL6,BCL2,CD3,CD21

    F. CD30,CD15,PAX-5,MUM,LCA,EMA

【答案】A

提问4:免疫组化结果显示CD19(+)、CD20(+)、CD79a(+)、PAX-5(+)、OCT2(+)、BOB.1(+)、CD30弱表达,最有可能的诊断是

    A. 间变性大细胞淋巴瘤

    B. 弥漫性大B细胞淋巴瘤

    C. 高级别滤泡性淋巴瘤

    D. 多形性套细胞淋巴瘤

    E. 小淋巴细胞淋巴瘤伴Richer综合征

    F. 浆母细胞淋巴瘤

【答案】B

(王国平 郑 洪)

第七章 肝、胆及胰腺疾病

【A1 型题】

1. 病毒性肝炎的基本病变不包括

 A. 细胞水肿   B. 嗜酸性变

 C. 玻璃样变   D. 点状坏死

 E. 溶解性坏死

【答案】C

2. 急性普通型肝炎的病变特点是

 A. 以弥漫的肝细胞变性为主

 B. 以汇管区渗出和纤维化为主

 C. 以肝细胞坏死为主

 D. 以肝细胞增生为主

 E. 以汇管区间质增生为主

【答案】A

【解析】急性病毒性肝炎是以肝脏炎性损伤为主的全身感染性疾病。肝细胞弥漫性变性，主要以浑浊肿胀和水样变性为主。

3. 下列不是自身免疫性肝炎特点的是

 A. 血清学无病毒感染的证据

 B. 血中常常自身抗体阳性

 C. 克隆高丙种球蛋白血症

 D. 免疫抑制治疗有效

 E. 血清碱性磷酸酶升高

【答案】E

【解析】自身免疫性肝炎其特点为血清学无病毒感染的证据、多克隆高丙种球蛋白血症、血中自身抗体常为阳性，免疫抑制治疗有效。

4. 原发性胆汁性肝硬化（原发性胆汁性胆管炎）的特点不包括

 A. 胆管的破坏为节段性

 B. 浸润的浆细胞均呈 IgG+

 C. 肝细胞常见胆汁淤积

 D. 假小叶不完全

 E. 肝脏表面结节细小或不明显

【答案】B

【解析】原发性胆汁性肝硬化的特征性病变为累及小叶间和间隔中胆管的破坏性胆管炎，导致胆管的破坏而继发胆汁性肝硬化,病变常为局灶性。胆管上皮内有淋巴细胞、浆细胞浸润及胆管上皮的空泡变性和再生,浸润的浆细胞多为 IgM。

5. 关于酒精性肝病的描述错误的是

 A. 脂肪肝是酒精性肝病最常见的病变

 B. 肝脏体积增大

 C. 肝细胞脂肪变性最早出现在小叶周边区肝细胞

 D. 酒精性肝硬化是酒精性肝病的最终病变

 E. Mallory-Denk 小体形成

【答案】C

【解析】酒精性肝病最常见的病变为脂肪肝,脂肪变最先出现在中心静脉周围。

6. 肝细胞癌最早的转移方式是

 A. 门静脉转移   B. 肝静脉转移

 C. 脾静脉转移   D. 种植性转移

 E. 淋巴道转移

【答案】A

【解析】原发性肝癌最早、最常见的转移方式是通过门静脉的肝内转移。

7. 肝细胞癌患者最有诊断意义的血清学指标是

 A. 碱性磷酸酶

 B. γ-谷氨酰胺转肽酶

 C. 甲胎蛋白

 D. 癌胚抗原

 E. 酸性磷酸酶

【答案】C

【解析】在高发区,75% 以上肝细胞肝癌患者的甲胎蛋白阳性,通常要比正常含量高 100 倍以上。

8. 原发性肝癌肉眼类型**不包括**
　　A. 巨块型　　　B. 结节型
　　C. 弥漫型　　　D. 小肝癌
　　E. 混合细胞型
【答案】E

9. 下列关于肝细胞肝癌的说法**错误**的是
　　A. 肿瘤常有出血、坏死
　　B. 可有包膜
　　C. 瘤细胞可排列成小梁状、假腺样或腺泡样结构
　　D. 瘤细胞内可见到 Mallory 小体
　　E. 间质可见大量纤维反应
【答案】E

10. 下列**不属于**肝外胆管癌免疫组化阳性指标的是
　　A. CAM5.2　　B. CK7　　　C. CK19
　　D. CK20　　　E. Claudin-4
【答案】D
【解析】肝内胆管癌常为 CK7、CK20 阳性,而肝外胆管癌多为 CK7 阳性、CK20 阴性。

11. 下列关于肝细胞腺瘤说法**错误**的是
　　A. 常见于 20~40 岁的妇女
　　B. 与使用口服避孕药有一定关系
　　C. 70% 肝细胞腺瘤为单发
　　D. 细胞大小、形态一致,胞质透明,无核分裂
　　E. 肿瘤内有汇管区和中央静脉
【答案】E
【解析】肝细胞腺瘤常见于 20~40 岁的女性,可能与使用口服避孕药有一定关系,70% 肝细胞腺瘤为单发,肿瘤由分化好的肝细胞构成,细胞大小、形态一致,胞质透明,无核分裂。肿瘤内没有汇管区和中央静脉。

12. 下列关于肝细胞肝癌预后,说法正确的是
　　A. 无包膜者预后较好
　　B. 单个肿瘤预后较差
　　C. AFP 含量与预后无关
　　D. 分期越高预后越好
　　E. 伴有肝硬化预后更差
【答案】E

13. 以下**不是**按病因分类肝硬化的是
　　A. 结节性肝硬化　　B. 胆汁性肝硬化
　　C. 心源性肝硬化　　D. 肝炎后肝硬化
　　E. 坏死后性肝硬化
【答案】A

14. 下列关于慢性肝炎说法**错误**的是
　　A. 临床上是指出现肝炎表现至少持续 6 个月
　　B. 汇管区炎症为慢性肝炎时最为典型的形态表现
　　C. 小叶内的病变一般较轻,常仅有散在的肝细胞坏死
　　D. 在中国,酗酒是最为常见的原因
　　E. 纤维组织增生导致汇管区的扩张,最终形成肝硬化
【答案】D
【解析】慢性肝炎临床上是指出现肝炎表现至少持续 6 个月,在中国,慢性病毒性肝炎是最为常见的原因。

15. 原发性胆汁性肝硬化(原发性胆汁性胆管炎)在病理分期可分为四期,Ⅰ期为
　　A. 间隔纤维化期
　　B. 汇管区周围病变期
　　C. 汇管区病变期
　　D. 连续纤维化期
　　E. 结节形成期
【答案】C
【解析】原发性胆汁性肝硬化Ⅰ期为汇管区病变期;Ⅱ期为汇管区周围病变期;Ⅲ期为间隔纤维化期;Ⅳ期为肝硬化期。

16. 下列关于急性病毒性肝炎,说法**错误**的是
　　A. 以小叶中心最为明显
　　B. 肝细胞脂肪变,严重时称"气球样变"
　　C. 嗜酸性凋亡小体常见
　　D. 点灶状肝细胞坏死
　　E. 肝窦库普弗细胞增生
【答案】B
【解析】急性病毒性肝炎是以肝脏炎性损伤为主的全身感染性疾病。肝细胞弥漫性变性,主要以浑浊肿胀和水样变性为主。严重的水样变性使肝细胞肿胀如气球样,称气球样变。

17. 小肝癌是指肿瘤直径小于
　　A. 0.5cm　　B. 1cm　　　C. 2cm
　　D. 3cm　　　E. 5cm
【答案】D

18. 下列关于脂肪肝说法**错误**的是
　　A. 肝脏明显肿大、黄、腻、质脆
　　B. 肝细胞胞质内出现脂肪滴,早期为微小的脂肪空泡
　　C. 脂肪变最先出现在中心静脉周围,严重者可累及整个小叶

D. 脂肪肝时有明显的纤维化

E. 脂肪肝为酒精性肝病最常见的病变

【答案】D

19. 自身免疫性肝炎的特点**不包括**

A. 女性多见

B. 过去亦称自身免疫性慢性活动性肝炎

C. 血清学无病毒感染的证据

D. 多克隆高丙种球蛋白血症

E. 病变区浆细胞多以 IgM 为主

【答案】E

【解析】自身免疫性肝炎的特点为血清学无病毒感染的证据、多克隆高丙种球蛋白血症、血中自身抗体常为阳性、免疫抑制治疗有效。病变区浆细胞多以 IgG 为主。

20. 下列关于肝局灶性结节性增生说法**错误**的是

A. 是一种肝细胞增生性病变,而非真性肿瘤

B. 病变呈小叶状分布,由纤维间隔包绕

C. 结节性增生的肝细胞形态不同于正常肝细胞

D. 在纤维间隔和肝细胞之间可见有小胆管增生

E. 大多数为单个,质较硬,分叶状

【答案】C

【解析】肝局灶性结节性增生的肝细胞形态与正常肝细胞无区别。

21. 以下关于慢性肝炎定义正确的是

A. 出现肝炎表现至少持续 6 个月

B. 出现肝炎表现至少持续 3 个月

C. 出现肝炎表现至少持续 12 个月

D. 出现肝炎表现至少持续 18 个月

E. 出现肝炎表现至少持续 9 个月

【答案】A

【解析】慢性肝炎临床上是指出现肝炎表现至少持续 6 个月。

22. 病毒性肝炎的病理特点是

A. Mallory 小体

B. 嗜酸性小体

C. 苏木素小体

D. 星状体

E. 淀粉样小体

【答案】B

23. 亚急性重型肝炎坏死特点

A. 点状坏死　　　B. 灶状坏死

C. 桥接坏死　　　D. 碎片坏死

E. 大块坏死

【答案】E

24. 关于阿米巴肝脓肿诊断**错误**的是

A. 常为多发

B. 多位于右肝

C. 内壁如棉絮状

D. 充满咖啡样液化坏死组织

E. 脓肿边缘活检常可找到滋养体

【答案】A

【解析】阿米巴肝脓肿常为单发,多位于肝右叶。

25. 肝硬化的显著特点是

A. 淋巴细胞浸润　　　B. 大量坏死

C. 肝细胞增生　　　D. 假小叶形成

E. 多个脓肿灶

【答案】D

26. 下面关于肝细胞腺瘤叙述**错误**的是

A. 大体观肿瘤实性质软、黄褐色

B. 由分化好的肝细胞组成

C. 可见肝紫癜

D. 腺瘤内没有汇管区和中央静脉

E. 75% 的病例 ER、PR 阴性

【答案】E

【解析】肝细胞腺瘤常见于 20~40 岁的妇女,可能与使用口服避孕药有一定关系,70% 肝细胞腺瘤为单发,肿瘤由分化好的肝细胞构成,细胞大小、形态一致,胞质透明,无核分裂。可见出血、梗死、纤维化和肝紫癜样病变。肿瘤内没有汇管区和中央静脉。75% 的病例 ER、PR 阳性。

27. 关于肝细胞肝癌叙述**错误**的是

A. 肝细胞肝癌一般质硬

B. 一般小于 3cm 的称为小肝癌

C. 可表现为透明细胞型癌

D. AFP 血清学可表现为升高

E. 癌细胞也可以呈肉瘤样

【答案】A

【解析】肝细胞肝癌一般质硬,常有出血、坏死,偶尔可有胆汁淤积而呈绿色。

28. 以下**不易**形成肝转移的肿瘤是

A. 胃癌　　　B. 乳腺癌

C. 肺癌　　　D. 甲状腺乳头状癌

E. 恶性黑色素瘤

【答案】D

29. 关于肝内胆管癌描述**错误**的是

A. 可累及肝内任何一级胆管

B. 肿瘤通常灰白、实性、质软

C. 可见高频率的 *KRAS* 突变

D. CAM5.2 阳性

E. 大多为分化程度不同的腺癌

【答案】B

【解析】肝内胆管癌可累及任何部位的肝内胆管,肿瘤通常灰白、实性、硬韧。

30. 关于肝母细胞瘤叙述**错误**的是

A. 主要发生在 3 岁以下婴幼儿

B. AFP 常为阴性

C. 上皮性肿瘤依据分化程度可分为胎儿型和胚胎型

D. 肿瘤多为实性,边界清楚

E. 几乎所有病例 Glypican-3 为阳性

【答案】B

【解析】肝母细胞瘤主要发生在 3 岁以下婴幼儿,AFP 常为阳性。

31. 下列**不是**慢性胆囊炎诊断要点的是

A. 胆囊上皮萎缩、部分黏液化生

B. 囊壁明显纤维性增厚

C. 有慢性炎症细胞浸润

D. 胆囊黏膜明显充血、水肿及炎症细胞浸润

E. 胆囊黏膜腺体穿入胆囊壁肌层内形成 Rokitansky-Aschoff 窦(R-A 窦)

【答案】D

32. 壶腹部癌多起源于

A. 肝总管　　　　　B. 胆总管

C. 主胰管　　　　　D. 副胰管

E. 壶腹周围的十二指肠黏膜

【答案】B

【解析】壶腹部是末端胆总管和主胰管汇合并开口于十二指肠之处。壶腹部癌多起源于胆总管。

33. 草莓胆囊是指胆囊黏膜可见散在黄白色粟粒样结节,见于

A. 胆囊癌

B. 胆囊神经内分泌肿瘤

C. 胆囊腺瘤

D. 急性胆囊炎

E. 胆固醇沉积症

【答案】E

34. 胆囊癌最多见的病理类型是

A. 腺癌　　　　　　B. 鳞状细胞癌

C. 小细胞未分化癌　　D. 淋巴上皮样癌

E. 癌肉瘤

【答案】A

35. 胆囊腺瘤常发生的基因突变是

A. *TP53* 基因　　　　B. *KRAS* 基因

C. *β-catenin* 基因　　D. *p16* 基因

E. *c-kit* 基因

【答案】C

【解析】胆囊腺瘤常有 *β-catenin* 基因突变而胆囊癌则很少有。

36. 下列关于胰腺浆液性囊腺瘤的说法中**错误**的是

A. 一种常见的胰腺恶性肿瘤

B. 纤维间隔可形成特征性的中心瘢痕

C. 囊壁由单层立方上皮衬覆

D. 免疫组化 EMA、MART-1、MUC6 阳性

E. 无 *KRAS* 和 *TP53* 的突变

【答案】A

【解析】胰腺浆液性囊腺瘤是一种罕见的胰腺良性肿瘤。

37. 下列关于胰腺导管腺癌的描述中**不正确**的是

A. 是胰腺癌中最常见的类型

B. 多见于胰尾部,次为胰体

C. 好发于老年男性

D. 肿物常界限不清,易侵犯周围组织

E. 高分化者以形成导管样结构为主

【答案】B

【解析】胰腺导管腺癌最多见于胰头。

38. 诊断肾上腺皮质癌最可靠的指征是

A. 侵犯包膜　　　　B. 病理性核分裂象

C. 淋巴结转移　　　D. 出现大片坏死

E. Ki-67 高表达

【答案】C

39. 急性出血坏死性胰腺炎的主要病变特点是

A. 间质充血水肿、轻度脂肪坏死

B. 腺泡及胰岛萎缩消失伴纤维化

C. 胰腺组织大片出血、坏死

D. 胰腺周围脂肪钙化灶形成

E. 间质炎细胞浸润

【答案】C

【解析】急性出血坏死性胰腺炎胰腺组织广泛出血坏死及脂肪坏死,胰腺明显肿大,坏死区周围有中性粒细胞及单核细胞浸润。

40. **不符合**急性胰腺炎临床特点的是
    A. 可引起休克
    B. 可合并急腹症
    C. 血清及尿中淀粉酶和脂肪酶水平升高
    D. 严重者可有黄疸及高血糖
    E. 血清碱性磷酸酶活性升高
    【答案】E

41. **不符合**慢性胰腺炎病理特点的是
    A. 胰腺呈结节状弥漫性变硬、变细
    B. 腺泡萎缩、导管扩张
    C. 间质纤维组织增生、单核细胞浸润
    D. 胰腺组织广泛坏死
    E. 可形成假囊肿
    【答案】D
    【解析】慢性胰腺炎多以反复发作的轻度炎症、胰腺腺泡组织逐渐由纤维组织所取代为特征。腺泡组织呈不同程度的萎缩,间质弥漫性纤维组织增生和淋巴细胞、浆细胞浸润。慢性胰腺炎的并发症为假囊肿和假动脉瘤形成。

42. 胰腺实性-假乳头肿瘤的特点应**除外**
    A. 多见于年轻女性
    B. 为良性肿瘤,不会发生转移
    C. 边界清楚,体积通常较大
    D. 瘤细胞核比较一致,常见核沟
    E. 间质常有不同程度的透明变、黏液变
    【答案】B
    【解析】胰腺实性-假乳头肿瘤为低度恶性,10%~15% 出现转移,转移部位主要为肝和腹膜,淋巴结转移少见。

43. **不符合**胰腺导管癌病变特点的是
    A. 肿瘤质硬韧,切面可呈灰白色或黄白色
    B. 主要由异型细胞形成不规则管状结构,间质通常较少
    C. 常侵犯神经和神经周围淋巴管
    D. 90% 以上发生 *KRAS* 基因点突变
    E. 最常见的转移部位是肝
    【答案】B
    【解析】胰腺导管腺癌主要由异型细胞形成不规则、有时是不完整的管状或管样结构,伴有丰富的纤维间质。90% 的胰腺导管腺癌可见神经周浸润。

44. **不符合**胰腺腺泡细胞癌病变特点的是
    A. 最常见的转移部位为局部淋巴结和肝
    B. 常形成较大结节样肿物,分界清楚、包膜完整
    C. 淀粉酶消化后 PAS 染色阳性

D. 间质反应明显
    E. 电镜下可见酶原颗粒和不规则原纤维颗粒
    【答案】D
    【解析】腺泡细胞癌很少见,通常较大,实性,分界清楚,包膜完整。因无明显的间质反应,故常质地较软。易早期转移,最常见的转移部位为局部淋巴结和肝。淀粉酶消化后 PAS 染色阳性对确诊很有帮助。电镜下找到酶原颗粒和不规则原纤维颗粒对诊断有重要意义。

45. 最常见的功能性胰腺内分泌肿瘤(胰岛细胞瘤)为
    A. 胰岛素瘤   B. 胰高血糖素瘤
    C. 胃泌素瘤   D. 生长抑素瘤
    E. VIP 瘤
    【答案】A

46. 无功能性胰腺内分泌肿瘤描述,**错误**的是
    A. 不出现内分泌异常症状
    B. 肿瘤多为较大结节
    C. 镜下形态同功能性胰岛素瘤
    D. 免疫组化染色均出现有关激素的表达
    E. 既可以转移至淋巴结,也可以转移至肝脏
    【答案】D

47. 下列关于胰母细胞瘤说法**错误**的是
    A. 发生于胰腺的上皮性恶性肿瘤
    B. 肿瘤呈分界清楚的肿块,质硬韧
    C. 有鳞状小体形成
    D. 瘤细胞为较一致的多角形细胞
    E. 多见于儿童
    【答案】B
    【解析】胰母细胞瘤在成人罕见,主要见于儿童。肿瘤呈分界清楚的肿块,质软,是一种发生于胰腺的上皮恶性肿瘤,以腺泡分化为主,可有不同程度的内分泌和导管分化,有鳞状小体形成。瘤细胞为较一致的多角形细胞,形成巢状、条索状、管状或腺泡状结构。

48. 急性水肿型胰腺炎的病变特点**不包括**
    A. 较为多见,约占急性胰腺炎的 90%
    B. 间质水肿并伴中等量炎症细胞浸润
    C. 可伴有充血及明显出血坏死
    D. 肉眼表现为胰腺肿大、颜色灰白,病变多局限在胰尾
    E. 间质可有轻度纤维化和轻度脂肪坏死
    【答案】C
    【解析】C 选项为急性出血坏死性胰腺炎的特征。

49. 关于自身免疫性胰腺炎,下列说法**错误**的是
    A. 胰体尾部受累最常见

B. Ⅰ型表型为胰腺显著纤维化和明显的淋巴细胞、浆细胞浸润

C. Ⅱ型特征为中性粒细胞浸润的胰腺导管上皮病变

D. 浸润的炎症细胞中有丰富的IgG4阳性浆细胞

E. 胰腺肿大、胰腺导管狭窄或硬化

【答案】A

【解析】自身免疫性胰腺炎胰头部受累最常见，其次为胰体尾部。胰腺呈局部或弥漫肿大，胰腺导管可出现局灶性狭窄或硬化。

50. 下列关于胰腺黏液性囊性肿瘤的说法正确的是

A. 多见于青年女性

B. 不会发生转移

C. 多见于胰头部

D. 囊内衬覆上皮一般为单层立方上皮

E. 上皮下间质常为细胞丰富的卵巢样间质

【答案】E

【解析】胰腺黏液性囊性肿瘤多见于女性，发病高峰年龄为40~60岁，多见于胰体尾部，囊内衬覆上皮一般为高柱状黏液细胞。上皮下间质常为细胞丰富的卵巢样间质。偶尔发生转移，即使转移也多限于腹腔。

51. 下列关于急性坏死性胰腺炎光镜下特点叙述**错误**的是

A. 胰腺组织中有大片出血、坏死

B. 坏死区域周围有单核淋巴细胞浸润

C. 坏死区域有中性粒细胞和浆细胞浸润

D. 胰腺外脂肪组织有脂肪液化坏死

E. 胰腺内脂肪组织有脂肪液化坏死

【答案】C

52. 自身免疫性胰腺炎时普通HE染色易被忽略的静脉病变用以下哪种染色可以清晰显示

A. 苏木精染色　　　B. 抗酸染色

C. PAS染色　　　　D. 六胺银染色

E. Movat染色

【答案】E

53. 自身免疫性胰腺炎中，免疫组化显示的炎症细胞中富含

A. CD4阳性T细胞　　B. CD8阳性T细胞

C. B淋巴细胞　　　　D. IgG4阳性浆细胞

E. 树突状细胞

【答案】D

【解析】自身免疫性胰腺炎胰头部受累最常见，其次

为胰体尾部。胰腺呈局部或弥漫肿大，胰腺导管可出现局灶性狭窄或硬化。免疫组化显示浸润的炎症细胞中有丰富的IgG4阳性浆细胞，有助于诊断。

54. 最常见的胰腺外分泌肿瘤是

A. 浆液性囊腺瘤

B. 黏液性囊性肿瘤

C. 导管内乳头状黏液肿瘤

D. 胰腺实性-假乳头状瘤

E. 胰腺导管腺癌

【答案】E

55. 下列好发于胰头部的疾病**除外**

A. 自身免疫性胰腺炎

B. 黏液性囊性肿瘤

C. 导管内乳头状黏液肿瘤

D. 胰腺导管腺癌

E. 胰母细胞癌

【答案】B

【解析】胰腺黏液性囊性肿瘤多见于胰体尾部。

56. 下列关于胰腺浆液性囊腺瘤诊断要点叙述**错误**的是

A. 肿瘤分界清楚

B. 纤维间隔形成特殊的纤维瘢痕，偶尔有钙化

C. 囊壁由单层立方上皮衬覆，细胞胞质透明

D. 免疫组化HMB45阳性

E. 无*KRAS*和*TP53*的突变

【答案】D

【解析】胰腺浆液性囊腺瘤是一种罕见的胰腺良性肿瘤。肿瘤分界清楚，囊壁由单层立方上皮衬覆，细胞胞质透明、富含糖原。免疫组化HMB45阴性。

57. 胰腺实性-假乳头状瘤常有的基因突变是

A. *C-KIT*　　　　　B. *β-catenin*

C. *TP53*　　　　　D. *HER2*

E. *DPC4*

【答案】B

58. 胰腺母细胞瘤镜下特征特性结构是

A. Russell小体　　　B. 砂粒体

C. 苏木素小体　　　D. 鳞状小体

E. 星形体

【答案】D

【解析】胰母细胞瘤在成人罕见，主要见于儿童。肿瘤呈分界清楚的肿块，质软。是一种发生于胰腺的上皮恶性肿瘤，以腺泡分化为主，可有不同程度的内分泌和导管分化，有鳞状小体形成。瘤细胞为较一致的多角形细胞，形成巢状、条索状、管状或腺泡状结构。

59. 胰腺腺泡细胞癌诊断要点叙述**错误**的是
    A. 腺泡细胞呈巢状或片状排列
    B. 间质反应轻
    C. 淀粉酶消化后 PAS 阳性染色对确诊很有帮助
    D. 偶尔可表达 AFP
    E. 常见 *KRAS* 突变

【答案】E

【解析】腺泡细胞癌很少见,通常较大,实性,分界清楚,包膜完整。因无明显的间质反应,故常质地较软。易早期转移,最常见的转移部位为局部淋巴结和肝。淀粉酶消化后 PAS 染色阳性对确诊很有帮助。电镜下找到酶原颗粒和不规则原纤维颗粒对诊断有重要意义。腺泡细胞癌无导管腺癌中常见的 *KRAS、P53、P16* 或 *DPC4* 等改变。

60. 胰腺导管腺癌的病理特征叙述**错误**的是
    A. 肿瘤切面灰白色或灰黄色
    B. 胰体尾部的癌体积较小
    C. 主要由异型细胞形成不规则、不完整的管状或腺样结构
    D. 90% 可见神经浸润
    E. 大多数 CA19-9、CEA 阳性

【答案】B

【解析】胰腺导管腺癌主要由异型细胞形成不规则,有时是不完整的管状或腺样结构,伴有丰富的纤维间质。90% 的胰腺导管腺癌可见神经周浸润。胰头癌一般体积较小。

【A2 型题】

1. 女性,51 岁,半年前因急性上腹痛住院,临床诊断为急性胰腺炎,经治疗后痊愈。近 2 个月上腹部逐渐隆起,无腹痛和发热,进食后有腹胀。查体:上腹部可扪及一约拳头大小包块,表面光滑,活动度差。镜下最可能看到的改变是
    A. 囊壁由纤维组织构成伴炎细胞浸润,囊壁无上皮衬覆
    B. 见分化较差的肿瘤性腺体,呈实性细胞巢排列
    C. 囊壁由单层立方上皮衬覆,细胞胞质透明
    D. 胰腺组织大片出血坏死,伴炎细胞浸润及钙盐沉积
    E. 腺泡萎缩,间质可见纤维组织增生伴炎细胞浸润,导管不同程度扩张其内见嗜酸性物质

【答案】A

【解析】胰腺炎时大量的胰液和血液积聚在坏死的胰腺组织内或流入邻近组织和网膜内形成假囊肿。囊壁无上皮,由肉芽组织和纤维组织构成。

2. 男性,57 岁,反复左上腹持续性隐痛伴腹胀、消瘦、脂肪泻 4 年,每次发作腹痛时有加剧,并向腰背部放射,呈束腰带状。既往有长期饮酒史。查体:皮肤、巩膜无黄染。实验室检查:尿淀粉酶 450U/L,空腹血糖 11.5mmol/L。镜下最可能看到的改变是
    A. 囊壁由单层立方上皮衬覆,细胞胞质透明
    B. 见分化较差的肿瘤性腺体,呈实性细胞巢排列
    C. 囊壁由纤维组织构成伴炎细胞浸润,内面无上皮衬覆
    D. 胰腺组织大片出血坏死,伴炎细胞浸润及钙盐沉积
    E. 腺泡萎缩,间质可见纤维组织增生伴炎细胞浸润,导管不同程度扩张其内见嗜酸性物质

【答案】E

【解析】慢性胰腺炎多以反复发作的轻度炎症、胰腺泡组织逐渐由纤维组织所取代为特征。腺泡组织呈不同程度的萎缩,间质弥漫性纤维组织增生和淋巴细胞、浆细胞浸润。慢性胰腺炎的并发症为假囊肿和假动脉瘤形成。

3. 男性,35 岁,疲乏,心悸,记忆力差 2 年。此期间曾出现过 3 次癫痫样发作。今日清晨起床后又晕倒在地,神志不清,经静脉注入葡萄糖后恢复。既往无外伤史。查体:血压 100/70mmHg。心、肺、腹部及神经系统无阳性体征发现。根据患者情况,应考虑的诊断是
    A. 胃泌素瘤
    B. 胰岛素瘤
    C. 胰腺癌
    D. 癫痫发作
    E. 心血管疾病

【答案】B

4. 男性,45 岁,酗酒后 8 小时出现中上腹疼痛,放射至两侧腰部,伴恶心、呕吐。查体:腹部有压痛、肌紧张及两侧腰腹部出现蓝棕色斑,血压 75/55mmHg,脉搏 110 次/min。镜下最可能看到的改变是
    A. 囊壁由单层立方上皮衬覆,细胞胞质透明
    B. 见分化较差的肿瘤性腺体,呈实性细胞巢排列

C. 囊壁由纤维组织构成伴炎细胞浸润,内面无上皮衬覆

D. 胰腺组织大片出血坏死,可见脂肪坏死,伴炎细胞浸润及钙盐沉积

E. 腺泡萎缩,间质可见纤维组织增生伴炎细胞浸润,导管不同程度扩张,其内见嗜酸性物质

【答案】D

【解析】急性出血性坏死性胰腺炎血液可沿组织间隙流至肋骨脊椎角,使腰部呈蓝色(Turner 征),或流至脐周使脐部呈蓝色(Culler 征)。

5. 男性,4 岁,体检见腹部分界清楚的肿块,质软。镜下细胞密集,呈分叶状分布,瘤细胞形成巢状及腺泡状,可见鳞状小体。最有可能的诊断是

A. 胰腺癌

B. 浆液性囊腺瘤

C. 胰腺导管内乳头状黏液肿瘤

D. 胰母细胞瘤

E. 胰腺假性囊肿

【答案】D

【解析】胰母细胞瘤在成人罕见,主要见于儿童。肿瘤呈分界清楚的肿块,质软,是一种发生于胰腺的上皮恶性肿瘤,以腺泡分化为主,可有不同程度的内分泌和导管分化,有鳞状小体形成。瘤细胞为较一致的多角形细胞,形成巢状、条索状、管状或腺泡状结构。

6. 女性,50 岁,上腹部持续性疼痛,向腰背部放射,伴呕吐 12 小时。既往有胆总管结石病史。查体:体温 38℃。腹略膨隆,上腹正中压痛、反跳痛明显,轻度肌紧张,移动性浊音(+),肠鸣音减弱。实验室检查:白细胞计数 20×10⁹/L，中性粒细胞百分比 87%,尿胆红素(−),血清钾 4mmol/L,血清钠 135mmol/L,血清氯 106mmol/L。病理镜下可见胰腺内外脂肪组织均有坏死,伴出血。最有可能的诊断是

A. 急性胃穿孔　　B. 急性胰腺炎
C. 急性胆囊炎　　D. 急性肠梗阻
E. 假性囊肿

【答案】B

7. 男性,55 岁,皮肤黄染进行性加重 2 个月,体重减轻 5kg。查体:体温 37.8℃,皮肤黄染,右肋下可触及肿大胆囊,无压痛。实验室检查:血清淀粉酶正常,血总胆红素 222μmol/L。病理镜下最可能看到的改变是

A. 囊壁由单层立方上皮衬覆,细胞胞质透明

B. 见分化较差的肿瘤细胞,呈腺样和实性细胞巢排列

C. 细胞丰富的实性巢,其间有丰富小血管,血管周细胞形成假乳头排列

D. 胰腺组织出血坏死,可见脂肪坏死,伴炎细胞浸润及钙盐沉积

E. 腺泡萎缩,间质可见纤维组织增生伴炎细胞浸润,导管不同程度扩张其内见嗜酸性物质

【答案】B

8. 男性,60 岁,上腹隐痛,黄疸一周。查体:皮肤、巩膜明显黄染,心、肺无异常。腹部平坦,无肠型,未触及肿块,右上腹可触及明显肿大的胆囊,肝肋缘下 1.5cm,脾未触及。超声提示:肝内胆管明显扩张,无异常回声;胆囊无异常声影,胰腺显示不清。镜下最可能看到的改变是

A. 异型细胞形成不规则、不完整的管状或腺样结构,伴丰富纤维间质

B. 囊壁由纤维组织构成伴炎细胞浸润,内面无上皮衬覆

C. 细胞丰富的实性巢,其间有丰富小血管,血管周细胞形成假乳头排列

D. 胰腺组织出血坏死,可见脂肪坏死,伴炎细胞浸润及钙盐沉积

E. 腺泡萎缩,间质可见纤维组织增生伴炎细胞浸润,导管不同程度扩张,其内见嗜酸性物质

【答案】A

9. 男性,70 岁,曾有胰腺炎病史。内镜可见从肝胰壶腹处有黏液溢出;影像学可见明显胰导管扩张;病理镜下可见黏液柱状上皮增生,呈乳头状排列,上皮高级别异型增生,导管内可见黏液积聚。最有可能的诊断是

A. 胰腺癌

B. 浆液性囊腺瘤

C. 胰腺导管内乳头状黏液肿瘤

D. 胰岛素瘤

E. 胰腺假性囊肿

【答案】C

【解析】导管内乳头状黏液肿瘤的特征为导管内乳头状肿瘤,乳头衬覆黏液细胞,乳头可很小,也可形成较大的结节性肿块。此瘤常伴有导管内大量黏液积聚而导致导管的明显扩张。

10. 女性,50岁,8个月前曾因急性上腹痛诊断为急性胰腺炎而入院治疗,后痊愈出院。近两个月来上腹逐渐隆起,无腹痛,不发热,但进食后有饱胀感。体检:上腹可摸到巨大肿块,表面光滑有囊性感。镜下可见囊壁内面无上皮衬覆。最有可能的诊断是

    A. 胰腺癌

    B. 浆液性囊腺瘤

    C. 胰腺导管内乳头状肿瘤

    D. 胰岛素瘤

    E. 胰腺假性囊肿

【答案】E

【解析】胰腺炎时大量的胰液和血液积聚在坏死的胰腺组织内或流入邻近组织和网膜内形成假囊肿。囊壁无上皮,由肉芽组织和纤维组织构成。

11. 男性,48岁,体检时偶然发现腹部肿块。影像提示胰头处囊性肿块,切面蜂窝状。镜下可见囊壁由单层立方上皮细胞衬覆,细胞胞质透明,CEA阴性。最有可能的诊断是

    A. 胰腺癌

    B. 浆液性囊腺瘤

    C. 胰腺导管内乳头状肿瘤

    D. 胰岛素瘤

    E. 胰腺假性囊肿

【答案】B

【解析】胰腺浆液性囊腺瘤是一种罕见的胰腺良性肿瘤。肿瘤分界清楚,囊壁由单层立方上皮衬覆,细胞胞质透明、富含糖原。免疫组化CEA、HMB45阴性。

12. 男性,48岁,嗜酒,既往有"胃炎"病史。3天前饱食后突感上腹部剧痛,恶心、呕吐数次,不能平卧,曾用多种抗生素治疗。体检:血压90/60mmHg,脉率90次/min,腹胀,剑突下压痛、反跳痛。白细胞计数$19×10^9$/L,中性粒细胞0.90,肝功能正常,血淀粉酶180U/dL(Somogyi法),血钙1.58mmol/L。最可能是

    A. 异型细胞形成不规则、不完整的管状或腺样结构,伴丰富纤维间质

    B. 囊壁由纤维组织构成伴炎细胞浸润,内面无上皮衬覆

    C. 细胞丰富的实性巢,其间有丰富小血管,血管周细胞形成假乳头排列

    D. 胰腺组织出血坏死,可见脂肪坏死,伴炎细胞浸润及钙盐沉积

    E. 腺泡萎缩,间质可见纤维组织增生伴炎细胞浸润,导管不同程度扩张,其内见嗜酸性物质

【答案】D

13. 男性,42岁,饱餐后上腹剧痛,伴恶心、呕吐6小时。呕吐物为胃内容物,呕吐后腹痛不见减轻,反而更剧烈,如刀割样,肌内注射阿托品症状无缓解。查体:脉率124次/min,血压80/50mmHg。痛苦容貌,腹胀,全腹压痛、反跳痛、腹肌紧张明显,尤以上腹部为重,肠鸣音消失,肝浊音界存在。右下腹穿刺抽出淡红色血性液。实验室检查:白细胞增高,中性粒细胞百分比88%,血清淀粉酶4 000U/L,血钙1.5mmol/L。经过3个小时的观察治疗,病情无好转。病理镜下最可能看到的改变是

    A. 囊壁由单层立方上皮衬覆,细胞胞质透明

    B. 见分化较差的肿瘤性腺体,呈实性细胞巢排列

    C. 囊壁由纤维组织构成伴炎细胞浸润,内面无上皮衬覆

    D. 胰腺组织大片出血坏死,可见脂肪坏死,伴炎细胞浸润及钙盐沉积

    E. 腺泡萎缩,间质可见纤维组织增生伴炎细胞浸润,导管不同程度扩张其内见嗜酸性物质

【答案】D

14. 男性,30岁,半年前上腹部曾受钝挫伤。2个月前上腹部出现包块。近来常有呕吐,但无腹痛及发热。查体:上腹部可触及一约9cm×10cm囊性包块,无压痛。临床诊断为胰腺假性囊肿。镜下最可能看到的改变是

    A. 异型细胞形成不规则、不完整的管状或腺样结构,伴丰富纤维间质

    B. 囊壁由纤维组织构成伴炎细胞浸润,内面无上皮衬覆

    C. 细胞丰富的实性巢,其间有丰富小血管,血管周细胞形成假乳头排列

    D. 胰腺组织出血坏死,可见脂肪坏死,伴炎细胞浸润及钙盐沉积

    E. 腺泡萎缩,间质可见纤维组织增生伴炎细胞浸润,导管不同程度扩张其内见嗜酸性物质

【答案】B

【解析】胰腺炎、胰腺外伤及手术后均可形成假囊肿。囊壁无上皮，由肉芽组织和纤维组织构成，其内有明显的炎细胞浸润。

15. 男性,70 岁,持续性上腹部和腰背部疼痛 3 个月,以夜间为重,前倾坐位时疼痛可以减轻。病后体重减轻 10kg。CT 检查示胰头处可见不规则实性低密度占位,呈现双管征。遂进行手术切除。大体见肿瘤位于胰头处,大小约 3cm×2cm×2cm,切面呈灰白灰黄色,质硬。镜下见异型细胞形成不规则、不完整的管状或腺样结构,可见神经周浸润。最有可能的诊断是
    A. 慢性胰腺炎
    B. 胃溃疡
    C. 胰腺癌
    D. 十二指肠球后溃疡
    E. 胃癌

【答案】C

【解析】胰腺导管腺癌主要由异型细胞形成不规则,有时是不完整的管状或腺样结构,伴有丰富的纤维间质。90% 的胰腺导管腺癌可见有神经周浸润。

16. 女性,55 岁,常有右肋下疼痛。超声显示胆囊壁增厚毛糙。光镜下胆囊上皮萎缩。考虑为
    A. 急性胆囊炎　　　B. 慢性胆囊炎
    C. 胆囊癌　　　　　D. 胆囊腺肌症
    E. 胆结石

【答案】B

【解析】慢性胆囊炎为胆囊最常见的疾病,常与胆石症同时存在。患者常有非特异的腹痛症状或右肋下疼痛。胆囊上皮可正常或萎缩或增生甚至化生。

17. 男性,34 岁,因突发右上腹疼痛入院,墨菲征阳性。行胆囊切除术,光镜下胆囊水肿充血,出现广泛坏死。病理诊断为
    A. 慢性胆囊炎　　　B. 单纯性胆囊炎
    C. 胆囊癌　　　　　D. 坏疽性胆囊炎
    E. 胆囊腺肌症

【答案】D

【解析】急性胆囊炎胆囊壁因水肿、充血、出血而明显增厚。继发细菌感染者则胆囊壁有大量炎细胞浸润,胆囊黏膜可出现多灶性糜烂或溃疡。严重的病例可出现广泛的坏死,称为坏疽性胆囊炎。

18. 女性,53 岁,胆囊壁明显增厚,有巨大息肉样肿块。如考虑恶性,最可能为
    A. 腺癌　　　　　　B. 乳头状癌

C. 鳞状细胞癌　　　D. 腺鳞癌
E. 未分化癌

【答案】A

【解析】胆囊癌的 80% 左右为分化不同程度的腺癌。

19. 女性,65 岁,近半年来体重下降 10kg,常有腹痛伴黄疸。镜下有部分胆管发生环形狭窄,胆管弥漫增厚。考虑为
    A. 慢性胆管炎　　　B. 急性胆管炎
    C. 硬化性胆管炎　　D. 胆管癌
    E. 肝外胆管结石

【答案】D

20. 女性,58 岁,胆囊壁明显增厚,胆囊腔内有巨大息肉样肿块。镜下肿块由中-低分化的腺管状结构构成。考虑为
    A. 胆囊良性腺瘤　　B. 胆囊癌
    C. 慢性胆囊炎　　　D. 胆囊息肉
    E. 胆囊腺肌增生症

【答案】B

21. 男性,5 岁,近来常腹痛、腹泻,偶有呕吐,伴进行性消瘦。影像学显示胰腺区有一分叶状肿物。血清 AFP 升高。行手术治疗,术中见胰头部一肿物,大小 10cm×8cm×6cm,界清。切面见出血及囊性变。镜下见瘤细胞排列成腺泡状、腺样结构,部分区域呈实性巢团状排列,细胞大小较一致。可见鳞状细胞巢和原始上皮成分及纤细的纤维间隔。免疫组化染色:α1-AAT 及 AFP 阳性。该患者所患肿瘤最可能是
    A. 胰腺癌　　　　　B. 胰母细胞瘤
    C. 胰腺囊腺瘤　　　D. 胰岛素瘤
    E. 实性-假乳头状瘤

【答案】B

【解析】胰母细胞瘤在成人罕见,主要见于儿童。肿瘤呈分界清楚的肿块,质软。是一种发生于胰腺的上皮性恶性肿瘤,以腺泡分化为主,可有不同程度的内分泌和导管分化,有鳞状小体形成。瘤细胞为较一致的多角形细胞,形成巢状、条索状、管状或腺泡状结构。

22. 男性,40 岁,因"反复上腹部疼痛、腹泻、黑便 10 天"入院。胃镜检查见十二指肠多发溃疡。腹部 CT 示肝左外叶、肝右叶类圆形低密度灶,胰腺尾部见 4cm×4cm 低密度影。术中见肝表面多发结节,直径 0.5~1.5cm,另于胰尾部触及一包块,行胰尾切除,肝脏表面结节活检。病理检查所见:肿物大小

4cm×4cm,边界尚清,镜下肿瘤细胞呈柱状,排列呈小腺管样、菊形团或假菊形团状,肝内结节组织形态与胰腺肿物相似。免疫组化:胃泌素(+)、胰高血糖素(−)、胰岛素(−)、胰多肽(−)、生长抑素(−)、VIP(−)。该患者最可能诊断为

A. 胰腺恶性肿瘤

B. 生长抑素瘤

C. 肝转移癌

D. 胰岛素瘤

E. 胃泌素瘤并发肝转移

【答案】E

23. 女性,33 岁,近来略感腹部不适、偶尔腹痛,胰腺影像学显示囊实性占位性病变。行手术治疗,术中见肿物位于胰尾部,包膜完整。肿物大小 8cm×7cm×5cm,表面光滑,切面实性,暗红色,局灶伴出血及囊性变。镜下肿瘤细胞成片状或形成假乳头状排列,可见核沟,实性区散在泡沫细胞,并可见多核(异物)巨细胞。该患者病理诊断为

A. 导管内乳头状腺瘤

B. 导管内乳头状癌

C. 实性-假乳头状瘤

D. 腺泡细胞癌

E. 破骨细胞样巨细胞未分化癌

【答案】C

【解析】胰腺实性-假乳头状瘤多见于青春期及青年女性,临床上可无症状或仅有上腹不适。实性-假乳头状瘤的基本结构为细胞丰富的实性巢,其间有丰富的小血管。远离血管的细胞出现退变,而小血管周的细胞围绕小血管形成所谓的假乳头状排列。瘤细胞核比较一致,常有纵沟,胞浆中等、嗜酸性,典型的瘤细胞胞质内可见嗜酸性透明小滴。间质常有不同程度的透明变、黏液变或胆固醇沉积及异物巨细胞反应。

24. 男性,60 岁,近来腹痛、体重减轻。胰腺影像学显示胰头占位性病变。临床显示梗阻性黄疸,低血糖。行手术治疗,术中见肿物位于胰头部,边界不清,质硬韧,切面灰白,局灶累及胆总管。镜下可见导管样腺样结构,可见黏液,核轻度异型,核分裂象 < 5 个/10HPF,可见神经侵犯。该患者病理诊断为

A. 高分化导管腺癌

B. 导管内乳头状癌

C. 实性-假乳头状瘤

D. 腺泡细胞癌

E. 破骨细胞样巨细胞未分化癌

【答案】A

【解析】高分化导管腺癌主要由分化好的导管样结构构成,内衬高柱状上皮细胞,有的为黏液样上皮,有的具有丰富的嗜酸性胞质。

25. 男性,65 岁。影像学显示胰腺周围巨大包块,大小 8cm×5cm×3cm,实性。术中可见一分界清楚,包膜完整的肿物,质稍软。镜下细胞密集呈巢状,核位于基底,间质反应轻微,瘤细胞尖端胞质呈嗜酸性颗粒状,核仁较明显。淀粉酶消化后 PAS 染色阳性。Ki-67 显著增高。该患者最可能的诊断是

A. 破骨细胞样巨细胞未分化癌

B. 胰腺囊腺瘤

C. 胰腺腺泡细胞癌

D. 胃泌素瘤

E. 胰母细胞瘤

【答案】C

【解析】腺泡细胞癌很少见,通常较大,实性,分界清楚,包膜完整。因无明显的间质反应,故常质地较软。易早期转移,最常见的转移部位为局部淋巴结和肝。淀粉酶消化后 PAS 染色阳性对确诊很有帮助。电镜下找到酶原颗粒和不规则原纤维颗粒对诊断有重要意义。腺泡细胞癌无导管腺癌中常见的 K-RAS、P53、P16 或 DPC4 等改变。

26. 男性,5 岁,近来于腹部发现一肿块。行手术治疗,术中见肿物界清,累积胰头,似有包膜,大小 7cm×3cm×1cm,质软。镜下肿瘤细胞呈分叶状分布,以腺泡分化为主,局灶可见导管分化。可见较大梭形细胞疏松聚集的呈鳞状分化的区域。免疫组化染色 CK8、CK18、EMA 阳性,CK7 阴性。瘤细胞呈多角形局灶可见软骨样成分。该患者最可能的病理诊断是

A. 破骨细胞样巨细胞未分化癌

B. 胰母细胞瘤

C. 胰岛素瘤

D. 导管内乳头状腺瘤

E. 腺泡细胞癌

【答案】B

【解析】胰母细胞瘤在成人罕见,主要见于儿童。肿瘤呈分界清楚的肿块,质软。是一种发生于胰腺的上皮恶性肿瘤,以腺泡分化为主,可有不同程度的内分泌和

导管分化,有鳞状小体形成。瘤细胞为较一致的多角形细胞,形成巢状、条索状、管状或腺泡状结构。

27. 女性,25岁,半年前因胰腺外伤行手术治疗,术后恢复良好,近来感腹部不适。影像见胰腺部位低密度影。行手术探查,术中胰腺表面可见囊肿,囊壁不规则增厚,内面不平,囊内含血性浑浊液体。镜下囊壁由纤维组织构成,其内有大量慢性炎细胞浸润,囊内壁无上皮衬覆。该患者最可能的原因是
 A. 胰腺假囊肿   B. 慢性胰腺炎
 C. 胰腺恶性肿瘤   D. 胃泌素瘤
 E. 胰腺囊腺瘤
【答案】A
【解析】胰腺炎、胰腺外伤及手术后均可形成假囊肿。囊壁无上皮,由肉芽组织和纤维组织构成,其内有明显的炎细胞浸润。

28. 男性,40岁,近半年来时常感到头晕乏力,运动量下降。查体:于胰头部发现一不规则肿物,大小3cm×2cm×1cm。术中见肿瘤呈灰白色,结节状,质软,局灶伴出血。镜下见均匀一致的小圆细胞呈巢状排列,间质可见丰富的血窦。该患者最可能的诊断是
 A. 胰腺腺泡细胞癌   B. 胰母细胞瘤
 C. 胰岛素瘤   D. 胰腺微囊性腺瘤
 E. 胰腺囊腺瘤
【答案】C

29. 男性,25岁,与朋友聚会喝酒后突感腹部不适就诊。来院后患者腹痛剧烈,血清淀粉酶及脂肪酶含量升高,影像学显示胰腺周围模糊低密度影。该患者最可能的诊断是
 A. 阑尾炎   B. 急性胰腺炎
 C. 肠套叠   D. 胆管结石
 E. 胃穿孔
【答案】B

30. 女性,54岁,查体发现胰腺肿物2个月。影像见胰腺体部囊性为主结节,大小3cm×1.8cm×1cm。术中见肿物切面呈蜂窝状,可见多个小囊,囊内含透明液体,可见中心瘢痕。镜下囊壁由单层立方上皮被覆,胞质透明,EMA、MART-1阳性,HMB45阴性。该患者最可能的诊断是
 A. 胰腺浆液性囊腺瘤
 B. 胰腺假性囊肿

 C. 胰腺导管腺癌
 D. 胰母细胞瘤
 E. 胰腺腺泡细胞癌
【答案】A
【解析】胰腺浆液性囊腺瘤是一种罕见的胰腺良性肿瘤。肿瘤分界清楚,囊壁由单层立方上皮衬覆,细胞胞质透明、富含糖原。免疫组化CEA、HMB45阴性。

31. 男性,39岁,慢性活动性肝炎病史10年。近3年来双下肢水肿,5个月以来腹胀,3天来黑便。查体:巩膜稍黄,颜面部有蜘蛛痣。有少量腹水。脾肋下三指,肝未触及。肝穿刺活检可见大小较一致的假小叶形成,周围的纤维间隔较窄且宽窄一致。患者可能的诊断是
 A. 门静脉性肝硬化   B. 坏死后性肝硬化
 C. 胆汁性肝硬化   D. 血吸虫性肝硬化
 E. 酒精性肝硬化
【答案】A

32. 患者结肠癌术后1年,超声发现肝脏内多个结节病变。血中甲胎蛋白水平正常,CEA升高。肝内结节穿刺镜下发现结节内细胞呈柱状,细胞核多形,核质比例大,细胞排列成腺腔样结构。免疫组化CK7(−)、CK20(+)、P63(−)、CEA(+)。该患者首先考虑的诊断是
 A. 肝细胞癌   B. 宫颈癌肝转移
 C. 食管癌肝转移   D. 结肠癌肝转移
 E. 膀胱癌肝转移
【答案】D

33. 男性,50岁,肝炎病史多年,近一段时间出现食欲缺乏、呕血及腹水,且可见腹壁静脉明显扩张。其症状形成的原因是
 A. 急性胃炎   B. 慢性萎缩性胃炎
 C. 慢性胃溃疡   D. 溃疡性结肠炎
 E. 门静脉高压
【答案】E

34. 对某患者肝脏穿刺检查后发现,肝小叶界板破坏、界板肝细胞呈片状坏死、崩解,伴有大量炎细胞浸润。肝小叶中央静脉和汇管或/及两个中央静脉之间的肝细胞出现明显坏死。该患者患有
 A. 急性普通型肝炎   B. 轻度慢性肝炎
 C. 重度慢性肝炎   D. 急性重型肝炎
 E. 亚急性重型肝炎
【答案】C

35. 女性,20 岁,3 天来高热、黄疸、嗜睡。查体：皮肤、巩膜黄染,肝脏肋下未触及,肝区扣击痛。入院 1 周后,因胃肠道大出血进而昏迷死亡。该患者的诊断可能为
    A. 门静脉肝硬化
    B. 胆汁性肝硬化
    C. 坏死后性肝硬化
    D. 急性重型肝炎
    E. 亚急性重型肝炎
    【答案】D

36. 男性,50 岁,有 20 年饮酒史。体检时发现肝脏肿大,ALT 及 AST 水平均升高。肝穿刺组织学见肝细胞内有 Mallory 小体,肝细胞脂肪变性明显,可见灶状肝细胞坏死。该患者最可能的诊断是
    A. 酒精性肝炎
    B. 急性普通型肝炎
    C. 急性重型肝炎
    D. 淤血性肝硬化
    E. 肝肿物
    【答案】A

37. 女性,30 岁,既往体健,已婚,育有一子,近来略感腹部不适就诊。影像见一界清肿物,术中见一包膜完整肿物。镜下瘤细胞分化好,无汇管区或中央静脉。该患者最可能诊断为
    A. 肝细胞肝癌   B. 肝细胞腺瘤
    C. 普通型肝硬化   D. 肝脓肿
    E. 酒精性肝炎
    【答案】B
    【解析】见 A1 型第 26 题解析。

38. 患儿,5 岁,女性,近期发现腹胀、消瘦、厌食。血清 AFP 升高,血、尿 hCG 升高。术中见肿物位于肝右叶,实性,直径 12cm,切面分叶状。镜下可见胚胎性肝细胞伴胶原纤维,可见髓外造血。该患者最可能的诊断是
    A. 肝细胞肝癌   B. 肝脓肿
    C. 肝母细胞瘤   D. 肝硬化
    E. 普通型肝炎
    【答案】C
    【解析】肝母细胞瘤主要发生在婴幼儿,AFP 常常阳性。依据分化程度分为胎儿型和胚胎型。胎儿型中常有髓外造血灶。

39. 患儿,3 岁,家人偶然触及腹部肿块,检查发现血清 AFP 升高,镜下病变特点为衬覆单层及少量多层肥大的内皮细胞的血管腔。该患者可能诊断是
    A. 婴儿型血管内皮细胞瘤
    B. 血管瘤
    C. 肝细胞肝癌
    D. 肝硬化
    E. 肝脓肿
    【答案】A

40. 患者既往体健,近来自觉食欲减退,偶感右腹不适触及一肿块,肿物位于肝右叶,肝组织局灶可见巧克力样坏死灶,有轻微炎症反应,镜下见吞噬有异物的细胞,周围见空晕,体积大呈圆形,问诊得知该患者室友曾感染肠道阿米巴病。该患者可能原因
    A. 肝硬化   B. 肝细胞肝癌
    C. 病毒性肝炎   D. 阿米巴性肝脓肿
    E. 肝血管瘤
    【答案】D
    【解析】阿米巴肝脓肿常为单发,多位于肝右叶。内壁如棉絮状,腔内充满咖啡样液化坏死组织。脓肿壁的炎细胞反应较轻,脓肿边缘活检常可找到阿米巴滋养体。

41. 男性,40 岁,发现乙肝表面抗原阳性 5 年以上。查体：肝脏体积大,皮肤、巩膜黄染不明显,血 ALT 450U/L。该患者肝脏所处的镜下状态最可能是
    A. 弥漫气球样变
    B. 脂肪变性
    C. 点、灶状坏死
    D. 肝小叶界板破坏明显伴汇管区炎症
    E. 嗜酸性坏死
    【答案】D

42. 男性,27 岁,无力,疲倦、纳差 1 周左右。伴食欲减退、厌油、低热、尿色深黄和恶心、呕吐。查体可见皮肤、巩膜黄染,肝轻度肿大。实验室检查：AST 1 258U/L。乙型肝炎表面抗原、e 抗原、乙型肝炎核心抗体均阳性。该患者肝脏最可能看到的病变是
    A. 肝细胞大片坏死并结节状再生
    B. 多小叶坏死或大块坏死
    C. 明显桥接坏死和片状融合性坏死

D. 肝细胞肿胀广泛变性和点、灶状坏死

E. 仅汇管区炎症明显

【答案】D

43. 男性，25岁，呕吐、厌食、腹胀5天，意识障碍、嗜睡1天。既往无肝病史。查体可见巩膜、皮肤明显黄染，肝浊音界缩小。实验室检查：总胆红素283μmol/L，ALT 480U/L。该患者肝脏发生的典型病理改变主要是

A. 肝脏多个小叶或大块坏死

B. 肝细胞脂肪变性

C. 明显桥接坏死

D. 肝细胞再生明显

E. 汇管区纤维组织增生

【答案】A

44. 男性，45岁，右上腹胀痛、食欲不振5天。有长期饮酒史。查体可见肝浊音界增大，无明显皮肤、巩膜黄染。血 AST 455U/L，ALT 186U/L。该患者肝脏最可能看到的病理改变是

A. 汇管区明显纤维化

B. 肝细胞肿胀、散在坏死，可见 Mallory 小体

C. 肝细胞明显再生

D. 桥接坏死和片状融合坏死

E. 界板肝细胞坏死及炎症

【答案】B

45. 男性，55岁，慢性肝炎15年。6年前出现上消化道出血，2个月前发现肝上直径12cm巨大块状肿物，AFP 阳性。患者的肝脏病变可能是

A. 慢性肝炎伴肝细胞肝癌

B. 肝硬化并肝细胞肝癌

C. 慢性肝炎并食管-胃底静脉曲张

D. 慢性肝炎伴肝细胞腺瘤

E. 肝内胆管癌

【答案】B

46. 男性，47岁，食欲减退半年，伴乏力、腹胀。查体发现肝在右肋下2cm，质硬、压痛、脾可触及。既往有乙型病毒性肝炎病史10年。以下**不符合**该患者肝脏病理表现的是

A. 仅汇管区周围纤维组织增生

B. 假小叶内中央静脉缺如

C. 假小叶内肝细胞排列紊乱

D. 假小叶内中央静脉偏位或有两个以上

E. 小胆管增生

【答案】A

47. 男性，55岁，肝移植术后15天，发热乏力、肝区压痛。ALT 260U/L，胆红素 188μmol/L。经皮肝活检可见汇管区炎细胞浸润，血管内皮和胆管周围有淋巴细胞浸润。该患者可能是

A. 超急性排斥反应　　B. 慢性排斥反应

C. 急性排斥反应　　　D. 急性重症肝炎

E. 亚急性重症肝炎

【答案】C

48. 患者近日来常有不规则发热、食欲不振、腹胀、恶心，有肝区疼痛和压痛，曾有痢疾症状。血常规示中性粒细胞增加；影像学可见肝右叶明显占位，穿刺得咖啡样脓液。考虑该患者可能是

A. 肝血吸虫病　　　B. 阿米巴性肝脓肿

C. 棘球蚴病　　　　D. 细菌性痢疾

E. 急性肝炎

【答案】B

【解析】阿米巴肝脓肿常为单发，多位于肝右叶。内壁如棉絮状，腔内充满咖啡样液化坏死组织。脓肿壁的炎细胞反应较轻，脓肿边缘活检常可找到阿米巴滋养体。

49. 肝移植术后4周患者突发高热随后确诊为巨细胞病毒性肝炎。下列属于其特征性病理形态的是

A. 汇管区淋巴细胞浸润

B. 肝细胞结节样再生

C. 细胞内鹰眼样包涵体

D. 肝细胞脂肪变

E. 肝细胞点灶状坏死

【答案】C

【解析】巨细胞病毒性肝炎肝细胞肿大，含有特征性鹰眼样的包涵体。包涵体可在胞质内，亦可在核内。

50. 女性，37岁，体检时发现上腹部肿块，表面光滑。有上腹胀痛、进食后饱胀、恶心等症状。无肝炎病史。有服用避孕药史。细针穿刺可见轻度异型细胞，无核分裂。其最可能的诊断是

A. 肝细胞腺瘤

B. 肝细胞肝癌

C. 肝内胆管癌

D. 混合型原发性肝癌

E. 肝结节变

【答案】A

【解析】见A1型第26题解析。

51. 56岁,男性,因"黄疸肝区疼痛"入院。超声显示肝表面有大小不等结节,结节最大直径5cm。术后肝脏标本镜下见细胞呈实性巢状排列,有磨玻璃样包涵体。免疫组化:血窦样腔隙的内皮细胞有CD34和第Ⅷ因子相关抗原阳性。病理诊断为

A. 肝细胞肝癌　　　B. 肝内胆管癌

C. 肝转移性肿瘤　　D. 肝母细胞瘤

E. 肝细胞腺瘤

【答案】A

52. 38岁,女性,影像学检查显示肝脏有一占位。镜下肝细胞分化较好,排成1~2层肝细胞厚的肝索,细胞大小、形态一致,胞质透明,无核分裂,病变内没有汇管区和中心静脉。病理诊断为

A. 肝细胞肝癌　　　B. 肝内胆管癌

C. 肝转移性肿瘤　　D. 肝细胞腺瘤

E. 慢性肝炎

【答案】D

【解析】见A1型第26题解析。

53. 70岁,男性,影像学检查显示肝脏有占位,术后病理诊断为癌,免疫组化有CK18、Heppar-1、CK19和Glypican-3表达。此患者病理诊断为

A. 肝细胞癌

B. 肝内胆管癌

C. 肝母细胞瘤

D. 肝转移性肿瘤

E. 混合型原发性肝癌

【答案】E

【解析】混合型原发性肝癌是指具有肝细胞肝癌和胆管细胞性肝癌两种成分的肝癌。肝细胞肝癌表达CK8、CK18和Heppar-1,而胆管癌可用多克隆CEA或CK19染色证实。

54. 患儿,2岁,临床诊断有巨舌症。影像学检查显示肝部有一占位。镜下病变由排列不规则的两个肝细胞厚度的肝细胞板构成。此患儿病理诊断为

A. 胎儿型肝母细胞瘤

B. 肝细胞肝癌

C. 混合型原发性肝癌

D. 肝内胆管癌

E. 肝细胞腺瘤

【答案】A

【解析】肝母细胞瘤主要发生于3岁以下的婴幼儿,此病与很多先天性异常,如心肾先天畸形、偏身肥大、巨舌症等关系密切。依据分化程度分为胎儿型和胚胎型。胎儿型与胎肝相似,由排列不规则的两个肝细胞厚度的肝细胞板构成。

55. 患儿,2岁,临床诊断有巨舌症。影像学检查显示肝部有一占位。镜下病变为实性细胞巢,有乳头形成。此患儿病理诊断为

A. 胎儿型肝母细胞瘤

B. 胚胎型肝母细胞瘤

C. 肝细胞肝癌

D. 肝细胞腺瘤

E. 肝转移性肿瘤

【答案】B

【解析】肝母细胞瘤主要发生于3岁以下的婴幼儿,此病与很多先天性异常,如心肾先天畸形、偏身肥大、巨舌症等关系密切。依据分化程度分为胎儿型和胚胎型。胚胎型分化更低,主要为实性细胞巢,亦可有条带状、菊形团和/或乳头形成。

56. 患者,63岁,肝内胆管有息肉样肿物。镜下细胞形成大小不等、形状不一、排列不规则的腺样结构,部分呈实性条索状,侵入肝实质内。此患者病理诊断为

A. 肝内胆管癌　　　B. 神经内分泌癌

C. 肝母细胞瘤　　　D. 肝转移性肿瘤

E. 混合型原发性肝癌

【答案】A

57. 患者,63岁,病理诊断怀疑肝内胆管癌。若为肝内胆管癌,其免疫组化不可能阳性的是

A. CEA、CK7　　　B. Hep-1、Glypican-3

C. CK19、CK8　　　D. CK18、CK7

E. CEA、CK19

【答案】B

58. 患者,35岁,两周内出现极度乏力,食欲不振,恶心,厌油腻,肝区不适,皮肤、巩膜深度黄染。镜下多个小叶出现大片坏死,肝细胞索的网状支架尚存。病理诊断为

A. 肝细胞肝癌　　　B. 亚急性重型肝炎

C. 急性重型肝炎　　D. 慢性肝炎

E. 急性病毒性肝炎

【答案】C

59. 患者,36岁,两周来疲倦,恶心,呕吐,体温38.4℃。血液检查显示肝功能异常。镜下肝细胞出现弥漫性混浊肿胀和水样变性,肝细胞呈点状坏死。病理诊断为
A. 肝细胞肝癌　　B. 亚急性重型肝炎
C. 急性重型肝炎　D. 慢性肝炎
E. 急性病毒性肝炎
【答案】E
【解析】急性病毒性肝炎形态特点为肝细胞弥漫性变性,主要以混浊肿胀和水样变性为主;点、灶状肝细胞坏死。

60. 患者,46岁,临床出现肝功能异常8个月。镜下汇管区扩大,有淋巴细胞浸润,肝小叶界板破坏,可见两层肝细胞形成的肝板,有纤维组织增生。病理诊断为
A. 肝细胞肝癌　　B. 亚急性重型肝炎
C. 急性重型肝炎　D. 慢性肝炎
E. 急性病毒性肝炎
【答案】D
【解析】慢性肝炎临床上是指出现肝炎表现至少持续6个月。通常的特点为汇管区的炎症、界面性肝炎、肝实质的炎症、坏死和纤维化。

【A3/A4型题】

(1~2题共用题干)
男性,44岁,于晚餐饱食后发生中上腹痛,呈阵发性,牵拉痛及钝痛,无反射痛,无恶心、呕吐。门诊查淀粉酶906U/L,脂肪酶2 111U/L,以急性胰腺炎收入病房。

1. 以下**不是**急性胰腺炎主要病理改变的是
A. 脂肪坏死
B. 胰腺出血
C. 炎细胞浸润
D. 间质弥漫性纤维组织增生
E. 可见钙盐沉积
【答案】D

2. 以下**不是**急性胰腺炎并发症的是
A. 脂肪坏死　　B. 假囊肿形成
C. 脓肿　　　　D. 小肠梗死
E. 胰岛萎缩
【答案】E
【解析】间质弥漫性纤维组织增生为慢性胰腺炎的特征。

(3~4题共用题干)
女性,75岁,既往有胰腺炎病史,影像学检查可见明显的胰导管扩张。大体见肿瘤位于胰头的主胰管,胰管扩张,乳头状生长;镜下乳头衬覆黏液柱状上皮细胞。

3. 该患者最可能的病理诊断为
A. 胰腺黏液性囊性肿瘤
B. 导管内乳头状黏液性肿瘤
C. 胰腺腺泡细胞癌
D. 胰腺实性-假乳头状瘤
E. 胰腺浆液性囊腺瘤
【答案】B

4. 根据该种类型肿瘤的上皮形态,分型为
A. 肠型、胃型、胰胆管型
B. 十二指肠型、胃型、胆管型
C. 胃型、胆管型、胰管型
D. 肠型、食管型、胰管型
E. 十二指肠型、胃型、胰胆管型
【答案】A
【解析】导管内乳头状黏液肿瘤的特征为导管内乳头状肿瘤,乳头衬覆黏液细胞,乳头可很小,也可形成较大的结节性肿块。此瘤常伴有导管内大量黏液积聚而导致导管的明显扩张。上皮可分为三型:肠型、胃型、胰胆管型。

(5~6题共用题干)
男性,68岁,体检发现胰腺占位。大体:肿物直径15cm,实性,界清,包膜完整。镜下:细胞排列密集,呈巢状或片状,细胞核位于基底,间质反应轻微;瘤细胞核呈圆形或卵圆形,异型性不大,核仁明显,核分裂象多少不等。

5. 该病例检查对诊断最特异且敏感的是
A. PAS染色　　　B. BCL10
C. AFP　　　　　D. 电镜
E. *KRAS*基因突变
【答案】B

6. 该患者病理诊断为
A. 胰腺导管腺癌
B. 导管内乳头状腺瘤
C. 胰腺腺泡细胞癌
D. 导管内乳头状癌
E. 破骨细胞样巨细胞未分化癌
【答案】C

【解析】腺泡细胞癌很少见,通常较大,实性,分界清楚,包膜完整。因无明显的间质反应,故常质地较软。细胞排列密集,呈巢状或片状,细胞核位于基底。易早期转移,最常见的转移部位为局部淋巴结和肝。淀粉酶消化后 PAS 染色阳性对确诊很有帮助。抗 BCL10 据称是腺泡细胞及其肿瘤特异且敏感的标志。

(7~9 题共用题干)

女性,28 岁,近年来感到腹部不适,胰腺影像学显示囊、实性占位性病变。大体:肿物位于胰尾部,肿物扁椭圆形,直径 10cm,包膜完整,呈囊实性,表面光滑,切面实性,暗红色,有出血、囊性变区。镜下:肿瘤细胞呈片状或假乳头状排列,可见核沟;实性区散在有泡沫细胞,并见多核异物巨细胞。

7. 该患者病理诊断为
   A. 胰腺细胞癌
   B. 导管内乳头状腺瘤
   C. 实性-假乳头状瘤
   D. 导管内乳头状癌
   E. 破骨细胞样巨细胞未分化癌
   【答案】C

8. 该病例免疫组化染色不可能出现的结果是
   A. vimentin 阳性
   B. α-抗胰蛋白酶阳性
   C. CD10 阳性
   D. α-抗糜蛋白酶阳性
   E. desmin 阳性
   【答案】E

9. 该病例可能出现的基因改变是
   A. KRAS   B. C-KITF
   C. β-catenin   D. TP53
   E. BRAF
   【答案】C
   【解析】见 A2 型第 23 题解析。

(10~12 题共用题干)

男性,55 岁,进行性阻塞性黄疸,其父亲死于胰腺癌。影像学提示有胰头占位。大体:肿物切面灰白灰黄,质地硬韧、界不清。镜下:可见大量神经侵犯和神经周淋巴管侵犯。

10. 该患者病理诊断为
    A. 胰腺导管腺癌
    B. 导管内乳头状腺瘤
    C. 胰腺腺泡细胞癌
    D. 导管内乳头状癌
    E. 破骨细胞样巨细胞未分化癌
    【答案】A

11. 该病例免疫组化染色不可能出现的结果是
    A. CK7 阳性   B. CA19-9 阳性
    C. MUC-1 阳性   D. CD117 阳性
    E. CK20 阳性
    【答案】D

12. 该病例可能出现的基因改变是
    A. KRAS   B. BRAF   C. EGFR
    D. RET   E. MLH1
    【答案】A
    【解析】胰腺导管腺癌主要由异型细胞形成不规则,有时是不完整的管状或腺样结构,伴有丰富的纤维间质。90% 的胰腺导管腺癌可见有神经周浸润。

(13~15 题共用题干)

女性,3 岁,体检发现胰腺占位,伴有 Becwith-Wiedemann 综合征。大体:肿物位于胰头,直径 10cm,质软,界清,包膜完整。镜下:肿瘤细胞密集,呈分叶状,有鳞状小体形成,肿瘤细胞呈多角形,细胞巢之间有丰富的间质带。

13. 该患者病理诊断为
    A. 胰腺导管腺癌
    B. 胰母细胞瘤
    C. 胰腺腺泡细胞癌
    D. 胰腺假囊肿
    E. 破骨细胞样巨细胞未分化癌
    【答案】B

14. 该病例免疫组化染色不可能出现的结果是
    A. CK8 阳性   B. AFP 阳性
    C. EMA 阳性   D. CK7 阳性
    E. CK19 阳性
    【答案】D

15. 该病例最可能出现的基因改变是
    A. KRAS   B. BRAF   C. p16
    D. TP53   E. APC
    【答案】E
    【解析】胰母细胞瘤在成人罕见,主要见于儿童。肿瘤呈分界清楚的肿块,质软,是一种发生于胰腺的上皮恶性肿瘤,以腺泡分化为主,可有不同程度的内分泌和导管分化,有鳞状小体形成。瘤细胞为较一致的多角形细胞,形成巢状、条索状、管状或腺泡状结构。其特征性的免疫组化表型为 CK8、CK18、CK19、EMA 阳性，而 CK7 阴性。*APC* 可出现基因突变。

（16~17 题共用题干）

女性，65 岁，因"体检超声发现胆囊息肉"来诊，术中见胆囊底部息肉样肿物，质软带蒂，切面灰红色。

16. 下列鉴别诊断中，可能性最小的是
   A. 胆囊腺瘤　　　　　B. 胆囊腺肌瘤
   C. 胆固醇性息肉　　　D. 胆囊癌
   E. 神经分泌肿瘤
   【答案】E

17. 若镜下发现该病变局部可见大量泡沫细胞，则该疾病诊断是
   A. 胆囊炎　　　　　　B. 胆囊癌
   C. 胆囊腺肌瘤　　　　D. 胆囊息肉
   E. 神经内分泌癌
   【答案】D

（18~19 题共用题干）

男性，50 岁，胆结石病史，右下腹肝区绞痛反复发作，行"胆囊摘除术"后病理活检显示：胆囊壁纤维增生，黏膜萎缩，有淋巴细胞和浆细胞浸润，胆囊黏膜上皮和腺体深入胆囊壁肌层。

18. 最可能的诊断是
   A. 胆囊息肉　　　　　B. 胆囊癌
   C. 慢性胆囊炎　　　　D. 胆囊腺肌症
   E. 急性胆囊炎
   【答案】C

19. 胆囊黏膜上皮和腺体深入胆囊壁肌层形成
   A. 腺性胆囊炎　　　　B. 腺肌瘤
   C. 腺肌瘤病　　　　　D. R-A 窦
   E. 黄色肉芽肿性胆囊炎
   【答案】D
   【解析】慢性胆囊炎为胆囊最常见的疾病，常与胆石同时存在。患者常有非特异的腹痛症状或右肋下疼痛。胆囊上皮可正常或萎缩或增生甚至化生。胆囊黏膜上皮或腺体常深深穿入胆囊壁肌层内形成 R-A 窦。

（20~21 题共用题干）

女性，45 岁，CT 显示于胆囊内见一 1.2cm 无蒂肿物，肿物成红褐至灰白色，呈乳头状。镜下见树枝状结缔组织核心被覆高柱状上皮细胞，基因检测显示有 *β-catenin* 的基因突变。

20. 最可能的诊断是
   A. 胆固醇息肉　　　　B. 胆囊腺瘤
   C. 胆囊癌　　　　　　D. 胆囊腺肌症
   E. 神经内分泌癌
   【答案】B

21. 该疾病最可能的生长方式不包括
   A. 管状　　　　　　　B. 乳头状
   C. 乳头管状　　　　　D. 实体状
   E. 肠型管状
   【答案】D
   【解析】胆囊腺瘤常有 *β-catenin* 的基因突变而胆囊癌则很少有。乳头状腺瘤的特征为树枝状结缔组织核心被覆着高柱状上皮细胞。根据其生长类型分为管状腺瘤、乳头状腺瘤及乳头管状腺瘤。

（22~23 题共用题干）

男性，75 岁，病理诊断混合型原发性肝癌，肿瘤具有肝细胞癌和胆管细胞癌两种成分。

22. 下列免疫组化组最支持诊断的是
   A. CK18、Heppar-1、CEA、CK19
   B. CK5/6、AFP、CK7、CK20
   C. CA19.9、AFP、CK5/6、Heppar-1
   D. AFP、CK19.9、CEA、Ki-67
   E. CK5/6、CK19.9、CEA、Ki-67
   【答案】A

23. 肝内胆管细胞癌和肝外胆管细胞癌最常见的基因突变是
   A. *p21*　　　　B. *KRAS*　　　　C. *DPC4*
   D. *TP53*　　　　E. *BRAF*
   【答案】B
   【解析】混合型原发性肝癌是指具有肝细胞肝癌和胆管细胞性肝癌两种成分的肝癌。肝细胞肝癌表达 CK8、CK18 和 Heppar-1，而胆管癌可用多克隆 CEA 或 CK19 染色证实。

（24~25 题共用题干）

女性，65 岁，胆囊结石病史，于胆囊底部见一息肉样肿块，胆囊壁增厚，息肉成浸润性生长。免疫组化 CK7(+) 及 CK20(+)，病理诊断胆囊癌。

24. 胆囊癌中以下基因不易突变的是
   A. *p16*　　　　B. *TP53*　　　　C. *KRAS*
   D. *β-catenin*　　　E. *FHIT*
   【答案】D

25. 胆囊癌和肝外胆管癌的共同特点是
    A. 多为腺癌
    B. 多为高分化鳞状细胞癌
    C. 多为低分化鳞状细胞癌
    D. 多为腺鳞癌
    E. 多为神经内分泌癌
    【答案】A

(26~27 题共用题干)

男性,40 岁,反复上腹疼痛 5 年余,常放射至后背,两肋部,平卧时加重,弯腰可减轻。查体:上腹部轻度压痛。X 线腹部平片见左上腹钙化。

26. 可能的诊断为
    A. 慢性肝炎　　　　　B. 慢性胰腺炎
    C. 慢性胆囊炎　　　　D. 慢性十二指肠炎
    E. 慢性肝炎
    【答案】B

27. 下列关于本病病理特征**不正确**的是
    A. 胰腺呈结节状弥漫性变硬、变细
    B. 腺泡呈不同程度的萎缩
    C. 间质弥漫性纤维组织增生和淋巴细胞、浆细胞浸润
    D. 胰腺组织中有大片坏死、坏死区周围有中性粒细胞浸润
    E. 大小导管均呈不同程度扩张
    【答案】D
    【解析】慢性胰腺炎多以反复发作的轻度炎症、胰腺泡组织逐渐由纤维组织所取代为特征。腺泡组织呈不同程度的萎缩,间质弥漫性纤维组织增生和淋巴细胞、浆细胞浸润。慢性胰腺炎的并发症为假囊肿和假动脉瘤形成。

(28~30 题共用题干)

男性,54 岁,乏力、消瘦 4 个月伴腹胀,无痛性黄疸半月。体重下降 15kg,便色略浅,有束带感。有烟酒史。查体:生命体征无特殊,营养欠佳,皮肤巩膜黄染。未及肝掌蜘蛛痣。无皮疹,全身浅表淋巴未及明显肿大,心肺(−)。腹软,未见胃肠型,无压痛及反跳痛,Courvoisier 征(+),肝略大,脾肋下未及。全腹叩鼓,移动性浊音(−)。双下肢无凹陷性水肿。肛诊:未及异常。辅助检查:血白细胞计数 $5.3×10^9/L$,血红蛋白 92g/L,肝功能提示:梗阻性黄疸,低白蛋白血症。电解质尚正常。超声提示胰头占位。

28. 可能的诊断为
    A. 急性胰腺炎　　　　B. 慢性胰腺炎
    C. 慢性胆囊炎　　　　D. 胰头癌
    E. 慢性肝炎
    【答案】D

29. 该病的诊断,最主要的症状是
    A. 上腹痛和上腹饱胀不适
    B. 黄疸
    C. 消瘦乏力
    D. 腹泻或便秘
    E. 消化道出血
    【答案】B

30. 胰腺疾病与胆道疾病相互关系的解剖基础是
    A. 胆总管与胰管有共同通道及出口
    B. 胆总管与胰腺紧贴,并位于其后方
    C. 胰腺炎肿大时常压迫胆总管
    D. 均属于肝门部器官
    E. 均受肝内胆汁分泌压的影响
    【答案】A

(31~32 题共用题干)

男性,60 岁,上腹不适,乏力,消瘦 1 年余,确诊为胰头癌后手术切除。

31. 最常见的胰腺癌病理类型是
    A. 基底细胞癌　　　　B. 导管腺癌
    C. 髓样癌　　　　　　D. 大细胞癌
    E. 未分化癌
    【答案】B

32. 胰腺癌的最好发部位是
    A. 胰腺头部　　　　　B. 胰腺尾部
    C. 全胰腺　　　　　　D. 异位胰腺
    E. 胰腺体部
    【答案】A
    【解析】在胰腺癌中胰头癌占 60%~70%,最常见的组织学类型为导管腺癌。

(33~34 题共用题干)

女性,45 岁,自觉低血糖间歇性发作 3 年有余,近期发作频率增加,伴有头痛,视物模糊、思维不连贯、健忘等症状。入院检查,低血糖发作时血糖水平为 2.6mmol/L,静脉推注葡萄糖后迅速缓解。进行胰腺动脉造影示"灯泡征"。

33. 初步诊断为
    A. 胰岛素瘤　　　　　B. 胰头癌

C. 慢性胰腺炎　　D. 胰腺囊肿

E. 急性胰腺炎

【答案】A

34. 以上诊断属于

A. 神经内分泌肿瘤　　B. 腺泡细胞瘤

C. 囊肿　　D. 瘤样病变

E. 导管癌

【答案】A

(35~36题共用题干)

男性,48岁,因"患肝硬化5年,近1年明显腹胀,尿少,食欲下降,下肢水肿"入院。查体:一般情况差,腹膨隆,可见腹壁静脉曲张,移动性浊音阳性。

35. 该患者还能出现的体征是

A. 振水音阳性

B. 剑突下可闻及静脉营营音

C. 肝浊音界消失

D. 肠鸣音亢进

E. 肝区触痛

【答案】B

36. 腹壁静脉曲张血流方向为

A. 脐上静脉血流向上,脐下静脉血流向下

B. 脐上静脉血流向下,脐下静脉血流向上

C. 脐上静脉血流向上,脐下静脉血流向上

D. 脐上静脉血流向下,脐下静脉血流向下

E. 以上都不对

【答案】A

(37~39题共用题干)

男性,51岁,有冠心病史,因"门静脉高压,上消化道急性大出血"入院。查体:巩膜黄染,有明显腹水。

37. 门静脉高压,急性上消化道出血紧急处理为

A. 三腔管压迫止血

B. 垂体后叶加压素

C. 脾、肾静脉分流术

D. 门腔静脉分流水

E. 胃底周围血管离断术

【答案】A

38. 应用上述方式止血应注意

A. 预防吸入性肺炎

B. 防止气囊滑出堵塞咽喉

C. 每隔12小时将气囊放空10~12分钟

D. 拔罐前应给患者口服液体石蜡

E. 以上都是

【答案】E

39. 如该患者需行分流术,分流指征为

A. 脾大,脾功能亢进而无食管静脉曲张

B. 无腹水,血清胆红素17μmol/L以下,胃底曲张静脉破裂大出血

C. 曾有大出血史,有腹水,但经治疗后腹水在短期内无消退

D. 有食管静脉曲张,但无出血史

E. 以上都是

【答案】B

【解析】对有黄疸、大量腹水、肝功能严重受损(Child C级)的患者发生大出血,应采用保守治疗,重点是输血、注射垂体后叶素、应用三腔管压迫止血等。

(40~42题共用题干)

男性,55岁,反复呕血半年,突然呕血1天入院。有肝炎病史8年,入院后经查确诊为食管静脉曲张破裂出血,虽经积极治疗非手术治疗,仍反复出血。查体:神志清,贫血貌,血压80/60mmHg,腹壁静脉曲张,腹软,移动浊音阴性,脾大肋下4cm。

40. 为下一步诊治需进行的最主要的检查

A. 选择性腹腔动脉造影

B. 血常规及出凝血时间和肝功能检查

C. 凝血酶原时间和肝功能检查

D. CT检查

E. MRI检查

【答案】B

41. 若为Child A级,应采取的首要治疗措施是

A. 限期手术

B. 急诊手术

C. 局部止血药的应用

D. 硬化剂注射疗法

E. 三腔管压迫止血

【答案】B

42. 该患者的手术方式可为

A. 脾切除术

B. 腹腔静脉转流术

C. 分流手术

D. 断流术

E. 脾切除 + 贲门周围血管离断术

【答案】E

【解析】对于没有黄疸、没有明显腹水的患者(Child A/B 级)发生大出血,应及时手术治疗。

(43~44 题共用题干)

男性,51 岁,厌食、消瘦 3 年余,近 3 天嗜睡。体检:消瘦、贫血貌,腹壁静脉曲张,脾脏中度肿大,腹水征阳性,双下肢轻度水肿,诊断为门静脉高压症。入院后检查:血红蛋白 21g/L,血胆红素 57mmol/L。

43. 按 Child 分级该患者肝功能应为

    A. A 级   B. B 级   C. C 级

    D. D1 级   E. D2 级

【答案】C

44. 若患者住院期间突发大量呕血,最有效的紧急治疗措施是

    A. 三腔管压迫止血

    B. 急诊胃镜下止血

    C. 经颈静脉肝内门体分流

    D. 急诊胃底周围血管离断术

    E. 静脉使用止血药

【答案】A

(45~46 题共用题干)

男性,46 岁。20 岁即开始经常饮酒,每次约 100~150g 白酒及多少不等的啤酒。体检时发现肝脏肿大,ALT 及 AST 水平均升高,肝穿刺组织学见肝细胞内有 Mallory 小体,肝细胞脂肪变性明显,可见灶状肝细胞坏死。

45. 该患者最可能患有的疾病是

    A. 酒精性肝病   B. 急性普通型肝炎

    C. 急性重型肝炎   D. 淤血性肝硬化

    E. 肝脓肿

【答案】A

46. 如果病因没有去除,肝脏病变继续发展可能会发展成

    A. 大结节型肝硬化

    B. 小结节性肝硬化

    C. 大小结节混合型肝硬化

    D. 不全分割型肝硬化

    E. 巨块型肝癌

【答案】B

(47~48 题共用题干)

女性,20 岁,3 天来高热、黄疸、嗜睡。查体:皮肤、巩膜黄染,肝肋下未触及,肝区叩击痛。入院 1 周后,因胃肠道大出血进而昏迷死亡。

47. 该患者的诊断可能为

    A. 门静脉性肝硬化

    B. 胆汁性肝硬化

    C. 坏死后性肝硬化

    D. 急性重型肝炎

    E. 亚急性重型肝炎

【答案】D

48. 此时尸检,肝脏**不会**出现的病变是

    A. 肝脏广泛变性坏死,甚至全小叶坏死

    B. 肝脏内多量单核巨噬细胞及淋巴细胞浸润

    C. 肝窦明显扩张充血及出血

    D. 残存的肝细胞再生明显

    E. 肉眼呈黄红色,质软

【答案】D

【解析】急性重型肝炎死亡率较高,疾病进程快,肝细胞无明显再生。

(49~50 题共用题干)

男性,62 岁,因"反复右上腹疼痛,常伴皮肤黄染 20 余年,加剧 1 个月"入院。患者自 1982 年起反复右上腹痛,伴皮肤发黄,食欲下降,乏力等表现,多年服用中药,时好时发。近 1 个月来症状加重并出现腹胀感。辅助检查,黄疸指数 26mmol/L(正常 <6mmol/L),HbAg(+); 超声:肝脏弥漫小结节,个别结节大小约 6cm×6cm,脾大,腹水中等量。

49. 该患者肝脏可能出现的病理表现

    A. 肝体积缩小,表面及切面数个结节,假小叶形成

    B. 肝体积增大,表面光滑,切面灰黄质韧

    C. 肝组织内可见炎细胞浸润,主要以中性粒细胞和浆细胞为主

    D. 肝体积增大,肝组织淤血

    E. 肝细胞坏死,主要以脂肪坏死为主

【答案】A

50. 该患者入院两周后,突发呕血,最可能的原因是

    A. 肝硬化引发凝血功能异常,导致黏膜出血

B. 肝硬化导致门静脉高压,食管-胃底静脉曲张破裂出血

C. 肝硬化进展为肝癌,肝肿瘤破裂出血

D. 肝硬化引发应激性溃疡,引发出血

E. 门静脉高压导致脾大,引发消化道出血

【答案】B

(51~52 题共用题干)

男性,60 岁。肝炎病史多年,近一段时间出现食欲缺乏、呕血及腹水,且可见腹壁静脉明显扩张。胃镜显示:食管-胃底静脉曲张。

51. 其症状形成的原因是

A. 慢性萎缩性胃炎　　B. 急性胃炎

C. 慢性胃溃疡　　D. 溃疡性结肠炎

E. 门静脉高压

【答案】E

52. 对该患者进行穿刺检查发现,肝小叶被破坏,肝细胞片状坏死、崩解及炎细胞浸润,肝小叶中央静脉之间的肝细胞出现明显坏死。该患者患有

A. 急性普通型肝炎　　B. 轻度慢性肝炎

C. 重度慢性肝炎　　D. 急性重型肝炎

E. 亚急性重型肝炎

【答案】C

(53~54 题共用题干)

女性,60 岁,慢性活动性肝炎病史 10 年。近 3 年相继出现双下肢水肿、腹胀、黑便及呕血。查体:巩膜黄染,颜面部有蜘蛛痣。肝穿刺活检提示肝细胞肝癌。

53. 若该患者出现远处转移,则最早的转移方式是

A. 门静脉转移　　B. 肝静脉转移

C. 脾静脉转移　　D. 种植性转移

E. 淋巴道转移

【答案】A

54. 血清学指标中对肝细胞肝癌患者诊断最有意义的是

A. 碱性磷酸酶　　B. γ-谷氨酰转肽酶

C. 甲胎蛋白　　D. 癌胚抗原

E. 酸性磷酸酶

【答案】C

【解析】原发性肝癌最早、最常见的转移方式是通过门静脉的肝内转移。在高发区,75% 以上肝细胞肝癌患者甲胎蛋白阳性,通常要比正常含量高出 100 倍以上。

(55~56 题共用题干)

女性,45 岁,最近出现食欲不振,脸色蜡黄,皮肤瘙痒,伴眼睛和口腔干燥。血液抗线粒体抗体阳性。超声提示肝硬化可能性大。

55. 该患者最可能患有的疾病是

A. 淤血性肝硬化

B. 硬化性胆管炎

C. IgG4 相关性疾病(IgG4-RD)

D. 原发性胆汁性肝硬化(原发性胆汁性胆管炎)

E. 肝癌

【答案】D

56. 患者处于该疾病的病程第三期,以下属于第三期特点的是

A. 胆管周围洋葱皮样纤维化

B. 小叶间胆管数目明显减少甚至缺失,而胆小管明显增生

C. 桥接坏死或有纤维间隔形成

D. 轮状或旋涡状纤维化

E. 肝细胞羽毛状变性

【答案】C

(57~58 题共用题干)

女性,24 岁,口服避孕药 4 年。超声提示肝脏占位,并行肿物切除,肿物大体实性、质软、黄褐色。

57. 该患者最可能患有的疾病是

A. 细胞局灶结节状增生

B. 肝细胞结节状再生性增生

C. 早期肝细胞性癌

D. Wilson 病

E. 肝细胞腺瘤

【答案】E

58. 该患者的母亲和姐姐也有相同的疾病。患者最后可能携带的基因异常为

A. HNF1a 失活　　B. BRAC 突变

C. TP53 突变　　D. c-myc 基因扩增

E. ATP7B 突变

【答案】A

【解析】肝细胞腺瘤常见于 20~40 岁的女性,可能与使用口服避孕药有一定关系,70% 肝细胞腺瘤为单发,肿瘤由分化好的肝细胞构成,细胞大小、形态一致,胞质透明,无核分裂。可见出血、梗死、纤维化和肝紫癜样病

变。肿瘤内没有汇管区和中央静脉。75% 的病例 ER、PR 阳性。家族性病例为肝细胞核因子 1a(*HNF1a*)基因的生殖细胞突变所致。

(59~60 题共用题干)

男性,63 岁,自述全身无力、腹痛、消瘦、黄疸。既往感染过华支睾吸虫。血 AFP 未见升高。超声提示肝脏占位,行肿物切除,肿物大体灰白、质韧。

59. 该患者最可能患有的疾病是

    A. 肝细胞腺瘤

    B. 肝内胆管癌

    C. 混合型原发性肝癌

    D. 肝母细胞瘤

    E. 肝转移性肿瘤

【答案】B

60. 该疾病与肝细胞肝癌鉴别最有意义的免疫组化标志物是

    A. CK18　　　　　B. CK8

    C. glypican-3　　　D. β-catenin

    E. Claudin-4

【答案】E

(石素胜　李增山)

第八章　腹腔、网膜及肠系膜疾病

【A1 型题】

1. **不符合**腹膜腺瘤样瘤特点的是
   - A. 此瘤为良性肿瘤
   - B. 肉眼边界清楚,但无包膜
   - C. 其超微结构特征属第二苗勒上皮来源
   - D. 镜下见由许多小而不规则假腺管样腔隙组成
   - E. 免疫组化表型表达间皮细胞表型

   【答案】C

   【解析】腹膜腺瘤样瘤超微结构特征属间皮来源。

2. 腹膜交界性浆液性肿瘤的特点应**除外**
   - A. 组织学形态类似卵巢交界性浆液性囊腺瘤伴腹膜的种植
   - B. 与卵巢交界性浆液性囊腺瘤伴腹膜种植的唯一区别是卵巢实质内没有肿瘤
   - C. 瘤细胞呈现明显的异型性,核分裂象易见
   - D. 镜下常可见到砂粒体
   - E. 受累腹膜常呈细颗粒状、小结节状

   【答案】C

   【解析】腹膜交界性浆液性肿瘤由上皮性和纤维增生性病变组成,两种病变的上皮细胞核有轻-中度不典型性(异型性),无核分裂或核分裂极少(<1 个/10HPF)

3. 下列**不是**恶性间皮瘤免疫组化特征的是
   - A. WT-1
   - B. calretinin
   - C. CK5/6
   - D. D2-40
   - E. CEA

   ·【答案】E

   【解析】恶性间皮瘤常表达 WT-1、calretinin、CK5/6、D2-40,CEA 为阴性。

4. 关于腹膜促结缔组织增生性小圆细胞肿瘤,下列**错误**的是
   - A. 肿瘤为低度进展性肿瘤,预后较好
   - B. 好发于青年男性
   - C. 检测融合基因 *EWS/WT1* 可以明确诊断
   - D. 具有 t(11;22)(p13;q12)染色体易位
   - E. 肿瘤细胞呈小圆形,间质为致密纤维结缔组织

   【答案】A

   【解析】腹膜促结缔组织增生性小圆细胞肿瘤多见于青春期男性,为高度恶性肿瘤,可伴腹水。

5. 关于腹膜假黏液瘤,下面**错误**的是
   - A. 表现为腹腔内含有大量的黏液物质的肿瘤种植的一种形式
   - B. 黏液中找到明确的腺上皮细胞才能诊断腹膜假黏液瘤
   - C. 原发病变可以是胰腺的交界性黏液性肿瘤
   - D. 免疫组化特征性的表达 MUC2
   - E. 阑尾不是腹膜假黏液瘤最常见的原发部位

   【答案】E

   【解析】腹膜假黏液瘤常由于卵巢黏液性囊腺瘤破裂、腹膜种植引起,或由阑尾及胰腺囊肿破裂引起。

6. 关于脂肪肉瘤,下列**错误**的是
   - A. 是腹膜后最常见的肿瘤
   - B. 最常见的组织学类型是高分化脂肪肉瘤
   - C. 完整的手术切除,加上术后放射治疗是治愈肿瘤的最好办法
   - D. 发生在腹膜后的脂肪肉瘤预后比发生在肢体的脂肪肉瘤差
   - E. 容易发生于肾周部位

   【答案】E

7. 关于神经母细胞瘤,下列**错误**的是
   - A. 好发于婴幼儿

B. 未分化型内可见神经纤维网

C. NSE 弥漫阳性,CD99 阴性

D. 低分化型可见 Homer-Wright 菊形团

E. 未分化型弥漫表达 cyclinD1

【答案】B

【解析】神经母细胞瘤差分化型和分化型内可见神经纤维网,未分化型无神经纤维网。

8. 下列成人腹膜后生殖细胞肿瘤**错误**的是

A. 可以是原发的,也可以由性腺肿瘤转移而来

B. 组织形态学与发生在性腺的病变类似

C. SALL4 是生殖细胞肿瘤较好的免疫组化标记

D. 多见于男性

E. 腹膜后原发与转移性生殖细胞肿瘤大体形态上类似

【答案】E

9. 关于腹膜第二苗勒系统疾病的特征,**错误**的是

A. 显微镜下具有副中肾管分化

B. 起源于女性盆腔和下腹部的间皮及其下方的间叶组织

C. 病变包括形态学类似于正常或肿瘤性的子宫内膜、输卵管和宫颈上皮

D. 不包括向尿路上皮分化,如 Walthard 细胞巢

E. 包括子宫内膜间质细胞、蜕膜或平滑肌组成的间叶性病变

【答案】D

10. 下列有关特发性腹膜后纤维化的叙述,**错误**的是

A. 原因不明,部分属于 IgG4 相关性疾病

B. 腹膜后出现灰白色纤维性包块,境界清楚,但无包膜

C. 早期可见脂肪坏死、血管壁纤维素样坏死

D. 可并发身体其他部位纤维化

E. 病变早期表现为特异性炎症

【答案】E

【解析】特发性腹膜后纤维化是原因不清楚的腹膜后瘤样纤维组织增生,无特异性炎症。

11. 下列**不是**腹膜后髓脂肪瘤病理改变的是

A. 大体检查呈黄红棕色

B. 光镜检查可见在成熟性脂肪组织中,见

散在的灶性造血组织

C. 光镜下见浸润性生长

D. 在诊断腹膜后髓脂肪瘤时,应除外来自肾上腺的可能性

E. 造血组织的形态与骨髓组织相似

【答案】C

【解析】腹膜后髓脂肪瘤肿块境界清楚,非浸润性生长。

12. 下列**不是**腹膜后纤维瘤病特点的是

A. 可伴有家族性腺瘤样息肉病或 Gardner 综合征

B. 属于中间性肿瘤

C. 影像检查显示为浸润性生长

D. 增生的纤维母细胞及肌纤维母细胞具有明显的异型性

E. 术后辅以放射治疗,可提高治愈率

【答案】D

【解析】腹膜后纤维瘤病细胞单一,无异型性,核分裂少,无病理性核分裂。

13. 腹膜后纤维瘤病的具有诊断价值的免疫组化是

A. SMA 阳性

B. β-catenin 核阳性

C. CD34 阳性

D. β-catenin 胞质阳性

E. STAT6 阳性

【答案】B

14. 胃肠道外间质瘤的基因突变常发生于

A. *c-kit* 基因第 11 号外显子或第 9 号外显子

B. *c-kit* 基因第 13 号外显子

C. *c-kit* 基因第 17 号外显子

D. *PDGFRA* 基因第 11 号外显子

E. *PDGFRA* 基因第 18 号外显子

【答案】A

15. 下列**不是**腹膜包涵囊肿病理变化的是

A. 常发生在年轻成年女性

B. 组织学见大小不一、形状不规则的囊腔

C. 被覆的间皮细胞异型性显著

D. 囊腔内分泌物奥辛蓝染色阳性

E. 囊腔内分泌物 PAS 染色阴性

【答案】C

【解析】间皮细胞无异型性。

16. 下列**不是**高分化乳头状间皮瘤病理变化的是

A. 是良性间皮肿瘤

B. 呈侵袭性生长

C. 瘤细胞表达 calretinin、CK5/6、D2-40

D. 组织学以乳头状结构为特征

E. 表达 BAP1 及 L1CAM

【答案】B

【解析】高分化乳头状瘤间皮细胞形态一致,无明显异型性,非侵袭性生长。

17. 下列**不是**腹膜结核时,间皮细胞改变的是

A. 以渗出性病变为主,间皮细胞被破坏或被纤维蛋白覆盖,早期出现免疫应答反应,导致大量的淋巴细胞出现在积液中

B. 核仁增大,不超过 $3\mu m$

C. 核数量可以增多,不超过 4 个,排列不拥挤

D. 间皮细胞反应性增生时,核可以增大,但是核浆比一般不倒置

E. 核深染,核膜不光滑,可见病理性核分裂

【答案】E

18. 下列**不是**节细胞神经瘤病理变化的是

A. 是一种由相对成熟的节细胞及神经纤维组成的良性肿瘤

B. 肿物周界清晰

C. 可见少量散在的规则或不规则分布的分化性神经母细胞

D. 节细胞完全成熟

E. 少数患者可有腹泻、高血压等症状

【答案】D

【解析】节细胞神经瘤分为正在成熟型和成熟型两种,正在成熟型肿瘤内可见到完全成熟的节细胞,成熟型由不规则纵横交错的施万细胞束和节细胞组成,节细胞常呈小簇状或小巢状分布,或单个孤立性的分布于神经纤维之间,节细胞并不完全成熟,缺乏卫星细胞和尼氏小体。

19. 下列**不是**节细胞神经母细胞瘤病理变化的是

A. 是一种局部区域瘤细胞向节细胞分化的神经母细胞瘤

B. 结节型的定义是镜下见神经母细胞成分与节细胞神经瘤成分之间有清晰的分界线

C. 混杂型的定义是节细胞分化 <50%,神经母细胞不规则地分布于节细胞神经瘤性间质内

D. 预后主要取决于肿瘤的分化程度

E. 可发生远处转移

【答案】C

【解析】混杂型节细胞神经母细胞瘤其节细胞 >50%,由分化的神经母细胞和成熟的节细胞组成,呈灶状或小巢状不规则地分布于节细胞神经瘤性间质。

20. 下列胃肠道外间质瘤进行基因突变分析的情况**错误**的是

A. 分为复发性、转移性和耐药性的 GIST

B. 原发可切除的 GIST,生物学行为呈中-高度危险性,考虑伊马替尼辅助治疗的病例

C. 需要用基因突变检测确定或排除 GIST 诊断的病例

D. 鉴别儿童的、家族性和 NF1 相关的 GIST

E. 鉴别同时性和异时性多原发 GIST 时不需要进行基因突变分析

【答案】E

【解析】中国胃肠道间质瘤诊断治疗专家委员会推荐存在以下情况时,应该进行分子检测:①对疑难病例应进行 c-kit 或 PDGFRA 突变分析,以明确胃肠道间质瘤(gastrointestinal stromal tumor,GIST)的诊断;②术前拟用分子靶向治疗;③所有初次诊断的复发和转移性 GIST,拟行分子靶向治疗;④原发可切除 GIST 手术后,中-高度复发风险,拟行分子靶向治疗;⑤鉴别野生型 GIST;⑥鉴别同时性和异时性多原发 GIST;⑦继发性耐药需要重新检测。

21. 下列**不是**诊断胃肠道外间质瘤免疫组化的是

A. CD117

B. DOG1

C. CD34

D. SDHB 和/或 SDHA

E. SMA

【答案】E

【解析】SMA 常表达于平滑肌细胞,肌上皮细胞,常用于平滑肌肉瘤和 GIST 的鉴别。

22. 下列**不是**胃肠道外间质瘤诊断思路的是

A. CD117 和 DOG1 均弥漫阳性的病例,可以作出 GIST 的诊断

B. 形态上呈上皮样,但 CD117 阴性、DOG1 阳性的病例,应行分子检测

C. CD117 阳性、DOG1 阴性的病例,首先需要排除其他 CD117 阳性的肿瘤

D. 分子检测显示无 c-kit 或 PDGFRA 基因突变的病例,不能诊断 GIST

E. 考虑野生型 GIST 的可能性时,应加行 SDHB 的标记

【答案】D

【解析】组织学形态和免疫组化标记均符合 GIST 但分子检测显示无 c-kit 或 PDGFRA 基因突变的病例,需考虑是否有野生型 GIST 的可能性,应加做 SDHB 标记,表达缺失者要考虑 SDHB 缺陷型 GIST,表达无缺失者要考虑其他野生型 GIST 的可能性,有条件者加做相应免疫组织化学(如 BRAF)和分子检测。

【A2 型题】

1. 男性,30 岁,腹痛及便秘近 1 月余,消瘦明显。腹膜肿物镜下见巢状排列的小圆细胞埋于纤维结缔组织中,免疫组化结果显示 AE1/AE3、desmin、vimentin、CD99、NSE 均呈阳性,CK20、CK5/6 及 calretinin 均呈阴性,RT-PCR 检测发现融合基因 EWS/WT1。可能的诊断为

    A. Merkel 细胞癌

    B. 促结缔组织增生性小圆细胞肿瘤

    C. 恶性间皮瘤

    D. 腺泡状横纹肌肉瘤

    E. Wilms 瘤

【答案】B

【解析】促结缔组织增生性小圆细胞肿瘤好发于青年男性,多数患者有大的腹部和盆腔包块,常有便秘。组织学形态上肿瘤细胞小,圆形或卵圆形,其间为致密纤维结缔组织,界限清楚,免疫组化 AE1/AE3、desmin、EMA、vimentin、NSE、CD99 常呈阳性,CK20、CK5/6 呈阴性,且其具有特征性的细胞遗传学异常,有 t(11;22)(p13;q12)染色体易位和融合基因 EWS/WT1。根据病史及免疫组化结果,此题符合诊断的为 B。

2. 女性,42 岁,卵巢子宫内膜异位症术中见盆腔腹膜多发小结节。镜下见具轻度异型性的细胞呈实性及乳头状排列,细胞团中可见小腔隙将细胞分隔开,核分裂象约为 1 个/10HPF。免疫组化特征为 CK7、calretinin、CK5/6、desmin 及 D2-40 阳性,CEA 阴性,P53 野生型。可能的诊断为

    A. 间皮细胞增生

    B. 恶性间皮瘤

    C. 腹膜交界性浆液性肿瘤

    D. 种植性浆液性肿瘤

    E. 转移性高分化乳头状癌

【答案】A

【解析】间皮细胞增生形态为乳头状排列,细胞大小较一致,细胞核无明显异型性。

3. 男性,42 岁,体检超声提示腹膜后占位,查体左侧阴囊空虚。肿瘤细胞胞质淡染,细胞膜清晰,细胞核异型性显著,间质见淋巴细胞浸润。肿瘤细胞免疫组化 SALL4、OCT3/4、CD117 阳性;CD30、AE1/AE3、SOX2、PSA 阴性。可能的诊断为

    A. 淋巴瘤   B. 胚胎性癌

    C. 卵黄囊瘤   D. 精原细胞瘤

    E. 转移性前列腺癌

【答案】D

【解析】根据病史及免疫组化结果,符合精原细胞瘤。

4. 女性,38 岁,主诉下腹部疼痛一月余。腹腔镜探查见腹膜及双侧卵巢表面见多发囊性结节。送检碎组织灰红色质软,部分区域呈囊泡样,部分呈囊壁样。镜检见囊壁内见上皮样细胞,胞质较丰富,嗜酸性,可见上皮样细胞浸润于纤维间隔内。肿瘤细胞免疫组化 CK7、calretinin、CK5/6、MC、P16、WT1 及 D2-40 呈阳性表达;ER、PR、PAX8、CDX-2、desmin 及 CK20 呈阴性,Ki-67 指数约 10%。可能的诊断为

    A. 卵巢低级别浆液性癌伴腹膜种植

    B. 反应性间皮增生

    C. 卵巢透明细胞癌伴腹膜转移

    D. 消化系统肿瘤种植性转移

    E. 腹膜上皮样恶性间皮瘤伴累及卵巢

【答案】E

【解析】上皮样间皮瘤呈乳头状、上皮样、腺样,免疫组化 calretinin、CK5/6、EMA 阳性。

5. 男性,1 岁,腹膜后巨大分叶状肿物充满腹腔并累及胰腺,质地细腻,鱼肉状,见出血、坏死。瘤细胞小而一致,胞质稀少,染色质细腻,核分裂活跃,另见嗜酸性胞质丰富,核偏位伴有空泡状染色质以及明显的核仁的细胞约为 2%。免疫组化 NSE、Syn、CgA、CD56、cyclinD1 呈阳性,S-100、MyoD1、CD99、LCA、CK5/6、desmin 均为阴性。可能的诊断为

    A. 胚胎性横纹肌肉瘤

    B. 淋巴母细胞性淋巴瘤

    C. 未分化型神经母细胞瘤

    D. 促结缔组织增生性小圆细胞肿瘤

    E. 分化型神经母细胞瘤

【答案】C

6. 女性,46岁,双侧卵巢表面及腹膜见多结节状黏液性肿瘤。镜下见大量的黏液池,高柱状黏液性肿瘤细胞轻度异型,黏液池中的黏液不伴有组织细胞反应。免疫组化:CDX2、CK20 及 SATB2 均弥漫阳性表达,CK7 阴性。腹膜肿瘤可能的诊断为
   A. 阑尾来源的低级别黏液性肿瘤
   B. 卵巢交界性黏液性肿瘤伴腹膜种植
   C. 卵巢畸胎瘤基础上发生的黏液性肿瘤
   D. 转移性结肠癌
   E. Krukenberg 瘤
   【答案】A

7. 男性,56岁,腹痛1年余。腹膜后肿物直径14cm,见包膜,切面部分区域质软脂肪样,部分区域质实灰白色。镜下质软区域见脂肪细胞大小不一,细胞核具异型性,质实区域肿瘤细胞呈具异型性的梭形细胞呈席纹状排列,二者之间界清。免疫组化:CK、SMA 均呈阴性,S-100、MDM2、CDK-4 阳性。可能的诊断是
   A. 平滑肌肉瘤　　　B. 去分化脂肪肉瘤
   C. 脂肪母细胞瘤　　D. 高分化脂肪肉瘤
   E. 纤维脂肪瘤
   【答案】B
   【解析】去分化脂肪肉瘤镜下可见脂肪细胞大小不一,细胞核具有异型性,实质区域具异型性的梭形肿瘤细胞呈席纹状排列,根据病史及免疫组化结果,符合去分化脂肪肉瘤。

8. 男性,31岁,腹膜后肿物,体检发现腹膜后占位。送检肿瘤灰红色,经甲醛固定后呈棕黑色,呈卵圆形的细胞排列成巢团状,由富含薄壁血窦分割。卵圆形的细胞免疫组化标记CgA、Syn 及 CD56 均呈阳性,AE1/AE3 呈阴性。可能的诊断是
   A. 肾细胞癌　　　　B. 副神经节瘤
   C. 肾上腺皮质肿瘤　D. 腺泡状肉瘤
   E. 上皮样 GIST
   【答案】B
   【解析】副神经节瘤形态类似肾上腺嗜铬细胞瘤,瘤细胞排成实性团,索状,间质富含血窦,免疫组化 CgA、Syn 阳性。

【A3/A4 型题】

(1~3 题共用题干)

女性,46岁,下腹痛、腹泻1年余。术中于大网膜下部见长径约为7cm的不规则扁平肿块,其余腹膜见散在多个小结节,直径0.3~1.0cm,质硬。子宫及双侧卵巢及输卵管正常,消化道检查未见肿瘤。镜下见腺管样、乳头状结构,部分被覆嗜酸性胞质丰富的上皮样细胞的腺管样腔隙。部分区域细胞异型性显著,实性片状排列,浸润纤维间质内。免疫组化:CK7、calretinin、CK5/6、MC、P16、WT1 及 D2-40 呈阳性;ER、PR、PAX8、CDX-2、desmin 及 CK20 呈阴性。

1. 病理诊断为
   A. 腹膜恶性间皮瘤
   B. 腹膜间皮细胞增生
   C. 胃腺癌腹膜种植转移
   D. 卵巢高级别浆液性癌伴腹膜种植
   E. 腹膜交界性浆液性肿瘤
   【答案】A

2. 该肿瘤的组织学类型为
   A. 上皮样型
   B. 肉瘤样型
   C. 混合型
   D. 高分化腺癌
   E. 交界性浆液性肿瘤
   【答案】A

3. 需要鉴别的诊断是
   A. 间皮增生　　　　B. 高分化腺癌
   C. 浆液性癌　　　　D. 乳头状癌
   E. 腺瘤样瘤
   【答案】C
   【解析】根据病史及镜下表现,符合腹膜恶性间皮瘤。该病例镜下见腺管样、乳头状结构,部分被覆嗜酸性胞质丰富的上皮样细胞的腺管样腔隙,符合上皮性间皮瘤组织学形态,与浆液性癌形态类似,应行免疫组化进一步鉴别诊断。

(4~6 题共用题干)

男性,29岁,阵发性高血压,发作时伴出汗、眩晕。切除肿物后,血压正常。送检肿物灰红色,经甲醛固定后呈棕黑色。

4. 可能的病理诊断是
   A. 肾细胞癌
   B. 副神经节瘤
   C. 肾上腺皮质肿瘤
   D. 腺泡状肉瘤
   E. 上皮样 GIST

【答案】B

5. 与肾上腺皮质肿瘤有鉴别意义的免疫组化是
   A. CgA、S-100
   B. Syn、CD56
   C. AE1/AE3、HMB45
   D. VIM、TTF1
   E. CD117、TFE3
   【答案】A

6. 关于副神经节瘤**错误**的是
   A. ICD-O 编码都是 3
   B. 腹腔内肾上腺外副神经节瘤转移的概率较高

C. 所有的副神经节瘤都有发生转移的恶性潜能

D. 应对所有的副神经节瘤患者长期随诊

E. 副神经节瘤患者都有阵发性高血压的症状

【答案】E

【解析】根据病史,青年患者,阵发性高血压,切除肿物后血压恢复正常,且肿瘤形态类似于嗜铬细胞瘤,考虑副神经节瘤,免疫组化 CgA 阳性。副神经节瘤可引起原发性高血压症状,但不是所有患者都有阵发性高血压的症状。

(张俊毅　刘月平)

第九章 内分泌系统疾病

【A1 型题】

1. 新生儿或幼儿时期甲状腺功能减退,表现为
   A. 黏液水肿
   B. 弥漫性增生性甲状腺肿
   C. 弥漫性胶样甲状腺肿
   D. 克汀病
   E. 佝偻病
   【答案】D

2. 不符合慢性淋巴细胞性甲状腺炎的描述是
   A. 又称桥本甲状腺炎
   B. 为自身免疫性疾病
   C. 引起甲状腺肿大
   D. 大量淋巴细胞浸润
   E. 甲状腺功能亢进
   【答案】E
   【解析】慢性淋巴细胞性甲状腺炎引起甲状腺功能减退。

3. 由滤泡旁细胞发生的甲状腺癌是
   A. 乳头状癌
   B. 髓样癌
   C. 滤泡状癌
   D. 小细胞型未分化癌
   E. 巨细胞型未分化癌
   【答案】B

4. 在甲状腺癌中,发病最多、恶性度最低、5 年生存率最高的类型是
   A. 滤泡状癌   B. 乳头状癌
   C. 髓样癌   D. 未分化癌
   E. 嗜酸细胞癌
   【答案】B

5. 垂体发生的肿瘤中最常见的是
   A. 催乳素细胞腺瘤
   B. 生长激素细胞腺瘤
   C. 促肾上腺皮质激素腺瘤
   D. 促性腺激素腺瘤
   E. 促甲状腺素腺瘤
   【答案】A

6. 亚急性甲状腺炎的主要病理变化为
   A. 玻璃样变纤维增生,呈浸润性生长
   B. 大量淋巴细胞浸润伴滤泡萎缩
   C. 滤泡破坏,形成有巨细胞的肉芽肿
   D. 多发性脓肿形成
   E. 以上都不是
   【答案】C

7. 不属于甲状腺腺瘤的描述是
   A. 多为单发   B. 包膜不完整
   C. 可发生囊性变   D. 可发生纤维化
   E. 可发生钙化
   【答案】B
   【解析】甲状腺腺瘤有完整的包膜。

8. 甲状腺胎儿性腺瘤的特点是
   A. 瘤细胞小,排列为条索状
   B. 由小滤泡构成
   C. 由较正常的滤泡构成
   D. 由嗜酸性细胞构成
   E. 囊壁被覆单层细胞,并由乳头构成
   【答案】B
   【解析】甲状腺胎儿性腺瘤的特征是微滤泡/梁状结构伴水肿间质,特别是在肿瘤的中央部位。

9. 慢性纤维性甲状腺炎的病变特点是
   A. 玻璃样变纤维增生,呈浸润性生长
   B. 大量淋巴细胞浸润伴滤泡萎缩
   C. 滤泡破坏,形成有巨细胞的肉芽肿
   D. 多发性脓肿形成

E. 以上都不是

【答案】A

10. 甲状腺胚胎性腺瘤的特点是
   A. 瘤细胞小,排列为条索状
   B. 由小滤泡构成
   C. 由较正常的滤泡构成
   D. 由嗜酸性细胞构成
   E. 囊壁被覆单层细胞,并由乳头构成

【答案】A

11. 克汀病甲状腺病变特点是
   A. 滤泡显著扩大,类胶质潴留
   B. 滤泡上皮增生与复旧混杂,多数结节形成
   C. 滤泡萎缩或缺如
   D. 多级乳头形成
   E. 肉芽肿形成

【答案】C

12. **不符合**亚急性甲状腺炎的是
   A. 女性多于男性
   B. 与病毒感染有关
   C. 易转变为慢性甲状腺炎
   D. 形成有巨细胞的肉芽肿
   E. 引起甲状腺肿大

【答案】C

【解析】本病有自限性,常在数周至数月自然消退,愈合期特点为滤泡上皮再生和间质纤维化,不易转变为慢性甲状腺炎。

13. Graves 病的临床表现**不包括**
   A. 男性多见
   B. 甲状腺肿大
   C. 代谢率增高
   D. 心悸、多食、多汗、消瘦、易激动
   E. 可伴有眼球突出

【答案】A

【解析】Graves 病男女比例为 1：5,女性更多见。

14. 糖尿病患者视网膜病变**不包括**
   A. 视网膜水肿
   B. 视网膜微小动脉瘤
   C. 视网膜纤维组织增生
   D. 毛细血管基底膜增厚
   E. 视网膜剥离

【答案】E

15. 对于肾上腺皮质腺瘤,下列说法正确的是
   A. 是肾上腺皮质细胞发生的一种恶性肿瘤
   B. 包膜多不完整

C. 主要由富含脂质的透明细胞构成
   D. 常为双侧多发
   E. 大多数皮质腺瘤为功能性

【答案】C

【解析】肾上腺皮质腺瘤是良性的上皮性肿瘤,常为界限清楚的肾上腺内肿瘤,多有完整包膜,常为单侧发生,多为无功能腺瘤。

16. Graves 病中,引起甲状腺素分泌过高的抗体是
   A. 甲状腺生长免疫球蛋白
   B. 甲状腺生长抑制免疫球蛋白
   C. 甲状腺刺激免疫球蛋白和甲状腺生长刺激免疫球蛋白
   D. 抗甲状腺线粒体抗体
   E. 抗核抗体

【答案】C

17. 下列对判断甲状腺结节属恶性肿瘤最具说服力的是
   A. 甲状腺肿块并明显压痛
   B. 甲状腺功能减退
   C. 甲状腺内质硬结节伴颈部淋巴结肿大
   D. 甲状腺弥漫性肿大并功能亢进
   E. 甲状腺境界清楚结节,质软无压痛

【答案】C

18. **不属于** APUD 瘤的是
   A. 甲状腺未分化癌   B. 嗜铬细胞瘤
   C. 胃泌素瘤   D. 胰岛细胞瘤
   E. 甲状旁腺腺瘤

【答案】A

19. 可以恶变为 B 细胞淋巴瘤的甲状腺炎是
   A. 亚急性甲状腺炎
   B. 桥本甲状腺炎
   C. 纤维性甲状腺炎
   D. 急性甲状腺炎
   E. 非特异性淋巴细胞性甲状腺炎

【答案】B

20. 内分泌系统良恶性肿瘤的区别主要依赖于
   A. 细胞异型性   B. 组织异型性
   C. 生物学行为   D. 瘤细胞分化程度
   E. 病理核分裂象

【答案】C

21. 垂体腺癌最重要的诊断依据是
   A. 无包膜
   B. 肿瘤较小

C. 明显侵犯周围脑组织并发生转移者

D. 无分泌激素功能

E. 瘤细胞异型性明显

【答案】C

22. 下列**不是**垂体腺瘤表现的是

    A. 库欣综合征   B. 性功能亢进

    C. 肢端肥大症   D. 甲状腺功能减退

    E. 头痛视力下降

【答案】B

23. 关于非毒性甲状腺肿的叙述,下列**错误**的是

    A. 常呈一定的地区性分布

    B. 发病与机体碘缺乏有关

    C. 甲状腺晚期呈结节状肿大

    D. 一般不伴有甲状腺功能亢进

    E. 病变属于良性肿瘤

【答案】E

【解析】非毒性甲状腺肿是不伴甲状腺功能亢进的甲状腺肿大,不是肿瘤。

24. 关于 Riedel 甲状腺炎说法**错误**的是

    A. 是一种罕见的甲状腺炎

    B. 甲状腺内大量纤维组织增生

    C. 中年女性多见

    D. 甲状腺核素显示病变部位呈温结节

    E. 起病后缓慢进展,亦可静止多年

【答案】D

【解析】放射性核素显像表现为甲状腺区域内放射性强度减少(冷结节)。

25. 垂体不典型腺瘤的诊断依据是

    A. 瘤细胞有一定的异型性

    B. 肿瘤界限清楚

    C. 可侵袭性生长

    D. 核分裂指数升高

    E. 内分泌颗粒较少

【答案】D

【解析】垂体不典型腺瘤的形态特点是核分裂指数增高,可找到 >2 个/10HPF,Ki-67 指数 >3%。

26. 垂体卒中**错误**的是

    A. 可以不出现任何症状

    B. 表现为突然头痛、视力障碍、眼肌麻痹等,出现鞍旁症状

    C. 可伴或不伴内分泌症状

    D. 是垂体腺瘤由于梗死或出血引起的一组综合征

    E. 一定有视力障碍

【答案】E

27. 关于淋巴细胞性垂体炎,叙述**错误**的是

    A. 是一种自身免疫性内分泌疾病

    B. 多见于女性

    C. 以垂体淋巴细胞浸润为特征

    D. 临床症状主要为颅内占位性症状和垂体功能低下症

    E. 有多核巨细胞和肉芽肿形成

【答案】E

【解析】淋巴细胞性垂体炎的垂体组织中有大量淋巴细胞和浆细胞浸润,以及一些中性粒细胞、嗜酸性粒细胞和组织细胞,有时有淋巴滤泡形成,无肉芽肿和多核巨细胞。垂体炎症中巨细胞性肉芽肿为非干酪样坏死性肉芽肿,可见上皮样巨噬细胞和多核巨细胞。

28. 下列 Rathke 裂囊肿的描述**不正确**的是

    A. 是一种先天性的疾病

    B. 可无临床症状

    C. 可引起视力下降、内分泌紊乱

    D. 囊肿有内分泌功能

    E. 多见于成年人

【答案】D

29. 来自脑神经元的肿瘤为

    A. 神经纤维瘤   B. 神经节细胞瘤

    C. 神经母细胞瘤   D. 神经胶质瘤

    E. 神经鞘瘤

【答案】B

30. 神经节细胞瘤的特点**不包括**

    A. 瘤细胞来源于下丘脑神经节细胞

    B. 肿瘤能合成下丘脑肽类激素

    C. 可伴有肢端巨大症、性早熟或库欣综合征

    D. 垂体功能亢进

    E. 肿瘤大小不一

【答案】D

【解析】神经节瘤可分泌过量的儿茶酚胺导致高血压,不会引起垂体功能亢进。

31. 关于神经垂体颗粒细胞瘤,下列说法**不正确**的是

    A. 肿瘤一般较大

    B. 形态似身体其他部位的颗粒细胞瘤

    C. 免疫组化 GFAP 和 S-100 阴性

    D. 胞质内含丰富嗜酸性颗粒

    E. 肿瘤无包膜

【答案】A

【解析】大多数是小的无症状肿块,常在尸检中偶然发现。

32. 关于蝶鞍部脊索瘤,说法**不正确**的是
    A. 患者年龄多大于 30 岁
    B. 生长缓慢,不具有侵袭性
    C. 免疫组化示低分子量 CK、EMA 和 S-100 阳性
    D. 临床可表现为阳痿、闭经、肥胖等
    E. 形态与其他部位脊索瘤相似

【答案】B
【解析】蝶鞍部脊索瘤更倾向具有侵袭性,甚至在根治性切除后可以复发。

33. 垂体生殖细胞肿瘤
    A. 老年人群较为常见
    B. 多为良性
    C. 好发部位是鞍区及松果体区
    D. 不会侵犯周围正常结构
    E. 在颅内肿瘤中发病率较高

【答案】C
【解析】垂体生殖细胞肿瘤是比较少见的一种恶性肿瘤,发病率在 3.5% 左右,多见于青少年及儿童,在老年人及幼儿较为罕见,好发部位是鞍区及松果体区。

34. 甲状旁腺增生的特点**不包括**
    A. 骨纤维囊性骨炎
    B. 家族性者以透亮细胞增生为主
    C. 血钙增高、血磷降低
    D. 血清碱性磷酸酶升高
    E. 继发性甲状旁腺增生因持续低血钙所致

【答案】B
【解析】原发性甲状旁腺增生的临床特点包括:甲状旁腺功能亢进,表现为血钙升高、血磷降低、血清碱性磷酸酶和甲状旁腺素升高、骨纤维性骨炎和肾结石等。家族性甲状旁腺增生以主细胞增生为主,继发性甲状旁腺增生是继发于慢性肾衰竭、佝偻病、骨软化症等(因持续性低血钙所致)。

35. 有关甲状旁腺增生病变的描述**错误**的是
    A. 多以主细胞增生为主
    B. 间质脂肪组织减少
    C. 增生细胞 PTH 免疫组化染色阳性
    D. 甲状旁腺素升高
    E. 增大的腺体大小一致

【答案】E
【解析】原发性甲状旁腺增生的病变特点是甲状旁腺 4 个腺体均匀增大,增大的腺体大小可不一致;镜下表现为甲状旁腺的细胞数目增多、密集,主细胞和透亮细胞增生,以主细胞增生为主;间质脂肪组织减少。

36. 甲状旁腺癌诊断的确切指标是
    A. 肿瘤体积增大
    B. 肿瘤质地硬
    C. 肿瘤局部浸润或局部淋巴结或远端转移
    D. 肿瘤细胞异型性明显
    E. 肿瘤组织间有宽大胶原纤维束

【答案】C

37. 下列对甲状旁腺不典型腺瘤描述**错误**的是
    A. 是良性肿瘤
    B. 可与周围组织粘连
    C. 有核分裂、纤维化
    D. 可呈浸润性生长
    E. 具有癌的形态

【答案】D
【解析】甲状旁腺不典型腺瘤是指一些腺瘤有癌的形态,但没有明确的浸润性生长。所谓癌的形态包括与周围组织粘连,有核分裂,纤维化,小梁状生长方式和包膜内有瘤细胞,但无明确的包膜、血管或神经浸润,这种肿瘤属于恶性潜能不明确的肿瘤。

38. 有关非嗜铬性副神经节瘤的描述,**错误**的是
    A. 主要发生于成人的颈动脉体、颈静脉体及主动脉体等
    B. 肉眼呈灰白色或红色实性小肿物
    C. NSE、CgA 免疫组化染色阳性
    D. 肿瘤生长较快
    E. 瘤细胞上皮样,排列成巢索状、巢索周围有支持细胞

【答案】D
【解析】非嗜铬性副神经节瘤又称肾上腺外副神经节瘤,多发生于成人的颈动脉体、颈静脉体及主动脉体等,多为无痛性、生长缓慢的肿块。

39. 关于神经节瘤说法**错误**的是
    A. 是一种恶性肿瘤
    B. 可分泌儿茶酚胺导致高血压
    C. 可发生于成人及儿童
    D. 常见于后纵隔和腹膜后
    E. 可发生钙化和黏液样变

【答案】A
【解析】神经节瘤是一种少见的生长缓慢的良性肿瘤,由异常发育的神经节细胞和非肿瘤性胶质细胞构成。

40. 肾上腺髓样脂肪瘤
    A. 为肾上腺恶性肿瘤
    B. 肿瘤有内分泌功能

C. 肿瘤与肾上腺组织界限不清

D. 为多发性病变,瘤体较小

E. 可引起性激素分泌过多综合征和库欣综合征

【答案】E

【解析】肾上腺髓样脂肪瘤是一种少见的无功能良性肿瘤,由不同比例的成熟脂肪组织和骨髓造血组织构成,大多数是小的、无症状的肿瘤。

【A2 型题】

1. 女性,40岁,两年前产后大出血,闭经两年,现反应淡漠,畏冷,不思饮食,性欲低下。血液内分泌激素检查吻合的是

   A. TSH、ACTH、FSH、LH、PRL、T_3、T_4 均降低

   B. 仅 TSH 降低

   C. FSH 和 LH 降低

   D. TSH 升高,T_3、T_4 降低

   E. PRL 升高

   【答案】A

   【解析】产后出血或休克造成的低血压导致腺垂体坏死,坏死后可引起 TSH 和 ACTH 缺乏,出现甲状腺功能减退和肾上腺皮质功能低下。

2. 女性,32岁,肥胖,闭经两年,偶见乳头溢液,血压正常。该患者最可能的疾病是

   A. 垂体肿瘤　　　　B. 糖尿病

   C. 肾上腺肿瘤　　　D. 卵巢肿瘤

   E. 乳腺肿瘤

   【答案】A

3. 男性,7岁,发现颈部正中肿物,肿物随吞咽运动而活动。彩色超声显示囊性肿物,手术切除后送病理。囊肿内充满黏液样液体。镜下:囊壁内衬复层纤毛柱状上皮及黏液上皮,囊壁间质内可见甲状腺滤泡。该患儿应诊断为

   A. 鳃裂囊肿

   B. 甲状腺异位

   C. 甲状舌管囊肿

   D. 结节性甲状腺肿囊性病变

   E. 腺瘤性甲状腺肿

   【答案】C

   【解析】甲状舌管囊肿是前颈部中线最常见的良性肿物,内可含黏液或胶样物,内壁被覆鳞状上皮或假复层纤毛柱状上皮或立方上皮,少数可被覆移行上皮。囊壁内淋巴细胞较少,这是与位于颈侧的鳃裂囊肿的区别。

4. 女性,36岁,右颈部淋巴结肿大1个月。病理检查符合甲状腺癌淋巴结转移;镜下可见淋巴结转移癌灶中淀粉样物质沉积,瘤细胞为大小、形态较一致的上皮样细胞、梭形细胞,呈片状或束状排列。首先考虑的原发癌灶是

   A. 甲状腺乳头状癌　　B. 甲状腺滤泡癌

   C. 甲状腺髓样癌　　　D. 甲状腺未分化癌

   E. 甲状腺鳞状细胞癌

   【答案】C

   【解析】甲状腺髓样癌的特点是间质有淀粉样物质沉着。

5. 女性,45岁,反复上腹疼痛、腹泻、黑便10天入院,胃镜检查十二指肠多发溃疡,腹部 CT 显示胰腺尾部见 3cm×4cm 大小的低密度影,术中胰尾部触及一包块,行胰尾切除。病理检查显示瘤细胞多为柱状,排列成小腺管样、菊形团或假菊形团状。免疫组化:胃泌素(+)、胰高血糖素(−)、胰多肽(−)、生长抑素(少数+)、VIP(−)。该病例的病理诊断确切的是

   A. 胃泌素瘤

   B. 恶性胰岛素细胞瘤

   C. 胰腺癌

   D. 胰血管活性肠肽瘤

   E. 无功能性胰岛细胞瘤

   【答案】A

6. 女性,40岁,发现甲状腺右叶结节性肿物,无明显包膜,与周围组织粘连,大小 5cm×4cm。镜下可见瘤细胞多排列成大小不一的滤泡结构,细胞核重叠、磨玻璃样,核内有嗜酸性包涵体。免疫组化 TG 弱阳性,CK 阳性。本病例应诊断为

   A. 甲状腺乳头状癌滤泡型

   B. 甲状腺恶性淋巴瘤

   C. 甲状腺髓样癌

   D. 甲状腺未分化癌

   E. 甲状腺嗜酸细胞癌

   【答案】A

   【解析】根据镜下表现,瘤细胞多排列成大小不一的滤泡结构,细胞核磨玻璃样,核内有嗜酸性包涵体,以及免疫组化结果,本病应诊断为甲状腺乳头状癌滤泡型。

7. 女性,45 岁,发现右甲状腺结节状肿物,大小 8cm×6cm,包膜不完整,固定,切面鱼肉状,可见出血、坏死。镜下可见瘤细胞呈梭形或类圆形,可见多核巨细胞,病理性核分裂象多见,间质明显炎细胞浸润。免疫组化 CK 阳性,vimentin 阳性。本病例应诊断为
   A. 甲状腺髓样癌   B. 甲状腺未分化癌
   C. 甲状腺乳头状癌   D. 桥本甲状腺炎
   E. 甲状腺滤泡癌
   【答案】B
   【解析】甲状腺未分化癌常见类型为梭形细胞型、巨细胞型和两者混合型,有时像分化差的肉瘤,根据镜下表现和免疫组化结果,本病应诊断为甲状腺未分化癌。

8. 女性,32 岁,发现眼球突出,易怒、多汗,睡眠少,检查示甲状腺弥漫性肿大,质软无压痛。血清检查升高的是
   A. TSH   B. ACTH
   C. TGI、TSI   D. PRL
   E. Anti-dsDNA
   【答案】C
   【解析】患者考虑为甲状腺功能亢进,血清检查 TGI、TSI 升高。

9. 女性,45 岁,发现双侧甲状腺肿物,结节状,边界清楚,切面灰白质实。手术切除后送病理。镜下为大小、形态较一致的上皮样细胞及梭形细胞,核分裂象少见,可见多核巨细胞,细胞呈片状或束状排列,间质出现片块状刚果红染色阳性物质。免疫组化 TG 阴性,CT 阳性。本病例诊断为
   A. 甲状腺髓样癌
   B. 甲状腺未分化癌
   C. 甲状腺乳头状癌
   D. 甲状腺乳头状癌滤泡亚型
   E. 甲状腺恶性淋巴瘤
   【答案】A
   【解析】甲状腺髓样癌界限清楚,切面灰白质实,镜下肿瘤细胞可呈典型的内分泌肿瘤样结构,且有特征性的淀粉样物质沉着。

10. 女性,55 岁,发现甲状腺巨大肿块,大小 10cm×8cm,切面灰红,均质,鱼肉样。镜下可见浆细胞样瘤细胞弥漫成片分布,并见淋巴上皮病变,伴桥本甲状腺炎区域。本病例诊断为
   A. 甲状腺髓样癌
   B. 甲状腺未分化癌

   C. 甲状腺嗜酸细胞瘤
   D. 甲状腺乳头状癌滤泡亚型
   E. 甲状腺恶性淋巴瘤
   【答案】E
   【解析】甲状腺恶性淋巴瘤常见的特征是淋巴上皮病变,即肿瘤性 B 细胞浸润甲状腺滤泡。

11. 男性,28 岁,沿海居民,甲状腺肿 4 年,结节感,质软,无其他不适症状。下列可以确诊的检查是
   A. T_3、T_4、TSH、甲状腺扫描
   B. TGAb TPOAb
   C. FT_3、FT_4、TSH、TGAb、TPOAb、甲状腺扫描
   D. 甲状腺超声 +TRAb
   E. TRH 兴奋试剂
   【答案】C

12. 女性,30 岁,发现颈部肿块 1 周就诊,体检于气管左侧扪及一质硬结节,随吞咽上下活动,同侧锁骨上扪及 3 个肿大淋巴结。该病例最可能的诊断是
   A. 淋巴瘤   B. 甲状腺腺瘤
   C. 颈部淋巴结结核 D. 单纯性甲状腺肿
   E. 甲状腺乳头状癌
   【答案】E
   【解析】甲状腺癌通常表现为甲状腺质硬肿块,可随吞咽上下活动,可转移至锁骨上淋巴结。

13. 男性,5 岁,因近来常出现腹痛、腹泻,时有呕吐,进行性消瘦入院。影像学显示胰腺区有一分叶状肿物,界限较清楚。血清 AFP 升高,术中切除胰头一较大肿物,9cm×8cm×7cm。肿物切面见出血,囊性变。镜下瘤细胞排列成腺泡状、腺样结构,部分区域呈实性巢团状排列,细胞大小较一致,瘤组织内可见鳞状细胞巢和原始上皮成分,可见纤细的纤维间隔。免疫组化 α-AAT 及 AFP 阳性。该患儿肿瘤最可能为
   A. 胰岛细胞瘤   B. 胰腺癌
   C. 胰母细胞瘤   D. 胰腺囊腺瘤
   E. 胰高血糖素瘤
   【答案】C

14. 婴儿出生 10 小时后出现喂养困难、嗜睡、颤动和肌张力过低等症状,诊断为胰岛细胞增生症。对于该症描述不正确的是
   A. 可发生于各年龄组

B. 出现自发性低血糖

C. 胰岛数量增多,体积增大

D. 胰岛素 β 细胞肥大增生

E. 新生儿胰岛细胞增生与母亲胰岛增生有关

【答案】E

【解析】新生儿胰岛细胞增生与母亲血糖升高有关。

15. 女性,42 岁,多饮,多尿,血 pH 7.5,血钾 3.1mmol/L。可能的疾病是

A. 糖尿病

B. 尿崩症

C. 原发性醛固酮增多症

D. 甲状腺功能亢进

E. 癔症

【答案】C

【解析】原发性醛固酮增多症是由于醛固酮分泌过量导致的临床综合征,临床主要表现为高血压伴低血钾。因大量失钾,肾小管浓缩功能减退,可引起多尿,继发口渴多饮。

16. 男性,37 岁,被诊断为 2 型糖尿病 2 年。对于此类疾病,下列说法正确的是

A. 血浆胰岛素浓度显著降低

B. 起病急

C. 较少发生酮症酸中毒

D. 对胰岛素敏感

E. 多发于青少年

【答案】C

【解析】1 型糖尿病胰岛 β 细胞被破坏,胰岛素绝对缺乏,容易并发酮症酸中毒。

17. 男性,55 岁,被诊断 2 型糖尿病 10 年。下列为其较特异性病变的是

A. 动脉粥样硬化　　B. 脑萎缩

C. 肾小球硬化症　　D. 脂肪肝

E. 肾盂肾炎

【答案】C

【解析】2 型糖尿病易并发大血管病变,引起肾小球硬化。

18. 女性,36 岁,2 年来劳累后气促,X 线提示前上纵隔类圆形影压迫气管。最可能诊断为

A. 淋巴瘤

B. 神经源性肿瘤

C. 胸骨后甲状腺

D. 肺癌

E. 心包积液

【答案】C

19. 女性,35 岁,1 年来体重进行性增加,向心肥胖,血皮质醇增高。垂体磁共振显示有微腺瘤。关于垂体腺瘤说法**错误**的是

A. 起源于垂体前叶上皮细胞

B. 绝大部分是恶性

C. 可以起头痛、智力下降

D. 有分泌激素功能

E. PRL 细胞腺瘤最常见

【答案】B

【解析】垂体腺瘤绝大部分为良性病变。

20. 女性,35 岁,诊断慢性肾功能不全,肾性骨病,继发甲状旁腺功能亢进。实验室检查**不会发现**的异常是

A. 血浆中活性维生素 D_3 低

B. 血钙低

C. 血浆中甲状旁腺激素测值高

D. 血磷高

E. 血浆中甲状腺激素测值高

【答案】E

【解析】甲状旁腺功能亢进主要引起高血钙、高尿钙、低血磷症,不会引起甲状腺激素升高。

21. 女性,35 岁,向心性肥胖,乏力,皮肤明显变黑。尿 17-OH 60μmol/24h(60mg/24h),血浆 ACTH 55.0pmol/L(250pg/ml)(正常:1.1~11.0pmol/L,5~50pg/ml),pH 为 7.46,血钾 2.9mmol/L(2.9mEq/L)。超声、CT 提示双侧肾上腺增大。最可能的诊断是

A. 双侧肾上腺皮质增生

B. 肾上腺皮质腺瘤

C. 肾上腺皮质腺癌

D. 异位 ACTH 综合征

E. 原发醛固酮增多症

【答案】D

【解析】根据患者出现向心性肥胖,皮肤变黑,ACTH 升高,考虑肾上腺分泌过多糖皮质激素,考虑库欣综合征。

22. 男性,22 岁,近 2 个月无诱因出现间断头痛,测血压最高为 220/130mmHg,口服多种降压药效果差。起病以来自觉脸变圆、变红,牙龈及掌纹皮肤变黑,多饮、夜尿增多,情绪易波动,无乏力及四肢瘫软,近 20 天体重增加 10kg。血压 180/100mmHg,BMI 29.8kg/m²;向心性肥胖,满月脸、多血质貌、肘部抽血处

瘀斑、腹部可见紫纹,牙龈、双掌、乳头、肘关节处皮肤变黑。临床诊断为库欣综合征。该病的病因是

A. 垂体 ACTH 腺瘤

B. 肾上腺皮脂腺瘤分泌大量皮质醇

C. 肾上腺皮质功能性紊乱

D. 非内分泌腺肿瘤组织分泌 ACTH

E. Meador 综合征

【答案】A

【解析】根据患者临床表现,向心性肥胖、满月脸、腹部可见紫纹、关节处皮肤变黑等症状,考虑库欣综合征,常见垂体 ACTH 腺瘤。

23. 女性,42 岁,单位体检时发现甲状腺肿,无自觉不适,甲状腺Ⅱ度肿大,表面不平,质韧如橡皮,无触痛、杂音,水肿。TGAb、TPOAb 异常。该疾病的镜下病变特点是

A. 滤泡萎缩伴间质淋巴细胞浸润

B. 大量纤维组织增生伴玻璃样变

C. 有多核巨细胞

D. 滤泡增生

E. 大量中性粒细胞

【答案】A

【解析】根据患者临床表现及实验室检查,考虑桥本甲状腺炎,镜下可见滤泡萎缩及淋巴细胞浸润。

24. 男性,55 岁,体检发现右肾上腺占位。囊肿可为单房或多房,内有浆液性液体,镜下为纤维组织构成的囊壁,无明显被覆上皮。该患者应诊断为

A. 肾上腺囊肿　　　　B. 嗜铬细胞瘤

C. 肾母细胞瘤　　　　D. 神经纤维瘤

E. 肾上腺皮质腺瘤

【答案】A

25. 女性,33 岁,无诱因左腰部胀痛。入院超声检查示:左肾上极囊性占位,大小约 4.5cm×3.3cm,边界清楚,有包膜。镜下观察:厚薄不均的纤维组织囊壁内可见淋巴细胞及含铁血黄素,部分囊内壁为粉染无定形物及陈旧性出血,衬覆上皮缺如,部分囊壁内衬扁平或立方上皮,其下有灶性甲状腺组织,并见甲状腺滤泡样结构,滤泡腔见嗜酸性甲状腺胶质样物,滤泡样上皮扁平或立方状,胞质略嗜酸性,细胞核圆而规则,无明显异型,未见核沟及核内包涵体,核仁不明显,甲状腺

滤泡大小不一,部分滤泡形状不规则,胶质浓缩,甲状腺转录因子 1(TTF1)阳性。该患者诊断为

A. 甲状腺滤泡癌肾转移

B. 类癌

C. 异位甲状腺

D. 肾上腺囊肿

E. 甲状腺增生

【答案】C

26. 女性,30 岁,不明原因视力下降 1 年。CT 显示垂体前叶占位性肿瘤,视交叉受压上抬,病变呈膨胀性,周围骨质结构吸收。肿瘤为灰白灰红色软组织,IHC 结果阳性:AE1/AE3(+)、EMA(部分 +)、CgA(+)、Syn(+)、CD56(+)、NSE(+)、Ki-67(+,2%~3%);阴性:CD20(−)、CD138(−)、CD8(−)、CD3/κ/λ(−)、CD68(−)、NF(−)、S-100(−)、HMB-45(−)、P53(−)。该患者应诊断为

A. 颅咽管瘤　　　　B. 垂体腺瘤

C. 脑膜瘤　　　　　D. 生殖细胞瘤

E. 脊索瘤

【答案】B

27. 男性,43 岁,1 个月前上呼吸道感染后出现颈前部持续性钝痛,伴低热。甲状腺触诊示甲状腺增大,质地偏硬;甲状腺超声示甲状腺内片状低回声区;甲状腺功能:FT₃ 16.68pmol/L(2.76~6.3pmol/L),FT₄ 40.73pmol/L(10.42~24.32pmol/L),TSH 0.01mIU/L;TG、TPO、TRAb 均阴性。CRP 3.92mg/dl(0~0.8mg/dl)。ESR 76mm/h(0~20mm/h)。甲状腺摄碘率降低。该患者诊断为

A. 亚急性甲状腺炎　　B. 甲状腺乳头状癌

C. 毒性甲状腺肿　　　D. 甲状腺滤泡状癌

E. 桥本甲状腺炎

【答案】A

【解析】根据临床表现及甲状腺功能检查结果,甲状腺摄碘率低,考虑亚急性甲状腺炎。

28. 女性,24 岁,发现右颈前肿物 2 周,并伴有右侧淋巴结肿大。肿物可随吞咽上下活动。入院后切除右侧甲状腺 3cm×2cm 的肿物,质硬,边界欠清,镜下乳头分支多,被覆上皮细胞核呈磨玻璃样。该患者诊断为

A. 甲状腺腺瘤　　　　B. 甲状腺髓样癌

C. 甲状腺滤泡癌　　　D. 甲状腺转移癌

E. 甲状腺乳头状癌

【答案】E

【解析】镜下表现为典型的甲状腺乳头状癌特点。

29. 女性,60 岁,因"反复上腹痛和上腹部不适,黑便"入院。胃肠镜检查十二指肠多发溃疡,胰头部触及一包块,大小 4cm×6cm,囊实性,患者临床见 Verner-Morrison 综合征。该患者最可能诊断为

A. 胰岛素瘤　　　　B. 胰高血糖素瘤

C. 胃泌素瘤　　　　D. VIP 瘤

E. 无功能性胰岛细胞瘤

【答案】D

【解析】Vemer-Morrison 综合征是 VIP 瘤典型的临床表现。

30. 女性,56 岁,右颈部结节活检。镜下为淋巴结组织内见如图结构。可能的诊断是

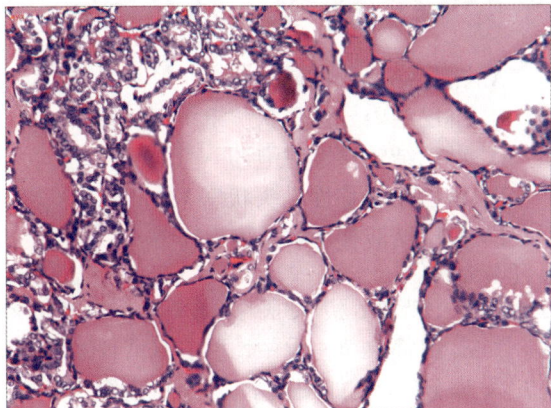

A. 转移性甲状腺滤泡癌

B. 转移性甲状腺乳头状癌

C. 异位甲状腺组织

D. 转移性甲状旁腺腺癌

E. 异位甲状旁腺组织

【答案】B

31. 男性,50 岁,甲状腺左叶切面见一结节,直径 2.5cm,切面灰白质韧,边界清,无包膜。镜下如图所示,免疫组化降钙素阳性反应。关于该疾病说法**错误**的是

A. 甲状腺髓样癌

B. CEA 免疫阳性

C. TTF-1 免疫阳性

D. CgA、Syn 免疫阳性

E. Ki-67 指数通常较高

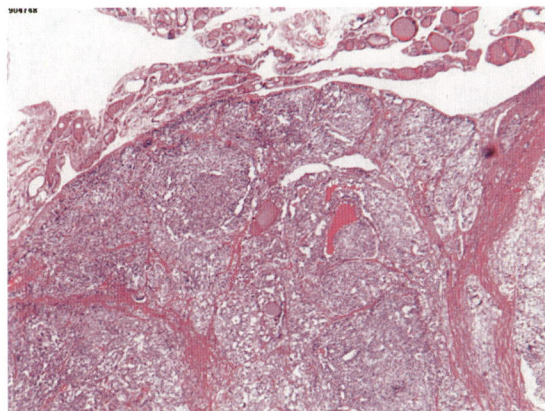

【答案】E

32. 女性,29 岁,体检超声发现左侧肾上腺肿瘤,血压 120/69mmHg,血 ACTH、醛固酮、皮质醇无异常,给予腹腔镜左侧肾上腺及肿瘤切除。镜下如图所示,免疫组化 CK(+)、Syn(部分 +)、vimentin(部分 +)、CgA(−)。出现以下特征时提示该肿瘤有不确定的恶性潜能,应**除外**

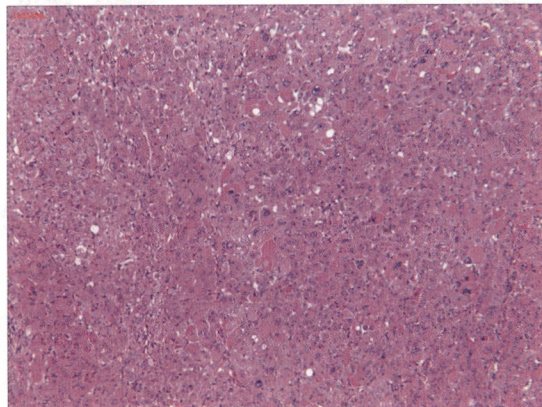

A. 肿瘤直径 >10cm 和/或质量 >200g

B. 坏死

C. 窦隙侵犯

D. 包膜侵犯

E. 出现怪异核细胞

【答案】E

33. 以下疾病均可出现如图所示病理特征,应**除外**

A. 颅咽管瘤　　　　B. 生殖细胞肿瘤

C. 颅鳃裂囊肿　　　D. 造釉细胞瘤

E. 表皮样囊肿

【答案】C

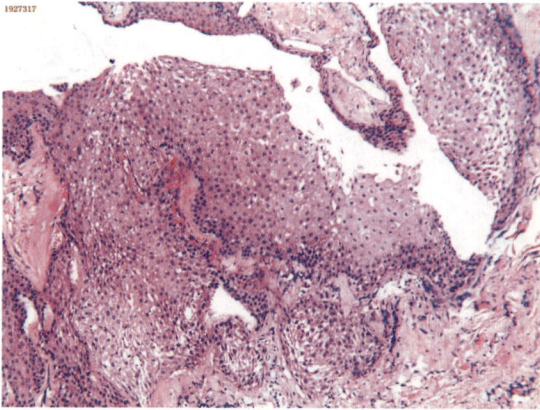

34. 女性,45岁,血压升高入院检查发现左肾上腺肿瘤,术后HE切片及免疫组化染色CgA如图所示。该肿瘤可产生的激素是

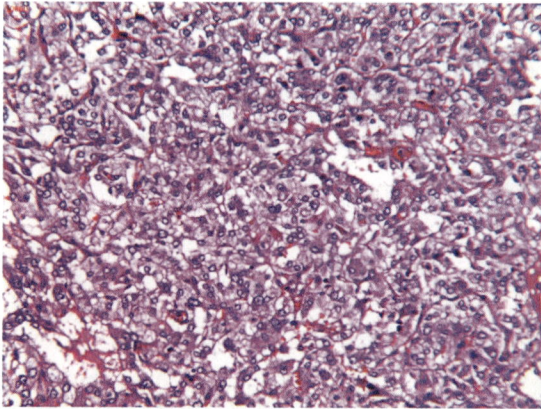

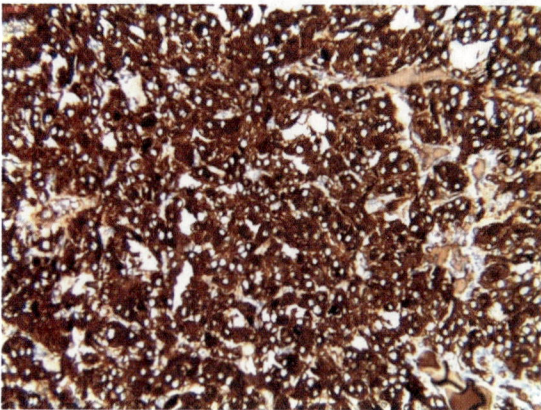

A. 醛固酮
B. 去甲肾上腺素和肾上腺素
C. 雄激素
D. 雌激素
E. 皮质醇

【答案】B

35. 女性,52岁,有"甲状腺滤泡性腺瘤"手术治疗病史2年,近期发现颈部淋巴结肿大给予活检,HE切片淋巴结内见如图所示区域。免疫组化TG、TTF-1阳性,CgA、Syn阴性。最有可能的诊断是

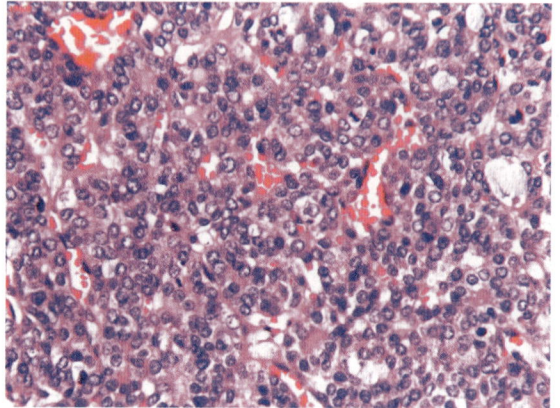

A. 淋巴结转移性髓样癌
B. 淋巴结内异位甲状腺组织
C. 淋巴结转移性滤泡癌
D. 淋巴结转移性乳头状癌
E. 淋巴结转移性黏液表皮样癌

【答案】C

36. 男性,57岁,胰头肿物,体积6cm×5cm×3cm,切面灰黄、质中、边界不清,HE切片及Ki-67染色如图所示,其余免疫组化Syn、CgA、CD56、CK阳性表达。以下诊断最符合的是

A. 神经内分泌肿瘤G1
B. 神经内分泌肿瘤G2
C. 神经内分泌肿瘤G3

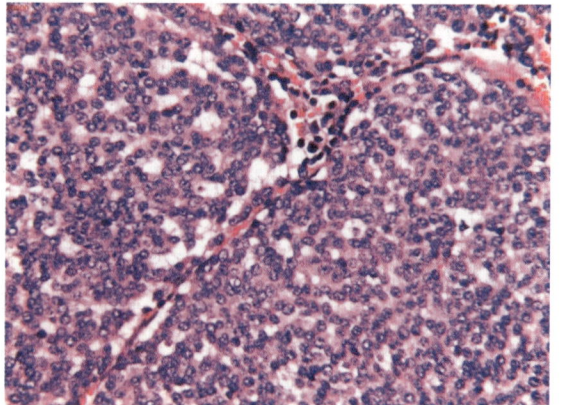

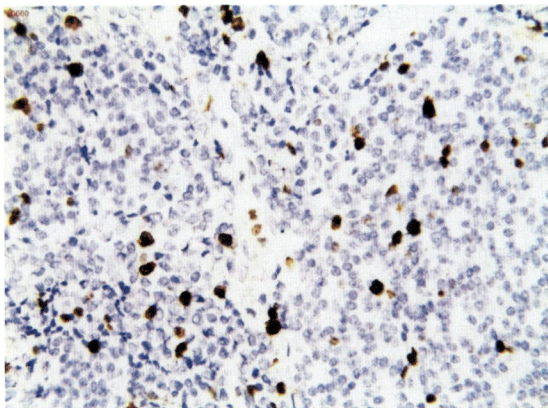

D. 高增殖活性神经内分泌肿瘤 G3

E. 神经内分泌癌

【答案】B

37. 女性,55 岁,垂体肿瘤 0.8cm×0.8cm×0.2cm,HE 切片及 TTF-1 染色如图所示。免疫组化表达 vimentin、EMA、S-100、galectin-3、CD68,不表达 GFAP、CK、SMA、desmin、Syn、CgA,Ki-67 指数约 5%。最有可能的诊断是

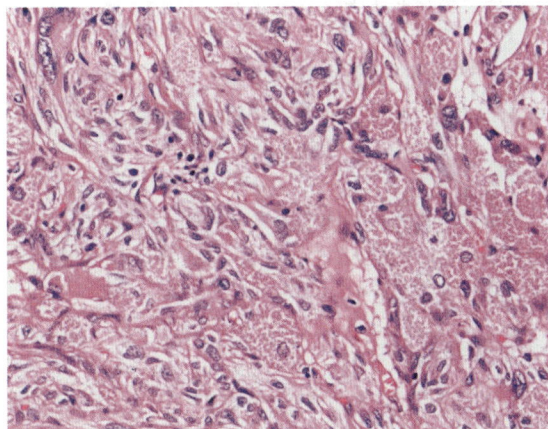

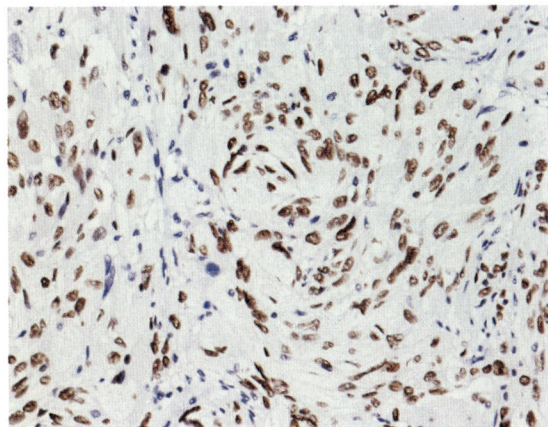

A. 垂体细胞瘤

B. 颗粒细胞瘤

C. 腺垂体梭形细胞嗜酸细胞瘤

D. 转移癌

E. 垂体腺瘤

【答案】C

38. 女性,2 岁,视觉障碍 2 个月。血 ACTH 水平升高。MRI 提示鞍上区肿物。肿瘤组织石蜡切片 HE 染色如图所示。最有可能的诊断是

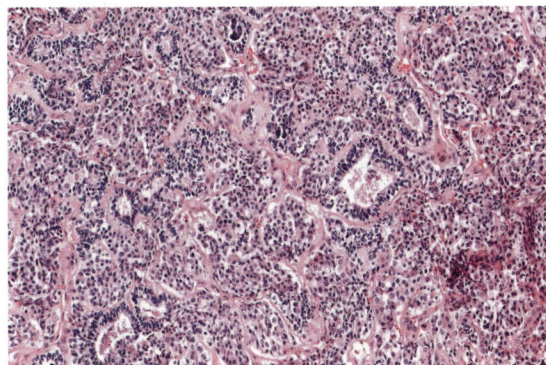

A. 垂体腺瘤　　　　　B. 错构瘤

C. 垂体母细胞瘤　　　D. 畸胎瘤

E. 垂体增生

【答案】C

39. 女性,21 岁,MRI 提示鞍区占位性病变。活检镜下垂体实质被大量的淋巴细胞、浆细胞浸润所破坏,并伴有嗜酸性粒细胞浸润,局部可见淋巴滤泡,间质网状纤维增厚,局部形成层状胶原纤维化,如图所示。最有可能的诊断是

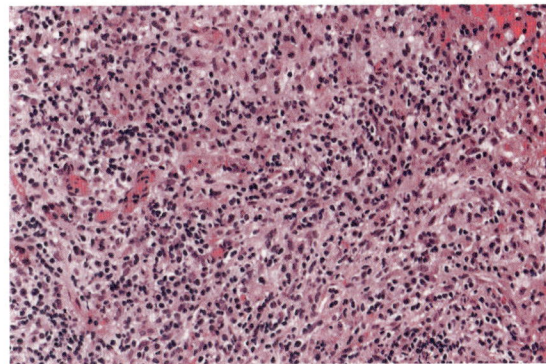

A. 淋巴细胞性垂体炎

B. IgG4 相关性垂体炎

C. 巨细胞性垂体炎

D. 黄色瘤样垂体炎

E. 继发性垂体炎

【答案】B

40. 男性,72岁,消瘦2年,明显乏力、食欲缺乏、腹泻,进行性加重3个月;查体:恶病质,无欲状,甲状腺肿大,无明显杂音,肺(−),心率54次/min,心尖部2~3级收缩期吹风样杂音,较粗糙,呈舟状腹,双下肢肌力2~3级,腱反射减弱,便潜血,胸片阴性。首先应进行的检查是

A. 腹部超声 　　　B. 消化道造影

C. T_3、T_4 　　　D. UCG

E. 结核菌素试验

【答案】C

【解析】患者甲状腺肿大,消瘦、乏力、食欲缺乏、腹泻、无欲状,根据体征怀疑甲状腺功能减退,应首先进行 T_3、T_4 检查。

【A3/A4 型题】

(1~2 题共用题干)

女性,48岁,发现颈部肿物1个月。颈部彩色超声显示:甲状腺右叶见一 4cm×3cm 的孤立性结节。放射性核素扫描为冷结节,T_3、T_4 水平正常。病理检查:肿瘤类圆形,边界清,有包膜,包膜上可见扩张血管。镜下见瘤组织由大小较一致的小型滤泡组成,细胞无明显异型性,包膜血管内见有部分滤泡样组织,其表面有纤维素覆盖。

1. 患者最可能的病理诊断是

A. 甲状腺腺瘤

B. 腺瘤性甲状腺肿

C. 甲状腺滤泡癌

D. 甲状腺转移癌

E. 甲状腺乳头状癌滤泡型

【答案】C

2. 该患者的免疫组化染色结果**不应出现**的是

A. TG 强阳性 　　　B. CK 阳性

C. EMA 阳性 　　　D. CT 阳性

E. F-Ⅷ 阳性

【答案】D

【解析】镜下瘤组织由大小较一致的小型滤泡组成,细胞无明显异型性,包膜血管内见有部分滤泡样组织,考虑甲状腺滤泡癌,免疫组化CT阴性,而甲状腺髓样癌免疫组化CT呈阳性。

(3~4 题共用题干)

女性,42岁,双侧颈部肿块1个月,发现吞咽困难1周后就诊。查体:T_3 及 T_4 略低于正常值,甲状腺扫描发现为冷结节样,血清抗 TG 及抗微粒抗体(ATMA 阳性);双侧甲状腺结节样肿大,质硬韧,与周围组织无明显粘连。手术切除后送病理。镜下组织内有大量淋巴细胞浸润,形成明显的淋巴滤泡,并见有少量的浆细胞、组织细胞、免疫母细胞及多核巨细胞,可见有部分不规则小滤泡,滤泡上皮细胞增大,胞质丰富,呈嗜酸性颗粒状,间质纤维组织增生。

3. 该患者最可能是

A. 甲状腺滤泡癌

B. 淋巴瘤

C. 慢性纤维性甲状腺炎

D. 桥本甲状腺炎

E. 亚急性甲状腺炎

【答案】D

4. 该患者应采取的治疗措施是

A. 术后进行化疗

B. 扩切后化疗

C. 术后补充甲状腺素制剂

D. 术后给予小剂量抗甲状腺药物

E. 术后给予大量糖皮质激素

【答案】C

【解析】镜下组织内有大量淋巴细胞浸润,形成明显的淋巴滤泡,考虑桥本甲状腺炎,应手术治疗,并术后补充甲状腺素制剂。

(5~6 题共用题干)

女性,18岁,发现右颈前肿物2周,并伴有右侧淋巴结肿大。肿物可随吞咽上下活动。入院后切除右侧甲状腺 2cm×2cm 的肿物,质硬,边界欠清,术中冰冻提示:甲状腺乳头状癌。

5. 下列镜下特点与诊断**无关**的是

A. 磨玻璃样细胞核,核大,可见重叠

B. 可见砂粒体

C. 肿瘤形成真正的乳头(具有纤维血管轴心)

D. 乳头具有分支,排列方向无序,被覆单层或复层立方细胞

E. 肿瘤由大小不等的滤泡构成,肿瘤周围可见纤维包膜

【答案】E

6. 关于甲状腺乳头状癌,下列叙述**不正确**的是
    A. 为甲状腺癌最常见类型
    B. 青少年女性多见
    C. 本癌发现是多有淋巴结转移,且预后差
    D. 肿瘤生长缓慢,恶性程度较低
    E. 有时原发灶很小,临床上首先发现转移病灶
    【答案】C
    【解析】甲状腺滤泡癌可见大小不等的滤泡。甲状腺乳头状癌预后好,10年存活率超过90%。

(7~8 题共用题干)

女性,40 岁,超声示双侧甲状腺结节样肿大,回声增粗,部分区域呈网格状。手术切除颈部肿物送病理,镜下见甲状腺组织内大量淋巴细胞浸润,可见淋巴滤泡形成,滤泡上皮细胞增大,胞质丰富,嗜酸性,间质纤维组织增生。

7. 最可能的诊断是
    A. 亚急性甲状腺炎
    B. 甲状腺乳头状癌
    C. 淋巴瘤
    D. 桥本甲状腺炎
    E. 甲状腺滤泡性肿瘤
    【答案】D

8. 与该诊断**不符合**的描述是
    A. 大量淋巴细胞浸润伴滤泡萎缩
    B. 为自身免疫性疾病
    C. 引起甲状腺肿大
    D. 大量淋巴细胞浸润
    E. 甲状腺功能亢进
    【答案】E
    【解析】镜下组织内有大量淋巴细胞浸润,可见淋巴滤泡形成,考虑桥本甲状腺炎,引起甲状腺功能减退。

(9~10 题共用题干)

男性,30 岁,因"腹部不适,腹痛"入院。胰腺影像学显示囊、实性占位性病变。术中切除一胰尾部肿物,包膜完整,呈囊实性。肿物椭圆形,8cm×7cm×5cm,表面光滑,切面实性,暗红色,有出血囊性变区,镜下见肿瘤细胞呈片状或假乳头状排列,可见核沟;实性区散在有泡沫细胞,并见多核异物巨细胞。

9. 该患者病理诊断为
    A. 导管内乳头状腺瘤

B. 导管内乳头状癌
    C. 实性-假乳头状瘤
    D. 腺泡细胞癌
    E. 破骨细胞样巨细胞未分化癌
    【答案】C

10. 该病例免疫组化染色**不会**出现的结果是
    A. α1-抗胰蛋白酶阳性
    B. α1-抗乳糜蛋白酶阳性
    C. NSE 阳性
    D. vimentin 阳性
    E. desmin 阳性
    【答案】E
    【解析】根据肿瘤大体及镜下表现,肿瘤有出血囊性变区,镜下见肿瘤细胞呈片状或假乳头状排列,可见核沟,实性区散在有泡沫细胞,并见多核异物巨细胞,符合胰腺实性-假乳头状瘤,免疫组化 desmin 阴性。

(11~12 题共用题干)

男性,60 岁,因"反复上腹痛和上腹部不适,黑便"入院。胃肠镜检查十二指肠多发溃疡,胰头部触及一包块,肿物 6cm×7cm,囊实性,患者临床未见无明显内分泌异常。

11. 该患者最可能诊断为
    A. 胰岛素瘤　　　　B. 胰高血糖素瘤
    C. 胃泌素瘤　　　　D. VIP 瘤
    E. 无功能性胰岛细胞瘤
    【答案】E

12. 对于该疾病的描述**错误**的是
    A. 肿瘤多为较大结节
    B. 免疫组化染色不出现有关激素的表达
    C. 发生转移者为恶性
    D. 多见于胰头
    E. 常见于 50 岁以上
    【答案】B
    【解析】患者胰头部可触及一肿块,呈囊实性,且无明显内分泌异常,考虑无功能性胰岛细胞瘤,该病不表现功能性胰腺内分泌肿瘤产生的任何激素或生物胺不适当的分泌引起的副肿瘤综合征,但是一般表达内分泌化的标记,包括 Syn、CgA、CD56 等。

(13~14 题共用题干)

女性,20 岁,甲状腺功能亢进,甲状腺中度肿大,浸润性突眼。

13. 最常见的甲状腺功能亢进的原因是
    A. Graves 病

B. 毒性结节性甲状腺肿

C. 毒性甲状腺腺瘤

D. 甲状腺素摄入过多

E. 分泌 TSH 的垂体腺瘤

【答案】A

14. 造成眼球突出的原因是

    A. 球后神经纤维增生

    B. 球后淤血

    C. 球后毛细血管增生

    D. 球后脂肪纤维组织增生和黏液水肿

    E. 球后淋巴水肿

【答案】D

【解析】患者甲状腺功能亢进并浸润性突眼,考虑 Graves 病,造成眼球突出的原因是球后脂肪纤维组织增生和黏液水肿,其余不是其原因。

(15~16 题共用题干)

男性,12 岁,高血压、低血钾伴性早熟。同时 CT 示双侧肾上腺"占位",ACTH 水平显著升高。

15. 该患者应诊断为

    A. 肾上腺皮质癌   B. 肾上腺髓质增生

    C. 嗜铬细胞瘤   D. 肾上腺皮质增生

    E. 肾上腺皮质腺瘤

【答案】D

16. 关于该疾病描述**错误**的是

    A. 可表现为弥漫性或结节样增生

    B. 单侧肾上腺重量 >5.5g,皮质厚度 >2mm

    C. 临床表现为肾上腺皮质功能亢进症

    D. 通常皮质三个带同时增生

    E. 网状带增生多见于儿童

【答案】D

(17~18 题共用题干)

女性,23 岁,近 1 年自觉脸上痤疮及毳毛增多伴体重增加(近 1 年体重增加 3kg),8 个月前出现闭经,6 个月前意外右股骨骨折。小剂量地塞米松抑制试验:ACTHF 节律紊乱;ACTH 降低;F 升高,UFC 升高,且不能被小剂量地塞米松抑制试验抑制。肾上腺 CT 平扫 + 增强:右侧肾上腺可见一大小约 2.5cm×3cm 大小低密度结节,边界清楚,临床诊断为库欣综合征,肾上腺皮质腺瘤。

17. **不符合**库欣综合征的临床表现为

    A. 肥胖、满月脸

B. 高血压、高血糖

C. 性功能紊乱

D. 骨质疏松、肌肉乏力

E. 智力低下

【答案】E

18. 不符合皮质腺瘤的特点是

    A. 表现为醛固酮增多症及库欣综合征

    B. 通常双侧多发

    C. 体积小

    D. 有包膜,压迫周围组织

    E. 由体积较大的透明细胞及暗细胞等混合组成

【答案】B

【解析】库欣综合征主要表现为向心性肥胖、满月脸、多血质外貌,大腿外侧等处出现紫纹,长期皮质醇分泌增多可使免疫功能减弱,不会引起智力低下。皮质腺瘤多为单发。

(19~20 题共用题干)

男性,56 岁,主诉"发现颈前区无痛性肿块 20 余天"入院。患者于入院前 3 周无意中发现颈前区肿物,无不适。颈前正中舌甲膜水平处略膨隆,表面皮肤无红肿,触诊舌骨偏下方可及一大小约 4cm×2cm×3cm 肿物,质地中等偏硬,无触压痛,表面光滑,界限清楚,吞咽及伸舌活动时可以随舌骨上下活动。颈部彩色超声检查提示:舌骨下区囊实性包块,镜下囊壁衬假复层纤毛柱状上皮,囊壁间质可见甲状腺滤泡。

19. 该患者应诊断为

    A. 结节性甲状腺肿囊性变

    B. 腺瘤性甲状腺肿

    C. 甲状腺异位

    D. 甲状舌管囊肿

    E. 鳃裂囊肿

【答案】D

20. **不符合**该病变的特点为

    A. 表现为颈部无痛性肿块

    B. 可形成甲状舌管瘘

    C. 囊壁可内衬复层鳞状上皮

    D. 囊壁淋巴组织较丰富

    E. 囊壁可见甲状腺滤泡

【答案】D

【解析】甲状舌管囊肿是前颈部中线最常见的良性肿物,内壁被覆鳞状上皮或假复层纤毛柱状上皮或立方上皮,少数可被覆移行上皮。囊壁内淋巴细胞较少,这是与位于颈侧的鳃裂囊肿的区别。

(21~22题共用题干)

女性,5岁,发现阴毛增多3年入院。双乳B1,晕色素无明显加深,外阴毛pH 3~4,阴蒂肥厚,左腕骨龄提示12岁左右,染色体46XX,性别基因检测阴性,羟孕酮4.61nmol/L,睾酮1 166.0ng/dl。超声提示右肾上腺实性占位,手术见肿瘤位于右肾上方,呈球形,术后切除一10cm×10cm×12cm肿物,病理显示肾上腺皮质腺癌。

21. <u>不符合</u>肾上腺皮质腺癌的病变特点的是

    A. 瘤体较大

    B. 肿瘤无包膜

    C. 细胞异型性明显

    D. 侵犯血管

    E. 广泛出血和坏死

【答案】B

22. 免疫组化<u>不可能</u>呈现阳性的是

    A. vimentin

    B. Syn

    C. a-inhibin

    D. Melan-A

    E. CgA

【答案】E

【解析】肾上腺皮质癌体积一般较大,表面有不完整的包膜,切面灰白色或黄色,有出血、坏死、囊性变和钙化。肾上腺皮质癌CgA阴性,这是区分肾上腺髓质肿瘤最可靠的标记。

(23~24题共用题干)

男性,61岁,半年前出现无诱因头痛,同时发现手指、足趾粗壮,视力减退等症状。实验室检查生长激素水平高。头颅CT显示鞍区占位,术后病理显示垂体瘤。

23. 下列<u>不是</u>垂体腺瘤表现的是

    A. 肢端肥大症

    B. 库欣综合征

    C. 性功能亢进

    D. 甲状腺功能降低

    E. 头痛视力下降

【答案】C

24. 按瘤细胞所含激素种类进行功能形态分类,垂体腺瘤中最常见的是

    A. GH细胞腺瘤   B. PRL细胞腺瘤

    C. ACTH细胞腺瘤   D. TSH细胞腺瘤

    E. GTH细胞腺瘤

【答案】B

【解析】患者手指、足趾粗壮,视力减退,生长激素水平高,考虑生长激素腺瘤,可引起肢端肥大症。垂体腺瘤不会引起性功能亢进。垂体腺瘤中泌乳素瘤是最常见的,占25%-40%。

(25~26题共用题干)

女性,50岁,颜面下肢水肿1年,常因夜间打鼾憋醒濒死感,BMI 27kg/m²,血压130/85,面部胖肿,双下肢轻度凹陷性水肿,尿蛋白(+),心包中等量积液,心律齐整,心率60次/min,血红蛋白110g/L,血清胆固醇6.2mmol/l,TSH 96mIU/ml,TPOAb阳性。

25. 该患者诊断为

    A. 甲状腺功能减退症

    B. 甲状腺滤泡性腺瘤

    C. 桥本甲状腺炎

    D. 毒性甲状腺肿

    E. 甲状腺癌

【答案】A

26. 关于此病症,下列描述<u>不正确</u>的是

    A. 成人黏液性水肿以中年女性多见

    B. 大多为桥本甲状腺炎的后果

    C. 抗微粒体抗体滴度增高

    D. 抗甲状腺球蛋白抗体滴度增高

    E. 宜予以大剂量甲状腺片治疗

【答案】E

【解析】患者颜面下肢水肿,尿蛋白(+),出现代谢率降低和交感神经兴奋性降低的症状,TSH升高,TPOAb阳性,符合甲状腺功能减退症,应小剂量开始补充甲状腺激素,每1~2周增加剂量,直到达到治疗目标。

(27~28题共用题干)

女性,51岁,因"右胁肋部隐痛1月余"入院。CT提示肝脏肿瘤。病理结果提示:见少量正常肝组织,并见轻度异型细胞排列呈梁索样、腺样。免疫组化标记:细胞角蛋白19阳性,肝细胞石蜡抗原1阴性,CD56阳性,突触素阳性。血清甲胎蛋白(AFP)、神经元特异性烯醇化酶(neuron-specific enolase,NSE)均在正常范围。

27. 该患者应诊断为

A. 原发性肝类癌　　B. 肝细胞癌

C. 肝脏转移癌　　　D. 肝母细胞瘤

E. 混合型肝癌

【答案】A

28. 该疾病的临床特点不包括

A. 仅发生于胃肠道和呼吸道

B. 可有激素分泌

C. 病灶直径 <2cm 者很少转移

D. 胃肠道多发现突出于黏膜的帽状或盘状肿物

E. 低度恶性

【答案】A

【解析】原发性肝类癌可出现类癌综合征、卓-艾综合征(胃泌素瘤)、易位 ACTH 综合征、顽固性低血糖等症状，症状不仅限于胃肠道和呼吸道。

(29~30 题共用题干)

男性，3 个月，以"腹胀右上腹部肿块，苍白，消瘦 20 余天"入院。右上腹部肿块，约拳头大小，较硬，同时食欲下降，脸色苍白，消瘦，但无呕吐，大小便正常。血液中儿茶酚胺升高。镜下肿瘤由弥漫成片或片状排列的淋巴样细胞构成，瘤细胞体积小，核圆形，染色深，胞质少可见 Homer-Wright 菊形团。

29. 该患儿应诊断为

A. 肾母细胞瘤　　　B. 肾上腺癌

C. 恶性嗜铬细胞瘤　D. 神经母细胞瘤

E. 神经节细胞瘤

【答案】D

30. 关于该病说法不正确的是

A. 肿瘤来源于交感神经的原始前体细胞

B. 肾上腺及其周围最常见

C. CT 检查常见钙化

D. 80% 以上发生于 5 岁以下儿童

E. 肿瘤细胞 NSE、CgA、Syn 阴性

【答案】E

【解析】镜下表现为典型的神经母细胞瘤表现，NSE、CgA、Syn 均为阳性。

(31~32 题共用题干)

男性，45 岁，反复腹泻 1 年。血液儿茶酚胺升高。超声示胰头占位性病变。CT 平扫示胰头内略

低密度软组织肿块，大小约 2cm×2cm，呈圆形，境界不清。

31. 该病例应诊断为

A. 胰岛素瘤　　B. 胃泌素瘤

C. VIP 瘤　　　D. 类癌

E. 生长抑素瘤

【答案】D

32. 对于该类肿瘤细胞的描述不正确的是

A. 来源于神经嵴细胞

B. 存在于内分泌腺体中

C. 存在于皮肤黏膜

D. 具有摄取胺前体脱羧的功能

E. 细胞来源于内分泌腺体

【答案】E

(33~34 题共用题干)

男性，35 岁，视物障碍 3 个月，加重 1 个月。CT 显示鞍区囊性肿瘤，囊内含黏液油样物，胆固醇和钙化，在疏松的纤维间质中有上皮细胞岛和囊特征型的上皮岛，类似造釉细胞瘤，外层为栅栏状排列的基底细胞，中间有星形细胞吻合而成胆固醇结晶，角化碎屑。

33. 该疾病应诊断为

A. 颅咽管瘤　　　　B. 星形细胞瘤

C. 垂体腺瘤　　　　D. Rathke 裂囊肿

E. 毛细胞型星形细胞瘤

【答案】A

34. 关于该疾病，说法不正确的是

A. 起源于残余的上皮成分

B. 恶性肿瘤

C. 常见于 5~20 岁

D. 手术难以切除

E. 产生压迫症状、垂体功能不全

【答案】B

(35~36 题共用题干)

男性，44 岁，躯干、四肢出现红斑、糜烂伴瘙痒 4 个月，1 个月前臀部至双下肢多处新发红斑，伴剧烈疼痛感。病程中，患者精神、饮食、睡眠欠佳，大小便正常，体重下降明显。体检：神志清，精神欠佳，消瘦体型，中度贫血貌。舌体鲜红，呈"牛肉舌"外观。实验室及影像学检查：血常规示 RBC 3.04×10^12/L 〔(4.30~5.80) ×10^12/L〕，

Hb 84g/L(130.0~175.0g/L);红细胞沉降率 82mm/h(0~15mm/h);糖化血红蛋白 9.9%(4.5%~6.2%);空腹血糖 9.9mmol/L;OGTT 试验:餐后 2 小时血糖 19.9mmol/L(<11.1mmol/L);胰腺 CT 平扫发现胰头区软组织团块影,密度不均,大小约 5.8cm×3.7cm×7.1cm;左大腿皮损组织病理示:表皮角化过度伴融合性角化不全,棘层增生肥厚,皮突下延增宽,可见棘层上部部分细胞胞质空泡化和苍白,少数细胞坏死,真皮浅层淋巴组织细胞浸润。

35. 该患者应诊断为
  A. 胰岛素瘤   B. VIP 瘤
  C. 胰高血糖素瘤   D. 胃泌素瘤
  E. 胰腺癌
【答案】C

36. 关于该疾病**不正确**的是
  A. 80% 为恶性
  B. 占功能性 PEN 的 10%,多见于胰尾
  C. 常见于中年女性
  D. 检查为高血糖症、正色素性贫血、低氨基酸血症
  E. 与 MEN1 相关
【答案】E
【解析】该疾病可能与 MEN1 综合征相关。

(37~38 题共用题干)
男性,52 岁,患者十年前无诱因下出现多饮,多食,多尿,伴有消瘦,每日饮水明显增多,饭量增加,夜尿频繁,体重由 90kg 降至 60kg。2 型糖尿病 10 年,空腹血糖 11.5mmol/L,随机血糖 30mmol/L 以上,诊断为 2 型糖尿病。

37. 该型糖尿病病变特点是
  A. 胰岛内淋巴细胞浸润
  B. 胰岛进行性破坏,胰岛 β 细胞减少
  C. 胰岛细胞无明显减少
  D. 胰岛纤维化
  E. 胰岛变小
【答案】C

38. **不符合** 2 型糖尿病的病因的描述是
  A. 与胰岛素作用不足有关
  B. 与自身免疫有关
  C. 与遗传因素有关
  D. 与肥胖有关
  E. 与胰岛素抵抗性有关
【答案】B
【解析】2 型糖尿病是由于胰岛素抵抗合并有相对性胰岛素分泌不足引起的,胰岛细胞无明显减少,1 型糖尿病是由于胰岛 β 细胞破坏,导致胰岛素绝对缺乏,常与自身免疫因素有关。

(39~40 题共用题干)
女性,57 岁,3 个月前体检时发现甲状腺肿物,伴颈淋巴结肿大。全身麻醉下行甲状腺探查术,术中发现 2 个甲状腺右叶肿物,位于甲状腺中下部,大小分别为 2.4cm×2.4cm×1.4cm 及 0.5cm×0.5cm×0.5cm,实性,质地硬,肿瘤间质中可见淀粉样物质沉积,肿瘤组织由实性细胞巢或片块构成,肿瘤外围可见残留的甲状腺滤泡。免疫组化:癌胚抗原(+),降钙素(+),铬粒素 A(+),S-100(+),TG(-)。

39. 该病例应诊断为
  A. 甲状腺乳头状癌   B. 甲状腺滤泡癌
  C. 甲状腺髓样癌   D. 甲状腺低分化癌
  E. 甲状腺旁腺癌
【答案】C

40. 关于该疾病**不正确**的是
  A. 滤泡旁细胞发生
  B. 不属于弥散神经内分泌细胞源性
  C. 细胞核呈磨玻璃样的甲状腺癌
  D. 部分为家族性常染色体显性遗传,与 MEN 有关
  E. 90% 的肿瘤分泌降钙素,产生严重腹泻和低血钙症
【答案】C
【解析】肿瘤间质中可见淀粉样物质沉积是甲状腺髓样癌的特征性表现。肿瘤细胞含有圆形或椭圆形、规则的核,含粗的染色质,细胞核呈磨玻璃样为甲状腺乳头状癌典型表现。

【案例分析题】

案例一 女性,50 岁,Whipple 三联征及低血糖,肥胖,记忆力及反应力下降。
提问 1:该患者可能患有
  A. 胰岛素瘤   B. 胰高血糖素
  C. 胃泌素瘤   D. 生长抑素瘤
  E. VIP 瘤   F. 类癌

【答案】A

提问2：她不可能出现

A. 高胰岛素血症

B. Letterer-Siwe 综合征

C. Zollinger-Ellison 综合征

D. Verner-Morrison 综合征

E. 高胃泌素血症

F. 高血糖

【答案】BF

【解析】Whipple 三联征是胰岛素瘤的典型症状，包括低血糖症状，血糖水平 <3.0mmol/L，随着葡萄糖的摄入症状缓解，可引起高胰岛素血症和高胃泌素血症，不会出现低血糖症状。Letterer-Siwe 综合征指的是原因未明的组织细胞增殖性疾病，与胰岛素瘤无关。

案例二　女性，56 岁，6 年来因反复因肾结石就诊，多次行碎石治疗。20 天前检查发现血钙高、血磷低、PTH 明显升高。发病以来时有双下肢乏力；有反复肾结石发作症状；余无明显不适。体格检查 BMI 27.7kg/m²，甲状腺不大，右叶可触及结节，无压痛、血管杂音。左锁骨上窝可触及结节，无压痛。辅助检查血钙高、血磷低、PTH 明显升高；骨密度相关检查：提示骨质疏松；腹部 CT：右肾结石；甲状腺 CT 平扫＋增强：左侧甲状腺多发结节，腺瘤可能；左侧甲状旁腺腺瘤或增生可能性大；颈部 MIBI 显像：甲状腺左叶下极放射性浓聚区，考虑为甲状旁腺腺瘤或增生可能性大。

提问1：该患者应该诊断为

A. 亚急性甲状腺炎

B. 原发性甲状旁腺功能亢进

C. 弥漫毒性甲状腺肿

D. 慢性纤维性甲状腺炎

E. 甲状旁腺腺癌

F. 甲状腺髓样癌

【答案】B

提问2：以下属于该病临床表现的是

A. 木僵　　　　B. 多尿

C. 高血压　　　D. 消化道溃疡

E. 水肿　　　　F. 烦躁、易激惹

【答案】ABCD

提问3：引起该病最常见的疾病是

A. 甲状旁腺多发腺瘤

B. 甲状旁腺单发腺瘤

C. 甲状旁腺增生

D. 甲状旁腺癌

E. 甲状旁腺囊肿

F. 以上都不是

【答案】B

【解析】甲状旁腺癌可引起严重的高钙血症伴典型症状，如疲劳、虚弱、体重减轻、厌食、多尿、烦渴等，并且甲状旁腺癌患者在颈部可摸到肿块，该患者甲状腺不大，根据体格检查和影像学检查考虑原发性甲状旁腺功能亢进。甲状旁腺功能亢进可引起高钙血症、低磷血症，可引起肾小管功能受损，导致多尿、高血压等，不会引起水肿。甲状旁腺腺瘤约占原发性甲状旁腺功能亢进的80%，多为单发腺瘤。

案例三　女性，35 岁，因"多食、多汗、怕热 1 个半月，双眼球突出 1 周"来诊。患者 1 个半月前无明显诱因容易饥饿，食量由原来的每天 250g 逐渐增至 500g，同时怕热多汗，体温不高，说话多、易怒、失眠，在当地医院化验血糖正常，给镇静药治疗无好转。近 1 周家人发现双眼球突出，视物正常。病后大便每天 2 次、成形，体重减轻 5kg，小便正常。查体：体温 37℃，脉搏 108 次/min，呼吸 20 次/min，血压 135/60mmHg。发育正常，消瘦，皮肤潮湿，浅表淋巴结无肿大，双眼球突出，闭合障碍，伸舌有细颤，甲状腺Ⅱ度肿大，质软，无结节，两上极可触及震颤，可闻及血管杂音。肺(−)，叩诊心界不大，心率 108 次/min，律齐，心尖部可闻及Ⅱ/6 级收缩期吹风样杂音。腹软，肝脾肋下未触及，肠鸣音正常。双下肢不肿，伸手有细颤。实验室检查：Hb 120g/L，WBC 6.5×10⁹/L，N 68%，L 32%，PLT 240×10⁹/L；尿常规(−)，粪便常规(−)。

提问1：该患者应诊断为

A. 毒性弥漫性甲状腺肿

B. Graves 病

C. 单纯性甲状腺肿

D. 亚急性甲状腺炎

E. 甲状腺癌

F. 桥本甲状腺炎

【答案】AB

提问2：该疾病最严重的临床表现是

A. 甲状腺危象

B. 合并周期性麻痹发作

C. 抗甲状腺药物所致严重肝损

D. 严重浸润性突眼

E. 甲状腺功能亢进性心脏病出现右心衰竭

F. 胫前黏液水肿

【答案】A

提问3:用抗甲状腺药物治疗该患者时,下列正确的是

A. 治疗中如出现甲状腺肿大加重,血管杂音更明显,而其他甲状腺功能亢进症状缓解时,可用甲状腺素抑制剂

B. 适用于病情轻,甲状腺较小,年龄20岁以下者

C. 整个服药疗程至少1.5年

D. 疗程中,疗效考核可用甲状腺摄碘率测定

E. 疗程结束,能否停药,可视T抑制或TRH兴奋试验结果而定

F. 甲状腺功能正常即可停药

【答案】ABCE

【解析】患者怕热多汗、体温不高,说话多、易怒、失眠,双眼球突出、视物正常,根据体格检查和实验室检查考虑Graves病,即弥漫性毒性甲状腺肿。该疾病最严重的临床表现是甲状腺危象,严重者可出现休克昏迷。[131]I摄取率高峰提前可诊断为甲状腺功能亢进,但不适用于对甲状腺功能亢进症患者治疗疗效的判定。

案例四 男性,54岁,因"体检发现右肾上腺占位性病变"入院。腹部彩色超声:腹膜后实质占位性病变。CT检查:右侧肾上腺区有3.9cm×5.6cm椭圆形块影。实验室检查:三大常

规、凝血功能、肝肾功能、电解质均正常。空腹血糖8.8mmol/L,血中儿茶酚胺的异常分泌。切除肿瘤有完整包膜,切面灰白,有出血及囊性变。经Zenker或Helly固定液固定后示棕黄色或棕黑色。镜下特征性巢状或梁状结构为主,也可见弥漫性或实体性结构。间质纤维少,富含毛细血管和血窦,细胞核多形性有时很显著。但核分裂很少见,可见坏死及出血。

提问1:该患者应诊断为

A. 肾上腺皮质癌

B. 肾上腺皮质增生

C. 肾上腺嗜铬细胞瘤

D. 肾上腺皮质腺瘤

E. 类癌

F. 肾上腺髓质增生

【答案】C

提问2:不符合该疾病的描述是

A. 均发生在肾上腺髓质

B. 阵发性高血压

C. 多为双侧发生

D. 一般无包膜

E. 瘤细胞具有异型性

F. CgA阳性

【答案】ACD

【解析】患者血中儿茶酚胺的异常分泌,根据肿物大体和镜下表现,考虑嗜铬细胞瘤,可发生于肾上腺以外的部位,一般为单发,有包膜。

(赵 亮 宫惠琳)

第十章　泌尿系统疾病

1. 浸润性尿路上皮癌病理组织学变异型中最多见的是

 A. 浸润性尿路上皮癌伴腺性分化

 B. 浸润性尿路上皮癌伴鳞状分化

 C. 浸润性尿路上皮癌巢状变异型

 D. 浸润性尿路上皮癌微乳头变异型

 E. 浸润性尿路上皮癌肉瘤样变异型

 【答案】B

2. 有关肾结核描述正确的是

 A. 主要源于膀胱结核

 B. 病变起始于肾盂

 C. 病变初期即可形成结核性空洞

 D. 严重者可将肾组织完全破坏仅剩一被膜包绕的空壳

 E. 结核分枝杆菌传播至肾脏的主要途径为直接蔓延

 【答案】D

 【解析】肾结核病是肺外血源性结核的好发部位,病原菌主要是来自肺结核,病变开始于皮髓质交界处,初为增生性结核结节,进而扩大而发展为干酪样坏死,破坏肾盂后可形成结核性空洞。

3. 上皮样血管平滑肌脂肪瘤下列描述**不正确**的是

 A. 来源于血管周细胞的良性间叶源性肿瘤

 B. 可发生远处转移

 C. 表达黑色素细胞标记

 D. 上皮样细胞巢状、片状排列,在血管周呈袖套状分布

 E. 可以有坏死和核分裂象

 【答案】A

 【解析】上皮样血管平滑肌脂肪瘤具有恶性潜能。

4. 下列与 von Hippel-Lindau 综合征相关的肾细胞癌是

 A. 乳头状肾细胞癌

 B. 遗传性平滑肌瘤病和肾细胞癌(HLRCC)相关性肾癌

 C. 嫌色性肾细胞癌

 D. MiT 家族易位性肾细胞癌

 E. 透明细胞性肾细胞癌

 【答案】E

 【解析】von Hippel-Lindau 综合征是常染色体显性遗传性疾病,与之相对应的肾脏病变有透明细胞性肾细胞癌和肾囊肿。

5. 下面**不是**腺性膀胱炎特点的是

 A. 尿路上皮的基底层增生,向黏膜下层出芽性生长

 B. 布氏巢中心囊性变,囊壁被覆的上皮为尿路上皮

 C. 常伴有膀胱表面上皮化生

 D. 免疫组化 CK20、CDX2 常阳性

 E. 上皮巢内陷,不形成结节

 【答案】B

 【解析】腺性膀胱炎囊壁被覆的为柱状的腺上皮。

6. 关于嫌色性肾细胞癌,下列说法**错误**的是

 A. 胞膜清晰

 B. 电镜下胞质内富含膜性小空泡

 C. Hale 胶体铁染色阴性

 D. 免疫组化染色 EMA 阳性,vimentin 阴性

 E. 首选治疗方法是根治性肾切除术

 【答案】C

 【解析】Hale 胶体铁染色阳性为嫌色性肾细胞癌的特征。

7. 有关肾母细胞瘤描述**错误**的是
    A. 又称 Wilms 瘤
    B. 多见于新生儿
    C. 临床有腹部包块、腹痛及血尿
    D. 肿瘤直径常大于 5cm
    E. 镜下可见多少不等的未分化胚芽组织、上皮和间质组成
    【答案】B
    【解析】大部分发生于 2~4 岁的儿童,罕见于新生儿。

8. 关于乳头状肾细胞癌,下列说法**错误**的是
    A. 预后比透明细胞癌好
    B. 常可见到 7 号、17 号染色体三倍体和 Y 染色体的丢失
    C. 部分与 von Hippel-Lindau 综合征有关
    D. Ⅰ型乳头状肾细胞癌预后好于Ⅱ型乳头状肾细胞癌
    E. 老年人好发
    【答案】C
    【解析】透明细胞性肾细胞癌和 von Hippel-Lindau 综合征有关。

9. 下列肾细胞癌预后**最差**的是
    A. 透明细胞性肾细胞癌
    B. Ⅰ型乳头状肾细胞癌
    C. Ⅱ型乳头状肾细胞癌
    D. 嫌色性肾细胞癌
    E. 透明细胞乳头状肾肿瘤
    【答案】A
    【解析】透明细胞性肾细胞癌的预后要差于乳头状肾细胞癌和嫌色性肾细胞癌。而乳头状肾细胞癌又分为Ⅰ型和Ⅱ型,Ⅰ型预后好于Ⅱ型。透明细胞乳头状肾细胞癌 2016 年 WHO 新版中将其 ICD-O 编码定为 1(交界性或恶性潜能未定的肿瘤)。

10. 关于浸润性尿路上皮癌,下列正确的是
    A. 常发生于中、老年男性
    B. 常在上皮内瘤变基础上发展而来
    C. 早期浸润是指仅侵及固有层,而未侵犯肌层
    D. 在高级别乳头状癌中应注意寻找固有层是否浸润
    E. 以上各项都正确
    【答案】E

11. 关于低度恶性潜能的多房性囊性肿瘤,下列叙述**错误**的是
    A. 预后好,复发或转移少见

B. 囊腔内衬上皮可出现复层或小乳头
    C. 肿瘤有纤维包膜,与周围正常肾组织分隔
    D. 该肿瘤多发生在有长期肾脏透析病史的患者中
    E. 肿瘤细胞表达 CK 和 EMA 免疫组化标记
    【答案】D

12. 有关集合管癌,下列说法**错误**的是
    A. 肿瘤可位于肾锥体或肾中央
    B. 典型的组织学形态呈不规则小管状
    C. 肿瘤细胞核分级较低,多为 WHO/ISUP 1~2 级
    D. 该肿瘤的诊断常是一种排除性诊断
    E. 免疫组化高分子角蛋白阳性表达
    【答案】C
    【解析】集合管癌肿瘤细胞核大,核仁明显,高度恶性分级。

13. 关于透明细胞性肾细胞癌 WHO/ISUP 分级系统,下列说法**错误**的是
    A. G1:400 倍下瘤细胞无核仁或核仁不明显
    B. G2:400 倍下瘤细胞可见清晰的核仁,但在 100 倍下核仁不明显或不清晰
    C. G3:100 倍下可见清晰的核仁
    D. G4:瘤细胞显示明显多形性的核、瘤巨细胞、肉瘤样或横纹肌样分化
    E. G4:瘤细胞显示明显多形性的核、瘤巨细胞、肉瘤样或横纹肌样分化,伴肿瘤性坏死
    【答案】E

14. 肾母细胞瘤最早出现的症状
    A. 膀胱刺激征　　　B. 腹痛
    C. 腹部包块　　　　D. 血尿
    E. 发热
    【答案】C

15. 可表达黑色素细胞标记的肿瘤有
    A. PEComa
    B. TFE3 易位性肾细胞癌
    C. 上皮样血管平滑肌脂肪瘤
    D. 黑色素细胞瘤
    E. 以上均是
    【答案】E

16. 在形态学及免疫表型有重叠的嫌色性肾细胞癌是
    A. 透明细胞性肾细胞癌

B. 嗜酸细胞腺瘤

C. 乳头状肾细胞癌

D. 后肾腺瘤

E. 以上均不是

【答案】B

【解析】嫌色性肾细胞癌嗜酸变型和嗜酸细胞腺瘤形态学上类似，均表达 E-cadherin 和 EMA，均不表达 CD10 和 vimentin。

17. 后肾腺瘤具有的分子改变为

A. *BRAF* V600E 基因突变

B. 7/17 染色体三倍体

C. *ETV6-NTRK3* 融合基因

D. *BCOR* 基因框内重复

E. *SMARCA4* 基因缺失

【答案】A

【A2 型题】

1. 男性，62 岁，体检时超声发现右肾上极有直径 2.5cm 的占位性病变。肿物在肾实质内边界清楚，包膜完整；切面有出血、坏死，呈多彩状；镜下见小梁状、乳头状或乳头实体状排列，纤维血管轴心内有砂粒体，细胞立方状、柱状，胞质嗜双色，核仁不明显。其诊断最可能为

A. 透明细胞性肾细胞癌

B. 嗜酸细胞腺瘤

C. 颗粒细胞瘤

D. 乳头状肾细胞癌

E. 嫌色性肾细胞癌

【答案】D

【解析】肾乳头状肾细胞癌约占肾细胞癌的 15%，多见于老年男性。肉眼：边界清楚，有纤维性假包膜，常有出血、坏死、囊性变，多彩状。光镜下：多呈乳头状排列，纤维血管轴心内可见砂粒体、泡沫状巨噬细胞和胆固醇结晶，细胞立方状、柱状、多角形，胞质可嗜酸或嗜碱，核仁不明显或呈大的不规则形。

2. 男性，4 岁，洗澡时偶然发现腹部包块，无腹痛腹胀、膀胱刺激征及血尿。超声检查提示左肾占位。首先考虑的疾病是

A. 肾积水　　　　B. 肾母细胞瘤

C. 多囊肾　　　　D. 肾横纹肌样瘤

E. 集合管癌

【答案】B

【解析】肾母细胞瘤多见于 6 岁以前的儿童，偶见于成人。临床常首先发现腹部包块，偶见血尿和疼痛。

3. 男性，68 岁，近 1 年偶有无痛性血尿的症状。体检发现左侧输尿管下段近膀胱处有一息肉样隆起，直径约 1.3cm，行根治手术后送病理。镜下可见尿路上皮细胞明显增多，增大，胞核明显增大、多形、染色质稍多，核仁显著，极向紊乱，肿瘤细胞小簇状生长，浸润至深肌层；部分区域呈腺样结构。其诊断最合适的是

A. 低级别非浸润性尿路上皮癌

B. 高级别非浸润性尿路上皮癌

C. 高级别浸润性尿路上皮癌

D. 高级别浸润性尿路上皮癌伴腺样分化

E. 高级别浸润性尿路上皮癌伴鳞状分化

【答案】D

【解析】输尿管下段是移行上皮病变的高发区，由镜下描述，可见瘤细胞异型性明显，且浸润至深肌层，已达深部浸润。尿路上皮癌出现腺样结构提示出现腺样分化。

4. 女性，65 岁，3 年前行右肾切除手术，术后病理诊断为上皮样血管平滑肌脂肪瘤，今因体检发现肺部占位入院。肺部肿块切除标本示上皮样细胞巢状分布，免疫标记结果示 SMA 和 HMB45 阳性。下列说法**不正确**的是

A. 来源于血管周细胞的间叶肿瘤

B. 可以发生远处转移

C. 表达黑色素细胞标记

D. 约 10% 的患者伴有结节性硬化症

E. 可以发生坏死

【答案】D

【解析】上皮样血管平滑肌脂肪瘤多见于成人，约 50% 的患者伴有结节性硬化症。

5. 女性，50 岁，5 年前发现视网膜占位，后经手术证实为血管母细胞瘤。1 周前无明显诱因出现右侧腹部胀痛不适，不伴发热、腰痛、腹痛、肉眼血尿等。腹部 CT 检查提示右肾占位，左肾囊肿。后行右肾根治术 + 左肾囊肿去顶减压，病理诊断"右肾"透明细胞性肾细胞癌及"左肾"囊肿改变。可能与下列综合征有关的是

A. von Hippel-Lindau 综合征

B. Birt-Hogg-Dubé 综合征

C. Lynch 综合征

D. Cowden 综合征

E. Bourneville 综合征

【答案】A

6. 男性,56 岁,体检发现右肾上极一直径 3cm 的肿物,大体可见肿物包膜完整,切面呈均质灰黄色,可见中央瘢痕。镜下可见实性巢状或岛状的肿瘤细胞分布于疏松水肿的间质中,肿瘤细胞大小均一,胞质丰富,HE 染色表现为强嗜酸性,未见核分裂象。该患者应诊断为

A. 透明细胞性肾细胞癌

B. 嗜酸细胞腺瘤

C. 嫌色性肾细胞癌

D. 颗粒细胞瘤

E. 集合管癌

【答案】B

7. 男性,37 岁,反复尿频、尿急 1 年半。静脉肾盂造影发现肾盏虫蚀样破坏。首先考虑的疾病是

A. 肾癌　　　　B. 肾积水　　　　C. 肾结核

D. 肾结石　　　　E. 肾囊肿

【答案】C

8. 男性,62 岁,CT 示左肾占位。病理镜下细胞呈乳头状和腺泡状结构,间质含大量小的薄壁血管,局灶囊腔形成,伴大片出血及含铁血黄素沉积。胞质透明、胞膜清楚,细胞核卵圆形,染色质细颗粒状,低倍镜下核仁明显,部分区域可见肿瘤性坏死。最可能的诊断是

A. 透明细胞性肾细胞癌,Ⅰ级

B. 透明细胞性肾细胞癌,Ⅱ级

C. 透明细胞性肾细胞癌,Ⅲ级

D. 透明细胞性肾细胞癌,Ⅳ级

E. 透明细胞乳头状肾细胞癌

【答案】C

9. 男性,55 岁,患者于 4 天前无明显诱因出现无痛性肉眼血尿,无畏寒、发热,无腹痛,无尿频、尿急等不适。腹部 CT 检查肾盂与输尿管移行处管壁明显增厚,管腔狭窄,左侧肾盂明显扩张、积水。尿涂片找到少量异型细胞。患者病理诊断最可能是

A. 鳞状细胞癌

B. 内翻性乳头状瘤

C. 尿路上皮癌

D. 尿路上皮乳头状瘤

E. 肾盂结石

【答案】C

10. 男性,50 岁,发现无痛全程肉眼血尿 1 周,大量喝水后稍缓解。CT 提示膀胱后壁占位,病理提示腺性膀胱炎。下列说法**不正确**的是

A. 腺性膀胱炎是良性病变

B. 属于尿路上皮化生性病变

C. 是基底细胞向黏膜下层出芽性生长

D. 布氏巢中心囊性变,囊壁被覆的上皮为尿路上皮

E. 免疫组化常 CK20、CDX2 阳性

【答案】D

【解析】腺性膀胱炎囊壁被覆的为柱状的腺上皮。

11. 女性,55 岁,体检发现左肾下极一直径 6cm 的肿物。大体可见肿物呈分叶状,无包膜,切面呈均质黄棕色。镜下肿瘤细胞呈实性巢状排列,胞质丰富,嗜酸性,免疫组化染色 CK7 阳性,vimentin 阴性。若诊断为嫌色性肾细胞癌,**最难**进行鉴别的疾病是

A. 后肾腺瘤

B. 嗜酸细胞腺瘤

C. 透明细胞性肾细胞癌

D. 颗粒细胞瘤

E. 集合管癌

【答案】B

【解析】嫌色细胞性肾细胞癌嗜酸变型和嗜酸细胞腺瘤形态学上类似,均表达 E-cadherin、EMA,均不表达 CD10、vimentin。

12. 女性,45 岁,因腰部隐痛至医院检查。超声发现左肾肿瘤,不伴发热、腰疼、肉眼血尿等。超声造影示左肾癌。手术切除左肾标本,肿块大小 5cm×5cm×3cm,边界不清,切面灰褐色,有出血坏死,浸润性生长。下列说法正确的是

A. 乳头状肾细胞癌预后差于透明细胞性肾细胞癌

B. 上皮样血管平滑肌瘤可发生转移

C. 透明细胞肉瘤免疫组化 EMA 阳性

D. 上皮样血管平滑肌脂肪瘤是来源于血管周细胞的良性间叶性肿瘤

E. 上皮样血管平滑肌脂肪瘤约 10% 的患者伴有结节性硬化症

【答案】B

13. 女性,69岁,肉眼血尿2月余。膀胱镜检查发现膀胱后壁水草样新生物,取检。显微镜下,肿瘤组织由纤细、多分支的乳头组成,细胞层次增多、极向紊乱、呈中度异型性,于基底层细胞内见少量病理性核分裂象,未见伞细胞。此患者最可能的诊断为

A. 非浸润性乳头状尿路上皮癌,高级别

B. 非浸润性乳头状尿路上皮癌,低级别

C. 低度恶性潜能的尿路上皮乳头状肿瘤

D. 尿路上皮内翻性乳头状瘤

E. 腺性膀胱炎

【答案】B

14. 女性,2岁,无意间发现右上腹部肿物,无压痛,手术切除肿物。肉眼观:右肾被膜下见一囊实性肿物,实性部分大小7cm×6cm×6cm,切面灰白、质地均匀,囊性区壁厚0.1~0.3cm,内含淡红色液体。镜下观:肿瘤组织形态多样,部分区域瘤细胞由成片的小细胞组成,胞质不明显,核深染,核分裂象常见;部分区域肿瘤细胞排列呈腺管状,瘤细胞呈上皮样,细胞核呈楔形;部分区域呈囊性,囊壁被覆扁平上皮。该患者病理诊断最可能为

A. 肾透明细胞肉瘤

B. 先天性中胚层肾瘤

C. 肾母细胞瘤

D. 生殖细胞肿瘤

E. 集合管癌

【答案】C

【解析】肾母细胞瘤多见于6岁以前的儿童,偶见于成人。临床常首先发现腹部包块,偶见血尿和疼痛。

15. 女性,33岁,尿频、尿急、尿痛伴血尿1年。膀胱造影发现膀胱挛缩。尿液培养结核分枝杆菌阳性。手术切除右肾后,病理诊断为肾结核。对于此病变,说法错误的是

A. 病理型肾结核常不出现症状,也不引起影像学改变,尿中无法查到结核分枝杆菌

B. 镜下可表现为肾脏破坏,伴大片凝固性坏死及上皮样肉芽肿形成,周围绕以淋巴细胞及纤维组织、多核巨细胞反应

C. 肾结核可分为结节型、溃疡空洞型、纤维钙化型

D. 如病变未能愈合而扩张蔓延,则发展为临床期肾结核

E. 若机体抵抗力增强,可使干酪样物质浓缩而不发生液化并引起广泛的纤维组织增生和钙化,临床上称为"自截肾"

【答案】A

16. 男性,73岁,近半年有肾区疼痛、血尿的症状。超声发现左肾有一孤立性占位性病变,直径约4cm。手术切除后送检病理。镜下可见:细胞部分呈小梁状、部分呈实体性排列,胞质略嗜酸,核仁明显,多位于胞质顶端,间质内可见多量泡沫细胞;免疫组化染色示CK7和P504S强阳性。其诊断最可能是

A. 透明细胞性肾细胞癌

B. 嗜酸细胞腺瘤

C. 颗粒细胞瘤

D. 乳头状肾细胞癌

E. 嫌色性肾细胞癌

【答案】D

【解析】肾乳头状肾细胞癌多见于老年男性。肉眼:边界清楚,有纤维性假包膜,常有出血、坏死、囊性变,多彩状。光镜下:多呈乳头状排列,纤维血管轴心内可见砂粒体、泡沫状巨噬细胞和胆固醇结晶,细胞立方状、柱状、多角形,胞质可嗜酸或嗜碱,核仁不明显或呈大的不规则形。

17. 男性,54岁,体检发现肾占位,无发热,腰痛,肉眼血尿等。手术后病理诊断为上皮样血管平滑肌脂肪瘤。以下说法正确的是

A. 来源于血管周细胞的间叶源性肿瘤

B. 不会发生远处转移

C. 一般不表达黑色素细胞标记

D. 约10%的患者伴有结节性硬化症

E. 不发生坏死

【答案】A

18. 男性,32岁,CT提示左侧肾盂占位。病理镜下肿瘤细胞呈巢状、片状及条索状,核多形性,核仁突出,胞质分界不清,呈合体样,间质含有显著淋巴样背景,免疫组化标记AE1/AE3(+),GATA3(+)。最可能的诊断是

A. 浸润性尿路上皮癌伴鳞状分化

B. 浸润性尿路上皮癌巢状变异型

C. 肉瘤样癌

D. 未分化癌

E. 淋巴上皮瘤样癌

【答案】E

19. 男性,65 岁,透析 10 年,体检发现左肾占位 1 周,取检。肉眼观察,肾脏有多个囊腔,肿物切面囊实性,肿瘤与周围肾组织界限清楚。镜下肿瘤间质内可见结晶体。该患者可能的诊断是

A. 透明细胞癌

B. 乳头状肾细胞癌

C. 嫌色细胞癌

D. 获得性囊性疾病相关性肾细胞癌

E. 透明细胞乳头状癌

【答案】D

20. 男性,46 岁,发现血尿 2 天。CT 检查可见左肾上极一直径 5cm 的肿物。大体可见肿物边界尚清,无包膜,表面呈分叶状,切面棕黄色。镜下可见呈实性片状排列的肿瘤细胞呈大圆形或多边形,包膜清楚,丰富的毛玻璃样胞质,透明核周晕明显,Hale 胶状铁染色阳性。该患者应诊断为

A. 透明细胞性肾细胞癌

B. 嗜酸细胞腺瘤

C. 嫌色性肾细胞癌

D. 颗粒细胞瘤

E. 集合管癌

【答案】C

【解析】嫌色性肾细胞癌是来源于集合管上皮细胞的恶性肿瘤,大体呈分叶状,无包膜,切面呈均质黄棕色。镜下癌细胞呈大圆形或多边形,包膜较厚,细胞界限清楚,有丰富的磨玻璃状的胞质。Hale 胶状铁染色阳性。

21. 女性,21 岁,因体检发现肾脏占位就诊。影像学检查显示左肾上极实质性占位,行肾脏肿瘤根治术。光镜下肿瘤边界清楚,无包膜,呈排列紧密的小腺泡、小管和乳头状结构,砂粒体多见,血管结构不明显,细胞形态单一,核小而一致,无核仁,胞质稀少,核分裂象罕见。根据镜下形态及免疫组化结果诊断为后肾腺瘤。该病例免疫组化表达

A. EMA,P504S,CDH17

B. CD57,WT1,CDH17

C. CK7,CD117,PAX-8

D. CK7,P504S,CDH17,WTI

E. CK,CD57,EMA,P504S

【答案】B

22. 女性,4 岁,体检发现左肾占位,不伴发热、腹痛、尿频尿急尿痛等症状。CT:左肾占位。大体:肾实质内见一肿物,大小 11cm×10cm×8cm。术后病理如图。最有可能的诊断是

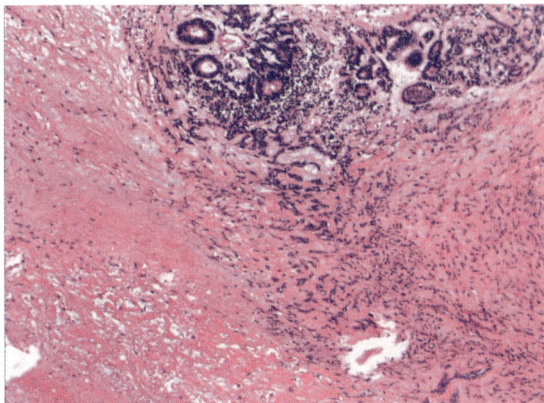

A. 后肾腺瘤　　　　B. 肾母细胞瘤

C. 滑膜肉瘤　　　　D. 乳头状肾细胞癌

E. 嗜酸细胞腺瘤

【答案】B

【解析】肾母细胞瘤是来源于肾胚芽组织的恶性肿瘤,又称 Wilms 瘤。多见于 6 岁以前的儿童,偶见于成人。肿瘤主要由三种基本成分构成:未分化的胚芽组织、间胚叶性间质和上皮样成分。

23. 男性,61 岁,体检发现左侧输尿管占位 1 月余,肿物根治性切除后送检。大体见肿物直径 2.2cm,输尿管管腔扩张、阻塞,切面灰白、质韧,部分质稍软。镜下如图所示。该疾病的诊断最合适的是

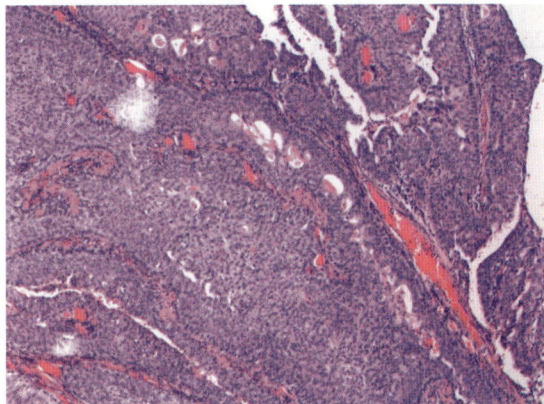

A. 鳞状细胞癌

B. 高级别尿路上皮癌

C. 低分化腺癌

D. 腺癌伴鳞状细胞分化

E. 以上都不对

【答案】B

【解析】肿瘤的乳头状结构出现融合现象,被覆的尿路上皮层次增多、排列紊乱、细胞呈多形性,细胞核染色质增多,核仁明显,核分裂象易见。

24. 男性,57 岁,于半月前因腹泻至医院检查,超声发现左肾肿瘤,不伴发热、腰疼、肉眼血尿等。超声造影示左肾癌。大体标本肾中部见一灰褐色肿物,大小 5cm×4cm×3.5cm,切面见出血,病理图片如下。考虑的病理诊断是

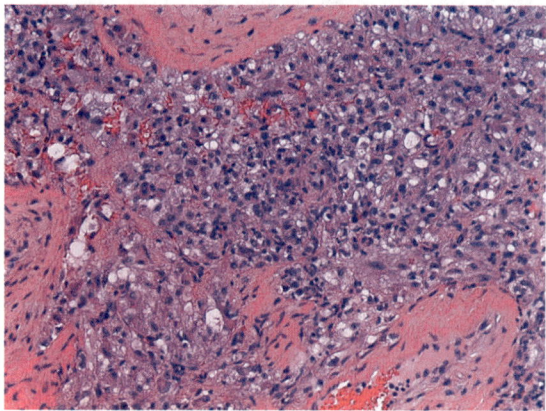

A. 高级别肾细胞癌

B. 上皮样血管平滑肌脂肪瘤

C. 转移性恶性肿瘤

D. 肾盂尿路上皮癌

E. 以上均有可能

【答案】E

25. 男性,78 岁,患者于 1 个月前无明显诱因下发现肉眼血尿,伴双侧腰部不适,CT 提示左肾占位。大体肾盂处见一灰白肿物,大小 6cm×4.5cm×4cm,切面灰白、质中、界欠清。镜下如图所示。免疫组化 P63(+),CK5/6(+),CDH17(灶性 +)。该疾病的诊断是

A. 鳞状细胞癌

B. 低级别浸润性尿路上皮癌伴鳞状分化

C. 高级别浸润性尿路上皮癌伴鳞状分化

D. 低级别浸润性尿路上皮癌伴腺性分化

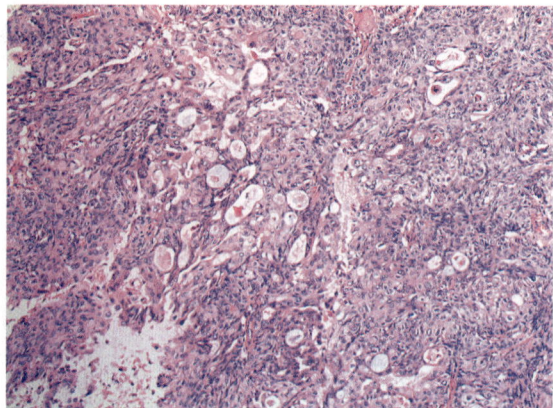

E. 高级别浸润性尿路上皮癌伴腺性分化

【答案】E

26. 男性,58 岁,因"右侧肾脏实质性占位"入院,切除右侧肾脏送检。大体见肾脏大小 16cm×8cm×8cm,剖面见肿物大小 12cm×5cm×4cm,切面灰白质中,边界不清。镜下所见如图。该病变最**不可能**的诊断是

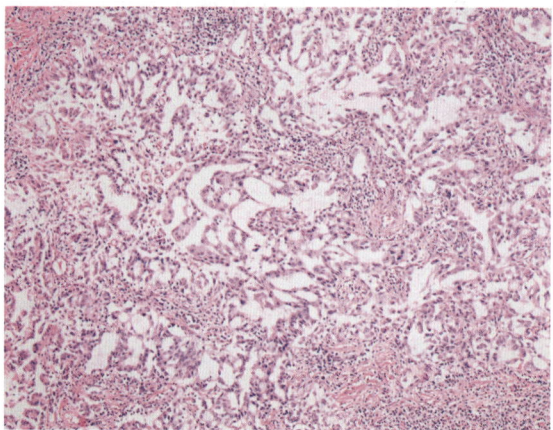

A. 集合管癌

B. 遗传性平滑肌瘤病和肾细胞癌综合征相关性肾癌

C. ALK 易位性肾癌

D. 乳头状肾细胞癌

E. 透明细胞癌

【答案】E

27. 女性,60 岁,肾脏占位,组织学形态如图所示。最可能的诊断为

A. 乳头状癌

B. 集合管癌

C. 嫌色细胞性肾细胞癌

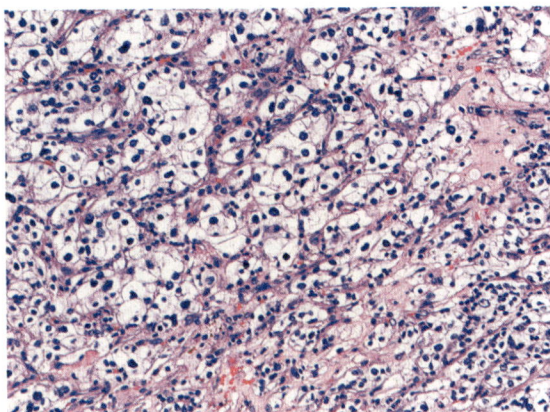

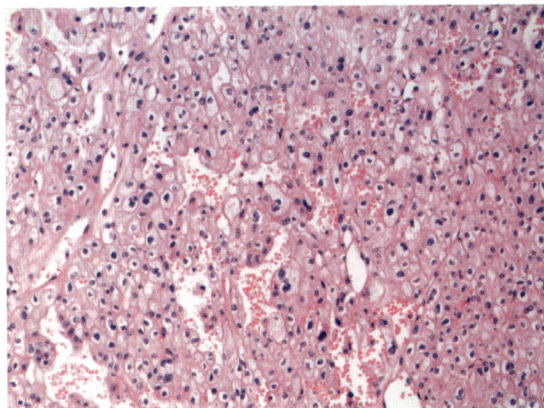

D. 嗜酸细胞腺瘤

E. 透明细胞性肾细胞癌,2 级

【答案】E

【解析】癌细胞体积较大,呈立方形、柱状或楔形。胞质内含大量糖原和脂类物质,呈透明状。

D. 颗粒细胞癌

E. 集合管癌

【答案】C

【解析】嫌色性肾细胞癌是来源于集合管上皮细胞的恶性肿瘤,镜下癌细胞呈大圆形或多边形,包膜较厚,细胞界限清楚,有丰富的磨玻璃状的胞质。

28. 如图肾脏占位,以下最有可能的诊断是

A. 后肾腺瘤

B. 嗜酸细胞腺瘤

C. 低度恶性潜能多房囊性肾肿瘤

D. 嫌色细胞性肾细胞癌

E. 集合管癌

【答案】C

29. 女性,62 岁,体检发现左肾占位 1 月余,切除肿物送检。大体见肿物直径 4.5cm,无包膜,切面棕黄色,镜下如图所示。免疫组化染色 CK7 阳性,vimentin 阴性。该疾病的诊断是

A. 透明细胞性肾细胞癌

B. 嗜酸细胞腺瘤

C. 嫌色性肾细胞癌

【A3/A4 型题】

(1~2 题共用题干)

男性,61 岁,5 个月前无明显诱因出现尿频、尿急,伴尿痛,无发热、腰痛、腹痛及肉眼血尿。泌尿系 CT 示:左肾结石,左肾盂肾盏及近段输尿管扩张、管壁增厚。既往 10 年前曾患有结核,并正规抗结核治疗 1 年。

1. 患者 10 年前最可能患有结核的部位是

A. 甲状腺结核   B. 骨结核

C. 肺结核   D. 肠结核

E. 以上均不是

【答案】C

2. 以下描述**错误**的是

A. 病变中,坏死组织经自然管道排出后可形成窦道

B. 早期病变主要是肾皮质内多发性结核结节

C. 结核结节主要由淋巴细胞、浆细胞、多核巨细胞及上皮样细胞形成结核性肉芽肿,中央为干酪样坏死组织,边缘为增生的纤维组织

D. 溃疡空洞型肾结核在临床上最常见

E. 肾结核病灶内大量钙盐沉积,致使整个肾脏广泛钙化

【答案】A

（3~4题共用题干）

男性，68岁，患者1个月前体检发现右肾上极肿块，无明显症状，于当地医院进行肿物切除。肿瘤包膜完整，边界清楚，切面呈灰黄、灰红色，质软，可见出血。送检病理，镜下可见瘤细胞大部分呈乳头状排列，胞质部分嗜酸，部分嗜碱性，核仁明显，多位于胞质顶端；免疫组化染色示CK7强阳性。

3. 患者病理诊断最可能为是
   A. 透明细胞性肾细胞癌
   B. 嗜酸细胞腺瘤
   C. 嫌色性肾细胞癌
   D. 乳头状肾细胞癌
   E. 以上均不是
【答案】D

4. 镜下表现最可能为是
   A. 肿瘤细胞实性条索状、乳头状排列
   B. 细胞结构正常、细胞异型性不大，无核分裂象
   C. 胞质透明，嗜碱性
   D. 瘤细胞小，形态较一致，呈燕麦细胞样
   E. 瘤细胞核仁不明显
【答案】A
【解析】老年男性，肾上极肿块，包膜完整，乳头状排列，最可能为乳头状肾细胞癌；光镜下多呈乳头状排列，也可小梁状或乳头实体性排列，纤维血管轴心内可见砂粒体、泡沫状巨噬细胞和胆固醇结晶，细胞立方状、柱状、多角形，胞质可嗜酸或嗜碱，核仁不明显或呈大的不规则形。

（5~6题共用题干）

男性，71岁，1年前排尿困难，膀胱镜活检诊断为局灶尿路上皮高级别上皮内瘤变。由于未接受正规治疗，近3个月来排尿困难加重，且出现无痛血尿，再次进行膀胱镜检查。

5. 第二次膀胱镜检查最可能出现的结果是
   A. 透明细胞性肾细胞癌
   B. 内翻性乳头状瘤
   C. 浸润性尿路上皮癌
   D. 腺癌
   E. 未分化癌
【答案】C

6. 光镜下诊断为浸润性尿路上皮癌的依据是
   A. 癌组织突破了基底层细胞

   B. 肿瘤细胞明显增生伴有明显异型性
   C. 癌组织必须浸润至固有层
   D. 癌组织阻塞输尿管，但未累及肌层
   E. 大量核分裂象
【答案】A
【解析】高级别上皮内瘤变是指尿路上皮呈肿瘤性增生伴有细胞明显异型性，但未突破基底层细胞，达全层即为尿路上皮原位癌，突破基底层即浸润性尿路上皮癌，其又分为早期浸润和深度浸润，早期浸润即浸润至固有层，未达肌层。

（7~8题共用题干）

女性，45岁，因腰部隐痛至医院检查，超声发现左肾肿瘤，不伴发热、腰疼、肉眼血尿等。超声造影示左肾癌。手术切除左肾标本，肿块大小5cm×5cm×3cm，边界不清，切面呈灰褐色，有出血坏死，浸润性生长。

7. 下列病理诊断最**不可能**的是
   A. 高级别肾细胞癌
   B. 肾母细胞瘤
   C. 转移性恶性肿瘤
   D. 乳头状腺瘤
   E. 尿路上皮癌
【答案】D

8. 下面说法正确的是
   A. 乳头状肾细胞癌预后差于透明细胞性肾细胞癌
   B. 上皮样血管平滑肌瘤可发生转移
   C. 透明细胞肉瘤免疫组化EMA阳性
   D. 上皮样血管平滑肌脂肪瘤是来源于血管周细胞的良性间叶性肿瘤
   E. 上皮样血管平滑肌脂肪瘤约10%的患者伴有结节性硬化症
【答案】B

（9~10题共用题干）

男性，66岁，因"无痛性全程肉眼血尿半年余"入院。泌尿超声示左侧肾盂积液，左侧输尿管扩张。腹部CT示左侧肾盂内软组织密度影，大小约39mm×25mm，左肾可见斑片状稍低密度影，边界模糊不清。

9. 患者病理诊断最可能是
   A. 鳞状细胞癌

B. 内翻性乳头状瘤

C. 浸润性尿路上皮癌

D. 尿路上皮乳头状瘤

E. 透明细胞性肾细胞癌

【答案】C

10. 行左肾根治性切除术,病理镜下示肿瘤细胞小簇状、巢团状浸润性生长并累及肾实质,可见乳头轴心,细胞异型性明显,核明显增大、多形或不规则,核仁显著,可见大量核分裂象。该患者 TNM 分期中 T 期为

A. T_{is} 　　 B. T_1 　　 C. T_2

D. T_3 　　 E. T_4

【答案】D

【解析】老年男性,"无痛性全程肉眼血尿半年余",CT 提示肾盂占位,并累及肾实质可能,最可能的诊断应该为浸润性尿路上皮癌。病理结果是浸润性尿路上皮癌并浸润肾实质,其 TNM 分期中 T 期应为 T_3(肾盂肿瘤浸润超过肌层,浸润肾盂周围脂肪或肾实质)。

(11~12 题共用题干)

女性,56 岁,腹部疼痛 2 周。CT 检查示左肾占位、左侧髂骨异常密度影,行左侧肾脏切除术。肉眼观察,肿瘤位于肾髓质,侵犯肾盂,切面灰白色,界限不清,周围可见卫星结节。显微镜下,肿瘤细胞呈腺样、小管状、局灶区域呈肉瘤样排列,细胞异型性明显,细胞核分级 Fuhrman 4 级,纤维间质内可见坏死及大量慢性炎细胞浸润,脉管内见癌栓。

11. 患者病理诊断最可能为是

A. 肾盂尿路上皮癌

B. 透明细胞型肾细胞癌

C. 集合管癌

D. 乳头状肾细胞癌

E. 低度恶性潜能多房囊性肾肿瘤

【答案】C

12. 该肿瘤最可能出现的免疫表型是

A. CAIX(+)、CK7(−)、vimentin(+)

B. CK7(+)、EMA(+)、vimentin(+)

C. CD117(+)、CK7(−)、E-cad(+)

D. CAIX(−)、CK19(+)、vimentin(+)

E. CAIX(−)、PAX8(−)、TFE3(+)

【答案】D

【解析】集合管癌是来源于集合管上皮细胞的恶性肿瘤,又称 Bellini 导管癌。预后较透明性肾细胞癌差,多数患者首诊时已有转移。癌细胞核大,核仁明显,高恶性分级。

(13~14 题共用题干)

女性,5 岁,腹痛 2 天入院。MRI 示右侧肾脏占位,行手术治疗。肉眼见肿块周围有假性纤维包膜,肿块切面灰白色,质地稍软,部分肿瘤组织突向肾盂。

13. 该患者最可能的诊断是

A. 透明细胞性肾细胞癌

B. 肾母细胞瘤

C. 乳头状肾细胞癌

D. 肾盂尿路上皮癌

E. 肾结核

【答案】B

14. 该肿瘤最常见的组织学形态是

A. 可见上皮样肉芽肿形成,伴多核巨细胞反应及凝固性坏死

B. 肿瘤细胞巢团状分布,细胞巢内有丰富的毛细血管间隔,细胞质透明或淡染

C. 肿瘤细胞围绕纤维血管轴心呈单层排列,乳头轴心常见泡沫细胞

D. 肿瘤细胞巢团状分布,细胞质丰富嗜双色性,细胞巢周边细胞核呈栅栏状排列

E. 肿瘤组织常由未分化胚芽组织、上皮成分和间叶成分组成

【答案】E

【解析】肾母细胞瘤是来源于肾胚芽组织的恶性肿瘤,又称 Wilms 瘤。多见于 6 岁以前的儿童,偶见于成人。临床常首先发现腹部包块,偶见血尿和疼痛。肿瘤主要由三种基本成分构成:未分化的胚芽组织、间胚叶性间质和上皮样成分。

(15~16 题共用题干)

女性,45 岁,体检发现左肾占位 1 周,自述无肾脏疾病病史。取检后肉眼观察,肿物切面有多个大小不等的囊腔,内含血性液体。

15. 该患者最可能的诊断是

A. 乳头状肾细胞癌

B. 低度恶性潜能多房囊性肾肿瘤

C. 获得性囊性肾病相关性肾细胞癌

D. 后肾腺瘤

E. 集合管癌

【答案】B

16. 关于该病下列描述正确的是
    A. 肿瘤细胞常呈腺样、小管状排列,肿瘤间质纤维化明显
    B. 该肿瘤预后较差
    C. 肿瘤细胞核分级高
    D. 免疫组化标记 CK、EMA 等阳性
    E. 间质可见草酸盐结晶
    【答案】D

(17~18 题共用题干)
男性,68 岁,查体发现肾脏肿瘤 2 天,无明显临床症状。于当地医院进行肾肿瘤根治切除术,肿瘤边界尚清,切面实性、淡红、质软,中央未见瘢痕,未见出血坏死。

17. 患者病理诊断最可能为是
    A. 透明细胞性肾细胞癌
    B. 嗜酸细胞腺瘤
    C. 乳头状肾细胞癌
    D. 嫌色性肾细胞癌
    E. 以上均不是
    【答案】D

18. 镜下表现最可能的是
    A. 肿瘤细胞特征性排列呈实性片状,隔以不完全的玻璃样变血管间隔
    B. 细胞典型特征是体积大,胞膜清楚,胞质网状淡染
    C. 细胞核常显示清楚的不规则皱褶,染色质粗,常见双核和核周空晕
    D. 间质可见含铁血黄素和砂粒体沉积
    E. 以上均是
    【答案】E
    【解析】嫌色性肾细胞癌大体标本不像其他肾癌有较多的出血和坏死灶,嗜酸细胞腺瘤肉眼上常见中央瘢痕,无坏死和灶性出血。

(19~20 题共用题干)
男性,46 岁。患者体检发现肾脏实性占位,CT显示肿物大小 3.5cm×2.2cm×1.6cm,术后切除肿物,肿瘤界限清楚,切面灰黄,可见中央瘢痕。

19. 患者病理诊断最可能为是
    A. 透明细胞性肾细胞癌
    B. 嗜酸细胞腺瘤
    C. 乳头状肾细胞癌
    D. 嫌色性肾细胞癌
    E. 以上均不是
    【答案】B

20. 与该病表现**不符合**的是
    A. 占所有肾肿瘤的 5%~9%
    B. 肿瘤一般呈灰黄色
    C. 切面可见出血,偶见坏死
    D. 胞质丰富,嗜酸性颗粒,核圆形而规则,可见小而明显的核仁。
    E. 胞质丰富,透明或颗粒状,透明胞质富含糖原和类脂质
    【答案】E
    【解析】嗜酸细胞腺瘤大体标本边界清楚,切面灰黄,可见中央瘢痕。胞质丰富,透明或呈颗粒状,透明胞质富含糖原和类脂质是透明细胞癌的镜下特征。

【案例分析题】

案例一 女性,63 岁,体检发现肾脏占位。巨检肿块位于肾上极,直径 4cm,类圆形,切面灰黄灰红五彩状。

提问 1:最有可能的诊断是
    A. 乳头状肾细胞癌
    B. 低度恶性潜能多房囊性肾肿瘤
    C. 肾结核
    D. 透明细胞性肾细胞癌
    E. 嗜酸细胞腺瘤
    F. 后肾腺瘤
    【答案】D

提问 2:该肿瘤按照 Furhman 核分级标准,可分为几级
    A. 1 级   B. 2 级
    C. 3 级   D. 4 级
    E. 5 级   F. 6 级
    【答案】D

提问 3:该肿瘤的经典免疫组化表型是
    A. CAIX(+),CD10(+),CK7(−)
    B. CAIX(+),CD10(−),CK7(+)
    C. CAIX(+),CD10(+),CK7(+)
    D. CAIX(−),CD10(−),CK7(+)
    E. CAIX(+),CD10(−),CK7(−)
    F. CAIX(−),CD10(+),CK7(+)
    【答案】A

提问 4:根据肾细胞癌第八版 AJCC 分期进展,该肿瘤癌组织侵犯肾周脂肪,应该分为
    A. T_{2a} B. T_{2b}

第十章 泌尿系统疾病

C. T_{3a} D. T_{3b}
E. T_4 F. 以上均不是

【答案】C

【解析】透明细胞性肾细胞癌大体多为球形肿物，与周围分界清楚，切面呈黄色，易见出血、坏死及囊性变，10%~15%的病例可见钙化和骨化，使之呈多彩样。Fuhrman 根据癌细胞核的形态特点将肾细胞癌分为4级。

案例二 男性，45岁，体检发现肾脏占位，直径1.5cm。镜下肿瘤具有乳头状结构。

提问1：可能的诊断为
A. 乳头状腺瘤
B. 乳头状肾细胞癌
C. 嫌色性肾细胞癌
D. 透明细胞乳头状肾细胞癌
E. 透明细胞癌伴有乳头状结构
F. 后肾腺瘤

【答案】ABDE

提问2：免疫组化肿瘤细胞弥漫表达 CK7 和 CAIX，不表达 CD10、CD117 和 P504S。最可能的诊断为
A. 乳头状腺瘤
B. 后肾腺瘤
C. Ⅰ型乳头状肾细胞癌
D. 透明细胞乳头状肾细胞癌
E. 透明细胞癌伴有乳头状结构
F. 转移性乳头状癌

【答案】D

提问3：根据 2016 版 WHO 分类标准，该肿瘤的 ICD-O 编码是
A. 0 B. 1
C. 2 D. 3
E. 无编码 F. 以上均不是

【答案】B

提问4：下列关于该肿瘤的描述正确的是
A. 肿瘤表达 CAIX，常定位于肿瘤细胞膜的基底部侧面，产生特征性的"杯状"着色模式
B. 该肿瘤预后良好
C. 肿瘤无 3p 缺失、VHL 基因的突变
D. 肿瘤细胞常有 7 号和 17 号染色体的获得和 Y 染色体的缺失
E. 肿瘤细胞可表达 34βE12
F. 均继发于 VHL 综合征

【答案】ABCE

案例三 男性，17岁，无痛性肉眼血尿3天，遂至医院行超声及 CT 检查，提示左肾实质性占位。光镜下结构多样，部分具有核下空泡形态，部分呈现假菊形团样结构，胞质呈透明或絮状，间质内见少量砂粒体。

提问1：该疾病最可能为
A. 透明细胞乳头状肾细胞癌
B. 乳头状肾细胞癌
C. MIT 家族基因易位相关性肾细胞癌
D. 嫌色细胞癌
E. ALK 易位性肾细胞癌
F. 透明细胞性肾细胞癌

【答案】C

提问2：进一步行免疫组化检查，最合适的组合为
A. CAIX，PAX8，TFE3，TFEB，Cathepsin K
B. CAIX，PAX8，CK7，CD117，ALK
C. PAX2，PAX8，CD117，CD10，ALK
D. CAIX，PAX8，CK7，FH，SDHB
E. CAIX，PAX2，PAX8，CK7，FH
F. CAIX，PAX2，PAX8，CD10，CK7

【答案】A

提问3：以下靶向治疗中患者最可能获益的是
A. ALK 抑制剂
B. mTOR 抑制剂
C. EGFR 抑制剂
D. PDL1 免疫治疗
E. NTRK 靶向治疗
F. K-ras 抑制剂

【答案】B

案例四 女性，40岁，因腹部包块就诊。影像学检查显示右肾上极实质性占位，行肾脏根治术。光镜下肿瘤边界清楚，无包膜，呈排列紧密的小腺泡、小管和乳头状结构，砂粒体多见，细胞形态单一，核小而一致，无核仁，胞质稀少，核分裂象罕见。

提问1：该疾病最有可能是
A. 乳头状肾细胞癌
B. 肾母细胞瘤
C. 后肾腺瘤

175

D. 幼年性囊性肾瘤

E. 透明细胞肉瘤

F. 透明细胞性肾细胞癌

【答案】C

提问 2:该肿瘤免疫组织化学可表达

A. EMA,P504S,CDH17

B. CK,CD57,WT1,CDH17

C. CK7,CDH17,CD57

D. CK7,P504S,CDH17,WTI

E. CK,CD57,EMA,P504S

F. CK,CK7,P504S,WTI

【答案】B

提问 3:该肿瘤具的分子改变是

A. *BRAF* V600E 基因突变

B. *P63* 基因突变

C. *YWHAE-FAM22* 融合基因

D. *SMARCB1* 基因突变

E. *BAP1* 基因突变

F. *VHL* 基因突变

【答案】A

（饶秋 李君）

第十一章 男性生殖系统

【A1 型题】

1. 下列对附睾和睾丸间皮瘤说法**错误**的是
   A. 高分化型乳头状间皮瘤是间皮瘤中较惰性的一种变异
   B. 囊性间皮瘤是一种非肿瘤性病变或常规间皮瘤的变异
   C. 腺瘤样瘤是最常见的类型
   D. 恶性间皮瘤多为双相分化
   E. 免疫组化 CK（AE1/AE3）、EMA、vimentin、calretinin、D2-40、WT1 阳性

   【答案】D
   【解析】附睾和睾丸间皮瘤良性最常见，恶性间皮瘤多数为纯粹上皮组成，呈乳头状、腺泡状，或形成实性巢索，胞质丰富嗜酸。

2. 诊断未成熟畸胎瘤最重要的依据是
   A. 原始神经管　　　B. 神经母细胞
   C. 神经上皮菊形团　D. 未成熟鳞状上皮
   E. 未分化的梭性细胞

   【答案】A
   【解析】未成熟畸胎瘤由不同比例的成熟组织和未成熟胚胎性成分组成，其中未成熟的神经组织包括神经母细胞、神经上皮菊形团或原始神经管，但最主要的是发现原始神经管，这是未成熟性畸胎瘤主要诊断及分级依据。

3. 下列对睾丸畸胎瘤说法**错误**的是
   A. 可分为青春期前和青春期后型
   B. 两者在形态学上有较大差异
   C. 青春期前畸胎瘤更偏良性
   D. 皮样囊肿、表皮样囊肿及类癌（分化良好的神经内分泌肿瘤）归为特殊类型的青春期后型畸胎瘤
   E. 青春期后型周围可见原位生殖细胞瘤

   【答案】D
   【解析】皮样囊肿、表皮样囊肿及类癌（分化良好的神经内分泌肿瘤）归为特殊类型的青春期前畸胎瘤。

4. 下列免疫组化标记对诊断精原细胞瘤最具有价值的是
   A. CEA　　　B. CD117　　　C. hCG
   D. AFP　　　E. HPL

   【答案】B
   【解析】精原细胞瘤 OCT3/4、PLAP、CD117（c-kit）和 D2-40 阳性。

5. 下列免疫组化标记阳性对诊断胚胎性癌最具有价值的是
   A. CEA　　　B. CD117　　　C. hCG
   D. CD30　　　E. HPL

   【答案】D
   【解析】胚胎性癌免疫组化通常 CK、CD30、PLAP、OCT4 阳性，而 CD117、EMA 阴性。

6. 下列对睾丸性索-间质细胞肿瘤说法**错误**的是
   A. Leydig（间质）细胞瘤细胞呈弥漫片状，或小梁状和假滤泡样排列，其间被纤维性间质或薄壁血管分隔
   B. 普通型 Sertoli 细胞瘤由均匀一致的细胞组成，排列成小管状、条索状及网状，细胞巢周围可见纤维间质
   C. Sertoli 细胞瘤部分病例胞质可见具有诊断意义的 Reinke 结晶
   D. 转移是 Leydig（间质）细胞瘤和 Sertoli 细胞瘤判断恶性的重要标准
   E. 颗粒细胞瘤是睾丸最常见的非生殖细胞肿瘤

   【答案】C
   【解析】胞质内 Reinke 结晶对 Leydig（间质）细胞瘤

有诊断意义。

7. 对精母细胞瘤(旧称精母细胞性精原细胞瘤)说法**错误**的是
   A. 相对少见,是一种分化较好的生殖细胞肿瘤
   B. 本病年龄相对较大
   C. 周围组织内常伴原位生殖细胞瘤
   D. 有大、中、小三种不同的细胞组成
   E. 预后相对好

【答案】C

【解析】精母细胞瘤缺乏与原位生殖细胞瘤(GCNIS)的联系,且分子生物学特性完全不同,无论是精母细胞瘤或是源于 GCNIS 的其他肿瘤都与该种肿瘤无关;因此2016版 WHO 建议将其更名为精母细胞瘤,同时归入非GCNIS 相关性肿瘤。

8. 对精子肉芽肿描述**错误**的是
   A. 几乎总是累及附睾或输精管
   B. 表现为疼痛性硬韧的结节
   C. 部分患者曾有输精管切除术、外伤或附睾炎的病变
   D. 以生精小管为中心,早期以中性粒细胞浸润为主,逐渐被上皮样组织细胞取代
   E. 晚期肉芽肿中心可出现干酪样坏死

【答案】E

【解析】干酪样坏死为结核的特征。

9. 卵黄囊瘤**不具有**的形态学特征
   A. PAS 阳性的嗜酸性玻璃样小体
   B. Call-Exner 小体
   C. 基底膜样物质
   D. S-D 小体
   E. 筛网状的微囊

【答案】B

【解析】Call-Exner 小体为成人型粒层细胞瘤的特征。

10. 最常见的儿童睾丸肿瘤和肉瘤分别是
    A. 胚胎性癌,纤维肉瘤
    B. 精母细胞瘤(旧称精母细胞性精原细胞瘤),血管肉瘤
    C. 精原细胞瘤,平滑肌肉瘤
    D. 卵黄囊瘤,横纹肌肉瘤
    E. 畸胎瘤,脂肪肉瘤

【答案】D

【解析】卵黄囊瘤是最常见的儿童睾丸肿瘤,多见于1~2 岁的儿童。在这个年龄组几乎全是单纯性卵黄囊瘤。第二个高发年龄组为青春期后,几乎总是混有其他肿瘤性生殖细胞成分。横纹肌肉瘤是儿童最常见的睾丸肉瘤。

11. 下列与原位生殖细胞瘤(GCNIS)**无关**的肿瘤是
    A. 胚胎性癌
    B. 精母细胞瘤(旧称精母细胞性精原细胞瘤)
    C. 精原细胞瘤
    D. 卵黄囊瘤
    E. 畸胎瘤

【答案】B

【解析】见 A1 型第 7 题解析。

12. 下列对前列腺腺癌说法**错误**的是
    A. 好发于老年人前列腺外周带
    B. 癌细胞可排列成腺泡状、筛状、乳头状或实性,腺体之间可发生融合
    C. 基本的诊断标准包括浸润性生长、腺体结构异常、缺乏基底细胞和核非典型性
    D. 核非典型性是指细胞核增大且不规则,核质比增高,染色质增粗,靠近核膜,有一个或多个明显的大核仁
    E. Fuhrman 分级是目前国内外应用最广泛的前列腺腺癌分级系统,分 5 级,包括主要和次要两种生长方式

【答案】E

【解析】前列腺腺癌分级为 Gleason 分级。

13. 下列对前列腺萎缩性病变说法**错误**的是
    A. 主要包括萎缩和萎缩后增生
    B. 好发于中央区
    C. 萎缩镜下表现为间质硬化,腺上皮萎缩、胞质减少、核浓缩、核仁不明显,腺腔囊性扩张
    D. 萎缩后增生在小叶萎缩和间质硬化的背景下,可见簇状增生的腺泡,细胞核增大,偶见大核仁
    E. 两者与高分化前列腺癌最主要的鉴别点是基底细胞存在但可能不连续

【答案】B

【解析】前列腺萎缩好发于外周带,而萎缩后增生可见于各区,但好发于外周区。

14. 下列对前列腺上皮内瘤变(PIN)说法**错误**的是
    A. 分为低级别和高级别 PIN
    B. 低级别 PIN 镜下腺泡内细胞呈一致性增大和核/质比增加,核仁可见,与癌发生

有一定关系

    C. 高级别 PIN 可见于血清 PSA 升高的病例,常与癌伴发,是前列腺浸润癌的前驱病变

    D. 高级别 PIN 镜下腺泡内细胞呈一致性增大和核/质比增加,核仁明显,有一个或多个核仁

    E. 基底细胞存在,连续或不连续

【答案】B

【解析】低级别 PIN 本质是反应性或修复性不典型改变,与癌发生无关。

15. 下列对前列腺神经内分泌癌说法**错误**的是

    A. 其发生与雄激素去除治疗相关

    B. 可表现为单纯性的神经内分泌癌,或可伴有典型的前列腺癌

    C. 组织学分为前列腺癌伴神经内分泌分化、类癌、小细胞癌和大细胞神经内分泌癌

    D. 单纯性的原发前列腺类癌多见

    E. 诊断是除了形态学特征外,至少一项神经内分泌标志物染色阳性(CD56、Syn 或 CgA)

【答案】D

【解析】有的肿瘤尽管表现为类癌的组织学特点,但只要 PSA 染色阳性,就不能作出类癌的诊断。另外,类癌的诊断也不适用于与典型前列腺癌紧邻的高分化神经内分泌细胞构成的肿瘤,即使此区域 PSA 表达阴性,也应被归为前列腺癌伴神经内分泌分化,故单纯性的原发前列腺类癌罕见。

16. 临床能确诊前列腺增生的检查方法是

    A. 血清前列腺特异性抗原(PSA)检查

    B. 前列腺直肠指检

    C. 经直肠前列腺超声波(TRUS)检查

    D. 前列腺 MRI 检查

    E. 前列腺穿刺活检

【答案】E

17. 下列免疫组化前列腺间叶源性肿瘤说法**错误**的是

    A. 平滑肌肉瘤在成人的前列腺肉瘤中最为常见

    B. 平滑肌瘤细胞异型性大小、核分裂象的多少对判断其恶性程度有重要意义

    C. 前列腺特异性间质肿瘤罕见

    D. 前列腺特异性间质肿瘤可表达 CD34、PR

    E. 横纹肌肉瘤是儿童最常见的前列腺间质肿瘤

【答案】C

【解析】前列腺特异性间质肿瘤在前列腺相对也常见。

18. 前列腺增生分型中**不包括**

    A. 纤维肌腺瘤样型

    B. 腺瘤样型

    C. 纤维型

    D. 肌型

    E. 纤维血管型

【答案】C

【解析】除 A、B、D、E 外,另一型应为纤维肌型。

19. 根据 2016 年 WHO 分类下列前列腺癌分级**错误**的是

    A. Gleason 4 级不形成单个腺体

    B. 肾小球样结构的腺体归为 Gleason 4 级

    C. 筛状腺体归为 Gleason 4 级

    D. 黏液腺癌归为 Gleason 4 级

    E. 融合的腺体或筛状腺体归为 Gleason 4 级

【答案】D

【解析】黏液腺癌的分级应根据其生长方式进行判断,而不是全部归为 Gleason 4 级。

20. 对前列腺导管内癌下列说法**错误**的是

    A. 在 2016 年的 WHO 分类中被定义为一个新病种

    B. 是前列腺癌演化过程的早期表现

    C. 最常见的结构是致密筛状结构,其次是实性、疏松的筛状或微乳头结构

    D. 伴有明显异型性核(细胞核大小≥正常核的 6 倍)或粉刺样坏死

    E. 是侵袭性前列腺癌的导管内扩散,高级别前列腺癌的导管内及腺体内癌变

【答案】B

【解析】前列腺导管内癌是前列腺癌演化过程的晚期表现。定义为腺体内和/或导管内上皮肿瘤性增生。具有高级别前列腺上皮内瘤(HGPIN)的一些特征。但结构和/或细胞学异型性更高,通常与高分级、高分期的前列腺癌有关。

21. 下列对前列腺基底细胞癌说法**错误**的是

    A. 临床一般血清 PSA 不升高

    B. 腺样囊性型为基底样细胞呈巢状及假腺样或筛状排列

    C. 基底细胞样型周边细胞呈栅栏状排列

D. 免疫组化 34βE12(−)

E. 属于恶性肿瘤,可转移

【答案】D

【解析】前列腺基底细胞癌免疫组化 34βE12(+)。

22. 下列对慢性前列腺炎说法**错误**的是

    A. 包括慢性细菌性前列腺炎和非细菌性前列腺炎

    B. 慢性细菌性前列腺炎主要是大肠埃希菌等引起,更常见

    C. 慢性非细菌性前列腺炎病因不明、起病隐匿,在尿液和前列腺液中往往找不到细菌,经常反复发作

    D. 镜下前列腺导管和腺上皮周围可见淋巴细胞、单核细胞和浆细胞等慢性炎症细胞浸润

    E. 腺上皮可萎缩、化生或增生及反应性非典型性改变

【答案】B

【解析】非细菌性前列腺炎更常见。

23. 下列**不符合**前列腺尿道息肉诊断的是

    A. 又称乳头状增生,大多见于成年男性的尿道前列腺部

    B. 膀胱镜下病变呈天鹅绒状被覆在膀胱黏膜表面

    C. 显微镜下乳头结构为纤细的纤维血管轴心,被覆前列腺腺泡上皮

    D. 腺上皮无异型性

    E. 免疫组化 PSA(+),P504S(+)

【答案】E

【解析】前列腺尿道息肉增生的腺上皮非癌性上皮,P504S(−)。

24. 下列阴茎癌中的非人乳头状瘤病毒相关性亚型**不包括**

    A. 假性增生性癌

    B. 假腺样癌

    C. 疣状癌

    D. 基底细胞样鳞状细胞癌

    E. 乳头状癌

【答案】D

【解析】人乳头状瘤病毒相关性癌包括基底细胞样和湿疣样鳞状细胞癌,其余选项属非人乳头状瘤病毒相关性亚型。

25. 下列与人类乳头状瘤病毒(HPV)感染关系最密切的阴茎癌是

    A. 假性增生性癌

    B. 假腺样癌

    C. 疣状癌

    D. 基底细胞样鳞状细胞癌

    E. 乳头状癌

【答案】D

【解析】人乳头状瘤病毒相关性癌包括基底细胞样和湿疣样鳞状细胞癌,其余选项属非人乳头状瘤病毒相关性亚型。

26. 下列对阴茎尖锐湿疣说法**错误**的是

    A. 一般由低危 HPV6 和 HPV11 型感染引起

    B. 一般由高危 HPV16 和 HPV18 型感染引起

    C. 好发部位依次为龟头、包皮、尿道口和阴茎体

    D. 镜下鳞状上皮乳头状增生,可出现角化亢进和角化不全,间质内炎细胞浸润

    E. 鳞状细胞轻度异型,上皮内见挖空细胞

【答案】B

27. 下列**不属于**阴茎癌的癌前病变是

    A. 阴茎角

    B. 阴茎黑斑

    C. 阴茎白斑

    D. 增殖性阴茎红斑症

    E. Bowen 样丘疹病

【答案】B

【A2 型题】

1. 男性,69 岁,尿痛 3 周。血清学检查 PSA 约 10μg/ml,肛门直肠指诊阴性。行 TURP 切除术,镜下病变细胞呈管状、乳头状和筛状排列,瘤细胞核深染,核仁突出,呈假复层柱状排列。免疫组化染色显示肿瘤细胞 PSA 阳性,P504S 阳性,P63 和 34βE12 基底细胞丢失。以下诊断正确的是

    A. 前列腺导管内癌

    B. 前列腺导管腺癌

    C. 前列腺高级别上皮内瘤变

    D. 转移性结直肠腺癌

    E. 前列腺浸润性筛状癌

【答案】B

【解析】前列腺导管腺癌起源于前列腺尿道周围导管,血清 PSA 阴性或仅轻度增高,肿瘤细胞类似于子宫内膜样腺癌,表达 PSA 和 P504S,基底细胞染色阴性。

2. 男性,25 岁,发现无痛性睾丸肿物 4.0cm。血清 β-hCG:200μg/L。组织学示瘤细胞呈实性

片状和巢状排列,血管间隔内有淋巴细胞围绕,瘤细胞胞质丰富、透明,核染色质粗糙,可见散在的大细胞伴有嗜酸性和空泡状胞质,多核聚集。以下病理诊断正确的为

A. 绒毛膜癌

B. 精原细胞瘤伴合体滋养层细胞

C. 精原细胞瘤伴肉芽肿反应

D. 实体性卵黄囊瘤

E. 混合性生殖细胞肿瘤

【答案】B

【解析】精原细胞瘤伴有合体滋养层细胞组织学表现为典型的精原细胞瘤的组织学背景中散在分布的合体滋养层细胞,倾向于在血管周围分布,血清 β-hCG 可轻度升高,无细胞滋养层细胞,不同于绒毛膜癌,也不等同于混合性生殖细胞肿瘤。

3. 男性,60 岁,血清学 PSA 16.7μg/L。根治标本切除示丰富的黏液性基质内瘤细胞呈条索状、腺管状和筛状排列,核仁明显。免疫组化染色肿瘤细胞 NKX3.1 弥漫阳性。以下病理诊断正确的为

A. 前列腺转移性黏液腺癌

B. 前列腺产黏液型尿路上皮癌

C. 前列腺原发性黏液腺癌

D. 前列腺黏液腺化生

E. 脊索样尿路上皮癌累及前列腺

【答案】C

【解析】前列腺原发性黏液腺癌表现为普通的腺泡性腺癌背景中丰富的黏液,免疫组化染色表达前列腺特异性转录因子 NKX3.1 支持为前列腺原发。A、B、E 与 C 均具有相似的组织学特征,但前三者不表达 NKX3.1;D 为良性,非肿瘤性病变。

4. 男性,77 岁,前列腺根治切除标本示前列腺腺泡性腺癌 Gleason:4+5=9 分,部分区域可见肿瘤细胞呈大的不规则的致密筛状结构排列。免疫组化染色 34βE12 示基底细胞保留,肿瘤细胞阴性。该区域的病理可能的诊断的是

A. 尿路上皮癌累及前列腺导管

B. 浸润性筛状腺癌

C. 筛状高级别上皮内瘤变

D. 前列腺导管腺癌

E. 前列腺导管内癌

【答案】E

【解析】该例前列腺导管内癌表现为致密的筛状恶

性肿瘤细胞填充导管,周围可见基底细胞围绕(HWCK 标记),累及的导管常见分支(不规则),前列腺导管内癌绝大多数有高级别的浸润性前列腺癌伴随。

5. 男性,55 岁,排尿困难 3 个月。血清 PSA 3.8μg/ml,行 TURP 切除术。镜下示良性前列腺增生,偶然发现病灶示病变细胞呈小管状、筛状排列,位于纤维黏液性基质之中,小管可见双层或多层上皮,瘤细胞胞质稀少,可见核沟,管腔内可见嗜酸性或黏液性分泌物。免疫组化染色 P63 阳性。以下诊断正确的是

A. 前列腺基底细胞癌

B. 前列腺腺样囊性癌

C. 前列腺腺泡性腺癌

D. 前列腺腺样囊性基底细胞增生

E. 小管变异型尿路上皮癌

【答案】D

【解析】前列腺腺样囊性基底细胞增生,通常为良性前列腺增生中偶然发现的病变,病变整体保留小叶状生长方式,不形成明确的肿块,无广泛的浸润性生长。病变细胞呈管状、筛状排列,可见黏液分泌,外层细胞为增生的基底细胞,内层可保留腔面上皮,无异型性,无核分裂象。

6. 男性,81 岁,既往膀胱高级别尿路上皮癌病史,因尿路梗阻症状就诊。血清 PSA 4.0μg/ml,行 TURP 切除术。镜下前列腺病变示恶性肿瘤细胞填充腺泡或导管,瘤细胞胞质丰富嗜酸性,核异型性明显,分裂象活跃。免疫组化染色肿瘤细胞表达 P504S,34βE12 染色示肿瘤细胞阳性,基底细胞保留。以下诊断正确的是

A. 前列腺导管内癌

B. 前列腺腺泡性腺癌

C. 高级别前列腺上皮内瘤变

D. 浸润性尿路上皮癌累及前列腺

E. 原位尿路上皮癌累及前列腺导管和腺泡

【答案】E

【解析】膀胱或尿道的尿路上皮癌可经黏膜扩散的方式佩吉特样累及前列腺腺泡或导管,肿瘤细胞胞质丰富,异型性明显,累及的前列腺腺泡或导管周围基底细胞保留。免疫组化染色尿路上皮癌可表达 P504S 和 34βE12,但不表达 PSA。

7. 男性,58 岁,前列腺根治切除标本示前列腺腺癌 Gleason 评分:4+3=7 分。该前列腺腺癌的 2016 年 WHO/ISUP 分级分组是

A. 1 组　　　　B. 2 组　　　　C. 3 组

D. 4 组   E. 5 组

【答案】C

【解析】2016 年 WHO/ISUP 前列腺腺癌分级分组根据 Gleason 评分分为 5 个具有不同预后的分级分组，其中 Gleason 评分≤6 分为分级分组 1 组，Gleason 评分：3+4=7 分为分级分组 2 组；Gleason 评分：4+3=7 分为分级分组 3 组；Gleason 评分 =8 分为分级分组 4 组；Gleason 评分 =9 和 10 分为分级分组 5 组。

8. 男性，25 岁，因阴囊肿大 5 天就诊，行睾丸旁肿物切除术。镜下肿瘤界限清楚，无包膜，瘤细胞呈腺管状、条索状、实性巢状及淋巴管样在平滑肌间质内穿插性生长，瘤细胞胞质丰富，核圆形可见小核仁，无核分裂象，间质可见少量淋巴细胞浸润。以下诊断正确的是

 A. 腺瘤样瘤   B. 附睾腺癌

 C. 错构瘤   D. 淋巴管瘤

 E. 精原细胞瘤

【答案】A

【解析】腺瘤样瘤是一种良性间皮性肿瘤，好发于男性生殖道的睾丸旁，起源于鞘膜被覆的间皮，瘤细胞具有多种生长方式包括实性巢状、腺管状、微囊状及条索状或单个细胞排列等，瘤细胞胞质丰富，可见小核仁，但无核分裂象和坏死及广泛的浸润性生长。

9. 男性，19 岁，睾丸无痛性肿物 5.5cm，行睾丸肿瘤切除术。镜下示肿瘤界限不清，可见广泛的出血和坏死，瘤细胞呈实性片状、管状和乳头状排列，瘤细胞异型性明显，核重叠，可见明显的中位核仁，核分裂象活跃。免疫组化染色肿瘤细胞表达 SALL4、OCT3/4 和 CD30。病理诊断正确的是

 A. 间变性精原细胞瘤

 B. 胚胎性癌

 C. 卵黄囊瘤

 D. 混合性生殖细胞肿瘤

 E. 间变性大细胞淋巴瘤

【答案】B

【解析】睾丸胚胎性癌呈实性巢状和管状乳头状排列，瘤细胞核重叠，异型性明显，可见单个核仁，核分裂象活跃，免疫组化染色表达 SALL4 和 OCT3/4 及 CD30。

10. 男性，44 岁，睾丸肿瘤 2.5cm，界限清楚，可见完整包膜。镜下肿瘤细胞呈梁状、巢状、小管状以及片状排列，间质可见丰富的血管网，瘤细胞胞质嗜酸性，局灶可见较多空泡，瘤细胞核形态温和，可见小核仁，无核分裂象。免疫组化染色肿瘤细胞核表达

β-catenin 和 cyclinD1。以下病理诊断正确的是

 A. 间质细胞瘤   B. 类癌

 C. 支持细胞瘤   D. 颗粒细胞瘤

 E. 卵黄囊瘤

【答案】C

【解析】支持细胞瘤起源于睾丸生精小管的支持细胞，具有多种生长方式，瘤细胞局灶可见显著的胞质内空泡，遗传学上约 70% 显示 β-catenin 基因突变导致蛋白核聚集，下游的 cyclinD1 蛋白过表达。

11. 男性，79 岁，血清检查 PSA 为 7.9μg/ml，行前列腺穿刺活检。镜下示前列腺腺泡和导管部分破坏，部分显示轻度的多形性伴鳞状上皮化生，腺泡内和周围显示成片的单个核细胞以及泡沫样细胞聚集，可见中位小核仁，偶见多核巨细胞，散在淋巴浆细胞细胞，无坏死和核分裂象。免疫组化染色显示单个核细胞 CD68 阳性，PSA 散在阳性。下列诊断可能正确的是

 A. 前列腺腺癌 Gleason 5 级

 B. 非特异性肉芽肿性前列腺炎

 C. 前列腺结核

 D. 前列腺腺癌（泡沫细胞型）

 E. 急性前列腺炎

【答案】B

【解析】非特异性肉芽肿性前列腺炎可破坏前列腺腺泡和导管，病变由混合性慢性炎症浸润，主要由成片和单核组织细胞和泡沫样组织细胞增生构成，免疫组化染色显示 CD68 表达，由于前列腺腺泡破坏释放 PSA 抗原，组织细胞吸收后可表达该标志物。

12. 男性，68 岁，尿痛 3 周，直肠指诊阴性，PSA 为 4.3μg/ml。行 TURP 切除，镜下示部分区域前列腺腺泡排列紊乱，呈伸展的小管或挤压的条索状结构分布于致密的纤维性间质之中，上皮细胞可见小核仁。免疫组化染色示 PSA 阳性，P63 部分小管基底细胞缺失，S-100 蛋白示挤压的小管周斑驳状阳性。以下病理诊断正确的是

 A. 前列腺非典型腺瘤样增生

 B. 前列腺腺泡性腺癌（Gleason 4 级）

 C. 肾源性化生

 D. 前列腺硬化性腺病

 E. 前列腺基底细胞增生

【答案】D

【解析】前列腺硬化性腺病组织学构型类似于乳腺硬化性腺病,基底细胞显示肌上皮表型转化表达 SMA 和 S-100 蛋白,基底细胞染色显示连续的谱系包括完整、部分缺失和完全缺如。

13. 男性,84 岁,无痛性肉眼血尿 2 周。膀胱镜检查示膀胱颈部息肉样肿瘤 1.5cm。镜下示息肉由腺泡状和乳头状结构组成,被覆单层或假复层柱状上皮,表面局灶被覆尿路上皮。病变细胞无异型性。免疫组化染色显示 PSA 阳性,P63 免疫组化染色显示腺泡或乳头周围有基底细胞围绕。下列诊断正确的是
    A. 腺囊性膀胱炎
    B. 前列腺腺体异位
    C. 尿道前列腺型息肉
    D. 前列腺导管腺癌
    E. 非浸润性乳头状尿路上皮癌伴腺性化生

【答案】C

【解析】PSA 阳性支持为尿道部前列腺型息肉。

14. 男性,27 岁,睾丸增大 3 个月,血清 AFP 400μg/ml。行睾丸肿瘤根治切除术,镜下肿瘤细胞呈弥漫的缎带状和交织网状排列,缎带状结构由伴行的两种细胞组成,一种瘤细胞立方状,胞质稀少,核较原始;另一种瘤细胞多形性明显,核仁显著。两种细胞均可见活跃的核分裂象。免疫组化染色:立方状的肿瘤细胞表达 SALL4,不表达 OCT3/4;多形性的肿瘤细胞均表达 SALL4 和 OCT3/4。病理诊断正确的是
    A. 睾丸多胚瘤
    B. 睾丸弥漫性胚胎瘤
    C. 睾丸卵黄囊瘤
    D. 睾丸胚胎性癌
    E. 睾丸未成熟畸胎瘤

【答案】B

【解析】睾丸弥漫性胚胎瘤是混合型生殖细胞肿瘤的一种特殊类型,肿瘤由弥漫混合存在的胚胎性癌和卵黄囊瘤组成。立方状细胞组成的是卵黄囊瘤(表达 SALL4,不表达 OCT3/4),多形性细胞组成的是胚胎性癌(均表达 SALL4 和 OCT3/4)。

15. 男性,19 岁,后腹膜发现淋巴结肿大,镜下示转移性混合性生殖细胞肿瘤。睾丸超声检查见约 1cm 不规则包块,睾丸包块切除示瘢痕样致密的纤维组织增生,散在的慢性淋巴细胞浸润,偶见萎缩和玻璃样变性的生精小管,其内可见斑片状钙化,无精子发生和生精细胞残留。睾丸病变诊断正确的是
    A. 睾丸非特异性瘢痕
    B. 睾丸原位生殖细胞肿瘤
    C. 睾丸纤维性假瘤
    D. 消退型生殖细胞肿瘤
    E. 睾丸畸胎瘤

【答案】D

【解析】消退型生殖细胞肿瘤是睾丸生殖细胞肿瘤退变的一种类型,组织学上类似于纤维性瘢痕,表现为瘢痕样显微组织增生伴生精小管萎缩和玻璃样变性、钙化以及慢性炎细胞浸润,有时周可见原位生殖细胞肿瘤。消退型生殖细胞肿瘤可出现远处或淋巴结转移。

16. 男性,37 岁,包皮米粒至黄豆大结节数枚,直径 0.5~2.0cm,细颗粒状,质较硬。镜下见病变呈外生的分支乳头状排列,乳头可见纤细的纤维血管轴心,被覆表层可见角化不全和角化过渡,表皮浅层可见散在挖空细胞,基底层增生,偶见核分裂象。以下诊断正确的是
    A. 高分化乳头状鳞状细胞癌
    B. 巨大尖锐湿疣
    C. 湿疣-基底样鳞状细胞癌
    D. 疣状癌
    E. Bowen 病

【答案】B

【解析】尖锐湿疣组织学特征是具有纤维血管轴心的外生性乳头,表皮角化不全型角化过渡,表皮浅层散在挖空样细胞。

17. 男性,68 岁,血清学检测 PSA 30.41μg/ml,行前列腺穿刺活检。镜下示肿瘤细胞呈小的无或腺腔结构不明显的腺泡状、融合的腺泡以及筛状排列,无肿瘤性坏死,瘤细胞可见明显的中位核仁。该前列腺癌的 Gleason 组织学构型为
    A. Gleason 1 级　　　B. Gleason 2 级
    C. Gleason 3 级　　　D. Gleason 4 级
    E. Gleason 5 级

【答案】D

【解析】Gleason 4 级的组织学构型为腺腔结构不完整的腺体、融合的腺体、筛状结构及增生性肾瘤样几种组织学构型。

18. 男性,45 岁,因"排尿困难 5 天"入院。超声示前列腺外周区界限清楚肿物 4.1cm。行前列腺肿瘤切除术,镜下示长梭形细胞呈交织束状排列,瘤细胞胞质嗜酸性、浅染,核纺锤状,两端可见胞质内空泡,异型性轻微,偶见核分裂象。免疫组化染色肿瘤细胞 DOG1、CD117、CD34 阳性。以下诊断正确的是

A. 孤立性纤维性肿瘤

B. 前列腺间质增生

C. 前列腺恶性潜能未定的间质肿瘤

D. 神经鞘瘤

E. 胃肠道外胃肠道间质肿瘤

【答案】E

【解析】前列腺可发生胃肠道间质肿瘤,组织学和免疫表型与胃肠道发生的一致。

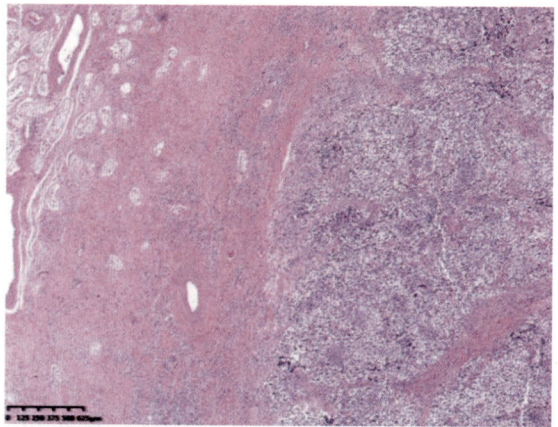

19. 男性,67 岁,因"尿痛 3 周"入院。触诊示前列腺双侧肿大,可触及波动感和柔软带。前列腺摘除标本示广泛的液化性坏死伴空腔形成,切面有砂粒感。以下病理诊断最可能的是

A. 良性前列腺增生　　B. 前列腺结核

C. 前列腺梅毒　　　　D. 前列腺腺癌

E. 前列腺梗死

【答案】B

【解析】前列腺结核常见累及双侧前列腺,触诊可及波动感和柔软带,大体检查干酪样坏死伴空腔形成,因存在钙化切面可有砂粒感。

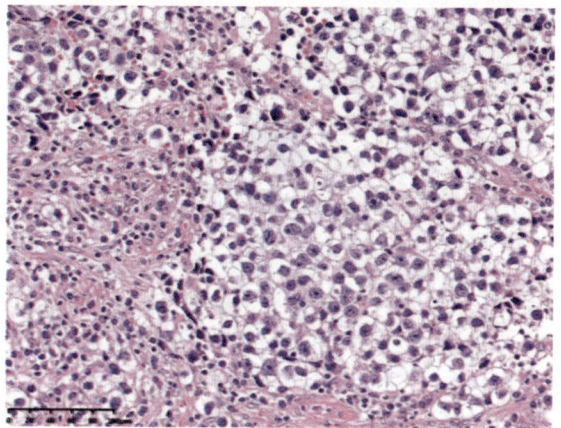

20. 男性,25 岁,因不孕行睾丸穿刺活检。镜下示生精小管萎缩伴玻璃样变性,小管内无精子发生,支持细胞与基底膜之间可见呈串珠状线性排列的异型细胞,核大,胞质透亮可见多个小核仁。以下病理诊断正确的是

A. 原位生殖细胞肿瘤

B. 小管内生殖细胞肿瘤

C. 支持细胞综合征

D. 原发性生精障碍

E. 精子成熟阻滞

【答案】A

【解析】异型细胞的组织学特征示精原细胞瘤,局限于生精小管微环境内,是原位生殖细胞肿瘤的组织学表现。

21. 男性,40 岁,睾丸无痛性肿块 2 个月,镜下如图。最有可能的肿瘤是

A. 胚胎性癌

B. 精母细胞性精原细胞瘤

C. 精原细胞瘤

D. 卵黄囊瘤

E. 畸胎瘤

【答案】C

【解析】精原细胞瘤是最常见的睾丸肿瘤,最常见于 35~45 岁的 50 岁以上相对少见,儿童罕见。细胞单一,胞质清楚,部分透亮,核大深染,圆形,可见核仁,巢状、片状排列,间质伴淋巴细胞浸润。

22. 男性,20 岁,睾丸无痛性肿块 2 个月,镜下和 CD30 免疫组化如图。最有可能的肿瘤是

A. 胚胎性癌

B. 精母细胞性精原细胞瘤

C. 精原细胞瘤

D. 卵黄囊瘤

E. 畸胎瘤

【答案】A

【解析】胚胎性癌好发于 20~40 岁,瘤细胞大而多形,核大呈空泡状,核仁明显,呈片状、腺泡、管状或乳头状生长,免疫组化通常 CD30 特征性阳性。

A. 前列腺腺癌（Gleason 分级 3+4=7 分，分级分组 2 组）

B. 前列腺腺癌（Gleason 分级 4+3=7 分，分级分组 3 组）

C. 前列腺腺癌（Gleason 分级 4+4=8 分，分级分组 4 组）

D. 前列腺良性增生

E. 前列腺导管癌

【答案】A

【解析】图中腺体单层，腺腔明显，无共壁、筛状或条索状现象。

24. 40 岁男性，发现附睾无痛性肿块 3 年，切除标本大小约 2cm，呈结节状，质硬，切面实性、灰白。镜下如图，免疫组化 CK、EMA、calretinin、WT1、D2-40 阳性，Ki-67 指数 +1%。最有可能的肿瘤是

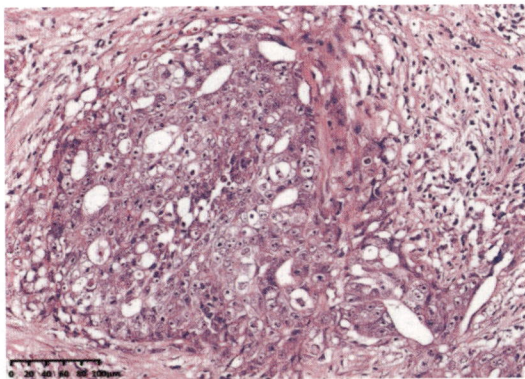

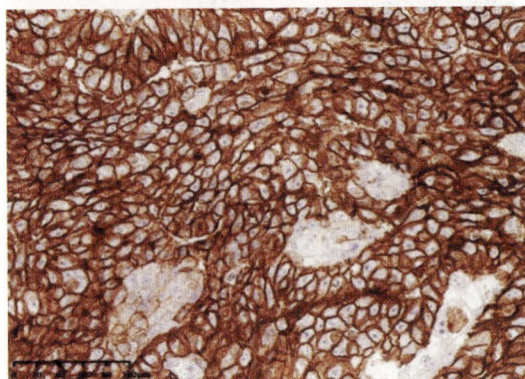

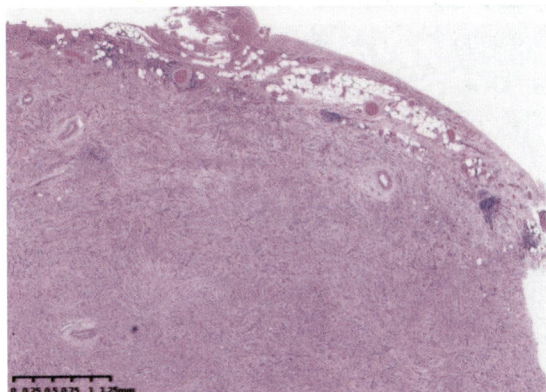

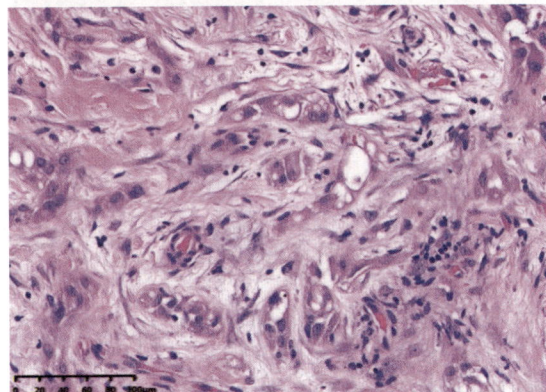

23. 男性，60 岁，排尿困难 1 年，血 PSA 为 9.8μg/L，肛门直肠指检见前列腺结节状增大，穿刺标本镜下如图。下列诊断最准确的是前列腺腺癌（Gleason 分级 3+3=6 分，分级分组 1 组）

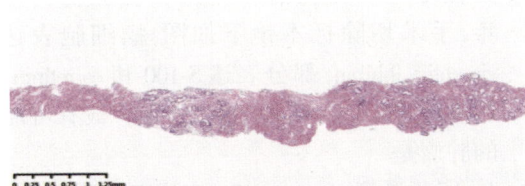

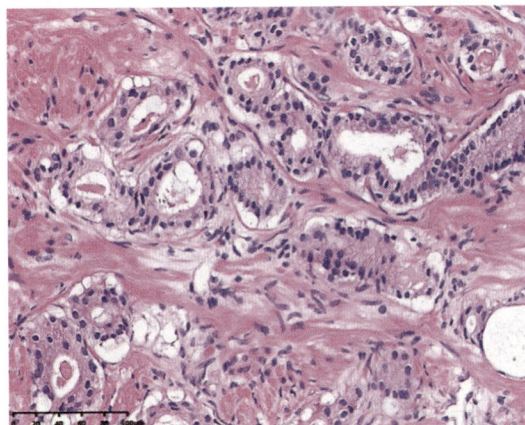

A. 性索-间质肿瘤　　B. 腺瘤样瘤

C. 恶性间皮瘤　　　　D. 转移性腺癌

E. 血管瘤

【答案】B

【解析】腺瘤样瘤是一种良性间皮性肿瘤，好发于男

性生殖道的睾丸旁和附睾,瘤细胞具有多种生长方式包括实性巢状、腺管状、微囊状及条索状或单个细胞排列等,瘤细胞胞质丰富,可见小核仁,但无核分裂象和坏死及广泛的浸润性生长。

25. 男性,20岁,发现阴茎龟头灰白色菜花状肿块1个月,镜下如图。最有可能的诊断是

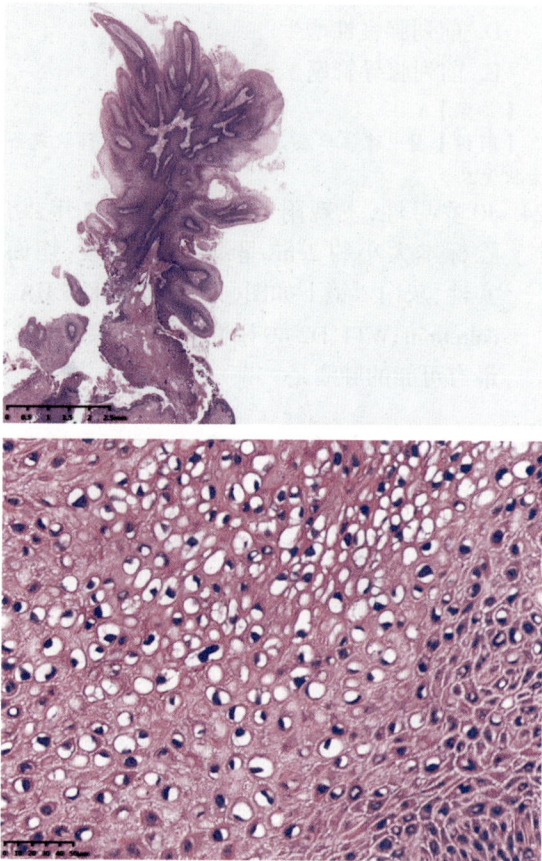

A. 疣状癌

B. 高分化鳞状细胞癌

C. 尖锐湿疣

D. 慢性龟头炎

E. 鳞状上皮乳头状瘤

【答案】C

【解析】鳞状上皮乳头状增生,细胞分化成熟,棘层可见挖空细胞。

26. 男性,70岁,因血PSA升高和排尿困难2年行前列腺穿刺,镜下和免疫组化如图。下列诊断最准确的是

A. 前列腺腺癌

B. 前列腺腺鳞癌

C. 前列腺神经内分泌癌

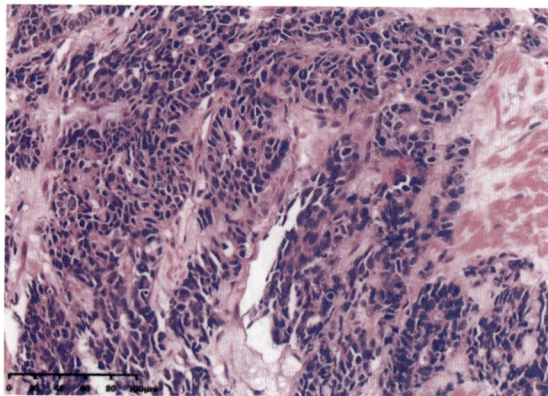

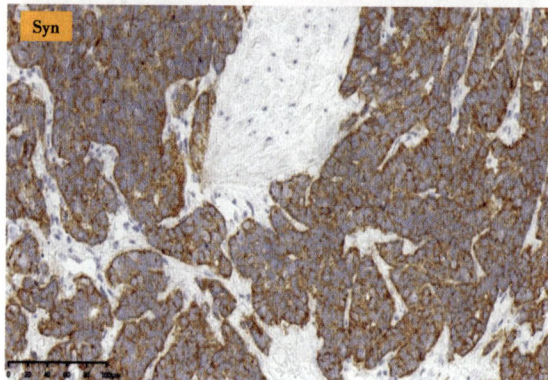

D. 前列腺鳞状细胞癌

E. 前列腺基底细胞癌

【答案】C

【解析】细胞异型明显呈片状、菊形团排列,神经内分泌标记Syn阳性均提示该病变为前列腺神经内分泌癌。

27. 男性,35岁,发现睾丸肿大和乳腺发育半年,手术切除标本镜下如图,瘤细胞表达vimentin、inhibin,部分表达S-100和calretinin,不表达CK、OCT4、CD30和AFP。最有可能的肿瘤是

A. 卵黄囊瘤   B. 支持细胞瘤

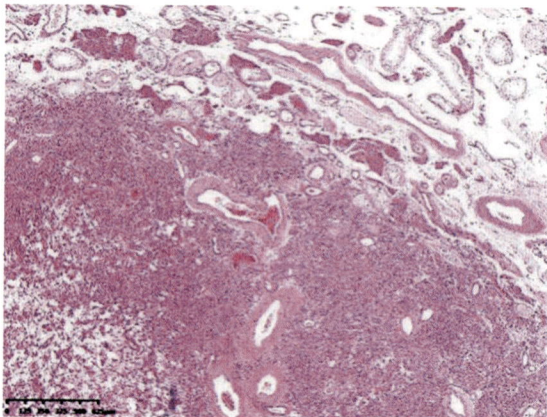

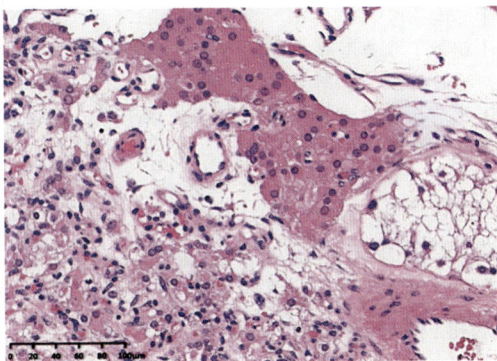

C. 颗粒细胞瘤　　　D. 间质细胞瘤

E. 胚胎性癌

【答案】D

【解析】睾丸间质细胞瘤少见,可产生以睾酮为主的雄激素和以雌二醇为主的雌激素,从而使患者出现相应的内分泌改变。镜下瘤细胞较一致,呈多边形,富含嗜酸性胞质,常呈岛状、片状、梁状分布,胞质中偶见脂褐素颗粒和特征性 Reinke 结晶。瘤细胞表达 vimentin、inhibin,部分表达 S-100 和 calretinin,不表达 CK、OCT4、CD30 和 AFP。

28. 男性,63 岁,发现阴囊湿疹 1 年,镜下表现如图。最有可能的诊断是

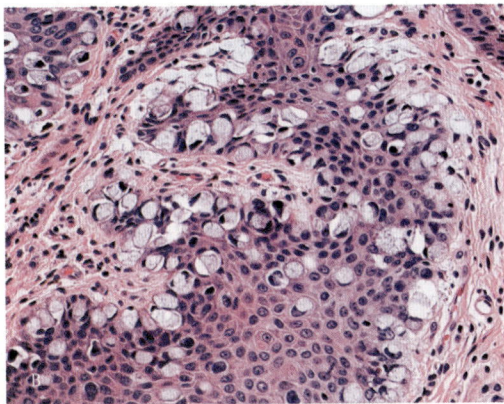

A. 佩吉特病　　　　B. 鳞状细胞癌

C. 基底细胞癌　　　D. 皮肤慢性炎

E. 尖锐湿疣

【答案】A

【解析】鳞状上皮分化成熟,散在的为富黏液之细胞非挖空细胞,这些细胞为腺癌成分,PAS、AB、黏液卡红等特殊染色和 CK20 免疫组化可阳性。

【A3/A4 型题】

(1~3 题共用题干)

男性,29 岁,发现无痛性睾丸肿瘤 3 个月。行睾丸切除术,肿瘤大小约 3.0cm. 切面肿瘤界限清楚,灰黄色,质软,未见出血和坏死。镜下肿瘤呈小管状、梁状和实性排列,间质可见硬化,瘤细胞胞质嗜酸性,核染色质均匀,可见小核仁,未见核分裂象。

1. 患者最可能的病理诊断是

   A. 精原细胞瘤

   B. 恶性间皮瘤

   C. 支持细胞瘤

   D. 幼年性颗粒细胞瘤

   E. 卵黄囊瘤

   【答案】C

2. 符合该肿瘤的免疫表型特征的是

   A. CGA+/Syn+/INSM-1+

   B. SALL4+/OCT4+/D2-40+

   C. CK+/calretinin+/D2-40+

   D. CD10+/cyclinD1+/β-catenin 核 +

   E. EMA+/CD99+/SF1+

   【答案】D

3. 该肿瘤的遗传学特征是

   A. *CTNNB1* 基因突变

   B. *STK11* 基因突变

   C. *APC* 基因突变

   D. 等臂 12p

   E. *PRKAR1A* 基因突变

   【答案】A

【解析】支持细胞瘤肿瘤细胞呈梁状、腺样、滤泡样或小管状排列,间质稀疏或硬化,瘤细胞形态温和。免疫组化染色弥漫表达 CD10,大多数肿瘤存在 CTNNB1 基因突变,异常核表达 β-catenin 并过表达 cyclinD1,对睾丸肿瘤中诊断支持细胞瘤具有较高的敏感性和高度的特异性。

(4~6 题共用题干)

男性,33 岁,因"排尿困难和尿痛 2 周"入院。查体示前列腺增大,血清学检查 PSA 正常,超声检查示前列腺占位约 4.3cm,界限较为清楚。行前列腺肿瘤穿刺活检,镜下示瘤细胞呈梭形,交错束状排列,偶见非典型性,未见核分裂象和坏死。免疫组化染色 CD34 阳性。

4. 该患者的病理诊断最不可能的是

   A. 神经纤维瘤

   B. 滑膜肉瘤

C. 胃肠道间质肿瘤

D. 前列腺恶性潜能未定的间质肿瘤

E. 孤立性纤维性肿瘤

【答案】B

5. 进一步免疫组化染色示瘤细胞 BCL2+,AR+,
SOX10−,STAT6−,TLE-1−,DOG1−,CD117−。
该患者的病理诊断是

A. 神经纤维瘤

B. 滑膜肉瘤

C. 胃肠道间质肿瘤

D. 前列腺恶性潜能未定的间质肿瘤

E. 孤立性纤维性肿瘤

【答案】D

6. 该患者进一步处理正确的是

A. 随访　　　　B. 化疗

C. 放疗　　　　D. 前列腺摘除

E. 经尿道前列腺切除

【答案】D

【解析】滑膜肉瘤为恶性肿瘤,一般不表达 CD34。SOX10−、STAT6−、TLE-1−、DOG1−、CD117− 可分别排除神经纤维瘤,孤立性纤维性肿瘤,滑膜肉瘤,胃肠道间质肿瘤。CD34+、AR+,瘤细胞轻度多形性,未见核分裂象等支持前列腺恶性潜能未定的间质肿瘤。进一步处理应行前列腺摘除术,仔细对整个前列腺进行广泛取材以除外存在间质肉瘤的可能性。

(7~8 题共用题干)

男性,59 岁,经尿道前列腺切除标本镜示小腺泡增生,尚可见模糊的分叶状轮廓,腺上皮胞质浅染,核圆形可见小核仁,核顶端的胞质稀少,核两侧胞质较丰富。免疫组化染色 P63 示部分腺泡周围基底细胞完全缺失,部分腺泡周围可见斑驳状基底细胞围绕。

7. 前列腺萎缩的组织学类型**不包括**

A. 单纯性萎缩　　B. 部分性萎缩

C. 萎缩后增生　　D. 小叶性萎缩

E. 非典型腺瘤样增生

【答案】E

8. 该患者的萎缩类型为

A. 前列腺腺病

B. 前列腺非典型腺瘤样增生

C. 部分性萎缩

D. 单纯性萎缩

E. 萎缩后增生

【答案】C

【解析】非典型腺瘤样增生为前列腺腺病,不是前列腺萎缩的类型。本例萎缩的上皮细胞的顶端胞质萎缩、两侧胞质保留是部分性萎缩的组织学表现。萎缩的腺体基底细胞呈碎片状表达。

(9~10 题共用题干)

男性,23 岁,因"睾丸旁占位 5 天"入院。行睾丸肿瘤切除术,镜示瘤细胞短梭形或卵圆形,核较幼稚,核分裂象活跃,间质可见不同程度的黏液变性。

9. 该患者的病理诊断最**不可能**的是

A. 卵黄囊瘤

B. 胚胎性横纹肌肉瘤

C. 腺瘤样瘤

D. 不成熟畸胎瘤

E. 滑膜肉瘤

【答案】C

10. 进一步仔细观察发现幼稚的肿瘤细胞之间可见散在的胞质呈带状具有强嗜酸性特征的大细胞。下列标志物中对于该肿瘤的诊断具有明确作用的是

A. SALL4,OCT3/4　　B. MyoD1,Myogenin

C. D2-40,calretinin　　D. CK,EMA

E. TLE1,cyclinD1

【答案】B

【解析】本例睾丸肿瘤组织学描述为恶性肿瘤,腺瘤样瘤为良性间皮肿瘤,可选 C。进一步仔细观察发现幼稚的肿瘤细胞之间可见散在的胞质呈带状具有强嗜酸性特征的大细胞,提示为胚胎性横纹肌肉瘤,故选 B。

(11~12 题共用题干)

男性,67 岁,因"前列腺穿刺活检确诊为前列腺癌 5 天"入院。行根治性前列腺切除术,镜下观察半数以上(约 70%)的肿瘤细胞呈融合的腺泡和筛状结构排列,其余肿瘤细胞呈单个圆形或不规则的腺腔结构排列,未见肿瘤性坏死。肿瘤细胞可见神经侵犯,局灶可见前列腺周围脂肪组织浸润,前列腺尖端和膀胱颈切缘未见肿瘤,双侧精囊腺未见肿瘤。免疫组化染色肿瘤性腺体周围基底细胞缺失。

11. 该患者前列腺癌的 Gleason 评分为

A. Gleason:3+4　　B. Gleason:4+3

C. Gleason:4+4　　D. Gleason:3+5

E. Gleason:5+3

【答案】B

12. 该患者前列腺癌的病理分期(第 8 版 AJCC)为
    A. pT_1 期　　　B. pT_2 期　　　C. pT_{3a} 期
    D. pT_{3b} 期　　　E. pT_4 期

【答案】C

【解析】该患者前列腺腺癌 70% 的 Gleason 分级为 4 级,其余 30% 的 Gleason 分级为 3 级,故 Gleason 评分:4+3 分;肿瘤局灶可见前列腺周围脂肪侵犯,为前列腺外扩散(pT_{3a} 期),精囊腺未见肿瘤累及(若阳性为 pT_{3b} 期),膀胱颈切缘未见肿瘤累及(大体上膀胱颈见肿瘤累及为 pT_4 期)。故该患者前列腺腺癌的 pT 分期为 pT_{3a} 期。

(13~14 题共用题干)

男性,45 岁,发现阴囊肿物 1 个月,超声检查示睾丸实质肿瘤。行睾丸肿瘤根治切除术,大体检查示睾丸肿瘤 5.5cm,切面灰白鱼肉状,可见肿瘤性坏死,镜下示肿瘤细胞呈弥漫片状排列,黏附性较差,瘤细胞圆形或多角形,可见 1~3 个小核仁,背景中散在小淋巴细胞浸润。

13. 该患者的病理诊断最不可能的是
    A. 胚胎性癌　　　B. 精母细胞性肿瘤
    C. 精原细胞瘤　　　D. 淋巴瘤
    E. 白血病累及

【答案】A

14. 进一步组织学观察发现睾丸周围未见原位生殖细胞肿瘤,瘤细胞内可见残存的生精小管,肿瘤细胞围绕小管周围生长,免疫组化染色 PAX5 阳性,CD10 阳性,SALL4 阴性,MPO 阴性。该患者的病理诊断为
    A. 弥漫大 B 细胞淋巴瘤
    B. 白血病累及
    C. 精母细胞性肿瘤
    D. 精原细胞瘤
    E. NK/T 细胞淋巴瘤

【答案】A

【解析】胚胎性癌瘤细胞黏附性强,呈巢状和管/乳头状排列,瘤细胞可见单个明显的中位核仁。其余四种肿瘤均可呈实性片状排列。未见原位生殖细胞肿瘤,免疫组化染色 PAX5 阳性,CD10 阳性,SALL4 阴性,MPO 阴性提示为弥漫大 B 细胞淋巴瘤。

(15~16 题共用题干)

男性,37 岁,血清 AFP 和 β-hCG 增高,超声示睾丸占位。临床考虑为生殖细胞肿瘤,行右侧睾丸肿瘤切除术,术中见睾丸肿瘤 4.7cm 实性

肿物,可见局灶出血坏死。镜下示肿瘤可见多种组织学构型,包括局灶的鳞状囊肿,不成熟软骨岛,散在的不成熟神经管;单核滋养层细胞和合体滋养层细胞伴出血坏死;大的多边形细胞呈管乳头状排列伴明显的中位核仁;周围生精小管内萎缩,于支持细胞和基底膜之间可见呈串珠状排列的异型生殖细胞伴 1~3 个小核仁。

15. 该患者睾丸肿瘤的生殖细胞成分不包括
    A. 原位生殖细胞肿瘤
    B. 不成熟畸胎瘤
    C. 胚胎性癌
    D. 绒毛膜癌
    E. 卵黄囊瘤

【答案】E

16. 该患者睾丸肿瘤的遗传学基础为
    A. TSC 基因突变
    B. β-catenin 基因突变
    C. EWSR1 基因重排
    D. 12p 等臂染色体或扩增
    E. CDH1 基因突变

【答案】D

【解析】该患者睾丸肿瘤的描述中不包括卵黄囊瘤。睾丸青春期后型混合性生殖细胞肿瘤的遗传学基础为 12p 等臂染色体或扩增。

(17~19 题共用题干)

男性,69 岁,发现前列腺增大 2 个月,血清学检测 PSA 在正常范围内,直肠指诊示前列腺增大。CT 示前列腺中央区占位约 4.2cm,考虑为恶性肿瘤。行前列腺根治切除术,镜示瘤细胞呈巢状、筛状和梁状排列,于前列腺肌层和良性腺体之间穿插性生长,瘤细胞胞质稀少,核染色较蓝,核分裂象活跃,瘤细胞之间可见黏液蓄积和玻璃样物质沉积,可见神经侵犯。免疫组化染色瘤细胞表达 P63 和 34βE12,BCL2 弥漫性阳性,GATA3 局灶弱阳性,PSA 阴性,P504S 阴性,Ki-67 约指数 60%。

17. 支持该肿瘤为恶性的特征不包括
    A. 瘤细胞胞质稀少,核染色较蓝
    B. 核分裂象活跃
    C. 前列腺肌层和良性腺体之间穿插性生长
    D. 神经侵犯
    E. BCL2 弥漫阳性及 Ki-67 指数约 60%

【答案】A

18. 该患者前列腺肿瘤首先考虑的诊断为
    A. 前列腺腺泡性腺癌
    B. 前列腺导管内癌
    C. 前列腺尿路上皮癌
    D. 前列腺基底细胞/腺样囊性癌
    E. 前列腺鳞状细胞癌
    【答案】D

19. 进一步行荧光原位杂交（FISH）检测支持诊断为腺样囊性癌的靶标为
    A. *MYB* 基因重排　　B. *EWSR1* 基因重排
    C. *RB1* 基因缺失　　D. *PLAG1* 基因重排
    E. *ETV6* 基因重排
    【答案】A
    【解析】本例肿瘤组织学特征和免疫表型特征提示为前列腺基底细胞/腺样囊性癌,支持诊断恶性的组织学特征包括肿瘤于前列腺肌层和良性腺体之间穿插性生长,核分裂象活跃,可见神经侵犯,BCL2 弥漫阳性及 Ki-67 指数约 60%。瘤细胞胞质稀少,核染色较蓝在良性和恶性基底细胞肿瘤或病变中均可见,对于区别良恶性无帮助。前列腺腺样囊性癌与涎腺的腺样囊性癌具有相似的遗传学基础表现为 *MYB-NFIB* 基因重排。

(20~21 题共用题干)

男性,77 岁,因"血清 PSA 持续增高"入院,行前列腺穿刺活检确诊为前列腺腺泡性腺癌。行前列腺根治切除术,镜下示 96% 的肿瘤性腺体腺腔轮廓平滑,腔面形成完好,约 4% 的肿瘤性腺体出现腺腔融合和筛状结构,肿瘤未见前列腺外扩散,未见精囊腺累及。

20. 患者前列腺腺癌的 Gleason 评分为
    A. Gleason:3+3
    B. Gleason:3+4
    C. Gleason:3+3 伴 <5% 的 4 级
    D. Gleason:3+5
    E. Gleason:4+4
    【答案】B

21. 该患者前列腺腺癌的 WHO/ISUP 分级分组为
    A. 分级分组 1　　B. 分级分组 2
    C. 分级分组 3　　D. 分级分组 4
    E. 分级分组 5
    【答案】B
    【解析】该患者前列腺腺癌中 97% 为 Gleason 分级 3 分,3% 为 Gleason 分级 4 分,在 2016 年 WHO 的 Gleason

评分中应评分为 3+4,而不是 Gleason:3+3 伴 <5% 的 4 级。WHO/ISUP 分级分组为 2。

(22~23 题共用题干)

男性,82 岁,因"血清 PSA 持续增高"入院,行前列腺穿刺活检确诊为前列腺腺泡性腺癌。行前列腺根治切除术,镜示 60% 的肿瘤性腺体腺腔轮廓平滑,腔面形成完好,约 30% 的肿瘤性腺体出现腺腔融合和筛状结构,约 10% 的筛状腺体可见多灶的粉刺性坏死,肿瘤局灶可见前列腺外扩散,双侧精囊腺均可见肿瘤累及。

22. 该患者前列腺腺癌的 Gleason 评分为
    A. Gleason:3+4
    B. Gleason:3+5
    C. Gleason:4+5
    D. Gleason:3+4 伴少量的 5 级
    E. Gleason:4+4
    【答案】B

23. 该患者前列腺腺癌的 WHO/ISUP 分级分组为
    A. 分级分组 1　　B. 分级分组 2
    C. 分级分组 3　　D. 分级分组 4
    E. 分级分组 5
    【答案】D
    【解析】该患者前列腺腺癌中 60% 为 Gleason 分级 3 分,30% 为 Gleason 分级 4 分,10% 为 Gleason 分级 5 分(粉刺样坏死),在 2016 年 WHO 的 Gleason 评分中应评分为 3+5,而不是 Gleason:3+4 伴少量的 5 级。WHO/ISUP 分级分组为 4。

(24~25 题共用题干)

男性,71 岁,体检示 PSA 升高,行前列腺穿刺活检,镜下一针内可见肿瘤细胞呈大而不规则的致密筛状结构排列,瘤细胞核仁显著,腔内局灶可见粉刺样坏死。

24. 单纯从该肿瘤的光镜下特征来看,首先可以**排除**的诊断是
    A. 前列腺高级别上皮内瘤变
    B. 前列腺浸润性筛状腺癌
    C. 前列腺导管腺癌
    D. 前列腺导管内癌
    E. 高级别尿路上皮癌累及前列腺导管/腺泡
    【答案】A

25. 进一步免疫组化染色示肿瘤细胞 NKX3.1 和 PSA、P504S 阳性,GATA3 和 CK20 阴性,P63 示筛状腺体周围可见完整的基底细胞围绕,未见浸润性腺癌。该患者下一步的最佳临床处理是
    A. 随访,密切监控 PSA 水平,半年后再次穿刺活检
    B. 立即进行重复穿刺活检
    C. 立即进行前列腺根治切除
    D. 化疗
    E. 放疗

【答案】B
【解析】镜下肿瘤性坏死不是前列腺高级别上皮内瘤变的组织学特征,而前列腺导管腺癌、前列腺导管内癌、前列腺浸润性筛状腺癌以及高级别尿路上皮癌累及前列腺导管/腺泡均可表现为致密筛状结构伴粉刺性坏死。免疫组化染色肿瘤细胞 NKX3.1 和 PSA、P504S 阳性,GATA3 和 CK20 阴性,P63 示筛状腺体周围可见完整的基底细胞围绕,未见浸润性腺癌。提示该患者穿刺活检诊断为孤立性的导管内癌,因导管内癌绝大多数与浸润性高级别腺泡性腺癌伴随,偶尔可与低级别腺泡性腺癌并存,因此在穿刺活检中诊断的孤立性导管内癌应推荐立即进行重复活检。

(26~27 题共用题干)
患者男性,29 岁,发现睾丸痛性肿瘤 3 天入院,超声检查示鞘膜积液伴实性结节,行睾丸旁肿物切除术。镜下示睾丸旁鞘膜内广泛的出血和渗出,其内可见上皮样多角形瘤细胞呈小管状、乳头状和实性片状排列,局灶浸润至周围纤维脂肪组织,瘤细胞异型性轻微,可见核分裂象(约 3 个/10HPF),局灶可见肿瘤性坏死。免疫组化染色示肿瘤细胞 CK 阳性,WT1 阳性,D2-40 阳性,SALL4 阴性,PAX8 阴性,Ki-67 指数约 10%。

26. 该患者最可能的病理诊断为
    A. 睾丸旁浆液性乳头状癌
    B. 睾丸网腺癌
    C. 恶性间皮瘤
    D. 鞘膜积液伴反应性间皮增生
    E. 卵黄囊瘤

【答案】C

27. 鉴别上皮型恶性间皮瘤与鞘膜积液伴反应性间皮增生最特异的辅助手段是
    A. GLUT1 免疫组化染色过表达
    B. IMP3 免疫组化染色过表达
    C. EMA 免疫组化染色过表达
    D. P16 荧光原位杂交缺失
    E. BAP1 免疫组化染色表达缺失

【答案】D
【解析】本例肿瘤免疫组化染色提示为间皮性病变,存在肿瘤性坏死和脂肪组织的浸润组织学上提示为恶性间皮瘤,瘤细胞的异型性和核分裂象对于鉴别诊断恶性间皮瘤与反应性间皮增生帮助不大。PAX8 阴性和 SALL4 阴性可除外浆液性乳头状癌、睾丸网腺癌以及卵黄囊瘤。上述五项均可用于区分上皮型恶性间皮瘤与反应性间皮增生,而最特异的辅助诊断手段为 P16 荧光原位杂交检测基因缺失。

(28~29 题共用题干)
男性,81 岁,5 个月前因 PSA 增高行前列腺穿刺活检,病理诊断为前列腺腺泡性腺癌,Gleason:4+4,行内分泌治疗 3 个月后 PSA 复发,行前列腺根治切除,切除标本示瘤细胞弥漫片状排列,无明显管腔形成,瘤细胞胞质稀少,染色质均匀、粉尘状,核仁不明显,免疫组化染色肿瘤细胞 PSA 绝大多数阴性,仅局灶阳性;CK 逗点状阳性,CgA 和 Syn 阳性,Ki-67 指数约 90%。

28. 该患者的病理诊断为
    A. 前列腺腺泡性腺癌 Gleason 5 级
    B. 介于腺泡性腺癌与小细胞癌之间的前列腺癌
    C. 前列腺小细胞癌
    D. 前列腺高分化神经内分泌肿瘤
    E. 前列腺大细胞神经内分泌癌

【答案】C

29. 区别前列腺小细胞癌与其他小细胞癌累及前列腺最可靠的遗传学特征是
    A. *TP53* 突变
    B. *PTEN* 缺失
    C. *TMPRSS2-ERG* 基因融合
    D. *RB1* 基因缺失
    E. *NF1* 基因突变

【答案】C
【解析】该肿瘤的组织学和免疫表型特征提示是前列腺小细胞癌。前列腺小细胞癌绝大多数是高级别腺泡性腺癌内分泌治疗之后出现激素抵抗依赖的转化,因此在免疫表型上可局灶表达 PSA,但肿瘤的组织学特征上已表现为典型小细胞癌的特征。前列腺腺癌特征性的遗传学异常为 *TMPRSS2-ERG* 基因融合,该基因融合

在前列腺小细胞癌亦可检测出,可作为区别前列腺小细胞癌与其他部位小细胞癌累及至前列腺的可靠指标。

(30~31题共用题干)

男性,51岁,既往无肿瘤史。阴茎表面皮肤可见数个边界清楚的粉色斑块样病变,局灶表面可见溃疡。行阴茎皮肤活检,镜示表皮轻度增生,上皮角下延,表皮内可见呈簇的异型细胞,胞质丰富嗜酸性浅染,核分裂活跃;皮脂腺周围上皮内亦可见呈簇的异型细胞浸润。

30. 该肿瘤的组织学鉴别诊断**不包括**

A. 皮肤派杰特病

B. 原位鳞状细胞癌

C. Bowen病

D. 原位恶性黑色素瘤

E. 尖锐湿疣

【答案】E

31. 免疫组化染色异型细胞表达CK7和GCDFP15,S-100阴性,下列标志物中异型细胞**不表达**的是

A. GATA3　　　　B. P40

C. Mammaglobin　　D. CDX2

E. CEA

【答案】B

【解析】异型肿瘤细胞在表皮内生长,核分裂象活检,鉴别诊断不包括尖锐湿疣。免疫组化染色异型细胞表达CK7和GCDFP15,S-100阴性,提示为派杰特病,可表达CEA,CDX2,GATA3和Mammaglobin,不表达P40。

(32~33题共用题干)

男性,77岁,包皮皮肤表面可见直径约0.5cm的灰白色斑块,轻度隆起于皮肤,无瘙痒和触痛感。行包皮皮肤活检,镜下示表皮增厚伴角化不全型角化过度,上皮角呈交织状下延,表层角质形成细胞轻度增大伴轻度的核多形性,胞质丰富嗜酸性,可见角质栓形成,细胞之间水肿明显,基底层细胞核轻度异型,偶见核分裂象。基底膜轻度增厚。

32. 该病变的正确诊断是

A. 高分化鳞状细胞癌

B. 分化型阴茎上皮内瘤变

C. 尖锐湿疣

D. 湿疣样型阴茎上皮内瘤变

E. 单纯性鳞状上皮增生

【答案】B

33. 该病变与HPV感染的关系描述正确的是

A. 与HPV16型相关

B. 与HPV18型相关

C. 与HPV6型相关

D. 与HPV11型相关

E. 通常与HPV感染无关

【答案】E

【解析】分化型阴茎上皮内瘤变通常仅有基底层的轻度异型性,表皮轻度增厚,棘层松解明显,角化过度,上皮内可见角质栓形成,通常与单纯性苔藓有关,与HPV感染无关。

(34~35题共用题干)

男性,71岁,因PSA升高行前列腺穿刺活检,镜下示不规则腺体呈疏松的筛状结构排列,瘤细胞立方状,核圆形核仁明显,2~3层排列,基底细胞尚保存,未见核多形性,未见肿瘤性坏死。

34. 该病变病理诊断正确的是

A. 前列腺筛状腺癌

B. 前列腺导管腺癌

C. 前列腺上皮内瘤变

D. 前列腺导管内癌

E. 前列腺透明细胞筛状增生

【答案】C

35. **不属于**前列腺上皮内瘤变组织学类型是的

A. 平坦型　　　　B. 簇状型

C. 微乳头型　　　D. 筛状型

E. 实体型

【答案】E

【解析】不规则的疏松筛状腺体,病变细胞核立方状,核仁明显,基底细胞保留,组织学特征符合筛状型前列腺高级别上皮内瘤变。前列腺筛状腺癌基底细胞缺失,前列腺导管腺癌瘤细胞呈柱状假复层排列,基底细胞一般缺失。筛状型前列腺导管内癌需要致密的筛状结构或疏松的筛状结构伴明显的核多形性和/或粉刺性坏死。透明细胞筛状增生为良性病变。前列腺高级别上皮内瘤变无实体型亚型。

(36~37题共用题干)

男性,67岁,因膀胱活检诊断为"高级别尿路上皮癌"行全膀胱和前列腺切除术,术后检查膀胱示浸润性高级别尿路上皮癌,浸润至深肌层。前列腺实质内可见多灶性的膨胀性肿瘤增生,肿瘤性瘤细胞巢边界清楚而圆滑,瘤细

胞胞质丰富嗜酸性,异型性明显,核仁显著,核分裂象较活跃,偶见鳞状化生。尿道前列腺部可见原位尿路上皮癌。免疫组化染色肿瘤细胞 NKX3.1 和 PSA 阴性,P504S 阳性,P63 和 GATA3 散在阳性,瘤细胞巢周围 P63 强而弥漫。

36. 该患者前列腺肿瘤的病理诊断正确的是
    A. 膀胱尿路上皮癌浸润前列腺间质
    B. 原位尿路上皮癌累及前列腺腺泡和导管
    C. 前列腺导管内癌
    D. 前列腺腺癌伴鳞状化生
    E. 前列腺鳞状细胞癌

【答案】B

37. 该前列腺肿瘤的病理分期为
    A. pT$_4$ 期　　　B. pT$_3$ 期　　　C. pT$_2$ 期
    D. pT$_1$ 期　　　E. pT$_{is}$ 期

【答案】E

【解析】尿路上皮癌存在场效应,膀胱的尿路上皮癌可通过黏膜内扩散的方式累计尿道并进一步扩散至前列腺导管和腺泡内,在无前列腺间质浸润的情况下,尿路上皮癌累及前列腺导管和腺泡时分期为原位癌分期(pT$_{is}$)。

(38~39 题共用题干)

男性,87 岁,因"尿频、尿痛和尿路梗阻 3 周"入院。肛门直肠指针示前列腺多结节状增大,PSA 水平正常,行 TURP 切除,镜下示前列腺腺体增生,局部破碎状组织内可见成片的梭形间质增生,梭形细胞之间可将丰富的圆口径小血管伴散在的慢性炎细胞浸润,无非典型性和核分裂象。免疫组化染色显示梭形细胞 CD34 阳性,AR 阳性,SMA 阴性。

38. 该梭形细胞病变首先考虑的诊断是
    A. 恶性潜能未定的前列腺间质肿瘤
    B. 良性前列腺间质增生
    C. 前列腺孤立性纤维性肿瘤可能,需进一步免疫组化染色
    D. 前列腺神经源性肿瘤可能,需进一步免疫组化染色
    E. 前列腺外胃肠道间质肿瘤可能性,需进一步免疫组化染色

【答案】B

39. 下列因素中与良性前列腺增生形成**关系不大**的是
    A. 睾酮　　　　　B. 双氢睾酮

C. 雄激素　　　　　D. 雌二醇
E. 孕激素

【答案】E

【解析】良性前列腺增生可表现为成片的梭形间质增生,与梭形细胞肿瘤不同的是间质增生不形成大体可触及的肿块,镜下间质增生常伴有明显的小血管增生及散在的慢性炎细胞浸润。与良性前列腺增生密切相关的包括睾酮、双氢睾酮、雄激素以及雌二醇。

(40~41 题共用题干)

男性,81 岁,因血清 PSA 水平增高而行前列腺穿刺活检,镜下示中等至较大的腺体,腺腔内可见乳头样和微乳头状内折,核呈立方状,核仁较明显。免疫组化染色 PSA 阳性,P504S 局灶弱阳性,P63 显示腺体周围无基底细胞围绕。

40. 该病变病理诊断正确的是
    A. 良性前列腺增生
    B. 高级别前列腺上皮内瘤变
    C. 前列腺导管腺癌
    D. 前列腺导管内癌
    E. 前列腺假增生性癌

【答案】E

41. 该病变的 Gleason 分级是
    A. 1 级　　　　B. 2 级　　　　C. 3 级
    D. 4 级　　　　E. 5 级

【答案】C

【解析】肿瘤性腺体类似于良性前列腺增生和高级别前列腺上皮内瘤变,核仁明显和基底细胞丢失提示为前列腺假增生性癌,该亚型的前列腺癌约常 P504S 阴性或仅局灶阳性。Gleason 分级为 3 级。

(42~43 题共用题干)

男婴,5 月龄,无意中发现左侧阴囊区膨大约 2 个月,超声示睾丸旁占位约 2cm,界限清楚,考虑为良性肿瘤。镜下示肿瘤边界清楚,低倍镜下呈模糊的分叶状排列,瘤细胞呈实行片状、小管状和滤泡样排列,其内可见嗜酸性或嗜碱性黏液,间质可见黏液和玻璃样变性。瘤细胞核圆形、可见核沟和小核仁,核分裂象活跃。免疫组化染色表达 SOX9 和 inhibin,不表达 CK 和 SALL4。

42. 该肿瘤病理诊断正确的是
    A. 卵黄囊瘤
    B. 未分类的性索间质肿瘤
    C. 性腺母细胞瘤

D. 幼年性粒层细胞瘤

E. 间质细胞瘤

【答案】D

43. 关于该肿瘤的生物学行为描述正确的是

A. 高度恶性,预后很差

B. 中度恶性,预后差

C. 低度恶性,预后较差

D. 交界性,预后较好

E. 良性,无复发和转移

【答案】D

【解析】睾丸的幼年性粒层细胞瘤罕见,绝大多数发生于6月龄以内的婴儿,组织学和免疫表型特征同卵巢的幼年性粒层细胞瘤,最主要的鉴别诊断是卵黄囊瘤。大小不等的滤泡结构、核沟及免疫组化染色表达SOX9和inhibin,不表达SALL4可与卵黄囊瘤鉴别。尽管睾丸的幼年性粒层细胞瘤组织学上核分裂象活跃,但绝大多数肿瘤预后较好,在2016年的WHO分类中ICD-O编码为1,提示其生物行为为交界性。

【案例分析题】

案例一 男性,71岁,因"发现阴囊黄豆大肿物5年伴近3个月增大"入院,超声提示睾丸旁占位约7.7cm。行睾丸旁肿瘤切除术,大体检查示灰白灰黄色肿瘤约8.3cm,部分边界清楚,局部累及至肌组织内,部分可见出血、坏死。镜下示肿瘤呈多种组织学构成:平行束状的温和的梭形肿瘤细胞浸润至横纹肌和脂肪组织内;上皮样多形性肿瘤细胞呈弥漫片状排列;多形性至卵圆形肿瘤细胞呈旋涡和席纹状排列;肿瘤边缘可见较多量慢性炎细胞浸润伴散在的梭形肿瘤细胞;局灶多形性肿瘤细胞伴散在的硬化和骨样基质形成。瘤细胞核分裂活跃,局灶可见肿瘤性坏死。

提问1:上述描述的肿瘤组织学构型模拟的肿瘤包括

A. 侵袭性纤维瘤病

B. 上皮样肉瘤

C. 多形性未分化肉瘤

D. 炎性肌纤维母细胞肿瘤

E. 骨肉瘤

F. 黏液性脂肪肉瘤

【答案】ABCDE

提问2:加做免疫组化染色示肿瘤细胞P16、CDK4和MDM2弥漫阳性,SMA部分阳性,

SATB2部分阳性,cyclinD1局灶核阳性,CD68散在阳性,desmin,myoD1,CK,ALK等均阴性,INI-1未见缺失。该最可能的诊断是

A. 多形性平滑肌肉瘤

B. 骨外骨肉瘤

C. 去分化脂肪肉瘤

D. 多形性未分化肉瘤

E. 炎性肌纤维母细胞肉瘤

F. 恶性间叶瘤

【答案】C

提问3:为进一步明确诊断,建议加做的分子检测靶标为

A. ALK 基因重排

B. MDM2 基因扩增

C. β-catenin 基因突变

D. TP53 基因突变

E. EGFR 基因扩增

F. EWSR1 基因重排

【答案】B

【解析】患者为老年男性,睾丸旁巨大占位,镜下组织学构型多样,分别具有类似于平滑肌肉瘤、纤维瘤病、上皮样肉瘤、骨肉瘤以及炎性肌纤维母细胞肿瘤等特征。在睾丸旁区域,去分化脂肪肉瘤为常见的软组织肉瘤之一,在该部位发生的任何软组织肿瘤如具有多种组织学类型不能归入某一类肿瘤时需考虑到去分化脂肪肉瘤的可能,去分化脂肪肉瘤可完全无高分化脂肪肉瘤成分。去分化脂肪肉瘤的免疫表型也较为多样,大多数表达P16和MDM2和CDK4,具有不同分化的区域可表达相应的标志物,如肌纤维母细胞可表达SMA,伴有异源性骨肉瘤可表达SATB2等,明确诊断依靠MDM2基因扩增检测。

案例二 男性,5岁,因"发现睾丸无痛性肿物5个月"入院。血清AFP>100μg/L。行睾丸肿瘤切除术,大体检查示睾丸肿瘤约2.5cm,切面灰黄灰白质均匀,有黏质感。镜下:肿瘤边界较清楚,组织学上可见微囊、网状、乳头状、腺管状排列,瘤细胞立方状大小较一致,核染色深,核分裂象活跃。局部可见具有纤维血管轴心的乳头绕以外套层的立方状肿瘤细胞(S-D小体),另可见腺上皮内的核下空泡,间质为疏松水肿状,可见散在的短梭形幼稚细胞。周围睾丸内未见精子发生。无睾丸网或附睾浸润,无肿瘤性坏死。

提问1：该患者肿瘤的病理诊断首先考虑为

  A. 恶性混合性生殖细胞肿瘤

  B. 幼年性粒层细胞瘤

  C. 青春期前型卵黄囊瘤

  D. 青春期后型卵黄囊瘤

  E. 青春期前型混合性卵黄囊瘤-畸胎瘤

  F. 青春期前型畸胎瘤

  【答案】C

提问2：上述描述的该肿瘤的组织学构型包括

  A. 微囊/网状型 B. 黏液水肿型

  C. 内胚窦型   D. 壁层型

  E. 腺样型   F. 乳头型

  【答案】ABCEF

提问3：诊断该肿瘤最具有敏感性的标志物是

  A. Glypican-3 B. OCT3/4

  C. SALL4   D. EMA

  E. CK7   F. SOX2

  【答案】C

  【解析】该肿瘤患者5岁，睾丸肿瘤具有多种组织学构型，最具有诊断特征性是的S-D小体，提示为卵黄囊瘤，该肿瘤中可见的组织学类型包括微囊/网状型，黏液水肿型，内胚窦型(S-D小体)，乳头型，腺样型。免疫组化染色中诊断卵黄囊瘤最敏感的标志物是SALL4，几乎100%的卵黄囊瘤阳性，但其特异性较差。睾丸周围未见精子发生，无原位生殖细胞肿瘤，提示为青春期前型卵黄囊瘤，相比较于青春期后型卵黄囊瘤，青春期前型卵黄囊瘤较少混有其他类型的生殖细胞肿瘤(如畸胎瘤等)，预后较好，1期肿瘤(如本例)切除后随访即可。

案例三　男性，29岁，发现无痛性睾丸肿瘤3个月。行睾丸切除术，肿瘤大小约3.0cm。切面肿瘤界限清楚，灰黄色，质软，未见出血和坏死。镜下肿瘤呈小管状、梁状和实性排列，间质可见硬化，瘤细胞胞质嗜酸性，核染色质均匀，可见小核仁，未见核分裂象。

提问1：患者最可能的病理诊断是

  A. 精原细胞瘤

  B. 恶性间皮瘤

  C. 支持细胞瘤

  D. 幼年性颗粒细胞瘤

  E. 卵黄囊瘤

  F. 成人型颗粒细胞瘤

  【答案】C

提问2：符合该肿瘤的免疫表型特征的是

  A. CGA+/Syn+/INSM-1+

  B. SALL4+/OCT4+/D2-40+

  C. CK+/calretinin+/D2-40+

  D. CD10+/cyclinD1+/β-catenin核+

  E. EMA+/CD99+/SF1+

  F. CK+/EMA+/SF1+

  【答案】D

提问3：该肿瘤的遗传学特征是

  A. *CTNNB1*基因突变

  B. *STK11*基因突变

  C. *APC*基因突变

  D. 等臂12p

  E. *PRKAR1A*基因突变

  F. *TP53*基因突变

  【答案】A

提问4：下列提示该肿瘤可能存在恶性的生物学行为的特征是

  A. 存在睾丸外扩散

  B. 肿瘤>5cm

  C. 明显的核异型性

  D. >5个核分裂象/10高倍镜视野

  E. 可见肿瘤性坏死

  F. 淋巴管血管侵犯

  【答案】ABCDEF

  【解析】支持细胞瘤肿瘤细胞呈梁状、腺样、滤泡样或小管状排列，间质稀疏或硬化，瘤细胞形态温和。免疫组化染色弥漫表达CD10，大多数肿瘤存在CTNNB1基因突变，异常核表达β-catenin并过表达cyclinD1，对睾丸肿瘤中诊断支持细胞瘤具有较高的敏感性和高度的特异性。提示睾丸支持细胞瘤生物学行为不良的组织学特征包括：存在睾丸外扩散，肿瘤>5cm，明显的核异型性，>5个核分裂象/10高倍镜视野；可见肿瘤性坏死；淋巴管血管侵犯。当肿瘤存在上述特征的2个或以上时提示生物学行为恶性，如只存在1个，则诊断为恶性潜能未定。

案例四　男性，79岁，因"血清PSA持续增高"入院，行前列腺穿刺活检确诊为前列腺腺泡性腺癌。行前列腺根治切除术，镜下示40%的肿瘤性腺体腺腔轮廓平滑，腔面形成完好，约40%的肿瘤性腺体出现腺腔融合和筛状结构，约20%的筛状腺体可见实性片状排列和筛孔内的多灶性粉刺性坏死。双侧前列腺腺叶均可见肿瘤累及，癌组织约占腺叶总体积的70%。肿瘤多灶可见前列腺外扩散，双侧精囊腺均可见肿瘤累及。前列腺尖端和膀胱镜切缘局灶可见肿瘤累及(阳性)。免疫组化染色肿瘤细胞 P504S 阳性,P63 染色示部分筛状结构伴坏死灶的周围基底细胞保留。

提问 1:该患者前列腺腺癌的 Gleason 评分为

  A. Gleason:3+4

  B. Gleason:3+5

  C. Gleason:4+5

  D. Gleason:3+4 伴少量的 5 级

  E. Gleason:4+4

  F. Gleason:4+3 伴少量的 5 级

【答案】C

提问 2:该患者前列腺腺癌的 WHO/ISUP 分级分组为

  A. 分级分组 1

  B. 分级分组 2

  C. 分级分组 3

  D. 分级分组 3 伴少量的 Gleason 5 级成分

  E. 分级分组 4

  F. 分级分组 5

【答案】F

提问 3:该患者前列腺腺癌的病理分期(第 8 版 AJCC)是

  A. pT_1 期   B. pT_2 期

  C. pT_{3a} 期   D. pT_{3b} 期

  E. pT_{3c} 期   F. pT_4 期

【答案】D

提问 4:该前列腺肿瘤中提示患者预后不良的组织学特征包括

  A. Gleason 评分高,分级分组高

  B. 癌组织容积高

  C. 肿瘤多灶可见前列腺周围脂肪侵犯

  D. 双侧精囊腺可见肿瘤累及

  E. 前列腺尖端和膀胱颈切缘局灶可见肿瘤累及

  F. 前列腺导管内癌

【答案】ABCDEF

【解析】该患者前列腺腺癌中 40% 为 Gleason 分级 3 分,40% 为 Gleason 分级 4 分,20% 为 Gleason 分级 5 分(实性成片伴粉刺样坏死),在 2016 年 WHO 的 Gleason 评分中应评分为 4+5,而不是 Gleason 评分 4+3 伴少量的 5 级。WHO/ISUP 分级分组为 5。肿瘤多灶可见前列腺周围脂肪侵犯,为前列腺外扩散(pT_{3a} 期),双侧精囊腺可见肿瘤累及(pT_{3b} 期),前列腺尖端和膀胱颈切缘局灶可见肿瘤累及(大体上膀胱颈见肿瘤累及为 pT_4 期,镜下膀胱颈肿瘤累及为 pT_{3a} 期)。故该患者前列腺腺癌的 pT 分期为 pT_{3b} 期。免疫组化染色肿瘤细胞 P504S 阳性,P63 染色示部分筛状结构周围基底细胞保留,提示存在前列腺导管内癌成分。上述特征均提示肿瘤预后不良。

(李 君 饶 秋)

第十二章　女性生殖系统疾病

【A1 型题】

1. 女性外阴尖锐湿疣与以下 HPV 病毒感染关系最为密切的类型为
   A. 6、11 型
   B. 6、16 型
   C. 11、16 型
   D. 6、16 型
   E. 16、18 型
   【答案】A
   【解析】90%~95% 的外阴湿疣是由 HPV6 和 HPV11 亚型所致。

2. 阴道癌最常见的组织学类型为
   A. 非角化鳞状细胞癌
   B. 疣状鳞状细胞癌
   C. 腺癌
   D. 角化鳞状细胞癌
   E. 基底细胞样型鳞状细胞癌
   【答案】A
   【解析】阴道鳞状细胞癌组织学类型分为角化型、非角化型、基底细胞样、疣状、湿疣状等亚型,多数为非角化型。

3. 外阴硬化性苔藓与以下因素有关的是
   A. HPV 病毒感染
   B. 自身免疫性疾病
   C. 神经性病变
   D. 非特异性慢性炎症
   E. 反复物理损伤
   【答案】B
   【解析】硬化性苔藓是最常见的外阴白色病变,病因未明,约 21% 的患者伴自身免疫性疾病。

4. 阴道腺癌的来源**不包括**
   A. 残留中肾管
   B. 残留副中肾管
   C. 腺病
   D. 异位子宫内膜
   E. 阴道鳞状上皮

【答案】E
【解析】阴道腺癌的来源与发生在其他部位的腺癌类似,是由腺上皮来源的恶性肿瘤。

5. 阴道葡萄状肉瘤为
   A. 平滑肌肉瘤
   B. 胚胎性癌
   C. 血管肉瘤
   D. 横纹肌肉瘤
   E. 无性细胞瘤
   【答案】D
   【解析】胚胎性横纹肌肉瘤是阴道最常见的肉瘤,又称葡萄状肉瘤。

6. 下列关于宫颈微小浸润癌的浸润方式,**不包括**
   A. 出芽状浸润
   B. 迷芽状浸润
   C. 泪滴状浸润
   D. 融合式浸润
   E. 挤压式浸润
   【答案】E
   【解析】挤压式浸润是宫颈疣状癌的主要浸润方式。

7. Ki-67 增殖活性明显增高,见于的宫颈病变是
   A. 反应性鳞状上皮增生
   B. 基底细胞增生
   C. AIS
   D. 不成熟鳞化
   E. 鳞状上皮萎缩
   【答案】C
   【解析】AIS 为宫颈原位腺癌,一般 Ki-67 指数较高;而所列其他病变,Ki-67 指数一般较低。

8. 关于子宫内膜分泌期的描述,**不正确**的是
   A. 50% 的腺上皮细胞出现一致的核下空泡,为分泌早期特征性改变
   B. 子宫内膜腺上皮细胞核位于基底部,体积小,呈椭圆形,染色质稀疏
   C. 腺体弯曲,锯齿状,腔内可见分泌物
   D. 腺上皮细胞出现顶浆分泌,导致腔缘不齐

的表现

　　E. 间质蜕膜样变,细胞体积增大,胞质丰富

【答案】B

【解析】子宫内膜腺上皮细胞核位于基底部,体积小,呈椭圆形,染色质稀疏为增生早期改变。

9. 子宫内膜单纯性增生的镜下特点,下列描述错误的是

　　A. 腺体增生,腺体/间质大于 1:1

　　B. 腺腔大小不一,常出现大小不等的囊状扩张

　　C. 腺上皮复层化,染色质分布均匀,核仁不明显

　　D. 腺体出现背靠背现象,但细胞核仍然在上皮细胞底部,不具有异型性

　　E. 腺体之间间质细胞数量增多

【答案】D

【解析】子宫内膜单纯性增生一般不出现腺体背靠背现象。

10. 下列子宫内膜样腺癌的诊断要点,不包括

　　A. 异型增生的细胞排列呈腺管样、可见搭桥、融合成筛状及迷路样结构

　　B. 上皮细胞核大、有核仁,核分裂多见

　　C. 子宫内膜正常间质减少或消失,纤维结缔组织增生在癌腺体周围环绕

　　D. 免疫组化 CK 及 vimentin 均可出现阳性表达

　　E. 大多数病例出现 TP53 基因突变

【答案】E

【解析】子宫内膜样腺癌 TP53 一般为野生型。

11. 完全性葡萄胎的特点不包括

　　A. 水肿绒毛形成成串的葡萄样小泡,小泡直径 1mm~1cm

　　B. 绒毛间质中形成中央水池

　　C. 绒毛周细胞滋养细胞和合体滋养细胞显著增生

　　D. 绒毛间质细胞 p57 染色阴性

　　E. 绒毛轮廓不规则,边缘曲折形成"海岸线"样外观

【答案】E

【解析】水肿绒毛轮廓不规则,边缘曲折形成"海岸线"样外观为部分性葡萄胎的特点。

12. 绒毛膜癌的特点不包括

　　A. 由两型滋养细胞组成,常伴大片出血、坏死

　　B. 50% 继发于葡萄胎后,部分发生于流产或足月产后

　　C. 临床表现为不规则阴道出血和 hCG 水平显著升高

　　D. 仅浸润浅肌层,但肌层结构不紊乱

　　E. 不形成胎盘绒毛

【答案】D

【解析】由于滋养细胞的浸润破坏血管的能力,因此具有较强的局部浸润、破坏及侵入血管发生早期血行转移的能力。

13. 下列关于胎盘部位滋养细胞肿瘤的特点正确的是

　　A. 相对较一致的单核滋养细胞,呈巢状和团块状排列,虽然边缘可有局部浸润,但边界较清楚

　　B. 可见广泛的坏死和透明样物质围绕

　　C. 肿瘤细胞呈 CK18、抑制素及 p63 强阳性

　　D. 形成特征性的"地图状"结构

　　E. 肿瘤细胞呈 HPL 和 Mel-CAM 弥漫强阳性

【答案】E

【解析】胎盘部位滋养细胞肿瘤是由肿瘤性种植部位中间滋养细胞组成,免疫组化肿瘤细胞呈 HPL 和 Mel-CAM 弥漫强阳性,而抑制素弱阳性或阴性,p63 阴性。

14. 上皮样滋养细胞肿瘤的特点正确的是

　　A. 弥漫一致的滋养细胞,呈实性、片状和不规则条索状排列,穿行于肌纤维之间

　　B. 瘤细胞单核,核圆或卵圆且深染,胞质丰富,嗜酸性或嗜双色性,偶尔可见多核滋养细胞

　　C. 肿瘤细胞呈 HPL 强阳性

　　D. 肿瘤细胞呈 hCG 局灶阳性

　　E. 肿瘤细胞呈 p63 阴性

【答案】D

【解析】A、B 项为胎盘部位滋养细胞肿瘤的特点;上皮样滋养细胞肿瘤呈 HPL、hCG 局灶阳性,而 p63 强阳性。

15. 下列关于卵巢浆液性囊腺瘤的叙述正确的是

　　A. 多数为双侧发生,仅约 10% 为单侧发生

　　B. 囊壁表面粗糙不平或囊壁内衬丰富的乳头

　　C. 囊壁的内衬上皮与输卵管黏膜上皮在形态上相似,为单层立方或低柱状纤毛上皮细胞,细胞无异型性

D. 有明显的间质浸润,间质反应性增生

E. 核染色质浓聚,可见非典型核分裂

【答案】C

【解析】卵巢浆液性囊腺瘤多数为单侧发生,仅约10%为双侧发生。B、D、E项为交界性浆液性肿瘤或浆液性癌的特点。C项为卵巢浆液性囊腺瘤的正确叙述。

16. 关于胎盘部位滋养细胞肿瘤,下列说法**错误**的是

　　A. 典型的生长方式为弥漫一致的滋养细胞,呈实性、片状和不规则条索状排列,穿插于肌纤维之间

　　B. 瘤细胞单核,核圆或卵圆且深染,胞质丰富,嗜酸性或嗜双色性

　　C. 偶尔可见多核滋养细胞

　　D. 肿瘤细胞呈 HPL 和 Mel-CAM 弥漫强阳性

　　E. 肿瘤细胞呈 hCG 阴性,p63 弥漫强阳性

【答案】E

【解析】中间型滋养细胞肿瘤的肿瘤细胞呈 HPL 和 Mel-CAM 弥漫强阳性,hCG 局灶阳性,p63 阴性。

17. 关于上皮样滋养细胞肿瘤,下列说法**错误**的是

　　A. 瘤细胞类似平滑绒毛膜的中间滋养细胞,为相对较一致的单核滋养细胞,呈巢状和团块状排列

　　B. 边缘有明显浸润,边界不清楚

　　C. 团块的中间和周围可见广泛的坏死和透明样物质围绕,形成特征性的"地图状"结构

　　D. 瘤细胞呈上皮样,核较圆而形状一致,染色质细,核仁不明显,胞质嗜酸或透明

　　E. 肿瘤细胞呈 CK18、抑制素及 p63 强阳性,HPL、hCG 和 Mel-CAM 仅局灶阳性

【答案】B

【解析】上皮样滋养细胞肿瘤虽然边缘可有局部浸润,但边界较清楚。

18. 关于交界性浆液性肿瘤,下列说法正确的是

　　A. 发病高峰年龄为 40~70 岁,占浆液性肿瘤的 25%~30%,25%~30% 为单侧发生

　　B. 大体外观与恶性浆液性肿瘤相似,部分囊壁表面粗糙不平或囊壁内衬丰富的乳头,出血、坏死常见

　　C. 肿瘤性上皮细胞复层排列,形成复杂分支的细小乳头,增生的肿瘤细胞常形成细胞芽,并脱落、游离于乳头之间

D. 常见破坏性间质浸润

E. 肿瘤细胞通常胞质稀少,细胞核异型性明显,细胞核染色深,可见明显核仁,核分裂象多

【答案】C

【解析】交界性浆液性肿瘤的发病高峰年龄为 30~60 岁,占浆液性肿瘤的 5%~10%,25%~30% 为双侧发生。大体外观与良性浆液性肿瘤相似,部分囊壁表面粗糙不平或囊壁内衬丰富的乳头,无破坏性间质浸润;肿瘤细胞核异型性小。

19. 下列关于良性黏液性肿瘤的说法**错误**的是

　　A. 占所有黏液性肿瘤的 75%~85%,40~50 岁为发病高峰年龄

　　B. 是妊娠期最常见的上皮性肿瘤,肿瘤体积小时多无症状,体积增大后可出现腹胀,急性扭转可出现腹痛等急性症状和体征

　　C. 3%~5% 的黏液性肿瘤与皮样囊肿有关,亦可伴发阑尾黏液性囊肿和腹膜假黏液瘤,黏液性囊腺瘤亦可与良性 Brenner 瘤伴发

　　D. 绝大多数均为双侧发生,仅有 3% 左右病例为单侧发生

　　E. 囊性、乳头状结构多见,内衬单层柱状上皮细胞,细胞胞质内常见黏液,细胞核小且多位于基底部;纤维性的间隔和间质常有黏液变性

【答案】D

【解析】绝大多数均为单侧发生,仅有 3% 左右病例为双侧发生。

20. 下列关于交界性黏液性肿瘤的说法**错误**的是

　　A. 肠型的发病高峰期在 50 岁,而宫颈内膜型则稍晚

　　B. 肠型较宫颈内膜型更易于伴发腹膜假黏液瘤,而宫颈内膜型易与子宫内膜异位症相关

　　C. 肿瘤组织内见密集、拥挤的囊、腺和乳头状结构,并可见区域性的腺体出芽结构,常有破坏性的间质浸润

　　D. 肿瘤细胞呈复层状排列,细胞有非典型性,肿瘤细胞胞质内充满黏液,核有异型性和大核仁,核分裂较活跃

E. 大多数病例呈肠型和宫颈内膜型混合分化,宫颈内膜型肿瘤组织内常见炎症细胞浸润

【答案】C

【解析】交界性黏液性肿瘤组织内见密集、拥挤的囊、腺管和乳头状结构,并可见区域性的腺体出芽结构,肿瘤细胞呈复层状排列,细胞有非典型性,但没有破坏性的间质浸润。

21. 下列关于恶性黏液性肿瘤的说法错误的是

A. 所有黏液性肿瘤的 10%,发病高峰年龄在 40~70 岁

B. 部分患者出现血浆内 CEA、CA19-9、CA125浓度升高

C. 85%~90% 的病例为双侧发病

D. 肿瘤多为囊实性,亦可见乳头状结构,部分肿瘤可完全呈实性,可见出血与坏死

E. 肿瘤细胞呈复层状排列,有较明显的破坏性的间质浸润和间质的反应性增生

【答案】C

【解析】15%~20% 的恶性黏液性肿瘤病例为双侧发病。

22. 下列关于卵巢子宫内膜样肿瘤的说法错误的是

A. 绝大多数为恶性,良性和交界性罕见

B. 发病的高峰年龄在 50 岁;有卵巢子宫内膜异位症的女性发生同侧卵巢子宫内膜样腺癌的发病年龄要提早 5~10 年

C. 其发生与卵巢及盆腔的子宫内膜异位症无关

D. 子宫内膜样肿瘤瘤细胞与子宫内膜腺上皮细胞相似,嗜碱性的胞质,杆状的胞核和明显的核仁。交界性肿瘤亦通常呈腺纤维瘤样结构,可见鳞状上皮化生所形成的桑葚样小体

E. 大多数病例为单侧,只有 30% 的病例为双侧

【答案】C

【解析】卵巢子宫内膜样肿瘤的发生与卵巢及盆腔的子宫内膜异位症有关。

23. 关于宫颈息肉,下列说法错误的是

A. 是慢性子宫颈炎的临床病理特点

B. 肉眼呈灰白色,表面光滑,有蒂

C. 可致阴道出血

D. 易发生恶变

E. 子宫颈黏膜上皮及腺体和间质结缔组织局限性增生

【答案】D

【解析】宫颈息肉很少发生癌变。

24. 关于宫颈蓝痣,下列说法错误的是

A. 宫颈的色素性病变

B. 可有阴道出血的症状

C. 镜下见子宫颈间质浅层出现梭形或多角形的富含色素细胞

D. 需要与恶性黑色素瘤鉴别

E. 免疫组化 S-100 阳性

【答案】B

【解析】宫颈蓝痣为发生于宫颈的良性色素性病变。一般没有自觉症状,通常在子宫锥切或子宫切除标本中偶然发现。

25. 子宫内膜腺体比例增加不见于的疾病是

A. 月经期间质塌陷的宫内膜

B. 子宫内膜不规则增生

C. 子宫内膜单纯性增生

D. 子宫内膜复杂性增生

E. 子宫腺肉瘤

【答案】E

【解析】腺肉瘤的腺体为良性或仅有灶性异型性。

26. 关于子宫内膜萎缩,下列说法错误的是

A. 由于体内卵巢激素水平低下引起的生理性萎缩

B. 包括单纯性萎缩及囊性萎缩

C. 子宫内膜间质细胞致密,细胞核深染

D. 肉眼观子宫内膜变薄

E. 子宫内膜腺上皮通常复层化

【答案】E

【解析】子宫内膜萎缩时腺上皮细胞通常为单层。

27. 子宫内膜上皮内癌,下列说法错误的是

A. 是子宫内膜癌的早期表现

B. 其异型性大于子宫内膜腺体异型增生

C. 细胞核与子宫内膜样癌的癌细胞类似

D. TP53 阳性有助于诊断

E. 一般不见腺体融合,缺乏间质浸润

【答案】C

【解析】子宫内膜上皮内癌被认为是 II 型子宫内膜癌(主要是浆液性癌)的早期表现。

28. 恶性潜能未定的平滑肌肿瘤,下列说法错误的是

A. 尚不能明确诊断为良性或恶性的平滑肌肿瘤

B. 镜下见可疑地图状坏死,细胞呈轻度异

型性,核分裂象数量必须大于5~9个/10HPF才能诊断

  C. 无地图状坏死及细胞非典型性的病例,核分裂象大于15个/10HPF即可诊断

  D. 无地图状坏死,但细胞有显著异型性,核分裂象大于5~9个/10HPF即可诊断

  E. 临床按交界性肿瘤手术及治疗

【答案】B

【解析】恶性潜能未定的平滑肌肿瘤,具有可疑地图状坏死,任何数量的核分裂象,有或无细胞异型性,就可诊断。

29. 输卵管妊娠的诊断要点,**错误**的是

  A. 输卵管弥漫或局限肿胀,有时见破口,破口有血凝块,可见少量胎盘绒毛

  B. 绒毛多水肿或呈水疱状

  C. 输卵管黏膜可见局灶蜕膜反应

  D. 子宫内膜出现程度不一的蜕膜样变

  E. 常并发妊娠滋养细胞疾病

【答案】E

【解析】输卵管妊娠常继发绒毛水肿,但缺乏绒毛滋养细胞的过度增生,故不要过诊断为葡萄胎。

【A2型题】

1. 女性,26岁,外阴瘙痒,分泌物增多。妇科检查外阴、阴道、宫颈多处粉红、灰白色丘疹及乳头状赘生物。病理活检见鳞状上皮呈乳头状增生伴角化过度及角化不全,棘层和副基底层细胞显著增生,棘层中上部见挖空细胞。最可能的诊断为

  A. 尖锐湿疣

  B. 疣状癌

  C. 外阴上皮内瘤变Ⅱ级

  D. 鳞状细胞癌

  E. 慢性单纯性苔藓

【答案】A

【解析】挖空细胞具有诊断意义。

2. 女性,27岁,宫颈、外阴、肛周局部瘙痒。病理诊断尖锐湿疣,镜下特点**不包括**

  A. 鳞状上皮呈乳头状增生,弥漫性角化不全

  B. 表皮突增宽延长,呈假上皮瘤样或乳头状瘤样增生

  C. 真皮乳头层均质变

  D. 真皮见中等量慢性炎细胞浸润

  E. 浅、中棘层呈现挖空细胞

【答案】C

【解析】诊断尖锐湿疣时,真皮层血管扩张、上移,伴有数量不等的炎细胞浸润。

3. 女性,外阴偶有烧灼感,局部可见乳头状增生性病变,病理诊断为乳头状瘤。以下**不是**该疾病特点的是

  A. 病灶直径常 <6mm

  B. 常与 HPV 感染有关

  C. 表皮呈乳头状增生,光滑

  D. 乳头轴心纤维组织轻度增生,血管增多

  E. 被覆整齐的鳞状上皮,无棘层肥厚和非典型性挖空细胞形成

【答案】B

【解析】外阴乳头状瘤与 HPV 感染无关。

4. 女性,25岁,外阴瘙痒、疼痛,肉眼见红斑、疣状斑块,病理诊断外阴鳞状上皮内病变。最有可能感染的 HPV 类型有

  A. HPV 16、18 型　　　B. HPV 6、11 型

  C. HPV 6、16 型　　　D. HPV 6、18 型

  E. HPV 11、18 型

【答案】A

【解析】外阴鳞状上皮内病变的病因为 HPV 感染,70% 为 HPV 16 型,其余为 HPV 18 和 HPV 33 型。

5. 女性,42岁,因外阴瘙痒、疼痛就诊,肉眼见红色疣状斑块。病理活检示鳞状上皮非典型增生,局限于全层的下 1/3 层,病变细胞核极性轻度紊乱、大小不等,可见核分裂象,上皮的上 2/3 层具有成熟的上皮分化。以下诊断最符合的是

  A. VIN Ⅰ级　　　　B. VIN Ⅱ级

  C. VIN Ⅲ级　　　　D. CIN Ⅰ级

  E. CIN Ⅱ级

【答案】A

【解析】VIN 分级方式类似于 CIN。

6. 女性,35岁,因外阴瘙痒就诊,肉眼见疣状斑块,病理活检示鳞状上皮非典型增生,超过鳞状上皮的下 1/3 层,但未超过鳞状上皮全层的 2/3,病变细胞核极向消失,核深染,核膜皱褶,核分裂象及病理性核分裂象增多。以下诊断最符合的是

  A. VIN Ⅰ级　　　　B. VIN Ⅱ级

  C. VIN Ⅲ级　　　　D. CIN Ⅰ级

  E. CIN Ⅱ级

【答案】B

【解析】VIN 分级方式类似于 CIN。

7. 女性,32 岁,外阴病变。镜下见被覆鳞状上皮分化较好,基底和副基底层细胞胞质丰富,角化不良,在上皮脚出现角化珠,细胞核大小均一,但染色质较粗,核仁明显。以下诊断最符合的是

    A. 基底细胞样型 VIN

    B. 湿疣样型 VIN

    C. 湿疣/基底细胞样混合型 VIN

    D. 分化型 VIN

    E. 角化型鳞状细胞癌

【答案】D

【解析】分化型 VIN 少见,细胞分化好,基底和副基底层细胞胞质丰富,可有角化不良,在上皮脚出现角化珠,细胞核大小均一,但染色质较粗或核仁明显。

8. 女性,50 岁,有吸烟史,外阴瘙痒、出血,出现一 5cm×3cm×2cm 乳头状肿物,表面有溃疡。最有可能的诊断是

    A. 鳞状细胞癌   B. 腺癌

    C. 乳头状瘤   D. 基底细胞癌

    E. 神经内分泌癌

【答案】A

【解析】鳞状细胞癌是外阴最常见的恶性肿瘤,病灶呈溃疡或乳头状。

9. 老年女性,发现外阴肿物且逐渐增大 2 个月,镜下见肿瘤组织呈疣状,下方呈杵状推挤式浸润深部组织。癌细胞异型性小,胞质丰富,核分裂象罕见,无挖空细胞,间质伴有明显的慢性炎症细胞浸润。以下最可能的诊断是

    A. 角化型鳞状细胞癌

    B. 非角化型鳞状细胞癌

    C. 基底细胞样型鳞状细胞癌

    D. 疣状癌

    E. 湿疣状癌

【答案】D

【解析】疣状癌多见于绝经后女性,镜下可见鳞状上皮呈乳头状生长,鳞状上皮分化成熟,缺乏挖空细胞。上皮脚粗大,呈球状或棍棒样挤压、推入上皮下间质。

10. 女性,65 岁,外阴瘙痒 10 年。肉眼见大阴唇、会阴及肛周皮肤大小不一的境界清晰的糜烂状红斑,略高出于皮肤表面,粗糙,局部有浅溃疡,有时结痂及渗出;镜下表现为表皮全层可见黏液样细胞、皮脂腺样细

增生,表皮的基底膜完整,免疫组化 CK7、CAM5.2、CEA 阳性,而 CK5/6、S-100、ER 和 PR 阴性。以下最有可能的诊断是

    A. 鳞状细胞癌

    B. 皮脂腺癌

    C. 高级别鳞状上皮内病变

    D. 佩吉特病

    E. 腺癌

【答案】D

【解析】佩吉特病细胞可有黏液样细胞、皮脂腺样细胞、大汗腺癌样细胞和混合细胞。

11. 绝经后女性,外阴发现一 3cm×3cm×2cm 大小的棕色结节状肿物,边缘不规则,镜下在真皮内见肿瘤细胞呈片状分布,瘤细胞呈上皮样,部分瘤细胞有重度非典型性,有神经脉管侵犯,免疫组化示肿瘤细胞 S-100、HMB45、Melan-A 阳性,CK、desmin 阴性。以下最有可能的诊断是

    A. 非角化型鳞状细胞癌

    B. 黑色素细胞痣

    C. 低分化梭形细胞鳞状细胞癌

    D. 平滑肌肉瘤

    E. 恶性黑色素瘤

【答案】E

【解析】外阴恶性黑色素瘤多见于绝经后女性,一般富于色素的病变。镜下肿瘤细胞可呈上皮样、梭形、树枝样或痣样,有重度细胞非典型性。免疫组化示肿瘤细胞 S-100、HMB45、Melan-A 阳性。

12. 妊娠 3 个月女性,外阴见一大小约 3.5cm 有蒂的息肉样赘生物,镜下表现为被覆无异型的鳞状上皮,具有明显的纤维血管间质,间质中见较多形态各异的细胞,核分裂象多见,约 >10 个/10HPF。以下最有可能的诊断是

    A. 深部血管黏液瘤

    B. 胚胎性横纹肌肉瘤

    C. 纤维上皮息肉

    D. 血管肌成纤维细胞瘤

    E. 乳头状瘤

【答案】C

【解析】纤维上皮息肉发生在外阴皮肤,形同皮赘,纤维间质内可见异型成纤维细胞。

13. 女性,33 岁,外阴发现肿物 1 年,生长缓慢。查体:皮下见一边界清楚肿物,大小为 2cm。

病理诊断结果为血管肌成纤维细胞瘤。以下**不是**该病诊断依据的是

A. 肿瘤外无纤维性假包膜

B. 含有交替分布的细胞丰富区和稀少区，间质内含有小到中等大小的薄壁血管

C. 富于细胞区见肥胖的圆形或梭形肿瘤细胞围绕血管排列成束状或巢状，细胞稀少区水肿明显

D. 肿瘤细胞胞质中等量，嗜酸性，核染色质细腻，核仁不明显，核分裂象少见

E. 肿瘤细胞 desmin 阳性

【答案】A

【解析】血管肌成纤维细胞瘤多见于生育年龄，大小一般小于 5cm，边界清楚，肿瘤外有纤维性假包膜。

14. 女性，25 岁，大阴唇深部出现一生长迅速的肿物，直径约 15cm，浸润性生长。镜下见肿瘤呈分叶状，切面灰红、质韧、边界清，肿瘤细胞成分稀少，分布于黏液基质中；瘤细胞小而一致，梭形，边界不清，细胞核无异型，间质含有数量不等的中到大的厚壁血管，血管壁发生透明变，免疫组化示 actin、desmin 阳性，S-100 阴性。以下诊断最符合的是

A. 血管肌成纤维细胞瘤

B. 纤维上皮性息肉

C. 深部血管黏液瘤

D. 表浅性血管黏液瘤

E. 胚胎性横纹肌肉瘤

【答案】C

【解析】血管黏液瘤镜下为成片的疏松黏液样间质内有散在星芒状或小梭形细胞和少量胶原纤维，其中有少量散在或成群分布、直径大小不等、管壁厚薄不一的血管。

15. 女性，因阴道瘙痒、分泌物增多就诊。活检后病理诊断：阴道腺病。以下与阴道腺病**无关**的因素是

A. 孕期母亲接触己烯雌酚

B. 阴道局部使用 5-FU 治疗鳞状上皮非典型增生后

C. 生殖器官发育不全，低雌激素水平

D. 理化因素导致正常鳞状上皮损伤后，被柱状上皮取代

E. HPV 感染

【答案】E

【解析】阴道腺病与 HPV 感染无关。

16. 阴道病变，活检后镜下见阴道固有膜内有腺体存在，甚至取代部分表层鳞状上皮，腺体有不同程度的鳞状上皮化生，细胞团间可见黏液湖，部分细胞形成乳头状，腺体周围及鳞状上皮周围可见淋巴细胞和浆细胞浸润。以下诊断最符合的是

A. 子宫内膜异位症　　B. 鳞状细胞癌

C. 中肾管残留　　　　D. 腺病

E. 腺癌

【答案】D

【解析】阴道腺病以阴道固有膜出现腺体为特征。

17. 女性，45 岁，阴道病变，镜下见孤立的子宫内膜腺体伴数量不等的间质，部分腺体扩张为囊肿，腺体及间质无异型性。以下诊断最符合的是

A. 中肾管残留　　　　B. 阴道腺病

C. 腺肉瘤　　　　　　D. 癌肉瘤

E. 子宫内膜异位症

【答案】E

【解析】阴道子宫内膜异位症不多见，病变一般位于黏膜下、肌壁内，可见子宫内膜腺体伴数量不等的间质，部分腺体扩张为囊肿，腺体及间质无异型性。

18. 女性，60 岁，无痛性阴道出血，分泌物有恶臭。肉眼见阴道前壁一直径 5cm 溃疡性肿块，无蒂；镜下见肿瘤细胞异型性大，可见挖空细胞，呈巢状，浸润性生长；免疫组化示 CK5/6 阳性。以下诊断最可能的是

A. 角化型鳞状细胞癌

B. 非角化型鳞状细胞癌

C. 疣状鳞状细胞癌

D. 湿疣状鳞状细胞癌

E. 腺癌

【答案】D

【解析】湿疣状鳞状细胞癌细胞异型性大，可见挖空细胞。

19. 女性，4 岁，无明显诱因出现阴道出血。阴道口见一直径 5cm 的红色、质嫩、息肉样肿物，表面黏膜完整，切面呈水肿样，灰色；镜下见肿瘤细胞聚集于黏膜上皮下，形成"生发层"，局部可见一定数量的星状细胞，部分胞质嗜酸，部分细胞质内可见横纹；免疫组化结果示 myogenin、desmin 阳性。以下诊断较符合的是

A. 纤维上皮性息肉

B. 神经母细胞瘤

C. PNET

D. 葡萄状肉瘤

E. 腺泡样横纹肌肉瘤

【答案】D

【解析】葡萄状肉瘤也称胚胎性横纹肌肉瘤,是阴道较少见的恶性度较高的肿瘤。绝大多数为5岁以下幼儿,大体呈多结节或息肉状相互融合的突起,光镜下特点为胚胎性横纹肌肉瘤的结构和上皮下的"生发层"状上皮。

20. 女性,26岁,诊断外阴上皮内肿瘤(VIN)。VIN属于

A. 恶性上皮性肿瘤 B. 炎症性病变

C. 癌前病变 D. 良性上皮性肿瘤

E. 间叶肿瘤

【答案】C

【解析】VIN属于癌前病变。外阴HSIL有不到10%的病例会进展为鳞状细胞癌。

21. 女性,19岁,因"外阴、肛周多发赘生物"就诊。妇科检查:宫颈前唇、后唇、外阴、肛周均见乳头状肿物,部分乳头融合,直径0.2~1.0cm,HPV检查示HPV 6型阳性。以下最有可能的诊断为

A. 多发性息肉 B. 尖锐湿疣

C. 湿疣样癌 D. 转移瘤

E. 乳头状瘤

【答案】B

【解析】尖锐湿疣临床特征可多发,呈乳头状,有尖锐的突起,部分乳头可融合,有非致癌性的HPV感染。

22. 女性,38岁,因TCT示HSIL,故行阴道镜及活检。镜下示宫颈鳞状上皮细胞异型增生,超过鳞状上皮全层的下1/3,但未超过2/3,鳞状上皮表层见"挖空细胞",细胞核大深染,极向消失,病理性核分裂象增多。病理诊断为

A. 宫颈尖锐湿疣

B. 低级别鳞状上皮内病变

C. 高级别鳞状上皮内病变

D. CIN Ⅲ

E. 宫颈原位癌

【答案】C

【解析】从遗传学上讲,LSIL应该是DNA稳定的二倍体或多倍体。因此,当鳞状上皮下1/3层出现高度异型的单个细胞和病理性核分裂时,提示DNA出现了不稳定性和DNA非整倍体的发生,该类病变应归入HSIL。

23. 女性,45岁,因"接触性阴道出血"就诊,行宫颈活检。镜下见宫颈腺体结构保存,腺上皮细胞核大,染色质增粗,出现单个核仁,核分裂象活跃,有的腺腔见上皮细胞呈乳头增生,胞质黏液分泌减少,无间质反应。最有可能的病理诊断为

A. 宫颈腺癌

B. 宫颈原位腺癌

C. 宫颈腺上皮轻度异型增生

D. 腺上皮输卵管上皮化生

E. 腺上皮子宫内膜样化生

【答案】B

【解析】正常位置上的宫颈腺体部分或完全被恶性上皮细胞所替代,称为原位腺癌。

24. 女性,40岁,TCT检查提示宫颈病变。行宫颈活检,镜下见肿瘤细胞由梭形细胞构成,排列呈巢,细胞核仁明显,核分裂象多见,部分区域可见坏死。病理诊断为梭形细胞鳞状细胞癌。免疫组化检测无阳性表达的标记为

A. Pan-CK B. P63

C. P40 D. vimentin

E. CK20

【答案】E

25. 女性,29岁,因体检发现HPV16阳性行阴道镜检查。活检提示宫颈低级别鳞状上皮内病变,免疫组化示P16阳性。下列对P16的描述错误的是

A. P16是一种细胞周期蛋白依赖性激酶抑制剂,参与细胞周期调控

B. HPV感染后,E7阻止了pRb的活性,阻止了细胞周期循环,导致P16过表达

C. P16阳性表现为鳞状上皮基底层细胞核染色连续强阳性,并向上扩展到上皮厚度的1/3以上层面

D. 局灶阳性为非特异性染色,则此例不能判读为低级别鳞状上皮内病变

E. 仅有胞质阳性、散在、点状及单个细胞阳性均判读为阴性

【答案】D

【解析】大约1/3的LSIL可出现基底层/副基底层的P16弥漫阳性。

26. 女性,39岁。活检示高级别鳞状上皮内病变,行锥切宫颈术,术后宫颈7点见微小浸润性鳞状细胞癌。下列关于微小浸润性鳞

状细胞癌的深度的测量描述**错误**的是

A. 浸润灶从 CIN Ⅲ 病变的基底膜开始,向下测量基底膜距离实际浸润灶的最深处之间的垂直距离

B. 如果有累腺发生的,测量浸润灶最深处与病变腺体基底膜之间的距离

C. 浸润灶表面没有上皮的,从糜烂的底层开始测量

D. 出现多灶微小浸润时,应测量浸润病变最深处

E. 病灶仅出现在累腺周围,不与表面的 SIL 相连接的,从距离病灶最近的腺体基底膜到浸润的最深点

【答案】C

【解析】浸润灶表面没有上皮的,从癌表面测量浸润病变最深处。

27. 女性,35 岁,病理诊断为微小浸润性癌。对于宫颈微小浸润性癌的病理报告中**不包括**的内容有

A. 标本类型

B. 浸润深度、宽度、类型

C. 有无淋巴管血管侵犯

D. 切缘有无病变

E. 分级分期

【答案】E

【解析】宫颈微小浸润性癌的病理报告中不包括分级和分期。

28. 女性,25 岁,因"月经淋漓不尽"就诊,病理诊断为子宫内膜息肉。下列关于子宫内膜息肉镜下特点描述**错误**的是

A. 息肉组织表面至少三面可见被覆表面上皮

B. 一般可见厚壁血管,成簇分布

C. 间质纤维结缔组织增生

D. 子宫内膜常出现囊性萎缩

E. 腺上皮可出现鳞状上皮化生

【答案】D

【解析】发生于绝经后的子宫内膜息肉可见腺体的囊性萎缩性改变。

29. 女性,43 岁,因"月经周期延长,月经不调"就诊。诊刮后活检镜下改变为:腺上皮细胞排列紊乱,极向消失,细胞核大,形状不一致,核呈泡状核,淡染,染色质分布不均,核仁明显,核分裂多见,腺体之间间质细胞数量减少,未见明确纤维性间质增生。以下最

可能的病理诊断是

A. 单纯性增生

B. 复杂性增生

C. 非典型增生

D. 子宫内膜上皮内癌

E. 子宫内膜癌

【答案】C

【解析】非典型增生强调腺上皮细胞的异型性,但达不到子宫内膜上皮内癌和子宫内膜癌的程度。

30. 女性,40 岁,因月经紊乱自行在药店购买孕激素类药物止血,但用药后仍有出血,行诊刮后诊断为药物性子宫内膜。下列对于药物性子宫内膜病理改变的描述正确的是

A. 腺体数量减少,排列稀疏

B. 腺体结构简单,广泛萎缩

C. 间质蜕膜样变

D. 间质大量淋巴细胞浸润

E. 以上都是

【答案】E

【解析】孕激素类药物能抑制排卵和子宫内膜的增生,常出现腺体数量减少,排列稀疏,腺体结构简单,长时间用药可引起腺体的广泛萎缩;间质蜕膜样变和淋巴细胞浸润。

31. 女性,48 岁,活检提示子宫内膜非典型增生,行子宫全切,宫腔镜见子宫内膜粗糙增厚,呈息肉样,镜下见腺体异型增生,可见上皮搭桥、融合呈筛状,肌层中可见浸润,诊断子宫内膜样腺癌。下列免疫组化染色指标最有可能为阴性的是

A. ER　　　　　　　B. PR

C. vimentin　　　　D. PTEN

E. CK7

【答案】D

【解析】子宫内膜样腺癌 PTEN 常为阴性。

32. 女性,56 岁,诊刮后病理诊断子宫内膜样腺癌。子宫内膜样腺癌是常见的子宫内膜恶性肿瘤,除典型的组织形态学外,还包括几种组织变异亚型,**不包括**

A. 绒毛管状腺癌

B. 分泌性腺癌

C. 伴有鳞状分化的腺癌

D. 纤毛细胞型腺癌

E. 黏液性腺癌

【答案】E

【解析】子宫内膜样腺癌的组织变异亚型不包括黏液性腺癌。

33. 女性,60岁,因"绝经后阴道出血"就诊。妇科检查及活检提示:子宫内膜恶性肿瘤,考虑浆液性癌。关于子宫内膜浆液性癌的描述下列**错误**的是
   A. 属于Ⅰ型子宫内膜癌
   B. 侵袭性强,预后不良
   C. 以乳头状结构为主要特征,也可见腺管样及实性生长方式
   D. 腺腔内有游离的乳头状上皮细胞簇
   E. 肿瘤细胞异型明显,可见多核及巨核瘤巨细胞
【答案】A
【解析】浆液性癌属于Ⅱ型子宫内膜癌。

34. 女性,46岁,体检时超声发现盆腔包块,大小7cm×6cm×6cm,无腹痛、腹胀等症状;肉眼见灰白条索状组织,切面编织状,质地韧,病理诊断为平滑肌瘤。下列关于该病的描述**错误**的是
   A. 肿瘤细胞呈梭形,呈束状,交错排列
   B. 细胞核呈长杆状,细胞核无异型性
   C. 核分裂象小于5个/10HPF
   D. 可见黏液变性及玻璃样变
   E. 可出现小灶肿瘤性坏死
【答案】E
【解析】平滑肌瘤为良性肿瘤,不会出现肿瘤性坏死。

35. 女性,40岁,因"腹胀、腹痛"就诊。超声提示子宫肌瘤,术后病理检查示:大体肿瘤呈灰白灰黄结节状,质中;镜下见肿瘤组织由梭形细胞构成,细胞无异型性,未见病理性核分裂象,其间混合较多成熟的脂肪组织,间质见少许厚壁血管。本例病理诊断最可能的是
   A. 良性间叶性肿瘤 B. 脂肪平滑肌瘤
   C. 血管平滑肌瘤 D. 黏液样平滑肌瘤
   E. 上皮样平滑肌瘤
【答案】B
【解析】脂肪平滑肌瘤为子宫平滑肌瘤的一种组织学亚型,少见。当在平滑肌瘤的背景下出现数量不等的成熟脂肪组织就可诊断。

36. 女性,42岁,1年前因盆腔包块行手术切除治疗,术后病理诊断不详,2个月前行超声检查提示盆腔包块,临床考虑肿瘤复发,并

再次予以手术切除。病理诊断:子宫平滑肌肉瘤。关于该病坏死的描述**不正确**的是
   A. 多灶的不规则坏死
   B. 呈地图状或岛屿样改变
   C. 与周围组织分界不清
   D. 坏死区可见肿瘤细胞残影
   E. 坏死周围缺乏炎症及修复反应
【答案】C
【解析】子宫平滑肌肉瘤发生坏死时,与周围未坏死组织分界清晰,陡然出现而缺乏过渡。

37. 女性,48岁,因盆腔包块行手术切除。病理诊断:子宫平滑肌肉瘤。当形态学上无坏死,而有细胞中度到重度的非典型性时。关于病理性核分裂象计数对诊断该病的价值最有帮助的是
   A. 大于10个/10HPF
   B. 黏液亚型大于1个/10HPF
   C. 上皮亚型大于2个/10HPF
   D. 5~9个/10HPF
   E. 大于15个/10HPF
【答案】A
【解析】当形态学上无坏死,但有细胞中度到重度的非典型性和病理性核分裂象计数大于10个/10HPF时就可诊断该病。

38. 女性,36岁,因超声提示盆腔包块行手术治疗,腹腔镜下见肿瘤位于子宫肌壁上,分界清楚,故仅剥除肿瘤组织送检,大体见肿瘤为单个,结节状,未见包膜,切面呈黄色,质地中等;镜下见肿瘤细胞较丰富,呈短梭形,无异型性,间质螺旋动脉样小血管增生,伴纤维组织增生及胶原化。本例最有可能的诊断为
   A. 子宫平滑肌瘤
   B. 子宫内膜间质结节
   C. 低级别子宫内膜间质肉瘤
   D. 富于细胞性子宫平滑肌瘤
   E. 子宫平滑肌瘤伴变性
【答案】B
【解析】子宫内膜间质结节大体呈边界清晰的黄色肿块。镜下特征为圆形或卵圆形的肿块,通常为孤立性,以周围肌壁分界清楚。肿瘤细胞形似增生期子宫内膜间质细胞,无异型性;有明显的螺旋动脉样小血管增生,可伴有不同程度的胶原化。

39. 女性,69岁,因"绝经后阴道出血"就诊。超声提示子宫腔占位,临床诊断:子宫内膜息

肉,行手术切除,诊断子宫平滑肌肉瘤,术后镜下见:子宫内膜腺体呈裂隙样,类似乳腺的叶状肿瘤,腺上皮细胞无明显异型性;间质梭形细胞增生,可见腺体周围"袖套"征象,有不同程度的异型性。免疫组化示肿瘤细胞表达 SMA 和 CD10。本例肉瘤的类型为

A. 平滑肌肉瘤

B. 骨骼肌肉瘤

C. 纤维肉瘤

D. 子宫内膜间质肉瘤

E. 子宫腺肉瘤

【答案】E

【解析】子宫腺肉瘤大体常呈息肉样病灶。镜下特征:常类似于乳腺的叶状肿瘤,可见围绕良性腺体的增生间质呈特征性的"袖套"征象。肉瘤部分常为低级别子宫内膜间质肉瘤,偶尔为平滑肌肉瘤及横纹肌肉瘤,故免疫组化会出现相应肉瘤标志物的阳性表达。

40. 女性,28 岁,因"不孕"就诊。检查发现输卵管管腔未见明显扩张,峡部出现多个散在结节隆起,取活检后镜下见结节中央为少量输卵管黏膜上皮,周围围绕增生的平滑肌细胞,无异型性,间质少量慢性炎症细胞浸润。本例的病理诊断为

A. 急性输卵管炎

B. 慢性输卵管炎

C. 峡部结节性输卵管炎

D. 肉芽肿性输卵管炎

E. 输卵管积水

【答案】C

【解析】峡部结节性输卵管炎,肉眼可见一个或多个结节性隆起,多累及输卵管峡部;镜下可见输卵管管腔腺样结构,内衬输卵管黏膜上皮,周围饶以增生的平滑肌组织。

41. 女性,60 岁,发现双侧卵巢囊性肿物,切面质嫩,可见坏死、出血,部分区域呈实性,部分呈乳头状结构。镜下可见主要由囊性和乳头状区域构成,可见出血、坏死。内衬上皮与输卵管黏膜上皮在形态上相似,细胞多层排列,细胞核染色质浓聚,可见非典型核分裂,见肿瘤细胞芽,有明显的间质浸润。以下诊断正确的是

A. 交界性浆液性肿瘤

B. 浆液性囊腺癌

C. 透明细胞腺癌

D. 子宫内膜样腺癌

E. 成人型粒层细胞瘤

【答案】B

【解析】浆液性囊腺癌平均发病年龄 63 岁,通常双侧发生,可呈囊实性。实性区切面质嫩,可见坏死出血。肿瘤生长方式包括实性、乳头状、腺样和筛状等。由于卵巢浆液性囊腺癌绝大多数来源于输卵管上皮,因此肿瘤细胞形态学上类似于输卵管黏膜上皮。

42. 女性,45 岁,右侧卵巢肿物,大小 15cm×12cm×10cm,外表面光滑,分叶状,切面呈多囊性,囊壁内表面光滑,内容物为黏液。镜下见乳头状结构,内衬单层柱状上皮细胞,细胞胞质内见黏液,细胞核小且多位于基底部,见杯状细胞。纤维性的间隔和间质有黏液变性。特殊染色和免疫组织化学示黏液 PAS 染色阳性、CK7 阳性。以下关于该肿瘤的叙述正确的是

A. 绝大多数均为单侧发生

B. 常有破坏性的间质浸润

C. WT-1 弥漫强阳性

D. 血浆内 CEA、CA19-9、CA125 浓度显著升高

E. 是子宫内膜囊肿恶变最常见的类型

【答案】A

【解析】本例依据肉眼、镜下特征以及特殊染色 PAS 阳性和免疫组化 CK7 阳性,应诊断为黏液性囊腺瘤。此瘤绝大多数为单侧发生。B、D 和 E 项为恶性肿瘤的特征,WT-1 在黏液性肿瘤中一般不表达。

43. 女性,50 岁,右卵巢肿物,肿瘤直径 10cm。切面呈实性,见充满血性黏液的囊腔。镜下肿瘤细胞与子宫内膜腺上皮细胞相似,嗜碱性的胞质,杆状的胞核和明显的核仁,形成筛孔样结构,明显的浸润间质。血浆 CA125 浓度升高。病理诊断为子宫内膜样癌。以下关于该肿瘤的叙述**不正确**的是

A. 该肿瘤和透明细胞腺癌是子宫内膜囊肿恶变常见的类型之一

B. 其发生与卵巢及盆腔的子宫内膜异位症相关

C. 呈 CK、vimentin 阳性

D. 常伴有鳞状上皮化生

E. 多有不规则、裂隙样的腺体和体积小、结构复杂的乳头,可见脱落的肿瘤细胞芽,砂粒体多见

【答案】E

【解析】E 项是卵巢浆液性癌的特点。

44. 女性,30 岁,左卵巢肿物,肿瘤直径 15cm。切面呈囊实性,囊壁较厚,囊腔内常见白色、浅黄色实性乳头、结节突入囊腔,可见灶性出血和坏死。病理诊断为卵巢透明细胞癌。以下关于该肿瘤的叙述正确的是
    A. 其发生与子宫内膜异位症通常无关
    B. 肿瘤主要由多角形、糖原丰富的鞋钉样透明细胞组成,少数肿瘤细胞的胞质呈嗜酸性
    C. PAS 阴性,黏液染色阳性
    D. 可见 S-D 小体,常有多种构象
    E. 常见纤细的纤维分隔带,并有大量淋巴细胞浸润

【答案】B

【解析】B 项为卵巢透明细胞癌的镜下特点。

45. 女性,50 岁,左卵巢肿物,直径 1.5cm,分叶状,包膜完整,切面灰黄、实性。瘤细胞构成边界清楚的实性细胞巢,细胞呈卵圆形,胞质弱嗜酸性,胞核可见核沟。间质致密、纤维性,可见钙化。病理诊断为良性 Brenner 瘤。以下关于 Brenner 瘤的叙述正确的是
    A. 交界性和恶性 Brenner 瘤常发生于 20~30 岁。
    B. 交界性 Brenner 瘤的肿瘤细胞构成边界欠清的细胞巢,肿瘤细胞异型性不显著,可有较少间质浸润
    C. 恶性 Brenner 瘤间质内可见浸润的单个或成巢的肿瘤细胞
    D. 免疫组织化学染色,CK8/18 阴性,CK20 阳性
    E. 绝大多数出现雄性激素水平异常的症状

【答案】C

【解析】Brenner 瘤大多数为良性,交界性和恶性少见。当间质内出现浸润的单个或成巢的肿瘤细胞时就可诊断恶性 Brenner 瘤。

46. 女性,25 岁,右侧卵巢肿物,直径 12cm,病理诊断为支持-间质细胞瘤。以下关于该肿瘤的叙述不正确的是
    A. 75% 的患者出现女性化,偶也可出现雄激素增高的表现
    B. 97% 的为单侧,多为实性或囊实性
    C. 网状型中类似卵巢或睾丸网的结构占瘤

体的 90% 以上
    D. 免疫组化示抑制素、calretinin、AE1/AE3、vimentin、SMA 等阳性,极少表达 EMA
    E. 由分化程度不等的支持细胞、leydig 细胞及非特异的性腺间质细胞以不同比例混合构成

【答案】A

【解析】支持-间质细胞瘤显著的临床表现为男性化,偶也可出现雌激素增高的表现。

47. 女性,22 岁,左侧卵巢肿物,直径 14cm,囊实性,实性区灰黄色,病理诊断为支持-间质细胞瘤。以下关于该肿瘤的组织学叙述不正确的是
    A. 低分化或网状型或伴有异源性成分者体积往往较大。实性区黄色或灰色,常见出血、坏死区。
    B. 中分化者低倍镜下呈分叶状,不成熟的支持细胞呈圆形、卵圆形或梭形,胞界不清,核深染,排列成片块状或条索状。细胞小叶的周边可见 leydig 细胞。瘤细胞有轻到中度异型性,核分裂平均 5 个/10HPF
    C. 高分化者细胞排列成开放或闭合的管状结构,间质内可见簇状 Leydig 细胞,胞质丰富嗜酸,核圆,位于中央,核分裂象罕见
    D. 低分化者瘤细胞弥漫成片或团块状,呈肉瘤样结构,细胞梭形,呈中到重度核异型性和多形性,核分裂平均 5 个/10HPF
    E. 伴有异源性成分包括上皮(多为黏液上皮)和间叶成分(软骨样组织和横纹肌最常见)及这些组织起源的肿瘤。异源成分为黏液上皮时,肿瘤常为中分化,出现间叶成分或肉瘤时,肿瘤常分化较差

【答案】D

【解析】低分化者,瘤细胞弥漫成片或团块状,呈肉瘤样结构,细胞梭形,呈中到重度核异型性和多形性,核分裂可高达 20 个/10HPF。

48. 女性,50 岁,右侧卵巢肿物,直径 13cm,有包膜,类圆形,分叶状。切面呈黄色,囊实性,质地硬。见灶状出血、坏死。病理诊断为成年型粒层细胞瘤。以下关于该肿瘤的叙述正确的是

A. 瘤细胞大,圆形、多边形或短梭形,有丰富淡伊红染的胞质,胞界清楚。细胞核圆形、卵圆形或梭形,典型者可见纵行核沟,核形似咖啡豆

B. 核分裂象 >5 个/10HPF

C. 瘤细胞在梭形间质细胞间相互聚集,排列成多种形式,如 Call-Exner 小体的微滤泡结构、巨滤泡结构、岛状、梁状、绸带状和弥漫性等

D. 免疫组化示抑制素 A、CD99、vimentin、SMA、S-100、WT-1、calretinin、CD56、AEI/AE3 阴性

E. CK7/CK20、EMA 阳性,ER、PR 阴性

【答案】C

【解析】成年型粒层细胞瘤镜下特点:瘤细胞小,圆形、多边形或短梭形,有丰富淡伊红染的胞质,胞界清楚。细胞核圆形、卵圆形或梭形,典型者可见纵行核沟,核形似咖啡豆;可见瘤细胞在梭形间质细胞间相互聚集,排列成多种形式,如 Call-Exner 小体的微滤泡结构、巨滤泡结构、岛状、梁状、绸带状和弥漫性等。免疫组化,抑制素 A、CD99、vimentin、SMA、S-100、WT-1、calretinin、CD56 和 AEI/AE3 可阳性。

49. 女性,15 岁,左侧卵巢肿物,直径 10cm,有包膜,表面光滑。切面灰白色,均一实性,质地软。瘤细胞弥漫分布,有数量不等的卵泡膜细胞将实性区分隔成结节状。滤泡样结构不规则,以中等大小为主,圆形或卵圆形,腔内含嗜酸性液体。病理诊断为幼年型粒层细胞瘤。以下关于该肿瘤的叙述正确的是

A. 瘤细胞异型性明显,核圆,核沟多见,胞质丰富,可见核分裂

B. Call-Exner 小体一般不见或极少见

C. 核有明显的异型性,有奇异形核,核分裂象多见,常大于 5 个/10HPF

D. 以高钙血症为主要临床表现,无雌激素增高表现

E. 癌细胞界限清楚,细胞核呈一致性的圆形,无核沟,胞质明显嗜酸,免疫组化 CgA、Syn 阳性,伴有畸胎瘤成分

【答案】B

【解析】Call-Exner 小体多见于成年型粒层细胞瘤。

50. 女性,45 岁,左侧卵巢肿物,直径 5cm,肿瘤结节状凸起,质硬。切面灰白色,漩涡状。

肿瘤由梭形成纤维细胞及纤维细胞构成,呈束状、涡状排列,类似卵巢皮质,胶原纤维间质丰富。病理诊断为纤维瘤。以下关于该肿瘤的叙述正确的是

A. 患者多 <30 岁,以腹痛为主要临床症状,并可伴男性化

B. 明显的梭形细胞增生,其内可见各级卵泡、黄体和白体等正常卵巢结构

C. 瘤细胞核有中度异型性,核分裂象较多,4~25 个/10HPF

D. 低度恶性,进展缓慢,晚期复发或转移

E. 由产生胶原的梭形细胞、卵圆形细胞或圆形细胞组成的间质肿瘤。约占性索间质肿瘤总数的 2/3

【答案】E

【解析】卵巢纤维瘤是由产生胶原的梭形细胞、卵圆形细胞或圆形细胞组成的间质肿瘤。

51. 女性,55 岁,左侧卵巢肿物,直径 8cm。切面实性,灰白、淡黄色。病理诊断为卵泡膜细胞瘤。以下关于该肿瘤的叙述正确的是

A. 临床表现以雄激素增多为最常见,少数可有女性化,也可伴 Meige 综合征者

B. 肿瘤一般为双侧,症状为腹痛、腹胀及盆腔包块

C. 瘤细胞梭形或卵圆形,胞界清,胞质少,核呈圆形或卵圆形,核分裂象多见

D. 由富含脂质、与卵泡膜内层细胞相似的瘤细胞构成的卵巢间质肿瘤,并有不等的成纤维细胞

E. 网状纤维染色示瘤细胞巢周边有大量纤细的网状纤维

【答案】D

【解析】卵巢卵泡膜细胞瘤是由富含脂质、与卵泡膜内层细胞相似的瘤细胞和成纤维细胞构成的卵巢间质肿瘤。

52. 女性,28 岁,右侧卵巢肿物,直径 12cm,肿瘤圆形,表面光滑,有完整包膜。切面实性,灰白、质韧,伴出血及坏死。病理诊断为无性细胞瘤。以下关于该肿瘤的叙述正确的是

A. 瘤细胞较大,均匀一致,圆形或多边形,胞质丰富且透明,核居中,大而圆,核膜清楚,伴有 1 个或多个核仁,核分裂象少见

B. 瘤细胞呈巢状、条索状或弥漫性分布,巢团被纤维间质分隔伴有淋巴细胞浸润,以 B 细胞为主

C. 免疫组化通常表达 CD30

D. 同时具备生殖细胞成分和性索-间质成分,常伴钙化

E. 免疫组化示 PLAP、CD117、D2-40、OCT3/4 强阳性

【答案】E

【解析】无性细胞瘤免疫组化,PLAP、CD117、D2-40 呈细胞膜阳性;Sall4、OCT3/4 呈弥漫核阳性。

53. 女性,29 岁,右侧卵巢肿物,直径 6cm,切面灰白色、灰黄色,实性,呈结节状。病理诊断为两性母细胞瘤。以下关于该肿瘤的叙述**不正确**的是

A. 肿瘤由卵巢和睾丸的性索间质成分(支持细胞和粒层细胞)混合存在,且每一成分均不少于 10%

B. 患者大多数伴有男性化,也可有雌激素增高的表现

C. 由成熟的粒层细胞巢、支持细胞构成的小管和 Leydig 细胞组成

D. 免疫组化示 a-inhibin、CR 阳性表达

E. 常见微囊、S-D 小体等结构

【答案】E

【解析】卵黄囊瘤常见微囊、S-D 小体等结构。

54. 女性,18 岁,腹痛和盆腔包块就诊,血清 AFP 水平升高。手术见右侧卵巢肿物,直径 27cm,表面光滑,包膜完整,圆形或卵圆形,切面灰红、灰黄色,实性,鱼肉状,伴囊性变和黏液变性,可见出血和坏死。病理诊断为内胚窦瘤。以下关于该肿瘤的叙述**不正确**的是

A. 镜下见多种组织学结构,常混合存在。

B. 缺乏微囊、S-D 小体等结构

C. 多数发生于青年女性,罕见于绝经期后

D. 血清 AFP 水平增高

E. 免疫组化广谱 CK、PLAP、Sall4、glypican-3 常阳性

【答案】B

【解析】卵黄囊瘤常见微囊、S-D 小体等结构。

55. 女性,16 岁,因"闭经、多毛、阴道不规则出血和盆腹腔包块"就诊。β-hCG 和血清

AFP 水平升高。手术见右侧卵巢肿物,直径 17cm,切面实性,质韧,多彩状,继发出血及坏死。病理诊断为胚胎性癌。以下关于该肿瘤的叙述**不正确**的是

A. 瘤细胞排列呈巢状、片状、腺样或乳头状

B. 大的原始细胞胞质嗜双色,核位于中央,多形性,染色质呈泡状,核仁显著,可多个,核分裂象常见

C. 常出现合体滋养细胞和/或中间滋养层细胞

D. 免疫组化 CK、CD30、AFP、PLAP、OCT4、Sall4 阳性

E. 常见透明(嗜酸)小体呈圆形或卵圆形小球、位于胞质内或间质中,PAS 阳性

【答案】E

【解析】透明(嗜酸)小体呈圆形或卵圆形小球、位于胞质内或间质中,PAS 阳性;这是卵黄囊瘤的基本病变之一。

56. 女性,56 岁,因"右侧卵巢肿物"就诊。术后送检右侧卵巢肿物,直径 7cm,切面实性,灰黄、灰褐色。病理诊断为卵巢类癌。以下关于该肿瘤的叙述**不正确**的是

A. 多表现为卵巢肿物的相关症状,少部分可出现类癌综合征

B. 可分为 4 种类型:岛状类癌、小梁状类癌、甲状腺肿性类癌和黏液性类癌

C. 免疫组化肿瘤细胞呈 CK 及神经内分泌标记如 CgA、NSE、Syn 等阳性

D. 最常表现为囊性成熟性畸胎瘤中囊腔内突起的结节

E. 多可见核沟和形成 Call-Exner 小体

【答案】E

【解析】Call-Exner 小体多见于成年型粒层细胞瘤。

57. 女性,16 岁,在妇科检查时偶然发现右侧卵巢肿物。术后送检肿物直径 7cm,切面呈囊性,内容皮脂毛发,见牙齿 1 枚。病理诊断为成熟型畸胎瘤。以下关于该肿瘤的叙述**不正确**的是

A. 好发于生育期女性

B. 囊内壁光滑,可附头节(由脂肪组织、牙齿和骨骼构成的突向囊内的结节)

C. 可见来源于两胚层或三胚层的成熟性组织

D. 可含有数量不等的未发育成熟的组织

E. 可有不成熟神经外胚层成分

【答案】E

【解析】未成熟型性畸胎瘤的特点是肿瘤含有不等量不成熟的胚胎性组织。

58. 女性,6岁,因"腹痛、腹胀"就诊。术后送检右侧卵巢肿物,直径18cm。病理诊断为未成熟畸胎瘤。以下关于该肿瘤的叙述**不正确**的是

A. 切面多彩状、囊实性,以实性区为主,常见出血及坏死

B. 镜下可见各个胚层的未成熟和成熟组织,存在神经外胚层菊形团、原始神经管

C. 神经上皮菊形团或原始神经管常内衬拥挤的嗜碱性细胞,核深染,可见核分裂象

D. 病理分级1级:未成熟神经上皮灶在任一张切片中占1~3个低倍视野

E. 免疫组化示神经外胚层组织表达NSE、S-100、NF、Syn、、GFAP,原始神经管细胞Ki-67常有较高的表达

【答案】D

【解析】病理分级1级为未成熟神经上皮面积少于1个40倍视野。

59. 女性,25岁,因"双侧卵巢肿物"入院。术后送检双侧卵巢肿瘤,右卵巢肿瘤直径8cm,左卵巢肿瘤直径7cm。病理诊断为左、右卵巢黄素化卵泡膜细胞瘤。以下关于该肿瘤的叙述正确的是

A. 常不伴硬化性腹膜炎

B. 常有雌激素水平增高的表现

C. 黄素化细胞胞界清楚,胞质丰富,嗜酸性或空泡状,富含脂质,其细胞形态与卵泡膜黄体细胞形态相似

D. 可见各个胚层的未成熟和成熟组织,存在神经外胚层菊形团

E. 瘤细胞呈滤泡型、小梁或弥漫型,常见Call-Exner小体,肿瘤细胞有核沟,无异源性成分

【答案】C

【解析】黄素化卵泡膜细胞瘤的诊断要点是在典型卵泡膜细胞瘤或纤维瘤的背景上出现巢状和散在的黄素化细胞。

60. 女性,56岁,双侧卵巢肿物,切面胶冻样。病理诊断为Krukenberg瘤。以下关于该肿瘤的叙述**不正确**的是

A. 多位于卵巢表面生长,多为实性,可有一个或多个囊腔

B. 印戒样的肿瘤细胞在间质内广泛浸润

C. 肿瘤细胞呈CK20、CEA、CA19-9阳性

D. 70%以上为双侧受累

E. 黏液染色呈阴性

【答案】E

【解析】黏液染色在Krukenberg瘤中呈阳性。

61. 女性,26岁,因"行宫颈癌筛查发现HPV31阳性"就诊。以下关于HPV描述**错误**的是

A. 绝大多数宫颈鳞状细胞癌与HPV相关

B. 大多数宫颈腺癌与HPV相关

C. 少数腺癌与HPV无关

D. P16表达与HPV并非完全相关

E. P16表达与HPV完全相关

【答案】E

【解析】有时HPV感染时P16为阴性。

62. 女性,56岁,因"阴道出血"就诊。妇科检查见宫颈肥大,轻度糜烂,宫颈口见少量血性分泌物附着,行阴道镜检查见宫颈管病变并取活检,病理诊断:宫颈原位腺癌。以下免疫组化组合中支持原位腺癌诊断的是

A. P16(+)、CEA(+)、BCL-2(-)、Ki-67指数高

B. P16(+)、CEA(-)、BCL-2(+)、Ki-67指数低

C. P16(-)、CEA(-)、BCL-2(局灶+)、Ki-67指数低

D. P16(-)、CEA(-)、BCL-2(弥漫+)、Ki-67指数高

E. P16(-)、CEA(+)、BCL-2(+)、Ki-67指数低

【答案】A

【解析】原位腺癌免疫组化:腺上皮阳性表达P16、CEA,Ki-67指数高;BCL-2阴性。

63. 女性,48岁,因"月经紊乱,周期延长"就诊。诊刮后病理诊断为子宫内膜增生不良伴嗜酸性化生。以下关于嗜酸性化生描述**错误**的是

A. 上皮细胞伴有丰富的嗜酸性或淡粉色胞质

B. 可伴有其他类型的改变,特别是合体细胞乳头状改变

C. 嗜酸性改变的细胞核通常呈圆形,可有退变,核仁小而一致,缺少核增大及粗块状的染色质

D. 易误诊为非典型增生、灶性癌变

E. 大多伴有癌前病变及内膜癌

【答案】E

【解析】嗜酸性化生常与其他类型的化生共存,可见于正常内膜、肿瘤性及非肿瘤性的内膜病变,特别多见于绝经后的妇女使用雌激素替代治疗。

64. 女性,30岁,因"流产3个月伴阴道出血"就诊。诊刮后送检,镜下见宫内物中数个呈巢团状分布的细胞团,边界清,由中间滋养细胞组成,间质明显玻璃样变。本例病理诊断为

A. 超常胎盘部位反应

B. 胎盘部位结节

C. 蜕变的绒毛组织

D. 滋养叶细胞疾病

E. 流产后子宫内膜

【答案】B

【解析】胎盘部位结节的镜下特点:由缺乏非典型的中间滋养细胞组成,间质明显玻璃样变。

65. 女性,20岁,因"停经2月余,腹痛1天"就诊。辅助检查hCG(-),超声管腔内未见胚囊,取宫内物送活检。大体见宫内物呈灰白色膜状结构,未见绒毛组织,镜下子宫内膜形态似蜕膜样组织,间质出血坏死明显,伴大量炎细胞浸润。本例病理诊断为

A. 子宫内膜蜕膜样变

B. 符合异位妊娠改变

C. 膜样月经

D. 子宫内膜不规则脱卸

E. 子宫内膜分泌性增殖

【答案】C

66. 女性,35岁,因"自然流产后阴道出血,咳嗽、咯血"就诊。宫腔镜见宫腔内出血坏死结节,界限不清。胸片示肺部多发结节。病理诊断为绒毛膜上皮癌。以下关于绒癌的叙述**不正确**的是

A. 临床资料显示血或尿中hCG水平高

B. 肿瘤明显出血坏死及血管浸润

C. 肿瘤细胞为具有明显异型性的两种以上滋养叶细胞

D. 无绒毛结构

E. 有明显血管及结缔组织间质

【答案】E

【解析】绒毛膜上皮癌缺乏肿瘤间质。

67. 女性,55岁,因"腹痛、腹胀、腹部包块"就诊。妇科查体见双侧卵巢肿物。术后病理诊断为高级别浆液性癌。以下关于本病的叙述**不正确**的是

A. 大约2/3为双侧肿瘤。绝大多数为高级别癌,低级别癌很少见,两者的近期生存率有差异,但远期生存率差别并不大

B. 大体上多呈实性、质脆、出血坏死、多结节状。镜下呈乳头、裂隙样结构,细胞异型性突出

C. 绝大多数是通过卵巢的输卵管异位灶或包含囊肿-良性或交界性腺瘤进展而成

D. 日常工作中,免疫组化P53的表达状态对浆液性癌的高、低鉴别评估有重要意义

E. P53突变型为弥漫连续(>60%)的肿瘤细胞核强阳性或全阴(<5%)表达,野生型为强弱不等的散在核阳性

【答案】C

【解析】目前认为卵巢高级别浆液性癌绝大多数来自输卵管上皮。

68. 女性,50岁,因"腹痛、腹胀、腹部包块"就诊。有子宫内膜异位症病史。妇科查体见右侧卵巢肿物。术后病理诊断为卵巢透明细胞癌。以下关于本病的叙述**不正确**的是

A. 多为单侧性,呈实性或囊性、单房囊性者囊壁较厚伴有多结节状突起

B. 镜下见肿瘤呈囊管状、乳头状和实性混合结构,肿瘤细胞异型性明显,胞质透明或嗜酸性

C. 囊管状结构内衬扁平及立方样上皮,核染色较深、有突出的核仁,可见鞋钉样细胞

D. 伴子宫内膜异位囊肿发生的、以囊腺及乳头结构为主的肿瘤通常预后差

E. 目前没有对卵巢透明细胞癌组织学的明确分级系统

【答案】D

【解析】预后主要与肿瘤的分期相关。

69. 女性,18 岁,因"腹痛和盆腔包块"就诊。术后送检右侧卵巢肿物,直径 15cm,表面光滑,有完整包膜,圆形或卵圆形,切面质地软,灰黄色,常有出血、坏死,多囊呈蜂窝状。病理诊断为卵黄囊瘤。以下关于该肿瘤的叙述**不正确**的是
    A. 源于生殖细胞的肿瘤多发生于年轻而源于体细胞的肿瘤多为老年患者
    B. 镜下呈多囊状卵黄囊样结构,无微小囊状结构、内胚窦样结构、实性结构、腺泡或腺管样等结构,间质疏松黏液样
    C. 免疫组化,AFP、广谱 CK、PLAP、SALL4、glypican-3 常阳性
    D. 肿瘤对化疗敏感,预后较好,但以内胚层如肝、肠等分化为主的肿瘤,化疗敏感性相对较差
    E. 合并体细胞癌的肿瘤需要上皮及生殖细胞肿瘤的综合化疗方案
    【答案】B
    【解析】卵黄囊瘤常见微囊、S-D 小体等结构。

70. 女性,24 岁,因"腹胀、腹部肿块"入院。术后见右侧卵巢肿物,直径 11cm,肿瘤圆形,表面光滑,有完整包膜。切面实性、脑回状,质地较软,呈灰白色,有出血、坏死、囊性变/钙化。病理诊断为无性细胞瘤。以下关于该肿瘤的叙述**不正确**的是
    A. 肿瘤细胞较大,大小较一致,呈圆形或类圆形,胞质透明。核膜较清楚,核位于中心,染色质较粗,核浆稀,有小核仁
    B. 在间质内、肿瘤细胞团内有散在或灶状淋巴样细胞浸润
    C. 间质内可见肉芽肿形成
    D. 可见有滋养叶细胞的分化,血 hCG 显著增高,此型预后较差
    E. 10% 为双侧性,对放疗敏感
    【答案】D
    【解析】卵巢无性细胞瘤可出现合体滋养细胞,但与预后不相关。

71. 女性,40 岁,因"少量阴道出血"就诊。妇科检查宫颈管见一赘生物,取活检后镜下表现见腺体及间质细胞增生,腺体鳞化,间质血管扩张,伴炎细胞浸润。以下诊断正确的是

A. 宫颈息肉
B. 宫颈尖锐湿疣
C. 宫颈平滑肌瘤
D. 宫颈子宫内膜异位症
E. 宫颈原位癌
【答案】A
【解析】宫颈息肉外观呈息肉样生长,镜下为宫颈腺体和间质细胞增生可伴不同程度的炎细胞浸润。

72. 女性,42 岁,因体检发现宫颈管下段呈蓝色扁平斑片状,直径约 3mm,镜下宫颈间质浅层出现梭形的富含色素的细胞,细胞有分支状突起,免疫组化 S-100 阳性。以下诊断最可能的是
    A. 黏膜黑病变　　B. 恶性黑色素瘤
    C. 雀斑样痣　　D. 蓝痣
    E. 鳞状细胞癌
    【答案】D
    【解析】宫颈蓝痣镜下特点为宫颈间质浅层出现梭形的富含色素的细胞,细胞有分支状突起,无非典型性。

73. 女性,45 岁,不规则阴道出血 1 月余,服用醋酸甲羟孕酮后阴道出血减少。诊刮后镜下见腺体稀疏、腺体间质比例减少,局部可见腺上皮分泌活动,腺腔小而圆,腺上皮单层排列,间质广泛蜕膜样变,间质血管管壁增厚,呈簇状。以下诊断正确的是
    A. 子宫内膜息肉
    B. 药物性子宫内膜
    C. 子宫内膜萎缩
    D. 子宫内膜分泌不足
    E. 子宫内膜蜕膜样变
    【答案】B
    【解析】本例镜下所述为孕激素药物作用后的子宫内膜改变。

74. 女性,30 岁,平素月经稀少,因不孕症就诊。在月经干净后第 2 天行宫腔镜检查,提示子宫内膜较薄,取少许子宫内膜活检。镜下见子宫内膜腺体稀少,腺腔小,细胞呈立方状单层排列,核深染,间质较致密,细胞小,核深染。以下诊断正确的是
    A. 子宫内膜增生不良
    B. 子宫内膜单纯性萎缩
    C. 子宫内膜分泌功能不足
    D. 子宫内膜囊性萎缩

E. 增生期子宫内膜

【答案】A

【解析】子宫内膜增生不良表现为内膜腺体稀少,腺腔小;细胞呈立方单层排列,核深染;间质较致密,细胞小,核深染。

75. 女性,50岁,因"绝经后阴道出血"就诊。活检后病理诊断提示子宫内膜上皮内癌。关于子宫内膜上皮内癌,下列**错误**的是

A. 主要是浆液性腺癌的早期表现

B. 腺上皮细胞异型性明显

C. 缺乏间质浸润模式

D. 子宫内膜背景可呈增生期改变

E. 诊断上主要依靠形态学表现,免疫组化 TP53 阳性无诊断价值

【答案】E

【解析】免疫组化 TP53 阳性有助于诊断。

76. 女性,46岁,因盆腔包块行腹腔镜手术。肉眼见呈条索状的灰白组织一堆,体积 10cm×8cm×5cm,切面呈编织状,质地中等,未见明确坏死及出血。镜下见平滑肌样细胞增生,呈上皮样,间质内见黏液样物,细胞呈中度-重度异型性,核分裂 8 个/10HPF,未见肿瘤性坏死。以下诊断正确的是

A. 上皮样平滑肌瘤

B. 平滑肌肉瘤

C. 子宫平滑肌瘤伴黏液样变性

D. 恶性潜能未定的平滑肌肿瘤

E. 富于细胞性平滑肌瘤

【答案】D

【解析】恶性潜能未定的平滑肌肿瘤诊断要点:具有可疑地图样坏死,任何数量的核分裂象,有或无细胞非典型性;无地图状肿瘤坏死,核分裂象大于15个/10HPF,无细胞非典型性;无地图状肿瘤坏死,核分裂象5~9个/10HPF,有弥漫性或多灶性的显著的非典型性。

77. 女性,22岁,因"停经2月余、阴道出血2小时"入院,hCG(+),超声显示输卵管增粗,腹腔出血,提示异位妊娠。以下关于输卵管妊娠的描述,**错误**的是

A. 50% 发生在输卵管壶腹部

B. 临床上常表现为腹痛、阴道出血、恶心、呕吐

C. 妊娠滋养细胞疾病在异位妊娠中较为常见

D. 输卵管黏膜可出现蜕膜反应

E. 子宫内膜可出现同宫内孕样的改变

【答案】C

【解析】妊娠滋养细胞疾病在异位妊娠中较为少见。

78. 女性,45岁,外阴无痛性肿块,直径约 3cm,边界清楚,有假性包膜。切面实性灰褐色。镜下见肿瘤由多角形上皮样细胞及小梭形细胞构成,有疏松区与密集区,肿瘤细胞呈簇状围绕着大量薄壁、管腔中等大小或毛细血管分布,无异型性,核分裂象少见。以下最有可能的诊断是

A. 富细胞性血管纤维瘤

B. 浅表肌纤维母细胞瘤

C. 血管肌纤维母细胞瘤

D. 侵袭性血管黏液瘤

E. 平滑肌瘤

【答案】C

【解析】本例大体和镜下描述为血管肌纤维母细胞瘤特点。

【A3/A4 型题】

(1~2 题共用题干)

女性,34岁,外阴多处白色斑片状病变,略增厚,界限清楚,取活检后镜下见上皮显著增厚,过度角化,未见异型,真皮浅层见少量慢性炎细胞浸润。

1. 该病例应诊断为

A. 外阴慢性单纯性苔藓

B. 外阴硬化性苔藓

C. 外阴上皮内瘤变

D. 尖锐湿疣

E. 脂溢性角化病

【答案】A

2. 如果鳞状上皮内见异型细胞,限于上皮层的下 1/3 区,基底膜完整,应诊断为

A. VIN I 级　　　　B. VIN II 级

C. VIN III 级　　　　D. 原位癌

E. 鲍温病

【答案】A

(3~5 题共用题干)

女性,45岁,外阴瘙痒,发红,活检示被覆鳞状上皮呈乳头状增生。

3. 如果鳞状上皮内见挖空细胞,且有 HPV 6 型、11 型感染。最有可能的诊断是
   A. 佩吉特病　　　　　B. 尖锐湿疣
   C. 鲍温病　　　　　　D. 外阴上皮内肿瘤
   E. 外阴硬化性苔藓
   【答案】B

4. 如果鳞状上皮内可见皮脂腺样细胞,诊断为
   A. 佩吉特病　　　　　B. 尖锐湿疣
   C. 鲍温病　　　　　　D. 外阴上皮内肿瘤
   E. 外阴硬化性苔藓
   【答案】A

5. 如果鳞状细胞重度异型增生,基底膜完整,诊断为
   A. 佩吉特病　　　　　B. 尖锐湿疣
   C. 鲍温病　　　　　　D. 外阴上皮内肿瘤
   E. 外阴硬化性苔藓
   【答案】C

(6~10 题共用题干)

女性,病理诊断:外阴囊肿。

6. 囊壁内衬移行上皮,诊断为
   A. 包涵囊肿　　　　　B. 中肾管囊肿
   C. 副中肾管囊肿　　　D. 前庭大腺囊肿
   E. 尿道上皮囊肿
   【答案】E

7. 囊壁内衬移行上皮或无角化多层扁平上皮,囊壁见黏液性腺泡,诊断为
   A. 包涵囊肿　　　　　B. 中肾管囊肿
   C. 副中肾管囊肿　　　D. 前庭大腺囊肿
   E. 尿道上皮囊肿
   【答案】D

8. 囊壁内衬鳞状上皮,诊断为
   A. 包涵囊肿　　　　　B. 中肾管囊肿
   C. 副中肾管囊肿　　　D. 前庭大腺囊肿
   E. 尿道上皮囊肿
   【答案】A

9. 囊壁内衬柱状细胞,有纤毛,胞质含黏液,诊断为
   A. 包涵囊肿　　　　　B. 中肾管囊肿
   C. 副中肾管囊肿　　　D. 前庭大腺囊肿
   E. 尿道上皮囊肿
   【答案】C

10. 囊壁内衬单层立方上皮,无纤毛,无黏液,囊壁含有薄层平滑肌,诊断为
    A. 包涵囊肿　　　　　B. 中肾管囊肿
    C. 副中肾管囊肿　　　D. 前庭大腺囊肿
    E. 尿道上皮囊肿
    【答案】B

(11~13 题共用题干)

女性,55 岁,外阴皮肤硬化萎缩,小阴唇变小甚至消失,与阴蒂粘连,大阴唇变薄,阴蒂萎缩而致包皮过长

11. 最有可能诊断是
    A. 慢性单纯性苔藓　　B. 硬化性苔藓
    C. 扁平苔藓　　　　　D. 放射性改变
    E. 外阴上皮内肿瘤
    【答案】B

12. 该病镜下表现不出现
    A. 表皮不同程度增厚,基底细胞有空泡样改变
    B. 带状淋巴细胞浸润
    C. 真皮乳头水肿,不同程度的胶原变性
    D. 表皮角化不全,棘层及颗粒层增厚
    E. 弹力纤维向深部推移
    【答案】D

13. 本病最好发于
    A. 阴蒂
    B. 大阴唇内侧
    C. 小阴唇
    D. 舟状窝与会阴后联合
    E. 肛周
    【答案】A

(14~16 题共用题干)

女性,28 岁,外阴瘙痒、疼痛。肉眼可见红斑、疣状斑块;镜下见鳞状上皮非典型增生,超过鳞状上皮的下 1/3 层,但未超过鳞状上皮全层的 2/3,病变细胞核极向消失,核深染,核膜皱褶,核分裂象及病理性核分裂象增多。

14. 根据镜下表现,诊断
    A. VIN Ⅰ级　　　　　B. VIN Ⅱ级
    C. VIN Ⅲ级　　　　　D. CIN Ⅰ级
    E. CIN Ⅱ级
    【答案】B

15. 该病可能与什么有关

    A. 细菌感染

    B. 高危型人乳头状瘤病毒持续感染

    C. 低危型人乳头状瘤病毒持续感染

    D. HIV 感染

    E. 病因不明

    【答案】B

16. 若非典型增生鳞状上皮突破基底膜,向间质浸润性生长,诊断早期浸润性鳞状细胞癌的标准是

    A. 癌灶宽度≤2cm、浸润深度≤1mm

    B. 癌灶宽度≤3cm、浸润深度≤2mm

    C. 癌灶宽度≤1cm、浸润深度≤1mm

    D. 癌灶宽度≤2cm、浸润深度≤2mm

    E. 癌灶宽度≤1.5cm、浸润深度≤1mm

    【答案】A

(17~18 题共用题干)

老年女性,外阴瘙痒 10 年,肉眼见大阴唇、会阴及肛周皮肤大小不一的境界清晰的糜烂状红斑,有结痂及渗出,镜下表现为全层见黏液样细胞、皮脂腺样细胞增生,表皮的基底膜完整,免疫组化 CK7、CAM5.2、CEA 阳性,而 ER、PR 阴性。

17. 以下最有可能的诊断是

    A. 鳞状细胞癌

    B. 皮脂腺癌

    C. 高级别鳞状上皮内病变

    D. 佩吉特病

    E. 腺癌

    【答案】D

18. 该病的肿瘤细胞可能来源于

    A. 表皮中多潜能干细胞

    B. 表皮中的 Merkel 细胞

    C. 肌上皮

    D. 鲍温细胞

    E. 棘层细胞

    【答案】A

(19~20 题共用题干)

阴道病变,镜下见固有膜内有腺体存在,取代部分表层鳞状上皮,多数腺体有不同程度的鳞化,细胞团间见黏液湖、黏液滴,部分细胞形成乳头状结构,腺体周围及鳞状上皮周围可见淋巴细胞和浆细胞浸润。

19. 以下诊断最符合的是

    A. 子宫内膜异位症   B. 鳞状细胞癌

    C. 中肾管残留   D. 腺病

    E. 腺癌

    【答案】D

20. 关于阴道腺病的描述错误的是

    A. 大体上表现为红色颗粒状斑块

    B. 阴道黏膜由鳞状上皮部分或全部变为宫颈内膜型腺上皮

    C. 常见症状为黏液性分泌物过多

    D. 阴道侧壁深层出现小的单一导管,内衬单层立方上皮,腺腔内可见嗜酸性分泌物

    E. 常伴有慢性炎症和鳞状上皮化生

    【答案】D

(21~23 题共用题干)

老年女性,发现阴道肿块 1 个月,术后病理示阴道癌。

21. 阴道癌最常见的组织学类型为

    A. 非角化鳞状细胞癌

    B. 腺癌

    C. 腺鳞癌

    D. 角化鳞状细胞癌

    E. 透明细胞癌

    【答案】A

22. 阴道鳞状细胞癌常发生于

    A. 阴道前壁下 1/3 段

    B. 阴道前壁上 1/3 段

    C. 阴道后壁下 1/3 段

    D. 阴道后壁上 1/3 段

    E. 阴道后壁中段

    【答案】D

23. 阴道鳞状细胞癌最常见的症状为

    A. 盆腔疼痛   B. 阴道排液

    C. 阴道出血   D. 瘙痒

    E. 异物感

    【答案】C

(24~26 题共用题干)

3 岁幼女,无明显诱因出现阴道出血,阴道口见一直径 5cm 的红色、质嫩、息肉样肿物,表面黏

膜完整,切面呈水肿样,灰色;镜下见肿瘤细胞聚集于黏膜上皮下,形成"生发层",局部可见一定数量的星状细胞,部分胞质嗜酸,部分细胞质内可见横纹,免疫组化结果示 myogenin、desmin 阳性。

24. 以下诊断较符合的是
    A. 纤维上皮性息肉　　B. 神经母细胞瘤
    C. PNET　　　　　　D. 葡萄状肉瘤
    E. 腺泡样横纹肌肉瘤
    【答案】D

25. 该病为
    A. 平滑肌肉瘤　　　　B. 胚胎性癌
    C. 血管肉瘤　　　　　D. 横纹肌肉瘤
    E. 无性细胞瘤
    【答案】D

26. 对诊断该病最具有诊断意义的是
    A. 肿瘤组织呈葡萄样外观充满阴道
    B. 紧邻上皮表面的线形排列的"环形层"
    C. 发生于幼女
    D. 镜下未分化的圆形或梭形细胞
    E. 黏液样、水肿状疏松的结缔组织
    【答案】B

(27~28 题共用题干)

年轻女性,大阴唇深部出现一肿物,生长迅速,直径 10cm,浸润性生长。镜下见肿瘤呈分叶状,切面灰红,质韧,边界清,肿瘤细胞成分稀少,分布于黏液基质中;瘤细胞小而一致,梭形或星形,边界不清,细胞核无异型,间质含有数量不等的中到大的厚壁血管,血管壁发生透明变。

27. 以下诊断最符合的是
    A. 血管肌成纤维细胞瘤
    B. 深部血管黏液瘤
    C. 纤维上皮性息肉
    D. 胚胎性横纹肌肉瘤
    E. 表浅性血管黏液瘤
    【答案】B

28. 该病免疫组化检测,最可能的结果是
    A. actin、desmin 阴性、S-100 阳性
    B. actin、desmin 阳性、S-100 阴性
    C. actin、S-100 阳性、desmin 阴性
    D. actin、S-100 阴性、desmin 阴性
    E. desmin、S-100 阳性、actin 阴性
    【答案】B

(29~30 题共用题干)

女性,20 岁,因"宫颈赘生物"就诊。妇科查见宫颈内口赘生物形成,表面凹凸不平,颗粒状,活检后镜下见鳞状上皮乳头状增生,表面"挖空细胞形成",鳞状上皮下淋巴细胞浸润。

29. 本例最有可能的病理诊断为
    A. 宫颈息肉
    B. 宫颈鳞状细胞癌
    C. 宫颈湿疣样癌
    D. 宫颈乳头状瘤
    E. 宫颈尖锐湿疣
    【答案】E

30. 引起该病主要的病原微生物是
    A. HPV 16/18 型
    B. HPV 31/33 型
    C. HPV 6/11 型
    D. HPV+细菌感染
    E. 放线菌
    【答案】C

(31~32 题共用题干)

女性,38 岁,因 TCT 检查提示 LSIL,故行阴道镜及活检。镜下示宫颈鳞状上皮细胞异型增生,超过鳞状上皮全层的 2/3,表层见挖空细胞,细胞核大深染,极向消失,病理性核分裂象增多,并累及腺体,腺体基底膜完整,部分区域向间质突出,但无间质反应。

31. 本例最有可能的病理诊断为
    A. 宫颈尖锐湿疣
    B. 低级别鳞状上皮内病变并累及腺体
    C. 高级别鳞状上皮内病变并累及腺体
    D. 不成熟鳞状上皮化生
    E. 宫颈微小浸润性癌
    【答案】C

32. 为明确诊断该病,需行的检查是
    A. HPV/ISH　　　　B. P16 染色
    C. TP53 基因检查　　D. Ki-67 染色
    E. 特殊染色
    【答案】B

(33~34题共用题干)

女性,45岁,因"接触性阴道出血"就诊,行宫颈活检,镜下见宫颈腺体结构保存,部分腺腔内出现乳头状结构,部分腺腔内腺上皮细胞核大,染色质增粗,出现单个核仁,核分裂象活跃,但腺腔内也见正常腺上皮细胞,细胞有黏液分泌,无间质反应。

33. 本例最有可能的病理诊断为
    A. 宫颈腺癌
    B. 复层产生黏液的上皮内病变
    C. 宫颈腺上皮轻度异型增生
    D. 宫颈腺上皮化生
    E. 高级别CGIN
    【答案】E

34. 需要与其鉴别的诊断有
    A. 隧道样腺丛和微腺性增生
    B. 中肾管增生和中肾管残件
    C. A-S改变和纤毛细胞化生
    D. 肠上皮化生
    E. 以上均是
    【答案】E

(35~36题共用题干)

女性,40岁,TCT检查提示宫颈病变,行宫颈活检,镜下见肿瘤细胞由上皮样细胞构成,排列呈片状、带状,无角化,相互融合,核仁明显,核分裂象多见,部分区域见坏死,病理诊断为鳞状细胞癌。

35. 根据镜下描述,本例鳞状细胞癌的分型最可能为
    A. 角化型鳞状细胞癌
    B. 非角化型鳞状细胞癌
    C. 乳头状鳞状细胞癌
    D. 基底样鳞状细胞癌
    E. 鳞状上皮移行细胞癌
    【答案】B

36. 免疫组化检测一般无阳性表达的标记为
    A. Pan-CK   B. P63   C. P40
    D. vimentin   E. CK7
    【答案】D

(37~38题共用题干)

女性,29岁,因体检发现HPV 16型阳性,行阴道镜检查及活检,活检提示宫颈低级别鳞状上皮内病变。

37. 下列不是低级别鳞状上皮内病变的同义词的是
    A. CIN Ⅰ级
    B. 鳞状上皮轻度非典型增生
    C. 扁平湿疣
    D. 挖空细胞病
    E. 乳头状瘤
    【答案】E

38. 低级别鳞状上皮内病变的转归,正确的是
    A. 本例患者进展为HSIL的概率比HPV阴性者大
    B. 经过治疗,很难消退
    C. 可迅速进展为宫颈鳞状细胞癌
    D. 可在短期内进展为HSIL
    E. 临床上不需要治疗可转阴
    【答案】A

(39~40题共用题干)

女性,39岁,活检提示高级别鳞状上皮内病变并累及腺体,行宫颈锥切手术,术后宫颈5、6、7点均见浸润灶,呈出芽、迷芽状,每张切片浸润深度<3mm。

39. 本例的正确病理诊断为
    A. 宫颈微小浸润性鳞状细胞癌
    B. 宫颈浸润性鳞状细胞癌
    C. 宫颈高级别鳞状上皮内病变并累及腺体,局部微小浸润
    D. 宫颈腺癌
    E. 宫颈高级别鳞状上皮内病变并累及腺体
    【答案】A

40. 宫颈微小浸润性癌的诊断标准(FIGO)是
    A. 浸润深度≤3mm
    B. 浸润深度≤5mm
    C. 浸润宽度≤7mm
    D. 不能出现血管、淋巴管的侵犯
    E. 浸润方式有限定
    【答案】A

(41~42题共用题干)

女性,25岁,因"月经淋漓不尽"就诊,行宫腔镜检查提示子宫内膜息肉,术后组织送病检,诊断为子宫内膜息肉。

41. 下列需要与子宫内膜息肉鉴别的疾病有
    A. 子宫内膜单纯性增生
    B. 子宫内膜复杂性增生
    C. 子宫内膜不规则脱落
    D. 慢性内膜炎
    E. 以上均是
    【答案】E

42. 子宫内膜息肉与这些疾病比较,最具有特征性的镜下特征为
    A. 表面被覆上皮
    B. 可见厚壁血管,簇状分布
    C. 间质纤维化
    D. 间质慢性炎症细胞浸润
    E. 子宫内膜萎缩
    【答案】B

(43~44 题共用题干)

女性,43 岁,因"月经周期延长,月经不调"就诊。诊刮后活检诊断为子宫内膜桑葚样化生。

43. 对于桑葚样化生,描述正确的是
    A. 缺乏典型的鳞状上皮分化
    B. 细胞形态不一致
    C. 核圆形,位于细胞表面,胞质嗜碱性
    D. 为化生性病变,不易引起癌变
    E. 不是潜在恶性标志
    【答案】A

44. 子宫内膜桑葚样化生与成熟鳞化鉴别**不包括**
    A. 桑葚样化生分化不成熟
    B. 化生后通常没有细胞间桥
    C. 与成熟鳞化相比,存在细胞异型性
    D. 一般无细胞角化
    E. β-catenin 核和胞质阳性
    【答案】C

(45~46 题共用题干)

女性,25 岁,因"闭经、月经稀少"就诊,行诊刮后诊断为子宫内膜增生不良。

45. 下列关于子宫内膜增生不良的改变的描述**不正确**的是
    A. 由于卵巢功能不全或衰退引起
    B. 患者雌激素水平下降

C. 可能有垂体病变
    D. 雄激素水平增高
    E. 常继发不孕症
    【答案】D

46. 子宫内膜增生不良镜下特点描述**不正确**的是
    A. 子宫内膜菲薄,腺体稀少,腺腔小
    B. 腺上皮细胞单层,呈立方或柱状
    C. 核深染,可见核分裂象
    D. 间质致密
    E. 间质细胞体积小,核深染
    【答案】C

(47~48 题共用题干)

女性,48 岁,活检提示高分化子宫内膜样腺癌,行子宫全切。大体子宫内膜粗糙增厚,呈息肉样;镜下见腺体异型增生,可见上皮搭桥、融合呈筛状,肌层中可见浸润,诊断高分化子宫内膜样腺癌。

47. 下列需要与子宫内膜样腺癌鉴别的是
    A. 子宫内膜黏液性癌
    B. 子宫内膜浆液性癌
    C. 子宫内膜透明细胞癌
    D. 子宫内膜绒毛状管状腺癌
    E. 以上均是
    【答案】E

48. 病理诊断为高分化子宫内膜样腺癌的标准为
    A. 肿瘤的实性成分小于 5%
    B. 肿瘤的实性成分小于 10%
    C. 肿瘤的实性成分小于 15%
    D. 肿瘤的实性成分小于 20%
    E. 肿瘤不出现实性成分
    【答案】A

(49~50 题共用题干)

女性,56 岁,诊刮后病理诊断为子宫内膜样腺癌,子宫内膜样腺癌是常见子宫内膜恶性肿瘤,病理报告中除诊断外,需要报告免疫组化检查指导临床内分泌治疗。

49. 需要行免疫组化检测的项目主要为
    A. ER   B. PR   C. ER/PR
    D. TP53   E. Ki-67

【答案】C

50. 子宫内膜样腺癌可与高级别浆液性癌鉴别,临床常用免疫组化检测,最具有鉴别意义的标记为
    A. ER
    B. PR
    C. β-catenin
    D. TP53
    E. PTEN
    【答案】D

(51~52 题共用题干)

女性,60 岁,因"绝经后阴道出血"就诊。妇科检查及活检提示子宫内膜恶性肿瘤,考虑浆液性癌。

51. 关于子宫内膜浆液性癌的描述正确的是
    A. 属于Ⅰ型子宫内膜癌
    B. 侵袭性强,化疗敏感,预后好
    C. 以腺样结构主要特征,也可见腺管样及实性生长方式
    D. 腺腔内有游离的乳头状上皮细胞簇
    E. 肿瘤细胞高度异型明显,但一般无多核及巨核瘤巨细胞
    【答案】D

52. 关于子宫内膜高级别浆液性癌免疫组化,正确的是
    A. P53 阳性
    B. WT-1 阴性
    C. PTEN 阴性
    D. IMP3 阴性
    E. CEA 阳性
    【答案】A

(53~54 题共用题干)

女性,46 岁,体检时超声发现盆腔包块,大小 7cm×6cm×6cm,无腹痛、腹胀等症状,行腹腔镜手术后,大体见灰白条索状组织,切面编织状,质地韧,未见坏死及出血;镜下细胞呈梭形,核呈长杆状,核无异型,偶见核分裂象,间质玻璃样变。

53. 本例最有可能的病理诊断为
    A. 子宫平滑肌瘤
    B. 子宫平滑肌肉瘤
    C. 子宫内膜间质肉瘤
    D. 富于细胞性平滑肌瘤
    E. 核分裂象活跃的平滑肌瘤
    【答案】A

54. 子宫平滑肌瘤最常见的发生部位是
    A. 子宫浆膜下
    B. 子宫肌壁间
    C. 子宫黏膜下
    D. 阔韧带
    E. 宫颈
    【答案】B

(55~56 题共用题干)

女性,40 岁,因"腹胀、腹痛"就诊。超声提示子宫肌瘤。术后病理检查示:灰白结节状肿物,质韧;镜下肿瘤组织较丰富,由梭形细胞构成,部分细胞核大深染,可见少量核分裂象,未见肿瘤性坏死,间质见少许厚壁血管。

55. 本例病理诊断最可能的是
    A. 良性间叶性肿瘤
    B. 脂肪平滑肌瘤
    C. 血管平滑肌瘤
    D. 富于细胞性平滑肌瘤
    E. 上皮样平滑肌瘤
    【答案】D

56. 若本例诊断为富于细胞性平滑肌瘤,核分裂象计数判断标准为
    A. 少于 2 个/10HPF
    B. 少于 5 个/10HPF
    C. 少于 7 个/10HPF
    D. 少于 10 个/10HPF
    E. 少于 15 个/10HPF
    【答案】B

(57~58 题共用题干)

女性,42 岁,因月经不调行阴道超声检查,提示盆腔包块,临床诊断为子宫肌瘤。镜下见细胞丰富,有异型性,胞质红染,核大,病理性核分裂象多见,并见地图状坏死。

57. 本例最有可能的病理诊断为
    A. 子宫平滑肌瘤
    B. 子宫平滑肌肉瘤
    C. 子宫内膜间质肉瘤
    D. 富于细胞性平滑肌瘤
    E. 核分裂象活跃的平滑肌瘤
    【答案】B

58. 子宫平滑肌肉瘤的诊断标准**不包括**
    A. 细胞中-重度异型性
    B. 呈地图状或岛屿样改变
    C. 坏死组织与周围组织分界清楚
    D. 坏死区可见肿瘤细胞残影
    E. 病理性核分裂象 <5 个/10HPF
    【答案】E

(59~60 题共用题干)

女性,48 岁,因盆腔包块行手术切除病理诊断:子宫平滑肌肉瘤。

59. 与子宫平滑肌肉瘤鉴别的疾病**不包括**
    A. 富于细胞性平滑肌瘤
    B. 核分裂象活跃的平滑肌瘤
    C. 子宫内膜间质肉瘤
    D. 子宫平滑肌瘤伴梗死
    E. 子宫内膜样腺癌
    【答案】E

60. 子宫平滑肌肉瘤常用的免疫组化标记**不包括**
    A. SMA   B. desmin
    C. h-caldesmon   D. CD10
    E. S-100
    【答案】E

(61~62 题共用题干)

女性,46 岁,因超声提示盆腔包块行子宫全切。大体见肿瘤位于子宫肌壁上,结节状,浸润性至肌层,未见包膜,切面灰白灰黄色,质地中等;镜下见肿瘤细胞较丰富,呈短梭形,异型性小,间质动脉小血管簇状增生,伴纤维组织增生、玻变。

61. 本例最有可能的诊断为
    A. 子宫平滑肌瘤
    B. 子宫内膜间质结节
    C. 低级别子宫内膜间质肉瘤
    D. 富于细胞性子宫平滑肌瘤
    E. 子宫平滑肌瘤伴变性
    【答案】C

62. 关于本病的遗传学检查正确的是
    A. t(10;17)(q22;p13)
    B. t(7;17) or t(6;7)
    C. t(7;17)(q22;p13)
    D. t(10;17) or t(6;7)
    E. 以上均不是
    【答案】B

(63~64 题共用题干)

女性,69 岁,因"绝经后阴道出血"就诊。超声提示子宫腔占位。临床诊断:子宫内膜息肉。术后镜下见:子宫内膜腺上皮细胞明显异型性,呈巢分布,间质梭形细胞增生,有重度的异型性。

63. 本例最可能的病理诊断为
    A. 子宫平滑肌肉瘤
    B. 子宫横纹肌肉瘤
    C. 子宫纤维肉瘤
    D. 子宫恶性中胚叶混合瘤(MMMT)
    E. 高级别子宫内膜间质肉瘤
    【答案】D

64. 以下关于本病的描述正确的是
    A. 兼有恶性上皮及间质双向分化
    B. 间质成分可为同源性或异源性
    C. 间叶成分中可以是神经外胚层
    D. 同源性间叶成分平滑肌肉瘤最常见
    E. 异源性间叶成分软骨肉瘤最少见
    【答案】B

(65~66 题共用题干)

女性,28 岁,因"不孕"就诊。检查发现输卵管管腔未见明显扩张,峡部出现多个散在结节隆起,取活检后镜下见结节中央为坏死,周围有类上皮细胞形成及多核巨细胞形成。

65. 本例的病理诊断为
    A. 急性输卵管炎
    B. 慢性输卵管炎
    C. 峡部结节性输卵管炎
    D. 肉芽肿性输卵管炎
    E. 输卵管积水
    【答案】D

66. 需要进一步明确诊断的检查是
    A. 免疫组化 CD68/CK
    B. PAS 染色
    C. 抗酸染色
    D. 嗜银染色
    E. 网状纤维染色
    【答案】C

(67~68 题共用题干)

女性,70 岁,因"腹痛、阴道排液与盆腔包块"就诊。腹腔镜见输卵管外观呈腊肠样,伞端闭塞,未见明确肿物。术中冰冻检查,镜下见输卵管上皮复层化,排列拥挤,极性消失,细胞核增大,核仁明显,可见核分裂象,间质未见破坏。

67. 本例最有可能的病理诊断为
    A. 输卵管浆液性癌
    B. 输卵管子宫内膜样腺癌
    C. 输卵管上皮异型增生
    D. 输卵管原位癌
    E. 输卵管黏液性囊腺癌
  【答案】D

68. 诊断该病免疫组化检查最有价值的是
    A. PTEN   B. P16   C. WT-1
    D. ER   E. vimentin
  【答案】C

(69~70 题共用题干)

女性,28 岁,临床诊断为葡萄胎后阴道不规则出血,hCG 水平持续升高。镜下见宫内物主要由明显异型的细胞滋养细胞和合体滋养细胞组成,无胎盘绒毛,浸润子宫肌层和血管,伴大片出血、坏死。

69. 患者病理诊断最可能为是
    A. 侵袭性葡萄胎
    B. 胎盘部位滋养细胞肿瘤
    C. 上皮样滋养细胞肿瘤
    D. 绒毛膜癌
    E. 中间型滋养细胞肿瘤
  【答案】D

70. 本病与侵袭性葡萄胎的主要区别在于
    A. 有无绒毛
    B. 中间型滋养细胞为主,HCC 仅局灶阳性
    C. 肿瘤细胞呈 CK18、抑制素及 p63 强阳性,HPL、hCG 和 Mel-CAM 仅局灶阳性
    D. 见广泛的坏死和透明样物质围绕,形成特征性的"地图状"结构
    E. 瘤细胞单核,核圆或卵圆且深染,胞质丰富,嗜酸性或嗜双色性,偶尔可见多核滋养细胞
  【答案】A

(71~72 题共用题干)

女性,50 岁,右卵巢肿物,直径 15cm,剖开呈多囊性,见少许乳头状突起,内容大量黏液。

71. 患者病理诊断最可能为是
    A. 黏液性肿瘤
    B. 浆液性肿瘤
    C. 滋养叶细胞肿瘤
    D. 支持-间质细胞瘤
    E. 畸胎瘤
  【答案】A

72. 若诊断为该肿瘤的交界性病变,镜下表现最可能为
    A. 囊性、乳头状结构多见,内衬单层柱状上皮细胞,细胞胞质内常见黏液,细胞核小且多位于基底部,肠型上皮常见杯状细胞
    B. 肿瘤组织内见密集、拥挤的囊、腺和乳头状结构,并可见区域性的腺体出芽结构,肿瘤细胞呈复层状排列,细胞有非典型性,但没有破坏性的间质浸润
    C. 细胞胞质丰富,见拥挤的腺、囊和乳头状结构以及成片的实性区域。肿瘤细胞呈复层状排列
    D. 肿瘤细胞异型性大,染色质浓聚,胞质嗜酸性,内含丰富的黏液,有时可推挤胞核形成印戒样细胞,非常典型的核分裂象可见
    E. 与子宫颈腺上皮细胞相似,嗜碱性的胞质,杆状的胞核和明显的核仁。出现较丰富的腺腔内黏液,但没有细胞内黏液
  【答案】B

(73~74 题共用题干)

女性,50 岁,右卵巢肿物,直径 20cm,剖开呈多囊性,内容大量黏液,囊壁见密集的乳头状突起,部分区域呈菜花状,见出血坏死。

73. 患者病理诊断最可能为是
    A. 良性黏液性肿瘤
    B. 恶性黏液性肿瘤
    C. 交界性黏液性肿瘤
    D. 浆液性肿瘤
    E. 畸胎瘤
  【答案】B

74. 本病与 Krukenherg 瘤的鉴别点**错误**的是
    A. 后者为源于女性生殖系统之外的转移性肿瘤
    B. 后者罕见印戒细胞
    C. 后者乳腺和胃肠道是最常见的原发部位
    D. 后者常含有杯状细胞
    E. 后者多累及双侧卵巢
    【答案】B

(75~76 题共用题干)

女性,65 岁,右卵巢肿物,直径 15cm,剖开呈单囊性,囊壁菲薄,内容淡黄色浆液,内壁光滑。

75. 患者病理诊断最可能为
    A. 良性黏液性肿瘤
    B. 交界性浆液性囊腺瘤
    C. 良性浆液性囊腺瘤
    D. 恶性浆液性囊腺癌
    E. 畸胎瘤
    【答案】C

76. 若诊断为该肿瘤的交界性病变,镜下表现**不包括**
    A. 肿瘤性上皮细胞复层排列,形成复杂分支的细小乳头,突出于肿瘤囊腔表面
    B. 可有微小的破坏性间质浸润
    C. 肿瘤细胞通常胞质稀少,细胞核异型性小,偶见胞质量中等,嗜酸,细胞核染色深,可见明显核仁
    D. 可见砂粒体
    E. 增生的肿瘤细胞常形成细胞芽,并脱落、游离于乳头之间
    【答案】B

(77~78 题共用题干)

女性,60 岁,发现双侧卵巢囊性肿物,切面质嫩,可见出血坏死,部分区域呈实性,乳头状结构少见。镜下可见主要由囊性和乳头状区域构成,内衬上皮与输卵管黏膜上皮在形态上相似,可见出血坏死,有明显的间质浸润。

77. 以下关于该肿瘤的叙述**不正确**的是
    A. 高级别肿瘤的肿瘤细胞细胞核染色质浓聚,可见非典型核分裂,细胞多层排列,常见肿瘤细胞芽

    B. 低级别肿瘤常形成丰富的各级乳头结构,亦可形成微乳头和花边样结构,肿瘤细胞异型性较高级别肿瘤小
    C. 砂粒体常见
    D. 肿瘤细胞核大、突出的鞋钉样细胞,有透明细胞和嗜酸细胞,乳头结构规则,纤维血管轴心多有透明变性
    E. 大多数高级别肿瘤在初次就诊时有较广泛的腹膜播散
    【答案】D

78. 本肿瘤免疫组化染色特点为
    A. CK7、CA125 阳性,超过 60% 的肿瘤细胞呈 TP53 阳性、WT-1 阳性
    B. EMA 阴性、inhibin、CK8/18 灶性阳性
    C. CK7、CK20 和 CEA 阳性,vimentin 阴性
    D. 90% 的低级别肿瘤 TP53 阳性、WT-1 阳性
    E. 抑制素 A、CD99、vimentin、SMA、S-100、WT-1、calretinin、CD56、AE1/AE3、ER、PR 阳性
    【答案】A

(79~80 题共用题干)

女性,50 岁,右侧卵巢肿物,直径 13cm,有包膜,类圆形,分叶状。切面呈黄色,实性,质地硬。可见灶状出血、坏死。病理诊断为成年型粒层细胞瘤。

79. 以下关于该肿瘤的叙述正确的是
    A. 典型者可见纵行核沟,核形似咖啡豆样
    B. 80% 患者 >60 岁,约 50% 发生于绝经后,30 岁以前少见
    C. 多数患者无性激素分泌紊乱症状
    D. 罕见恶性,若为恶性一般 3 年内复发或转移
    E. 以高钙血症为主要临床表现
    【答案】A

80. 关于本肿瘤的鉴别诊断,以下叙述正确的是
    A. 与本瘤相比,未分化小细胞癌很少以高钙血症为主要临床表现,常有雌激素增高表现
    B. 与本瘤相比,类癌的癌细胞界限清楚,细胞核呈一致性的圆形,无核沟,胞质明显嗜酸,免疫组化 CgA、Syn 阳性,可伴有畸

223

胎瘤成分

C. 与本瘤相比,幼年型粒层细胞瘤滤泡样结构规则,以小滤泡结构为主,腔内含嗜酸或嗜碱性液体,Call-Exner 小体多

D. 与本瘤相比,子宫内膜样腺癌常伴鳞状上皮化生,EMA、CK7 阳性,抑制素 A、calretinin 等标记阳性

E. 与本瘤相比,幼年型粒层细胞瘤的核分裂象较少见,常<5 个/10HPF

【答案】B

(81~82 题共用题干)

女性,22 岁,左侧卵巢肿物,直径 14cm,实性,实性区灰色,病理诊断为支持-间质细胞瘤。

81. 该肿瘤镜下描述正确的是

A. 由分化程度不等的支持细胞、leydig 细胞、Brenner 细胞及非特异的性腺间质细胞以不同比例混合构成

B. 中分化者,瘤细胞弥漫成片或团块状,呈肉瘤样结构,细胞梭形,中度核异型性和多形性,核分裂平均 20 个/10HPF

C. 低分化者,低倍镜下呈分叶状,不成熟的支持细胞呈圆形、卵圆形或梭形,胞界不清,核深染,排列成片块状或条索状

D. 高分化者,Sertoli 细胞排列成开放或闭合的管状结构,间质内可见簇状 Leydig 细胞,胞质丰富嗜酸,核圆,位于中央,核分裂象罕见

E. 间质内可见浸润的单个或成巢的肿瘤细胞,肿瘤细胞与尿路上皮相似

【答案】D

82. 关于本肿瘤的鉴别诊断,以下叙述**不正确**的是

A. 与本瘤相比,粒层细胞瘤 30 岁以前少见,内分泌症状以女性化多见。瘤细胞呈滤泡型、小梁或弥漫型,常见 Call-Exner 小体,粒层细胞有核沟,黄素化少见,无异源性成分

B. 与本瘤相比,子宫内膜样腺癌平均发病年龄 68 岁,可伴有盆腔子宫内膜异位症、子宫内膜癌,内分泌症状不明显。1/3 伴有鳞状上皮化生,无异源性成分,

腺腔内可见黏液,黄素化间质细胞不含 Reinke 结晶,抑制素阴性

C. 与本瘤相比,卵巢转移性癌多发生于年老者,且 >50% 双侧发病。腺管样结构的细胞有异型性,抑制素阴性,CK、EMA、CEA 阳性

D. 与本瘤相比,卵巢类癌细胞条索更长、宽,细胞含嗜银颗粒,Syn、CgA、NSE 等阳性,抑制素阴性

E. 与本瘤相比,wolffian 管起源的女性附件肿瘤通常伴内分泌症状,管状、囊状和弥漫型常混合在一起,间质中无胞质丰富红染的大细胞

【答案】E

(83~84 题共用题干)

女性,25 岁,因"嗓音变粗,喉结变大,皮肤变粗糙"就诊。查体见右侧卵巢肿物,直径 13cm。病理诊断为网状型支持-间质细胞瘤。

83. 本瘤镜下最主要的特点为

A. 低倍镜下呈分叶状,不成熟的支持细胞呈圆形、卵圆形或梭形,胞界不清,核深染,排列成片块状或条索状

B. 异源成分为黏液上皮时,肿瘤常分化较差

C. 类似卵巢或睾丸网的结构占瘤体的 90% 以上。裂隙样结构有时可扩张呈囊状,内衬扁平或柱状细胞,胞质少,核有不典型性

D. Leydig 细胞排列成开放或闭合的管状结构

E. 间质内可见簇状 Sertoli 细胞,胞质丰富嗜酸,核圆,位于中央,核分裂象罕见

【答案】C

84. 关于本瘤的叙述,正确的是

A. 90% 的为双侧,多为实性,体积往往较小

B. 多发生于年老可伴有子宫腺肌病

C. 伴有异源性成分者体积往往较大

D. 免疫组化不同于高分化肿瘤,抑制素、calretinin、AE1/AE3、vimentin、SMA 等常阴性

E. 常表达 EMA、Syn、CgA、NSE

【答案】C

（85~86题共用题干）

女性，50岁，未生育，有子宫内膜异位症病史。查体发现左卵巢肿物，肿瘤直径15cm。病理诊断为卵巢透明细胞癌。

85. 以下关于该肿瘤的叙述正确的是

A. 常为单侧发生，多为特征性的厚壁单囊结构

B. 良性肿瘤通常呈腺纤维瘤样结构，有非典型的腺体分布于纤维间质中

C. 多呈乳头状、腺囊状、实性或混合性结构，可见间质浸润

D. 多数肿瘤细胞呈立方状、扁平、嗜酸或为含黏液的印戒细胞

E. 常见 S-D 小体，常有多种构象

【答案】C

86. 关于本肿瘤的鉴别诊断，以下叙述正确的是

A. 无性细胞瘤发病的高峰年龄在50~60岁，其肿瘤细胞体积大、圆形，有平滑、清楚的边界，细胞核居中，有一个或多个突出的核仁，其组织内常见纤细的纤维分隔带，并有大量淋巴细胞浸润

B. 卵黄囊瘤发病的高峰年龄在40~50岁，有疏松的黏液构象，常与其他类型的生殖细胞肿瘤伴发

C. 透明细胞腺癌常与子宫内膜异位症伴发，亦可伴发子宫内膜样腺癌和其他类型腺癌

D. 卵黄囊瘤内常见 Call-Exner 小体，常有多种构象

E. 卵黄囊瘤间质内可见簇状 Sertoli 细胞

【答案】C

（87~88题共用题干）

女性，56岁，双侧卵巢肿物，切面胶冻样。病理诊断为 Krukenberg 瘤。

87. 以下关于该肿瘤的叙述正确的是

A. 泛指具有印戒细胞的任何来源的卵巢转移性癌

B. 70% 的转移性黏液性癌为单侧受累

C. 肿瘤位于卵巢表面，纤维间质增生，多结节状

D. 印戒样的肿瘤细胞在间质内广泛浸润，不形成腺管状结构

E. 没有血管和淋巴管浸润，形态上与原发肿瘤相似

【答案】A

88. 对本瘤的诊断以下叙述正确的是

A. 临床病史是重要的鉴别诊断信息

B. 基本不累及卵巢皮质和卵巢门

C. 多呈单侧发生，印戒样肿瘤细胞罕见

D. 肿瘤细胞呈 CK20 阴性、CEA、CA19-9 阳性

E. 原发灶多在小肠

【答案】A

（89~90题共用题干）

女性，40岁，查体发现右侧卵巢肿物，直径8cm。病理诊断为卵巢岛状类癌。

89. 以下关于该肿瘤的叙述正确的是

A. 常见年龄 14~79 岁，平均年龄 35 岁

B. 多表现为卵巢肿物的相关症状，大部分可出现类癌综合征

C. 最常表现为未成熟性畸胎瘤中囊内突起的结节

D. CK 及神经内分泌标记如 CgA、NSE、Syn 等阳性

E. 70% 以上都为单侧受累，且含有丰富的印戒细胞

【答案】D

90. 关于本肿瘤的鉴别诊断，以下叙述正确的是

A. Sertoli 细胞瘤与小梁状类癌结构相似，但类癌细胞更规则，胞质少且含嗜银颗粒，细胞条索较长，表达 a-inhibin

B. 卵巢粒层细胞瘤与岛状类癌的腺泡状结构相似、癌细胞多可见核沟和形成 S-D 小体，常表达神经内分泌标记

C. 卵巢继发性类癌原发灶多在小肠，双侧卵巢多受累

D. 黏液性类癌与其他黏液性肿瘤均不表达神经内分泌标记如 CgA、NSE、Syn 等

E. 黏液性类癌常有腹膜病灶，常合并卵巢皮样囊肿

【答案】C

(91~92 题共用题干)

女性,8 岁,因"腹痛、腹胀、出现急腹症"就诊。查体发现右侧卵巢肿物,直径 37cm,切面多彩状,囊实性,以实性区为主,见出血及坏死。病理诊断为未成熟畸胎瘤。

91. 以下关于该肿瘤的叙述正确的是

    A. 多为双侧,10%~15% 的对侧卵巢同时出现成熟性畸胎瘤

    B. 镜下可见各个胚层的未成熟和成熟组织,根据未成熟成分的多少进行分级

    C. 镜下见存在神经外胚层菊形团或原始神经管,原始神经管常内衬拥挤的嗜碱性细胞,核深染,核分裂象多见

    D. 病理分级 2 级:未成熟神经上皮成分在任一张切片中占 3~5 个低倍视野(×40)

    E. 免疫组化:神经外胚层组织表达 NSE、S-100、NF、Syn、GFAP,原始神经管细胞 Ki-67 常有较低的表达

【答案】C

92. 关于本肿瘤的鉴别诊断,以下叙述正确的是

    A. 成熟型实性畸胎瘤无任何不成熟组织

    B. 畸胎瘤中若出现胎儿型组织如软骨足以成为诊断未成熟型畸胎瘤

    C. 未成熟型畸胎瘤中明显的神经外胚层组织也常见于恶性中胚叶混合瘤

    D. 畸胎瘤中若出现为成熟发育的大脑皮质和小脑足以成为诊断未成熟型畸胎瘤

    E. 成熟型实性畸胎瘤可有少量不成熟组织

【答案】E

(93~94 题共用题干)

女性,22 岁,因"腹痛、腹胀、阴道出血"就诊。在妇科检查时发现右侧卵巢肿物。肿物直径 8cm。肿物切面呈囊性,腔内充满皮脂毛发等,见牙齿数枚。病理诊断为成熟性畸胎瘤。

93. 以下关于该肿瘤的叙述正确的是

    A. 可见来源于两胚层或三胚层的成熟性组织

    B. 不能存在任何不成熟组织

    C. 来自中胚层的成熟性组织通常表现为胃黏膜、甲状腺、皮脂腺

    D. 来自内胚层的成熟性组织通常表现为神

经、肌肉、毛发、唾液腺

    E. 胎儿型组织如软骨、发育的大脑皮质和小脑足以成为诊断未成熟型畸胎瘤的依据

【答案】A

94. 关于本肿瘤的鉴别诊断,以下叙述正确的是

    A. 胎儿型畸胎瘤含三个胚层来源的组织,虽呈高度器官分化但不具备胎儿雏形

    B. 未成熟型畸胎瘤含有数量不等的不成熟神经外胚层成分

    C. 卵巢甲状腺肿是罕见的单胚层畸胎瘤

    D. 卵巢甲状腺肿恶变的诊断标准与颈部甲状腺癌不相同

    E. 成熟型畸胎瘤患者高达 1/3 的病例出现腹水

【答案】B

(95~96 题共用题干)

女性,70 岁,因"双侧卵巢肿物"就诊。切面实性,灰黄、灰褐色。病理诊断为恶性 Brenner 瘤。

95. 以下关于该肿瘤的叙述**不正确**的是

    A. 可出现雌激素水平异常的症状、体征,偶尔呈雄激素水平异常症状

    B. 常与卵巢甲状腺肿、类癌和黏液性囊腺瘤相伴发

    C. 恶性瘤有明显的破坏性间质浸润、促纤维增生,可见坏死

    D. 间质内可见浸润的单个或成巢的肿瘤细胞,肿瘤细胞与尿路上皮相似,异型性明显

    E. 免疫组织化学染色 CK8/18 阳性,CK20 阴性

【答案】B

96. 关于本肿瘤的鉴别诊断,以下叙述**不正确**的是

    A. 良性 Brenner 瘤的囊性结构内壁上皮常有黏液分化,需要与黏液性肿瘤鉴别,但其黏液上皮周围常有移行细胞样肿瘤细胞

    B. 低分化癌常呈弥漫性生长,形成片状、梁状的实性区域

    C. 尿路上皮癌常形成较宽大的乳头状结构

D. 未分化癌常呈弥漫性生长,形成片状、梁状的实性区域,也可以因出现中心性坏死而形成无纤维血管轴心的假乳头样结构

E. 恶性 Brenner 瘤肿瘤细胞与上皮样滋养叶细胞相似,异型性明显,核分裂多见,有明显的破坏性间质浸润、促纤维增生,可见坏死

【答案】E

(97~98 题共用题干)

女性,12 岁,因"性早熟、闭经、多毛、阴道不规则出血等和盆腹腔包块"就诊。β-hCG 和血清 AFP 水平升高。查体发现右侧卵巢肿物,直径 25cm,切面实性,质韧,多彩状,继发出血及坏死。病理诊断为胚胎性癌。

97. 以下关于该肿瘤的叙述**不正确**的是

A. 多为单侧

B. 瘤细胞排列呈巢状、片状、腺样或乳头状

C. 大的原始细胞胞质嗜双色,核位于中央,多形性,染色质呈泡状,核仁显著,可多个,核分裂象常见

D. 常出现合体滋养细胞和/或中间滋养层细胞

E. 免疫组化 CK、CD30、AFP 阳性,PLAP、OCT4、SALL4 阴性,有合体滋养层细胞成分时 hCG 可阳性

【答案】E

98. 关于本肿瘤的鉴别诊断,以下叙述**不正确**的是

A. 卵黄囊瘤具有 Call-Exner 小体、网状结构等,而胚胎性癌结构较为单一

B. 卵巢绒毛膜癌是一种双向分化的滋养层细胞,伴广泛出血及坏死

C. 卵巢绒毛膜癌癌细胞表达 hCG,而不表达生殖细胞标志物

D. 无性细胞瘤瘤细胞被纤维间质间隔,常伴淋巴细胞浸润,缺乏乳头和/或腺管排列结构,不表达 AFP

E. 多胚瘤具有较多胚胎样小体结构,而胚胎性癌偶见零星胚胎样小体结构

【答案】A

(99~100 题共用题干)

女性,19 岁,因"腹痛和盆腔包块"就诊,血清 AFP 水平升高。查体发现右侧卵巢肿物,直径 15cm,圆形,有完整包膜,表面光滑,切面灰黄色,实性,鱼肉状,伴黏液变性,见出血和坏死。病理诊断为内胚窦瘤。

99. 以下关于该肿瘤的叙述正确的是

A. 几乎全为单侧发生(以右侧多见)

B. 微囊或筛网状类型:由微囊、疏松的黏液样基质和迷路样裂隙构成特征性的网状结构,内衬扁平、立方上皮细胞,核小且核仁不显著

C. Call-Exner 小体:假乳头结构中央为纤维血管轴心,表面衬单层立方、矮柱状或鞋钉样细胞

D. 透明(嗜酸)小体呈圆形或卵圆形小球、位于胞质内或间质中,PAS 阴性

E. 多囊型由许多均匀大小的较大囊泡组成,内衬柱状、立方或扁平细胞,周围绕以疏松或致密的梭形细胞间质

【答案】A

100. 关于本肿瘤的鉴别诊断,以下叙述正确的是

A. 透明细胞癌多见于老年人、缺乏微囊、S-D 小体等结构;免疫组化表达 EMA,不表达 AFP

B. 子宫内膜样腺癌腺管样结构有时与 S-D 小体相似,但子宫内膜样腺癌结构及细胞有较小异型性,无鳞状上皮化生,且瘤细胞有核沟

C. 类癌以高钙血症为主要临床表现,无雌激素增高表现

D. 未分化癌常见滤泡样结构且其形状常为圆形,癌细胞胞质丰富,核深染,有异型性,无核沟,黄素化常见

E. 子宫内膜样腺癌不会有盆腔子宫内膜异位症、子宫内膜癌,内分泌症状明显

【答案】A

(101~102 题共用题干)

女性,31 岁,右侧卵巢肿物,直径 6cm,切面灰白色,实性,呈结节状。病理诊断为两性母细胞瘤。

101. 以下关于该肿瘤的叙述正确的是
    A. 由卵巢和睾丸的性索间质成分(支持细胞和粒层细胞)混合存在,且每一成分均不少于 5%
    B. 患者大多数伴有女性化
    C. 镜下见成熟的粒层细胞巢和支持细胞构成的小管和/或 Leydig 细胞
    D. 免疫组化示 a-inhibin 阴性,CR 阳性表达
    E. 患者极少有雄激素增高的表现
    【答案】C

102. 关于本肿瘤的报告内容,以下叙述正确的是
    A. 诊断报告中应该注明肿瘤的成分及比例
    B. 肿瘤中粒层细胞成分是成年型还是幼年型不影响预后
    C. 肿瘤中支持-间质细胞瘤的亚型没有临床意义
    D. 肿瘤的大小不影响预后
    E. 有无淋巴结转移不影响预后
    【答案】A

(103~104 题共用题干)

女性,23 岁,因"腹痛、腹胀及盆腔包块"就诊。查体见右侧卵巢肿物,直径 6cm,肿瘤圆形,有完整包膜。切面实性、灰白、质韧,伴出血及坏死。病理诊断为无性细胞瘤。

103. 以下关于该肿瘤的镜下所见叙述**不正确**的是
    A. 由单一增生的原始生殖细胞构成的恶性肿瘤
    B. 如果出现钙化,常提示伴有性腺母细胞瘤的可能
    C. 瘤细胞较大,均匀一致,圆形或多边形,胞质丰富且透明核居中,大而圆,核膜清楚,伴有 1 个或多个核仁,核分裂象易见
    D. 瘤细胞呈巢状、条索状或弥漫性分布,巢团被纤维间质分隔常伴有淋巴细胞浸润,以 T 细胞为主
    E. 多数病例可见多核巨细胞和肉芽肿形成
    【答案】E

104. 关于本肿瘤的鉴别诊断,以下叙述正确的是
    A. 无性细胞瘤中瘤细胞形态一致,表达 CD30
    B. 胚胎性癌中大的原始细胞不同区域形态、结构不同,免疫组化不表达 CD30
    C. 恶性淋巴瘤中淋巴细胞标记阳性,而 PLAP、SALL4 等阴性
    D. 性腺母细胞瘤同时具备生殖细胞成分和性索-间质成分,罕见钙化
    E. 无性细胞瘤的肿瘤细胞 PLAP、CD117 阴性,D2-40、SALL4、OCT3/4 强阳性
    【答案】C

(105~106 题共用题干)

女性,55 岁,左侧卵巢肿物,直径 10cm,肿瘤结节状凸起,质硬。切面实性、灰白、淡黄色。病理诊断为典型卵泡膜细胞瘤。

105. 以下关于该肿瘤的叙述**不正确**的是
    A. 绝大多数患者发生于绝经后,青春期前罕见
    B. 由富含脂质、与卵泡膜内层细胞相似的瘤细胞构成的卵巢间质肿瘤,并有不等量的成纤维细胞成分
    C. 临床表现以雌激素增多引起的绝经后阴道出血或月经异常为最常见
    D. 肿瘤一般为双侧发生
    E. 网状纤维染色示瘤细胞之间有大量纤细的网状纤维
    【答案】D

106. 以下关于黄素化卵泡膜细胞瘤的叙述正确的是
    A. 发病年龄较典型卵泡膜细胞瘤年轻,常见合并硬化性腹膜炎
    B. 多出现雌激素水平增高的表现
    C. 典型卵泡膜细胞瘤或纤维瘤的背景上出现巢状或散在的大的圆形黄素化细胞
    D. 黄素化细胞胞界清楚,胞质丰富,嗜酸性或空泡状,富含脂质,其细胞形态与卵泡膜黄体细胞及 Sertoli 细胞形态相似

E. 伴硬化性腹膜炎很少出现腹胀、腹水及肠道梗阻等临床表现

【答案】C

【解析】卵泡膜细胞瘤绝大多数为单侧发生。

(107~108题共用题干)

女性,25岁,因"闭经、乳房萎缩、皮下脂肪减少、多毛、声音变粗、喉结增大"就诊。术后送检右侧卵巢肿物,直径15cm,切面呈囊实性,内含透明黄色液体,实性区呈分叶状,出血坏死较明显。病理诊断为中-低分化支持-间质细胞瘤。

107. 关于本瘤镜下特点描述**错误**的是

    A. 肿瘤全由一致的实性或空心小管结构组成,衬以分化较好的支持细胞,管内可见嗜酸性分泌物。间质内 Leydig 细胞含量不等,一般呈轮廓清晰的巢状分布于小管间

    B. 瘤细胞排列呈窄而短的条索状(与胚胎期睾丸性索相似)、空心小管状或轮廓不清的片块状

    C. 含有梭形细胞呈片状排列,这些肉瘤样区域核分裂象多见(>10 个/10HPF)

    D. 部分瘤细胞常呈轮廓不清的结节状、小叶状分布,由疏松的纤维性、纤维黏液样间质分隔

    E. 支持细胞和 Leydig 细胞可以含胞质内脂质空泡,核异型性不大,偶见奇异核,核分裂象少(约 5 个/10HPF)

【答案】A

108. 下列关于伴异源性成分的支持-间质细胞瘤的叙述正确的是

    A. 约 20% 的支持-间质细胞瘤中含有异源性成分

    B. 最多见的异源性成分是胃肠道黏液上皮

    C. 当异源成分为黏液上皮时,支持-间质细胞常为中等分化,

    D. 当出现间叶成分或肉瘤时,支持-间质细胞亦往往分化较差

    E. 肿瘤中的异源性成分不影响患者的临床经过和内分泌特点

【答案】A

【案例分析题】

案例一 女性,48 岁,外阴见体积 3.5cm×2.5cm×1.5cm 的疣状肿物。切面见肿物基底部与间质分界清楚;镜下见鳞状上皮呈乳头状增生,角化不全,乳头无纤维血管束,基底钉突整齐向间质呈推移式浸润。

提问 1:该患者应诊断为

    A. 尖锐湿疣   B. 鲍温病

    C. 疣状癌   D. 基底细胞癌

    E. 分化型 VIN   F. 佩吉特病

【答案】C

【解析】疣状癌是外阴鳞状细胞癌的常见组织学亚型,多见于老年女性。镜下特点,表面角化亢进,呈疣状,下方呈杵状推挤式浸润深部组织。癌细胞分化非常高,细胞异型性小,胞质丰富,核分裂象罕见,无挖空细胞。

提问 2:该病与湿疣样癌的鉴别要点为

    A. 异型性

    B. 含有挖空细胞

    C. 乳头状生长的鳞状上皮

    D. 明显的浸润性生长方式

    E. 乳头无纤维血管轴心

    F. 鳞状上皮角化不全

【答案】ABD

【解析】外阴湿疣样癌除了具有一定的异型性和明显的浸润性生长外,癌细胞具有 HPV 感染的特点,既具有挖空细胞。

提问 3:尖锐湿疣与疣状癌的鉴别要点为

    A. 鳞状上皮呈乳头状生长

    B. 乳头有纤维血管轴心

    C. 常见挖空细胞

    D. 无间质浸润

    E. 真皮内有炎细胞浸润

    F. 乳头状生长的鳞状上皮

【答案】BCD

【解析】尖锐湿疣是由 HPV 引起的皮肤和黏膜的增生性疾病,好发于外阴、阴道、宫颈和肛周。2020 版 WHO 将其归入"良性鳞状上皮病变",没有恶变潜能。其镜下特征,鳞状上皮呈乳头状增生,乳头含有纤维血管轴心,常见挖空细胞,无间质浸润。

提问 4:关于疣状癌描述正确的是

    A. 可以局部浸润

    B. 很少发生淋巴结转移

    C. 5 年生存率为 80%

D. 局部扩散范围可以非常广泛

E. 手术时要进行腹股沟淋巴结切除

F. 淋巴结转移较常见

【答案】ABCD

【解析】疣状癌是外阴鳞状细胞癌的常见组织学亚型之一。占外阴癌的1%~2%，多见于老年女性。镜下特点，表面角化亢进，呈疣状，其基底部呈杆状推挤式浸润深部组织。癌细胞分化非常高，细胞异型性小，胞质丰富，核分裂象罕见，无挖空细胞。间质伴有明显的慢性炎细胞浸润。疣状癌常表现为局部生长，偶尔局部扩散范围可以非常广泛；很少发生淋巴结转移。

案例二 女性，38岁，宫颈接触性出血2个月，妇科检查：宫颈肥大，Ⅱ度糜烂。HPV/E6E7阳性，TCT检查示HSIL。

提问1：在临床上，下一步应该行的检查或治疗是

  A. 阴道镜检查和活检

  B. 常规妇科检查

  C. 直接取活检

  D. 宫颈锥切术

  E. 全切宫颈术

  F. 环形电切除宫颈术

【答案】A

【解析】TCT检查为HSIL是临床进行阴道镜检查和活检的指征。

提问2：宫颈活检发现6点、7点、8点鳞状上皮异型增生，核大，核质比高，细胞极性不规则，核分裂象多见，并累及上皮全层，部分腺体受累，基底膜完整。以下最可能的诊断是

  A. 不成熟鳞化

  B. 高级别鳞状上皮内病变并累及腺体

  C. 低级别鳞状上皮内病变

  D. 修复性非典型增生

  E. 微小浸润性鳞状细胞癌

  F. 鳞状上皮增生

【答案】B

【解析】高级别鳞状上皮内病变（HSIL）相当于CIN 2和CIN 3。当鳞状上皮异型增生超过1/3层时就可诊断HSIL。LSIL和HSIL都可以累及腺体，病变级别越高越容易累及腺体。HSIL需要与反应性鳞状上皮增生、基底细胞增生、不成熟鳞状化生和鳞状上皮萎缩等鉴别。总体来说，HSIL病变中细胞异型性较明显，核染色质粗糙，核分裂象易见；其他良性病变中细胞形态和极向正常，细胞核无明显异型性，核分裂象少。

提问3：鉴别诊断中，最有价值的免疫组化指标为

  A. P53   B. pRb

  C. Ki-67   D. CK

  E. P16   F. ER

【答案】CE

【解析】p16和Ki-67是最常用的免疫组化辅助诊断指标，HSIL中，p16呈弥漫连续的细胞核和细胞质阳性，Ki-67指数也明显增高。但需要特别注意的是，约1/3的LSIL会出现基底层/副基底层的p16弥漫连续阳性。

案例三 女性，25岁，停经3个月后阴道出血。查体：子宫增大如妊娠5个月。血清hCG水平异常增高。

提问1：该疾病最可能为

  A. 绒毛膜癌   B. 葡萄胎

  C. 畸胎瘤   D. 子宫内膜癌

  E. 自然流产   F. 稽留流产

【答案】B

【解析】葡萄胎属于妊娠滋养细胞疾病，好发于生育期。临床主要表现为停经后阴道出血，子宫增大与妊娠月份不相符，大多数血清人绒毛膜促性腺激素（hCG）水平异常增高。

提问2：该病的病理组织学特征是

  A. 绒毛水肿伴细胞滋养层细胞和合体滋养层细胞增生

  B. 绒毛水肿伴平滑绒毛膜的中间滋养细胞增生

  C. 绒毛水肿伴种植部位中间滋养细胞增生

  D. 绒毛水肿伴上皮样滋养细胞增生

  E. 绒毛水肿伴胎盘部位滋养细胞增生

  F. 绒毛水肿伴细胞滋养细胞增生

【答案】A

【解析】葡萄胎的病理诊断要点为水肿绒毛和滋养细胞增生，包括细胞滋养细胞和合体滋养细胞增生。

提问3：关于完全性葡萄胎**错误**的是

  A. 大体上可保留胎盘的形状，常可伴胚胎或胎儿的先天性异常，仅部分绒毛呈水泡状

  B. 镜下有水肿绒毛和正常绒毛，水肿绒毛轮廓不规则，边缘曲折形成"海岸线"样外观

  C. 滋养细胞增生较轻，常环绕绒毛或呈多灶性

  D. 由两型滋养细胞组成，常伴大片出血坏死

E. 绒毛间质细胞 p57 染色阴性

F. 细胞滋养细胞 p57 染色阴性

【答案】ABCD

【解析】完全性葡萄胎，大体检查可见弥漫性绒毛水肿，形成大小不等的半透明水泡，直径 1mm~2cm；镜下见广泛绒毛间质水肿，中央水池形成，血管消失；滋养细胞显著增生，无极向性、有异型性，可呈片状、团块状、多灶性增生，环绕绒毛呈"水母样"排列，可见核分裂。免疫组化，绒毛间质和细胞滋养细胞的细胞核 p57 染色阴性。大片出血和坏死为绒癌的特点。

提问 4：关于部分性葡萄胎**错误**的是

A. 血清 HCC 水平常不升高

B. 大体上保留胎盘的形状，无胚胎或胎儿的先天性异常

C. 镜下无纤维化绒毛，水肿绒毛轮廓不规则，边缘曲折形成"海岸线"样外观

D. 细胞滋养细胞呈 HPL 和 Mel-CAM 弥漫强阳性

E. 绒毛间质细胞 p57 染色阳性

F. 细胞滋养细胞 p57 染色阳性

【答案】ABCD

【解析】部分性葡萄胎，大体上可保留胎盘的形状，常可伴胚胎或胎儿的先天性异常。仅部分绒毛呈水泡状，且水泡比完全性葡萄胎小而少；镜下见增大的水肿性绒毛和正常大小伴纤维化的绒毛混合存在，水肿绒毛轮廓不规则，呈"扇贝状"；滋养细胞增生较完全性葡萄胎轻，以合体滋养细胞增生为主，环绕绒毛或呈多灶性；绒毛间质和细胞滋养细胞 p57 染色阳性。HPL 和 Mel-CAM 弥漫强阳性见于胎盘部位滋养细胞肿瘤。

案例四　女性，55 岁，腹胀、腹痛。查体：左卵巢包块，直径 10cm。剖开呈囊性，内容淡黄色清亮液体。囊壁菲薄，囊内壁光滑，未见明显乳头状结构。

提问 1：该疾病最可能为

A. 黏液性囊腺癌

B. 浆液性囊腺瘤

C. 交界性浆液性肿瘤

D. 畸胎瘤

E. 绒癌

F. 滤泡囊肿

【答案】B

【解析】浆液性囊腺瘤，为常见的卵巢肿瘤，主要见于成人，发病年龄 40~60 岁。临床上通常无症状，肿瘤较大时，表现为腹痛、腹胀等症状。肉眼上，大多为单侧，仅约 10% 为双侧；切面通常为单囊，偶尔为多囊，直径大于 1cm，囊壁光滑，囊内充满澄清水样液体。

提问 2：该肿瘤镜下特征正确的是

A. 囊壁的内衬上皮与输卵管黏膜上皮在形态上相似

B. 间质可较致密，可有较广泛的纤维化或水肿，砂粒体可见

C. 形成裂隙状结构，囊壁可见平滑肌和卵巢门细胞

D. 有时由于囊液压力的挤压，上皮可以变得扁平

E. 为单层立方或低柱状纤毛上皮细胞，细胞无异型性，偶有分泌

F. 囊壁被覆子宫内膜腺上皮，上皮下可见厚薄不一的子宫内膜间质

【答案】ABDE

【解析】"形成裂隙状结构，囊壁可见平滑肌和卵巢门细胞"为卵巢网囊腺瘤的特点。

提问 3：关于该类交界性肿瘤正确的是

A. 大体可见部分囊壁表面粗糙不平或囊壁内衬丰富的乳头

B. 肿瘤性上皮细胞复层排列，形成复杂分支的细小乳头

C. 可有微小的破坏性间质浸润

D. 细胞可以具有较丰富的胞质，异型性不大，核圆或卵圆形，染色质细腻，偶见明显核仁

E. 不会发生广泛的腹膜播散

F. 被覆上皮似胃小凹上皮或肠型上皮伴有杯状细胞

【答案】ABDE

【解析】约 10% 的浆液性交界性肿瘤可伴微小浸润，但非破坏性间质浸润。

提问 4：关于该类恶性肿瘤描述正确的是

A. 发病高峰在 40~70 岁

B. 常有血清 CA125 升高

C. 65% 的病例为双侧发生

D. 超过 60% 的肿瘤细胞呈 TP53 阳性，WT-1 阳性

E. 超过 60% 的高级别肿瘤可见 *TP53* 突变

F. 必须存在 *TP53* 突变才能诊断

【答案】ABCD

【解析】几乎所有的卵巢高级别浆液性癌可见 *TP53* 突变。

（郑　洪　王国平）

第十三章　乳腺疾病

【A1 型题】

1. 有关肉芽肿性小叶性乳腺炎镜下病变的描述**错误**的是
   A. 以小叶为单位
   B. 呈现伴干酪样坏死的上皮样细胞肉芽肿
   C. 多核巨细胞、中性粒细胞、淋巴细胞和浆细胞浸润，可见嗜酸性粒细胞浸润
   D. 常见小叶中心性脓肿
   E. 抗酸染色阴性
   【答案】B
   【解析】干酪样坏死的上皮样细胞肉芽肿可见于结核性乳腺炎。

2. 下列有关乳腺导管扩张症描述**错误**的是
   A. 多见于绝经期前后
   B. 乳头溢液、乳头内陷或乳晕下肿块
   C. 不会出现橘皮样外观
   D. 乳晕下输乳管扩张，可挤出灰白或奶黄色牙膏状物
   E. 可继发感染，呈现明显炎症
   【答案】C
   【解析】乳头溢液或乳晕下肿物，局部皮肤可呈现橘皮样外观。

3. 关于男性乳腺发育的描述**错误**的是
   A. 男性乳腺最常见的疾病
   B. 单侧或双侧性
   C. 多见于老年人
   D. 可与激素变化有关
   E. 可由功能性肿瘤、肝硬化或洋地黄等药物引起
   【答案】C
   【解析】男性乳腺发育可发生于任何年龄，50% 为生理性的，以新生儿期和青春期最为多见。

4. 关于腺病的描述**错误**的是
   A. 乳腺最常见的良性增生性病变
   B. 多见于育龄妇女
   C. 小叶内腺泡增生伴不同程度的间质增生
   D. 乳腺局部性增厚或结节，可伴周期性疼痛
   E. 一般认为属于癌前病变
   【答案】E
   【解析】腺病是一组乳腺良性增生性病变，一般认为与癌的关系不大，乳腺囊肿病伴有增生性病变时，癌变的机会较多，属于癌前病变。

5. 关于硬化性腺病的描述**错误**的是
   A. 乳腺腺泡和间质增生，致使腺泡和小叶变形
   B. 小叶结构被破坏
   C. 小叶中心的腺管明显受挤压
   D. 腺管外有肌上皮细胞围绕
   E. 偶可累及神经周围和静脉壁
   【答案】B
   【解析】硬化性腺病小叶结构通常存在，保有肌上皮细胞和缺乏非典型性的上皮细胞等特点，与乳腺浸润性癌相鉴别。

6. 关于乳腺腺瘤说法**错误**的是
   A. 是发生于乳腺的良性疾病
   B. 是由密集增生的管状结构构成的圆形结节状良性病变
   C. 分为小管状腺瘤、泌乳性腺瘤、大汗腺腺瘤和导管腺瘤
   D. 临床常表现为乳头溢液
   E. 泌乳腺瘤常发生在孕期及哺乳期间
   【答案】D
   【解析】乳腺腺瘤不表现为乳头溢液，乳头腺瘤最常见的症状是乳头溢液。

7. 下列**不是**乳腺硬化性腺病病理特征的是
   A. 腺泡致密增生
   B. 腺泡保存了腺上皮、周围肌上皮层及基底膜
   C. 腺泡明显挤压变细小
   D. 大多保留了小叶结构
   E. 腺体缺乏肌上皮层

【答案】E

【解析】硬化性腺病的特征为腺泡致密增生,腺泡保存肌上皮和周围肌上皮层以及基底膜,通过免疫组化证实肌上皮细胞的存在是除外乳腺浸润癌的关键。

8. 关于乳腺纤维瘤病的描述,**错误**的是
   A. 孤立、无痛、边界清楚的肿块
   B. 超声和磁共振成像对其检测更为敏感
   C. 瘤细胞排列呈长束状,核呈特征性分布
   D. 不同数量的胶原沉积,呈指状弥漫浸润性边缘,将周围的脂肪埋陷
   E. β-catenin核阳性,SMA胞质阳性

【答案】A

【解析】乳腺纤维瘤病表现为孤立性、无痛性、质地较硬的肿块,肿瘤界限不清,切面质硬、灰白色。

9. 下列**不属于**微小浸润性乳腺癌特点的是
   A. 常见于病变范围较大的高核级导管原位癌
   B. 可见于任何级别导管或小叶原位癌周围间质内
   C. 间质可有水肿、淋巴细胞浸润
   D. 间质内浸润的癌细胞与相邻原位癌细胞形态类似
   E. 癌细胞散在分布,排列呈串珠样或同心圆状

【答案】E

【解析】E属于浸润性小叶癌的病变特点。

10. 以下**不是**乳头腺瘤同一种表述的是
    A. 乳头导管腺瘤
    B. 侵蚀性腺瘤病
    C. 旺炽型乳头状瘤病
    D. 乳头状腺瘤
    E. 导管内乳头状瘤

【答案】E

11. 影响乳腺癌预后的最主要因素是
    A. 患者年龄
    B. 癌肿本身生物学特性
    C. 肿块大小

    D. 手术切除范围
    E. 是否绝经

【答案】B

12. 乳腺非典型小叶增生与小叶原位癌最主要的区别
    A. 细胞增生的数量和范围
    B. 病理结构
    C. 发病年龄
    D. 初潮年龄
    E. 癌变发生率

【答案】A

【解析】两者细胞学特征相同,其鉴别主要依靠累及终末导管小叶单位的程度及范围。对于经典型小叶原位癌来说,如果具有小叶原位癌形态的腺泡数量达不到1个小叶的50%,或1个小叶的腺泡均受累,但没有明显膨大时,宜诊为小叶不典型增生。

13. 下列对于乳腺脂肪坏死描述**错误**的是
    A. 是乳房创伤后引起的一种良性疾病
    B. 非常多见
    C. 临床表现以不规则的无痛性乳腺肿块为主要特征
    D. 酷似乳腺癌
    E. 极易造成误诊误治

【答案】B

【解析】乳腺脂肪坏死是一种非化脓性炎性病变,是乳腺的良性改变,较少见。

14. 乳腺放射状瘢痕/复杂硬化性病变的镜下表现描述**错误**的是
    A. 低倍镜下可见放射状排列方式,为其常见特征
    B. 星状排列的导管围绕中央的纤维胶原区
    C. 中央区域纤维化及弹力组织变性,其内卷入不规则排列的扭曲的导管,后者为单层结构
    D. 周围放射状分布的导管可出现任何形式的上皮增生
    E. 病灶内也可出现乳头状瘤或硬化性腺病的区域

【答案】C

【解析】中央区域纤维化及弹力组织变性,其内卷入不规则排列的扭曲的导管,后者为双层结构。

【A2 型题】

1. 女性,23岁,无意中发现右乳肿物3天,无触痛。超声显示右乳实性占位。遂行肿物切

除,大体可见一个灰黄色分叶状肿物,4cm×2.6cm×1.5cm,包膜完整,切面灰黄色质韧。镜检可见肿瘤主要由密集的小腺管构成,腺管大小一致,较圆,间质稀少,可见少量淋巴细胞,细胞核无异型性。最可能诊断为

A. 纤维腺瘤　　　　B. 导管原位癌

C. 微腺性腺病　　　D. 乳腺管状腺瘤

E. 浸润性导管癌

【答案】D

2. 女性,35 岁,查体发现右侧乳腺外上象限肿块,边界不清,质韧,大小约 2cm×2cm×2cm,表面皮肤无异常。切除送检,诊断为腺肌上皮瘤。以下**不属于**该病特点的是

A. 肿瘤边界清,表面少量乳腺组织、脂肪组织

B. 肌上皮细胞呈鞘状分布在腺管周围,单排或呈多层形成巢团状

C. 肿瘤细胞呈腺管及条索状排列,间质黏液样

D. 肌上皮细胞呈多边形,胞质透明或嗜酸,围绕在腺管周围,间质少

E. 肿瘤细胞呈不规则巢团状分布,核仁明显,核分裂象多见,位于腺上皮外周

【答案】E

【解析】E 为腺肌上皮癌的特点。

3. 女性,36 岁,月经来潮时乳房胀痛,无乳头溢液。双侧乳房均可触及不规则肿块,界限不清,质地较硬,轻压痛,挤压无乳头溢液。右乳外上象限尚可触及大小 2cm×2cm×1cm 的活动结节,行右乳结节切除术。病理诊断为普通型导管增生。关于该病,以下说法**错误**的是

A. 是导管内增生性病变中最常见的类型

B. 属于良性导管内增生性病变

C. P63 显示腺管外围肌上皮层不完整

D. 乳腺小叶结构存在,小叶范围增大,相邻小叶有融合

E. 部分区域小管内上皮增生,呈多层,甚至充满管腔

【答案】C

【解析】C 为浸润性乳腺癌的特点。

4. 女性,35 岁,左乳头处淡黄色溢液,偶伴疼痛,月经后溢液增多,术中见染色主乳管外径 2cm。镜下可见由树枝状分布的粗大的叶状

结构组成,可见纤维血管轴心。轴心上被覆双层细胞,紧邻轴心的内层细胞,胞质丰富透亮,核居中,染色质细腻。其外层细胞单层或多层,呈立方或柱状,胞质丰富嗜酸性,可见显著的顶浆分泌,核卵圆形,垂直于轴心平行排列。最可能诊断为

A. 中央型导管内乳头状瘤

B. 外周型乳头状瘤

C. 不典型乳头状瘤

D. 导管内乳头状瘤

E. 导管内原位癌

【答案】A

5. 女性,38 岁,无意中发现乳头肿块 6 个月,无疼痛,无乳头溢液,但挤压肿块乳头可有少量淡红色稀薄液体溢出。超声检查见右乳导管扩张,部分导管内有低-中实性回声。最可能的诊断为

A. 积乳囊肿

B. 外周型导管内乳头状瘤

C. 中央型导管内乳头状瘤

D. 导管内原位癌

E. 导管扩张

【答案】C

【解析】中央型导管内乳头状瘤多发生在中年女性,大多数患者有血性或浆液性乳头溢液,可见导管扩张。

6. 女性,48 岁,发现右乳肿块 2 个月,肿物位于乳晕区,体积约 2.5cm×2cm×2cm,质韧,边界较清,活动度差。诊断为包裹性乳头状癌,以下**不正确**的是

A. 肿瘤有一广基的蒂连接于导管内壁

B. 肿瘤组织呈不规则的乳头状结构

C. 乳头衬覆一层至数层立方或低柱状上皮细胞,无明显肌上皮细胞层

D. 瘤细胞具有低级别导管原位癌的组织学特征

E. 乳头内无肌上皮的存在,但受累管腔周肌上皮标记阳性

【答案】E

【解析】E 为导管内乳头状癌的特点。

7. 女性,62 岁,发现左乳溢液 1 年,溢液为血性,量少。伴双乳胀痛。切除左乳蓝染腺体,腺体内可见乳头状新生物,质软,位于距乳头开口 2cm 乳管内。镜下可见多个导管扩张,形

234

成多个界清的结节。结节内肿瘤细胞增生活跃,细胞形态一致,呈卵圆形或梭形,呈实体状排列,增生的实性细胞 CgA 阳性,CK5/6 阴性,癌结节内 p63 和 calponin 阴性。最有可能的诊断为

A. 实体性乳头状癌

B. 导管内乳头状癌

C. 导管内乳头状瘤

D. 包裹性乳头状癌

E. 浸润性导管癌

【答案】A

8. 女性,48 岁,左乳可扪及一直径约 1.5cm 质硬肿块,边界尚清,表面欠光滑,活动度尚可,术中冰冻病理检查诊断为腺样囊性癌。关于该疾病,说法**不正确**的是

A. 在乳腺中是一种低度恶性浸润性癌

B. CD117 阴性

C. 乳腺肿瘤以大量基底样细胞为主

D. 瘤细胞体积较小,胞质少,嗜碱性,核圆形或不规则成角样,排列紧密

E. 细胞片巢间为黏液样间质,可见小血管分布

【答案】B

【解析】腺样囊性癌 CD117 常阳性。

9. 女性,46 岁,主诉"左乳头溢液 3 年,为淡黄色液体,量少,不伴乳房肿块及疼痛"。镜下可见腺-肌上皮双层结构,腺细胞具有大汗腺特征。镜下描述**错误**的是

A. 腺病(特别是硬化性腺病)背景

B. 增生腺管不规则

C. 内衬细胞具有大汗腺细胞的形态特点

D. 核圆形或卵圆形,可见小而深染的核仁,边缘光滑

E. 管腔内常有嗜碱性颗粒状分泌物

【答案】E

【解析】E 应为嗜酸性颗粒状分泌物。

10. 男性,50 岁,主诉"左乳肿物 20 余天,肿物逐渐增大,偶有触痛"。乳腺彩色超声示左乳头深部腺体样回声,BI-RADS 2 类。镜下可见导管高度扩张,管周弹力纤维组织增生,管腔内分泌物瘀滞。故考虑为

A. 男性乳腺癌

B. 乳腺纤维腺瘤

C. 乳腺导管扩张症

D. 乳腺腺病

E. 输乳管鳞状化生

【答案】C

11. 女性,52 岁,主因"9 天前体检发现左乳微钙化"入院。镜下可见大小不等的囊状扩张导管,内衬扁平上皮,管腔内可见黏液性分泌物,上皮细胞漂浮于黏液中,黏液成分突破囊肿壁进入间质。可能的诊断是

A. 黏液癌

B. 黏液囊肿样病变

C. 黏液性囊腺癌

D. 黏液型导管原位癌

E. 黏液表皮样癌

【答案】B

【解析】镜下可见囊状扩张导管,内衬扁平上皮,没有乳头状增生,亦缺乏结构和细胞的异型性,排除 A、C、D、E 项。

12. 女性,23 岁,7 天前发现右乳肿物,伴同侧乳房间断性胀痛。大体见肿物包膜完整;镜下可见肿物由密集的小腺管构成,腺管大小一致、较圆,间质较少。最可能的诊断是

A. 纤维腺瘤　　　　B. 平滑肌瘤

C. 普通型导管增生　D. 非典型导管增生

E. 管状腺瘤

【答案】E

13. 女性,31 岁,因"发现右乳肿物 1 个月"就诊。大体见病变界限尚清,无包膜,切面呈结节状;镜下可见病变以小叶为单位,中央为终末导管,呈多灶性分布,小叶内大量炎细胞浸润,并可见肉芽肿形成。最可能的诊断是

A. 肉芽肿性小叶性乳腺炎

B. 乳腺肉芽肿性血管脂膜炎

C. 乳腺结核病

D. 淋巴细胞性小叶性乳腺炎

E. 乳腺硬化性乳腺炎

【答案】A

【解析】肉芽肿性小叶性乳腺炎病变以累及小叶为特点,乳腺肉芽肿性血管脂膜炎病变主要位于皮下脂肪组织内,病变区硬,界限不清。

14. 女性,5 岁,发现右乳肿物 10 余天。镜下可见肿物由大小不等、形态较规则的血管腔样结构组成,管腔相互独立,内含大量红细胞。

最可能的诊断是

A. 小叶周血管瘤　　B. 血管肉瘤

C. 血管瘤　　D. 假血管瘤样增生

E. 血管脂肪瘤

【答案】C

15. 女性,37 岁,右侧乳头皲裂 2 年余,乳头表面破溃、糜烂、伴灰白色渗出物。镜下可见表皮内存在增生的非典型细胞,细胞体积较大,胞质丰富,呈透明状,核大深染,圆形或卵圆形,可见核分裂象。有关该肿瘤细胞的镜下特点描述**错误**的是

A. 较大,胞质丰富、淡然或透亮

B. 核大而圆、染色较浅

C. 核仁较清楚,易见核分裂象

D. 部分瘤细胞胞质内可见黑色素颗粒

E. 胞质红染、核大而深然的异型性角化不良细胞

【答案】E

【解析】E 为鲍温细胞的特点。

16. 女性,45 岁,发现左乳肿物 5 月余。镜下可见缺乏肌上皮层的圆形管腔的腺体,在纤维间质中无序生长,无小叶状构型。最可能的诊断是

A. 纤维腺瘤　　B. 导管内乳头状瘤

C. 乳腺浸润性癌　　D. 微腺性腺病

E. 管状腺瘤

【答案】D

17. 女性,46 岁,发现左乳肿块 5 个月,逐渐增大。查体:肿物位于内上象限,直径约 5cm,质韧,边界尚清,活动度可。乳头无内陷,乳腺皮肤肤色正常,无红肿及橘皮样改变。腋窝未触及肿大淋巴结。光镜示向管腔内生长的方式,并伴有凸入扩张腔内的叶状突起,上皮成分由腺上皮和肌上皮组成,部分区域腺上皮有轻度增生,无异型性。间质细胞呈束状或编织状排列,无异型性,核分裂少见,部分区域有明显黏液样基质。P63 周边肌上皮阳性。最可能的诊断是

A. 良性叶状肿瘤　　B. 交界性叶状肿瘤

C. 恶性叶状肿瘤　　D. 纤维腺瘤

E. 乳腺韧带样型纤维瘤病

【答案】A

【解析】根据患者临床表现及镜下结构,符合乳腺良性叶状肿瘤。

18. 女性,30 岁,发现右乳肿块 4 个月余。查体:乳腺双侧对称,无橘皮样外观及乳头内陷。右乳外上象限触及一肿块,大小 2.5cm×2.0cm×2.0cm,可推动,无红肿、压痛。腋窝未触及肿大淋巴结。MRI 显示为境界清楚的类圆形结节,内部不均匀强化,伴局灶性透明晕环。镜下由乳腺导管、小叶及灶性分布的脂肪细胞构成,间质细胞梭形,呈平行或交叉束状排列,胞质嗜酸性或淡染,核呈雪茄样或细长形,区域呈平滑肌瘤样形态,肌样细胞未见明显的异型性和核分裂象。若诊断为肌样错构瘤则免疫组化表型正确的是

A. α-SMA(+)、desmin(+)、calponin(+)、CK7(+)、CK(+)

B. α-SMA(+)、desmin(+)、calponin(+)、CK7(−)、CK(−)

C. α-SMA(−)、desmin(−)、calponin(−)、CK7(+)、CK(+)

D. α-SMA(−)、desmin(−)、calponin(+)、CK7(+)、CK(+)

E. α-SMA(−)、desmin(+)、calponin(+)、CK7(−)、CK(+)

【答案】A

19. 女性,17 岁,发现右乳肿物 1 个月,逐渐增大。查体:右乳腺外上象限触及一肿物,体积约 5cm×4cm,边界清楚,质地较韧,乳头无内陷。乳腺皮肤肤色正常,无红肿及橘皮样改变。腋窝未触及肿大淋巴结。镜下:肿瘤界限清楚,周边有包膜,呈典型管内型纤维腺瘤结构,增生的间质挤压腺体,使腺体扭曲,拉长,另见导管内乳头状瘤样增生,乳管扩张,内衬细胞可见胞突及大汗腺化生。最可能的诊断是

A. 幼年性纤维腺瘤

B. 叶状肿瘤

C. 乳腺增生病

D. 复杂性纤维腺瘤

E. 乳腺囊肿

【答案】D

【解析】根据患者临床表现及镜下结构,符合复杂性纤维腺瘤。

20. 女性,45岁,因"发现左乳肿块1个半月,渐增大"就诊。患者于1个半月前无意中发现左乳房肿块,花生米大小,活动时不适,近来逐渐增大。查体:左乳外上象限可触及3cm×2.5cm大小肿块,质地稍韧,边界不清,活动度稍差,但与胸壁组织无粘连。局部无水肿、轻触痛。乳腺无橘皮样外观及乳头内陷。左侧腋窝未触及肿大淋巴结,右乳未见异常。超声:肿物界限不清,不均匀等回声,不能除外癌。镜下:病变无包膜,与乳腺组织无清楚界限,边缘向周围脂肪组织伸入。病变由较肥胖的梭形细胞构成,呈不规则束状或编织状排列,部分区域细胞较稀疏,胞质淡嗜伊红染色,核卵圆形或略不规则,核膜清楚,染色质较细,可见小核仁,核分裂易见,但无病理性核分裂象,部分区域间质疏松,黏液样,梭形细胞在黏液基质中呈星形。周围乳腺组织小叶结构未见异常。免疫组化:梭形细胞vimentin、SMA阳性。EMA、S-100、CD34阴性。最可能的诊断是
    A. 低度恶性纤维瘤病样梭形细胞癌
    B. 黏液纤维肉瘤
    C. 未分化肉瘤
    D. 结节性筋膜炎
    E. 纤维瘤病

【答案】D

21. 女性,45岁,发现左乳肿物1个月入院。肿物质韧,光滑,形态规则,边界清楚,活动好,无压痛,无乳头溢液等。超声:左乳实性占位:癌?双乳囊肿。术中见左乳3点方向距乳头6cm处见一质韧包块,大小2cm×1.5cm×1cm,形态规则,边界较清,切面呈白色,与皮肤胸壁无粘连。若病理诊断为假血管瘤样间质增生,则镜下特点描述**错误**的是
    A. 致密胶原和瘢痕样间质内见相互吻合的裂隙样腔隙
    B. 腔隙内无内容物或含少量红细胞
    C. 一些腔隙的边缘衬覆梭形/扁平细胞,似内皮细胞
    D. 衬覆细胞形态温和,胞质少,核深染
    E. 核分裂象易见

【答案】E
【解析】不易见核分裂象。

22. 女性,81岁,发现右乳外侧肿块3个月余。查体:左侧乳晕处肿物大小3cm×2cm,活动度差,界限尚清,周围乳腺及表面皮肤、乳头未见明显异常。腋窝淋巴结无肿大。镜下:由形态一致、温和的梭形细胞组成,细胞质淡染、嗜酸性、界限不清,细胞核卵圆-狭长、两端尖细,核分裂少见,细胞排列呈长而宽广的束状,呈指状浸润性边缘,将周围的导管或小叶埋陷。少量淋巴细胞浸润,病变边缘最为显著。免疫组化:vimentin阳性,SMA部分细胞阳性,β-catenin核阳性,ER、PR、desmin、S-100均阴性。最可能的诊断是
    A. 纤维瘤病
    B. 结节性筋膜炎
    C. 脂肪瘤样肌纤维母细胞瘤
    D. 纤维瘤病样化生性癌
    E. 外伤后瘢痕

【答案】A
【解析】乳腺纤维瘤病特征性浸润性改变是呈"指突样"突入埋陷的乳腺导管和周围的小叶内。

23. 女性,36岁,因"发现左乳腺肿块1年"入院。查体:肿块大小5cm×4.5cm,质中,活动度可。乳头无内陷,皮肤无橘皮样外观。临床诊断为乳腺纤维腺瘤合并囊性增生病,行乳腺单纯切除,左腋窝未触及肿大的淋巴结。镜下:肿瘤挤压周围乳腺组织,瘤细胞呈梭形,大小较一致,呈相互交错的束状排列,间有较多胶原纤维,其间混有脂肪组织。梭形细胞核呈短梭形,似上皮样细胞,染色质细,核仁核膜不清,胞质丰富,明显红染,肿瘤内可见较多浆细胞、淋巴细胞和嗜酸性粒细胞浸润,并见簇集状分布的淋巴样细胞,但无明显侵蚀腺体组织。间质呈明显灶性黏液样变性,可见散在的肥大细胞。若诊断为炎性肌纤维母细胞瘤则正确的免疫组化表型是
    A. ALK(−)、actin(−)、S-100(−)、CD34(血管+)、CK(+)、LCA(+)
    B. ALK(−)、actin(−)、S-100(+)、CD34(血管+)、CK(−)、LCA(−)
    C. ALK(+)、actin(+)、S-100(+)、CD34(血管

237

+),CK（−）、LCA（−）

  D. ALK（+）、actin（+）、S-100（+）、CD34（血 管 +）、CK（+）、LCA（+）

  E. ALK（−）、actin（+）、S-100（−）、CD34（血 管 +）、CK（−）、LCA（−）

【答案】C

24. 女性，63岁，因"发现乳腺肿块"就诊。乳腺肿物质硬，边界较清楚，表面皮肤无异常，无乳头溢液，腋窝未触及肿大淋巴结。镜下：肿瘤细胞梭形、短梭形为主，略呈编织状排列，胞质嗜酸性，核多呈梭形，两端钝圆。其间可见类圆形、不规则、单核或多核异型肿瘤细胞，显示一定程度的多形性，细胞核染色深，大小、形态不一，异型性明显，核分裂象易见。免疫组化：caldesmon、myosin（SMMHC）、SMA 阳性，HMB45、Melan-A、S-100、LCA 均阴性。最可能的诊断是

  A. 梭形细胞肌上皮瘤

  B. 化生性癌

  C. 恶性叶状肿瘤

  D. 肌纤维母细胞瘤

  E. 平滑肌肉瘤

【答案】E

25. 女性，54岁，因"右乳肿物半月"入院。查体：左乳外上象限可见 3cm×2.5cm×1.5cm 的肿物，质硬，边界不清，乳头略内陷，同侧腋窝可触及多枚肿大淋巴结。镜下可见肿瘤细胞排列呈大小不等的实性巢状或条索状，无腺管样排列，瘤细胞呈多边形或不规则形，胞核呈圆形或类圆形大小、形态不规则。该患者最可能的诊断是

  A. 浸润性小叶癌 B. 浸润性导管癌

  C. 浸润筛状癌 D. 小管癌

  E. 以上都不是

【答案】B

26. 女性，42岁，发现右乳肿块半年余。体检：右乳外侧触及一枚 3cm×2cm×1.5cm 的肿物，质硬，界尚清，病理检查发现肿瘤以微乳头状成分为主，瘤细胞呈簇分布，缺乏纤维血管轴心。另可见少量导管原位癌和黏液癌成分，部分区域与微乳头区域混合。该患者最可能诊断

  A. 浸润性乳头状癌

  B. 浸润性导管癌

  C. 导管原位癌

  D. 浸润性导管癌（混合变异型）

  E. 黏液癌

【答案】D

27. 女性，55岁，发现右乳肿块 2 个月。体检：肿物位于右乳内上象限 3cm×2.5cm×1cm，质硬，边界欠清，活动度差。病理检查发现中等大小瘤细胞呈弥漫散在或片状分布，黏附性差，部分区域可有单行"串珠样"排列，肿瘤间质较少，呈束状或网状。有关此诊断的描述**错误**的是

  A. 占浸润性乳腺癌的 5%~15%

  B. 双侧乳腺癌的概率较浸润性导管癌高

  C. 最常见的基因改变是染色体 16q 缺失，16q22 位点上的 *E-cadherin* 基因缺失

  D. 淋巴结转移率比浸润性导管癌高，预后差

  E. 常转移至骨、胃肠道、子宫、脑膜、卵巢及浆膜（弥漫性）

【答案】D

【解析】淋巴结转移率比浸润性导管癌低，预后较好。

28. 女性，57岁，发现右乳肿块 2 个月。查体：肿物位于右乳内上象限 0.5cm×0.4cm×0.4cm，质硬，边界欠清，活动度差。病理检查发现癌细胞呈微乳头或小管腺泡状，成簇分布，癌细胞边缘与间质之间存在空隙，癌细胞团呈实性桑葚状。该患者最可能的诊断是

  A. 浸润性导管癌

  B. 浸润性乳头状癌

  C. 小管癌

  D. 腺泡型小叶癌

  E. 浸润性微乳头状癌

【答案】E

29. 女性，37岁，发现右乳肿块 1 周。切除一直径 1.5cm 肿物，切面灰白，实性、质中。镜下见 90% 以上肿瘤成分由腺管组成，排列杂乱，并浸润周围脂肪组织，多数管腔不规则。若诊断为小管癌，则免疫组化表型正确的是

  A. ER（+）、PR（+）、HER2（−）、P63（−）、Ki-67 指数低

  B. ER（+）、PR（+）、HER2（+）、P63（+）、Ki-67 指数低

C. ER（+）、PR（+）、HER2（-）、P63（-）、Ki-67 指数高

D. ER（-）、PR（-）、HER2（-）、P63（-）、Ki-67 指数高

E. ER（-）、PR（-）、HER2（-）、P63（-）、Ki-67 指数低

【答案】A

30. 女性，39岁，发现右乳肿块3个月。查体：右乳外上象限可触及 3cm×2.5cm×1.5cm 的肿物，质硬。病理检查发现肿瘤组织呈浸润性生长，大部分癌细胞成巢状排列，巢内有明显的圆形、卵圆形空腔，形成典型的筛状结构，不足10%成分杂乱，成不规则小管、腺样结构。该患者最可能诊断为

A. 浸润性筛状癌　　B. 筛状型导管内癌

C. 浸润性小叶癌　　D. 浸润性小叶癌

E. 混合性癌

【答案】A

31. 女性，37岁，发现右乳肿块4个月。查体：右乳外上象限可触及 2cm×1.5cm×1cm 的肿物，质硬，活动度差。病理检查发现病变位于多个终末导管小叶单位，小叶结构基本保存，小叶内腺泡膨大，细胞明显异形增生，诊断为经典型小叶原位癌。镜下描述**错误**的是

A. 病变位于1个或多个终末导管小叶单位内，小叶结构型存在或大致保存

B. 腺泡有不同程度扩张，增生的细胞均匀分布，充塞管腔，不形成微腺管或其他构型

C. 可伴有终末导管的佩吉特样浸润

D. 增生的细胞可分为两型，亦可混杂存在

E. 肌上皮层通常保存，大片坏死

【答案】E

【解析】坏死罕见。

32. 女性，37岁，发现右乳肿块4个月。查体：右乳外上象限可触及 2cm×1.5cm×1cm 的肿物，质硬，活动度尚可。病理检查发现肿瘤由大小不等的扩张导管构成，导管中央可见大面积坏死，管腔内可见癌细胞，细胞体积增大，异型性明显，细胞核较大，呈多形性。该患者最可能诊断为

A. 浸润性小叶癌

B. 小叶原位癌

C. 高核级导管原位癌

D. 浸润性导管癌

E. 低核级导管原位癌

【答案】C

33. 女性，60岁，"发现右侧乳房肿块8个月"，无疼痛。查体：乳房皮肤颜色正常，无橘皮样改变。乳头无内陷，右乳内上象限触及一肿块，边界欠清、质地硬韧，活动度欠佳，压之有痛感。双侧腋窝未触及肿大淋结。超声检查右侧乳乳腺内上象限实性小结节，无钙化。镜检乳腺仅有个别正常导管，呈纤维硬化性腺病改变。低倍镜下可见多个弥漫分布的继发性淋巴滤泡，淋巴滤泡大小相差不大，滤泡边缘没有明显和完整的外套带。免疫组化：AE1/AE3（-），Ki-67（阳性细胞数 8%），CD20（+），BCL2（+），BCL6（+），CD10（+），CD3（-），CD5（-）。最可能的诊断是

A. 乳腺浸润性导管癌

B. 乳腺叶状肿瘤

C. 乳腺滤泡性淋巴瘤

D. 外周T细胞淋巴瘤

E. 炎性肌纤维母细胞瘤

【答案】C

34. 女性，45岁，因"左侧乳头皮肤反复糜烂结痂3个月"，外敷抗生素软膏治疗无效在基层医院就诊。患者3个月前感左侧乳头皮肤瘙痒，有时刺痛，继而皮肤糜烂，自行涂抹红霉素软膏，创面结痂。其后患处反复糜烂、结痂。就诊时查体可见左乳头暗红色，皮肤糜烂状，表面粗糙，覆有灰黄色痂皮，乳头较硬，乳晕下及乳腺未触及肿块。右侧乳腺未见病变。最不可能的诊断是

A. 乳头佩吉特病

B. 乳腺浸润性腺癌

C. 乳腺导管内乳头状瘤

D. 乳腺腺瘤

E. 乳腺脓肿

【答案】E

35. 女性，55岁，左侧乳头区肿物半年，大小约 3.4cm×2.8cm×2.5cm，质硬，与周边组织无粘连，表面肤色正常，腋窝淋巴结不大。镜

下肿瘤细胞均呈浸润性生长,形成腺管状,腺管分化良好,排列杂乱无章。腺管形状不规则,呈逗号样或蝌蚪样外观,部分区域有实性小管状、条索状或巢状细胞形成,其中可见鳞状上皮化生。免疫组化 P63 外层细胞与鳞状上皮阳性,CK5/6、CK8/18、CK14 阳性,CD10 外层细胞阳性,calponin、SMA、ER、PR、HER2 均阴性。AE1/AE3 阴性。最可能的诊断是

A. 乳头汗管瘤样肿瘤

B. 腺病

C. 低级别腺鳞癌

D. 高分化浸润性导管癌

E. 放射状硬化性病变

【答案】A

【解析】乳头汗管瘤样肿瘤镜下常表现为大小一致的汗腺样小管或细胞条索呈浸润性分布,腺管常成角,呈泪滴状或延伸的逗点状,肌上皮不明显,常有实性细胞岛或细胞条索形成,亦有鳞状细胞巢和角化囊肿。免疫表型 CK5/6、CK14、34βE12 等一般阳性。

36. 女性,45 岁,"鼻腔恶性黑色素瘤手术及化疗后 10 个月,发现右乳肿物 20 天"。右乳外上象限触及一个 1.5cm×1.5cm 肿物,质硬,边界不清,活动度差。表面皮肤无变化,乳头无凹陷。腋窝淋巴结无肿大。镜检瘤细胞多为圆形或多边形,部分呈短梭形,呈片状或束状、部分略呈巢状排列,肿瘤内可见残存的乳腺导管。免疫组化 HMB-45、Melan-A 和 S-100 均阳性。最可能的诊断是

A. 转移性恶性黑色素瘤

B. 乳腺浸润性小叶癌

C. 乳腺髓样癌

D. 乳腺肉瘤样癌

E. 乳腺颗粒细胞瘤

【答案】A

【解析】根据免疫组化结果,HMB-45、Melan-A 和 S-100 均阳性,考虑恶性黑色素瘤转移至乳腺。

37. 女性,35 岁,发现"双乳肿物 1 个月",3 个月前分娩子宫大出血切除子宫,后哺乳时发现双乳肿物。穿刺活检。询问病史有胃痛史 2 年余。后查胃镜诊断为低分化癌。双侧肿块乳腺穿刺标本 3 条(左侧 2 条,右侧 1 条),双侧乳腺穿刺标本图像相似,

癌细胞呈条索状或弥漫浸润于增生的纤维组织内。癌细胞胞质内可见单个较大的圆形空泡,将细胞核挤压之细胞一端,呈印戒状。免疫组化 CK7、Villin 阳性,GCDFP15、CK20、Mammaglobin、ER、PR、HER2、P120、CEA、CDX2 均阴性。最可能的诊断是

A. 乳腺原发性腺癌

B. 胃低分化腺癌转移至乳腺

C. 乳腺印戒细胞性浸润性小叶癌

D. 乳腺黏液癌

E. 乳腺富于脂质癌

【答案】B

【解析】患者有胃低分化腺癌病史,乳腺穿刺组织学形态呈印戒状,免疫组化结果 CK7、Villin 阳性,GCDFP15、Mammaglobin、ER、PR、HER2 均阴性,考虑消化道来源。

38. 男性,20 岁,主因"双侧乳腺肥大 1 年余"就诊。双侧乳腺弥漫性增大,表面皮肤无变化,乳头无凹陷,局部轻度压痛。这种现象与以下何种因素有关

A. 药物　　　　　B. 睾丸肿瘤

C. 阴茎肿瘤　　　D. 青春期

E. 肝硬化

【答案】D

39. 男性,58 岁,发现左乳肿物 2 个月,逐渐长大。查体:乳腺皮肤正常,乳头略凹陷。于外上象限触及一直径 2cm 的肿物,质硬,边界不清,无压痛。腋窝淋巴结未及肿大。乳腺超声检查:于左乳外上象限见实性低回声肿物,大小约 2.5cm×2cm,边界不清,形态不规则,内见点状钙化。左侧腋窝未见明显肿大淋巴结。镜下肿瘤细胞呈不规则腺管样排列。胞核呈立方形或圆形,大小较不规则,染色较深,染色质较粗,核仁小或不明显,呈中度异型性,可见核分裂象。免疫组化 Mammaglobin、ER、PR、HER2 阳性。最可能的诊断是

A. 胃腺癌转移至乳腺

B. 乳腺浸润性导管癌

C. 男性乳腺发育

D. 乳腺腺瘤

E. 乳腺浸润性小叶癌

【答案】B

【解析】乳腺浸润性导管癌可排列呈索梁状、团块状、腺管状,核仁常明显,可有多个核仁,核分裂象多少不等,并且根据免疫组化结果可排除 A 项。

40. 女性,55 岁,因乳腺导管癌接受保乳手术,术后辅助放疗及化疗。2 年后复查 X 线发现乳腺病变,行局部活检。镜下可见乳腺组织不同程度的小叶硬化、萎缩,周围间质纤维化及轻度玻璃样变性;终末导管上皮细胞体积增大,细胞核明显增大、异型、深染,并可见瘤巨细胞;细胞质嗜酸性。部分明显异型细胞突向导管腔内,但无明显复层或异型排列,核分裂象少见。以下最可能的诊断是
    A. 乳腺小叶原位癌
    B. 乳腺浸润性癌
    C. 乳腺放疗后组织学改变
    D. 乳腺导管原位癌
    E. 乳腺纤维腺瘤
【答案】C
【解析】患者接受术后辅助放化疗治疗,放疗后组织学形态可出现周围间质纤维化及轻度玻璃样变性,乳腺小叶硬化、萎缩。

【A3/A4 型题】

(1~2 题共用题干)

女性,40 岁,超声检查示局部有簇状微钙化影,行钼靶 X 线检查,发现左乳放线状分布的微小钙化灶,钙化影呈细线状及杯状,报告为 BI-RADS 4A 类。病理诊断为非典型导管增生。

1. 镜下特点**错误**的为
    A. 增生细胞呈单一性,分布均匀,细胞核为圆形或卵圆形,核质比例轻微增大,有或无核深染
    B. 细胞生长可呈微乳头状、丛状、叶状、实性和筛状
    C. 病变区腺管扩张,腔内细胞增生,呈导管内增生改变
    D. 部分导管增生细胞排列紊乱,缺乏极性,周边细胞较大
    E. 瘤细胞呈多边形、立方形或不规则形,胞质较少,核比较大
【答案】E

2. 关于导管内增生性病变,说法**错误**的是
    A. 以 35~60 岁最为常见

B. 通常没有特异性临床表现
C. 多数患者可无乳腺包块,往往仅表现为乳腺组织增厚
D. 乳腺皮肤表面常有炎症性表现
E. 进行钼靶摄影时发现乳腺内多发性微小钙化
【答案】D
【解析】非典型导管增生细胞形态较小,形态单一,边界清楚,胞质淡染,可见胞质内空泡,细胞核常为圆形,均匀分布,染色质细,核仁不清,核分裂少见。乳腺皮肤表面常无特异性表现,未见明显炎症表现。

(3~6 题共用题干)

女性,37 岁,右乳头处鲜红色溢液,偶伴疼痛,月经后溢液增多。超声示囊性管腔内见一个突出新生物。

3. 最有可能的诊断是
    A. 中央型导管内乳头状瘤
    B. 外周型乳头状瘤
    C. 不典型乳头状瘤
    D. 导管内乳头状瘤
    E. 导管内原位癌
【答案】A

4. 镜下特点,**不正确**的是
    A. 镜下可见由树枝状分布的粗大的叶状结构组成,可见纤维血管轴心
    B. 轴心上被覆双层细胞,紧邻轴心的内层细胞,胞质丰富透亮,核居中,染色质细腻。
    C. 其外层细胞单层或多层,呈立方或柱状,胞质丰富嗜酸性,可见显著的顶浆分泌,核卵圆形,垂直于轴心平行排列。
    D. 肌上皮标记为阴性
    E. 乳头状结构内部分区域可胶原化
【答案】D

5. 若免疫组化肌上皮标记阴性,则最可能诊断为
    A. 中央型导管内乳头状瘤
    B. 外周型乳头状瘤
    C. 不典型乳头状瘤
    D. 导管内乳头状癌
    E. 导管内原位癌
【答案】D

6. 导管内乳头状瘤与导管内乳头状癌的鉴别，应**除外**

    A. 核分裂象的多少

    B. 肿瘤乳头轴心是否存在肌上皮细胞

    C. 肿瘤乳头轴心肌上皮细胞数量的多少

    D. 发病年龄

    E. 结构异型性的大小

【答案】D

【解析】中央型导管内乳头状瘤的乳头、硬化区内的腺体及导管周围肌上皮标记 p63、calponin、CD10 等阳性，导管内乳头状癌肌上皮标志物在乳头内全部缺失或有少数散在阳性。

(7~9 题共用题干)

女性，50 岁，查体发现右乳包块 1 周。患者自幼患哮喘，5 年前有右侧颌下腺良性淋巴上皮性病变病史。查体右乳腺外上象限可触及一约 4cm×3cm 大小肿物，质硬，边界不清，活动度差，无压痛，右腋窝触及数枚淋巴结，质韧，可活动，无压痛。双侧颈部淋巴结肿大。

7. 可能的诊断是

    A. 乳腺浸润性癌

    B. 乳腺纤维腺瘤

    C. 乳腺硬化性腺病

    D. IgG4 相关的硬化性乳腺炎

    E. 乳腺导管内乳头状瘤

【答案】D

8. 为确诊，最适宜的检查是

    A. 钼靶   B. CT

    C. 超声   D. 细胞学检查

    E. 组织活检

【答案】E

9. 最支持诊断的免疫组化结果是

    A. CD3(+)，CD4(+)，CD8(+)

    B. Syn(+)，CgA(+)，CD56(+)

    C. CK5/6(+)，P40(+)，P63(+)

    D. CK(+)，S-100(+)，Des(+)

    E. ER(+)，PR(+)，HER2(+)

【答案】A

【解析】IgG4 相关的硬化性乳腺炎特征为致密的淋巴细胞和浆细胞浸润伴间质硬化，外周血 IgG4 升高和组织中表达 IgG4 的浆细胞增多，确诊有赖于组织学活检。

(10~12 题共用题干)

男性，73 岁，发现"右侧乳房肿物 3 天"入院。CT 示右侧乳腺区可见 3cm×2cm 结节，边界不清，右肺上叶近肺门区可见 4cm×3cm 肿物，双肺内见多发小结节，纵隔及右侧肺门区可见多发肿大淋巴结影。镜下可见瘤细胞呈巢团状、小梁状分布，核呈梭形、卵圆形，部分细胞拉长呈纺锤形，核染色质呈细颗粒状，缺乏核仁，胞质稀少，易见病理核分裂象，间质致密，在细胞巢周边呈放射状排列。

10. 可能的诊断是

    A. 肺鳞状细胞癌转移至乳腺

    B. 肺腺癌转移至乳腺

    C. 肺腺鳞癌转移至乳腺

    D. 肺小细胞癌转移至乳腺

    E. 肺化生性癌转移至乳腺

【答案】D

11. 为确诊，最适宜的检查是

    A. 钼靶   B. CT

    C. 超声   D. 细胞学检查

    E. 组织活检

【答案】E

12. 最支持诊断的免疫组化结果是

    A. CD3(+)，CD4(+)，CD8(+)

    B. Syn(+)，CgA(+)，CD56(+)

    C. CK5/6(+)，P40(+)，P63(+)

    D. CK(+)，S-100(+)，Des(+)

    E. ER(+)，PR(+)，HER2(+)

【答案】B

【解析】镜下见瘤细胞呈巢团状、小梁状分布，核呈梭形、卵圆形，部分细胞拉长呈纺锤形，核染色质呈细颗粒状，缺乏核仁，胞质稀少，典型小细胞癌表现，确诊有赖于组织学活检。

(13~15 题共用题干)

女性，78 岁，发现左乳肿物半个月。肿物位于外上象限下方，直径约 4cm，质硬，无触痛，边界欠清，与周围组织粘连。表面皮肤无异常，无乳头溢液。腋窝未触及肿大淋巴结。乳腺 CT 显示不均匀、低密度肿块，浸润周围乳腺组织，肿瘤长径最大者 7.0cm，考虑恶性肿瘤可能性大。

13. 为确诊肿块性质最好采用

    A. 超声断层仪检查

B. 钼靶 X 线摄影

C. 核磁共振检查

D. 活体组织切片检查

E. 红外线摄影

【答案】D

14. 若显微镜下表现为肿瘤界限清楚,由排列紧密,条束状生长的梭形细胞构成,瘤细胞核染色深、核形不规则、不对称、核端呈圆形或锥状,核分裂易见,胞质丰富,淡伊红色,呈弥漫性生长或形成交替分布的细胞丰富区和细胞稀疏区,稀疏区瘤细胞呈细长的波浪状,血管周瘤细胞密集。则最可能的诊断是

A. 恶性外周神经鞘瘤

B. 神经纤维瘤

C. 促结缔组织增生性恶性黑色素瘤

D. 单相型滑膜肉瘤

E. 梭形细胞化生性癌

【答案】A

15. 最支持上述诊断的免疫组化结果是

A. vimentin 阴性,NF 蛋白阴性,desmin 阳性

B. vimentin 阳性,NF 蛋白阳性,desmin 阴性

C. vimentin 阴性,NF 蛋白阳性,desmin 阴性

D. vimentin 阳性,NF 蛋白阴性,desmin 阳性

E. vimentin 阴性,NF 蛋白阳性,desmin 阳性

【答案】B

【解析】确诊有赖于活体组织检查。镜下表现为典型的恶性外周神经鞘瘤,免疫组化结果 vimentin 阳性,NF 蛋白阳性,desmin 阴性。

(16~18题共用题干)

女性,50 岁,"发现左乳腺肿物 3 年"。3 年前发现乳腺外上部肿物,直径约 2cm,无明显不适,近 3 个月生长较前快,来院就诊。查体:左乳较右乳增大,左乳可见浅静脉扩张,可触及一约 6cm×5cm×4cm 肿块,表面皮肤正常,肿块光滑,质硬,边界清,活动好,无压痛。右乳未见明显异常。双侧腋窝、锁骨上下、均未触及肿大淋巴结。

16. 为确诊肿块性质最好采用

A. 超声断层仪检查

B. 钼靶 X 线摄影

C. 细针穿刺涂片

D. 红外线摄影

E. 活体组织切片检查

【答案】E

17. 若显微镜下表现为肿瘤组织边界清,血管较丰富,呈分支状,瘤细胞围绕血管呈放射状或弥漫排列,瘤细胞短梭形或卵圆形,形态温和,核周有空隙,核分裂象罕见。呈束状、席纹状、波浪状排列,并围绕在大小不一的分支状、血窦样、裂隙样血管周围,血管壁厚薄不一,部分血管壁胶原化且增厚,则最可能的诊断是

A. 血管肉瘤

B. 炎性肌纤维母细胞瘤

C. 滑膜肉瘤

D. 乳腺孤立性纤维性肿瘤

E. 化生性癌

【答案】D

18. 最支持上述诊断的免疫组化结果是

A. CD34 阳性,CD99 阴性,BCL2 阳性,vimentin 阳性

B. CD34 阳性,CD99 阳性,BCL2 阳性,vimentin 阳性

C. CD34 阳性,CD99 阳性,BCL2 阴性,vimentin 阴性

D. CD34 阳性,CD99 阳性,BCL2 阴性,vimentin 阴性

E. CD34 阳性,CD99 阴性,BCL2 阴性,vimentin 阳性

【答案】B

【解析】乳腺孤立性纤维性肿瘤可呈裂隙样、鹿角状血管周围细胞紧密排列,呈血管外皮瘤样,也可出现细胞呈席纹状、条索状、鱼骨状等排列。免疫组化 CD34 弥漫强阳性,vimentin 阳性,BCL2 和 CD99 大多阳性。

(19~21题共用题干)

女性,37 岁,发现右乳肿块 6 月余。查体:发现右乳外上象限可触及 2cm×1.5cm×1cm 的肿物,质硬,界限不清,活动度尚可,右侧腋窝可触及肿大淋巴结。

19. 为明确病变性质最准确检查为

A. 超声检查

B. CT

C. 钼靶检查

D. 切取标本病理检查

243

E. 增强 CT

【答案】D

20. 若显微镜下表现为终末导管小叶单位明显扩张,腺上皮为肿瘤细胞取代,肿瘤细胞体积增大,异型性明显,细胞核较大,呈多形性。该患者最可能诊断为

A. 浸润性小叶癌

B. 小叶原位癌

C. 高核级导管原位癌

D. 浸润性导管癌

E. 低核级导管原位癌

【答案】C

21. 如判断其有无浸润,需加做免疫组化项目是

A. calponin、CK5/6、HER2

B. calponin、CK5/6、P63

C. ER、PR、Ki-67

D. calponin、CK5/6、Ki-67

E. calponin、CK5/6、P53

【答案】B

【解析】低核级导管原位癌细胞核形态单一,常为圆形、卵圆形。高核级细胞核明显多形性,分布不规则,核显著增大。

(22~24题共用题干)

女性,37岁,无意间发现右乳肿块3周。查体:发现右乳外上象限可触及一肿物,大小2cm×1.5cm×1cm,质硬,界限不清。

22. 此时首选确诊检查方式为

A. 超声检查

B. CT

C. 钼靶检查

D. 切取标本病理检查

E. 增强 CT

【答案】D

23. 若显微镜下表现为肿瘤细胞较小,大小相对一致,排列松散,缺乏黏附性,呈单列线样排列,瘤细胞核较小,大小较一致。该患者最可能诊断为

A. 浸润性小叶癌

B. 小叶原位癌

C. 高核级导管原位癌

D. 浸润性筛状癌

E. 低核级导管原位癌

【答案】A

24. 某些浸润性导管癌可有此病变形态特点,为与浸润性导管癌相鉴别,此病变免疫组化表达通常为:

A. E-cadherin 阳性、P120 胞质阳性

B. E-cadherin 阴性、P120 胞质阳性

C. E-cadherin 阳性、P120 膜阳性

D. E-cadherin 阴性、P120 膜阳性

E. E-cadherin 阳性、34βE12 阴性

【答案】B

【解析】浸润性小叶癌经典型为癌细胞散在分布,排列呈单行串珠状或列兵样、单列线样改变,癌细胞较小,细胞界限清楚,黏附性差。浸润性导管原位癌 E-cadherin、p120 通常膜阳性,而浸润性小叶癌 E-cadherin 阴性、p120 胞质阳性。

(25~27题共用题干)

女性,37岁,"右侧乳头皲裂2年余",发现乳腺肿块20天就诊。患者右乳头皲裂2年,曾外涂草药膏治疗,久治不愈。近来发现乳头下方肿块。查体:双侧乳腺对称,右乳头平坦,表面皱裂、溃破、糜烂,有灰白色渗出物,部分区域附有灰红色痂皮,病变累及周围乳晕。乳晕下方可触及不规则质硬包块,大小约 3cm×5cm×2cm,轻触痛,活动,似与皮肤粘连,局部皮肤无橘皮样改变。右腋窝淋巴结肿大,长径约 2cm。

25. 最可能的诊断是

A. 恶性黑色素瘤

B. 鲍温病

C. 派杰样日光角化病

D. 乳腺腺瘤

E. 乳头派杰氏病

【答案】E

26. 以下镜下表现与本病**不符合**的是

A. 乳头表皮过度角化,颗粒层增厚,棘层略增厚。

B. 表皮内见多数异型细胞,单个或成簇分布,体积较大,胞质丰富、透明或颗粒状,核大,染色质较细,有泡状核。

C. 表皮下部可见异型细胞构成腺管结构。

D. 乳腺深部组织内可见导管原位癌和浸润性导管癌成分

E. 细胞形态多样,可有小上皮样细胞、梭形细胞,部分细胞呈胞质透明的 Toker 细胞样

【答案】E

27. 以下免疫组化更有助于确诊为乳头佩吉特病的是
    A. CK(+)、CEA(+)、S-100(−)、HMB-45(−)
    B. CK(−)、CEA(−)、S-100(+)、HMB-45(−)
    C. CK(+)、CEA(−)、S-100(+)、HMB-45(+)
    D. CK7(−)、CAM5.2(−)、S-100(+)、HMB-45(+)
    E. CK7(+)、CAM5.2(−)、S-100(+)、HMB-45(+)

【答案】A
【解析】乳头表面皲裂、溃破、糜烂,有灰白色渗出物,部分区域附有灰红色痂皮是乳头佩吉特(Paget)病典型表现。佩吉特细胞体积大,圆形或卵圆形,胞界清楚,Toker细胞见于乳头状腺瘤。免疫组化CK7/8/18、CAM5.2、HER2阳性,CEA、S-100可阳性,CK20通常阴性。

(28~30题共用题干)
女性,55岁,发现左乳肿物10天。查体:右乳内上象限可触及直径3cm的肿块,质硬,界不清,活动差。乳头无内陷,表面皮肤无橘皮样外观,颜色正常。腋窝淋巴结不肿大。行细针穿刺,镜下肿瘤呈乳头状生长,乳头分支细,呈条索状、丛状或片状生长,其内有裂隙,癌细胞呈立方或低柱状,胞质稀少,胞核大小及形态差别较大,异型性明显,有些区域堆积,形成无纤维脉管轴心的乳头簇或在增生细胞团中形成新的腺腔。乳头中心的纤维组织稀少,无砂粒体。癌周未见导管原位癌,可见残存萎缩的乳腺组织。

28. 若本例患者乳腺为转移源性,则最不可能的原发部位是
    A. 甲状腺   B. 胰腺   C. 卵巢
    D. 肺   E. 脾脏

【答案】E

29. 经询问病史,患者2年前行卵巢肿瘤切除术。本次穿刺组织最可能的免疫组化结果是
    A. CK7(+)、WT1(+)、CA-125(+)、GCDFP15(−)、PAX-8(+)
    B. CK7(+)、WT1(−)、CA-125(−)、GCDFP15(+)、PAX-8(−)
    C. CK7(−)、WT1(−)、CA-125(−)、GCDFP15(+)、PAX-8(+)
    D. CK7(−)、WT1(−)、CA-125(−)、GCDFP15(−)、PAX-8(−)
    E. CK7(+)、WT1(−)、CA-125(−)、GCDFP15(+)、PAX-8(+)

【答案】A

30. 以下是乳腺转移性癌生长方式的是
    A. 肿瘤境界清楚,周边有正常乳腺组织围绕
    B. 癌细胞位于小叶周或导管周,呈多结节状生长,不累及正常乳腺导管
    C. 癌细胞脉管内扩散,漂浮于淋巴管内
    D. 弥漫性乳腺实质的受累
    E. 以上均是

【答案】E
【解析】镜下肿瘤呈乳头状生长,形成无纤维脉管轴心的乳头簇或在增生细胞团中形成新的腺腔,脾脏来源不会形成腺腔结构。患者2年前行卵巢肿瘤切除术,考虑卵巢浆液性癌,免疫组化CK7(+)、WT1(+)、CA-125(+)、GCDFP15(−)、PAX-8(+)。

【案例分析题】

案例一　女性,38岁,"发现右乳肿块2个月"就诊。查体:双侧乳房对称,右乳腺外形正常,皮肤无橘皮样改变,乳头无内陷,乳房外上象限可触及一3.2cm×3cm×2.5cm肿块,质硬,可活动,局部皮肤无红肿、破溃。右腋窝可触及肿大淋巴结,直径约1.8cm。肺、肝、肾影像学检查未见异常。临床诊断乳腺癌,术中冷冻快速病理检查诊断为浸润性癌,行改良根治术。右腋窝淋巴结1/14枚癌转移。术后化疗。随访6年仍生存,无复发和转移。

(1) 巨检:手术中送检组织呈灰白色及灰黄色,不规则,附有脂肪,大小5cm×4.5cm×2.5cm,切面见一灰白色间淡黄色质硬结节,3cm×3cm×1.8cm,无包膜,边界不清。改良根治标本手术残腔周围未见残留肿瘤组织,右腋淋巴结14枚,最大者长径1.8cm,切面灰白色,质脆。

(2) 镜检:乳腺组织破坏,可见肿瘤组织呈浸润性生长。大部分癌细胞呈巢团状排列,多数巢团外形不规则,边缘形成尖角,少数巢团较大,外形相对规则,巢内有明显的圆形、卵圆形或不规则形空腔,有张力,分布均匀,形成典型的筛状结构。癌细胞较小,细胞核轻-中度异型性,核分裂象少见,少数区域肿瘤成分杂乱,排列成不规则小管、腺样结构,范围不足肿瘤的10%。浸润癌成分周围见少量筛状型导管内癌。

提问1:若肿瘤细胞免疫组化ER和PR强阳性,HER2,P53和PCNA阳性,CKpan示肿瘤细胞阳

性,SMA 示癌巢周围无肌上皮细胞围绕。最可能的诊断是

    A. 小管癌

    B. 浸润性筛状癌

    C. 髓样癌

    D. 浸润性导管癌

    E. 浸润性小叶癌

    F. 腺样囊性癌

【答案】B

提问 2:经典型的诊断标准是

    A. 筛状结构 >90%

    B. 仅伴有 <50% 的小管癌成分

    C. 伴有 10%~40% 的非小管癌成分

    D. 筛状结构 >90% 或仅伴有 <50% 的小管癌成分

    E. 全部为筛状结构

    F. 可出现 >50% 小管癌成分

【答案】D

提问 3:若筛孔内充满嗜酸性透明基底膜样物质或嗜碱性黏液样物质,且 CD117、SMA 阳性,ER、PR 阴性,则考虑

    A. 小管癌

    B. 神经内分泌癌

    C. 乳腺胶原小球病

    D. 腺样囊性癌

    E. 分泌性癌

    F. 黏液癌

【答案】D

【解析】浸润性筛状癌是具有明显筛状结构的浸润癌,癌细胞巢呈不规则岛状,具有典型的筛孔状结构,癌细胞形态小而形态单一,胞质少,核小而圆,免疫组化 ER 阳性,PR 多数阳性,HER2 阴性,Ki-67 指数低,肌上皮标记阴性,根据镜下表现和免疫组化结果,该病符合浸润性筛状癌。>90% 的癌组织具有筛状结构诊断单纯型浸润性筛状癌,若浸润癌有明显筛状排列,同时伴有的小管癌成分 <50% 时,仍可诊断为浸润性筛状癌。浸润性筛状癌需与腺样囊性癌鉴别,有腺上皮和肌上皮 2 种细胞、囊腔内为黏液和/或基膜样物,免疫组化 ER 阴性,CD117 阳性,为腺样囊性癌。

案例二 女性,56 岁,双乳触痛 2 个月入院。2 个月前,患者感双乳触痛,疼痛较剧烈,以双侧乳头及乳晕周围较明显,呈刺痛,伴左乳少许黑褐色溢液。彩色超声示:左乳 1 点钟处实性占位,双乳囊肿,双乳导管扩张。乳腺钼靶检查示:右乳外上象限小结节影,纤维腺瘤？左乳上份见形态欠规则结节影,中央区见钙化灶。术中见左乳 12 点钟距乳头 3cm 腺体内见一大小 0.5cm×0.5cm×0.4cm 肿物,质硬、无包膜、剖面为红褐色质硬肿块,其余乳腺散在直径约 0.5cm 囊肿。

(1)巨检:距乳头 3cm 外上象限皮下 2.5cm 见一不规则质韧区,大小 0.5cm×0.5cm×0.4cm,切面呈灰白灰红色,实性质中,与周围组织界限不清。

(2)镜检:肿瘤细胞呈微乳头或小管腺泡状,成簇分布,与周围间质形成裂隙。这些乳头缺乏纤维血管轴心,细胞质丰富,核呈低-中级别。

提问 1:若免疫组化 EMA 染色显示细胞巢或腺体外侧面呈清晰的强阳性,细胞排列呈"里面朝外"的极性颠倒现象,则诊断为

    A. 浸润性导管癌

    B. 黏液癌

    C. 具有微乳头状癌特点的转移性癌

    D. 浸润性微乳头状癌

    E. 浸润性乳头状癌

    F. 神经内分泌癌

【答案】D

提问 2:有关其预后描述正确的是

    A. 75% 的患者初次就诊时已有腋下淋巴结转移

    B. 容易出现淋巴-血管侵犯

    C. 不管微乳头成分多少,其淋巴结转移率基本相同

    D. 不管微乳头成分多少,其淋巴结转移率显著不同

    E. 不管微乳头状癌成分多少,都应在报告中注明

    F. 淋巴结转移情况与 T 分期有关

【答案】ABCE

提问 3:若镜下表现为含有纤维血管轴心的粗大分支状乳头,局部可出现微乳头状结构,但微乳头之间缺乏纤维间质分隔,则诊断为

    A. 浸润性导管癌

    B. 黏液癌

    C. 具有微乳头状癌特点的转移性癌

    D. 浸润性微乳头状癌

E. 浸润性乳头状癌

F. 神经内分泌癌

【答案】E

【解析】浸润性微乳头状癌脉管腔隙内有癌细胞团,细胞团与周围间质之间有多少不等的中空间隙,低倍镜形似微小乳头,但缺乏纤维血管轴心。免疫组化 EMA 微乳头外缘阳性,E-cadherin 及 p120 微乳头外缘阴性。浸润性乳头状癌腺体密集,具有纤维血管轴心的分支状乳头状,肿瘤内部的间质常常比较少,边缘有明显的纤维组织带。

案例三 女性,53 岁,发现左乳肿块 5 个月。查体:乳腺肤色正常,无橘皮样外观和乳头内陷。肿块位于左上象限,大小 2.5cm×2.2cm×2.0cm,推之可动,无红肿、轻压痛。腋窝部未触及肿大淋巴结。全身体格检查、影像和血液常规及生化检查均正常。临床诊断为乳腺肿瘤,行肿块切除术。巨检:灰黄色不规则组织一块,大小 4.5cm×3.5cm×2cm,切面见一灰白间灰红色结节,直径 1.2cm,似有包膜,边界较清,质硬。周围组织呈灰白间小灶状脂黄色,质韧。

提问 1:镜检见癌组织呈实体性、微囊性和管状结构,在实体巢中散在多少不等、大小不一的囊腺样结构。管腔形状不规则并互相沟通,腔内有粉染均质的甲状腺胶质样分泌物。癌细胞异型性小,胞核卵圆形,大小一致,可见 1 个小核仁,胞质丰富淡红染,呈颗粒状或泡沫状,并产生大量胞质内、外的分泌物。由于瘤细胞中分泌物多少不一,故癌细胞大小可相差很大。坏死区和核分裂未见。癌肿内小叶结构消失,中央纤维化。边缘癌组织内可见乳腺导管。癌的边界处未见纤维包膜,但与周围组织界限清楚,呈推进性生长。可见促结缔组织增生性间质反应。癌巢间的间质纤维结缔组织多有透明变性。最可能的诊断为

A. 浸润性导管癌

B. 富于脂质癌

C. 乳腺小叶癌

D. 分泌性癌

E. 大汗腺癌

F. 皮脂腺癌

【答案】D

提问 2:最支持上述诊断的免疫组化结果是

A. ER 阴性,PR 阴性,S-100 阳性,GCDFP-15 阴性,Ki-67(<5% 阳性)

B. ER 阴性,PR 阴性,S-100 阳性,GCDFP-15 阳性,Ki-67(<5% 阳性)

C. ER 阴性,PR 阴性,S-100 阳性,GCDFP-15 阴性,Ki-67(50% 阳性)

D. ER 阳性,PR 阴性,S-100 阳性,GCDFP-15 阴性,Ki-67(50% 阳性)

E. ER 阳性,PR 阳性,S-100 阴性,GCDFP-15 阳性,Ki-67(<5% 阳性)

F. ER 阳性,PR 阳性,S-100 阴性,GCDFP-15 阴性,Ki-67(<5% 阳性)

【答案】A

提问 3:若癌细胞胞质丰富而透明呈蜂窝状,异型性明显,PAS 和 AB 染色阴性而脂肪染色阳性,则诊断为

A. 浸润性导管癌

B. 富于脂质癌

C. 乳腺小叶癌

D. 分泌性癌

E. 大汗腺癌

F. 皮脂腺癌

【答案】B

【解析】分泌性癌是一种细胞内外微囊含有丰富嗜酸性分泌物的癌,腔隙内充以丰富红染的分泌物,根据镜下表现符合分泌性癌。富于脂质癌有泡沫细胞或空泡状胞质,黏液阴性,脂质阳性。

案例四 女性,59 岁,发现左侧乳房肿块 5 个月。表面皮肤无红肿、乳头无内陷,肿物无压痛,逐渐增大。查体:左乳房乳晕外侧触及大小 4cm×3cm 肿块,边界不清,活动性差,双侧腋窝未触及明显肿大的淋巴结。

(1) 巨检:乳腺组织,大小 6.5cm×5cm×2cm,表面附有皮肤,切开可见一 3.5cm×3cm×2.5cm 的肿物,无明显包膜,界限尚清,灰白色,质地较硬,无出血坏死。

(2) 镜检:肿瘤无包膜,被增生的纤维组织分隔成多结节状。结节内瘤细胞呈腺泡状,紧密排列,细胞质丰富,内含丰富的嗜碱性颗粒,核圆形、深染,位于基底部,核仁不明显,核分裂象少见,类似于腮腺腺泡细胞癌的腺泡样细胞。肿瘤内的不同区域还分别可见小而深染的立方形

细胞围绕成小腺腔,类似于管样结构;有些区域可见细胞质透明、核偏位的空泡样细胞;细胞可有微囊间隙,微囊内有浅染的分泌物。

提问1:若PAS染色肿瘤细胞胞质有阳性颗粒,GCDFP-15阳性,Syn阳性,CD68阳性,ER、PR阴性,则诊断为

    A. 分泌性癌

    B. 微腺型腺病

    C. 腺泡细胞癌

    D. 腺样囊性癌

    E. 黏液表皮样癌

    F. 皮脂腺癌

【答案】C

提问2:该肿瘤的Ki-67指数约为

    A. 1%　　　　　B. 10%

    C. 30%　　　　　D. 50%

    E. 70%　　　　　F. 以上都不是

【答案】A

提问3:若瘤细胞为丰富的粉染嗜酸性胞质,肿瘤内可见显著的分泌现象,PAS染色瘤细胞质和腺腔内的分泌物呈强嗜酸性小球状,且多见于儿童和青年,则诊断为

    A. 分泌性癌

    B. 微腺型腺病

    C. 腺泡细胞癌

    D. 腺样囊性癌

    E. 黏液表皮样癌

    F. 皮脂腺癌

【答案】A

【解析】腺泡细胞癌是一种与腮腺腺泡细胞癌相似,呈腺泡细胞(浆液性)分化的浸润性癌,免疫组化淀粉酶、溶菌菌和糜蛋白酶、EMA和S-100阳性,HER2可阳性,GCDFP-15、ER和PR阴性。分泌性癌含有丰富嗜酸性分泌物,为其典型表现。

(刘月平　高　鹏)

第十四章　淋巴结、脾及骨髓疾病

【A1 型题】

1. 对正常淋巴结或良性淋巴组织增生性病变进行免疫组化染色,以下选项中,BCL2 蛋白一定**不表达**的部位是
   A. 初级淋巴滤泡
   B. 次级淋巴滤泡套区
   C. 次级淋巴滤泡生发中心
   D. 辅助 T 淋巴细胞
   E. 细胞毒 T 淋巴细胞
   【答案】C
   【解析】正常淋巴组织中生发中心不表达 BCL2。

2. 病理检查方法中,必须使用新鲜组织才能进行的是
   A. 免疫组织化学染色
   B. PCR
   C. FISH
   D. 流式细胞学
   E. 电镜
   【答案】D
   【解析】病理检查方法中,必须使用新鲜组织的是流式细胞学。

3. 传染性单核细胞增多症(IM)的病理改变**不包括**
   A. 淋巴结结构部分破坏
   B. 副皮质区增生明显
   C. 免疫母细胞可以成片增生
   D. 免疫组化染色示免疫母细胞 CD30 阳性
   E. 由 HIV 感染引起
   【答案】E
   【解析】由 HIV 感染引起,EBER-1/2 原位杂交示滤泡间区的大多数免疫母细胞为核阳性。

4. 常规 HE 切片中可以检出病毒包涵体的是
   A. 传染性单核细胞增多症
   B. 人类免疫缺陷病毒淋巴结炎
   C. 巨细胞病毒淋巴结炎
   D. 猫抓病
   E. 梅毒淋巴结炎
   【答案】C

5. 下列关于分枝杆菌感染病变的描述中**错误**的是
   A. 是一类革兰氏阴性杆菌
   B. 抗酸染色可以识别
   C. 结核分枝杆菌引起结核病,以结核肉芽肿为特征
   D. 麻风分枝杆菌特征性感染侵犯神经
   E. 麻风细胞是吞噬麻风杆菌的组织细胞
   【答案】A
   【解析】结核分枝杆菌是专性需氧的一类细菌,抗酸染色阳性。

6. 下列关于弓形体淋巴结炎的组织学特征中**错误**的是
   A. 淋巴结结构常保存
   B. 滤泡增生
   C. 上皮样组织细胞簇
   D. 多核巨细胞
   E. 小片状增生的单核样 B 细胞
   【答案】D
   【解析】常表现为淋巴滤泡增生、生发中心扩大、上皮样细胞簇、单核样细胞聚集。

7. 下列关于 Kikuchi-Fujimoto 淋巴结炎的描述中**错误**的是
   A. 多见于亚洲国家的青年女性

B. 常表现为单侧颈部淋巴结肿大,伴发热和皮疹

C. 临床呈良性和自限性经过

D. 典型病变副皮质区有片状不规则坏死灶

E. 病灶内或坏死周围可见大量 B 细胞

【答案】E

8. 下列关于 Kimura 病的描述中**错误**的是

A. 主要表现为头颈部肿物,累及皮下组织和淋巴结

B. 多见于中老年女性

C. 以血管淋巴组织增生伴嗜酸性粒细胞增多为特征

D. 部分伴嗜酸性粒细胞血症

E. 对放疗敏感

【答案】B

【解析】该疾病年轻男性多见,好发于头颈部,累及头颈部皮下组织、软组织、涎腺和局部淋巴结;淋巴结结构存在,主要表现为淋巴滤泡旺炽型增生,其中可见红染无结构物质沉积(IgE);滤泡间区扩大,嗜酸性粒细胞数量增加,呈簇状分布,以及嗜酸性脓肿形成;嗜酸性粒细胞浸润累及淋巴滤泡呈所谓“虫蚀”样。

9. 下列关于窦组织细胞增生伴巨大淋巴结病的描述中**错误**的是

A. 是少见的良性组织细胞疾病

B. 可全身受累,最常见头颈部(包括鼻窦、眼眶和耳)

C. 低倍镜形态特征为呈斑驳分布的组织细胞和淋巴、浆细胞

D. 组织细胞有空泡状大型核和丰富透明的胞质,“伸入”现象(emperipolesis)有诊断意义

E. 免疫组化染色示组织细胞 CD68+、S-100+、CD1a+

【答案】E

【解析】免疫组化染色示组织细胞 CD68+、S-100+,CD1a−、Langerin−。

10. 下列关于淋巴结结节病的描述中**错误**的是

A. 原因不明的多系统肉芽肿性疾病

B. 组织学改变特征为非干酪样肉芽肿

C. 可以见到散在的朗汉斯多核巨细胞

D. 无干酪样坏死和纤维素坏死

E. 诊断本病前需排除具有肉芽肿形态的其他病变

【答案】D

11. 下列关于 Castleman 病(CD)的描述中**错误**的是

A. 分为透明血管型、浆细胞型、多中心型(普通型)、HHV8 相关多中心型

B. 全部表现为多中心淋巴结病

C. 透明血管型 CD 以退行性转化的生发中心、葱皮样增生的套区、血管长入滤泡(棒棒糖样图像)为特征

D. 部分浆细胞型 CD 患者可有 POEMS 综合征

E. HIV 感染与免疫抑制人群发生的多中心型 CD 与 HHV8 感染高度相关

【答案】B

12. 下列关于皮病性淋巴结炎的描述中**错误**的是

A. 慢性皮肤病引流区淋巴结发生

B. 以组织细胞增生为特征

C. 常累及淋巴窦

D. 增生的组织细胞主要是指状突树突细胞、朗格汉斯细胞

E. 胞质中含有黑色素和脂质

【答案】C

13. 下列关于 T 淋巴母细胞白血病/淋巴瘤的描述中**错误**的是

A. 儿童、青少年和年轻成人好发

B. 常表现为髓外病变,尤其是纵隔肿块

C. 母细胞性肿瘤细胞一致性增生

D. 肿瘤细胞表达 T 细胞特异性标记和前体 T 细胞标记

E. 不表达髓系标记

【答案】E

【解析】有 9%~32% 的病例表达一种或两种髓系相关抗原 CD13 和 CD33,髓系标志物的出现不能排除 T-ALL/LBL 的诊断,也不能提示混合表型 T 细胞/髓系白血病。

14. 下列关于 B 淋巴母细胞白血病/淋巴瘤的描述中**错误**的是

A. 儿童多见

B. 主要累及骨髓和外周血

C. 母细胞性肿瘤细胞一致性增生

D. B 细胞特异性标记常用 CD79a、CD20 和 PAX5,其中 CD20 更加特异和敏感

E. WHO 分类中将具有重现性遗传异常的类型单独出来

【答案】D

【解析】B 选项中的淋巴母细胞几乎均表达 B 细胞标志物 CD19、胞质 CD79a 和 CD22，其中 PAX5 是 B 细胞系最特异和最敏感的标志物，而 CD20 可不表达。

15. 下列关于伯基特淋巴瘤的描述中**错误**的是

A. 具有高度侵袭性

B. 潜在可治愈，化疗常规应用 R-CHOP 方案

C. 常发生在结外部位或表现为急性白血病

D. 常有 *MYC* 基因转位

E. 部分病例可检测到 EBV

【答案】B

16. 下列关于慢性淋巴细胞白血病/小淋巴细胞淋巴瘤的描述中**错误**的是

A. 发生于外周血、骨髓和淋巴结

B. 形态成熟的 B 细胞淋巴瘤

C. 呈惰性临床过程，可以治愈

D. 多数患者大于 50 岁

E. 细胞来源可能为循环血的 CD5+/CD23+/IgM+/IgD+ 的初始（naïve）淋巴细胞

【答案】C

17. 下列关于滤泡性淋巴瘤的描述中**错误**的是

A. 主要发生于淋巴器官，少数可发生在结外

B. 多见于中老年人，儿童中不发生

C. 肿瘤可以呈滤泡结构或弥漫生长

D. 由滤泡中心细胞和中心母细胞组成

E. 高级别滤泡性淋巴瘤具有侵袭性

【答案】B

【解析】多见于成年人，中位年龄 60 岁，20 岁以下罕见，儿童患者多数为男性。

18. 下列关于套细胞淋巴瘤的描述中**错误**的是

A. 中老年男性多见

B. 可能起源于生发中心前外套层内层细胞

C. 临床呈惰性经过

D. 常累及淋巴结，脾和骨髓次之，其他结外胃肠道和 Waldeyer 环可受累

E. 具有 *CCND1* 基因转位

【答案】C

19. 下列关于边缘区淋巴瘤的描述中**错误**的是

A. 包括脾、结外黏膜相关淋巴组织和淋巴结边缘区淋巴瘤 3 种

B. 边缘区生长模式是边缘区淋巴瘤独特的、具有诊断意义的生长模式

C. 单核样 B 细胞中等大小、胞质透明

D. 免疫组化缺乏特征性标记

E. *IgVH* 基因突变分析证明其为记忆 B 细胞

【答案】B

20. 下列关于结外边缘区淋巴瘤的描述中**错误**的是

A. 最常累及肺，部分患者骨髓受累

B. 与慢性炎症和自身免疫病相关

C. 特征性病变为肿瘤细胞侵犯黏膜上皮形成"淋巴上皮病变"

D. 多数病例有 3 号染色体三体的遗传学异常

E. 惰性病程，可转化为 DLBCL

【答案】A

【解析】最常累及胃肠道。

21. 下列关于脾边缘区淋巴瘤的描述中**错误**的是

A. 临床、免疫表型和遗传学特征不同于其他边缘区淋巴瘤

B. 临床表现为脾大，骨髓和外周血受累

C. 脾脏切除标本切面呈暗红色、均质状

D. 常累及脾门淋巴结

E. 常有轻链限制浆细胞

【答案】C

【解析】脾脏大体显示白髓显著增生扩张，并浸润红髓，切面呈暗红色、粗颗粒状。

22. 下列关于淋巴浆细胞淋巴瘤的描述中**错误**的是

A. 老年人多见，惰性经过，不转化为 DLBCL

B. 多数病例有血清单克隆蛋白伴高黏滞综合征或冷球蛋白血症

C. 诊断必须先排除其他伴有浆细胞分化的肿瘤

D. 推测来源于向浆细胞分化的生发中心后 B 细胞

E. 常累及骨髓，可累及淋巴结、脾脏和结外

【答案】A

【解析】老年人多见，惰性经过，可转化为 DLBCL。

23. 下列选项中，**不属于**高级别 B 细胞淋巴瘤定义范畴的是

A. 淋巴瘤细胞呈中心母细胞形态，伴 *MYC* 和 *BCL2* 或 *BCL6* 重排

B. 淋巴瘤细胞呈免疫母细胞形态，伴 *MYC* 和 *BCL2* 或 *BCL6* 重排

C. 淋巴瘤细胞呈母细胞形态,伴 CD5 阳性表达、*MYC* 重排和 *TP53* 突变

D. 淋巴瘤细胞呈伯基特或伯基特样形态,伴 *MYC* 和 *BCL2* 或 *BCL6* 重排

E. 淋巴瘤细胞呈伯基特样形态,可不伴 *MYC* 重排

【答案】C

24. 下列关于弥漫性大 B 细胞淋巴瘤的描述中**错误**的是

A. 非霍奇金淋巴瘤中最常见的类型

B. 具有侵袭性生物学行为

C. 基因表达谱分析分为 GCB 和 ABC 两组

D. Hans 模型中 CD10、BCL6 和 MUM1 的阳性界值为 50%

E. 瘤细胞 CD5 阳性表达提示预后差

【答案】D

25. 下列关于原发皮肤 DLBCL,腿型的描述中**错误**的是

A. 少见,好发于小腿

B. 常见于老年女性

C. 成片中心母细胞或免疫母细胞增生

D. 特征性免疫组化为 BCL2+、BCL6+、CD10+、MUM1+

E. FISH 检测发现 *MYC* 和 *IGH* 基因重排或 *BCL6* 和 *IGH* 基因重排

【答案】D

【解析】特征性免疫组化为 BCL2+、FOX-P1+、MUM1+。

26. 下列关于原发纵隔弥漫性大 B 细胞淋巴瘤的描述中**错误**的是

A. 发生于纵隔 B 淋巴细胞的淋巴瘤

B. 年轻人及女性多见

C. 纵隔肿块可致上腔静脉综合征

D. 肿瘤细胞片状浸润,瘤细胞大、胞质透明

E. 一般无间质纤维组织增生硬化

【答案】E

【解析】一般有间质纤维组织增生。

27. 下列关于原发中枢神经系统的 DLBCL 的描述中**错误**的是

A. 发生于脑、脊髓和软脑膜

B. 眼的 DLBCL 不属于原发中枢神经系统 DLBCL

C. 诊断需排除硬膜淋巴瘤和血管内淋巴瘤

D. 诊断需排除系统性淋巴瘤累及中枢神经系统

E. 诊断需排除免疫缺陷相关淋巴瘤

【答案】B

【解析】眼的 DLBCL 属于原发中枢神经系统 DLBCL。

28. 下列关于血管内大 B 细胞淋巴瘤的描述中**错误**的是

A. 可累及任何器官

B. 通常呈播散性

C. 常常累及淋巴结

D. 特征为大细胞淋巴瘤呈多灶性、毛细血管腔内选择性生长

E. 肿瘤细胞仅累及血管腔方可诊断

【答案】C

【解析】这种肿瘤常扩散到结外部位,包括骨髓,淋巴结很少受累。

29. 下列关于 ALK 阳性大 B 细胞淋巴瘤的描述中**错误**的是

A. 多见于成年男性

B. 结内外均可发生

C. 瘤细胞呈免疫母细胞或浆母细胞形态

D. 常表达 CD79a、EMA 和 CD138,不表达 CD20

E. 免疫组化 ALK 核、浆均有阳性表达

【答案】E

【解析】ALK 蛋白强阳性,呈局限的颗粒性胞质着色,少数可出现胞质、胞核和核旁 ALK 阳性。

30. 下列关于浆母细胞淋巴瘤的描述中**错误**的是

A. 与免疫缺陷高度相关,多见于 HIV 阳性患者

B. 均有 EBV 感染

C. 好发于口腔等结外黏膜部位

D. 免疫母细胞和浆母细胞样大 B 细胞弥漫性增生

E. 具有浆细胞表型

【答案】B

【解析】大部分有 HIV 引起的免疫功能缺陷的病例,比较容易发展为浆母细胞淋巴瘤。大多数肿瘤细胞都感染了 EB 病毒。

31. 下列关于慢性炎症相关弥漫性大 B 细胞淋巴瘤的描述中**错误**的是

A. 与长期慢性炎症相关

B. 常累及体腔

C. 与 EBV 相关,应与原发渗出性淋巴瘤鉴别

　　D. 形态学特征与 DLBCL,NOS 相同

　　E. 表达 B 细胞标记,不表达 T 细胞标记

【答案】E

【解析】少数病例可表达一种或更多 T 细胞标志物(CD2、CD3、CD4、CD7)

32. 下列关于淋巴瘤样肉芽肿的描述中**错误**的是

　　A. 血管中心和血管损坏性淋巴增生性疾病

　　B. 主要累及淋巴结

　　C. EBV+B 细胞混合多量反应性 T 细胞

　　D. CD20 染色有助于识别肿瘤性大 B 细胞

　　E. 依据肿瘤性大细胞数量分为 3 级

【答案】B

【解析】90% 以上好发于肺部,淋巴结和脾脏很少受累。

33. 下列关于 EBV 阳性大 B 细胞淋巴瘤的描述中**错误**的是

　　A. 之前无淋巴瘤病史

　　B. 之前无 EBV 相关其他疾病

　　C. 既往有免疫缺陷

　　D. 组织学从多形性增生至单形性 DLBCL 的谱系变化

　　E. RS 样细胞 CD20+/EBV+,多数 CD30+/CD15−

【答案】C

34. 下列关于原发渗出性淋巴瘤(PEL)的描述中**错误**的是

　　A. 常发生于免疫正常人群

　　B. 与 HHV8 相关

　　C. 经典型 PEL 表现为浆膜腔的浆液性渗出

　　D. 缺乏全 B 标记,常表达浆细胞抗原

　　E. 肿瘤细胞可异常表达 T 细胞标记

【答案】A

【解析】大多数病例发生于 HIV 感染和严重免疫缺陷的青年/中年同性恋者或异性恋的男性患者。

35. 下列关于成人 T 细胞白血病/淋巴瘤的描述中**错误**的是

　　A. 由人 T 细胞白血病Ⅱ型病毒引起

　　B. 多见于日本西南和加勒比海地区

　　C. 细胞可能来源于 CD4+CD25+FOXP3+ 的调节 T 细胞

　　D. 临床上分为急性型、慢性型、淋巴瘤型和

冒烟型

　　E. 瘤细胞可呈小、中、大或明显间变型性

【答案】A

【解析】由人 T 细胞白血病Ⅱ型病毒引起。

36. 下列关于结外 NK/T 细胞淋巴瘤的描述中**错误**的是

　　A. 亚洲人群多见

　　B. 最常累及上呼吸道,还包括皮肤、胃肠道等

　　C. 具有血管中心侵犯、血管损坏的形态特点

　　D. 免疫组化染色 CD56 一定阳性

　　E. 大部分为 NK 细胞来源,少部分为细胞毒 T 细胞来源

【答案】D

【解析】尽管 CD56 对确定 NK/T 细胞很有帮助,但对诊断结外 NK/T 细胞淋巴瘤不具有特异性,因为 CD56 也可表达于外周 T 细胞淋巴瘤,尤其是表达 γδ T 细胞受体的淋巴瘤。

37. 下列关于血管免疫母细胞性 T 细胞淋巴瘤的描述中**错误**的是

　　A. 多见于中老年人

　　B. 呈全身系统性疾病

　　C. 可出现多克隆丙种球蛋白血症

　　D. 病变晚期淋巴结常明显肿大,不伴有骨髓累及和浆膜腔积液

　　E. 本病基础上可以发生第二种淋巴瘤,多见弥漫性大 B 细胞淋巴瘤

【答案】D

【解析】原发部位为淋巴结,实际上所有患者表现为全身淋巴结肿大,病变累及脾脏、肝脏、皮肤和骨髓。

38. 下列关于间变性大细胞淋巴瘤的描述中**错误**的是

　　A. 具有窦性分布特征的淋巴瘤是间变性大细胞淋巴瘤

　　B. 分为系统性和皮肤原发 ALCL

　　C. ALK+ 者较 ALK−者预后好

　　D. ALK+ 者更多见于儿童和年轻人群

　　E. 典型的染色体转位发生在 t(2;5)(p23;q35)

【答案】A

【解析】窦性分布是间变性大细胞淋巴瘤的特征,不是特异的,其他类型淋巴瘤和非淋巴造血肿瘤亦可见。

39. 下列关于单形性嗜上皮肠道 T 细胞淋巴瘤的描述中**错误**的是
    A. 亚洲人多见
    B. 来自肠道黏膜固有层 T 细胞
    C. 肿瘤周围常有肠病改变
    D. 肿瘤细胞形态单一，缺乏炎症背景
    E. 肿瘤细胞 CD3+、CD56+、CD4−、CD8+

    【答案】B

40. 下列关于霍奇金淋巴瘤的描述中**错误**的是
    A. B 细胞来源的肿瘤
    B. 分为结节性淋巴细胞为主型霍奇金淋巴瘤（NLPHL）和经典型霍奇金淋巴瘤（CHL）两大类
    C. NLPHL 的肿瘤细胞为分子残疾的生发中心或后生发中心细胞
    D. NLPHL 和 CHL 的临床表现、形态学和免疫表型有差异
    E. NLPHL 和 CHL 的肿瘤细胞和背景细胞均有不同

    【答案】C

41. 下列关于结节性淋巴细胞为主型霍奇金淋巴瘤的描述中**错误**的是
    A. 发病有两个高峰，分别为 15~35 岁和老年
    B. 多累及浅表淋巴结，包括颈部、腋下、腹股沟等
    C. 临床进展慢
    D. CD21+ 滤泡树突细胞网对诊断和分型有帮助
    E. 肿瘤细胞爆米花样，表达 C20、LCA，可弱表达 CD30 和 EMA

    【答案】A
    【解析】结节性淋巴细胞为主型霍奇金淋巴瘤的患者多数是男性，年龄常在 30~50 岁。经典型奇金淋巴瘤的发病有两个高峰，分别为 15~35 岁和老年。

42. 下列关于经典型霍奇金淋巴瘤的描述中**错误**的是
    A. 发病有两个高峰，分别为 15~35 岁和老年
    B. 有混合细胞、结节硬化、富于淋巴细胞和淋巴细胞消减四个亚型
    C. 以纵隔肿块为表现的 CHL 最多见混合细胞亚型

    D. 部分肿瘤细胞有 EBV+，表达 LMP1 和 EBNA1，为 EBV Ⅱ型潜伏方式
    E. 肿瘤细胞为 RS 细胞及其变型，RS 细胞免疫表型 CD30+CD15+

    【答案】C
    【解析】以纵隔肿块为表现的 CHL 最多见结节硬化型。

43. 下列关于朗格汉斯细胞组织细胞肿瘤的描述中**错误**的是
    A. 包括朗格汉斯细胞组织细胞增生症（LCH）和朗格汉斯细胞肉瘤
    B. LCH 病变可呈单发、单系统多部位和多系统播散性
    C. 最常累及胃肠道
    D. 朗格汉斯细胞有明显核沟，肉瘤的瘤细胞异型性明显、核分裂多见
    E. LCH 病变中有数量不等的嗜酸性粒细胞，肉瘤中嗜酸性粒细胞少

    【答案】C
    【解析】该病可局限于某单一部位（孤立性），或某一系统中（常为骨）的多个部位（多灶性），或更为散发（播散性），甚至累及多个系统（多系统性）。

44. 下列关于滤泡树突细胞肉瘤的描述中**错误**的是
    A. 肿瘤细胞具有滤泡树突细胞的形态和免疫表型特征
    B. 只累及淋巴结
    C. 惰性生长，部分有转移
    D. 肿瘤细胞梭形或卵圆形，排列成束或车辐状
    E. 瘤细胞表达滤泡树突细胞标记 CD21、CD35 等

    【答案】B
    【解析】1/3~2/3 的滤泡树突细胞肉瘤表现为淋巴结肿大，其中颈部淋巴结最为常见。也可发生在多个结外部位，如扁桃体、口腔、胃肠道、软组织、皮肤、纵隔等。

45. 下列关于指状突树突细胞肉瘤（IDCR）的描述中**错误**的是
    A. 多累及淋巴结
    B. 肿瘤细胞呈束状或漩涡状排列
    C. 瘤细胞核梭形或卵圆形，界限不清
    D. 瘤细胞表达 CD1a、Langerin
    E. 电镜下瘤细胞呈复杂的指状突细胞胞质突起

【答案】D

【解析】瘤细胞恒定表达 S-100 和 vimentin，不表达 CD1a、Langerin。

46. 下列疾病中，主要累及脾脏红髓的疾病**不属于**
    A. 肝脾 T 细胞淋巴瘤
    B. 慢性粒细胞白血病
    C. 脾边缘区淋巴瘤
    D. 毛细胞白血病
    E. 髓样化生

【答案】C

【解析】主要累及脾脏红髓的疾病有肝脾 T 细胞淋巴瘤、慢性粒细胞白血病、毛细胞白血病、髓样化生。

47. 下列关于脾窦岸细胞血管瘤的描述中**错误**的是
    A. 脾脏独特的良性肿瘤
    B. 由相似于脾窦的交错血管网组成
    C. 可以有乳头状突起和囊腔
    D. 瘤细胞同时表达血管内皮标记 CD31 和 CD34
    E. 瘤细胞还表达组织细胞标记 CD68

【答案】D

48. 下列关于浆细胞骨髓瘤的描述中**错误**的是
    A. 临床表现多发性骨破坏
    B. 血清和尿蛋白电泳异常
    C. 骨髓浸润方式有间质浸润、结节状浸润和弥漫浸润
    D. 肿瘤细胞是从成熟浆细胞至浆母细胞的分化谱系
    E. 肿瘤细胞表达 CD79a、CD138，均不表达 CD20

【答案】E

49. 骨髓活检发现窦内淋巴瘤细胞浸润，应考虑的淋巴瘤为
    A. 滤泡性淋巴瘤
    B. 套细胞淋巴瘤
    C. 脾边缘区淋巴瘤
    D. 结外黏膜相关淋巴组织边缘区淋巴瘤
    E. 淋巴浆细胞淋巴瘤

【答案】C

【A2 型题】

1. 女性，19 岁，发热，伴颈部淋巴结肿大，淋巴结无明显疼痛。切除淋巴结活检。镜下见淋巴结被膜下楔形淡染病变区，病变内大量组织细胞增生伴较多核碎屑，组织细胞核呈新月形或杆状。下列最可能的病理诊断是
    A. Kikuchi-Fujimoto 病
    B. Kimura 病
    C. 猫抓病
    D. 结节病
    E. 朗格汉斯细胞组织细胞增生症

【答案】A

【解析】年龄、症状及镜下见组织细胞伴核碎片均提示该病。

2. 男性，5 岁，右颈部肿胀 2 周。超声提示淋巴结肿大，最大径 6cm。切除部分淋巴结活检。镜下见淋巴结正常结构消失，见形态一致的、中等大小淋巴细胞弥漫浸润，有"满天星"现象。免疫组化染色示 CD20（弥漫强 +），TDT（-），CD10（+），BCL2（-），MUM1（-），C-MYC（+80%），Ki-67（+~100%）。下列最可能的病理诊断是
    A. B 淋巴母细胞淋巴瘤/白血病
    B. T 淋巴母细胞淋巴瘤/白血病
    C. 伯基特淋巴瘤
    D. 弥漫性大 B 细胞淋巴瘤
    E. 伴 11q 异常的高级别 B 细胞淋巴瘤

【答案】C

3. 男性，21 岁，呼吸困难 10 天，发现纵隔肿块和右锁骨上淋巴结肿大 1 天。CT 示肿块最大径 10cm，侵犯心包膜。行超声引导下右锁骨上淋巴结穿刺活检。镜下见淋巴结正常结构消失，代之以弥漫浸润的中等偏大的淋巴细胞，胞质中等淡染，核染色质疏松，核仁不明显，核分裂易见，见纤细的纤维条索。下列最可能的病理诊断是
    A. 胸腺瘤
    B. T 淋巴母细胞淋巴瘤/白血病
    C. 弥漫性大 B 细胞淋巴瘤，非特指
    D. 纵隔原发弥漫性大 B 细胞淋巴瘤
    E. 经典型霍奇金淋巴瘤，结节硬化型

【答案】D

4. 女性，24 岁，右颈部淋巴结缓慢肿大 6 个月。超声示淋巴结最大径 4cm。切除淋巴结活检。镜下见淋巴结正常结构部分消失，较多小淋巴细胞、浆细胞和嗜酸性粒细胞浸润，其中

见散在的大细胞,部分大细胞有明显的嗜酸性核仁,可见镜影核。下列最可能的病理诊断是

A. 间变性大细胞淋巴瘤

B. T淋巴母细胞淋巴瘤/白血病

C. 弥漫性大B细胞淋巴瘤,非特指

D. 伯基特淋巴瘤

E. 经典型霍奇金淋巴瘤,混合细胞型

【答案】E

5. 女性,30岁,左耳后肿块,大小4cm×3cm。切除部分肿块活检。镜下未见正常组织结构,明显黏液样变的间质中见稀疏的肿瘤细胞,瘤细胞部分分布在血管周围,大部分单核,偶见双核,胞质少至中等量、淡染。下列免疫组化染色,**最不可能**出现阳性表达的是

A. CD3　　　B. CD20　　　C. CD30

D. TDT　　　E. ALK

【答案】D

【解析】TDT是淋巴母细胞的标志物,淋巴母细胞淋巴瘤的瘤细胞弥漫浸润,胞质稀少,间质缺乏黏液变。

6. 女性,28岁,发现右颈部淋巴结肿大10天,触诊约花生米大小。切除淋巴结活检。镜下见淋巴结部分结构消失,见弥漫浸润的中等大小母细胞样异型淋巴样细胞,胞质稀少,核卵圆形、染色质细腻、核仁不明显、核分裂易见。免疫组化染色示异型细胞CD3(+),CD20(-),CD79a(+),CD34(+),MPO(-)。下列最可能的诊断是

A. B淋巴母细胞淋巴瘤/白血病

B. T淋巴母细胞淋巴瘤/白血病

C. 伯基特淋巴瘤

D. 弥漫性大B细胞淋巴瘤

E. 母细胞性浆样树突细胞肿瘤

【答案】B

【解析】形态典型,免疫表型CD3为谱系特异性标志,CD34提示幼稚细胞,支持诊断,CD79a在T和B淋巴母中均可阳。

7. 男性,35岁,颧弓下淋巴结肿大,直径1cm,切除活检。镜下见淋巴结内见结节状增生的淋巴细胞,淋巴细胞小至中等大小,核形轻度不规则、染色质细,核仁不明显,核分裂罕见。免疫组化染色示结节CD21(网状+),CD20(+),CD10(-),CD5(+),cyclinD1(+),CD3(-)。

下列最可能的病理诊断是

A. 伯基特淋巴瘤　　　B. 滤泡性淋巴瘤

C. 套细胞淋巴瘤　　　D. 边缘区淋巴瘤

E. 小淋巴细胞淋巴瘤/慢性淋巴细胞白血病

【答案】C

【解析】典型形态和免疫表型。

8. 男性,66岁,发现腹腔占位10天。超声示腹腔肿物大小6cm×5cm。行超声引导下肿物穿刺活检。镜下见淋巴结淋巴组织呈结节状增生,增生的淋巴细胞小至中等大小,核形不规则,胞质稀少,局部淋巴细胞旁见硬化的胶原。免疫组化染色示CD20(弥漫+),结节内B细胞CD10(+),BCL2(+),CD5(-)。最可能的病理诊断是

A. 滤泡性淋巴瘤

B. 套细胞淋巴瘤

C. 边缘区淋巴瘤

D. 小淋巴细胞淋巴瘤/慢性淋巴细胞白血病

E. 淋巴浆细胞淋巴瘤

【答案】A

9. 男性,56岁,长期牧区生活史。发现颈部、腋下淋巴结肿大,切除颈部淋巴结活检。镜下见淋巴结滤泡增生,见较多次级滤泡,部分滤泡旁见不规则小片状单核样细胞增生,还见簇状上皮样肉芽肿形成。最可能的病理诊断是

A. 淋巴结结核

B. 传染性单核细胞增多症

C. 巨细胞病毒性淋巴结炎

D. 弓形虫淋巴结炎

E. 猫抓病

【答案】C

【解析】形态学三联征:滤泡增生、单核样B细胞增生、上皮样肉芽肿。

10. 女性,79岁,发热、乏力、盗汗1个月,发现颈部淋巴结肿大5天。切除颈部淋巴结活检。镜下见淋巴结内见不规则片状坏死,坏死周围组织细胞浸润伴肉芽肿形成,坏死内未见中性粒细胞浸润,可见嗜酸性粒细胞。最可能的病理诊断是

A. 淋巴结结核　　　B. 淋巴结梗死

C. Kikuchi病　　　D. 弓形虫淋巴结炎

E. 猫抓病

【答案】A

【解析】典型形态:坏死性肉芽肿,未见中性粒细胞。

11. 女性,30岁,发热伴关节痛1个月,发现颈部淋巴结肿大10天。切除淋巴结活检。镜下见淋巴结内见大片状不规则坏死,坏死周围较多组织细胞浸润和核碎屑,局灶血管壁及淋巴窦内见嗜碱性无定形块状物质沉积。最可能的病理诊断是

    A. 淋巴结结核　　　　B. 猫抓病

    C. Kikuchi 病　　　　D. 狼疮性淋巴结炎

    E. 朗格汉斯细胞组织细胞增生症

【答案】D

【解析】典型临床和形态特征——苏木素小体。

12. 男性,56岁。查体发现纵隔肿物,CT示肿物大小 6cm×5cm。手术切除肿物送检。镜下见肿物为肿大的淋巴结,包膜完整,见较多小淋巴滤泡和少数较大的滤泡,滤泡生发中心B细胞萎缩、套区明显增厚并呈洋葱皮样排列,滤泡间较多玻璃样变的小血管,部分血管长入滤泡。最可能的病理诊断是

    A. 胸腺瘤　　　　　　B. 套细胞淋巴瘤

    C. 滤泡性淋巴瘤　　　D. Castleman 病

    E. 淋巴结反应性增生

【答案】D

【解析】典型部位和透明血管型 CD 的典型形态特征。

13. 女性,40岁,发现右臂皮肤结节和右侧腋窝淋巴结肿大。行右腋窝淋巴结切除活检。镜下见淋巴结结构部分消失,见斑驳样病变,淡染区见扩张的淋巴窦和成片浸润的胞质丰富、淡染的组织细胞样细胞,组织细胞胞质内见封入的炎细胞,深染区由小淋巴细胞和浆细胞组成。免疫组化染色示组织细胞 S-100(+)。最可能的病理诊断是

    A. 窦组织细胞增多症(Rosai-Dorfman 病)

    B. 朗格汉斯细胞组织细胞增生症

    C. 组织细胞坏死性淋巴结炎

    D. 皮病性淋巴结炎

    E. Castleman 病

【答案】A

【解析】典型形态和免疫表型。

14. 男性,78岁,全身淋巴结肿大1年,发热并皮疹和肝脾肿大1个月。行颈部淋巴结切除活检。镜下见淋巴结滤泡模糊,滤泡间淋巴组织增生明显,并见较多枝丫状血管,增生的淋巴组织以小至中等大小、胞质透亮的淋巴细胞为主,多围绕血管周围浸润,还见较多浆细胞、嗜酸性粒细胞和少数散在的免疫母细胞。免疫组化染色:CD21 显示 FDC 网增生明显,增生的网包绕血管。最可能的病理诊断是

    A. 外周 T 细胞淋巴瘤,非特指性

    B. 间变性大细胞淋巴瘤

    C. 血管免疫母细胞性 T 细胞淋巴瘤

    D. NK/T 细胞淋巴瘤

    E. 蕈样霉菌病累及淋巴结

【答案】C

15. 男性,46岁,发现外周血白细胞升高和颈部淋巴结肿大1个月,行颈部淋巴结活检。镜下见淋巴结内异型淋巴细胞增生,以副皮质区增生为主,部分区域弥漫浸润,破坏淋巴结正常结构,增生的淋巴细胞中等大小和大,见脑回样巨细胞。免疫组化染色示异型细胞 CD3(+),CD4(+),CD25(+),FOXP3(+)。病理诊断是

    A. 外周 T 细胞淋巴瘤,非特指性

    B. 间变性大细胞淋巴瘤

    C. 血管免疫母细胞 T 细胞淋巴瘤

    D. NK/T 细胞淋巴瘤

    E. 成人 T 细胞白细胞/淋巴瘤

【答案】E

16. 女性,25岁,发热1个月,伴全身淋巴结肿大。2周前在外院行颈部淋巴结穿刺活检,考虑组织细胞坏死性淋巴结炎。外周血白细胞不高。行淋巴结切除活检。镜下见淋巴结正常结构破坏,见弥漫浸润的中等大小至大的异型淋巴细胞,核染色质粗糙,核分裂象易见,并见多灶坏死。免疫组化染色示异型细胞 CD3(+),CD56(+),CD20(-),GranzymeB(+),Ki-67(+60%),TDT(-)。原位杂交示:EBER(+80%)。病理诊断是

    A. 外周 T 细胞淋巴瘤,非特指性

    B. 间变性大细胞淋巴瘤

    C. 血管免疫母细胞 T 细胞淋巴瘤

    D. NK/T 细胞淋巴瘤

    E. 成人 T 细胞白细胞/淋巴瘤

【答案】D

【解析】典型形态和免疫表型。

17. 男性,44 岁,查体发现十二指肠降段见 2 处簇状小结节,每处范围 1.5~2cm,取 1 块活检。全身超声检查未见异常。镜下见肠黏膜固有层淋巴组织结节状增生,增生的淋巴细胞小至中等大小。免疫组化示结节状增生的区域 CD21(+),淋巴细胞 CD10(+),BCL2(+),Ki-67(+15%)。病理诊断是

A. 十二指肠型滤泡性淋巴瘤

B. 系统性低级别滤泡性淋巴瘤累及

C. 套细胞淋巴瘤

D. 边缘区淋巴瘤

E. 慢性淋巴细胞白细胞/小淋巴细胞淋巴瘤

【答案】A

【解析】典型部位发生的特殊亚型的滤泡性淋巴瘤。

18. 男性,46 岁,HIV 阳性。吞咽不适 2 周,发现咽部占位,取活检。镜下见呼吸道黏膜溃疡,溃疡底部见大量异型淋巴样细胞浸润,异型细胞呈免疫母细胞形态,核分裂象易见。免疫组化染色示:异型细胞 CD20(-),CD3(-),CD56(-),CD138(+),OCT-2(+),BOB-1(+),Ki-67(+70%)。原位杂交示:EBER(+)。病理诊断是

A. 浆细胞瘤

B. 浆母细胞淋巴瘤

C. EBV 阳性弥漫性大 B 细胞淋巴瘤

D. NK/T 细胞淋巴瘤

E. 间变性大细胞淋巴瘤

【答案】B

【解析】免疫缺陷患者发生的浆母细胞淋巴瘤,形态和免疫表型典型。

19. 男性,56 岁,影像学检查发现胰腺、颌下腺、近肝门肝组织和腹主动脉周围肿物样病变,多处浅表淋巴结肿大。血乳酸脱氢酶正常,血清学检查 IgG 升高。行颌下腺和颈部淋巴结穿刺活检。颌下腺呈慢性硬化性涎腺炎改变伴较多浆细胞浸润,局灶见静脉炎;淋巴结滤泡增生,滤泡间大量成熟浆细胞浸润。最可能的病理诊断是

A. 多中心 Castleman 病,浆细胞型

B. IgG4 相关疾病

C. 浆细胞瘤

D. 边缘区淋巴瘤伴显著浆细胞分化

E. 非特异性炎症

【答案】B

【解析】IgG4 相关疾病为系统性疾病,可累及多处脏器,若结外见到炎性纤维性硬化,伴有静脉炎,部分为阻塞性静脉炎,有明显的浆细胞浸润,淋巴结见到滤泡增生和滤泡间大量浆细胞浸润,均提示本病,需要与其他选项的疾病鉴别,AC 一般缺乏纤维性硬化,边缘区淋巴瘤有异型淋巴瘤细胞浸润,非特异性炎是排除性诊断,且多为单个部位发生。

20. 男性,19 岁,发现右侧腹股沟淋巴结肿大 6 个月,无其他不适。行淋巴结切除活检。镜下见淋巴结部分正常结构消失,见模糊的大结节,未见明显纤维间隔,大结节内主要为小淋巴细胞和组织细胞,其中见散在的爆米花样大细胞。免疫组化染色示大结节内见较多 CD21(+)的滤泡树突细胞网,网内小细胞多数 CD20(+),网内外爆米花样大细胞 CD20(+),CD30(-),Ki-67(+)。最可能的病理诊断是

A. 经典型霍奇金淋巴瘤,富于淋巴细胞型

B. 结节性淋巴细胞为主型霍奇金淋巴瘤

C. 富于 T 和组织细胞的大 B 细胞淋巴瘤

D. 反应性淋巴组织增生

E. 淋巴结生发中心进行性转化

【答案】B

【解析】典型形态和免疫表型。

21. 女性,43 岁,发现全身浅表淋巴结肿大 3 个月,乏力伴盗汗 2 周。切除左颈部淋巴结活检。镜下:淋巴结结构全部破坏,见弥漫浸润的淋巴细胞,大部分小至中等大小,少部分为活化的大细胞,未见典型 R-S 细胞,还见相对均匀分布的上皮样肉芽肿,血管明显增生。最可能的病理诊断是

A. Lennert 淋巴瘤(外周 T 细胞淋巴瘤的亚型)

B. 血管免疫母细胞 T 细胞淋巴瘤

C. 成人 T 细胞白血病/淋巴瘤

D. 间变性大细胞淋巴瘤

E. 经典型霍奇金淋巴瘤

【答案】A

【解析】排除性诊断,形态特征更符合 Lennert 淋巴瘤。

22. 女性,56岁,脾大6年,发现外周血白细胞升高,外周血涂片查见绒毛样异型淋巴细胞。手术切除脾脏,术后临床症状体征明显改善。脾脏切面显示白髓明显增生呈弥漫小结节状。最可能的病理诊断是
    A. 脾脏边缘区淋巴瘤
    B. 脾脏毛细胞白细胞
    C. 脾脏B细胞淋巴瘤/白血病,未分类
    D. 脾脏弥漫性大B细胞淋巴瘤
    E. 脾脏经典型霍奇金病理
【答案】A
【解析】临床提示脾脏原发淋巴瘤,外周血异型淋巴细胞形态需考虑A、B、C,但脾脏大体标本切面提示病变主要累及白髓,而B、C主要是红髓受累。

23. 男性,35岁,因口腔鳞状细胞癌行右颈部淋巴结清扫,其中一枚淋巴结呈反应性增生,局部3个滤泡生发中心内细胞几乎全部为中心细胞,缺乏嗜染色体巨噬细胞,缺乏明暗带,免疫组化BCL2染色阳性。病理诊断为
    A. 滤泡性淋巴瘤,高级别
    B. 滤泡性淋巴瘤,低级别
    C. 原位滤泡性肿瘤
    D. 原位套细胞肿瘤
    E. 原位边缘区肿瘤
【答案】C
【解析】原位滤泡性肿瘤的形态和免疫表型。

24. 男性,56岁,发现右颈部淋巴结肿大1年,切除淋巴结活检。镜下见淋巴结滤泡结构保留,套区稍增厚。免疫组化染色示套区内层和外层细胞cyclinD1均阳性,套区外未见cyclinD1阳性表达。最可能的病理诊断是
    A. 滤泡性淋巴瘤,高级别
    B. 滤泡性淋巴瘤,低级别
    C. 原位滤泡性肿瘤
    D. 原位套细胞肿瘤
    E. 套细胞淋巴瘤
【答案】E
【解析】正常套区cyclinD1阴性,套细胞cyclinD1阳性提示为肿瘤性套细胞。如果只有内层阳性,诊断原位套细胞肿瘤,如果外层套细胞也阳性,则诊断套细胞淋巴瘤,套区模式。

25. 男性,45岁,外周血白细胞升高,骨髓查见异型小-中等大小淋巴细胞,浅表淋巴结无明显肿大。流式细胞学提示:异型淋巴细胞

为B细胞,呈CD10(−),CD5(+),CD23(−),LEF1(−),CD43(+)。为明确淋巴瘤类型,骨髓活检最有帮助的染色是
    A. BCL2   B. BCL6
    C. cyclinD1   D. SOX-11
    E. CD38
【答案】C
【解析】本例诊断为白血病性非淋巴结套细胞淋巴瘤,缺乏明显的淋巴结肿大。流式中CD10−、CD5+多考虑MCL和CLL/SLL,还有少数其他类型,故首先要做cyclinD1明确是否MCL,而白血病性MCL不表达SOX-11。

26. 女性,24岁,发热伴全身皮疹和腋窝、腹股沟淋巴结肿大2个月。切除腋窝淋巴结活检。镜下见淋巴结结构大部分保留,副皮质区增生明显,被膜下区域见较多淡染的组织细胞和散在色素沉积,淋巴细胞增生活跃,见较多免疫母细胞。免疫组化染色示组织细胞CD1a(+),S-100(+),淋巴细胞散在CD30(+),ALK(−)。最可能的病理诊断是
    A. ALK阴性型间变性大细胞淋巴瘤
    B. Kikuchi-Fujimoto病
    C. Kimura病
    D. Rosai-Dorfman病
    E. 皮病性淋巴结炎
【答案】E

27. 女性,25岁,发现双上肢皮肤包块和右侧肘窝包块1个月。切除右肘窝包块活检。镜下见包块为淋巴结,结构大部分破坏,代之以弥漫浸润的、单形性、中等大母细胞样细胞,胞质不明显,核不规则,染色质细,可见小核仁,核分裂象易见。免疫组化染色示 CD3(−),CD20(−),CD56(+),CD43(+),CD10(+),CD4(+),CD123(+),MPO(−)。原位杂交示:EBER(−)。最可能的病理诊断是
    A. NK/T细胞淋巴瘤
    B. 外周T细胞淋巴瘤
    C. 浆样树突细胞肿瘤
    D. 间变性大细胞淋巴瘤
    E. 侵袭性NK细胞白血病
【答案】C

28. 女性,65岁,双侧腹股沟淋巴结肿大6个月。切除淋巴结活检,镜下见淋巴结内滤泡密

集,滤泡套区模糊,滤泡内主要为中心细胞,中心母细胞数量小于 6 个/HPF,淋巴结外亦见类似的滤泡。最可能的病理诊断是

A. 滤泡性淋巴瘤,低级别

B. 滤泡性淋巴瘤,高级别

C. 滤泡性淋巴瘤,弥漫型

D. 弥漫性大 B 细胞淋巴瘤

E. 淋巴结滤泡反应性增生

【答案】A

29. 男性,26 岁,发现肝脾肿大,外院手术切除脾脏和部分肝组织。镜下见脾脏红髓和部分肝窦内见中等大小淋巴细胞浸润,细胞轻至中度异型,胞质少量、淡染。免疫组化染色示浸润的淋巴细胞 CD3(+),CD20(−),CD5(−),CD4(−),CD8(+),CD56(+),GranzymeB(−),TIA-1(+)。原位杂交示 EBER(−)。最可能的病理诊断是

A. 淋巴组织反应性增生

B. 外周 T 细胞淋巴瘤,非特指性

C. 肝脾 T 细胞淋巴瘤

D. 结外 NK/T 细胞淋巴瘤

E. 侵袭性 NK 细胞白血病

【答案】C

30. 男性,56 岁。外周血白细胞升高,骨髓活检示骨小梁旁见小至中等大小淋巴细胞浸润。免疫组化染色示浸润的淋巴细胞为 B 细胞,Ki-67 指数 <20%。最**不可能**的病理诊断是

A. 滤泡性淋巴瘤

B. 套细胞淋巴瘤

C. 边缘区淋巴瘤

D. 慢性淋巴细胞白血病/小 B 细胞淋巴瘤

E. 淋巴浆细胞淋巴瘤

【答案】D

【解析】其他淋巴瘤在骨髓内浸润模式均有小梁旁浸润。

31. 男性,65 岁。外周血白细胞升高,骨髓活检示骨髓窦性小淋巴细胞浸润。免疫组化染色示窦性浸润的小淋巴细胞为 B 细胞,Ki-67 指数 <20%。最可能的病理诊断是

A. 滤泡性淋巴瘤

B. 套细胞淋巴瘤

C. 脾脏边缘区淋巴瘤

D. 慢性淋巴细胞白血病/小 B 细胞淋巴瘤

E. 毛细胞白血病

【答案】C

【解析】脾脏淋巴瘤/白血病在骨髓呈窦性浸润模式是特征性的。

32. 男性,32 岁,发现纵隔占位 20 天。行纵隔肿物穿刺活检。镜下见中等大小至大的异型淋巴细胞弥漫浸润,伴灶状坏死,异型淋巴细胞胞质淡染,核形略不规则,染色质细,可见小核仁,核分裂象易见。免疫组化染色示异型细胞 CD20(−),PAX-5(+),CD30(+),CD15(+),ALK(−)。原位杂交示:EBER(−)。最可能的病理诊断是

A. 原发纵隔弥漫性大 B 细胞淋巴瘤

B. 系统性弥漫性大 B 细胞淋巴瘤累及纵隔

C. 经典型霍奇金淋巴瘤

D. 介于 CHL 和 DLBCL 中间特征的未分类 B 细胞淋巴瘤

E. ALK 阴性间变性大细胞淋巴瘤

【答案】D

33. 男性,33 岁,腰椎旁占位。手术切除部分病变活检。镜下见弥漫浸润的中等大小母细胞样细胞,胞质稀少,核分裂象和细胞凋亡易见。免疫组化染色示 CD3(−),CD45RO(−),CD20(−),CD19(+),TDT(+),CD34(+),MPO(−),CD117(−),Ki-67(+80%)。最可能的病理诊断是

A. T 淋巴母细胞白血病/淋巴瘤

B. B 淋巴母细胞白血病/淋巴瘤

C. 伯基特淋巴瘤

D. 髓系肉瘤

E. 生殖细胞肿瘤

【答案】B

34. 男性,15 岁,发热伴颈部淋巴结肿大 2 周。超声引导下淋巴结穿刺。镜下见淋巴结内见次级滤泡,滤泡间较多异型大细胞呈片状浸润,伴有浆细胞分化特征。免疫组化染色示大细胞 CD30(+),CD20(+),CD3(−),Ki-67(+80%),CD10(−),MUM-1(+),CD138(异质性 +),EBNA2(−),LMP1(+)。最可能的病理诊断是

A. 弥漫性大 B 细胞淋巴瘤

B. 浆母细胞淋巴瘤

C. 浆细胞瘤

D. 传染性单核细胞增多症

E. 间变性大细胞淋巴瘤

【答案】D

【解析】临床急性期病程,淋巴结结构保留,大细胞伴浆细胞分化,伴 EBV 感染,呈 LMP1(+)、EBNA2(−)模式。

35. 男性,55 岁,因巨脾行手术。脾脏切面未见结节。镜下见脾脏红髓弥漫浸润的小至中等大小单形性淋巴细胞,核圆形,白髓明显萎缩。免疫组化染色示淋巴细胞 CD20(+),CD3(−),DBA. 44(+),anexin1(−),CD25(−),CD103(−),CD5(−),Ki-67(+15%)。最可能的病理诊断是

A. 脾脏边缘区淋巴瘤

B. 脾脏毛细胞白血病

C. 脾脏弥漫性红髓小 B 细胞淋巴瘤

D. 脾脏弥漫性大 B 细胞淋巴瘤

E. 肝脾 T 细胞淋巴瘤

【答案】C

36. 男性,45 岁,右颈部淋巴结肿大,切除淋巴结活检。镜下见淋巴结淋巴窦明显扩张,窦内充满大量组织细胞,并浸润副皮质区,组织细胞胞质丰富,核染色质,见明显的核沟,核分裂象罕见,混有嗜酸性粒细胞。免疫组化染色示组织细胞 CD1a(+),S-100(+)。病理诊断是

A. 朗格汉斯细胞组织细胞增多症

B. 朗格汉斯细胞组织细胞肉瘤

C. 皮病性淋巴结炎

D. 转移癌

E. 间变性大细胞淋巴瘤

【答案】A

【解析】LCH 典型形态和免疫表型。

37. 男性,70 岁,脾脏占位,手术切除脾脏。脾脏切面见一肿物,大小 8cm×7.5cm×6cm。镜下见梭形细胞增生性病变,其中较多淋巴细胞浸润。免疫组化染色示梭形细胞 CD21(+),CD35(+),Ki-67(阳性细胞数 15%)。原位杂交示 EBER(+)。病理诊断是

A. 滤泡树突细胞反应性增生

B. 炎性假瘤

C. 炎性假瘤样滤泡树突细胞肉瘤

D. 指突树突细胞肉瘤

E. 炎性肌纤维母细胞瘤

【答案】C

【解析】典型病例,特殊部位发生的特殊亚型 FDC 肉瘤,EBV+。

38. 女性,66 岁,脾脏占位,手术切除脾脏。脾脏切面见一肿物,大小 4cm×4cm×3.5cm。镜下见肿瘤,伴出血、坏死。瘤细胞上皮样及梭形,形成互相吻合、排列无序的血管腔,见乳头结构,瘤细胞异型性明显,核分裂易见。病理诊断是

A. 脾海绵状血管瘤

B. 脾弥漫性血管瘤病

C. 脾窦岸细胞血管瘤

D. 脾血管肉瘤

E. 脾淋巴管瘤

【答案】D

【解析】典型年龄和形态。

39. 女性,51 岁,脾脏占位,手术切除脾脏。脾脏切面见一肿物,大小 3cm×2.5cm×1.7cm。镜下见肿瘤组织中相互吻合的血管腔形成网状结构,管腔内衬立方细胞,核圆、染色质粗糙,胞质中等量、淡染,部分内衬细胞脱落、呈簇状或乳头样。下述免疫组化染色通常呈阴性表达的是

A. CD68 B. CD8 C. FⅧ

D. CD31 E. CD34

【答案】E

【解析】本例诊断为脾窦岸细胞血管瘤,瘤细胞具有脾窦内皮细胞表型,通常不表达 CD34。

40. 女性,65 岁,贫血,肝脾肿大,浅表淋巴结轻度肿大。骨髓活检示:骨髓内见弥漫性浸润、形态一致的小淋巴细胞和浆细胞,见 Dutcher 小体。免疫组化染色示小淋巴细胞 CD20(+),MYD88(+)。血清 IgM 水平明显升高。最可能的病理诊断是

A. 结外边缘区淋巴瘤

B. 脾脏边缘区淋巴瘤

C. 淋巴浆细胞淋巴瘤

D. 浆细胞骨髓瘤

E. 套细胞淋巴瘤

【答案】C

【解析】临床病理特征更支持该诊断。

41. 女性,60 岁,腹部不适。CT 示胰头上方淋巴结肿大,手术切除病变。镜下见梭形细胞肿瘤。免疫组化染色示 CD21(+),CD35(+)。关于本病描述**不正确**的形态学特征是
    A. 瘤细胞可呈梭形或卵圆形
    B. 瘤细胞可呈束状、席纹状或漩涡状排列
    C. 可见凝固性坏死和瘤巨细胞
    D. 多数病例瘤细胞间缺乏淋巴、浆细胞浸润
    E. 发生在肝脾的病例与 EBV 感染相关
    【答案】D
    【解析】滤泡树突细胞肉瘤肿瘤细胞间有数量不等的淋巴、浆细胞或嗜酸性粒细胞浸润,有时淋巴细胞围绕血管周围呈袖套状浸润。

42. 男性,71 岁,全身多骨病变。病变处骨组织穿刺活检。镜下见骨髓腔内见弥漫浸润的小的淋巴样细胞,胞质中等量、淡染,多数核偏位。免疫组化染色示 CD20(+),CD79a(+),cyclinD1(+),CD138(+)。病理诊断是
    A. 套细胞淋巴瘤   B. 浆细胞瘤
    C. 毛细胞白血病   D. 边缘区淋巴瘤
    E. 滤泡性淋巴瘤
    【答案】B
    【解析】不是所有 cyclinD1(+)的肿瘤都是 MCL。浆细胞瘤、LPL 的少见亚型(小细胞亚型)常常 cyclinD1(+),通常伴/不伴 t(11;14)转位,伴 B 细胞标志物 CD79a(+)阳性。

【A3 型题】

(1~3 题共用题干)
女性,27 岁,胸闷、呼吸困难 1 周。CT 检查提示前纵隔大包块。行 CT 引导下穿刺活检,送检 2 条病变组织。镜下见不规则结节状病变,结节间有粗大胶原纤维,结节内较多小淋巴细胞、嗜酸性粒细胞和浆细胞浸润,并有散在异型大细胞浸润。免疫组化染色示异型大细胞 CD30(+)、CD15(−)、PAX5(+)、CD20 强(+)、OCT2(+)、BOB1(+)。

1. 根据临床特征,最**不可能**的诊断是
    A. T 淋巴母细胞白血病/淋巴瘤
    B. 经典型霍奇金淋巴瘤
    C. 弥漫性大 B 细胞淋巴瘤
    D. 胸腺瘤
    E. 生殖细胞肿瘤
    F. 神经鞘瘤
    【答案】F

2. 形态特征更符合的诊断是
    A. T 淋巴母细胞白血病/淋巴瘤
    B. 经典型霍奇金淋巴瘤
    C. 弥漫性大 B 细胞淋巴瘤
    D. 胸腺瘤
    E. 生殖细胞肿瘤
    F. 神经鞘瘤
    【答案】B

3. 结合免疫表型,本例最终病理诊断是
    A. T 淋巴母细胞白血病/淋巴瘤
    B. 经典型霍奇金淋巴瘤
    C. 弥漫性大 B 细胞淋巴瘤
    D. 介于 CHL 与 DLBCL 中间特征的未分类 B 细胞淋巴瘤(纵隔灰区淋巴瘤)
    E. 胸腺瘤
    F. 生殖细胞肿瘤
    【答案】D
    【解析】(1) 神经鞘瘤是后纵隔发生的肿瘤,其余均是前纵隔好发肿瘤。故选 F。
    (2) 形态提示病变特点为炎症样背景中散在的异型大细胞,符合经典型霍奇金淋巴瘤形态特征,需通过免疫组化进一步鉴别 CHL、DLBCL 和介于 CHL 与 DLBCL 中间特征的未分类 B 细胞淋巴瘤(纵隔灰区淋巴瘤),故选 B;而 T-ALL/LBL 形态为弥漫浸润的中等大小母细胞,HE 可排除,不是必须免疫组化。
    (3) 免疫表型同时有 CD20 强(+)和 CD30(+),OCT2/BOB1(+),符合介于 CHL 与 DLBCL 中间特征的未分类 B 细胞淋巴瘤免疫表型特征(纵隔灰区淋巴瘤),故选 D。

(4~6 题共用题干)
女性,50 岁,因小肠占位行手术,切除部分小肠。既往无 HIV 感染或其他免疫缺陷。镜下见肠壁全层见弥漫浸润的免疫母细胞样细胞,核分裂象易见。免疫组化染色示 CK(−),HMB45(−),CD20(−),PAX5(−),CD3(+),CD30(−),CD45(−)/(+),CD138(+),ALK(+)。原位杂交示 EBER(−)。

4. 结合形态和免疫表型,本例病理诊断是
    A. ALK 阳性间变性大细胞淋巴瘤
    B. 浆母细胞淋巴瘤
    C. 弥漫性大 B 细胞淋巴瘤,非特指
    D. ALK 阳性大 B 细胞淋巴瘤
    E. NK/T 细胞淋巴瘤
    【答案】D

5. 本例 *ALK* 基因重排的伙伴基因最可能是
    A. *NPM1*　　　B. *EML4*　　　C. *CLTC*
    D. *TPM3*　　　E. *ATIC*
    【答案】C
6. 下列可以用于终末期分化 B 细胞的标记中，**不包括**
    A. CD19　　　B. CD79a　　　C. CD138
    D. CD38　　　E. BOB1　　　F. OCT2
    【答案】A
    【解析】(1) 要在大细胞淋巴瘤中鉴别,CD20 阴性,可排除弥漫性大 B 细胞淋巴瘤,非特指;CD30(−)排除间变性大细胞淋巴瘤(anaplastic large cell lymphoma,ALCL),B/ALK(+)大 B 细胞淋巴瘤(LBCL)均可有 CD3 异常表达,但浆母细胞淋巴瘤(plasmablastic lymphoma,PBL)和 NK/T 不表达 ALK,NK/T 细胞淋巴瘤的 EBER+,故选 D。
    (2) ALK+LBCL 中,ALK 的伙伴基因最常见 *CLTC*,故选 C。
    (3) CD19 是 B 细胞早期分化标记,故选 A。

(7~9 题共用题干)

女性,22 岁,既往曾行肾脏移植术。发现小肠梗阻 4 天,影像学检查提示空肠远端大肿块。超声引导下穿刺活检。镜下见弥漫浸润的免疫母细胞样异型大细胞。免疫组化染色示异型细胞 CD45(+)、CD20(+)、CD3(+)、CD56(−)、CD138(−)、ALK(−)、CD30(−)、OCT2(+)、BOB1(+),原位杂交示 EBER 少数细胞(+)。

7. 本例病理诊断是
    A. 移植后 T 细胞淋巴瘤伴 CD20 异常表达
    B. 移植后弥漫性大 B 细胞淋巴瘤伴 CD3 异常表达
    C. 浆母细胞淋巴瘤
    D. ALK 阳性大 B 细胞淋巴瘤
    E. 结外 NK/T 细胞淋巴瘤
    【答案】B
8. 可以出现 T 细胞标记异常表达的 B 细胞淋巴瘤**不包括**
    A. 弥漫性大 B 细胞淋巴瘤
    B. 浆母细胞淋巴瘤
    C. ALK(+)大 B 细胞淋巴
    D. 原发渗出性淋巴瘤,实性亚型
    E. 滤泡性淋巴瘤
    【答案】E

9. 具有浆母细胞和免疫母细胞形态的 B 细胞淋巴瘤中,一般无 EBV 感染是的是
    A. EBV 阳性大 B 细胞淋巴瘤
    B. 浆母细胞淋巴瘤
    C. 浆母细胞型浆细胞瘤
    D. ALK 阳性大 B 细胞淋巴瘤
    E. 原发渗出性淋巴瘤
    【答案】C
    【解析】(1) 根据病史和病理特征,符合移植后淋巴增殖性疾病(post transplant lymphoproliferative disorder,PTLD)-DLBCL。
    (2) 选 E,多种 B 细胞淋巴瘤可以有 T 细胞标记异常表达,常见 CD4,还有 CD3,但 FL 几乎没有 T 细胞标记异常表达。
    (3) 浆细胞瘤一般无 EBV 感染,故选 C。

(10~12 题共用题干)

男性,5 岁,发现右盆腔包块,最大径 4cm。切除包块活检,包块位于阑尾旁。镜下见胖梭形细胞增生性病变,细胞数量少、稀疏分布、无明显排列特征,部分在血管周围浸润,伴间质显著黏液变性,细胞有异型性,可见核分裂象,病变内未见淋巴结结构。

10. 根据形态特征,最**不可能**的诊断是
    A. 间叶源性肉瘤
    B. 神经源性肿瘤
    C. 伯基特淋巴瘤
    D. 间变性大细胞淋巴瘤
    E. 生殖细胞肿瘤
    【答案】C
11. 免疫组化染色示 vimentin(+/−),LCA(+/−),CD20(−),CD3(−),CD30(+),PLAP(−),ALK(+)。最终病理诊断是
    A. 间叶源性肉瘤
    B. 神经源性肿瘤
    C. 伯基特淋巴瘤
    D. 间变性大细胞淋巴瘤
    E. 生殖细胞肿瘤
    【答案】D
12. 系统性 ALK+ALCL 和原发皮肤 ALCL 的鉴别点**不包括**
    A. 原发皮肤 ALCL 的 ALK 染色阴性
    B. 原发皮肤 ALCL 的 EMA 染色阳性
    C. 多数系统性 ALCL 患者发现时是临床晚

期（Ⅲ-Ⅳ期）

    D. 小细胞亚型 ALK+ALCL 可以累及外周血,呈白血病表现

    E. 约 25% 的 皮 肤 ALCL 有 *DUSP2-IRF4* 重排

【答案】E

【解析】(1) C。

（2）选 D。少细胞亚型的 ALCL 容易误诊为间叶源性肉瘤,尤其是在软组织肿瘤好发部位,血管周围找到异型大细胞,加做 CD30 和 ALK 染色可以辅助诊断。伯基特淋巴瘤为弥漫浸润的一致形态的中等大小细胞,无间质黏液变。

（3）选 B,原发皮肤 ALCL 免疫组化染色 ALK 和 EMA 均阴性。

（13~15 题共用题干）

男性,12 岁,发现颈部淋巴结肿大 3 个月,约鸽子蛋大小。切除淋巴结活检。低倍镜示淋巴结正常结构部分消失,病变呈不规则结节状,结节间纤维组织增生,见小片状坏死,坏死周围见肉芽肿形成。高倍示坏死周围有大的异型细胞呈散在或簇状浸润,有的异型细胞似 R-S 细胞。未见真菌菌丝和孢子。

13. 下列诊断中最**不可能**的是

    A. 淋巴结炎

    B. 胸腺瘤

    C. 非霍奇金 B 细胞淋巴瘤

    D. 经典型霍奇金淋巴瘤

    E. 间变性大细胞淋巴瘤

【答案】B

14. 免疫组化染色示异型细胞 CD30(+),CD15(+),PAX-5(弱 +),CD20(-),CD3(-),LCA(-),CD138(-),ALK(-)。病理诊断是

    A. 淋巴结炎

    B. 胸腺瘤

    C. 非霍奇金 B 细胞淋巴瘤

    D. 经典型霍奇金淋巴瘤

    E. 间变性大细胞淋巴瘤

【答案】D

15. 为满足临床治疗,有必要加做的染色是

    A. OCT-2   B. BOB-1

    C. EBER   D. CD79a

    E. 抗酸染色

【答案】E

【解析】(1) 选 B,年龄和形态均不支持胸腺瘤。

（2）D。

（3）选 E,需要排除结核的可能性。

（16~18 题共用题干）

男性,56 岁,发现右肺部肿物和右颈部淋巴结肿大。切除颈部淋巴结活检。镜下示淋巴结正常结构完全破坏,见地图样坏死,坏死旁较多小淋巴细胞浸润,其中见散在分布的异型大细胞,核分裂象易见。原位杂交示 EBER(大细胞 +)。

16. 结合临床和形态特征,最**不可能**的诊断是

    A. EBV 阳性大 B 细胞淋巴瘤

    B. 淋巴瘤样肉芽肿

    C. 血管免疫母细胞性 T 细胞淋巴瘤

    D. 外周 T 细胞淋巴瘤,非特指性

    E. NK/T 细胞淋巴瘤

【答案】C

17. 异型细胞 CD20(+),CD56(-),EBER 阳性大细胞 <20 个/HPF。最可能的诊断是

    A. EBV 阳性大 B 细胞淋巴瘤

    B. 淋巴瘤样肉芽肿

    C. 血管免疫母细胞 T 细胞淋巴瘤

    D. 外周 T 细胞淋巴瘤,非特指性

    E. NK/T 细胞淋巴瘤

【答案】B

18. 本病**不常**累及的结外部位是

    A. 肺   B. 脑   C. 肾

    D. 皮肤   E. 胃肠道

【答案】E

【解析】(1) 选 C,上述选项均可有 EBV 感染,但 C 形态不符合。

（2）选 B,需在 A 和 B 鉴别,结合临床肺部肿物和 EBER 染色支持 B。

（3）E。

（19~21 题共用题干）

女性,36 岁,发热伴双颈部淋巴结肿大 2 个月,骨扫描未见异常。行左颈淋巴结切除活检。镜下示淋巴结结构保留,淋巴窦内见大的、间变核形的异型细胞浸润。

19. 结合临床和形态特征,下述诊断中,最**不可能**的是

    A. 间变性大细胞淋巴瘤

    B. 弥漫性大 B 细胞淋巴瘤

C. 浆细胞瘤

D. 转移癌

E. 恶性黑色素瘤

【答案】C

20. 免疫组化染色示 CK(−),HMB45(−),LCA(−),CD3(−),CD20(−),CD30(+),CD56(+),ALK(+);原位杂交示 EBER(−)。本例最终病理诊断是

A. 间变性大细胞淋巴瘤

B. 弥漫性大 B 细胞淋巴瘤

C. 浆细胞瘤

D. 转移癌

E. 恶性黑色素瘤

【答案】A

21. 本例中,与 *ALK* 基因融合的伙伴基因不包括

A. *NPM1*　　B. *EML4*　　C. *CLTC*

D. *TPM3*　　E. *ATIC*

【答案】B

【解析】(1) 选 C,其他均可有窦内生长。

(2) 选 A。

(3) *EML4* 为肺癌中发现的伙伴基因,故选 B。

(22~24 题共用题干)

女性,26 岁,因 T 淋巴母细胞白血病行异基因造血干细胞移植后 2 个月。发现颈部淋巴结肿大,行超声引导下穿刺活检。镜下示淋巴结未见淋巴滤泡,见大量淋巴细胞、浆细胞浸润,部分为免疫母细胞和浆母细胞,伴有显著的浆细胞分化,可以见到不成熟浆细胞,淋巴细胞小。原位杂交 EBER(+)。

22. 依据上述结果,最可能的病理诊断是

A. 非破坏性移植后淋巴组织增殖性疾病

B. 移植后淋巴组织增殖性疾病,多形性

C. 移植后淋巴组织增殖性疾病,单形性,B 细胞型

D. 移植后淋巴组织增殖性疾病,单形性,T/NK 细胞型

E. 移植后淋巴组织增殖性疾病,经典霍奇金淋巴瘤

【答案】B

23. 单形性移植后淋巴组织增殖性疾的 B 细胞肿瘤中,不包括

A. 弥漫性大 B 细胞淋巴瘤

B. 浆细胞骨髓瘤

C. 浆细胞瘤

D. 伯基特淋巴瘤

E. 除 EBV(+) 的边缘区淋巴瘤以外的惰性小 B 细胞形态淋巴瘤

【答案】E

24. 造血系统肿瘤移植后患者组织活检的临床目的不包括

A. 是否原肿瘤复发

B. 是否有肿瘤微小残留

C. 是否移植后淋巴组织增殖性疾病

D. 是否移植物抗宿主病

E. 是否真菌感染

【答案】B

【解析】(1) 选 B,淋巴细胞形态多形性,显示向浆细胞的分化谱系。

(2) 选 E,惰性小 B 细胞淋巴瘤中,仅有 EBV(+) 的 MZL 属于 PTLD。

(3) 选 B,形态学难以观察到微小残留。

(25~27 题共用题干)

女性,49 岁,查体发现大肠散在多发充血、糜烂、溃疡灶。行肠镜活检。镜下示结肠黏膜糜烂,固有层见灶状中等大小、胞质淡染的细胞浸润,未见核分裂象。免疫组化染色示病灶区中等大小细胞 CD3ε(+),CD20(−),CD68(−),CD56(+),CD4(−),CD8(−),CD5(−)。原位杂交示 EBER(−)。

25. 本例病理诊断是

A. 结外 NK/T 细胞淋巴瘤,鼻型

B. 侵袭性 NK 细胞白血病累及肠道

C. 胃肠道惰性 NK 细胞淋巴细胞增生性疾病

D. 胃肠道惰性 T 细胞淋巴组织增殖性疾病

E. 溃疡性结肠炎

【答案】C

26. 下列如果应用以下几种抗体染色,染色结果最有可能为阴性的是

A. cCD3　　　　　　B. sCD3

C. CD3ε　　　　　　D. CD3 多克隆抗体

E. GranzymeB

【答案】B

27. 胃肠道惰性 NK 细胞淋巴细胞增生性疾病与 NK/T 细胞淋巴瘤的鉴别点不包括

A. 病灶是否表浅

B. 有无血管中心侵犯

C. 是否 CD4/CD8 双阴性

D. 是否 EBER 阳性

E. 是否为侵袭性临床病程

【答案】C

【解析】(1) 选 C,NK 细胞增殖,EBER(−)除外肠道 NK/T 淋巴瘤。

(2) 选 B,NK 细胞缺乏 CD3 细胞膜抗原,sCD3 阴性。

(3) 选 C。

(28~30 题共用题干)

男性,25 岁,左颈部淋巴结肿大,无 B 组症状。切除左颈部淋巴结活检。镜下示淋巴结内大量扩张的滤泡,部分滤泡不规则形,边缘有少量套细胞围绕,滤泡内见"满天星",滤泡内细胞单形、中等偏大、核染色质细、核仁不明显。免疫组化染色示滤泡内 CD21(FDC 网 +),CD20(+),CD10(+),BCL6(+),BCL2(弱 +),MUM1(−),Ki-67(+40%)。

28. 下列诊断中,最可能的诊断是

A. 滤泡性淋巴瘤,低级别

B. 滤泡性淋巴瘤,高级别

C. 滤泡性淋巴瘤,儿童型

D. 弥漫性大 B 细胞淋巴瘤

E. B 淋巴母细胞白血病/淋巴瘤

【答案】C

29. 为明确诊断,行分子病理检查,检查结果**不包括**

A. 未见 *BCL2* 基因重排

B. 未见 *BCL6* 基因重排

C. 未见 *BCL2* 基因扩增

D. 未见 *IRF4* 基因重排

E. 二代测序发现 *MLL2*、*CREBBP*、*MZH2* 基因突变

【答案】E

30. PET/CT 检查提示:除左颈部淋巴结病灶外,全身其余部位未见高代谢病灶。下列关于本例的预后和治疗中,描述正确的是

A. 局部病变仅需手术切除

B. 需要化疗

C. 需要放疗

D. 需要利妥昔单抗单药治疗

E. 预后与滤泡性淋巴瘤大致相同

【答案】A

(31~33 题共用题干)

女性,38 岁,发现腹膜后包块 2 周。超声引导下穿刺活检。低倍镜见淋巴结淋巴组织呈模糊小结节状增生。高倍镜见结节内细胞小至中等大小,似中心细胞,结节外也见类似细胞浸润,局部淋巴结外见类似结节。免疫组化:CD20(+),CD3(−),CD21 示结节内见 FDC 网,未见明显的滤泡内植入。

31. 最可能的诊断是

A. 淋巴结反应性滤泡增生

B. 淋巴结滤泡性淋巴瘤

C. 淋巴结套细胞淋巴瘤

D. 淋巴结边缘区淋巴瘤

E. 淋巴结滤泡性 T 细胞淋巴瘤

【答案】B

32. 下列免疫组化抗体中,对鉴别淋巴瘤类型**无帮助**的是

A. CD10   B. CD5

C. cyclinD1   D. CD21

E. CD43

【答案】E

【解析】多种 B 细胞淋巴瘤为 CD43(+)。

33. 免疫组化染色示:CD10(结节内外 +),cyclinD1(−)。如果行 FISH 检查,最可能查见的基因重排是

A. t(8;14)(q24;q32)

B. t(11;14)(q13;q32)

C. t(14;18)(q32;q21)

D. t(11;18)(q21;q21)

E. t(9;22)(q34.1;q11.2)

【答案】C

(34~36 题共用题干)

男性,55 岁,无意中扪及双腹股沟多发肿物,红枣大小,质硬,无压痛,活动度差,进行性增大,并出现双颈部、腋下多发结节,大者鸡蛋大小。切除左腋下带皮肿物活检。镜下见皮肤真皮、皮下见弥漫浸润的异型细胞,表皮未受累,异型细胞大、胞质中等量、淡染,核卵圆形或稍不规则,核仁明显,核分裂象易见。免疫组化染色示 CD3(−),CD20(−),CD30(−),CD43(+),CD4(+),CD56(+),CD123(−),CD34(−),TDT(−),MPO(−),CD117(−),CD68(−)/(+),CD163(−),CD33(+)/(−);

266

原位杂交示 EBER（-）。T 细胞受体基因重排检测结果：TCRβ（+），TCRγ（-）。

34. 病理诊断是

　　A. 皮下脂膜炎 T 细胞淋巴瘤

　　B. 外周 T 细胞淋巴瘤，非特指性

　　C. 母细胞性浆样树突细胞肿瘤

　　D. 间变性大细胞淋巴瘤

　　E. 不确定

【答案】E

35. 为明确诊断，最应该做的是

　　A. 联系临床，了解外周血和骨髓情况

　　B. 加做 T 细胞相关标志物染色

　　C. 加做 *BCR* 重排检测

　　D. 二代基因测序

　　E. 诊断明确，不需再做工作

【答案】A

36. 骨髓检验和流式细胞学检查结果：急性髓系白血病，M5（单核细胞）。重染免疫组化：CD33（+），溶菌酶（+）。病理诊断是

　　A. 急性髓系白血病累及皮肤

　　B. 急性髓系白血病累及皮肤，伴 *TCR* 重排

　　C. 伴 T 细胞核髓系双表型的急性白血病累及皮肤

　　D. 皮下脂膜炎 T 细胞淋巴瘤

　　E. 外周 T 细胞淋巴瘤，非特指性

【答案】B

【解析】（1）选 E，CD43、CD4 和 CD56 非 T 细胞谱系特异性标记，髓系肿瘤也可检出 *TCR* 重排，不能作为诊断 T 细胞的充分条件。

　　（2）选 A，瘤细胞形态幼稚时，鉴别诊断应包括淋系和髓系，尤其是 CD4、CD56 阳性时，病理活检标本难以确诊时，及时联系临床，骨髓涂片和流式细胞学检查在诊断髓系肿瘤时优势明显。

　　（3）选 B。

（37~39 题共用题干）

男性，35 岁，发现左颈部淋巴结肿大，无症状，切除淋巴结活检。镜下见病变主要累及淋巴结副皮质区，少数滤泡残留；病变组成细胞圆形、胞质丰富嗜酸、核卵圆形、染色质空泡状、有一个中等大小的核仁，可见核分裂象，见较多混杂的小淋巴细胞。免疫组化染色示 CD68（+）、S-100（+）、CD1a（-）、HMB45（-）、Ki-67（20%+）。

37. 病理诊断是

　　A. 窦组织细胞反应性增生

　　B. Rosai-Dorfman 病

　　C. 皮病性淋巴结炎

　　D. 指状突树突细胞肉瘤

　　E. 转移性恶性黑色素瘤

【答案】D

38. 本例行透射电镜检查，下列描述不正确的是

　　A. 可见到细胞指状突起

　　B. 可见到桥粒连接

　　C. 细胞器丰富

　　D. 无 Birbeck 颗粒

　　E. 核不规则，染色质凝集

【答案】B

39. 关于本病，下列描述不正确的是

　　A. 罕见全身淋巴结肿大和肝脾肿大

　　B. 瘤细胞间浸润的淋巴细胞是 T 淋巴细胞

　　C. 不会出现克隆性 *IG* 重排

　　D. 可有 *BCL2* 基因断裂

　　E. 可以 *BRAF V600E* 突变

【答案】C

【解析】肿瘤的一个亚群有克隆性 *IG* 重排，尤其是与低级别 B 细胞淋巴瘤有关时。

（40~42 题共用题干）

男性，48 岁，右颈部淋巴结肿大 3 年，进行性肿大 1 个月，直径 4cm。超声示右颈部和右锁骨上、腹膜后淋巴结肿大。切除颈部淋巴结活检。镜下见淋巴结结构消失，小淋巴细胞和组织细胞增生显著，其中有散在浸润的异型性明显的大细胞，部分似 RS 细胞。免疫组化染色示 CD21（-），异型大细胞 CD30（+），CD15（-），CD20（+），PAX-5（+），CD3（-）；原位杂交示 EBER（大细胞 +）。

40. 病理诊断首先可以排除

　　A. 间变性大细胞淋巴瘤

　　B. 经典型霍奇金淋巴瘤

　　C. 富于 T 和组织细胞的大 B 细胞淋巴瘤

　　D. EBV 阳性大 B 细胞淋巴瘤

　　E. 介于经典型霍奇金淋巴瘤和弥漫大 B 细胞淋巴瘤中间特征的未分类 B 细胞淋巴瘤

【答案】A

41. 下列标志物中，对鉴别淋巴瘤类型帮助最小的是

　　A. BOB1　　　　B. CD79a　　　　C. MUM1

D. OCT2　　　E. LCA

【答案】C

42. 上述各项免疫组化染色结果均为阳性,病理诊断是

A. 间变性大细胞淋巴瘤

B. 经典型霍奇金淋巴瘤

C. 富于 T 细胞和组织细胞的大 B 细胞淋巴瘤

D. EBV 阳性大 B 细胞淋巴瘤

E. 介于经典型霍奇金淋巴瘤和弥漫大 B 细胞淋巴瘤中间特征的未分类 B 细胞淋巴瘤

【答案】D

【解析】(1) 选 A。是 B 细胞淋巴瘤。

(2) 选 C,CHL 中 R-S 细胞为有缺陷的 B 细胞,一般不表达 LCA、CD79a,不同时表达 BOB1 和 OCT2。

(3) 选 D,富于 T 细胞和组织细胞的大 B 细胞淋巴瘤 (T cell and histiocyte-rich large B cell lymphoma,THRLBCL) 与 EBV 无关,灰区淋巴瘤一般无 EBV(+)。

(43~45 题共用题干)

男性,50 岁,全身多处淋巴结肿大,包括双颈部、腋下、腹股沟、腹膜后。切除左颈部淋巴结活检。镜下见淋巴结结构完全破坏,中等大小、形态相对一致的异型细胞弥漫浸润,有"满天星"现象,核分裂象多见。免疫组化染色示 CD20(+),CD10(+),BCL6(+),BCL2(+),MUM1(−),cyclinD1(−),TDT(−),C-MYC>80%(+),Ki-67 90%(+)。

43. 为明确病理诊断,还需要加做的工作**不包括**

A. C-MYC 重排检测　　B. BCL2 重排检测

C. BCL6 重排检测　　D. EBER 原位杂交

E. NGS 测序

【答案】E

44. FISH 检测结果示 C-MYC、BCL6 和 BCL2 基因转位。本例病理诊断是

A. 弥漫性大 B 细胞淋巴瘤,生发中心来源

B. 弥漫性大 B 细胞淋巴瘤,非生发中心来源

C. 高级别 B 细胞淋巴瘤,伴 C-MYC 和 BCL6 及 BCL2 基因重排

D. 高级别 B 细胞淋巴瘤,非特指性

E. 弥漫型滤泡性淋巴瘤

【答案】C

45. 关于弥漫型滤泡性淋巴瘤,下列**不正确**的是

A. 高级别(3A,3B)FL 可以呈弥漫浸润

B. 滤泡外出现呈片状浸润的中心母细胞,则诊断 DLBCL

C. 低级别的滤泡性淋巴瘤可以有弥漫型

D. 弥漫型 FL 的 Ki-67 指数一般较低

E. 较滤泡型 FL 少见

【答案】A

【解析】(1) 选 E,高级别 B 细胞淋巴瘤确诊不依赖 NGS。

(2) 选 C。

(3) 选 A,高级别 FL 出现弥漫浸润时,诊断为 DLBCL。

(46~48 题共用题干)

男性,39 岁,查体发现前纵隔包块,大小 4cm×3cm。CT 引导下穿刺活检,考虑 B 淋巴细胞增殖性疾病。手术切除肿物。大体检查切面呈囊实性。结合形态和免疫表型特征,病理诊断为原发纵隔黏膜相关淋巴组织型结外边缘区淋巴瘤。

46. 胸腺发生的肿瘤中,一般不出现囊性变的是

A. 胸腺瘤

B. T 淋巴母细胞白血病/淋巴瘤

C. 经典型霍奇金淋巴瘤

D. 原发纵隔大 B 细胞淋巴瘤

E. 原发纵隔黏膜相关淋巴组织型结外边缘区淋巴瘤

【答案】B

47. 原发纵隔黏膜相关淋巴组织型结外边缘区淋巴瘤的形态学特征**不包括**

A. 低倍镜下呈斑驳状,囊腔衬覆胸腺上皮

B. 次级滤泡的边缘区单核样 B 细胞增生,环绕滤泡,并融合成片,伴/不伴滤泡植入

C. 伴有显著的浆细胞分化

D. 单核样 B 细胞侵犯胸腺上皮

E. 局部见成片的活化大细胞

【答案】E

48. 除边缘区淋巴瘤外,下述具有边缘区浸润模式或反转滤泡模式的淋巴造血系统肿瘤**不包括**

A. 滤泡性淋巴瘤

B. 套细胞淋巴瘤

C. 小淋巴细胞淋巴瘤/慢性淋巴细胞白血病

D. 弥漫性大 B 细胞淋巴瘤

E. 肥大细胞增多症

【答案】D

【解析】(1) 选B,胸腺上皮囊性变形成囊腔,T淋母细胞侵袭性强,瘤细胞致密,破坏胸腺上皮。

(2) 选E,出现成片大细胞要诊断伴弥漫大B细胞淋巴瘤转化。

(3) 选D,FL伴边缘区B细胞分化,边缘区亚型套细胞淋巴瘤,白血病累及淋巴结,包括外周T细胞淋巴瘤。

(49~51题共用题干)

男性,33岁,肌酐升高10个月,肾穿刺后肾包膜下出血1天,当地予对症治疗,缓解不明显,并出现肺部感染和呼吸衰竭,由外院转入院。入院后行相关检查。血常规:Hg 80g/L,RBC $2.93×10^{12}$/L,WBC $33.09×10^9$/L,NEU% 0.92,CRP 14.96mg/dl,IL-6 2 598.00pg/ml。血生化:LDH 805.7U/L。梅毒抗体(−),HIV抗体(−),EBV抗体IgM(−),CMV抗体IgM(−)、IgG(+)。血清免疫电泳正常,免疫球蛋白IgG、IgE升高,Ig轻链Kappa和Lambda均升高、非限制性表达,β2微球蛋白升高,IgG亚型检测IgG1 2 050.0mg/dl,IgG4 955.0mg/dl。抗核抗体1:100阳性,抗双链DNA抗体、抗中性粒细胞胞质抗体、抗着丝点抗体、抗增殖细胞核抗原抗体阴性,类风湿因子测定正常。全身多部位淋巴结肿大,包括双颈部、腋下、腹股沟、纵隔和腹膜后。镜下见淋巴结结构正常,滤泡轻度增生,淋巴窦存在、部分扩张,滤泡间和髓质区大量片状浸润的成熟浆细胞,滤泡间血管增生。

49. 综上所述,病理诊断是
    A. 感染相关淋巴结炎
    B. IgG4相关淋巴结病
    C. 多中心Castleman病,浆细胞型
    D. 淋巴浆细胞淋巴瘤
    E. 浆细胞瘤

【答案】C

50. Castleman病可以是POEMS综合征的一部分。POEMS综合征的描述中错误的是
    A. 周围神经病
    B. 脏器肿大
    C. 内分泌病
    D. 多克隆免疫球蛋白
    E. 皮肤病变

【答案】D

51. 浆细胞型Castleman病患者可以同时发现或随后发展为肿瘤。HHV8阴性患者出现较多的肿瘤不包括
    A. 卡波西肉瘤
    B. 弥漫性大B细胞淋巴瘤
    C. 套细胞淋巴瘤
    D. 外周T细胞淋巴瘤
    E. 经典型霍奇金淋巴瘤

【答案】A

【解析】(1) C,结合临床排除,LPL和PCN有淋巴结结构破坏。

(2) D,应该是单克隆M蛋白。

(3) A,HHV8(+)患者发生。

(52~54题共用题干)

男性,36岁,肾移植术后3年,呼吸困难伴发热2周。影像检查发现右侧胸腔积液,无胸壁肿物,肺内未见实性病变,无纵隔淋巴结肿大。行穿刺引流及胸腔积液细胞学检查。镜下见较多异型淋巴样细胞,异型细胞形态似间变大细胞,部分有浆母细胞特征。免疫组化染色示CK(−),HMB45(−),CD45(+),CD20(−),CD3(−),CD138(+),CD30(+),HHV8(LANA1)(+)。

52. 结合本例病理诊断,下列染色中结果最可能为阴性的是
    A. CD38　　　B. PAX-5　　　C. OCT-2
    D. BOB-1　　　E. EBER

【答案】B

53. 本病一般不发生在
    A. 免疫正常人群
    B. 非免疫缺陷的老年人
    C. HIV阳性年轻男性
    D. 免疫抑制患者
    E. 器官移植患者

【答案】A

54. HHV8相关性疾病中,不包括
    A. 原发渗出性淋巴瘤
    B. HHV8(+)弥漫大B细胞淋巴瘤,非特指性
    C. HHV8(+)生发中心萎缩性淋巴组织增殖性疾病
    D. 特发性多中心Castleman病
    E. 卡波西肉瘤

【答案】D

【解析】本例诊断为原发渗出性淋巴瘤,推测起源细胞是伴浆母细胞分化的生发中心后B细胞。故:

(1) 选 B,PAX5 是 B 细胞早期分化阶段的标记。

(2) 选 A,肿瘤患者通常见于免疫缺陷或免疫抑制非免疫缺陷的老年人也可发生。

(3) 选 D,应该是 HHV8 相关多中心 Castleman 病,而特发性是没有明确原因的。

(55~57 题共用题干)

男性,23 岁,发现右颈部淋巴结肿大 2 年,约鸽子蛋大小。无全身症状。切除右颈部淋巴结活检。镜下见淋巴结正常结构大部分消失,部分区域似模糊的大结节状,部分区域见增生的纤维组织包绕淋巴组织呈结节状,增生的淋巴组织以小淋巴细胞浸润为主,混有部分组织细胞,其中见散在浸润的大细胞,大细胞有一定异型性,多数为单核,可见多分叶核,核仁明显。免疫组化染色示大细胞 CD20(+),CD3(−),CD30(−),LCA(−)。原位杂交示 EBER(−)。

55. 结合上述免疫表型,为鉴别诊断,下述最有必要增加的免疫组化项目是

    A. CD79a   B. PAX-5   C. OCT-2

    D. CD15   E. CD21

【答案】E

56. 异型大细胞为肿瘤细胞,CD21 染色示肿瘤区有残存 FDC 网,瘤细胞周围小淋巴细胞呈玫瑰花环状浸润。上述小淋巴细胞的免疫表型特征**不包括**

    A. CD3(+)   B. CD4(+)   C. CD8(+)

    D. BCL6(+)   E. PD-1(+)

【答案】C

57. 本例最终诊断结节性淋巴细胞为主型霍奇金淋巴瘤,当与富于 T 和组织细胞的大 B 细胞淋巴瘤鉴别时,鉴别点**不包括**

    A. 临床病史

    B. 是否结节状模式

    C. 瘤细胞周围是否有 B 细胞结节

    D. 瘤细胞 BOB-1 和 OCT-2 是否阳性

    E. 瘤细胞旁 T 细胞是否辅助 T 细胞

【答案】D

【解析】NLPHL 的主要鉴别诊断包括:生发中心进行性转化(pPTGC)、淋巴细胞丰富的经典型霍奇金淋巴瘤(CHL,LR)、THRLBCL。形态和免疫表型及 EBER 阴性支持 NLPHL,可以排除 PTGC 和 CHL,与 THRLBCL 鉴别诊断点包括 CD21+ 的滤泡(结节)、瘤细胞周围花环状浸润 T 细胞为滤泡辅助 T 细胞表型,THRLBCL 临床一般是侵袭性的。

(58~60 题共用题干)

女性,62 岁,2011 年发现乳腺包块,病理活检诊断为小淋巴细胞淋巴瘤。临床随诊观察,未予治疗。2015 年发现右鼻腔占位,取活检。镜下见弥漫浸润的中等偏大和大的异型淋巴细胞,染色质疏松,核中央核仁明显,核分裂象易见,胞质中等量、淡染。免疫组化染色示 CD5(+),PAX-5(+)。

58. 结合病史和病理特征,本例病理诊断最可能是

    A. 套细胞淋巴瘤

    B. 小淋巴细胞淋巴瘤

    C. Richter 综合征 DLBCL 型

    D. de novo DLBCL

    E. Richter 综合征 HL 型

【答案】C

59. 关于 Richter 综合征表述**错误**的是

    A. 最常见的组织学类型是弥漫性大 B 细胞淋巴瘤

    B. 大部分 DLBCL 与 CLL/SLL 克隆相关

    C. 与 CLL/SLL 克隆相关的 DLBCL 有 IGHV 基因突变

    D. DLBCL 转化与 TP53、NOTCH1 突变、CDKN2A 缺失和 MYC 转位有关

    E. 大部分霍奇金淋巴瘤发生于非突变的 CLL 且 EBV 阴性

【答案】C

60. 下列提示 CLL/SLL 预后差的因子**不包括**

    A. IGHV 基因突变

    B. ZAP70、CD38 表达

    C. 17q−

    D. TP53 突变

    E. 简单核型

【答案】E

【案例分析题】

案例一 男性,65 岁,2012 年 11 月发现左腹股沟淋巴结肿大,有发热、体重减轻,无盗汗。切除淋巴结活检。镜下见淋巴结正常结构消失,见弥漫浸润的小-中等大小淋巴细胞,核形略不规则,核仁不明显,胞质较少,核分裂少见,间质见管壁玻璃样变的小血管。免疫组化染色示

CD20(+)、cyclinD1(+)、CD5(+)、Ki-67(+10%)。Ann Arbor 分期Ⅳ期B组。R-CHOP方案化疗8疗程,2013年6月结束治疗,疗效评价CR。2014年12月出现左肋下疼痛,PET-CT考虑肿瘤复发。骨髓活检查见单克隆增生的B细胞。2015年1月予R-FC方案化疗4疗程,疗效评价CR。家属因严重感染拒绝化疗。2018年8月出现鼻咽部阻塞感,内镜发现鼻咽占位,行穿刺活检。免疫组化染色示:CD20(+)、cyclinD1(+)、CD5(+)、Ki-67(+80%)。

提问1:2012年初次病理诊断是

    A. 滤泡性淋巴瘤

    B. 套细胞淋巴瘤

    C. 边缘区淋巴瘤

    D. 慢性淋巴细胞白血病/小淋巴细胞淋巴瘤

    E. 弥漫性大B细胞淋巴瘤

    F. 伯基特淋巴瘤

【答案】B

【解析】形态学特征弥漫浸润的小-中等大小淋巴细胞,核形略不规则,核仁不明显,胞质较少,核分裂少见,间质见管壁玻璃样变的小血管。免疫组化示CD20(+)、cyclinD1(+)、CD5(+)、Ki-67(+10%),故选B。

提问2:下列因素影响淋巴瘤患者预后的是

    A. B组症状

    B. 乳酸脱氢酶

    C. Ann Arbor 分期

    D. 结外侵犯数目

    E. 年龄 >60 岁

    F. 一般状况

【答案】ABCDEF

提问3:FISH检测提示 CCND1 基因易位,检测位点是

    A. t(8;14)(q24;q32)

    B. t(11;14)(q13;q32)

    C. t(14;18)(q32;q21)

    D. t(11;18)(q21;q21)

    E. t(9;22)(q34.1;q11.2)

    F. t(2;5)(p23;q35)

【答案】B

提问4:2018年淋巴瘤复发,且Ki-67指数较之前显著增高,提示经典型套细胞淋巴瘤向侵袭性更强的淋巴瘤转化。下述指标可以提示这种转化的是

    A. 瘤细胞呈母细胞样

    B. 瘤细胞呈多形性

    C. 核分裂象易见

    D. C-MYC 重排

    E. TP53 突变/过表达/缺失

    F. SOX11 不表达

【答案】ABCDE

提问5:临床使用伊布替尼治疗复发难治套细胞淋巴瘤,主要的机制是

    A. 属于化疗用药

    B. 属于放疗用药

    C. 属于分子靶向治疗

    D. 抗血管生成

    E. 抗微循环

    F. 是布鲁顿酪氨酸激酶(BTK)抑制剂

【答案】CF

案例二 男性,51岁,2018年4月初受凉后畏冷、寒战、发热,每晚体温38~40℃,右侧颌下淋巴结肿大,大小1cm×1cm,无疼痛,抗感染效果不佳。EB病毒核抗原IgG(+),EB病毒壳抗原IgG(+),EBV-DNA 4.32×10⁵IU。骨髓涂片:异型淋巴细胞4.5%;外周血涂片:异型淋巴细胞8%。骨髓组织活检正常。超声提示多发浅表淋巴结肿大。当地淋巴结活检考虑反应性增生。临床抗病毒疗效不佳,仍有体温间断升高,全身多发淋巴结进行性肿大,逐渐出现全身水肿,尿量减少。考虑急性肾衰竭,给予激素治疗(甲泼尼龙40mg×3天),水肿消退,血肌酐恢复正常,体温正常。外周血异型淋巴细胞10%,EB病毒抗体IgM >180U/ml,EBV-DNA 1.67×10⁵U。临床诊断:传染性单核细胞增多症,未予特殊治疗。回当地抗EB病毒治疗(具体不详),口服甲泼尼龙32mg/d,体温正常后再次升高。6个月时再次行淋巴结活检,病理诊断血管免疫母细胞T细胞淋巴瘤。

提问1:血管免疫母细胞T细胞淋巴瘤(AITL)的病理特征包括

    A. 常见淋巴结结构破坏

    B. 肿瘤向淋巴结外播散浸润,被膜下窦开放

C. 多形性细胞浸润,有淋巴细胞、粒细胞、浆细胞、免疫母细胞

D. 肿瘤性 T 细胞胞质丰富透亮

E. 滤泡树突细胞增生

F. 分枝状高内皮血管增生

【答案】ABCDEF

提问 2:AITL 肿瘤细胞来源滤泡辅助 T 细胞,下述属于 TFH 的标志物的是

A. CD10　　　　B. CD4

C. BCL6　　　　D. CXCL13

E. PD-1　　　　F. ICOS

【答案】ABCDEF

提问 3:AITL 的分子病理检查可以出现下述结果,包括

A. T 细胞受体基因重排阳性

B. T 细胞受体基因重排阴性

C. B 细胞受体基因重排阳性

D. B 细胞受体基因重排阴性

E. *TET2,IDH2,DNMT3A,RHOA* 基因突变

F. *ITK-SYK,CTLA4-CD28* 基因融合

【答案】ABCDEF

提问 4:AITL 的形成依赖多步骤、多向分化的基因突变的获得,早期发生的基因突变有

A. *TET2*　　　　B. *IDH2*

C. *DNMT3A*　　　　D. *RHOA*

E. *NOTCH1*　　　　F. *NOTCH2*

【答案】AC

提问 5:AITL 的形成依赖多步骤、多向分化细胞的基因突变的获得,晚期发生在 B 细胞的基因突变有

A. *TET2*　　　　B. *IDH2*

C. *DNMT3A*　　　　D. *RHOA*

E. *NOTCH1*　　　　F. *NOTCH2*

【答案】D

(孙　璐　王力夫)

第十五章　软组织疾病

【A1 型题】

1. 关于结节性筋膜炎,下列说法**错误**的是
   - A. 病史短,部分可有局部疼痛
   - B. 大多直径 <2cm
   - C. 好发于上肢前臂
   - D. 属于炎症性病变
   - E. 边界不清,组织学形态多样,核分裂象易见

   【答案】D
   【解析】结节性筋膜炎属于肌纤维母细胞增生性病变,并非炎症性病变。

2. 关于炎性肌纤维母细胞肿瘤,下列说法**错误**的是
   - A. 最常见于肺
   - B. 生物学行为属于良性肿瘤
   - C. 儿童和青年多见
   - D. 梭形瘤细胞常表达 ALK
   - E. 组织学形态复杂多样,核分裂象易见

   【答案】B
   【解析】炎性肌纤维母细胞肿瘤是一种潜在恶性或中间型的肿瘤,位于腹腔内者具有局部复发的倾向,复发率 23%~37%。

3. 增生性筋膜炎,组织学可见神经节细胞样巨细胞,该细胞本质上是
   - A. 巨噬细胞
   - B. 神经节细胞
   - C. 纤维母细胞
   - D. 瘤巨细胞
   - E. 退变的巨噬细胞

   【答案】C
   【解析】增生性筋膜炎中神经节细胞样巨细胞是变异的纤维母细胞。

4. 关于真皮纤维瘤,下列说法**错误**的是
   - A. 常见的纤维细胞源性肿瘤

   - B. 肿瘤组织主要由纤维母细胞、组织细胞等构成
   - C. 主要位于真皮,可累及皮下
   - D. 罕见复发
   - E. 肿瘤存在多种变异型

   【答案】A
   【解析】真皮纤维瘤属于纤维组织细胞来源肿瘤。

5. 下列**不属于**中间型血管源性肿瘤的是
   - A. 卡波西型血管内皮瘤
   - B. 上皮样血管内皮瘤
   - C. 网状型血管内皮瘤
   - D. 假肌源性血管内皮瘤
   - E. 乳头状淋巴管内血管内皮瘤

   【答案】B
   【解析】上皮样血管内皮瘤属于低度恶性血管肉瘤。

6. 下列哪种类型脂肪肿瘤常伴有 *MDM2* 基因扩增
   - A. 脂肪瘤
   - B. 多形性脂肪肉瘤
   - C. 黏液样脂肪肉瘤
   - D. 去分化脂肪肉瘤
   - E. 圆形细胞脂肪肉瘤

   【答案】D
   【解析】高分化和去分化脂肪肉瘤常有 *MDM2* 基因扩增。

7. 下列常伴有 *FUS-DDIT3*（*CHOP*）基因融合的脂肪肿瘤是
   - A. 脂肪瘤
   - B. 多形性脂肪肉瘤
   - C. 黏液样脂肪肉瘤
   - D. 去分化脂肪肉瘤
   - E. 非典型脂肪瘤性肿瘤

273

【答案】C

【解析】黏液样脂肪肉瘤常有 *FUS-DDIT3（CHOP）* 基因融合。

8. 下列**不属于**血管周细胞肿瘤的是

    A. 血管球瘤

    B. 血管平滑肌瘤

    C. 肌纤维瘤

    D. 肌周细胞瘤

    E. 血管平滑肌脂肪瘤

【答案】E

【解析】血管平滑肌脂肪瘤属于未确定分化的肿瘤。

9. 下列常伴有 *FOXO1* 基因断裂的横纹肌肿瘤是

    A. 横纹肌瘤

    B. 胚胎性横纹肌肉瘤

    C. 腺泡状横纹肌肉瘤

    D. 多形性横纹肌肉瘤

    E. 梭形细胞/硬化型横纹肌肉瘤

【答案】C

【解析】腺泡状横纹肌肉瘤常有 *FOXO1* 基因断裂。

10. 下列**不属于**中间型肿瘤的是

    A. 非典型纤维黄色瘤

    B. 肢端黏液炎性纤维母细胞肉瘤

    C. 非典型脂肪瘤性肿瘤

    D. 腹壁纤维瘤病

    E. 富细胞平滑肌瘤

【答案】E

【解析】富细胞平滑肌瘤属于良性肿瘤，其他选项均为中间型肿瘤。

【A2 型题】

1. 男性，26 岁，近 2 周发现右前臂有一直径 2cm 肿物，局部疼痛。组织学病变欠清，由温和的梭形纤维母细胞构成，分布不均，间质疏松水肿、黏液样变，可见红细胞外渗，核分裂易见。下列诊断正确的是

    A. 低级别黏液性纤维肉瘤

    B. 低度恶性肌纤维母细胞肉瘤

    C. 结节性筋膜炎

    D. 黏液性神经纤维瘤

    E. 真皮纤维瘤

【答案】C

【解析】年青男性，前臂肿物，病史短，直径2cm。细胞温和，间质疏松水肿、黏液样变，可见红细胞外渗，核分裂易见，诊断为结节性筋膜炎。

2. 男性，50 岁，发现左大腿深部软组织肿物，境界清楚，直径 2.5cm。肉眼质软、灰黄色，胶冻样。镜下瘤细胞为纤细、波浪样温和的梭形细胞，编织状排列，核分裂不易见，间质黏液样变。下列说法正确的是

    A. 恶性肿瘤转移至软组织

    B. 黏液性神经纤维瘤

    C. 肿瘤预后差，需要综合治疗

    D. 表浅性血管黏液瘤

    E. 黏液性纤维肉瘤

【答案】B

【解析】根据肿物大小、肉眼（质软、灰黄色，胶冻样）和镜下特点（瘤细胞为纤细、波浪样温和的梭形细胞，编织状排列，核分裂不易见，间质黏液样变），诊断为黏液性神经纤维瘤。

3. 女性，47 岁，下腹部下坠感 3 月余。超声示子宫壁肌间多个直径 1~4cm 边界清楚的结节。患者子宫肿物最可能的诊断是

    A. 子宫内膜异位症

    B. 子宫多发性转移性癌

    C. 多发性子宫平滑肌瘤

    D. 子宫内膜间质增生结节

    E. 子宫内膜间质肉瘤

【答案】C

【解析】多发性子宫平滑肌瘤是子宫最常见的良性肿瘤。

4. 女性，35 岁，右手示指指甲床下肿物 1 周伴疼痛。肉眼肿物呈红色结节，直径 0.5cm。镜下可见大小不等的血管，血管周围可见大小较一致的圆形或卵圆形细胞，核居中，胞质嗜双色至微嗜酸。下列最可能的诊断是

    A. 真皮纤维瘤   B. 神经纤维瘤

    C. 平滑肌瘤   D. 类癌

    E. 血管球瘤

【答案】E

【解析】血管球瘤最常见于指甲下，伴疼痛。

5. 女性，3 岁，阴道壁可见一直径 2.5cm 的息肉样肿物，有短蒂，质地柔软，黏液水肿样。镜下肿瘤主要位于黏膜下，瘤细胞呈梭形、圆形，部分细胞胞质丰富、嗜酸性，可见核分裂象。在紧靠黏膜上皮下方出现瘤细胞密集排列的宽带状区域。患者阴道壁肿物最可能的诊断是

    A. 横纹肌瘤

B. 横纹肌样瘤

C. 梭形细胞横纹肌肉瘤

D. 胚胎性横纹肌肉瘤

E. 腺泡状横纹肌肉瘤

【答案】D

【解析】根据临床病史(好发于10岁以下幼儿)、肉眼(息肉样,有短蒂,质地柔软)和组织学特征性改变(位于黏膜下,瘤细胞呈梭形、圆形,部分细胞胞质丰富、嗜酸性,可见核分裂象,在紧靠黏膜上皮下方出现瘤细胞密集排列的宽带状区域)均符合胚胎性横纹肌肉瘤。

6. 女性,2岁,面部皮肤见一鲜红色、境界清楚的肿物,无包膜,直径1cm。镜下肿物位于真皮层,呈分叶状,由增生的毛细血管构成。间质为纤维结缔组织。患者皮肤肿物最可能的诊断是

A. 海绵状血管瘤　　B. 静脉瘤

C. 动脉瘤　　　　　D. 毛细血管瘤

E. 淋巴管瘤

【答案】D

【解析】根据临床病史(婴幼儿常见的血管肿瘤)、肉眼(早期成扁平红色或紫红色,随后逐渐隆起成草莓状)和组织学特征(肿物位于真皮层,呈分叶状,由增生的毛细血管构成,间质为纤维结缔组织)均符合毛细血管瘤。

7. 男性,25岁,颈部皮下见一境界清楚的肿物,无包膜,直径3cm。肿物主要由增生的血管构成,内皮细胞明显增生呈上皮样。部分区域细胞密集。血管腔不明显。间质可见丰富的嗜酸性粒细胞浸润。该肿物最可能的诊断是

A. 海绵状血管瘤

B. 上皮样血管瘤

C. 血管淋巴组织增生伴嗜酸性粒细胞浸润

D. 毛细血管瘤

E. 上皮样血管内皮瘤

【答案】B

【解析】本例最主要的鉴别诊断是血管淋巴组织增生伴嗜酸性粒细胞浸润。但后者血管内皮增生不明显,且间质多量淋巴细胞浸润伴淋巴滤泡形成。

8. 男性,35岁,右下肢皮下见一淡红色肿物,无包膜,直径2.5cm。肿物主要由呈条索状排列的圆形、多边形或梭形瘤细胞构成,瘤细胞质丰富红染,常见胞质内管腔或空泡形成,个别管腔或空泡内含单个或多个红细胞,可

见核分裂。间质黏液样变和胶原化。该肿物最可能的诊断是

A. 上皮样血管瘤

B. 上皮样肉瘤

C. 血管肉瘤

D. 上皮样血管内皮瘤

E. 低分化腺癌

【答案】D

【解析】根据瘤细胞排列特点(条索状排列的圆形、多边形或梭形瘤细胞构成,瘤细胞胞质丰富红染,常见胞质内管腔或空泡形成,可见核分裂),呈原始血管腔分化和细胞异型性等支持上皮样血管内皮瘤。

9. 男性,40岁,右下肢疼痛2周。CT示脊神经根见一直径3cm结节状肿物,边界清楚。肉眼包膜完整。镜下瘤细胞呈梭形,部分细胞核呈栅栏状排列。可见交替出现的致密区和疏松区。少数细胞核大,但核仁不明显,核分裂不易见。该肿物最可能的诊断是

A. 神经纤维瘤　　　B. 神经鞘瘤

C. 脊膜瘤　　　　　D. 神经束膜瘤

E. 恶性外周神经鞘膜瘤

【答案】B

【解析】根据肿瘤部位,肉眼肿瘤有完整包膜和瘤细胞排列特点(胞核呈栅栏状排列,可见交替出现的致密区和疏松区)支持神经鞘瘤。

10. 女性,51岁,右手疼痛2个月。CT示掌指关节处可见一直径2.6cm结节状肿物,边界较清。镜下肿瘤呈结节状,瘤细胞呈梭形纤维母细胞,并见较多组织细胞、泡沫细胞和多核巨细胞,偶见核分裂。该肿物最可能的诊断是

A. 真皮纤维瘤

B. 软组织巨细胞瘤

C. 局限型腱鞘巨细胞瘤

D. 弥漫型腱鞘巨细胞瘤

E. 恶性腱鞘巨细胞瘤

【答案】C

【解析】根据肿瘤部位,肿瘤组织学特征(呈结节状,瘤细胞呈梭形纤维母细胞,并见较多组织细胞、泡沫细胞和多核巨细胞,偶见核分裂)支持局限型腱鞘巨细胞瘤。

11. 男性,3岁,右上肢皮下暗红色肿物,直径2.5cm。组织学病变呈分叶状,由分化成熟的毛细血管构成,部分区域细胞呈梭形,较密集,可见类似"肾小球"样结构,并见红细

胞外渗,偶见核分裂。该肿物可能的诊断是

A. 毛细血管瘤

B. 梭形细胞血管内皮瘤

C. 卡波西型血管内皮瘤

D. 卡波西肉瘤

E. 上皮样肉瘤样血管内皮瘤

【答案】C

【解析】根据患者发病年龄,病变部位和组织学特征(呈分叶状,由分化成熟的毛细血管构成,部分区域细胞呈梭形,较密集,可见类似"肾小球"样结构)支持卡波西型血管内皮瘤。

12. 男性,45 岁,右腹股沟肿物,灰黄色,直径 5.5cm。镜下瘤组织呈分叶状,由分化程度不同的脂肪细胞构成,细胞大小不一,可见脂肪母细胞,间质为丰富的分支状小血管伴黏液样变,个别区域可见黏液湖。该肿物最可能的诊断是

A. 脂肪瘤

B. 非典型脂肪瘤性肿瘤

C. 脂肪母细胞瘤

D. 黏液样脂肪肉瘤

E. 血管平滑肌脂肪瘤

【答案】D

【解析】根据患者发病年龄和组织学特征(瘤组织呈分叶状,由分化程度不同的脂肪细胞构成,细胞大小不一,可见脂肪母细胞,间质为丰富的分支状小血管伴黏液样变,个别区域可见黏液湖)支持黏液样脂肪肉瘤。

13. 男性,52 岁,体检超声显示肝脏肿物,直径约 5cm,境界不清,其内血流丰富。镜下瘤组织由多量薄壁血管构成,管腔大小不一,腔内充满血液。管壁披覆内皮细胞。该肿物最可能的诊断是

A. 肝细胞癌　　B. 海绵状血管瘤

C. 静脉瘤　　　D. 毛细血管瘤

E. 血管畸形

【答案】B

【解析】肝脏的海绵状血管瘤较为常见,超声和组织学形态改变支持该诊断。

14. 女性,50 岁,体检超声显示肝脏多灶性肿物,直径 1~2cm,境界不清。镜下瘤组织由呈条索状排列的异型梭形瘤细胞构成,部分瘤细胞胞质可见空泡,空泡内见红细胞。间质明显胶原化、黏液样变。免疫组化瘤细胞呈 CK、CD34、ERG 阳性。该肿物最可能的诊断是

A. 肝细胞肝癌

B. 胆管细胞癌

C. 上皮样血管内皮瘤

D. 毛细血管瘤

E. 转移癌

【答案】C

【解析】根据瘤细胞排列特点,呈原始血管腔分化、细胞异型性和免疫组化等支持上皮样血管内皮瘤。

15. 女性,42 岁,剖宫产后 1 年,腹壁肌内有一边界不清的肿物,直径 6cm,质韧。病变由大小一致的梭形纤维母细胞和多少不等的胶原纤维构成,呈平行的宽束状排列。细胞轻度异型,可见小核仁。该肿物最可能的诊断是

A. 术后梭形细胞结节

B. 真皮纤维瘤

C. 肌纤维母细胞瘤

D. 子宫内膜异位症

E. 腹壁纤维瘤病

【答案】E

【解析】纤维瘤病是由梭形的纤维母细胞和胶原纤维构成的境界不清的中间型肿瘤。

16. 男性,47 岁,CT 显示脏层胸膜一直径 4cm 圆形肿物,边界清楚。肿瘤主要由轻度异型的梭形细胞构成,瘤细胞稀疏区与密集区交替分布,间隔以瘢痕样透明变性的胶原纤维,间质可见鹿角形分枝的血管。瘤细胞呈 CD34 阳性。该肿物最可能的诊断是

A. 孤立性纤维性肿瘤

B. 孤立性纤维瘤

C. 单相梭形细胞间皮瘤

D. 滑膜肉瘤

E. 纤维瘤病

【答案】A

【解析】孤立性纤维性肿瘤最好发于脏层胸膜,本例有典型的部位、组织学形态和免疫组化 CD34 阳性支持。

17. 男性,32 岁,右前臂发现一边界不清的肿物 3 月余,直径 2.6cm。行肿物切除,镜下肿瘤呈结节状,部分结节中央可见不规则坏死。瘤细胞呈梭形、卵圆形,部分细胞核仁明显,可见核分裂象。瘤细胞表达 CK,CD34,而 INI-1 缺失。该肿物的病理诊断是

A. 上皮样血管肉瘤

B. 上皮样血管内皮瘤

C. 上皮样肉瘤

D. 低分化癌

E. 假肌源性血管内皮瘤

【答案】C

【解析】本例组织形态学特征结合免疫组化指标瘤细胞 INI-1 表达缺失，支持上皮样肉瘤。

18. 男性，65 岁，右大腿肿物半年，逐渐增大。手术切除肿物，直径 6.5cm，边界不清，切面灰白色，胶冻样，有出血、坏死。镜下见肿瘤由梭形细胞构成，编织状排列，部分细胞核仁明显，可见病理性核分裂。部分瘤细胞胞质呈多空泡状，似脂肪母细胞。间质可见弯曲的小血管和明显黏液样变。免疫组化瘤细胞仅表达 vimentin。该肿物最可能的病理诊断是

A. 血管黏液瘤

B. 低度恶性纤维黏液样肉瘤

C. 恶性外周神经鞘膜瘤

D. 黏液性纤维肉瘤

E. 多形性未分化肉瘤

【答案】D

【解析】本例老年男性的大腿肿物，异型的梭形瘤细胞和黏液样背景，结合免疫组化瘤细胞仅表达 vimentin，支持黏液性纤维肉瘤。

19. 男性，23 岁，右大腿皮肤出现多个暗红色肿物。手术切除肿物，直径 1.5~2.5cm 不等，边界不清。镜下见肿瘤主要位于真皮，部分侵犯皮下脂肪组织。瘤细胞呈梭形，胞质丰富、嗜酸性，核仁明显，可见个别核分裂。间质见多量中性粒细胞浸润。免疫组化瘤细胞表达 EMA、CD31，但 CD34 阴性。该肿物最可能的病理诊断是

A. 平滑肌瘤

B. 血管肉瘤

C. 假肌源性血管内皮瘤

D. 卡波西型血管内皮瘤

E. 横纹肌肉瘤

【答案】C

【解析】本例发生于青年男性的大腿皮肤多结节性病灶，根据瘤细胞形态特点很像肌源性肿瘤，但瘤细胞表达血管内皮细胞标记，而 CD34 又阴性。支持假肌源性血管内皮瘤。

20. 男性，65 岁，腹膜后肿物半年。手术切除肿物，直径 8cm。切面灰白灰黄色。镜下见肿瘤大部分为梭形瘤细胞，编织状排列，核大、核仁明显，核分裂易见。少数区域可见分化程度不同的脂肪细胞和胶原纤维，其内散在分布核大、深染细胞。该肿物最可能的病理诊断是

A. 未分化肉瘤

B. 去分化脂肪肉瘤

C. 多形性脂肪肉瘤

D. 滑膜肉瘤

E. 恶性外周神经鞘膜瘤

【答案】B

【解析】本例为发生于老年男性的腹膜后巨大肿物，根据瘤细胞包括分化程度不同的脂肪细胞和梭形的异型瘤细胞，支持去分化脂肪肉瘤。

21. 男性，35 岁，颈部皮下软组织肿物 1 年，逐渐增大，有波动感。手术切除肿物，直径 3cm。切面呈多囊性，囊内为清亮的液体。镜下见肿瘤由管径大小不等、管壁厚薄不均的扩张管腔组成，管腔内均充满含蛋白性液体和少量淋巴细胞。该肿物最可能的病理诊断是

A. 海绵状血管瘤　　　B. 毛细血管瘤

C. 静脉瘤　　　　　　D. 动静脉畸形

E. 淋巴管瘤

【答案】E

【解析】本例根据肿瘤的肉眼和组织学特征，支持淋巴管瘤。

22. 女性，48 岁，子宫增大 6 月余。超声显示子宫肌壁内可见一直径 7cm 肿物，边界清楚。手术切除肿物。镜下见瘤细胞呈短梭形，编织状排列，瘤细胞胞质丰富，弱嗜酸性，核呈杆状，可见瘤巨细胞，病理性核分裂易见。该肿物最可能的病理诊断是

A. 平滑肌瘤

B. 平滑肌肉瘤

C. 子宫内膜间质肉瘤

D. 子宫内膜间质增生

E. 恶性潜能未定的平滑肌瘤

【答案】B

【解析】本例根据肿瘤发生部位和明显异型的肿瘤细胞组织学特征，支持平滑肌肉瘤。

23. 男性,13 岁,颈部皮下软组织肿物 3 月余。手术切除肿物,直径 3cm,边界不清。切面灰红色,质韧。镜下见肿瘤由异型的梭形细胞构成,编织状排列。部分区域间质明显胶原化。瘤细胞胞质少,嗜酸性。核仁不明显,可见核分裂象。瘤细胞表达 desmin。该肿物最可能的病理诊断是
    A. 婴儿纤维肉瘤
    B. 假肌源性血管内皮瘤
    C. 梭形细胞/硬化性横纹肌肉瘤
    D. 硬化性上皮样纤维肉瘤
    E. 横纹肌瘤
【答案】C
【解析】本例根据患者年龄,肿瘤组织学特征和免疫组化瘤细胞表达 desmin,支持梭形细胞/硬化性横纹肌肉瘤。

24. 女性,35 岁,右下肢皮下肿物 1 年,局部疼痛。手术切除肿物,境界清楚,直径 1.5cm。镜下见瘤组织由呈同心圆样围绕血管分布的分化成熟的平滑肌细胞构成。该肿物最可能的病理诊断是
    A. 平滑肌瘤　　　　B. 血管瘤
    C. 肌纤维瘤　　　　D. 血管平滑肌瘤
    E. 血管球瘤
【答案】D
【解析】本例根据肿瘤的肉眼和组织学特征,支持血管平滑肌瘤。

25. 男性,15 岁,头皮多发斑块状隆起肿物。手术切除肿物。切面灰白、质韧,坚实橡皮样。直径 5cm,边界不清。镜下见肿瘤位于真皮和皮下,沿结缔组织间隔和脂肪小叶间隔生长。瘤细胞呈短梭形、波浪样。瘤组织内见成串的 Meissner 小体样结构。该肿物最可能的病理诊断是
    A. 神经鞘瘤　　　　B. 神经纤维瘤病
    C. 神经束膜瘤　　　D. 副神经节瘤
    E. 神经鞘黏液瘤
【答案】B
【解析】本例根据肿瘤的肉眼和组织学特征,支持神经纤维瘤病。

26. 男性,35 岁,下肢皮下肿物半年,生长缓慢。手术切除肿物,直径 3cm。切面灰白、质韧。镜下见肿瘤位于真皮内,境界清楚,呈明显的束状生长方式。核肥胖、胞质嗜酸的瘤细

胞与核细长、胞质有细长突起的瘤细胞交错或混杂存在。核分裂罕见。免疫组化瘤细胞呈 S-100 阳性。该肿物最可能的病理诊断是
    A. 混杂性神经鞘瘤/神经纤维瘤
    B. 神经纤维瘤
    C. 神经鞘瘤
    D. 神经束膜瘤
    E. 神经鞘黏液瘤
【答案】A
【解析】本例根据肿瘤特征性的组织学形态(位于真皮内,境界清楚,呈明显的束状生长方式,核肥胖、胞质嗜酸的瘤细胞与核细长、胞质有细长突起的瘤细胞交错或混杂存在,核分裂罕见),支持混杂性神经鞘瘤/神经纤维瘤。

27. 男性,43 岁,右大足趾甲旁皮下肿物半年,伴有疼痛。手术切除肿物,直径 2cm。切面灰白、质韧。镜下见肿瘤位于真皮内,在黏液或胶原性背景中散在梭形或星状细胞,细胞呈松散的束状结构和宽的席纹状结构,并见较多肥大细胞;但不见核分裂象。免疫组化瘤细胞呈 CD34 阳性。该肿物最可能的病理诊断是
    A. 黏液瘤
    B. 神经纤维瘤
    C. 真皮纤维瘤
    D. 肢端纤维黏液瘤
    E. 神经鞘黏液瘤
【答案】D
【解析】本例根据肿瘤特征性的组织学形态(肿瘤位于真皮内,在黏液或胶原性背景中散在梭形或星状细胞,细胞呈松散的束状结构和宽的席纹状结构,并见较多肥大细胞,不见核分裂象),支持肢端纤维黏液瘤。

28. 女性,46 岁,会阴部息肉样肿物半年。手术切除肿物,直径 12cm。切面灰白、质软,黏液胶冻样。镜下见瘤组织边界欠清,呈侵袭性生长。少量温和的梭形或星状瘤细胞散在分布于丰富的黏液基质中,并见丛状分布的小或中等大的血管,血管周见胞质嗜酸性的梭形细胞分布,不见核分裂象。免疫组化瘤细胞呈 desmin、SMA 阳性。该肿物最可能的病理诊断是
    A. 黏液瘤
    B. 侵袭性血管黏液瘤

C. 血管肌纤维母细胞瘤

D. 黏液性平滑肌瘤

E. 黏液性平滑肌肉瘤

【答案】B

【解析】本例根据临床特点、肿瘤大体、组织学形态和免疫组化，支持侵袭性血管黏液瘤。

29. 女性,46 岁,肩部皮下肿物 3 月余。手术切除肿物,直径 3cm,包膜完整,切面灰黄色、质软。镜下见瘤组织位于皮下,边界清楚,有完整的纤维性包膜。由分化成熟的脂肪细胞构成,肿瘤周边部出现增生的毛细血管,管腔内可见微血栓。该肿物最可能的病理诊断是

A. 脂肪肉瘤

B. 脂肪组织瘤样增生

C. 脂肪瘤

D. 血管脂肪瘤

E. 棕色脂肪瘤

【答案】D

【解析】本例根据肿瘤特征性组织学形态(瘤组织位于皮下,边界清楚,有完整的纤维性包膜。由分化成熟的脂肪细胞构成,肿瘤周边部出现增生的毛细血管,管腔内可见微血栓),支持血管脂肪瘤。

30. 男性,46 岁,右大腿皮下肿物 3 月余。手术切除肿物,直径 4cm。切面灰红色、质软,鱼肉样,有出血、坏死。镜下见瘤组织位于横纹肌内,边界不清,肿瘤由显著异型的大圆形、多边性和梭形细胞组成,可见网球拍样细胞,病理性核分裂易见,并见大片坏死。免疫组化瘤细胞呈 desmin 阳性。该肿物最可能的病理诊断是

A. 多形性横纹肌肉瘤

B. 多形性脂肪肉瘤

C. 多形性平滑肌肉瘤

D. 多形性未分化肉瘤

E. 恶性外周神经鞘膜瘤

【答案】A

【解析】本例根据肿瘤特征性组织学形态(瘤组织位于横纹肌内,边界不清,肿瘤由显著异型的大圆形、多边形和梭形细胞组成,可见网球拍样细胞,病理性核分裂易见,并见大片坏死),支持多形性横纹肌肉瘤。

31. 女性,45 岁,肝脏超声发现直径 6cm 肿物,边界清楚。术后病理如图。该肿瘤最可能的病理诊断是

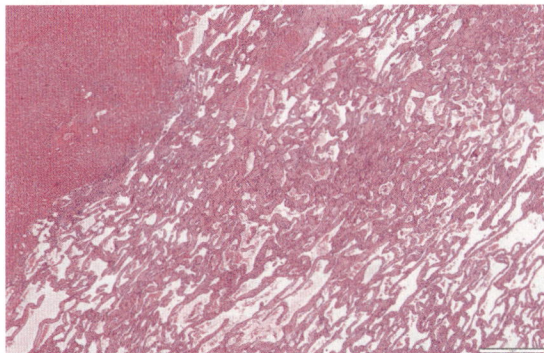

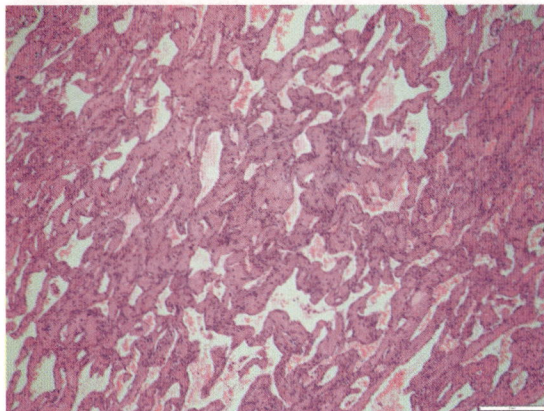

A. 肝细胞癌   B. 毛细血管瘤

C. 血管平滑肌瘤   D. 海绵状血管瘤

E. 肝间叶性错构瘤

【答案】D

32. 女性,29 岁。超声显示肝组织内多灶肿物。手术切除肿物,病理如图。该肿瘤最可能的病理诊断是

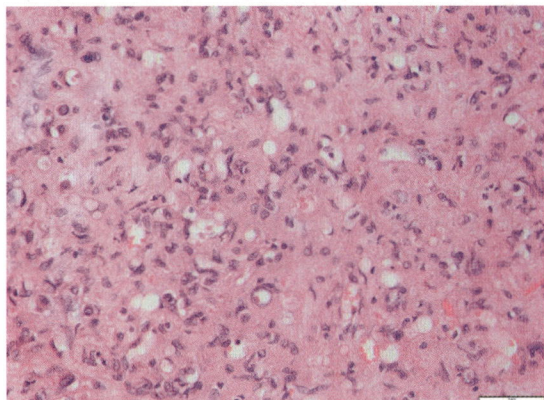

A. 肝细胞癌

B. 胆管细胞癌

C. 转移癌

D. 上皮样血管内皮瘤

E. 血管瘤

【答案】D

33. 男性,53 岁,发现结肠多发性息肉。镜下病理如图。最可能的病理诊断是

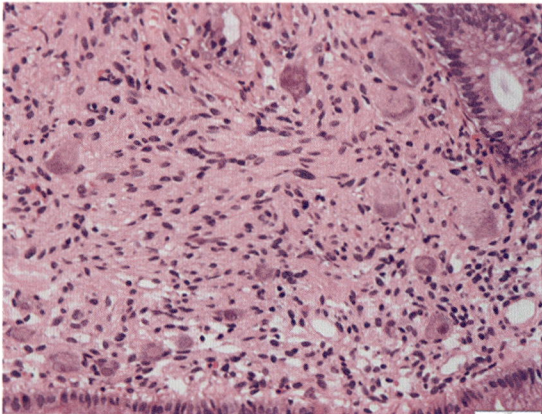

A. 神经纤维瘤　　　B. 平滑肌瘤

C. 胃肠道间质瘤　　D. 神经束膜瘤

E. 节细胞神经瘤

【答案】E

【A3/A4 型题】

(1~4 题共用题干)

男性,23 岁,患者 3 个月前发现右大腿肿块,遂行肿物切除。肿瘤位于皮下,直径 4cm,无包膜,切面灰红色、质软,鱼肉样,有出血、坏死。

1. 患者右大腿肿块最可能的病理诊断是

A. 脂肪瘤　　　　B. 淋巴瘤

C. 转移癌　　　　D. 软组织肉瘤

E. 以上均不是

【答案】D

2. 镜下瘤细胞排列成腺泡状或巢状,巢大小不等、形状不一,细胞巢之间为互相连通的毛细血管网。最不可能的病理诊断是

A. 血管周上皮样细胞分化的肿瘤(PEComa)

B. 副神经节瘤

C. 滑膜肉瘤

D. 腺泡状软组织肉瘤

E. 腺泡状横纹肌肉瘤

【答案】C

3. 瘤细胞大小较一致,呈圆形、卵圆形或多角形,界限清楚,胞质丰富,可见嗜酸性颗粒或

透明,胞质内含有菱形、杆状、单个或束状排列的结晶。核分裂象少见。下列特殊染色对该肿物诊断有帮助的是

A. 抗酸染色　　　B. 脂肪染色

C. 六胺银染色　　D. PAS 染色

E. 黏液染色

【答案】D

4. 该肿瘤特征性免疫组化标记是

A. desmin　　　　B. SMA

C. S-100 蛋白　　D. HMB45

E. TFE3

【答案】E

【解析】青年男性,大腿肿物。大体直径 4cm,灰红色、质软,鱼肉样,有出血、坏死。应该是软组织肉瘤。肿瘤镜下瘤细胞排列成腺泡状或巢状,巢大小不等、形状不一,细胞巢之间为互相连通的毛细血管网。除了滑膜肉瘤,其他几个选项的肿瘤均可呈腺泡状或巢状。瘤细胞大小较一致,呈圆形、卵圆形或多角形,界限清楚,胞质丰富,可见嗜酸性颗粒或透明,胞质内含有菱形、杆状、单个或束状排列的结晶,核分裂象少见。提示该肿瘤为腺泡状软组织肉瘤。特殊染色 PAS 常可显示胞质内菱形、杆状、单个或束状排列的结晶。免疫组化染色该肿瘤细胞核呈 TFE3 阳性表达。

(5~8 题共用题干)

男性,32 岁,足踝部发现一肿物 2 个月。肿瘤位于皮下,与肌腱相连,直径 3cm,境界清楚。切面呈分叶状、灰白色。镜下见瘤细胞呈多角形或梭形,胞质淡染或透亮,部分嗜伊红色;核大、核仁明显。可见核分裂象。可见散在分布的花环状多核巨细胞。

5. 该肿物最可能的病理诊断是

A. 转移性透明细胞癌

B. 软组织透明细胞肉瘤

C. 恶性腱鞘巨细胞瘤

D. 软组织巨细胞瘤

E. 以上均不是

【答案】B

6. 瘤细胞表达的免疫组化标记是

A. S-100、HMB-45、MiTF、Melan-A

B. S-100、Syn、CgA

C. EMA、S-100、CD99

D. TFE3、HMB-45、SMA、Melan-A

E. CK、vimentin、CD10

【答案】A

7. 该肿瘤常伴有的断裂基因是
   A. *ALK*　　　　　B. *SYT*
   C. *CHOP*　　　　D. *FOXO1*
   E. *EWSR1*
   【答案】E

8. 关于该肿瘤的叙述,下列哪项是**错误**的
   A. 可发生于胃肠道
   B. 与皮肤恶性黑色素瘤的免疫组化表型相同
   C. 属于未确定分化的恶性肿瘤
   D. 瘤细胞胞质内均可见黑色素
   E. 部分瘤细胞呈梭形
   【答案】D
   【解析】本例从肿瘤发生部位,与肌腱相连,直径3cm,境界清楚;切面呈分叶状,灰白色;镜下瘤细胞呈多角形或梭形,胞质淡染或透亮,部分嗜伊红色;核大、核仁明显,可见核分裂象,以及散在分布的花环状多核巨细胞。高度提示软组织透明细胞肉瘤。该肿瘤呈S-100、HMB-45、MITF 和 Melan-A 阳性表达。多数病例可呈 *EWSR1* 基因断裂。但并非所有瘤细胞的胞质都有黑色素。

(9~12 题共用题干)

男性,57 岁,右大腿深部肿物半年,逐渐增大。手术切除肿物,发现与神经粘连。直径 4.5cm,边界不清,切面灰红色、鱼肉样,有出血、坏死。

9. 该肿物病理诊断最可能是
   A. 神经纤维瘤
   B. 神经鞘瘤
   C. 恶性外周神经鞘膜瘤
   D. 淋巴瘤
   E. 转移癌
   【答案】C

10. 镜下肿瘤由异型性明显的梭形、卵圆形细胞构成,编织状排列,瘤细胞核大、核仁明显,可见病理性核分裂象,局部见出血、坏死。下列免疫组化标记对明确诊断最**没有**价值的是
    A. S-100　　　　　B. NF
    C. CD56　　　　　D. GFAP
    E. vimentin
    【答案】E

11. 约 50% 患者在发生该肿瘤之前,曾有的病变是
    A. 神经鞘瘤　　　　B. 神经束膜瘤

    C. 神经纤维瘤病　　　D. 纤维瘤病
    E. 脂肪瘤病
    【答案】C

12. 该肿瘤前驱病变的病因,主要有关的突变基因是
    A. *P53*　　　B. *NF*　　　C. *RB*
    D. *K-Ras*　　　E. *EGFR*
    【答案】B
    【解析】本例从患者临床,肿瘤发生部位,且与神经粘连,大体所见等,提示为原发性恶性肿瘤。最可能是恶性外周神经鞘膜瘤。免疫组化染色标记 vimentin 可标记所有间叶性肿瘤,对该肿瘤诊断无明显特异性价值,其他几种标记均有助于对该肿瘤的诊断。部分患者在发生该肿瘤之前曾有神经纤维瘤病的病史。神经纤维瘤病的发生与 *NF* 基因突变有关。

(13~17 题共用题干)

男性,18 岁,左肩部皮下隆起一肿物 4 个月,直径约 5.5cm。行肿物切除术。镜下见肿瘤边界不清,瘤组织位于皮肤真皮内,并浸润皮下脂肪组织。瘤细胞呈梭形,排列呈车辐状,可见核分裂。

13. 该肿物最可能的病理诊断是
    A. 真皮纤维瘤
    B. 神经纤维瘤
    C. 平滑肌瘤
    D. 隆突性皮肤纤维肉瘤
    E. 以上均不是
    【答案】D

14. 瘤细胞表达的免疫组化标记是
    A. CD68　　　　　B. CD34
    C. SMA　　　　　D. S-100
    E. desmin
    【答案】B

15. 该肿瘤的生物学行为属于
    A. 良性
    B. 中间型,偶有复发
    C. 中间型,偶有转移
    D. 低度恶性
    E. 高度恶性
    【答案】C

16. 该肿瘤部分区域瘤细胞胞质内可见黑色素沉积,则最合适的病理诊断是
    A. 纤维组织细胞瘤
    B. Bednar 瘤

C. 隆突性皮肤纤维肉瘤

D. 非典型纤维黄色瘤

E. 皮肤纤维肉瘤

【答案】B

17. 患者切除该肿瘤后1年局部又出现肿物,再次行手术切除,肿物镜下改变与前次基本一致,但部分区域梭形瘤细胞密集,呈鱼骨样排列,细胞异型性明显,核大、核仁明显,可见病理性核分裂象和灶性坏死。复发肿物最可能的病理诊断是

A. 未分化肉瘤

B. 恶性外周神经鞘膜瘤

C. 平滑肌肉瘤

D. 隆突性皮肤纤维肉瘤

E. 纤维肉瘤型隆突性皮肤纤维肉瘤

【答案】E

【解析】本例肿瘤直径约5.5cm,镜下边界不清,瘤组织位于皮肤真皮内,并浸润皮下脂肪组织。瘤细胞呈梭形,排列呈车辐状,可见核分裂。从肿瘤累及部位、组织学形态,提示隆突性皮肤纤维肉瘤,属于中间型肿瘤。色素性隆突性皮肤纤维肉瘤也称Bednar瘤。部分复发性隆突性皮肤纤维肉瘤可局部纤维肉瘤变,称为纤维肉瘤型隆突性皮肤纤维肉瘤。

(18~20题共用题干)

女性,48岁,体检超声显示左肾门肿物,直径约5.5cm。行肿物切除术。镜下见肿瘤边界清楚,瘤组织由厚壁血管、围绕血管周的梭形细胞和分化成熟的脂肪细胞构成,未见核分裂。

18. 该肿物最可能的病理诊断是

A. 血管脂肪瘤

B. 血管肌纤维母细胞瘤

C. 血管平滑肌瘤

D. 血管平滑肌脂肪瘤

E. 以上均不是

【答案】D

19. 梭形瘤细胞表达的免疫组化标记是

A. CD68、Mac387　　B. CD34、BCL2

C. SMA、HMB45　　D. S-100、CD56

E. desmin、myogenin

【答案】C

20. 该肿瘤可出现下列异常的基因为

A. *EWSR1*　　B. *SYT*

C. *CHOP*　　D. *ALK*

E. *TFE3*

【答案】E

【解析】根据肿物发生在肾脏,直径约5.5cm,肿瘤边界清楚;瘤组织由厚壁血管、围绕血管周的梭形细胞和分化成熟的脂肪细胞构成,未见核分裂,提示血管平滑肌脂肪瘤。该肿瘤属于血管周上皮样细胞肿瘤,表达肌源性(SMA,desmin)和黑色素(HMB45,Melan-A)标记。部分血管平滑肌脂肪瘤可见*TFE3*基因断裂。

(21~23题共用题干)

女性,60岁,胃镜发现胃体前壁黏膜下有一1.5cm×1.5cm肿块,境界清楚,如图所示。内镜超声:境界清楚均质性低回声肿块,大小1.5cm×1.2cm,位于胃壁3~4层间,血供丰富,如图所示。

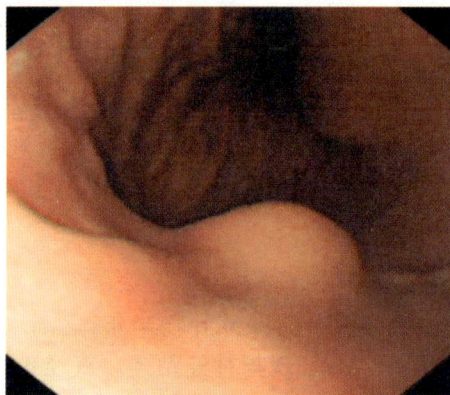

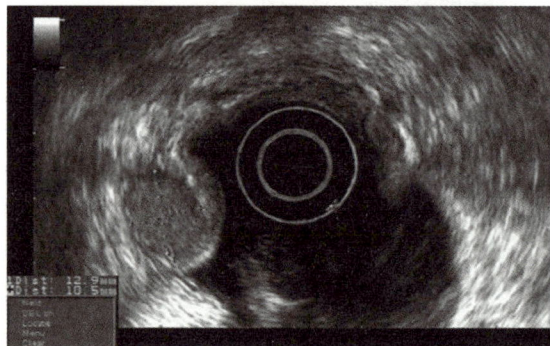

21. 胃黏膜下肿物,最不可能的诊断是

A. 良性肿瘤　　B. 胃肠道间质瘤

C. 胃腺癌　　D. 转移瘤

E. 淋巴瘤

【答案】C

22. 切除胃黏膜下肿物,病理如图,最不可能的病理诊断是

A. 胃肠道间质瘤

B. 胃神经内分泌肿瘤

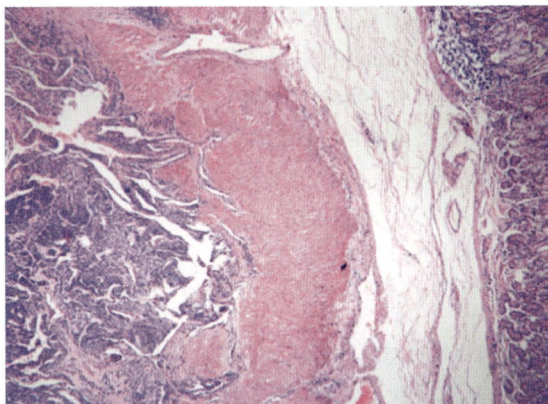

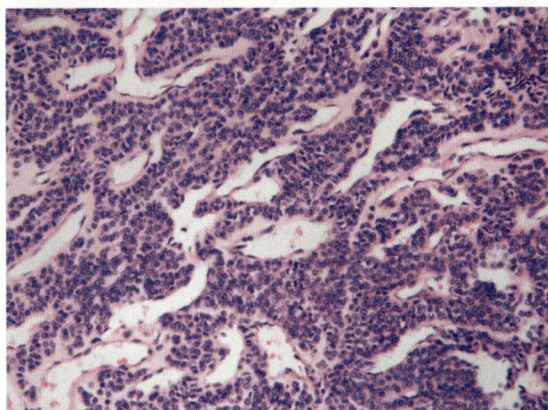

C. 血管球瘤

D. 尤因肉瘤

E. 胃低分化腺癌

【答案】E

23. 肿瘤细胞显示免疫组化标记 SMA 阳性,如图所示,而 CD117、CD56、Syn 均阴性。最可能的病理诊断是

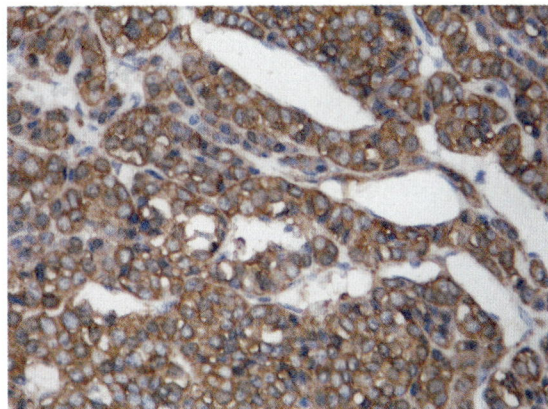

A. 胃肠道间质瘤

B. 胃神经内分泌肿瘤

C. 血管球瘤

D. 尤因肉瘤

E. 胃低分化腺癌

【答案】C

(24~25 题共用题干)

女性,30 岁,右手指关节附近见一直径 1.0cm 肿物,边界清楚。手术切除肿物,大体如图,病理组织学如图。

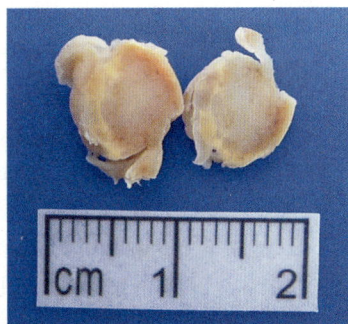

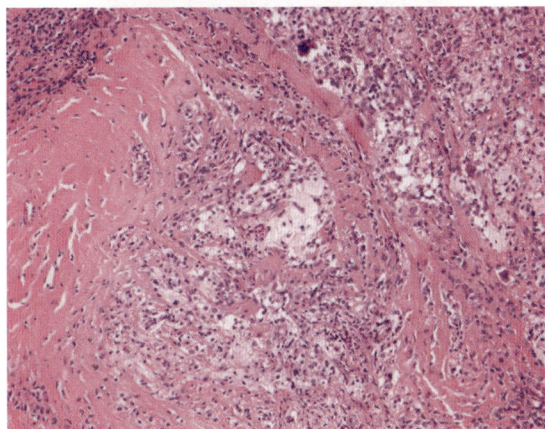

24. 该肿物最可能的病理诊断是

A. 纤维组织细胞瘤

B. 腱鞘巨细胞瘤,局限型

C. 腱鞘巨细胞瘤,弥漫型

D. 慢性肉芽肿性炎

E. 非典型纤维黄色瘤

【答案】B

25. 该病变的生物学行为,属于

A. 炎症性

B. 中间型肿瘤,偶有复发

C. 中间型肿瘤,偶有转移

D. 低度恶性肿瘤

E. 良性肿瘤

【答案】E

【案例分析题】

案例　男性,36 岁,右大腿发现直径 5.8cm 肿物。CT 显示肿物位于肌肉内,边界欠清。有出血、坏死。

提问 1:该肿物最可能为

  A. 结节性筋膜炎

  B. 平滑肌瘤

  C. 横纹肌瘤

  D. 肌病

  E. 间叶源性恶性肿瘤

  F. 血肿

【答案】E

【解析】青年男性,肿物位于肌肉内,体积大,边界不清,有出血、坏死。最可能是间叶源性恶性肿瘤。

提问 2:镜下,肿物由异型明显的梭形瘤细胞、卵圆形瘤细胞构成,编织状排列,部分区域可呈巢团状、裂隙样结构。核分裂象易见。间质可见较多肥大细胞和鹿角形的血管分支。该肿物最可能的诊断是

  A. 横纹肌肉瘤

  B. 血管平滑肌脂肪瘤

  C. 滑膜肉瘤

  D. 孤立性纤维性肿瘤

  E. 癌肉瘤

  F. PEComa

【答案】C

【解析】根据肿瘤组织学特征,首先考虑滑膜肉瘤。

提问 3:该肿瘤的免疫组化表型,主要表达的组合是

  A. Myogenin、MyoD1

  B. β-catenin 核阳性、SMA

  C. CK、S-100、GFAP

  D. HMB45、Melan-A、SMA

  E. 表达 EMA、CD99、BCL2,不表达 CD34

  F. CD34,STAT6

【答案】E

【解析】滑膜肉瘤多表达 EMA、CD99、BCL2,而不表达 CD34。

提问 4:该肿瘤最可能出现的断裂基因是

  A. *EWSR1*   B. *SYT*

  C. *CHOP*   D. *FOXO1*

  E. *ALK*   F. *STAT6*

【答案】B

提问 5:关于该肿瘤的描述,正确的是

  A. 仅发生于四肢软组织

  B. 分化方向明确

  C. 均为分化好的恶性肿瘤

  D. 好发于中老年人

  E. 大多数为单相梭形细胞型

  F. 大多数由上皮样瘤细胞和梭形细胞组成

【答案】E

【解析】滑膜肉瘤属于未明确分化的软组织恶性肿瘤,有分化好和分化差等类型。好发于青少年和年轻人。常位于四肢大关节旁,也可发生在远离关节和滑囊的部位,如肌肉内、胸腹壁、咽后壁和实质脏器等处。

（韩安家　石慧娟）

第十六章 骨和关节疾病

【A1 型题】

1. Codman 三角对下列骨肿瘤的诊断有意义的是
   A. 软骨肉瘤　　　　　B. 骨肉瘤
   C. 骨巨细胞瘤　　　　D. 内生性软骨瘤
   E. 骨瘤
   【答案】B
   【解析】当骨肉瘤穿破骨皮质向外侧发展时,骨外膜被掀起,并因受刺激而形成新骨,新生骨质在肿瘤的上下端堆集,而形成三角形突起,可在 X 线平片中显示出来,称为"Codman 三角"。

2. 下列最常见的良性骨肿瘤是
   A. 软骨瘤　　　　　　B. 骨化性纤维瘤
   C. 骨软骨瘤　　　　　D. 骨瘤
   E. 骨样骨瘤
   【答案】C
   【解析】骨软骨瘤是一种位于骨表面、由软骨帽的骨性突起构成的良性软骨性肿瘤。

3. 骨肉瘤患者出现的血清学改变是
   A. 碱性磷酸酶升高　　B. 碱性磷酸酶降低
   C. 酸性磷酸酶升高　　D. 酸性磷酸酶降低
   E. 无特殊
   【答案】A
   【解析】骨肉瘤患者血清碱性磷酸酶升高。

4. 下列原发性恶性骨肿瘤最常见的是
   A. 骨巨细胞瘤　　　　B. 软骨肉瘤
   C. 骨肉瘤　　　　　　D. 脊索瘤
   E. 尤因肉瘤
   【答案】C
   【解析】骨肉瘤是一种以肉瘤细胞直接形成骨或骨样组织为特点的恶性成骨性肿瘤。

5. 骨肉瘤最好发于
   A. 肱骨　　　　　　　B. 股骨

C. 腓骨　　　　　　　D. 膝关节
E. 骶骨
【答案】B
【解析】骨肉瘤发生部位以股骨为最常见。

6. 下列骨肉瘤预后最好的是
   A. 骨膜骨肉瘤
   B. 血管扩张型骨肉瘤
   C. 骨母细胞型骨肉瘤
   D. 骨旁骨肉瘤
   E. 圆形细胞骨肉瘤
   【答案】D
   【解析】骨旁骨肉瘤是发生于骨外表面的高分化骨肉瘤。临床上肿瘤生长较慢,是骨肉瘤中预后最好的一种类型。

7. 下列骨肿瘤具有侵袭性的是
   A. 骨样骨瘤　　　　　B. 骨瘤
   C. 骨软骨瘤　　　　　D. 外生性软骨瘤
   E. 骨巨细胞瘤
   【答案】E
   【解析】骨巨细胞瘤是一种由增生的单核间质细胞中分布破骨细胞样巨细胞构成的,具有局部侵袭性的骨肿瘤。

8. 关于骨母细胞瘤,下列叙述错误的是
   A. 属于中间型骨肿瘤
   B. 多见于 20 岁以下
   C. 瘤细胞有时可见核分裂象
   D. 肿瘤间质血管丰富
   E. 最好发于四肢长骨
   【答案】E
   【解析】发病部位以身体中轴骨包括脊椎骨和骶骨、颅面骨和颌骨最多见,其次为四肢长骨及短骨。

9. 关于滑膜软骨瘤病,下列说法错误的是
   A. 多为单关节病变

285

B. 病变进展慢,病程较长

C. 镜下见"关节鼠"

D. 软骨细胞核深染、双核、多核时,提示为恶性

E. 常表现为关节疼痛、肿胀和运动限制

【答案】D

【解析】一些病例可见软骨细胞核深染、肥大、不规则,双核甚至多核等不典型性,是活跃增生的现象,不是恶性指征。

10. 关于类风湿性关节炎,下列说法**错误**的是

A. 是自身免疫性疾病

B. 病变往往呈不对称分布

C. 多累及手、足等小关节

D. 女性患者多见

E. 主要病变为增生性滑膜炎

【答案】B

【解析】类风湿性关节炎多累及手、足等小关节,往往对称分布。增生性滑膜炎为其关节病变的主要环节,由此引起关节软骨和关节囊的破坏。

【A2 型题】

1. 男性,12 岁,发现股骨下端肿物,患处疼痛、肿胀。影像学提示为恶性肿瘤。下列对该肿瘤确诊最具有价值的是

A. 肿瘤细胞高度异型

B. 病理性核分裂象

C. 多核破骨样巨细胞

D. 异型瘤细胞直接形成肿瘤性骨及骨样组织

E. 肿瘤侵袭性生长破坏骨皮质

【答案】D

【解析】异型肿瘤细胞直接形成肿瘤性骨及骨样组织是骨肉瘤最重要的形态学诊断依据。

2. 女性,30 岁,股骨下端溶骨性肿瘤。最可能的诊断是

A. 骨肉瘤   B. 软骨肉瘤

C. 骨巨细胞瘤   D. 尤因肉瘤

E. 未分化肉瘤

【答案】C

【解析】根据发病年龄(20~45 岁中青年)、部位(长骨骺端)和病变性质(溶骨性病变),首先考虑骨巨细胞瘤。

3. 女性,67 岁,因"腰痛"就诊。影像学示骨盆肿瘤。手术所见肿瘤呈灰白色、半透明分叶状,伴出血及囊性变。肿瘤破坏骨皮质,浸润周围软组织。最可能的诊断是

A. 骨肉瘤   B. 软骨肉瘤

C. 骨巨细胞瘤   D. 尤因肉瘤

E. 脂肪肉瘤

【答案】B

【解析】根据发病年龄(好发于老年人)、部位(好发于髂骨、近端和远端股骨)及形态上呈灰白色、半透明分叶状,伴有血及囊性变。首先考虑软骨肉瘤。

4. 男性,28 岁,发现左肱骨骨端肿瘤。镜下见肿瘤主要由多核巨细胞和短梭形、卵圆形单核细胞组成,可见核分裂象。最可能的诊断是

A. 骨肉瘤   B. 软骨肉瘤

C. 骨巨细胞瘤   D. 骨母细胞瘤

E. 腱鞘巨细胞瘤

【答案】C

【解析】根据发病年龄(20~45 岁中青年)、部位(长骨骺端)和镜下(多核巨细胞数量众多,体积大,分布均匀,单核基质细胞呈梭形,无软骨样间质和窗格样钙化),首先考虑骨巨细胞瘤。

5. 男性,20 岁,发现右胫骨骨干病变数年,近期因该处发生骨折前来就诊。X 线平片见病变骨膨胀、弯曲畸形,骨皮质变薄,无骨膜反应。镜下病变主要为增生的纤维组织及新生的大小、形状及排列方向不一的骨小梁,两者交织在一起。最可能的诊断是

A. 骨肉瘤   B. 软骨肉瘤

C. 骨巨细胞瘤   D. 骨化性纤维瘤

E. 纤维结构不良

【答案】E

【解析】纤维结构不良大多数病变开始于儿童,到青春期才出现症状,成年后进展慢。光镜下存在不同的纤维组织和骨组织,新生的大小、形状及排列方向不一的骨小梁。

6. 男性,13 岁,发现左胫骨上端骨表面骨性突出物。肿瘤切面的表层为薄层纤维组织,中层为透明软骨,底部为松质骨。最可能的诊断是

A. 骨肉瘤   B. 软骨肉瘤

C. 软骨黏液样纤维瘤   D. 骨软骨瘤

E. 软骨母细胞瘤

【答案】D

7. 男性,16 岁,发现右股骨肿块半年,疼痛。X 线显示股骨骨质破坏伴软组织肿块形成,血清学检查示碱性磷酸酶明显增高。最可能的诊断是

A. 骨肉瘤   B. 软骨肉瘤

C. 骨巨细胞瘤   D. 尤因肉瘤

E. 淋巴瘤

【答案】A

8. 女性,10 岁,发现左胫骨肿块。镜下示小圆细胞恶性肿瘤。下列最**不可能**的诊断是
   A. 骨肉瘤　　　　　　B. 骨母细胞瘤
   C. 间叶性软骨肉瘤　　D. 尤因肉瘤
   E. 淋巴瘤

【答案】B

【解析】骨母细胞瘤镜下相似于骨样骨瘤,编织骨的骨针和骨小梁排列杂乱,骨母细胞呈单行紧贴骨小梁,卵圆形或多角形,增生活跃,但形态单一,无异型性,很少见核分裂象。

9. 男性,18 岁,颅骨肿瘤,有局部压痛。镜下示大量组织细胞增生,其间散在淋巴细胞、嗜酸性粒细胞、浆细胞、中性粒细胞浸润。最可能的诊断为
   A. 黄色瘤　　　　　　B. Castleman 病
   C. 木村病　　　　　　D. 嗜酸性肉芽肿
   E. 结核病

【答案】D

10. 女性,27 岁,发现上颌骨肿块,局部肿胀。影像学见肿瘤位于骨皮质内,偏心性,呈圆形或卵圆形界限较清楚的密度减低区。骨皮质膨胀、变薄,周围有硬化。镜下见肿瘤由纵横交错的纤维组织与成熟的骨小梁构成。最可能的诊断为
    A. 骨肉瘤　　　　　　B. 骨巨细胞瘤
    C. 骨化性纤维瘤　　　D. 纤维结构不良
    E. 纤维组织细胞瘤

【答案】C

11. 男性,16 岁,股骨上段肿瘤。疼痛明显,且进行性加重,休息无缓解。服用阿司匹林可缓解疼痛。最可能的诊断为
    A. 骨化性纤维瘤　　　B. 骨巨细胞瘤
    C. 骨样骨瘤　　　　　D. 纤维结构不良
    E. 软骨肉瘤

【答案】C

【解析】临床症状示疼痛明显,且进行性加重,休息无缓解。服用阿司匹林可缓解疼痛提示骨样骨瘤。

12. 男性,23 岁,腓骨肿瘤 4 年,局部膨大,生长缓慢。影像学见肿瘤位于腓骨的干骺端,为一偏心位的透亮阴影,界限清楚。最可能的诊断为
    A. 骨肉瘤
    B. 骨巨细胞瘤

C. 软骨黏液样纤维瘤
D. 尤因肉瘤
E. 软骨肉瘤

【答案】C

【解析】软骨黏液样纤维瘤好发于 11~30 岁,常累及下肢长骨干骺区,影像学表现为界限清楚的偏心性、圆形或卵圆形的溶骨性病变。

13. 女性,8 岁,左手掌指骨多发肿物,质硬。肿瘤切面见骨皮质构成的外壳,肿瘤为分叶状,其间细小纤维素索分隔。瘤组织呈淡蓝色或银白色,半透明,有光泽,质硬,夹杂一些淡黄色砂粒样的钙化组织。最可能的诊断为
    A. 软骨肉瘤
    B. 软骨瘤
    C. 软骨黏液样纤维瘤
    D. 滑膜软骨瘤病
    E. 间叶性软骨肉瘤

【答案】B

【解析】好发年龄 10~40 岁,常位于短管状骨,镜下瘤组织呈淡蓝色或银白色,半透明,有光泽,质硬。

14. 男性,12 岁,胫骨下端肿物数年,有隐痛。肿瘤由灰白色坚韧的纤维组织构成,镜下病变由纤维组织构成,排列呈漩涡状或车辐状,可见多核巨细胞和吞噬脂质的泡沫细胞。未见新生骨质形成。最可能的诊断为
    A. 纤维肉瘤
    B. 骨巨细胞瘤
    C. 软骨黏液样纤维瘤
    D. 非骨化性纤维瘤
    E. 纤维结构不良

【答案】D

15. 女性,25 岁,肋骨肿瘤,结节状,境界较清楚,包膜不明显。镜下见在大片幼稚未分化的小圆形或梭形瘤细胞中散布着岛屿状的软骨细胞灶。最可能的诊断为
    A. 淋巴瘤
    B. 去分化软骨肉瘤
    C. 软骨黏液样纤维瘤
    D. 尤因肉瘤
    E. 间叶性软骨肉瘤

【答案】E

【解析】好发于 10~30 岁,大体肿瘤呈灰白色或灰粉色,质地坚实或软,可有明显的软骨样表现,镜下有小圆

细胞或卵圆形细胞混合透明软骨岛两种成分所组成。

【A3/A4 型题】

（1~2 题共用题干）

男性，22 岁，右肱骨肿瘤 3 年，缓慢生长。近期症状明显影响睡眠前来就诊，影像学示病变位于骨皮质，病灶处可见圆形或椭圆形的透亮区，其中央见小块密度稍高区域。病灶周围有反应性骨质硬化。镜下肿瘤内见骨样组织及成骨性结缔组织。

1. 患者近期症状明显影响睡眠，最可能的症状是
   A. 患处肿胀　　　　B. 疼痛
   C. 发热　　　　　　D. 关节活动障碍
   E. 以上均不是
   【答案】B

2. 患者最可能的诊断是
   A. 骨肉瘤　　　　　B. 骨软骨瘤
   C. 骨化性纤维瘤　　D. 骨样骨瘤
   E. 骨母细胞瘤
   【答案】D
   【解析】青少年，生长缓慢的肱骨肿瘤，影像学示骨样骨瘤最特征的病变，且提示为良性骨肿瘤，镜下形态也最符合骨样骨瘤。

（3~5 题共用题干）

女性，28 岁，颞骨肿瘤，结节状，境界较清楚。镜下见瘤细胞呈小圆形或梭形，形态大小一致，核深染，核仁不清楚，胞质极少。

3. 下列形态学特征对于诊断最具有决定意义的是
   A. 瘤细胞异型性不明显
   B. 核分裂象较少
   C. 嗜银纤维染色见瘤细胞间有较丰富的嗜银纤维
   D. 散布着岛屿状的软骨细胞灶
   E. 瘤细胞幼稚、未分化
   【答案】D

4. 下列有关该肿瘤的描述，**不正确**的是
   A. 肿瘤细胞常为弥漫性分布
   B. 肿瘤细胞可密集成片，形成血管外皮瘤样结构
   C. 肿瘤生长迅速

D. 手术切除后复发率较高
E. 常见肿瘤细胞逐渐过渡为透明软骨细胞
【答案】C

5. 最可能的诊断是
   A. 小细胞性骨肉瘤
   B. 间叶性软骨肉瘤
   C. 去分化性软骨肉瘤
   D. 尤因肉瘤
   E. 骨母细胞瘤
   【答案】B

（6~9 题共用题干）

女性，16 岁，股骨干骺端骨髓腔内肿瘤，破坏骨皮质，向周围软组织浸润性生长。肿瘤呈灰白色、半透明。穿刺活检见肿瘤由分化程度不同的软骨样肿瘤细胞构成，可见核肥大、深染、双核的瘤细胞。

6. 应首先考虑的疾病是
   A. 骨肉瘤　　　　　B. 软骨肉瘤
   C. 骨巨细胞瘤　　　D. 尤因肉瘤
   E. 软骨母细胞瘤
   【答案】A

7. 最需要鉴别的疾病是
   A. 骨肉瘤　　　　　B. 软骨肉瘤
   C. 骨巨细胞瘤　　　D. 尤因肉瘤
   E. 软骨母细胞瘤
   【答案】B

8. 形态学上最主要的鉴别要点是
   A. 细胞异型性　　　B. 肿瘤大小
   C. 肿瘤性成骨　　　D. 患者年龄
   E. 病变部位
   【答案】C

9. 影像学上最重要的提示是
   A. 钙化　　　　　　B. 日放线
   C. 边界是否清楚　　D. 有无破坏骨皮质
   E. 密度高低
   【答案】B
   【解析】青少年、股骨干骺端骨髓腔，是骨肉瘤最好发的年龄和部位，尽管形态上主要为软骨样肿瘤组织，仍应首先考虑为骨肉瘤，软骨母细胞型。而软骨肉瘤一般好发于中老年，从形态学上，最需要与软骨肉瘤进行鉴别。诊断骨肉瘤最重要的形态学依据是肿瘤细胞直接形成肿瘤性骨样组织。影像学上可见日放线及 Codman 三角，是特征性病变。

（10~12 题共用题干）

女性,37 岁,因"咳嗽 3 个月"就诊,抗生素治疗无效。查体无发热。血常规白细胞不高。既往史:1 年半前脊椎肿瘤,在外院行手术切除,具体不详。术后无其他辅助治疗。

10. 首选的检查是

    A. 肺穿刺活检   B. 胸部 X 线检查

    C. 骨穿刺活检   D. 药敏试验

    E. 肺功能检查

    【答案】B

11. 该患者呼吸系统症状最可能的原因是

    A. 小叶性肺炎   B. 真菌感染

    C. 转移瘤   D. 肺结核

    E. 肺癌

    【答案】C

12. 复查患者 1 年半前脊椎肿瘤切片,镜下见肿瘤由短梭形、卵圆形或圆形细胞及多核巨细胞构成,可见核分裂象,多核巨细胞体积较大,细胞边界不规则,分布较均匀。可见类骨组织及新生骨小梁,但未见明显成骨现象。最可能的诊断是

    A. 骨肉瘤

    B. 软骨肉瘤

    C. 巨细胞修复性肉芽肿

    D. 骨巨细胞瘤

    E. 多形性未分化肉瘤

    【答案】D

    【解析】根据患者年龄、症状及继往史,需首先考虑脊椎肿瘤肺转移的可能。应行肺 X 线片检查确定有无肺肿瘤。脊椎肿瘤的形态学符合骨巨细胞瘤。

（13~15 题共用题干）

男性,15 岁,股骨骨骺端肿瘤 2 年,增大不明显,无疼痛等其他症状。影像学检查见一类圆形模糊的斑点状阴影,周围有清楚的硬化性骨质包绕。

13. 患者最可能的诊断是

    A. 骨肉瘤   B. 软骨肉瘤

    C. 软骨母细胞瘤   D. 骨巨细胞瘤

    E. 骨样骨瘤

    【答案】C

14. 最有诊断意义的形态学特征是

    A. 肿瘤细胞直接形成肿瘤性骨样组织

    B. 可见多核巨细胞

    C. 伴出血及囊性变

    D. 格子样钙化

    E. 偶见核分裂象

    【答案】D

15. 最有诊断意义的免疫组化指标是

    A. MDM2   B. S-100

    C. AKP   D. BMP

    E. Ki-67

    【答案】B

    【解析】根据患者年龄、发病部位、病程进展、症状及影像学所见,首先考虑为良性骨肿瘤,最可能的诊断为软骨母细胞瘤。该肿瘤最有诊断意义的形态学特征是格子样钙化,免疫组化肿瘤细胞表达 S-100。

【案例分析题】

案例　男性,15 岁,发现右肱骨上段肿块 3 个月,逐渐增大。继往体健,自诉无其他慢性疾病。查体:一般体征均无特殊。起病以来,体重略有下降。

提问 1:血液检查最重要的检测项目是

    A. 血常规

    B. 淀粉酶

    C. 碱性磷酸酶

    D. 血钙水平

    E. 血磷水平

    F. 甲状旁腺激素

    【答案】C

提问 2:影像学检查 X 线显示肱骨骨质破坏伴软组织肿块形成,可见日放线。此时临床考虑行如下检查以确诊,最不应该选择的是

    A. 穿刺活检   B. 手术切除

    C. 超声检查   D. MRI 检查

    E. CT 检查   F. 骨扫描检查

    【答案】BCDE

    【解析】最应该选择的是穿刺活检。

提问 3:肉眼见肿瘤为出血性溶骨性病变,明显出血,呈出血性囊状或海绵状,向周围浸润生长。镜下见肿瘤组织内有多量相互连接、大小不一的血腔或扩张的血管,血腔间见异型性肿瘤细胞。下列可能的诊断是

    A. 骨肉瘤

    B. 上皮样血管肉瘤

C. 血管肉瘤

D. 血管母细胞瘤

E. 动脉瘤样骨囊肿

F. 上皮样血管内皮细胞瘤

【答案】ABCE

提问 4:下列有关该肿瘤的描述,正确的是

A. 肿瘤细胞能直接形成肿瘤性的类骨组织或骨组织

B. 好发于长骨

C. 易发生淋巴道转移

D. 较罕见

E. 预后极差

F. 好发于中轴骨

【答案】ABDE

(石慧娟 韩安家)

第十七章　神经系统疾病

【A1 型题】

1. Ⅰ型神经纤维瘤病（NF1）包括以下全部病理特征，但**不包括**

    A. 多发性皮下神经纤维瘤

    B. 中枢神经系统脑膜瘤

    C. 咖啡牛奶斑

    D. 双侧第Ⅷ脑神经神经鞘瘤

    E. 第 17 号染色体上的基因突变

    【答案】D

    【解析】双侧第 8 对脑神经神经鞘瘤是Ⅱ型神经纤维瘤病（NF2）的病理特征。

2. 关于髓母细胞瘤，以下描述**错误**的是

    A. 最多见于儿童小脑

    B. 肿瘤细胞通常沿脑脊液播散

    C. 髓母细胞瘤部分伴有 *patched* 基因突变

    D. 肿瘤可以表现出神经元和/或胶质细胞分化

    E. 大部分髓母细胞瘤伴有 *EGFR* 基因扩增

    【答案】E

    【解析】*EGFR* 基因扩增在胶质母细胞瘤中很常见，但是在髓母细胞瘤中很罕见。

3. 以下可以导致血脑屏障破坏的是

    A. 脑内的转移癌

    B. 胶质母细胞瘤

    C. 脑干的高血压性出血

    D. 大脑弓形虫病

    E. 以上都是

    【答案】E

4. 以下弥漫性胶质细胞瘤的组织学分级标准**不包括**

    A. 核的异型性　　　B. 核分裂象

    C. 内皮细胞增生　　　D. 坏死

    E. 浸润程度

    【答案】E

    【解析】各个级别的弥漫性胶质瘤都是浸润性生长方式。

5. 以下对动静脉畸形陈述正确的是

    A. 可以表现为癫痫

    B. 主要发生在 Willis 环的主要血管的分叉处

    C. 主要由异常扩张的毛细血管型血管组成

    D. 主要发生在椎基底动脉系统

    E. 与 Willis 环的动脉粥样硬化有关

    【答案】A

    【解析】动脉瘤主要发生在 Willis 环的主要血管的分叉处；毛细血管瘤主要由异常扩张的毛细血管型血管组成；与 Willis 环相连接的动脉的动脉粥样硬化可以形成假动脉瘤，常见于基底动脉。

6. 帕金森病脑内异常多聚体堆积形成的成分是

    A. Alpha-synuclein　　　B. Tau

    C. Beta-amyloid　　　D. Glucose

    E. Tubulin

    【答案】A

    【解析】Alpha-synuclein 的异常多聚体聚积是组成帕金森病 Lewy 小体的主要成分；Tau 和 Beta-amyloid 异常积聚是阿尔兹海默病患者脑内的主要病变特征。

7. 最常见的胶质瘤是

    A. 星形细胞肿瘤

    B. 少突胶质细胞肿瘤

    C. 室管膜瘤

    D. 节细胞瘤

    E. 胶质母细胞瘤

    【答案】A

8. 关于 Rathke 裂囊肿，下列叙述**错误**的是

    A. 起源于 Rathke 囊残余

    B. Rathke 裂囊肿边缘可见钙化

C. 囊肿可由纤毛柱状上皮构成

D. 对低分子量角蛋白免疫反应强阳性

E. 直径通常大于 5mm

【答案】E

【解析】Rathke 裂囊肿起源于 Rathke 囊残余，直径通常小于 5mm，囊壁主要由纤毛柱状上皮，很少量的杯状细胞和腺垂体细胞衬覆，对低分子量角蛋白免疫反应强阳性，Rathke 裂囊肿边缘可见钙化。

9. 以下分子标志物对胶质瘤的辅助化疗有指导意义的是

A. *IDH1R132H* 突变

B. *ATRX* 突变

C. *P53* 突变

D. *MGMT* 启动子甲基化

E. *TERT* 启动子突变

【答案】D

10. 病毒性脑炎的形态学特点不包括

A. 病变主要位于蛛网膜下腔

B. 灰质神经元变性坏死

C. "噬神经现象"

D. 星形细胞增生

E. 血管周 "袖套征"

【答案】A

【解析】病毒性脑炎主要位于脑实质，感染性细菌性脑膜炎病变主要位于蛛网膜下腔。

11. 神经元胞质或胞核内出现包涵体的主要原因是

A. 真菌感染　　　　B. 细菌感染

C. 病毒感染　　　　D. 立克次体感染

E. 螺旋体感染

【答案】C

12. 卫星现象是指围绕在变性、坏死神经元周围的是

A. 少突胶质细胞　　B. 室管膜细胞

C. 星形胶质细胞　　D. 神经细胞

E. 小胶质细胞

【答案】A

13. 神经系统中可转化为格子细胞的是

A. 神经细胞　　　　B. 星形胶质细胞

C. 小胶质细胞　　　D. 室管膜细胞

E. 施万细胞

【答案】C

14. 小胶质细胞吞噬变性、坏死的神经细胞的现象，被称为

A. 卫星现象　　　　B. 噬神经现象

C. 胶质瘢痕形成　　D. 包涵体形成

E. 胶质结节形成

【答案】B

15. 脑栓塞的最常见原因是

A. 脂肪栓塞　　　　B. 心源性栓子

C. 空气栓塞　　　　D. 羊水栓塞

E. 血液高凝状态

【答案】B

16. 原发性蛛网膜下腔出血的最常见原因是

A. 动静脉畸形

B. 先天性囊状动脉瘤

C. 血液病

D. 脑底异常血管网

E. 脑动脉炎

【答案】B

17. 脑出血最常累及的部位是

A. 小脑　　　　　　B. 基底节

C. 中脑　　　　　　D. 脑桥

E. 脑室

【答案】B

18. 脑出血的最常见原因是

A. 高血压病　　　　B. 血液病

C. 动脉粥样硬化症　D. 动脉瘤

E. 脑动脉瘤

【答案】A

19. 缺血性脑病最常累及的部位是

A. 脑干　　　　　　B. 枕叶

C. 顶叶　　　　　　D. 颞叶

E. 血供边缘带

【答案】E

20. 细胞毒性脑水肿的主要镜下改变是

A. 髓鞘崩解消失

B. 细胞体积增大、水样肿胀

C. 细胞和血管周间隙增大

D. 胶质瘢痕形成

E. 胶质结节形成

【答案】B

21. 血管源性脑水肿的主要镜下改变是

A. 髓鞘崩解消失

B. 细胞体积增大、水样肿胀

C. 细胞和血管周间隙增大

D. 胶质瘢痕形成

E. 胶质结节形成

【答案】C

22. 流行性乙型脑炎的主要病理变化是

A. 脑疝形成　　　　B. 微小动脉瘤形成

C. 肉芽肿形成　　　D. 蛛网膜下腔积脓

E. 神经细胞变性坏死

【答案】E

23. 流行性脑脊髓膜炎属于

A. 变质性炎　　　　B. 增生性炎

C. 浆液性炎　　　　D. 化脓性炎

E. 肉芽肿性炎

【答案】D

24. 流行性乙型脑炎的病变,下列部位最轻微的是

A. 脊髓　　　　　　B. 中脑

C. 丘脑　　　　　　D. 基底节

E. 大脑皮质

【答案】A

25. 最常见的神经系统真菌感染性疾病是

A. 白念珠菌　　　　B. 毛霉菌

C. 曲菌　　　　　　D. 放线菌

E. 新型隐球菌

【答案】E

26. 原发性中枢神经系统淋巴瘤,最常见的是

A. 间变大 B 细胞淋巴瘤

B. 边缘区 B 细胞淋巴瘤

C. 黏膜相关淋巴组织淋巴瘤

D. 血管内淋巴瘤病

E. 弥漫性大 B 细胞淋巴瘤

【答案】E

【解析】95% 以上的原发性中枢神经系统淋巴瘤为 DLBCL。

【A2 型题】

1. 男性,59 岁,头晕、耳鸣、听力下降 4 年,近期加重,遂来就诊。CT 提示右侧小脑占位性病变。行手术切除。术后病理:细胞呈梭形,细胞之间境界不清,核呈梭形,相互紧密平行排列呈栅栏状或不完全的旋涡。该病最有可能为

A. 神经纤维瘤　　　B. 脑膜瘤

C. 髓母细胞瘤　　　D. 节细胞瘤

E. 神经鞘瘤

【答案】E

2. 男性,55 岁,鞍上占位。镜下显示鳞状上皮成分互相吻合,部分区域可见湿角化,未见明显异型性。最可能的诊断是

A. 表皮样囊肿　　　B. 颅咽管瘤

C. 畸胎瘤　　　　　D. 皮样囊肿

E. 转移性鳞状细胞癌

【答案】B

【解析】鳞状上皮成分互相吻合,部分区域可见湿角化是颅咽管瘤的经典组织学表现,鞍上是其好发部位。

3. 女性,35 岁,脑室内占位性病变 3 年。MRI 显示肿瘤边界较清。镜下显示肿瘤细胞中等密度,围绕血管呈放射状排列。血管周有无核区,未见核分裂象。最可能的诊断是

A. 室管膜瘤

B. 星形细胞瘤

C. 胶质母细胞瘤

D. 原始神经外胚叶肿瘤,NOS

E. 少突胶质细胞瘤

【答案】A

4. 男性,11 岁,小脑内占位性病变 5 年。MRI 显示肿瘤边界较清,呈囊实性。镜下显示肿瘤细胞密度不均,部分较低,部分较高,可见嗜酸性小体,未见核分裂象。最可能的诊断是

A. 室管膜瘤

B. 星形细胞瘤

C. 毛细胞型星形细胞瘤

D. 髓母细胞瘤

E. 少突胶质细胞瘤

【答案】C

【解析】毛细胞型星形细胞瘤好发于儿童,小脑多见,边界较清,完整切除后有可能痊愈。形态学常呈双相分化,常见嗜酸性小体和 Rosenthal 纤维。

5. 女性,6 岁,步态不稳,头痛 3 个月。MRI 显示小脑占位性病变,肿瘤周围有水肿带。镜下显示肿瘤细胞密集分布,核互相挤压,异型性明显,部分区域呈菊形团结构,核分裂象多见。免疫组化结果:GFAP 部分(+),Syn 部分(+),INI-1(+),最可能的诊断是

A. 室管膜瘤

B. 胶质母细胞瘤

C. 毛细胞型星形细胞瘤

D. 髓母细胞瘤

E. 不典型畸胎瘤样/横纹肌样瘤（AT/RT）

【答案】D

【解析】髓母细胞瘤是儿童最常见的恶性脑肿瘤,好发于小脑和四脑室,INI-1 阳性可以用于不典型畸胎瘤样/横纹肌样瘤（AT/RT）相鉴别。

6. 女性,45 岁,胸椎硬膜下肿物。镜下见肿瘤细胞呈梭形,部分呈漩涡状。免疫组化结果显示,EMA（+）,S-100（−）,PR（+）,SSTR2a（+）,GFAP（−）,Ki-67 指数小于 1%。最可能的诊断是

A. 神经纤维瘤　　　　B. 脊膜瘤

C. 髓母细胞瘤　　　　D. 胶质细胞瘤

E. 神经鞘瘤

【答案】B

【解析】脊膜瘤发生于脑外,硬膜下,典型的组织学表现是脑膜皮细胞形成漩涡状结构,EMA（+）。

7. 女性,16 岁,长期癫痫病史,发现侧脑室室管膜下区占位。镜下可见大量胞质丰富的细胞弥漫分布,核异型性不明显,免疫组化结果显示 GFAP（+）。此病变很可能伴有的改变是

A. 神经纤维瘤病 1 型（NF1）

B. 神经纤维瘤病 2 型（NF2）

C. 结节性硬化

D. von Hippel-Lindau 综合征

E. 听力下降

【答案】C

【解析】此病符合室管膜下巨细胞星形细胞瘤,常为结节性硬化症的全身症状之一。

8. 男性,32 岁,发现顶叶占位 2 年余。镜下见肿瘤细胞中等密度,胞质空亮,核居中,大小较一致,有较丰富的毛细血管网,未见核分裂象。以下分子改变对该肿瘤的病理诊断起决定作用的是

A. P53 基因突变

B. 1p 和 19q 的共杂合性缺失（LOH）

C. EGFR 基因的扩增

D. IDH1/2 基因的突变

E. patched 基因的突变

【答案】B

【解析】1p 和 19q 的共杂合性缺失（LOH）目前被认为是诊断少突胶质细胞瘤的必要条件。

9. 男性,45 岁,颅内出血。手术切除组织镜下显示,病变区域可见较密集分布的较大血管

管腔,血管壁较厚。最可能的诊断是

A. 动静脉畸形（AVM）

B. 毛细血管瘤

C. 血管瘤型脑膜瘤

D. 高血压性动脉病

E. 假动脉瘤

【答案】A

10. 男性,76 岁,临床表现为震颤麻痹病史 10 年,因急性肺部感染伴呼吸衰竭死亡。尸检病理发现,脑内神经元内有大量嗜酸性包涵体,免疫组化 a-synclein（+）。病变最常见的部位是

A. 额叶　　　　　　　B. 顶叶

C. 海马　　　　　　　D. 中脑黑质

E. 枕叶

【答案】D

【解析】帕金森病最常见的临床症状是震颤麻痹,最具代表性的病变特征是 lewy 小体,病变好发部位为中脑黑质和蓝斑。

11. 女性,49 岁,影像学提示弥漫性胶质瘤可能性大。病理镜下形态符合低级别胶质瘤。免疫组化 GFAP（+）,ATRX 缺失,P53 突变,IDH1 突变。最可能的诊断是

A. 弥漫性星形细胞瘤

B. 少突胶质细胞瘤

C. 胶质母细胞瘤

D. 毛细胞型星形细胞瘤

E. 胶质神经元混合性肿瘤

【答案】A

【解析】ATRX 缺失,P53 突变是星形细胞起源性肿瘤的典型分子特征,与少突胶质细胞瘤通常伴有的 1p/19q 共缺失互斥。毛细胞型星形细胞瘤和胶质神经元混合性肿瘤很少伴有 IDH1 突变,往往伴有 BRAF 基因的改变。

12. 男性,影像学提示小脑可见囊实性占位,边界较清。镜下显示低级别胶质瘤,部分呈微囊性改变,BRAF-KIAA1549 融合突变。以下正确的是

A. 该病在成人中比在儿童中多见

B. 此病好发于大脑皮质

C. 与神经纤维瘤病 2 型关系密切

D. 完整切除有望治愈

E. 通常伴有 P53 基因突变

【答案】D

【解析】见 A2 型第 4 题解析。

13. 女性,15 岁,智力减退伴癫痫发作 10 年。脑部癫痫灶切除术后病理,显示较多量异形神经元和气球样细胞,并伴有多量钙化灶。最可能伴有的分子改变是
    A. *P53* 基因突变
    B. *TSC1* 或 *TSC2* 基因突变
    C. *EGFR* 基因的扩增
    D. *IDH1/2* 基因的突变
    E. *patched* 基因的突变
【答案】B
【解析】此例符合典型的结节性硬化的临床和病理表现。该病为遗传病,遗传方式为常染色体显性遗传,家族性病例约占 1/3,即由父母一方遗传而来突变的 *TSC1* 或 *TSC2* 基因;散发病例约占 2/3,即出生时患者携带新突变的 *TSC1* 或 *TSC2* 基因,并无家族成员患病。

14. 男性,54 岁,头痛头晕 3 月余。影像学显示额顶叶巨大占位,与周围边界不清,有明显水肿带。手术切除病灶。病理镜下显示,肿瘤细胞密集分布,核分裂象多见,可见假栅栏状坏死,免疫组化及测序显示 IDH1/2 无突变。以下与患者的预后差相关的是
    A. 1p/19q 共缺失
    B. *MGMT* 启动子甲基化
    C. *EGFR* 基因扩增
    D. *BRAF* 基因突变
    E. *TSC1/2* 基因突变
【答案】C
【解析】*EGFR* 基因扩增在 IDH 野生型胶质母细胞瘤中最常发生的分子改变,与患者的预后差相关。

15. 男婴,2 个月,大肠埃希菌感染性脑膜炎后脑积水。脑积水发生的病因最可能是
    A. 脑脊液回吸收功能受阻导致脑积水
    B. 脉络丛细胞增生使脑脊液产生过多
    C. 中脑导水管阻塞导致脑脊液回流受阻
    D. A 和 C
    E. A、B 和 C
【答案】A
【解析】严重的脑膜炎导致蛛网膜下腔因纤维化而使脑脊液回吸收受阻。脉络丛细胞增生使脑脊液产生过多和中脑导水管阻塞在脑膜炎不常见。

16. 男性,58 岁,猝死后尸检发现脑桥多灶性出血。最可能的原因是
    A. 急性脑创伤导致颈椎严重损伤

    B. 高血压
    C. 沟回疝综合征
    D. 脑桥动静脉畸形
    E. 病毒性脑炎
【答案】C
【解析】急性脑创伤导致颈椎严重损伤导致脑干出血通常在脑干一侧,高血压导致出血通常不是多灶性,AVM 通常肉眼可以观察到,病毒性脑炎很少导致脑桥出血。

17. 女性,19 岁,头痛 2 月余。MRI 显示丘脑弥漫性占位,边界欠清。穿刺活检的镜下显示肿瘤细胞具有胶质细胞形态,细胞分布较密集,可见较多核分裂象,未见明确内皮细胞增生和坏死。以下分子改变提示患者预后似胶质母细胞瘤的是
    A. *IDH1R132H* 突变
    B. *H3K27M* 突变
    C. *BRAFV600E* 突变
    D. 1p/19q 共缺失
    E. *MGMT* 启动子发生甲基化
【答案】B
【解析】此病例年龄,部位,形态均提示可能为弥漫性中线胶质瘤,如果伴有 *H3K27M* 突变即可确诊,虽然形态学提示为间变型星形细胞瘤(WHO 3 级),临床生物学行为则表现为胶质母细胞瘤,WHO 4 级。

18. 男性,31 岁,体检发现椎管内马尾占位。镜下可见肿瘤细胞呈乳头状结构,血管周围有黏液样无核区。最可能的诊断是
    A. 乳头型脊膜瘤
    B. 乳头型胶质神经元肿瘤
    C. 黏液乳头型室管膜瘤
    D. 室管膜瘤
    E. 毛细胞型黏液样星形细胞瘤
【答案】C
【解析】马尾终丝是黏液乳头型室管膜瘤的好发部位,形态学特点也符合典型的黏液乳头型室管膜瘤。

19. 女性,35 岁,发现额叶皮质占位 3 年。影像学提示瘤周水肿不明显。镜下可见肿瘤细胞中等密度,胞质较丰富,略嗜酸性,核略偏位,核仁明显,未见核分裂象。最可能的诊断是
    A. 少突胶质细胞瘤
    B. 肥胖细胞型星形细胞瘤
    C. 毛细胞型星形细胞瘤

D. 室管膜瘤

E. 节细胞瘤

【答案】E

【解析】胞质较丰富的肿瘤主要有肥胖细胞性星形细胞瘤和节细胞瘤,后者往往有清晰的核仁。

20. 男性,21 岁,癫痫病史 11 年。影像学提示颞叶皮层囊实性占位,边界较清。镜下可见大小两型肿瘤细胞,体积较大的肿瘤细胞核仁明显,胞质丰富,呈不规则形,免疫组化;Syn(+);周围弥漫分布体积较小的肿瘤细胞,核异型性不明显,免疫组化:GFAP(+)。最可能的诊断是

A. 胶质母细胞瘤

B. 多形性黄色瘤样星形细胞瘤

C. 肥胖细胞型星形细胞瘤

D. 节细胞胶质瘤

E. 节细胞瘤

【答案】D

【解析】节细胞胶质瘤含有神经元和胶质细胞两种成分,影像学上常表现为大囊和附壁结节,因部位表浅,常伴有局灶皮层发育不良,临床常有长期癫痫病史。

21. 男性,57 岁,肾移植后免疫抑制治疗半年,发生隐球菌性脑膜炎。镜下显示病变特点为

A. 肉芽肿性脑膜炎

B. 中性粒细胞性急性化脓性炎

C. 蛛网膜下腔出血

D. 淋巴细胞性脑膜炎

E. 脑膜很少见炎性反应

【答案】E

【解析】隐球菌性脑膜炎脑膜很少见炎性反应。

22. 女性,23 岁,病理诊断为节细胞胶质瘤。最常见的分子改变是

A. *IDH1/2* 基因突变

B. TERT 启动子突变

C. *EGFR* 基因扩增

D. *BRAF* V600E 突变

E. *MYC* 基因扩增

【答案】D

【解析】大约 50% 的节细胞胶质瘤伴有 *BRAF* V600E 突变。

23. 男性,65 岁,发现枕叶肿瘤 4 月余。影像学及组织学提示高级别胶质瘤。免疫组化 IDH1 (−)。**不需要**进一步进行的分子检测项目为

A. *IDH1/2* 基因突变

B. TERT 启动子突变

C. *EGFR* 基因扩增

D. *MGMT* 甲基化

E. 7 号整条染色体获得/10 号整条染色体缺失

【答案】A

【解析】55 岁以上高级别胶质瘤 IDH 突变的发生率极低,预后较年轻患者差。

24. 女性,53 岁,硬脑膜占位 2 年。手术完整切除肿瘤,镜下显示肿瘤细胞较丰富,呈漩涡状,核呈梭形,部分区域可见核有一定异型性,核分裂象易见(约 10 个/10HPF)。最可能的诊断为

A. 间变型脑膜瘤

B. 非典型性脑膜瘤

C. 神经鞘瘤

D. 细胞丰富性神经鞘瘤

E. 纤维性脑膜瘤

【答案】B

【解析】非典型性脑膜瘤的诊断标准中最重要的一项是核分裂象(4~20 个/10HPF)。

25. 男性,3 岁,头痛 4 月余。影像学提示额顶叶占位。手术病理显示肿瘤细胞体积小且密集分布,部分细胞胞质丰富,嗜酸性,核分裂象多见。免疫组化显示:desmin(−),GFAP(+),Syn(+),INI-1(−)。最可能的诊断是

A. 髓母细胞瘤

B. 不典型畸胎瘤样/横纹肌样瘤(AT/RT)

C. 横纹肌肉瘤

D. 尤因肉瘤 /PNET

E. 原始神经外胚叶肿瘤,NOS

【答案】B

【解析】AT/RT 的典型分子特征是 INI-1 失表达,好发于儿童,形态与其他原始神经外胚叶肿瘤非常相似,预后极差。

26. 女性,63 岁,头痛发热 1 月余。脑活检组织上可见血管中心性伴肿瘤细胞的血管周围层状分布,血管浸润及有时伴血管坏死。弥漫性单个细胞浸润,无神经周围卫星现象。细胞呈大、圆形至不规则胞核伴显著的核仁。需要进行的鉴别诊断包括

A. 系统性恶性淋巴瘤累及 CNS

B. 胶质母细胞瘤

C. 转移性癌

D. 原发性中枢神经系统淋巴瘤

E. 以上都包括

【答案】E

【A3/A4 型题】

(1~2 题共用题干)

男性,2 岁,头痛 4 月余。影像学提示小脑占位,手术病理显示肿瘤细胞体积小且密集分布,部分细胞呈菊形团排列,核分裂象多见。

1. 最可能的诊断是

A. 髓母细胞瘤

B. 不典型畸胎瘤样/横纹肌样瘤（AT/RT）

C. 横纹肌肉瘤

D. 尤因肉瘤/PNET

E. 原始神经外胚叶肿瘤,NOS

【答案】A

2. 免疫组化结果**不能为**阴性的是

A. GFAP   B. vimentin

C. desmin   D. INI-1

E. P53

【答案】D

【解析】髓母细胞瘤是儿童最常见的恶性脑肿瘤,好发于小脑;AT/RT 的形态可以与髓母细胞瘤等原始神经外胚叶肿瘤非常相似,典型分子特征是 INI-1 失表达,也好发于儿童,预后极差。

(3~4 题共用题干)

男性,40 岁,颅内出血。手术切除组织镜下显示,病变区域可见密集分布的薄壁血管管腔,管腔较小。

3. 最可能的诊断是

A. 动静脉畸形（AVM）

B. 毛细血管瘤

C. 血管瘤型脑膜瘤

D. 高血压性动脉病

E. 假动脉瘤

【答案】B

4. 与血管瘤型脑膜瘤鉴别的免疫组化最重要的是

A. EMA   B. CD34   C. GFAP

D. CD31   E. SMA

【答案】A

(5~6 题共用题干)

老年男性,临床表现为震颤麻痹病史 13 年,因突发高热伴呼吸衰竭死亡。尸检病理发现,脑内神经元内有大量圆形小体,免疫组化 a-synclein（+）。

5. 病理诊断最可能是

A. 阿尔兹海默病   B. 狂犬病

C. 帕金森病   D. 库鲁氏病

E. 白质脑病

【答案】C

6. 最常见的部位是

A. 额叶   B. 顶叶

C. 海马   D. 枕叶

E. 中脑黑质

【答案】E

【解析】见 A2 型第 10 题解析。

(7~8 题共用题干)

女性,42 岁,发现额叶占位 3 年余。影像学肿瘤边界欠清,有钙化;镜下见肿瘤细胞中等密度,胞质空亮,有较丰富的毛细血管网,核仁不明显,核居中,未见核分裂象。

7. 最可能的病理诊断是

A. 星形细胞瘤

B. 透明细胞型室管膜瘤

C. 透明细胞型脑膜瘤

D. 少突胶质细胞瘤

E. 脑室外中枢神经细胞瘤

【答案】D

8. 以下分子改变对该肿瘤的病理诊断最重要的是

A. *patched* 基因的突变

B. *P53* 基因突变

C. *EGFR* 基因的扩增

D. *IDH1/2* 基因的突变

E. 1p 和 19q 的共杂合性缺失（LOH）

【答案】E

【解析】1p 和 19q 的共杂合性缺失（LOH）目前被认为是诊断少突胶质细胞瘤的必要条件,影像学多有钙化。

(9~10 题共用题干)

女性,46 岁,影像学及病理镜下形态符合间变型胶质瘤;免疫组化 GFAP（+）,NeuN（−）,ATRX 缺失,P53 突变型,IDH1（+）。

9. 最可能的诊断是
   A. 胶质神经元混合性肿瘤
   B. 少突胶质细胞瘤
   C. 胶质母细胞瘤
   D. 毛细胞型星形细胞瘤
   E. 弥漫性星形细胞瘤
   【答案】E

10. **不需要**进行的分子检测项目是
    A. *TERT* 启动子突变
    B. 7 号染色体获得与 10 号染色体缺失
    C. *EGFR* 基因的扩增
    D. 1p 和 19q 的共杂合性缺失（LOH）
    E. *IDH1/2* 基因的突变
    【答案】D
    【解析】*ATRX* 缺失、*P53* 突变是星形细胞起源性肿瘤的典型分子特征，与少突胶质细胞瘤通常伴有的 1p/19q 共缺失互斥。毛细胞型星形细胞瘤和胶质神经元混合性肿瘤很少伴有 *IDH1* 突变，往往伴有 *BRAF* 基因的突变和融合基因的改变。*TERT* 启动子突变，7 号染色体获得与 10 号染色体缺失和 *EGFR* 基因的扩增是 IDH 野生型成人型胶质瘤预后差的标志。

(11~12 题共用题干)
女性，影像学提示小脑可见囊实性占位，边界较清。镜下显示部分呈微囊性改变，肿瘤细胞部分呈毛发样，密度较低，伴有 *BRAF-KIAA1549* 基因融合。

11. 最可能的病理诊断是
    A. 弥漫性星形细胞瘤
    B. 少突胶质细胞瘤
    C. 毛细胞型星形细胞瘤
    D. 髓母细胞瘤
    E. 神经纤维瘤
    【答案】C

12. 以下正确的是
    A. 与神经纤维瘤病 2 型关系密切
    B. 此病好发于大脑皮质
    C. 该病在成人中比在儿童中多见
    D. 完整切除有望治愈
    E. 通常伴有 *P53* 基因突变
    【答案】D
    【解析】见 A2 型第 12 题解析。

(13~14 题共用题干)
男性，47 岁，第三脑室占位。镜下显示分化良好的鳞状上皮成分，呈乳头状结构，伴纤维血管轴心，无明显角化

13. 最可能的诊断是
    A. 表皮样囊肿
    B. 皮样囊肿
    C. 畸胎瘤
    D. 颅咽管瘤
    E. 转移性鳞状细胞癌
    【答案】D

14. 可能伴有的分子改变是
    A. *BRAF* V600E
    B. *IDH1* R132H
    C. *CTNNB1* 突变
    D. *EGFR* 扩增
    E. *TERT* 启动子突变
    【答案】A
    【解析】鳞状上皮成分互相吻合，部分区域呈乳头状结构是乳头型颅咽管瘤的经典组织学表现，除了蝶鞍，三脑室是其好发部位。*BRAF* V600E 是乳头型颅咽管瘤的好发突变。

(15~16 题共用题干)
男性，22 岁，脊髓内占位性病变 2 年。MRI 显示肿瘤边界较清。镜下显示肿瘤细胞中等密度，围绕血管呈放射状排列，血管周可见无核区，未见核分裂象。

15. 最可能的诊断是
    A. 星形细胞瘤
    B. 室管膜瘤
    C. 胶质母细胞瘤
    D. 原始神经外胚叶肿瘤，NOS
    E. 少突胶质细胞瘤
    【答案】B

16. 最有助于与其他胶质瘤相鉴别的免疫组化项目是
    A. GFAP
    B. Olig-2
    C. Syn
    D. NF
    E. EMA
    【答案】E

(17~18 题共用题干)
女性，9 岁，发现小脑内占位性病变 5 年，生长缓慢。MRI 显示肿瘤边界较清，呈囊实性，镜下显示肿瘤细胞密度低且不均，部分细胞核具有轻度异型性，未见核分裂象。

17. 最可能的诊断是
    A. 室管膜瘤
    B. 毛细胞型星形细胞瘤

C. 少突胶质细胞瘤

D. 髓母细胞瘤

E. 星形细胞瘤

【答案】B

18. 以下特点支持此诊断,**除外**

A. 嗜酸性颗粒小体

B. Rosenthal 纤维

C. *BRAF* V600E 突变

D. *BRAF-KIAA* 基因融合

E. *MYC* 基因扩增

【答案】E

【解析】见 A2 型第 4 题解析。*BRAF* V600E 突变和 *BRAF-KIAA* 基因融合是此肿瘤的分子病理特点。

(19~20 题共用题干)

男性,3 岁,头痛 3 个月,走路易摔倒。MRI 显示小脑占位性病变,肿瘤周围有水肿带。镜下显示肿瘤细胞密集分布,异型性明显,核互相挤压,部分区域呈菊形团结构,凋亡小体和核分裂象多见。

19. 最可能的诊断是

A. 间变型室管膜瘤

B. 胶质母细胞瘤

C. 毛细胞型星形细胞瘤

D. 髓母细胞瘤

E. 不典型畸胎瘤样/横纹肌样瘤(AT/RT)

【答案】D

20. 免疫组化结果:INI-1(+)。可以初步排除的诊断是

A. 间变型室管膜瘤

B. 胶质母细胞瘤

C. 原始神经外胚叶肿瘤,NOS

D. 髓母细胞瘤

E. 不典型畸胎瘤样/横纹肌样瘤(AT/RT)

【答案】E

【解析】见 A2 型第 5 题解析。

(21~22 题共用题干)

男性,47 岁,腰椎硬膜下占位。术中见肿物与硬脊膜关系密切,镜下肿瘤细胞呈梭形,部分呈漩涡状,免疫组化结果显示,S-100(−),GFAP(−),NF(−),Ki-67 指数小于 1%。

21. 最可能的诊断是

A. 神经纤维瘤　　　B. 脊膜瘤

C. 髓母细胞瘤　　　D. 胶质细胞瘤

E. 神经鞘瘤

【答案】B

22. 需要增加的免疫组化有助于进一步明确诊断的是

A. Syn　　　B. Olig-2　　　C. SMA

D. CD34　　　E. EMA

【答案】E

【解析】脊膜瘤发生于脑外,硬膜下,典型的组织学表现是脑膜皮细胞形成漩涡状结构,EMA 通常(+)。

(23~24 题共用题干)

男性,14 岁,智力障碍伴长期癫痫史。影像学发现侧脑室室管膜下区占位。镜下可见大量胞质丰富的细胞弥漫分布,核异型性不明显,免疫组化结果显示 GFAP(+),NeuN(−)。

23. 最可能的诊断是

A. 室管膜下巨细胞星形细胞瘤

B. 节细胞瘤

C. 少突胶质细胞瘤

D. 室管膜瘤

E. 胶质母细胞瘤

【答案】A

24. 此病变很可能伴有的改变是

A. 神经纤维瘤病 1 型(NF1)

B. 神经纤维瘤病 2 型(NF2)

C. von Hippel-Lindau 病

D. 结节性硬化

E. 听力下降

【答案】D

【解析】此病符合室管膜下巨细胞星形细胞瘤,常为结节性硬化的全身症状之一。

(25~26 题共用题干)

男性,74 岁,临床表现为震颤麻痹病史 12 年,因急性肺部感染伴呼吸衰竭死亡。尸检病理发现,中脑黑质兰斑部位神经元胞质内可见嗜酸性包涵体,免疫组化 a-synclein(+)。

25. 最可能的诊断是

A. 帕金森病　　　B. 阿尔兹海默病

C. 狂犬病　　　D. 疯牛病

E. Kuru 病

【答案】A

26. 病理镜下的嗜酸性小体是
    A. Lewy 小体　　　　B. Negri 小体
    C. 淀粉样斑块　　　　D. 神经纤维缠结
    E. Hirano 小体
【答案】A
【解析】见 A2 型第 10 题解析。

(27~28 题共用题干)
男性,26 岁,长期癫痫病史。影像学提示颞叶皮质浅层可见囊性占位,边界较清,囊壁内可见一小结节。镜下部分细胞体积较大,胞质略嗜酸,核仁明显,部分细胞体积较小,核具有一定异型性。

27. 最可能的诊断是
    A. 胶质母细胞瘤
    B. 节细胞瘤
    C. 节细胞胶质瘤
    D. 弥漫性星形细胞瘤
    E. 少突胶质细胞瘤
【答案】C

28. 此肿瘤常伴有的分子改变是
    A. *NF* 基因突变
    B. IDH1 R132H 突变
    C. *TERT* 启动子突变
    D. *BRAF* V600E 突变
    E. *P53* 基因突变
【答案】D
【解析】节细胞胶质瘤的常见分子改变是 *BRAF* V600E 突变。

(29~30 题共用题干)
男性,13 岁,智力减退伴癫痫发作 7 年,背部可见咖啡牛奶斑。脑部癫痫灶切除术后病理显示较多量异形神经元和气球样细胞,并伴有多量钙化灶。

29. 最可能的诊断是
    A. 节细胞瘤　　　　B. 结节性硬化
    C. 少突胶质细胞瘤　D. 室管膜瘤
    E. 胶质母细胞瘤
【答案】B

30. 最可能伴有的分子改变是
    A. *P53* 基因突变
    B. *IDH1/2* 基因的突变
    C. *EGFR* 基因的扩增

    D. *TSC1* 或 *TSC2* 基因突变
    E. *patched* 基因的突变
【答案】D
【解析】见 A2 型第 13 题解析。

(31~32 题共用题干)
女性,52 岁,头痛头晕 1 月余。影像学显示额顶叶巨大占位,与周围边界不清,有明显水肿带。手术切除病灶。病理镜下显示肿瘤细胞密集分布,核具有明显异型性,核分裂象多见,可见血管内皮细胞呈肾小球样增生,免疫组化及测序显示 *IDH1/2* 无突变。

31. 最可能的诊断是
    A. 节细胞瘤　　　　B. 结节性硬化
    C. 少突胶质细胞瘤　D. 室管膜瘤
    E. 胶质母细胞瘤
【答案】E

32. 以下与患者的预后差相关的是
    A. 1p/19q 共缺失
    B. *MGMT* 启动子甲基化
    C. *TERT* 启动子突变
    D. *BRAF* 基因突变
    E. *MYC* 基因扩增
【答案】C
【解析】*TERT* 启动子突变在 IDH 野生型胶质母细胞瘤中常发生的分子改变之一,与患者的预后差相关。

(33~34 题共用题干)
女婴,顺产出生后 1 个月出现高热,喷射性呕吐等脑膜刺激征。CT 显示脑积水。

33. 脑膜病变最可能的病原是
    A. 大肠埃希菌感染
    B. 链球菌感染
    C. 肺炎双球菌感染
    D. 脊髓灰质炎病毒感染
    E. 结核分枝杆菌感染
【答案】A

34. 发生脑积水的病因最可能是
    A. 脑脊液回吸收功能受阻导致脑积水
    B. 脉络丛细胞增生使脑脊液产生过多
    C. 中脑导水管阻塞导致脑脊液回流受阻
    D. A 和 C
    E. A、B 和 C

【答案】A

【解析】新生儿免疫力低下,通过产道易感染大肠埃希菌,导致感染性脑膜炎。严重的脑膜炎导致蛛网膜下腔因纤维化而使脑脊液回吸收受阻。脉络丛细胞增生使脑脊液产生过多和中脑导水管阻塞在脑膜炎不常见。

(35~36题共用题干)

女性,75岁,发现额叶肿瘤3月余。影像学及组织学提示高级别胶质瘤。免疫组化GFAP(+),IDH1(−)。

35. 该患者最可能伴有的分子改变是

    A. *IDH1/2* 基因突变

    B. *BRAF* 突变

    C. *EGFR* 基因扩增

    D. *MYC* 基因扩增

    E. 1p/19q 共缺失

【答案】C

36. 以下分子检测项目不必要做的是

    A. *IDH1/2* 基因突变

    B. *TERT* 启动子突变

    C. *EGFR* 基因扩增

    D. *MGMT* 甲基化

    E. 7 号整条染色体获得/10 号整条染色体缺失

【答案】A

【解析】55 岁以上高级别胶质瘤 *IDH* 突变的发生率极低,最常见的分子改变是 *EGFR* 基因扩增,预后较年轻患者差。

(37~38题共用题干)

女性,55岁,体检发现顶叶占位。影像学显示与硬脑膜关系密切。手术切除肿瘤。镜下显示肿瘤细胞较丰富,呈漩涡状,核呈梭形,部分区域可见核异型性明显,核分裂象易见(约 30 个/10HPF)。

37. 最可能的诊断为

    A. 间变型脑膜瘤

    B. 非典型性脑膜瘤

    C. 神经鞘瘤

    D. 细胞丰富性神经鞘瘤

    E. 纤维性脑膜瘤

【答案】A

38. 相同级别的脑膜瘤组织学亚型有

    A. 透明细胞型   B. 脊索瘤样

    C. 血管瘤型   D. 乳头型

    E. 微囊型

【答案】D

【解析】间变型脑膜瘤,WHO 3 级,诊断标准中最重要的一项是核分裂象(>20 个/10HPF)。相同级别的脑膜瘤组织学亚型还有乳头型和横纹肌样脑膜瘤。

(39~40题共用题干)

女性,16岁,头痛2月余。MRI 显示脑干占位,肿瘤边界欠清。穿刺活检的镜下显示肿瘤细胞具有胶质细胞形态,细胞分布较密集,可见较多核分裂象,未见明确内皮细胞增生和坏死。免疫组化 IDH1R132H(−)。

39. 最可能的病理诊断是

    A. 弥漫性星形细胞瘤

    B. 少突胶质细胞瘤

    C. 毛细胞型星形细胞瘤

    D. 弥漫性中线胶质瘤,*H3K27M* 突变型

    E. 间变型室管膜瘤

【答案】D

40. 以下分子改变对诊断有提示作用的是

    A. *MGMT* 启动子发生甲基化

    B. 1p/19q 共缺失

    C. *BRAF* V600E 突变

    D. *IDH1* R132H 突变

    E. *H3K27M* 突变

【答案】E

【解析】此病例年龄、部位、形态均提示可能为弥漫性中线胶质瘤,如果伴有 *H3K27M* 突变即可确诊,虽然形态学提示为间变型星形细胞瘤(WHO 3 级),临床生物学行为则表现为胶质母细胞瘤;WHO 4 级。

(41~42题共用题干)

女性,28岁,体检发现椎管内终丝占位。影像学显示肿瘤边界较清。镜下可见肿瘤细胞呈乳头状结构单层排列,血管轴心周围有黏液样无核区,细胞染色质细腻。

41. 最可能的诊断是

    A. 乳头型胶质神经元肿瘤

    B. 副节瘤

    C. 乳头型脊膜瘤

    D. 黏液乳头型室管膜瘤

    E. 毛细胞型黏液样星形细胞瘤

【答案】D

42. 以下免疫组化阳性对诊断有帮助的是
    A. GFAP   B. Syn
    C. NeuN   D. P53
    E. BRAF V600E
    【答案】A
    【解析】马尾终丝是黏液乳头型室管膜瘤的好发部位,形态学特点也符合典型的黏液乳头型室管膜瘤,GFAP(+)。

(43~44 题共用题干)

女性,32 岁,头晕头痛 2 年。影像学发现顶枕叶皮质浅层实性占位,瘤周边界欠清,水肿不明显。镜下可见肿瘤细胞中等密度,胞质较丰富,略嗜酸性,核略偏位,核仁不明显,未见核分裂象,血管增生不明显。

43. 最可能的诊断是
    A. 弥漫性星形细胞瘤
    B. 少突胶质细胞瘤
    C. 毛细胞型星形细胞瘤
    D. 室管膜瘤
    E. 节细胞瘤
    【答案】A

44. 以下免疫组化应为阴性的是
    A. GFAP   B. NeuN
    C. IDH1 R132H   D. Olig-2
    E. P53
    【答案】B
    【解析】胞质较丰富的肿瘤主要有肥胖细胞性星形细胞瘤和节细胞瘤,后者往往有清晰的核仁。

(45~46 题共用题干)

女性,26 岁,癫痫病史 13 年。影像学提示额顶叶灰质浅层囊性占位,囊壁内附一小结节,肿瘤边界较清。镜下可见两型肿瘤细胞,一型肿瘤细胞体积较大,核仁明显,胞质丰富,呈不规则形,周围弥漫分布体积较小的肿瘤细胞,异型性不明显。

45. 最可能的诊断是
    A. 胶质母细胞瘤
    B. 多形性黄色瘤样星形细胞瘤
    C. 肥胖细胞型星形细胞瘤
    D. 节细胞瘤
    E. 节细胞胶质瘤
    【答案】E

46. 最有助诊断和鉴别诊断的免疫组化项目是
    A. GFAP   B. Olig-2
    C. P53   D. IDH1R132H
    E. CD34
    【答案】E
    【解析】节细胞胶质瘤含有神经元和胶质细胞两种成分,影像学上常表现为大囊和附壁结节,因部位表浅,常伴有局灶皮层发育不良,临床常有长期癫痫病史。病灶区 CD34 呈弥漫或灶状阳性可以用于诊断和鉴别诊断。

(47~48 题共用题干)

男童,2 岁,夏秋之交蚊虫叮咬后持续高热惊厥。脑脊液穿刺肉眼呈云絮状,医治无效死亡。尸检发现大脑灰质浅层散在针尖大小的坏死灶。

47. 最可能的病理诊断是
    A. 流行性乙型脑炎
    B. 感染性细菌性脑膜炎
    C. 大脑局灶皮层发育不良
    D. 弥漫性胶质瘤
    E. 毛细胞型星形细胞瘤
    【答案】A

48. 镜下形态学特点**不包括**
    A. 病变主要位于蛛网膜下腔
    B. 灰质神经元变性坏死
    C. "噬神经现象"
    D. 星形细胞增生
    E. 血管周"袖套征"
    【答案】A
    【解析】病毒性脑炎主要位于脑实质,感染性细菌性脑膜炎病变主要位于蛛网膜下腔。

(49~50 题共用题干)

男性,76 岁,肝移植后免疫抑制治疗 1 年,发生真菌性脑膜炎。

49. 最常见的病原菌是
    A. 白念珠菌   B. 毛霉菌
    C. 曲菌   D. 新型隐球菌
    E. 放线菌
    【答案】D

50. 镜下显示病变特点为
    A. 脑膜很少见炎性反应
    B. 中性粒细胞性急性化脓性炎
    C. 蛛网膜下腔出血

D. 淋巴细胞性脑膜炎

E. 肉芽肿性脑膜炎

【答案】A

【解析】隐球菌性脑膜炎是最常见的真菌性脑膜炎的病原菌,脑膜很少见炎性反应。

(51~52 题共用题干)

男性,68 岁,局灶神经功能缺陷,伴发热乏力 2 月余。脑穿刺活检组织上可见血管中心性伴肿瘤细胞的血管周围层状分布,血管浸润及有时伴血管坏死。弥漫性单个细胞浸润,细胞呈大、圆形至不规则胞核伴显著的核仁,不定量的小的反应性 T 淋巴细胞,可见凋亡及坏死。无系统性恶性淋巴瘤病史。免疫组化:CD45、CD20 及 CD79a 阳性,Ki-67 阳性指数较高。

51. 最可能的诊断是

A. 统性恶性淋巴瘤累及 CNS

B. 胶质母细胞瘤

C. 转移性癌

D. 原发性中枢神经系统淋巴瘤

E. 间变型少突胶质细胞瘤

【答案】D

52. 支持肿瘤细胞起源的组化项目**不包括**

A. CD10   B. BCL6

C. Mum-1   D. CD3

E. PAX5

【答案】D

【案例分析题】

案例一 女性,13 岁,步态不稳,易跌倒 3 年,近日因头痛入院。影像学提示小脑内占位性病变,MRI 显示肿瘤边界较清,呈囊实性。镜下显示肿瘤细胞密度低且分布不均匀,胞质呈双极性,部分细胞核具有轻度异型性。免疫组化 Ki-67 指数极低,未见核分裂象。

提问 1:最可能的诊断是

A. 少突胶质细胞瘤室

B. 室管膜瘤

C. 毛细胞型星形细胞瘤

D. 髓母细胞瘤

E. 弥漫性星形细胞瘤

F. 神经母细胞瘤

【答案】C

提问 2:以下特点支持此诊断,包括

A. 嗜酸性颗粒小体

B. Rosenthal 纤维

C. *BRAFV600E* 突变

D. *BRAF-KIAA* 基因融合

E. *P53* 基因突变

F. *IDH1/2* 基因突变

【答案】ABCD

提问 3:关于此肿瘤描述正确的是

A. 与神经纤维瘤病 2 型关系密切

B. 此病好发于大脑皮质

C. 该病在成人中比在儿童中多见

D. 通常伴有 *H3K27M* 突变

E. 完整切除有望治愈

F. 通常伴有 *IDH1/2* 基因突变

【答案】E

【解析】见 A2 型第 4 题解析。*BRAF V600E* 突变和 *BRAF-KIAA* 基因融合是此肿瘤的分子病理特点。

案例二 男性,4 岁,走路易摔倒,头痛易哭闹 5 个月。MRI 显示第四脑室占位性病变,肿瘤周围有水肿带。镜下显示肿瘤细胞密集分布,核异型性明显,互相挤压,可见菊团形结构,凋亡小体和核分裂象多见,局灶可见坏死,周边可见正常小脑组织。

提问 1:最可能的诊断是

A. 间变型室管膜瘤

B. 髓母细胞瘤

C. 毛细胞型星形细胞瘤

D. 胶质母细胞瘤

E. 不典型畸胎瘤样/横纹肌样瘤（AT/RT）

F. 中枢神经细胞瘤

【答案】B

提问 2:免疫组化结果:INI-1（+）。可以初步排除的诊断是

A. 间变型室管膜瘤

B. 髓母细胞瘤

C. 毛细胞型星形细胞瘤

D. 胶质母细胞瘤

E. 不典型畸胎瘤样/横纹肌样瘤（AT/RT）

F. 中枢神经细胞瘤

【答案】E

提问 3:该肿瘤好发部位是

A. 颞叶   B. 枕叶

C. 顶叶　　　　D. 小脑

E. 脑干　　　　F. 脑室

【答案】D

【解析】见 A2 第 5 题解析。

案例三　女性,51 岁,下肢麻木半年余。查体发现腰椎脊髓外占位,肿瘤与周围边界清。镜下肿瘤细胞呈梭形,细胞之间边界不清,核卵圆形,免疫组化结果显示,CD34(−),S-100 灶(+),STAT6(−),GFAP(−),NF(−)。

提问 1:最可能的诊断是

A. 脊膜瘤　　　　B. 神经纤维瘤

C. 髓母细胞瘤　　D. 胶质细胞瘤

E. 神经鞘瘤　　　F. 血管母细胞瘤

【答案】A

提问 2:在相同部位可发生的形态学相似的肿瘤还有

A. 室管膜瘤

B. 孤立性纤维性肿瘤/血管外周细胞瘤

C. 髓母细胞瘤

D. 胶质细胞瘤

E. 血管母细胞瘤

F. 神经鞘瘤

【答案】B

提问 3:需要增加免疫组化项目有助于进一步明确诊断,其中包括

A. EMA　　　　B. vimentin

C. PR　　　　　D. NeuN

E. Ki-67　　　　F. Syn

【答案】ABCE

【解析】脊膜瘤发生于髓外,硬膜下,典型的组织学表现是脑膜皮细胞形成漩涡状结构,可见砂粒体,EMA、PR 通常(+)。孤立性纤维性肿瘤/血管外周细胞瘤也是梭形细胞肿瘤,通常 CD34(+),STAT6(+)。

案例四　男性,76 岁,记忆力减退,嗅觉障碍逐渐加重 10 余年,因急性肺部感染伴呼吸衰竭死亡。尸检病理显示脑回变窄,脑沟增宽。

提问 1:最可能的诊断是

A. 帕金森病　　　B. 阿尔兹海默病

C. 狂犬病　　　　D. 疯牛病

E. Kuru 病　　　 F. 以上都不是

【答案】B

提问 2:病理镜下特点包括

A. Hirano 小体

B. 海马区病变明显较重

C. 淀粉样斑块

D. 神经纤维缠结

E. Lewy 小体

F. 以上都是

【答案】ABCD

【解析】阿尔兹海默病的主要临床症状表现为记忆力减退,进行性认知障碍,主要病理表现为海马区病变明显较重,可见神经元损伤和 Hirano 小体,胞体内可见神经纤维缠结,胞体外可见淀粉样斑块。

（常青　李海）

第十八章 皮肤系统疾病

【A2型题】

1. 男性,56岁,左前臂可见红色斑块状皮损,界限清楚,表面可见鳞屑。活检镜下显示表皮全层细胞排列紊乱,基底膜完整,表皮内细胞显示高度非典型性。该患者可能的诊断是
   A. 基底细胞癌　　　　B. 寻常疣
   C. 疣状癌　　　　　　D. 皮肤鲍恩病
   E. 鳞状细胞癌
   【答案】D
   【解析】皮肤鲍恩病是特殊类型的鳞状上皮原位癌,发展缓慢,多见于中老年人,表皮内高度非典型性细胞为鲍温细胞,基底膜完整,无浸润,因此考虑为皮肤鲍恩病。

2. 男性,78岁,肛周瘙痒不适2月余。体格检查肛周外观红色湿疹样。镜下可见表皮棘层增厚,表皮内可见体积较大富含透明胞质的细胞单个或成片分布。免疫组化大细胞CK7阳性,S-100阴性。该患者最有可能诊断是
   A. 恶性黑色素瘤　　　B. 基底细胞癌
   C. 鳞状细胞癌　　　　D. 皮肤鲍恩病
   E. 皮肤乳腺外佩吉特病
   【答案】E
   【解析】乳腺外佩吉特病少见,约占全部佩吉特病的6.5%,最常见于大阴唇、阴囊、会阴及肛周,其次是腋窝。表皮内体积较大富含透明胞质的细胞,为佩吉特细胞。免疫组化CK7阳性,S-100阴性。

3. 女性,22岁,发现左手示指紫蓝色痛性小结节1周余。切除病理显示一致的富含胞质的圆形细胞围绕在小血管腔周围,圆形细胞SMA阳性。该患者最有可能的诊断是
   A. 血管球瘤　　　　　B. 血管外皮瘤

C. 上皮样血管内皮瘤　D. 血管平滑肌瘤
E. 上皮样神经鞘瘤
【答案】A
【解析】血管球瘤好发于手指甲床下。血管球瘤处呈阵发性放射性疼痛。肿瘤为蓝-红色结节,直径多小于1cm,境界清楚,一致的富含胞质的圆形细胞围绕在小血管腔周围,考虑为血管球瘤。

4. 女性,18岁,左耳垂打耳洞后出现大范围的质韧隆起。活检显示表皮萎缩,真皮内可见致密增生的排列不规则的胶原纤维束,内见显著的玻璃样变性。该患者可能的诊断是
   A. 皮肤纤维瘤　　　　B. 肥厚性瘢痕
   C. 瘢痕疙瘩　　　　　D. 软纤维瘤
   E. 硬纤维瘤
   【答案】C

5. 女性,28岁,自幼左手背出现蓝黑色丘疹样病变。切除病理诊断为蓝痣。对于此种病变下列描述错误的是
   A. 黑色素细胞呈梭形或树突样
   B. 病变内常含有大量的色素沉积
   C. 黑色素细胞与表皮平行
   D. 黑色素细胞位于真皮深层
   E. 病变内常伴有显著的炎症细胞浸润
   【答案】E
   【解析】蓝痣又称良性间叶性黑色素瘤或黑色素纤维瘤,病变内炎症细胞浸润少见。

6. 男性,68岁,1个月前面部出现一类圆形丘疹样病变,边缘隆起。镜下可见肿瘤细胞巢位于真皮内与表皮相连,肿瘤细胞小,胞质不丰富,周围呈栅栏状。此患者最有可能的诊断是
   A. 鳞状细胞癌　　　　B. 基底细胞癌

305

C. 角化棘皮瘤　　　D. 皮肤鲍恩病

E. 脂溢性角化病

【答案】B

【解析】老年人,病变位于面部,肿瘤细胞巢位于真皮内与表皮相连,周围的肿瘤细胞排列呈栅栏状,形态学和发病特征符合基底细胞癌。

7. 女性,25 岁,右小腿外侧可见一个直径约 2cm 的结节,表面暗红色,基底可推动。镜下可见真皮和皮下大小较一致的基底样细胞聚集成结节,结节中央细胞退变、仅见残影,细节不清。最有可能的诊断为

A. 基底细胞癌　　　B. 毛母质瘤

C. 脂溢性角化病　　D. 毛发上皮瘤

E. 结节性汗腺瘤

【答案】B

【解析】青年女性,右小腿结节,单发,肿瘤活动度好,真皮和皮下大小较一致的基底样细胞聚集成结节,结节中央细胞退变、仅见残影,临床和病理形态特征符合毛母质瘤。

8. 女性,30 岁,外阴可见多发菜花样隆起。活检可见挖空细胞,病理提示尖锐湿疣。导致此种疾病的感染的病原体是

A. HPV　　　　　　B. HIV

C. EB 病毒　　　　D. 痘病毒

E. 朊病毒

【答案】A

【解析】尖锐湿疣是由 HPV6 型和 11 型引起的性传播疾病,少数病例由非性接触传播。

9. 男性,58 岁,额部见一深褐色丘疹,表面乳头状。镜下表皮棘层肥厚,内见角囊肿形成,可见基底样细胞乳头状增生;病变基底部位于同一水平面上。可能诊断是

A. 日光角化病　　　B. 脂溢性角化病

C. 基底细胞癌　　　D. 鳞状细胞癌

E. 寻常疣

【答案】B

【解析】老年男性,额部深褐色丘疹,表面呈乳头状,镜下可见基底样细胞乳头状增生,考虑可能为脂溢性角化病,又称基底细胞乳头状瘤或老年疣。

10. 男性,65 岁,龟头表面见一红斑,界限清楚,天鹅绒样。镜下表皮细胞排列紊乱,细胞重度异型性,基底膜完整。最有可能的诊断是

A. Queyrat 增生性红斑

B. Queyrat 增生性白斑

C. 乳腺外佩吉特病

D. 扁平苔藓

E. 疣状癌

【答案】A

11. 男性,56 岁,双侧眼睑内侧见橘黄色丘疹样隆起。活检镜下显示真皮层内见多量泡沫样组织细胞及黄色瘤细胞聚集,可见少许杜顿氏巨细胞。最可能的诊断是

A. 皮肤纤维组织细胞瘤

B. 隆突性皮肤纤维肉瘤

C. 黄色瘤

D. 结节病

E. 朗格汉斯细胞组织细胞增生症

【答案】C

12. 男性,65 岁,鼻尖部有一结节状赘生物,切除后送病理。镜下见鳞状上皮增生,肥厚,角化过度,呈火山口样,真皮内见多量炎细胞浸润。应诊断为

A. 增生性红斑　　　B. 尖锐湿疣

C. 角化棘皮瘤　　　D. 疣状癌

E. 基底细胞癌

【答案】C

【解析】角化棘皮瘤多见于中老年人,伴有明显角化的棘上皮良性增生性病变,易与鳞状细胞癌混淆,可自愈。低倍镜下呈火山口样,有假溃疡形成。

13. 男性,12 岁,1 个月前右上肢出现一棕红色丘疹样隆起。镜下真皮层内见痣细胞巢,痣细胞呈梭形,胞质丰富嗜酸性,病变界限清楚,侧切对称。最有可能的诊断是

A. Spitz 痣　　　　B. 蓝痣

C. 晕痣　　　　　　D. 雀斑样痣

E. 复合痣

【答案】A

14. 男性,68 岁,20 年前出现全身散在红斑,皮损持续缓慢进展,现出现大块融合红斑。皮肤活检显示真皮内见多量淋巴细胞浸润,表皮内见散在少许淋巴细胞浸润,可见 Pautrier 微脓肿,肿瘤细胞 CD3、CD4 阳性。此例诊断为

A. 淋巴瘤样丘疹病

B. 蕈样霉菌病

C. 皮肤间变大细胞淋巴瘤

D. 副银屑病

E. 结外 NK/T 细胞淋巴瘤

【答案】B

【解析】蕈样霉菌病属于皮肤原发性T细胞淋巴瘤，是皮肤淋巴瘤中最常见的一型。男性多见，常累及成人。全身散在多发红斑，皮损持续缓慢进展为大块融合红斑，肿瘤性T淋巴细胞具有亲表皮性，呈簇状浸润者在表皮层内形成小脓肿(Pautrier微脓肿)，免疫组化CD3、CD4阳性。

15. 女性，18岁，胸壁皮肤缓慢隆起2年余。切除肿块镜下显示肿瘤由弥漫一致的梭形细胞组成，异型性不明显；肿瘤细胞浸润至浅筋膜脂肪组织内，梭形肿瘤细胞席纹状排列。最有可能的诊断是
   A. 皮肤纤维组织细胞瘤
   B. 隆突性皮肤纤维肉瘤
   C. 侵袭性纤维瘤病
   D. 巨细胞纤维母细胞瘤
   E. 结节性筋膜炎

【答案】B

16. 男性，38岁，HIV阳性，近期小腿出现多发暗红斑块。活检显示皮肤真皮层多量梭形肿瘤细胞增生，梭形细胞之间可见血管腔裂隙，肿瘤细胞CD34、CD31阳性。此患者最有可能的诊断是
   A. 卡波西样血管内皮瘤
   B. 纤维肉瘤
   C. 梭形细胞血管瘤
   D. 梭形细胞血管肉瘤
   E. 卡波西肉瘤

【答案】E

【解析】约有30%的艾滋病患者发生卡波西肉瘤，可能是一种与病毒相关的肿瘤。梭形细胞相互交织排列，梭形细胞之间出现裂隙和血管腔，梭形细胞具有病理诊断意义，肿瘤细胞CD34、CD31阳性。

17. 女性，44岁，外阴瘙痒半年余，外阴皮肤外观可见瓷白色丘疹，表皮萎缩。活检显示表皮萎缩，真皮浅层胶原均质化，少许淋巴细胞浸润。此患者符合的诊断是
   A. 扁平苔藓   B. 硬皮病
   C. 光泽苔藓   D. 单纯糠疹
   E. 硬化萎缩性苔藓

【答案】E

18. 女性，35岁，皮肤多发暗红色、红褐色帽针头至扁豆大多角形扁平丘疹，边缘境界清楚，表面覆有一层薄的、蜡样光泽的黏着性鳞屑，丘疹表面见网状细纹。活检显示表皮过度角化；颗粒层灶性增厚；棘层不规则增厚；基底细胞液化变性；真皮浅层有带状炎性细胞浸润。应诊断为
   A. 银屑病   B. 副银屑病
   C. 硬化萎缩性苔藓   D. 扁平苔藓
   E. 单纯糠疹

【答案】D

19. 男性，52岁，近期关节肿胀，常显示急性疼痛。切除关节处结节显示真皮及皮下可见大小不等、界清、团块状淡嗜伊红无定型物，周围可见肉芽肿反应，病理考虑为痛风。对于痛风的说法错误的是
   A. 好发于中年男性
   B. 属于脂质代谢障碍性疾病
   C. 血清尿酸水平常升高
   D. 常累及手足小关节
   E. 病程长者可发生肾脏并发症

【答案】B

【解析】痛风是嘌呤代谢出现异常而致的代谢性疾病。

20. 男性，70岁，右面部有一直径3cm的皮肤溃疡，周围隆起，质硬。光镜下可见到成片状排列的细胞，细胞有异型性，可见角化珠形成伴明显的细胞间桥，肿瘤细胞巢突破基底膜。病理诊断是
   A. 鳞状细胞癌   B. 基底细胞癌
   C. 鲍恩病   D. 脂溢性角化病
   E. 疣状癌

【答案】A

【解析】细胞有异型性，可见角化珠和细胞间桥，肿瘤细胞巢突破基底膜，支持鳞状细胞癌的诊断。

21. 男性，52岁，足底黑痣破溃不愈3月余。活检病理确诊为恶性黑色素瘤，对于皮肤恶性黑色素瘤。下列不是常见的病理组织学分型的是
   A. 恶性雀斑型   B. 深部播散型
   C. 表浅播散型   D. 肢端雀斑型
   E. 结节型

【答案】B

22. 男性，48岁，足底黑痣破溃不愈半年余，现足底出现面积较大的黑色斑块。活检病理诊断为恶性黑色素瘤。该患者原有黑痣最有可能的组织学类型是
   A. 皮内痣   B. 复合痣

C. 雀斑样痣　　　　D. 蓝痣

E. 交界痣

【答案】E

【解析】掌跖部位的痣几乎全部为交界痣,交界痣可恶变为恶性黑色素瘤。皮内痣发生恶变的情况很罕见,雀斑样痣一般认为是交界痣的早期病变。

23. 男性婴儿,出生后不久腹部皮肤出现多发红色类圆形丘疹。病理活检镜下真皮层内见多量组织样细胞、多核巨细胞及嗜酸性粒细胞浸润;组织样细胞胞质丰富,咖啡豆样核,可见核沟,免疫组化显示此类细胞 S-100 阳性。此例最有可能的诊断是

A. 网状组织细胞瘤

B. 黄色瘤

C. 幼年性黄色肉芽肿

D. 朗格汉斯细胞组织细胞增生症

E. 皮肤纤维组织细胞瘤

【答案】D

24. 女性,22 岁,颈部皮肤可见一灰黄结节,无明显自觉症状。切除行病理检查镜下显示真皮层内见基底样肿瘤细胞团块,周围细胞栅栏状排列;可见角囊肿及毛乳头结构。此例诊断为

A. 毛发上皮瘤　　　B. 基底细胞癌

C. 脂溢性角化病　　D. 角化棘皮瘤

E. 毛母质瘤

【答案】A

【解析】年轻女性,真皮层内见基底样肿瘤细胞团块,周围细胞栅栏状排列;可见角囊肿及毛乳头结构,具有毛囊分化特点,考虑毛发上皮瘤。

25. 女性,28 岁,下唇部新近出现一带蒂的红色息肉样结节,质软,触之易出血。切除病理诊断为化脓性肉芽肿。对于此病变,下列说法正确的是

A. 其本质是一种良性血管瘤

B. 其本质是增生的炎性肉芽组织

C. 其本质是一种慢性肉芽肿性炎

D. 其本质是急性化脓性炎症

E. 其本质是慢性化脓性炎症

【答案】A

【解析】化脓性肉芽肿,又称肉芽组织型血管瘤,是发生于皮肤和黏膜的息肉状毛细血管瘤。肿瘤表面常有溃疡形成,瘤组织内有炎症细胞浸润,使病变形似炎性肉芽组织。

26. 男性,85 岁,近 2 月余头顶部皮肤出现多发紫红色斑块样皮损。活检镜下显示真皮内可见大小不等、交织吻合的血管腔,血管内皮细胞显示异型性及核分裂象,增生的血管腔隙分割真皮胶原纤维束。该病例诊断为

A. 卡波西肉瘤

B. 血管肉瘤

C. 上皮样血管内皮瘤

D. 网状血管内皮瘤

E. 卡波西型血管内皮瘤

【答案】B

27. 男性,28 岁,下腹部皮肤表面见一半球型隆起结节。切除内见一直径约 1.5cm 的囊肿;镜下病变位于真皮层,囊壁由数层鳞状上皮组成,囊腔内充满环层状角质,部分囊肿周围可见异物肉芽肿样反应。此例应诊断为

A. 皮脂腺囊肿　　　B. 外毛根鞘囊肿

C. 表皮样囊肿　　　D. 皮样囊肿

E. 大汗腺囊肿

【答案】C

【解析】镜下病变位于真皮层,囊壁由数层鳞状上皮组成,囊腔内充满环层状角质,符合表皮样囊肿。

28. 女性,28 岁,2 个月前面部皮肤出现针尖大的丘疹,近来皮损渐渐生长到豌豆大,表面粗糙细乳头状。切除病理诊断为寻常疣;对于此种病变,下列说法错误的是

A. 由人类乳头状瘤病毒感染引起

B. 可通过接触传播

C. 好发于手、足

D. 镜下显示表皮疣状增生、棘层肥厚

E. 可见特征性的软疣小体

【答案】E

【解析】软疣小体是传染性软疣的特征。

29. 女性,65 岁,面皮肤出现多发紫红色斑块样皮损。活检镜下显示真皮内可见大小不等、交织吻合的血管腔,血管内皮细胞显示异型性及核分裂象,病理诊断为血管肉瘤。下列免疫组化标志物阳性有诊断价值

A. SMA　　　B. CKpan　　　C. CD31

D. Ki-67　　　E. S-100

【答案】C

30. 男性,22 岁,腹股沟皮肤缓慢隆起 1 年余。切除肿块镜下显示肿瘤由弥漫一致的梭形

细胞组成,梭形肿瘤细胞呈明显的席纹状排列;病理诊断为隆突性皮肤纤维肉瘤。下列免疫组化标志物阳性对诊断有帮助的是

A. CD34　　　B. CD31　　　C. SMA

D. S-100　　　E. HMB45

【答案】A

31. 男性,35岁,前臂黑痣破溃不愈半年余,近期病变面积逐渐增大。活检病理诊断为恶性黑色素瘤;对于恶性黑色素瘤的镜下组织学特征。下列描述**错误**的是

A. 肿瘤细胞通常位于真皮层,不侵犯表皮

B. 肿瘤细胞异型性显著,常可见病理性核分裂象

C. 肿瘤细胞可以表现为上皮样或梭形

D. 肿瘤细胞由真皮浅层至深层的成熟趋势常常消失

E. 肿瘤组织内可以见到色素,也可以没有色素

【答案】A

【解析】表皮内有无单个异型性黑色素细胞浸润是判断表皮内良、恶性黑色素细胞病变的主要根据。

32. 女性,22岁,手背处可见一直径2mm的灰褐色斑疹。活检镜下显示表皮基底层黑色素细胞数目增多、皮突延长、真皮乳头层内噬黑色素细胞增多。该例应诊断为

A. 复合痣

B. 交界痣

C. 浅表播散型恶性黑色素瘤

D. 色素性毛表皮痣

E. 单纯性雀斑样痣

【答案】E

33. 男性,13岁,左前臂皮肤表面见一直径1.5cm的结节状隆起。结节切除病理诊断为毛母质瘤。对于此瘤,下列描述**错误**的是

A. 肿瘤起源于有向毛母质分化的原始上皮胚芽细胞

B. 此肿瘤又称为钙化上皮瘤

C. 肿瘤镜下由两种细胞组成:肿瘤细胞巢周边的嗜碱性细胞和影细胞

D. 此肿瘤与毛发上皮瘤是同一肿瘤实体

E. 肿瘤细胞巢周边的嗜碱性细胞可有活跃的核分裂象

【答案】D

【解析】毛母质瘤和毛发上皮瘤是两种不同的肿瘤实体。

34. 男性,68岁,右手背近3个月来出现一不规则稍隆起暗红色斑片,表面有鳞屑。皮损活检病理提示鲍恩病。对于此病下列描述**错误**的是

A. 其本质可以认为是皮肤原位鳞状细胞癌

B. 部分病例有转移的潜能

C. 发生于龟头的鲍恩病又称为Queyrat增生性红斑

D. 病变内的鳞状上皮细胞异型性显著

E. 病变基底膜通常完整

【答案】B

【解析】鲍恩病是特殊类型的鳞状上皮原位癌,不发生转移。

35. 男性,77岁,数年前出现全身散在红斑,皮损持续缓慢进展,现出现大块融合红斑。皮肤活检显示真皮内见多量淋巴细胞浸润,病理诊断为蕈样霉菌病。对于此病下列论述**错误**的是

A. 是一种低度恶性的皮肤T细胞淋巴瘤

B. 红斑期可以见到Pautrier微脓肿

C. 临床上可以分为红斑期、斑块期、肿瘤期

D. 肿瘤细胞表达CD3、CD4

E. 与淋巴瘤样丘疹病属于同一疾病谱系

【答案】E

【解析】蕈样霉菌病属于皮肤原发性T细胞淋巴瘤。而淋巴瘤样丘疹病是一种慢性、复发性、自愈性、丘疹坏死或丘疹结节性皮肤病。

36. 女性,26岁,外阴见多处粉色丘疹及乳头状赘生物。病理活检见鳞状上皮乳头状增生,棘层细胞增生明显,并可见挖空细胞。最可能的诊断为

A. 寻常疣

B. 尖锐湿疣

C. 疣状癌

D. Queyrat增生性红斑

E. 扁平苔藓

【答案】B

【解析】外阴多处粉色丘疹及乳头状赘生物,镜下鳞状上皮乳头状增生,棘层细胞增生明显,可见挖空细胞,考虑为尖锐湿疣。

37. 男性,56岁,肛周瘙痒不适2月余。体格检查肛周外观红色湿疹样。镜下可见表皮棘

层增厚,表皮内可见体积较大富含透明胞质的细胞单个或成片分布,病理诊断为乳腺外佩吉特病。对于此病下列免疫标志物阳性的是

A. S-100   B. CK7

C. HMB45   D. LCA

E. vimentin

【答案】B

38. 男性,50 岁,近期面部出现一圆顶形结节,肿瘤中央可见凹陷。切除后病理检查诊断为角化棘皮瘤。对于此肿瘤,下列说法**错误**的是

   A. 好发于老年人的面部、上肢等处

   B. 肿瘤通常生长迅速,数周内可增大 1~2cm

   C. 部分肿瘤可自行消退

   D. 组织学形态类似于基底细胞癌

   E. 镜下肿瘤表皮凹陷呈特征性的火山口样

【答案】D

【解析】角化棘皮瘤易与分化型鳞状细胞癌混淆。

39. 男性,22 岁,HIV 阳性,近期小腿出现多发暗红斑块。活检显示皮肤真皮层多量梭形肿瘤细胞增生,肿瘤细胞 CD34、CD31 阳性,病理诊断为卡波西肉瘤。与此肿瘤相关的病原体是

A. HHV8   B. HHV6

C. HPV16   D. HPV18

E. EBV

【答案】A

40. 男性,43 岁,皮肤多发丘疹样隆起。皮损活检镜下显示真皮内见上皮样肉芽肿性炎伴较多多核巨细胞反应,肉芽肿中央可见干酪样坏死形成。此患者最有可能的诊断是

A. 盘状红斑狼疮   B. 皮肤结节病

C. 皮肤结核   D. 麻风病

E. 环状肉芽肿

【答案】C

41. 男性,22 岁,颈部见一白色半球形丘疹,直径 8mm,表面光滑。镜下如图所示。该病的诊断是

A. 寻常疣   B. 尖锐湿疣

C. 传染性软疣   D. 脂溢性角化病

E. 疣状癌

【答案】C

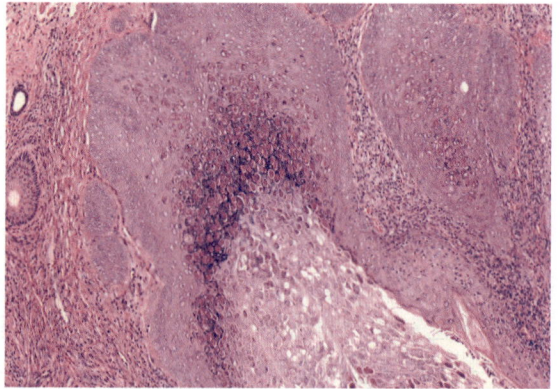

【解析】传染性软疣是感染痘病毒引起的疣状病变,常见于儿童或青年,表现为粟粒大小半球形丘疹,疣中央有脐凹,可挤出乳白色物质,称为软疣小体。

42. 女性,43 岁,左前臂皮肤见一灰色丘疹。镜下如图所示。该病的诊断是

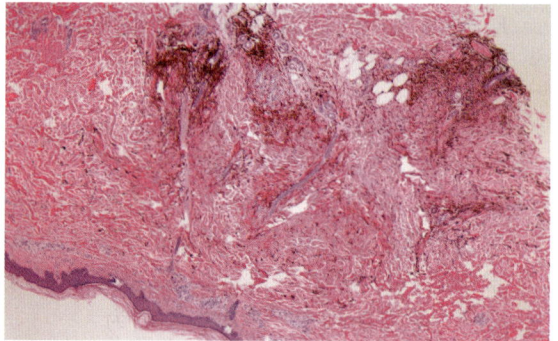

A. 恶性黑色素瘤   B. 蓝痣

C. Spitz 痣   D. 皮内痣

E. 单纯性雀斑样痣

【答案】B

43. 男性,45 岁,面部皮下触及一结节,大小约直径 2cm,表面皮肤微隆起。镜下所见如图。该病诊断为

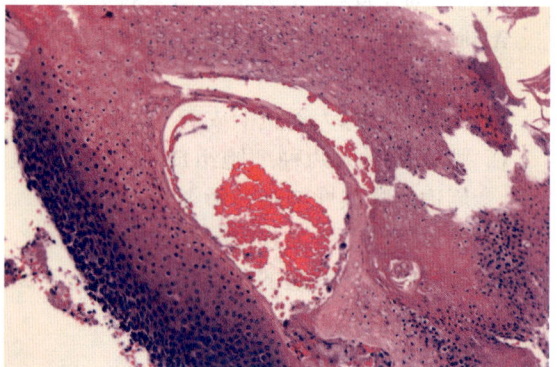

A. 毛母质瘤   B. 毛发上皮瘤

C. 表皮囊肿   D. 基底细胞癌

E. 血管球瘤

【答案】A

【解析】真皮和皮下大小较一致的基底样细胞聚集成结节,结节中央细胞退变、仅见残影,形态学特征符合毛母质瘤。

44. 男性,69 岁,半月前鼻翼旁见一直径 0.5cm 的暗褐色结节,表面皮肤破溃,病变渐进增大,现病变最大径约 1cm。镜下所见如图。该病的诊断是

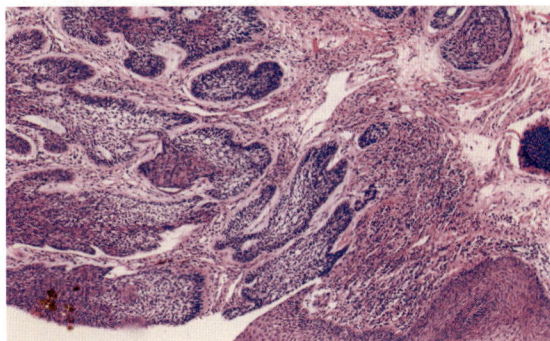

A. 毛发上皮瘤   B. 毛母质瘤

C. 脂溢性角化病   D. 鲍恩病

E. 基底细胞癌

【答案】E

【解析】基底细胞癌由大小较一致的基底细胞组成,肿瘤细胞聚集成团状、巢状,周边一层细胞呈栅栏样排列,突向网状真皮层。

45. 男性,55 岁,肛门顽固性瘙痒,皮质类固醇激素类药物不能缓解。肉眼见肛门周围皮肤呈大片湿疹样改变,活检镜下如图所示,病变表皮内大细胞表达细胞角蛋白。该患者诊断为

A. 肛周佩吉特病

B. 恶性黑色素瘤

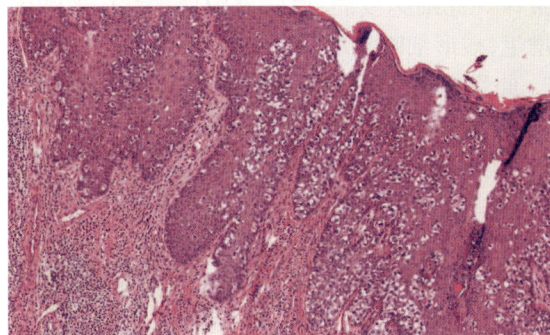

C. 鲍恩病

D. Queyrat 增殖性红斑

E. 扁平苔藓

【答案】A

46. 男性,76 岁,面部见一褐色扁平丘疹,直径约 6mm。镜下如图所示。病理诊断为

A. 脂溢性角化病   B. 鲍恩病

C. 毛发上皮瘤   D. 毛母质瘤

E. 疣状癌

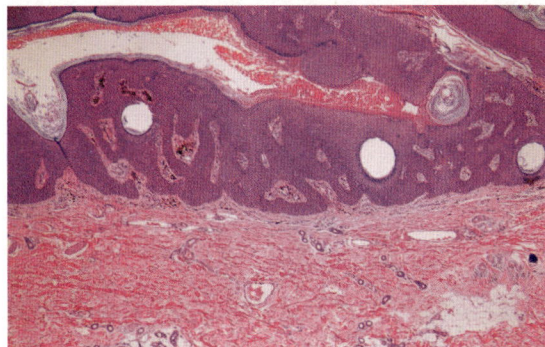

【答案】A

【解析】大体形态为褐色扁平丘疹,结合镜下可见基底细胞样细胞乳头状增生,符合脂溢性角化病,又称基底细胞乳头状瘤或老年疣。

47. 女性,22 岁,半个月前唇部见一绿豆大小皮肤小隆起,未予重视,近一周来皮损生长迅速,表面光滑暗红色,直径 1cm,柔软有弹性,触之易出血。镜下所见如图。该病诊断为

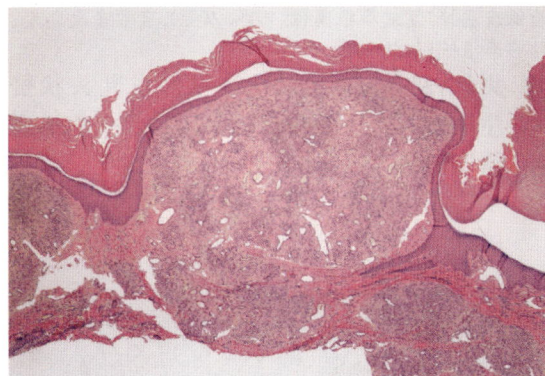

A. 幼年性毛细血管瘤

B. 增生的炎性肉芽组织

C. 嗜酸性肉芽肿

D. 卡波西肉瘤

E. 化脓性肉芽肿

【答案】E

【解析】化脓性肉芽肿,又称肉芽组织型血管瘤,是发生于皮肤和黏膜的息肉状毛细血管瘤。肿瘤表面常有溃疡形成,瘤组织内有炎症细胞浸润,使病变形似炎性肉芽组织。

48. 男性,25 岁,5 年前胸壁皮肤见一硬性斑块,未予重视,皮损持续缓慢生长,现皮损呈现结节状外观,表面皮肤光滑,大小直径约 3cm。切除肿物镜检如图所示,病变细胞 CD34 阳性。该病诊断为

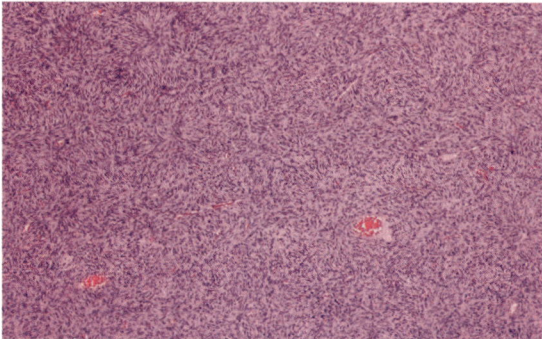

  A. 纤维瘤病
  B. 软纤维瘤
  C. 皮肤纤维组织细胞瘤
  D. 瘢痕疙瘩
  E. 隆突性皮肤纤维肉瘤
【答案】E
【解析】镜下显示肿瘤由弥漫一致的梭形细胞组成,梭形肿瘤细胞呈明显的席纹状排列;CD34 免疫组化阳性。诊断为隆突性皮肤纤维肉瘤。隆突性皮肤纤维肉瘤低度恶性,复发率很高(达 60% 以上),且常多次复发,转移率很低(仅约 2%)。

49. 男性,25 岁,阴茎冠状沟见多发乳头状赘生物。病变镜下如图所示。对此疾病描述错误的是
  A. 该病诊断为尖锐湿疣
  B. 此病为性传播疾病

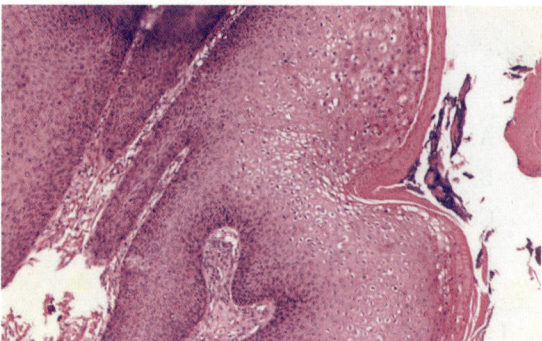

  C. 该病由感染人疱疹病毒引起
  D. 少数患者可恶变为鳞状细胞癌
  E. 镜下见到挖空细胞具有诊断价值
【答案】C
【解析】依据大体描述和镜下形态学考虑为尖锐湿疣,而尖锐湿疣是由 HPV6 型和 11 型引起的性传播疾病。

【A3/A4 型题】

(1~2 题共用题干)
女性,55 岁,左侧鼻翼沟部“黑痣”十余年,生长缓慢,无不适感。近两年痣块渐长,痣色加深。病变为大小较一致的基底细胞组成,肿瘤细胞聚集成团状、巢状,周边一层细胞呈栅栏样排列突向网状真皮层。

1. 该疾病可能为
  A. 基底细胞癌 B. 鳞状细胞癌
  C. 脂溢性角化病 D. 鲍恩病
  E. 老年角化病
【答案】A

2. 关于该疾病不正确的是
  A. 常见于中老年人
  B. 头面部多见
  C. 肿瘤细胞常侵及表皮,而致坏死和溃疡形成
  D. 肿瘤细胞可侵及真皮深层及皮下
  E. 可见鲍温细胞
【答案】E
【解析】老年女性,镜下由大小较一致的基底细胞组成,肿瘤细胞聚集成团状、巢状,周边一层细胞呈栅栏样排列,突向网状真皮层,符合基底细胞癌。而鲍温细胞见于鲍恩病。

(3~4 题共用题干)
男性,25 岁,2 年前出现多发皮肤斑片,近期斑片增多,部分融合成斑块或结节状。患者血清检查 HIV 阳性。皮损活检显示真皮层内血管增生伴炎症细胞浸润,血管周围伴多量梭形细胞增生,梭形细胞显示一定的异型性。

3. 此患者最有可能的诊断是
  A. 隆突性皮肤纤维肉瘤
  B. 卡波西肉瘤
  C. 纤维肉瘤
  D. 血管肉瘤
  E. 蕈样霉菌病
【答案】B

4. 根据此肿瘤的临床特点不同,可分为多种临床亚型,其中**不包括**
 A. 经典惰性型　　　B. 特发侵袭型
 C. 非洲地方型　　　D. 医源型
 E. 获得性免疫缺陷相关型
 【答案】B

(5~7 题共用题干)
男性,25 岁,5 年前胸壁皮肤出现一灰白斑块,病变生长缓慢,逐渐增大至结节状,表面皮肤无溃疡。病理镜下真皮层内见形态一致的梭形细胞呈席纹状排列,肿瘤侵犯至浅筋膜脂肪组织。

5. 该例应诊断为
 A. 真皮纤维瘤
 B. 纤维肉瘤
 C. 隆突性皮肤纤维肉瘤
 D. 皮肤纤维组织瘤
 E. 朗格汉斯细胞组织细胞增生症
 【答案】C

6. 该肿瘤细胞表达的免疫组化标志物是
 A. S-100　　B. CD34　　C. CD31
 D. SMA　　E. CD68
 【答案】B

7. 对于该肿瘤的生物学行为,下列哪项描述是**错误**的
 A. 为中间型肿瘤
 B. 切除不净容易复发
 C. 有很高的转移潜能
 D. 部分病例会发生肉瘤变
 E. 肿瘤扩大切除后复发及转移潜能降低
 【答案】C
 【解析】隆突性皮肤纤维肉瘤 CD34 免疫组化阳性,低度恶性,复发率很高(达 60% 以上),且常多次复发,转移率很低(仅约 2%)。

(8~9 题共用题干)
男性,66 岁,肛周及会阴周围皮肤见大片湿疹样改变,行皮损活检,病理回报佩吉特病。

8. 对于此病,镜下描述**错误**的是
 A. 表皮内可见散在或成片的佩吉特细胞
 B. 佩吉特细胞 PAS 及阿辛蓝染色阴性
 C. 佩吉特细胞可从表皮伸入毛囊上皮中

 D. 佩吉特细胞胞质丰富,无细胞间桥,可见核分裂象
 E. 部分病例病变下方可见浸润性腺癌成分
 【答案】B

9. 下列哪项免疫组化标志物,肿瘤性佩吉特细胞阳性
 A. S-100　　　　B. HMB45
 C. SMA　　　　D. CK7
 E. CD34
 【答案】D

(10~11 题共用题干)
男性,58 岁,面部近期忽然出现一结节状隆起,表皮中央见一火山口状凹陷。

10. 为确诊结节性质,最可靠的方法是
 A. 超声检查
 B. 皮肤镜检查
 C. 刮除细胞涂片检查
 D. 组织切片检查
 E. 抽提内容物生化检查
 【答案】D

11. 根据患者的临床表现及皮损肉眼特征,该皮损最有可能的诊断是
 A. 鳞状细胞癌　　　B. 疣状癌
 C. 角化棘皮瘤　　　D. 脂溢性角化病
 E. 红斑狼疮
 【答案】C

(12~13 题共用题干)
男性,12 岁,因"皮肤多发丘疹样病变"就诊。对皮损行活检病理检查显示真皮间质内多量组织样细胞,可见多核巨细胞及嗜酸性粒细胞浸润,组织样细胞胞质丰富,胞核有沟槽,类似咖啡豆样。

12. 该病例最有可能的诊断是
 A. 幼年性黄色肉芽肿
 B. 朗格汉斯细胞组织细胞增生症
 C. 多中心性网状组织细胞增生症
 D. 皮肤纤维组织细胞瘤
 E. 瘤型麻风
 【答案】B

13. 下列免疫组化阳性对诊断有帮助的是
 A. S-100、CD1a　　　B. CD34、CD31

C. S-100、HMB45　　D. CK7、Ki-67

E. CD68、vimentin

【答案】A

（14~16题共用题干）

男性，28岁，因"龟头及冠状沟多发菜花样新生物"就诊。询问病史供述有不洁性交史。

14. 该患者最有可能的诊断是

A. 梅毒　　　　　　B. 尖锐湿疣

C. 寻常疣　　　　　D. 阴茎珍珠状丘疹

E. 假性湿疣

【答案】B

15. 下列对该疾病的镜下特征描述**错误**的是

A. 表皮呈乳头状瘤样增生

B. 棘层明显肥厚

C. 表皮内可见挖空细胞

D. 表皮内细胞异型性显著

E. 表皮角化过度伴角化不全

【答案】D

16. 下列对该疾病的论述**错误**的是

A. 该疾病好发于肛周及生殖器等部位

B. 病变由人类疱疹病毒感染所致

C. 主要通过性接触传染

D. 病变易复发

E. 部分病例会进展恶变为鳞状细胞癌

【答案】B

【解析】尖锐湿疣是由人类乳头状瘤病毒（HPV，主要是HPV6型和HPV11型）引起的性传播疾病，少数病例由非性接触传染。表皮内细胞有一定的异型性。

（17~18题共用题干）

男性，58岁，1年来右手背出现一皮肤溃疡，经久不愈，溃疡面逐渐增大。病理表现：局灶上皮细胞异型增生并突破基底膜，间质中可见散在鳞状细胞巢团，中心可见角化物，细胞异型性明显，可见病理性核分裂象。

17. 此例应诊断为

A. 角化棘皮瘤　　　B. 基底细胞癌

C. 鳞状细胞癌　　　D. 疣状癌

E. 脂溢性角化病

【答案】C

18. 此肿瘤与鲍恩病的最重要的鉴别要点是

A. 异型性显著　　　B. 核分裂象活跃

C. 免疫表型不同　　D. 肿瘤突破基底膜

E. 发病部位不同

【答案】D

【解析】鲍恩病是鳞状上皮原位癌，肿瘤一旦突破基底膜，即为浸润性鳞状细胞癌。

（19~20题共用题干）

男性，58岁，自幼足底见一扁平黑痣，表面光滑、无毛，平坦、不突出皮肤；近1个月来黑痣逐渐变大，边界不规则，突出于皮肤，表面伴有溃疡形成。

19. 此患者原来足底的黑痣最有可能的类型是

A. 皮内痣　　　　　B. 交界痣

C. 复合痣　　　　　D. 雀斑样痣

E. 蓝痣

【答案】B

20. 对于原来足底黑痣类型，镜下形态描述正确的是

A. 痣细胞位于表皮与真皮交界处

B. 痣细胞位于表皮与真皮交界处，以及真皮浅层

C. 表皮正常，痣细胞位于真皮网状层

D. 痣细胞位于表皮内

E. 痣细胞位于真皮深层及皮下脂肪组织

【答案】A

（21~23题共用题干）

男性，33岁，左手背自幼有一黑痣，表面光滑、无毛，平坦、不突出皮肤。患者平时喜欢对此黑痣进行抓挠，近1个月来黑痣逐渐变大，边界不规则，突出于皮肤，医院就诊，临床医师怀疑黑痣恶变。

21. 如行病理检查对诊断最可靠的技术方法是

A. 细胞涂片　　　　B. 冷冻切片

C. 石蜡切片　　　　D. 免疫组化

E. 组织印片

【答案】C

22. 病理检查诊断为恶性黑色素瘤，对于此诊断，下列镜下描述**错误**的是

A. 表皮内可见单个或成巢的异型黑色素细胞

B. 黑色素细胞异型性明显

C. 黑色素细胞核分裂象明显，可见病理性核分裂象

314

D. 肿瘤组织垂直面可见到黑色素细胞成熟现象

E. 肿瘤组织表面表皮有溃疡形成

【答案】D

23. 对于恶性黑色素瘤，下列组织学参数最具有预后价值的是

　　A. 细胞异型性程度

　　B. 细胞核分裂象多少

　　C. 肿瘤组织内炎症细胞浸润程度

　　D. 肿瘤组织内色素颗粒沉积的多少

　　E. 肿瘤组织浸润的深度

【答案】E

【解析】恶性黑色素瘤的肿瘤细胞由真皮浅层至深层的成熟趋势常常消失。肿瘤组织浸润的深度对患者预后的影响最大。

(24~25 题共用题干)

女性，44 岁，5 年来全身反复成批发生丘疹，结节；数月后可自行消退，皮损此起彼伏，经久不愈。行皮损活检病理诊断为淋巴瘤样丘疹病。

24. 对于此病，下列描述**错误**的是

　　A. 真皮内可见单核淋巴样细胞弥漫浸润

　　B. 肿瘤性淋巴样细胞可有亲表皮性

　　C. 部分浸润淋巴样细胞间变，胞核多形性，核分裂常见

　　D. 可见到多核瘤巨细胞

　　E. 肿瘤细胞表达 CD20

【答案】E

25. 下列与淋巴瘤样丘疹病构成同一疾病谱系的是

　　A. 霍奇金病

　　B. 皮肤间变大细胞性淋巴瘤

　　C. 皮肤弥漫大 B 细胞淋巴瘤

　　D. 皮肤 NK/T 细胞淋巴瘤

　　E. 副银屑病

【答案】B

(26~27 题共用题干)

男性，28 岁，左面部无明显诱因下出现一单发坚实的皮下结节，表皮呈淡蓝色。镜下肿瘤由特征性的两种细胞组成，一种为染色较深的嗜碱性细胞，位于肿瘤细胞巢周边部，胞质少，可见核分裂象；肿瘤细胞巢中央的细胞退变，仅见细胞轮廓。

26. 该患者的病理诊断应为

　　A. 基底细胞癌

　　B. 小细胞癌

　　C. 毛发上皮瘤

　　D. 基底细胞型鳞状细胞癌

　　E. 毛母质瘤

【答案】E

27. 该肿瘤另一个名称是

　　A. 毛发上皮瘤

　　B. 增生性外毛根鞘囊肿

　　C. 钙化上皮瘤

　　D. 圆柱瘤

　　E. 螺旋腺瘤

【答案】C

(28~30 题共用题干)

男性，55 岁，右前臂背侧皮肤近 1 个月来出现一不规则稍隆起暗红色斑片，表面有鳞屑。活检镜下显示表皮内全层细胞排列紊乱，表皮内鳞状细胞高度异型性，可见核分裂象，基底膜完整。

28. 此例诊断为

　　A. 鳞状细胞癌　　　　B. 基底细胞癌

　　C. 脂溢性角化病　　　D. 鲍恩病

　　E. 乳腺外湿疹样癌

【答案】D

29. 此疾病的病理本质是

　　A. 原位鳞状细胞癌

　　B. 浸润性鳞状细胞癌

　　C. 原位腺癌

　　D. 浸润性腺癌

　　E. 恶性黑色素瘤

【答案】A

30. 生长在龟头的此类肿瘤又称为

　　A. Queyrat 增生性白斑

　　B. Queyrat 增生性红斑

　　C. 佩吉特病

　　D. 乳腺外佩吉特病

　　E. 尖锐湿疣

【答案】B

(31~32 题共用题干)

男性，55 岁，面部多发深褐色斑块及乳头状赘生物，部分表面附有油性鳞屑。切除行病理检查，

镜下显示角化过度,棘层肥厚,内见角囊肿形成,可见基底样细胞乳头状增生;病变基底部位于同一水平面上。

31. 此类诊断为
   A. 脂溢性角化病　　B. 日光性角化病
   C. 基底细胞癌　　　D. 毛发上皮瘤
   E. 鳞状细胞癌
   【答案】A

32. 该疾病临床又称为
   A. 扁平疣　　　　　B. 寻常疣
   C. 老年疣　　　　　D. 尖锐湿疣
   E. 鲍恩病
   【答案】C

(33~34 题共用题干)

男性,25 岁,HIV 阳性,近期全身皮肤表面出现多发红色斑块。活检显示皮肤真皮层多量梭形肿瘤细胞增生。病理诊断为卡波西肉瘤。

33. 此肿瘤的病理本质是
   A. 纤维母细胞源性肿瘤
   B. 平滑肌源性肿瘤
   C. 神经源性肿瘤
   D. 血管内皮源性肿瘤
   E. 起源方向未定肿瘤
   【答案】D

34. 下列免疫组化标志物阳性对诊断有帮助的是
   A. S-100　　　　　B. SMA
   C. vimentin　　　 D. CD31
   E. CK-pan
   【答案】D

(35~36 题共用题干)

男性,56 岁,全身散在红斑十年余,皮损持续缓慢进展,现出现大块融合红斑及结节。皮肤活检显示真皮内见多量淋巴细胞浸润。病理诊断为蕈样霉菌病。

35. 此疾病的病理本质是
   A. 皮肤低度恶性 B 细胞淋巴瘤
   B. 皮肤低度恶性 T 细胞淋巴瘤
   C. 皮肤变态反应性疾病
   D. 过敏性皮肤病
   E. 感染性皮肤病

【答案】B

36. 病变中浸润的淋巴细胞表达的免疫标志物为
   A. CD20、PAX5　　B. CD56、CD8
   C. CD3、CD4　　　D. CD38、CD138
   E. MPO、TdT
   【答案】C
   【解析】蕈样霉菌病是皮肤低度恶性 T 细胞性淋巴瘤,为单发或多发性红斑、斑块或结节性皮损,组织学上显示难以用一般性炎症解释的病变,有多少不等的异型性 T 细胞增生、浸润并有亲表皮现象等。免疫组化 CD3、CD4 阳性。诊断蕈样霉菌病要注意与扁平苔藓、淋巴瘤样丘疹病及光线性皮炎等鉴别。

(37~38 题共用题干)

女性,35 岁,外阴瘙痒 1 年余。肉眼观外阴皮肤萎缩变薄,表面瓷白色发亮。临床考虑硬化萎缩性苔藓可能。

37. 确诊此疾病最为可靠的检查方法是
   A. 皮肤刮除细胞学检查
   B. 皮肤镜检查
   C. 分泌物检查
   D. 血液检查
   E. 组织病理学检查
   【答案】E

38. 下列选项中对此疾病描述错误的是
   A. 表皮角化过度
   B. 表皮内鳞状细胞呈现高度异型性
   C. 表皮皮突明显较少甚至完全消失
   D. 真皮浅层胶原纤维水肿伴均质化
   E. 真皮浅层可见少许淋巴细胞浸润
   【答案】B

(39~40 题共用题干)

女性,25 岁,1 个月前下唇部出现一红色小丘疹,近数天来生长迅速。现肉眼呈现为一暗红色带蒂息肉样结节,触之易出血。

39. 根据患者的临床与大体表现,病变最有可能的诊断是
   A. 血管肉瘤　　　　B. 卡波西肉瘤
   C. 化脓性肉芽肿　　D. 基底细胞癌
   E. 脂溢性角化病
   【答案】C

40. 对于该诊断的镜下及生物学行为特征,下列描述**错误**的是
    A. 又称为肉芽组织型毛细血管瘤,是一种良性血管肿瘤
    B. 镜下增生的毛细血管呈分叶状分布
    C. 增生的毛细血管丛中央常可见较大的营养性血管
    D. 部分病例血管内皮细胞增生活跃,可见核分裂象;此类肿瘤容易恶变
    E. 病变被覆的表皮常破溃,表面可有较多炎症细胞浸润及肉芽组织增生
    【答案】D

(41~43题共用题干)

男性,35岁,下肢皮肤出现多发性紫蓝色斑丘疹半年余,皮肤活检显示皮肤真皮层内多量梭形细胞增生,梭形细胞异型性不显著,梭形细胞之间可见血管腔裂隙,间质内可见红细胞及嗜酸性玻璃样小球,周围真皮层内可见淋巴细胞、浆细胞浸润。

41. 此患者最有可能的诊断是
    A. 纤维肉瘤
    B. 梭形细胞血管瘤
    C. 梭形细胞血管肉瘤
    D. 卡波西肉瘤
    E. 卡波西样血管内皮瘤
    【答案】D

42. 此患者的肿瘤根据病变的发展过程,镜下分期为
    A. 斑片期、斑块期、溃疡型
    B. 斑片期、斑块期、结节期
    C. 斑片期、结节期、溃疡期
    D. 斑片期、斑块期、消退期
    E. 斑块期、结节期、消退期
    【答案】B

43. 最有可能在此患者体内查出的病原体是
    A. HHV8   B. HIV
    C. HPV   D. HSV
    E. EB病毒
    【答案】A

(44~45题共用题干)

男性,75岁,皮肤多发斑疹斑块,病史病程长,组织活检确诊为麻风。

44. 麻风临床上分为结核样型麻风与瘤型麻风,下列**不是**结核样型麻风的镜下组织学特征的是
    A. 真皮内见非干酪样坏死肉芽肿
    B. 真皮神经周围上皮样组织细胞浸润
    C. 病变不同程度破坏皮肤附属器
    D. 真皮层可见特征性的胞质呈泡沫状的组织细胞浸润
    E. 病变内可见麻风杆菌
    【答案】D

45. 下列特殊染色对寻找麻风杆菌有帮助的是
    A. PAS染色   B. AB-PAS染色
    C. 抗酸染色   D. Masson染色
    E. 银染色
    【答案】C

(46~47题共用题干)

男性,22岁,外生殖器皮肤半球形丘疹1个月余,逐渐增大,现直径约8mm,皮损中央见凹陷,表面有蜡样光泽。组织活检诊断为传染性软疣。

46. 引起此病的病原微生物是
    A. HIV   B. HPV
    C. EB病毒   D. 抗酸杆菌
    E. 痘病毒
    【答案】E

47. 显微镜下此病最具诊断价值的特征性改变是
    A. 挖空细胞   B. 核内假包涵体
    C. 软疣小体   D. 佩吉特样细胞
    E. 火山口样溃疡
    【答案】C
    【解析】传染性软疣是感染痘病毒引起的疣状病变,常见于儿童或青年,表现为粟粒大小半球形丘疹,疣中央有脐凹,可挤出乳白色物质,称为软疣小体。

(48~49题共用题干)

女性,65岁,左前臂皮肤溃疡半年余,经久不愈,溃疡面逐渐增大。镜下病理表现:鳞状上皮细胞异型增生并突破基底膜,可见病理性核分裂象及角化珠形成。

48. 此例的病理诊断为
    A. 脂溢性角化病   B. 鳞状细胞癌

C. 鲍恩病　　　　　D. 角化棘皮瘤

E. 基底细胞癌

【答案】B

49. 皮肤鳞状细胞癌有多种组织学亚型,下列亚型预后最佳的是

A. 普通经典型鳞状细胞癌

B. 基底细胞型鳞状细胞癌

C. 梭形细胞肉瘤样鳞状细胞癌

D. 疣状癌

E. 棘层松解型鳞状细胞癌

【答案】D

【解析】疣状癌是一种分化良好的鳞状细胞癌,肿瘤生长缓慢,最初向外呈疣状或草状生长,以后侵入深部组织。目前以手术治疗为主,治愈率较高。

(50~52题共用题干)

男性,65岁,全身散在红斑数年余。皮肤活检显示皮肤真皮层内可见脑回样淋巴细胞浸润,部分淋巴细胞侵犯表皮形成小脓肿。免疫组化检查显示淋巴细胞表达 CD3、CD4。

50. 此患者最有可能的诊断是

A. 扁平苔藓　　　　B. 蕈样霉菌病

C. 淋巴瘤样丘疹病　D. 硬化萎缩性苔藓

E. 银屑病

【答案】B

51. 根据此患者的肿瘤病变的发展过程,可以分期为

A. 红斑期、斑块期、肿瘤期

B. 斑块期、肿瘤期、消退期

C. 红斑期、肿瘤期、消退期

D. 红斑期、消退期、肿瘤期

E. 红斑期、斑块期、消退期

【答案】A

52. 此病如累及血液,临床又称为

A. 慢性淋巴细胞性白血病

B. Richter 综合征

C. Sezary 综合征

D. 噬血综合征

E. T 淋巴母细胞性白血病

【答案】C

(53~54题共用题干)

男性,26岁,无意中发现左小腿皮肤见一灰红隆起小结节。结节切除后行病理检查,显示皮肤真皮层内多量梭形纤维母细胞样细胞增生,梭形细胞无异型性,穿插于胶原纤维之间;间质内散在可见黄色瘤细胞、杜顿氏巨细胞及含铁血黄素沉积,病变界限相对清楚,局部边缘参差不齐。

53. 此患者最有可能的诊断是

A. 隆突性皮肤纤维肉瘤

B. 孤立性纤维性肿瘤

C. 皮肤纤维组织细胞瘤

D. 浅表性纤维瘤病

E. 以上都不是

【答案】C

54. 此肿瘤由于临床及镜下表现的多样性,有多种不同的名称,不包括

A. 真皮纤维瘤

B. 皮下结节性纤维性增生

C. 皮肤纤维黄色瘤

D. 硬化性血管瘤

E. 幼年性黄色肉芽肿

【答案】E

(55~56题共用题干)

男性,69岁,半个月前左鼻翼皮肤出现一圆形结节,结节生长较为迅速,半月来直径增大 1.5cm左右;病变表面光滑,病变中央可见充满角质栓的火山口状凹陷。

55. 此患者最有可能的诊断是

A. 结节性汗腺瘤　　B. 毛发上皮瘤

C. 鳞状细胞癌　　　D. 疣状癌

E. 角化棘皮瘤

【答案】E

56. 此病变最有可能的转归是

A. 缓慢进展为鳞状细胞癌

B. 迅速进展为鳞状细胞癌

C. 自行消退

D. 逐渐进展然后停止生长(静止期)

E. 以上都不是

【答案】C

【解析】此病例为单发性,结节生长迅速,病变表面光滑,病变中央可见充满角质栓的火山口状凹陷,易与鳞状细胞癌混淆,可自愈。

(57~58题共用题干)

女性,33岁,乳头糜烂瘙痒,外观呈湿疹样。取小块皮肤活检,镜下显示表皮内见体积较大,胞

质透明的异型细胞。

57. 此病最有可能的诊断为
    A. 乳头佩吉特病
    B. 乳头浅表播散性恶性黑色素瘤
    C. 乳头鲍恩病
    D. 皮肤间变大细胞淋巴瘤
    E. 银屑病
【答案】A

58. 此病亦可发生于乳房外其他部位,包括
    A. 外阴　　　　B. 阴囊　　　　C. 肛周
    D. 阴茎　　　　E. 以上都是
【答案】E

(59~60 题共用题干)

男性,75 岁,面部见一大小 0.8cm×0.5cm 的深褐色斑块,表面附有油性鳞屑。切除镜下显示表皮角化过度伴角囊肿形成,基底细胞增生,病变基底部与周围正常表皮底部位于同一水平面。

59. 此例的诊断为
    A. 角化棘皮瘤　　　　B. 基底细胞癌
    C. 脂溢性角化病　　　　D. 毛发上皮瘤
    E. 疣状癌
【答案】C

60. 此病又俗称为
    A. 寻常疣　　　　B. 老年疣
    C. 皮角　　　　D. 皮赘
    E. 以上都不是
【答案】B
【解析】脂溢性角化病主要见于中老年人的头面部,皮损表面常有油腻性鳞屑,自限性良性病变,罕有恶变。

(61~62 题共用题干)

女性,15 岁,左鼻唇沟皮肤见一半球形棕红色结节,直径 0.8cm。活检镜下显示病变位于真皮层内,病变界限清晰,两侧对称呈楔形;病变细胞梭形及上皮样,胞质丰富嗜酸性,异型性不明显。免疫组化显示病变细胞 S-100 和 HMB45 阳性。

61. 此例最有可能的诊断是
    A. 蓝痣
    B. Spitz 痣
    C. Becker 痣
    D. 梭形细胞恶性黑色素瘤
    E. 网状组织细胞瘤

【答案】B

62. 此病又称为
    A. 单纯性雀斑样痣
    B. 亲神经性恶性黑色素瘤
    C. 蒙古斑
    D. 雀斑样恶性黑色素瘤
    E. 良性幼年性黑色素瘤
【答案】E

(63~64 题共用题干)

男性,35 岁,左面部见一直径 5mm 的黄色半球形结节。手术切除病理检查镜下显示真皮层内可见基底样细胞肿瘤团块,周围细胞呈栅栏状排列,可见许多毛乳头样结构及角囊肿,瘤团周围纤维组织增生明显。

63. 此例最有可能的诊断是
    A. 基底细胞癌
    B. 基底细胞乳头状瘤
    C. 毛发上皮瘤
    D. 毛母质瘤
    E. 鲍温氏病
【答案】C

64. 单纯组织形态学方面,此病最主要的鉴别诊断是(最容易混淆的疾病)
    A. 基底细胞癌
    B. 鳞状细胞癌
    C. 脂溢性角化病
    D. 基底细胞型鳞形细胞癌
    E. 结节性汗腺瘤
【答案】A
【解析】毛发上皮瘤形态学特点为真皮层内见基底样肿瘤细胞团块,周围细胞栅栏状排列;可见角囊肿及毛乳头结构,具有毛囊分化。基底细胞癌由大小较一致的基底细胞组成,肿瘤细胞聚集成团状、巢状,周边一层细胞呈栅栏样排列,突向网状真皮层。组织形态学上易与毛发上皮瘤混淆。

(65~66 题共用题干)

女性,58 岁,左大腿见一袋状肿物,肿物根部较细呈蒂状,肿物正常皮色,触之柔软。切除肿物镜检显示表皮变薄变平,真皮层主要由疏松结缔组织、纤维母细胞及胶原纤维组成;皮肤附属器罕见。

65. 此例的诊断是
    A. 皮角　　　　B. 寻常疣

C. 瘢痕疙瘩　　　　D. 软纤维瘤

E. 以上都不是

【答案】D

66. 常与此病相关的疾病是

A. 结肠息肉　　　　B. 宫颈息肉

C. 雀斑　　　　　　D. 表皮囊肿

E. 鼻息肉

【答案】A

【案例分析题】

案例一　男性,55岁,左足底皮肤见一灰褐色肿块,直径1.8cm,表皮皮肤溃疡,久治不愈。镜下皮肤表皮内及真皮层见异型上皮样及梭形细胞呈巢团状排列,胞质丰富,核仁明显,间质内见黑色素颗粒。

提问1:该病最有可能的诊断是

A. 皮肤佩吉特病

B. 鲍恩病

C. 蓝痣

D. Spitz痣

E. 恶性黑色素瘤

F. 皮肤朗格汉斯细胞组织细胞增生症

【答案】E

提问2:该肿瘤免疫组化标志物可呈阳性的是

A. S-100　　　　　B. CKpan

C. HMB45　　　　D. Melan-A

E. CD34　　　　　F. D2-40

【答案】ACD

提问3:对于该疾病,下列说法正确的是

A. 该肿瘤好发于白种人

B. 相比较于交界痣和复合痣,此肿瘤更容易由皮内痣恶变而来

C. 该肿瘤为高度恶性肿瘤,易转移至淋巴结

D. 亚洲人该肿瘤更好发于四肢末端

E. 此肿瘤除了可发生于皮肤,亦可以发生于黏膜部位

F. 浸润深度是此肿瘤比较重要的预后参数

【答案】ACDEF

【解析】皮肤表皮内及真皮层见异型上皮样及梭形细胞呈巢团状排列,胞质丰富,核仁明显,间质内见黑色素颗粒,形态学上高度支持恶性黑色素瘤的诊断,免疫

组化S-100、HMB45、Melan-A阳性。皮内痣恶变较少见,交界痣和复合痣更易恶变为恶性黑色素瘤。

案例二　女性,26岁,外阴部见多发乳头状赘生物,表面粗糙。活检镜下显示表皮呈乳头状增生,角化过度伴角化不全,棘层肥厚,部分核大,双核。

提问1:该病最有可能的诊断是

A. 寻常疣

B. 尖锐湿疣

C. 鳞状上皮乳头状瘤

D. 疣状癌

E. 基底细胞乳头状瘤

F. 鲍恩病

【答案】B

提问2:该病的致病病原体是

A. HIV　　　　　　B. HSV

C. HPV　　　　　　D. HHV8

E. EBV　　　　　　F. 梅毒螺旋体

【答案】C

提问3:对于该病,下列说法正确的是

A. 该病为性传播疾病

B. 挖空细胞的出现对诊断具有提示作用

C. 少许患者可恶变为鳞状细胞癌

D. 肛周及外生殖器为好发部位

E. 年轻人好发

F. 以上说法都正确

【答案】F

【解析】外阴多处乳头状赘生物,镜下表皮呈乳头状增生,角化过度伴角化不全,棘层肥厚,部分核大,双核,考虑为尖锐湿疣。尖锐湿疣是由HPV6型和11型引起的性传播疾病,少数病例由非性接触传播。

案例三　男性,25岁,全身皮肤多发红色斑块状皮损,患者HIV阳性。皮损活检镜下显示真皮内多量梭形细胞片状增生,梭形细胞间可见含有红细胞的裂隙状血管腔隙;间质内可见含铁血黄素沉积及玻璃样小球。

提问1:该患者最有可能的诊断是

A. 卡波西肉瘤

B. 卡波西样血管内皮瘤

C. 皮肤纤维肉瘤

D. 隆突性皮肤纤维肉瘤

E. 皮肤纤维组织细胞瘤

F. 化脓性肉芽肿

【答案】A

提问2:与该病密切相关的病原体是

A. HIV B. HPV

C. HSV D. EBER

E. HHV8 F. HHV6

【答案】E

提问3:根据临床特点不同,该疾病的临床亚型分为

A. 经典惰性型 B. 儿童型

C. 非洲地方型 D. 医源型

E. AIDS 相关型 F. 以上都不是

【答案】ACDE

案例四 男性,55岁,全身多发红斑十年余,部分皮损缓慢增大形成瘤性结节。皮肤活检显示皮肤真皮层内可见脑回样淋巴细胞浸润,部分淋巴细胞侵犯表皮形成小脓肿。

提问1:该患者最有可能的诊断是

A. 淋巴瘤样丘疹病

B. 副银屑病

C. 蕈样肉芽肿

D. 皮肤间变大细胞性淋巴瘤

E. 皮肤假性淋巴瘤

F. 弥漫大 B 细胞淋巴瘤

【答案】C

提问2:该病变内淋巴细胞免疫组化标志物阳性的是

A. CD20 B. CD30

C. CD3 D. PAX5

E. TdT F. CD4

【答案】CF

提问3:该病变自然病程包含

A. 红斑期 B. 斑块期

C. 消退期 D. 溃疡期

E. 肿瘤期 F. 静止期

【答案】ABE

【解析】蕈样霉菌病属于皮肤原发性 T 细胞淋巴瘤,是皮肤淋巴瘤中最常见的一型。男性多见,常累及成人。全身散在多发红斑,皮损持续缓慢进展为大块融合红斑,肿瘤性 T 淋巴细胞具有亲表皮性,呈簇状浸润者在表皮层内形成小脓肿(Pautrier 微脓肿),免疫组化 CD3、CD4 阳性。

(李海 常青)

第十九章　眼和耳疾病

【A1 型题】

1. 以下关于麦粒肿的描述**错误**的是
   A. 眼睑腺体的急性化脓性炎
   B. 包括睑板腺感染引起的内睑腺炎
   C. 包括蔡氏腺感染引起的外睑腺炎
   D. 包括大汗腺感染引起的外睑腺炎
   E. 包括小汗腺感染引起的外睑腺炎

   【答案】E
   【解析】睑腺炎又称麦粒肿,指眼睑腺体的急性化脓性炎症,临床以疼痛、肿胀、多泪为特点。睑板腺受累时形成较大的肿胀区,称为内睑腺炎,眼睑蔡氏腺或大汗腺感染则称为外睑腺炎。

2. 以下有关霰粒肿的描述**错误**的是
   A. 发生于睑板腺的炎症性病变
   B. 睑板皮下无痛性结节
   C. 特发性慢性化脓性炎
   D. 常形成肉芽肿
   E. 睑板腺内脂质物质积存所致

   【答案】C
   【解析】霰粒肿(睑板腺囊肿)是睑板腺的特发性慢性非化脓性炎症。

3. 关于交感性眼炎,下列说法**错误**的是
   A. 多发生于眼球穿孔伤、钝器伤、破裂伤或眼内手术后
   B. 慢性肉芽肿性葡萄膜炎
   C. 急性前方积脓性葡萄膜炎
   D. 受伤眼称为刺激眼或引交感眼
   E. 健康眼在受伤后也可发生相同的炎性病变

   【答案】C
   【解析】交感性眼炎指的是一眼穿通伤或内眼手术后的双侧肉芽肿性葡萄膜炎,主要表现为全葡萄膜炎,可引起脉络膜增厚、浆液性视网膜剥脱。

4. 有关脑三叉神经血管瘤综合征(Sturge-Weber综合征)的描述**错误**的是
   A. 先天性遗传性疾病
   B. 与体细胞突变相关
   C. 病变沿三叉神经扩散分布
   D. 可表现为火焰痣或葡萄酒样色斑
   E. 可发生颅内血管瘤

   【答案】A
   【解析】脑三叉神经血管瘤综合征(Sturge-Weber综合征)是先天性疾病,无遗传性。临床少见,体细胞突变与致病有密切相关性。

5. 下列有关睑板腺癌的描述**错误**的是
   A. 是发生于眼睑的皮脂腺癌
   B. 早期变现为无痛性结节,易误诊为霰粒肿
   C. 具有明显的浸润性和侵袭性
   D. 具有和普通皮脂腺癌相似的预后
   E. 分化好的肿瘤细胞可见泡沫状细胞质

   【答案】D

6. 有关翼状胬肉的描述**错误**的是
   A. 球结膜增生相关
   B. 多单眼发病
   C. 一般认为与慢性刺激相关
   D. 上皮萎缩
   E. 结缔组织增生

   【答案】B
   【解析】翼状胬肉是眼科常见病和多发病,一般认为它是受紫外线、风尘等外界刺激而引起的一种慢性炎症性病变,多双眼发病。

7. 泪腺上皮性肿瘤中最常见的病理类型是
   A. 泪腺腺癌　　　　　　B. 多形性腺瘤
   C. 腺样囊性癌　　　　　D. 黏液表皮样癌
   E. 导管腺癌

322

【答案】B

8. 发生于眼附属器的最常见的淋巴瘤类型是
   A. 霍奇金淋巴瘤
   B. 弥漫性大 B 细胞淋巴瘤
   C. MALT 淋巴瘤
   D. 滤泡性淋巴瘤
   E. NK/T 细胞淋巴瘤

【答案】C

9. 眼眶原发性良性肿瘤中最多见的是
   A. 混合瘤　　　　　B. 皮样囊肿
   C. 神经鞘瘤　　　　D. 血管瘤
   E. 脑膜瘤

【答案】D

10. 婴幼儿最常见的眼内恶性肿瘤是
    A. 恶性黑色素瘤
    B. 横纹肌肉瘤
    C. 视网膜母细胞瘤
    D. 髓上皮瘤
    E. 视网膜胶质瘤

【答案】C

11. Winkler 结节属于
    A. 恶性耳炎
    B. 特发性囊性软骨软化
    C. 慢性结节性耳轮软骨皮炎
    D. 复发性多软骨炎
    E. 耳硬化症

【答案】C

【解析】慢性结节性耳轮软骨皮炎以皮肤胶原渐进性坏死及软骨板退行性变为特点,也称 Winkler 病或 Winkler 结节。常位于耳轮或对耳轮。临床常表现为一个自发的单侧性剧痛硬节。

12. 有关视神经胶质瘤的描述错误的是
    A. 起源于视交叉前部的胶质细胞
    B. 多见于成年人
    C. 多数属于良性或低度恶性肿瘤
    D. 以星形胶质细胞为主
    E. 一般不侵犯硬脑膜

【答案】B

【解析】视神经胶质瘤多发生于儿童或青少年,75% 在 10 岁以内。肿瘤镜下主要由星形胶质细胞组成,部分病例含数量不等的少突胶质细胞。

13. 以下是耳息肉最重要的形态特征的是
    A. 被覆鳞状上皮,其下纤维组织增生,间质水肿

B. 肉芽组织增生,炎细胞浸润
C. 可见胆固醇结晶及肉芽肿
D. 可见多核巨细胞及点状钙化
E. 间质内可见腺性包涵体

【答案】B

14. 眼睑最常见的恶性肿瘤是
    A. 睑板腺癌　　　　B. 鳞状细胞癌
    C. 毛鞘癌　　　　　D. 基底细胞癌
    E. 淋巴瘤

【答案】D

15. 葡萄膜最常见的肿瘤是
    A. 血管瘤　　　　　B. 黑色素细胞肿瘤
    C. 神经源性肿瘤　　D. 上皮性肿瘤
    E. 化学感受器瘤

【答案】B

16. 以下关于中耳神经内分泌腺瘤描述错误的是
    A. 又称中耳类癌,具有低度恶性的生物学行为
    B. 表达神经内分泌标志物,并分泌黏液
    C. 肿瘤无包膜,可表达波形蛋白和角蛋白
    D. 肿瘤细胞具有亲银性和嗜银性
    E. 多见于老年人

【答案】A

【解析】中耳神经内分泌腺瘤为良性肿瘤,又称中耳腺瘤、中耳腺瘤样瘤和中耳类癌等,具有神经内分泌和黏液分泌双重分泌特点。镜下肿瘤无包膜,肿瘤细胞呈腺样、管状,以及实性片状、小梁状、囊性、筛状排列,形态似类癌。

17. 以下有关中耳侵袭性乳头状肿瘤的描述错误的是
    A. 又称颞骨侵袭性乳头状肿瘤
    B. 多见于青年女性
    C. 呈乳头状及腺样结构,可见甲状腺滤泡样结构
    D. 表达 CK 和 EMA,不表达 TG 和 S-100
    E. 部分患者具有 von Hippel-Lindau 综合征

【答案】D

【解析】中耳侵袭性乳头状肿瘤镜下呈乳头状样排列,乳头衬覆单层矮柱状至柱状上皮,细胞核一致、胞质嗜酸、细胞界清。可见甲状腺滤泡样区域。免疫组化染色瘤细胞 CK、EMA、S-100 可阳性,TG 阴性。

18. 关于中耳胆固醇性肉芽肿,下列说法错误的是
    A. 多见于颞骨岩部和中耳乳突

B. 可见于任何年龄,无性别差异

C. 常有慢性中耳炎病史,极少数患者可原发

D. 镜下可见纤维肉芽组织、角化物、上皮细胞及多核巨细胞

E. 可继发于胆脂瘤、中耳的内分泌腺瘤及内淋巴囊肿瘤

【答案】D

【解析】中耳胆固醇性肉芽肿是机体对胆固醇结晶发生的异物肉芽肿性反应。多见于中耳乳突及颞骨岩部,常为单侧,可见于任何年龄。镜下为炎性肉芽组织或纤维组织,内有柳叶状裂隙(胆固醇结晶在制片过程中溶解后的轮廓)。可诱发异物巨细胞反应。

19. 以下**不是**前庭神经鞘细胞瘤特征的是

A. 特指发生于脑神经的神经纤维瘤

B. 是颞骨最常见的肿瘤

C. 多见于脑桥小脑三角,也可发生于颅内

D. 多为单侧性,少数可双侧发生

E. 部分患者合并神经纤维瘤病

【答案】A

【解析】前庭神经鞘细胞瘤多数累及前庭神经,沿耳道生长入脑桥小脑三角及周边。

20. 以下有关Ⅱ型神经纤维瘤病的描述,**错误**的是

A. 是一种常染色体显性遗传病,基因定位于22q11.2

B. 具有和周围型神经纤维瘤一致的形态学特征

C. 主要表现为双侧前庭、颅内及脊柱内良性肿瘤

D. 多见于30岁以下,10~20岁高发

E. 临床主要表现为听力下降和视力下降,可伴发皮肤肿瘤

【答案】B

【A2型题】

1. 男性,22岁,自觉右眼有异物感,检查时发现在眼睑结膜面有紫红色或者灰红色隆起,与周围组织、皮肤没有明显粘连。诊断为睑板腺囊肿。该病说法中正确的是

A. 属于慢性肉芽肿性炎

B. 属于寄生虫病

C. 镜下有丰富的中性粒细胞

D. 恶变可能性大

E. 发病急骤

【答案】A

【解析】睑板腺囊肿是睑板腺的特发性慢性非化脓性炎症。囊内含睑板腺分泌物及包括巨噬细胞在内的慢性炎症细胞浸润,形态类似结核结节,但不形成干酪样坏死。

2. 女性,6月龄,出生时发现右眼上睑见一紫红色结节,逐渐长大,近来生长变缓。病理诊断为毛细血管瘤。关于该病说法中**错误**的是

A. 可累及上睑及下睑

B. 多为先天性,出生时已经存在

C. 常缓慢长大

D. 如长期存在,有恶变可能

E. 可自发消退

【答案】D

【解析】毛细血管瘤一般生长缓慢,有的终生不变。单纯发生于眼睑者,多在1岁后停止生长,以后逐渐消退。

3. 男性,11岁,双侧耳轮脚处各见一小孔,左耳可挤出少量白色物,右耳反复红肿伴脓液溢出。术后病理示管壁内衬鳞状上皮及纤毛柱状上皮,伴慢性炎症。该病最可能的诊断是

A. 鳃裂脓肿

B. 皮样囊肿

C. 先天性瘘管

D. 鳃裂瘘管

E. 纤毛囊肿

【答案】C

4. 男性,25岁,因"左耳垂肿物缓慢增大"就诊。查体示左耳垂见一不规则肿物,大小3cm×2.5cm,灰红色,质地较硬。术后病理见大量增生的胶原组织,边界不清伴玻璃样变。其最可能的诊断是

A. 真皮纤维瘤

B. 良性纤维组织细胞瘤

C. 肥大性瘢痕

D. 瘢痕疙瘩

E. 隆突性皮肤纤维肉瘤

【答案】D

5. 男性,7岁,右侧耳轮脚前见一囊肿,开口于皮肤,开口处可见白色物质溢出。镜下可见管壁内衬鳞状上皮,下为纤维结缔组织、毛发及皮脂腺,并见软骨组织。该病最可能的诊断是

A. 鳃裂脓肿　　　　B. 皮样囊肿

C. 耳前瘘管　　　　D. 鳃裂瘘管

E. 纤毛囊肿

【答案】C

【解析】耳前瘘管可见皮肤附属器和软骨。

6. 女性,45 岁,头晕 1 年余,近期加重,来院就诊。CT 提示:左侧小脑脑桥脚占位。行手术切除。术后病理:细胞呈梭形,境界不清,核呈梭形,相互紧密平行排列呈栅栏状或不完全的漩涡。该病最有可能为

A. 神经纤维瘤　　　　B. 脑膜瘤

C. 神经鞘瘤　　　　D. 节细胞瘤

E. 髓母细胞瘤

【答案】C

7. 男性,43 岁,因"左耳听力逐渐下降"就诊。检查示左外耳道肿物堵塞耳道。病理检查示肿瘤境界清楚,由腺上皮和肌上皮构成,呈腺样排列,可见囊性扩张及乳头状结构,局部肌上皮缺失。最可能的病理诊断是

A. 生乳头状汗腺囊腺瘤

B. Turban 瘤

C. 耵聍腺腺瘤

D. 耵聍腺腺癌

E. 中耳腺瘤

【答案】C

【解析】耵聍腺腺瘤镜下肿瘤界限清楚,但无包膜。肿瘤细胞呈腺样或腺管状结构,可有囊性扩张,可伴腔内突起和乳头状增生。形态上近似耵聍腺,但缺乏正常耵聍腺的小叶结构。

8. 女性,50 岁,因"左耳听力逐渐下降伴近期头痛"就诊。病理检查示外耳道腺上皮性肿瘤,团巢状及条索状排列,浸润性生长。该病最可能的病理诊断是

A. 耵聍腺腺瘤　　　　B. Turban 瘤

C. 耵聍腺腺癌　　　　D. 腺样囊性癌

E. 基底细胞腺癌

【答案】C

【解析】外耳道腺上皮性肿瘤,浸润性生长,考虑耵聍腺恶性肿瘤,因其条索状的排列方式,考虑耵聍腺腺癌的可能性最大。

9. 女性,35 岁,右耳听力下降就诊,检查发现中耳肿物行手术治疗。镜下示肿瘤细胞呈团索和腺样排列,周围见均质粉染物质围绕。实性瘤巢中央区细胞较大,胞质多,核染色浅;外周区细胞小,胞质少,核染色深,可见栅栏

状结构。腺样结构由双层上皮构成。最可能的诊断是

A. 耵聍腺腺瘤　　　　B. Turban 瘤(圆柱瘤)

C. 中耳腺瘤　　　　D. 腺样囊性癌

E. 基底细胞腺瘤

【答案】B

10. 男性,26 岁,右耳恶臭物溢出 1 月余。既往有中耳炎病史。耳镜检查:鼓室内有角化物堆积,分泌物有恶臭。镜下见破碎组织,可见鳞状上皮、角化物、纤维结缔组织及肉芽组织。最可能的诊断是

A. 胆脂瘤　　　　B. 表皮样囊肿

C. 鳞状细胞癌　　　　D. 胆脂瘤性肉芽肿

E. 肉芽组织

【答案】A

【解析】获得性胆脂瘤一般有慢性中耳炎或中耳炎病史,病期长。镜下可见角化的复层鳞状上皮、表皮下纤维结缔组织或肉芽组织、角化物。

11. 男性,22 岁,因"听力下降伴疼痛"就诊。手术标本破碎,可见大量嗜酸性粒细胞及淋巴细胞、浆细胞浸润,并见泡沫细胞和多核巨细胞灶性分布,高倍镜下可见具有核沟的肾形核细胞。免疫组化显示 CD68、CD163、Lysozyme、S-100 和 CD1a 均有不同程度的表达。最有可能的诊断是

A. 过敏性炎症

B. 慢性非特异性炎症

C. 寄生虫感染

D. 朗格汉斯细胞组织细胞增生症

E. 结外窦组织细胞增生症伴巨大淋巴结病(Rosai-Dorfman 病)

【答案】D

12. 男性,67 岁,因"耳前结节 2cm 伴溃疡出血"就诊。术后标本镜下示肿瘤位于皮下,多形性梭形及上皮样细胞交错排列,胞核异型,核分裂象易见。免疫组化肿瘤细胞表达 vimentin、CD68 和 CD10,部分表达 SMA,不表达 SOX10、CK、CK5/6、CD34。该患者最可能的诊断是

A. 多形性肉瘤

B. 纤维肉瘤

C. 非典型纤维黄色瘤

D. 梭形细胞黑色素瘤

E. 平滑肌肉瘤

【答案】C

13. 男性,76 岁,因"耳前皮下结节迅速长大伴破溃"就诊。术后标本镜下示肿瘤细胞体积小,胞质少,呈团片状排列,瘤巢周边可见类似栅栏状结构,并见地图状坏死。免疫组化 CK20 阳性、CAM5.2 呈现核周点状阳性。该病最可能的诊断是

A. 鳞状细胞癌   B. 基底细胞癌

C. 淋巴瘤   D. 黑色素瘤

E. Merkel 细胞癌

【答案】E

【解析】Merkel 细胞癌主要发生于老年人,最常见于阳光暴露部位如头颈部和四肢。肿瘤细胞体积小,胞质少,可见大量分裂象及碎裂核,可有坏死,免疫组化 Merkel 细胞癌 CK20、CK19 和 CAM5.2 呈现特征性核旁点灶状阳性。

14. 女性,5 岁,因"反复发生中耳炎伴听力受损及疼痛"就诊。检查示中耳息肉样肿物,行手术治疗。镜下于息肉样肿物上皮下见一由小圆形细胞构成的致密细胞带,少数核偏位似浆细胞样,深部细胞逐渐减少伴间质水肿。该病最可能的病理诊断是

A. 耳息肉

B. 纤维上皮性息肉

C. 小细胞黑色素瘤

D. 胚胎性横纹肌肉瘤

E. 淋巴瘤

【答案】D

15. 男性,65 岁,因"双侧耳轮疼痛结节"就诊。术后病理示皮下肉芽肿样病变,可见嗜碱性颗粒样物沉积,并见多核巨细胞散在分布,偏振光见针状结晶。最可能的诊断是

A. 痛风   B. 风湿结节

C. 类风湿结节   D. 异物巨细胞反应

E. 慢性非特异性肉芽肿

【答案】A

16. 女性,50 岁,双侧上眼睑内眦黄色斑块。镜下见弥漫分布的泡沫样细胞,CD68 染色胞质阳性。最可能的诊断是

A. 软斑病

B. 黄斑瘤

C. 非典型纤维组织细胞瘤

D. 脂肪瘤

E. Rosai-Dorfman 病

【答案】B

【解析】黄斑瘤常见于中老年人的上睑内侧,双侧对称,患者无自觉症状。镜下见弥漫分布的泡沫样细胞,免疫组化 CD68 染色胞质阳性,这些泡沫样细胞为含脂性物质的组织细胞。

17. 男性,8 月龄,双侧眼内肿物行手术治疗。镜下见肿瘤细胞小,胞质少,弥漫分布,可见菊形团结构,核蓝染细颗粒。该患者最可能的诊断是

A. 神经母细胞瘤   B. 髓母细胞瘤

C. 恶性淋巴瘤   D. 恶性黑色素瘤

E. 视网膜母细胞瘤

【答案】E

【解析】视网膜母细胞瘤是婴幼儿最常见的眼内恶性肿瘤,起源于神经外胚叶,具有向视神经分化的特点。镜下见肿瘤细胞小,胞质少,弥漫分布,分化较好时可见真菊形团结构,核蓝染细颗粒。

18. 女性,65 岁,检查示右眼底肿物伴视网膜脱落及白内障形成。镜下见肿瘤细胞卵圆形,密集排列,核分裂象及大核仁易见,并见少数棕色颗粒散在分布。该患者最可能的诊断是

A. 神经母细胞瘤   B. 髓母细胞瘤

C. 恶性淋巴瘤   D. 恶性黑色素瘤

E. 视网膜母细胞瘤

【答案】D

19. 女性,68 岁,因"右眼眶肿胀 3 月余"就诊。活检组织中见小淋巴细胞弥漫增生,浆细胞散在及灶性分布,并见肿瘤细胞散在及灶性浸润周围上皮组织。该患者最可能的诊断是

A. 小淋巴细胞淋巴瘤

B. 套细胞淋巴瘤

C. 滤泡性淋巴瘤

D. MALT 淋巴瘤

E. 淋巴浆细胞淋巴瘤

【答案】D

【解析】眼附属器淋巴瘤 90% 以上是惰性的小 B 细胞来源的肿瘤,MALT 淋巴瘤为最常见的病理类型,占 35%~80%。镜下形态为小淋巴细胞弥漫增生,浆细胞散在及灶性分布,并见肿瘤细胞散在及灶性浸润周围上皮组织,符合 MALT 淋巴瘤的诊断。

20. 男性,23 岁,右眼睑结节行手术治疗。镜检见肿瘤组织呈巢团状排列,瘤巢周边部细胞小,胞质少,紧密排列;中央部细胞大,胞质红染,核消失,并见不规则钙化。该病最可能的诊断是

    A. 肿瘤性钙盐沉积　　B. 表皮囊肿

    C. 毛母质瘤　　　　　D. 毛发上皮瘤

    E. 皮脂腺癌

【答案】C

【解析】毛母质瘤又称钙化上皮瘤,是较常见的来源是毛母质的良性肿瘤,约占毛源性肿瘤的 20%。肿瘤由不同形状的上皮细胞团和结缔组织间质构成,上皮团周边为实性、嗜碱性小基样细胞巢,向中心移行过程中突然发生角化而形成"鬼影"细胞。

21. 男性,30 岁,因"右眼睑硬结 1 个月余"就诊。术后病理所见如下图。下列说法**错误**的是

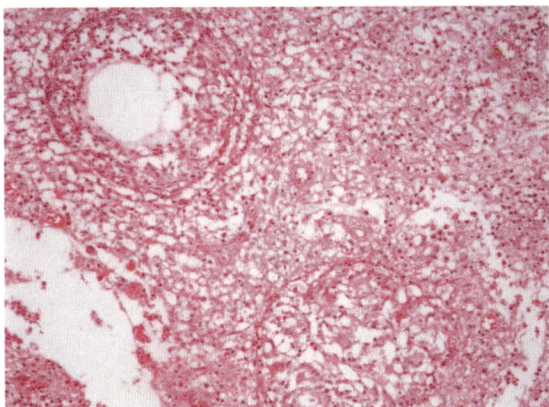

    A. 最可能的病理诊断是麦粒肿

    B. 最可能的病理诊断是霰粒肿

    C. 是发生于睑板腺的炎症性病变

    D. 是慢性肉芽肿性病变

    E. 睑板腺内脂质物质积存所致

【答案】A

【解析】睑腺炎又称麦粒肿,指眼睑腺体的急性化脓性炎症,临床以疼痛、肿胀、多泪为特点。与镜下形态不符。

22. 男性,28 岁,因"左耳听力下降 1 月余"就诊。CT 示中耳占位性病变。行手术切除,术后病理所见如下图。该病例最可能的诊断是

    A. 耵聍腺腺瘤　　　　B. 鼓室球瘤

    C. 中耳类癌　　　　　D. 中耳腺癌

    E. 黑色素瘤

【答案】B

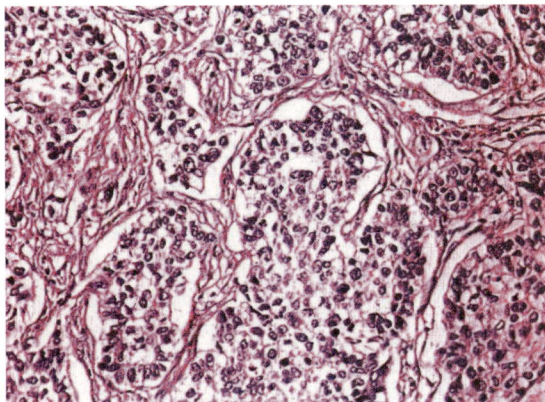

23. 女性,1 岁半,因"母亲发现眼球内有黄白色物"就诊。眼底检查见边界清楚圆形结节,白色或黄色。光镜所见如下图所示。该患儿最可能的病理诊断是

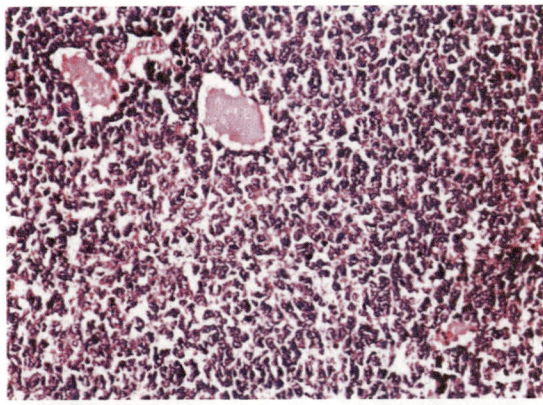

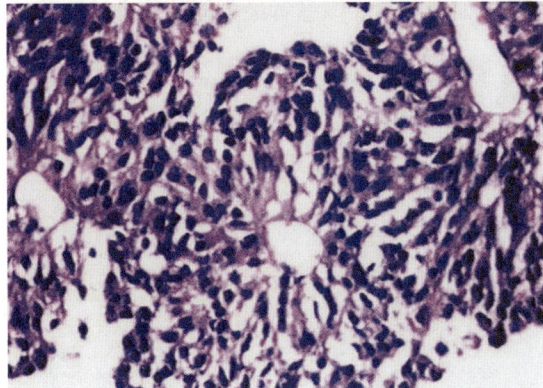

    A. 恶性黑色素瘤　　　B. 神经母细胞瘤

    C. 尤因肉瘤　　　　　D. 视网膜母细胞瘤

    E. 恶性淋巴瘤

【答案】D

【解析】视网膜母细胞瘤是婴幼儿最常见的眼内恶性肿瘤,起源于神经外胚叶、具有向视神经分化的特点。

视网膜母细胞瘤主要是未分化的神经母细胞,起源于视网膜的任何一层。镜下见肿瘤细胞小,胞质少,弥漫分布。可见瘤细胞围绕着一个血管形成的细胞柱,其中可见部分瘤细胞坏死及钙质沉着,为假菊花形。

24. 男性,56岁,因"右耳听力下降伴头痛"就诊。病理检查示外耳道肿瘤浸润性生长,镜下形态如图所示。该病最可能的病理诊断是

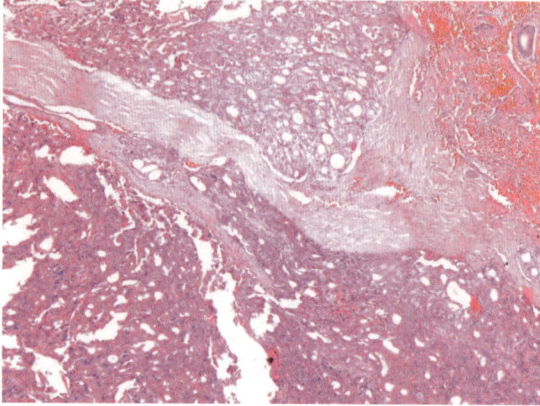

A. 耵聍腺腺瘤　　　B. Turban 瘤
C. 耵聍腺腺癌　　　D. 腺样囊性癌
E. 基底细胞腺癌

【答案】C

【解析】外耳道腺上皮性肿瘤,浸润性生长,考虑耵聍腺恶性肿瘤,因其条索状的排列方式,考虑耵聍腺腺癌的可能性最大。

25. 女性,56岁,因"右眼霰粒肿反复发作"就诊。眼科检查示右眼上睑结节状隆起。镜下所见如图所示。该患者最可能的病理诊断是

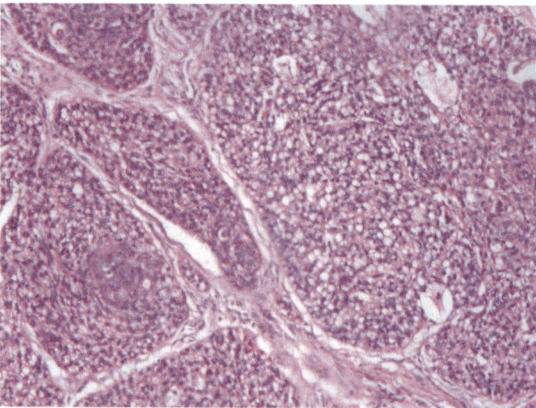

A. 霰粒肿　　　　　B. 麦粒肿
C. 基底细胞癌　　　D. 睑板腺癌
E. 摩尔腺癌

【答案】D

26. 女性,61岁,检查示右眼底肿物伴视网膜脱落。镜下形态如图所见。该患者最可能的诊断是

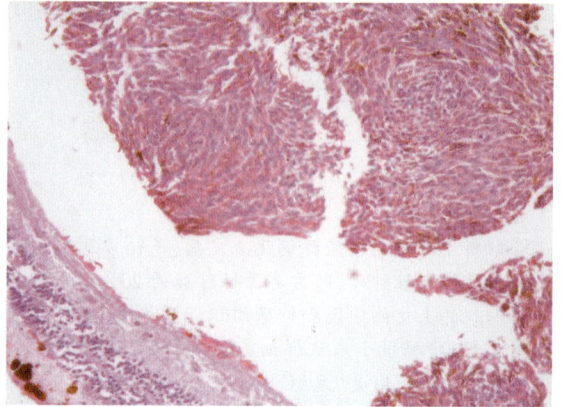

A. 脑膜瘤　　　　　B. 神经鞘瘤
C. 恶性淋巴瘤　　　D. 恶性黑色素瘤
E. 视网膜母细胞瘤

【答案】D

27. 男性,26岁,因"左耳听力逐渐下降2月余"就诊。CT示中耳占位性病变。镜下所见如下图。该患者最可能的诊断是

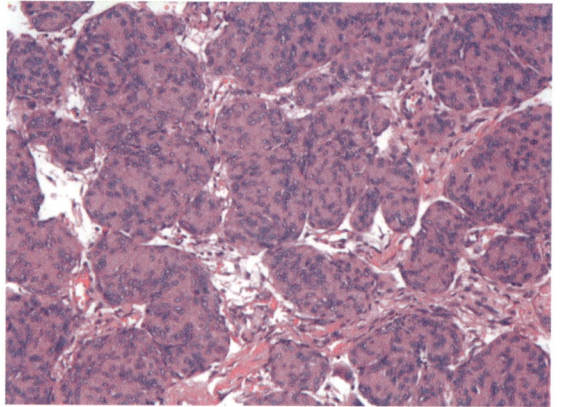

A. 中耳腺瘤　　　　B. 听神经瘤
C. 鼓室球瘤　　　　D. 脑膜瘤
E. 内淋巴囊肿瘤

【答案】D

【解析】肿瘤细胞梭形,胞界不清,交织状排列,可见漩涡结构。考虑为脑膜瘤。

28. 男性,46岁,因"外耳道肿物伴疼痛"就诊。行手术治疗后,镜下形态如图所示。该患者最可能的诊断是

A. 基底细胞腺癌　　B. 腺样囊性癌

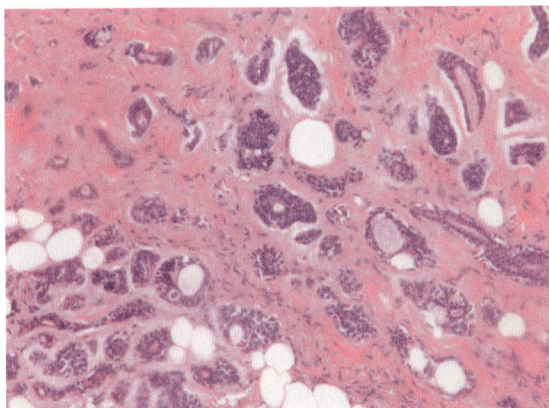

C. 基底细胞癌   D. 耵聍腺腺癌

E. 导管腺癌

【答案】B

29. 女性,45岁,因"眼球外突伴头晕1月余"就诊。影像学检查提示眼球后方见一圆形界清肿物。术后标本送病理,镜下形态如图所示。该病最有可能为

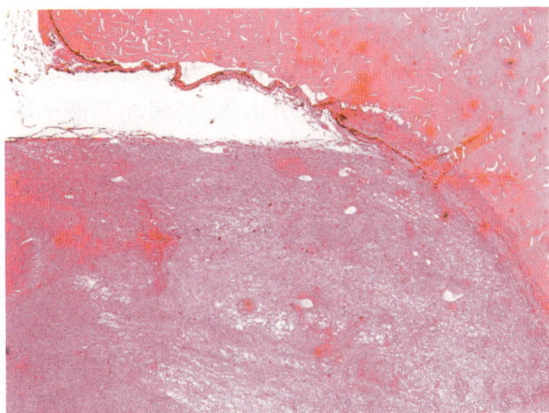

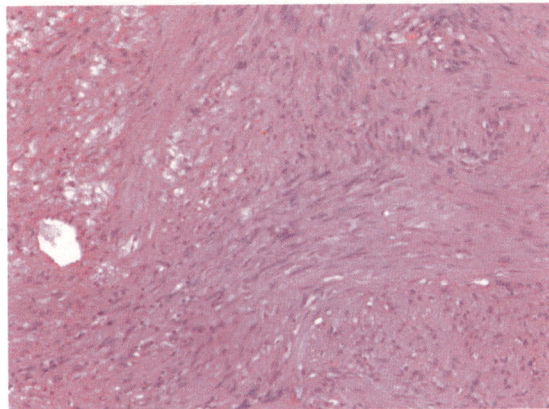

A. 神经鞘瘤

B. 脑膜瘤

C. 神经纤维瘤

D. 梭形细胞黑色素瘤

E. 视神经胶质瘤

【答案】A

【A3/A4 型题】

(1~2 题共用题干)

男性,30岁,左耳间断流脓1年,伴有臭味。既往有中耳炎病史。耳镜检查见鼓室内有角化物和分泌物堆积,诊断为胆脂瘤。

1. 下列镜下表现**错误**的是

A. 囊壁常不完整,被覆复层鳞状上皮

B. 囊内含大量葱皮样角化物

C. 囊周纤维结缔组织内炎症细胞浸润

D. 有异物巨细胞增生或胆固醇性异物肉芽肿形成

E. 被覆鳞状上皮异型性明显

【答案】E

2. 关于该病说法**不正确**的是

A. 常有中耳炎病史

B. 局部压迫可致耳鸣、眩晕

C. 均为继发性

D. 急性感染可引起颅内并发症

E. 可发生于耳外

【答案】C

【解析】胆脂瘤镜下可见角化的复层鳞状上皮、表皮下纤维结缔组织或肉芽组织、角化物。角化的鳞状上皮无异型性。通常为单侧,分为先天性和获得性两类。获得性胆脂瘤较先天性多。

(3~5 题共用题干)

男性,21岁,左耳缓慢听力下降2月余。CT示中耳占位性病变。

3. 该患者**最不可能**的诊断是

A. 耵聍腺腺瘤   B. 胆脂瘤

C. 混合瘤   D. 脑膜瘤

E. 内淋巴囊肿瘤

【答案】E

4. 病理检查示肿瘤细胞梭形,胞界不清,交织状排列,可见漩涡结构。该病最有可能的诊断是

A. 中耳类癌   B. 听神经瘤

C. 神经纤维瘤   D. 脑膜瘤

E. 内淋巴囊肿瘤

【答案】D

5. 诊断该肿瘤最有价值的一组免疫组化标志物是

A. S-100、Sox10   B. EMA、PR

C. vimentin、EMA   D. CK、CD56

E. CD34、AR

【答案】B

(6~8 题共用题干)

女性,45 岁,体检发现右中耳肿物行手术治疗。镜下肿瘤包膜不完整,可见纤维分隔形成,肿瘤细胞呈巢团状排列,胞质略嗜碱性,间质见丰富的血窦。

6. 该病最可能的诊断是

A. 中耳腺瘤

B. 中耳类癌

C. 中耳神经内分泌腺瘤

D. 中耳腺瘤样瘤

E. 鼓室副神经节瘤

【答案】E

7. 免疫组化显示肿瘤细胞表达 CgA、Syn 和 CD56,瘤巢周围可见少数 S-100 阳性的细胞散在分布。该病的病理诊断是

A. 中耳腺瘤

B. 中耳类癌

C. 中耳神经内分泌腺瘤

D. 中耳神经内分泌癌

E. 鼓室副神经节瘤

【答案】E

8. 有关该疾病说法正确的是

A. 可分为家族性和散发性,以家族性多见

B. 起源于神经嵴的低度恶性肿瘤

C. 只发生于中耳鼓室

D. 散发性患者多见,且以女性多见

E. 家族性患者多见,且多为男性

【答案】D

【解析】鼓室副神经节瘤为原发于中耳的最常见肿瘤。可分为家族性和散发性,散发性多见,约占 90%,主要发生于女性(女∶男为 5∶1);家族性患者多为男性。起源于邻近颈静脉或中耳(鼓室球)蜗岬的副神经节。镜下肿瘤包膜不完整,形态与神经节瘤一致。免疫组化染色主细胞表达 Syn、CgA、CD56、NSE、NF 及多种多肽,支持细胞 S-100 阳性。

(9~11 题共用题干)

女性,15 岁,因"听力受损及疼痛"就诊。检查示右中耳内肿物,行手术治疗。镜下见肿瘤细胞小圆形,巢状排列,部分区域细胞松解,瘤巢间见纤维血管分隔。

9. 鉴别诊断最有价值的一组标志物是

A. LCA、desmin、Syn、S-100

B. CD20、CD3、S-100、CD56

C. CD30、ALK、S-100、desmin

D. ALK、LCA、Oct3/4、EMA

E. HMB45、CK、desmin、ALK

【答案】A

10. 该肿瘤表达 desmin,最可能的病理诊断是

A. 胚胎性横纹肌肉瘤

B. 腺泡状横纹肌肉瘤

C. 小细胞黑色素瘤

D. ALK 阳性的间变大细胞淋巴瘤

E. 神经母细胞瘤

【答案】B

11. 有关头颈部横纹肌肉瘤说法正确的是

A. 更常见于较年幼儿童,当病灶起源于眼眶时,病理类型几乎总是为胚胎型

B. 腺泡型横纹肌肉瘤最常见的染色体易位是 2 号和 13 号染色体长臂易位,即 t(2;13)(q35;q14)

C. 胚胎型横纹肌肉瘤是最常见的横纹肌肉瘤亚型,占所有横纹肌肉瘤病例的 59%

D. 无论是哪种病理组织类型,IGF-Ⅱ表达的上调对横纹肌肉瘤的生长起重要作用

E. 在腺泡状横纹肌肉瘤中,PAX3-FKHR 易位比 PAX7-FKHR 易位患者更年轻,预后更好

【答案】E

(12~13 题共用题干)

女性,56 岁,因"右眼眶进行性肿胀 3 月余伴视物模糊"就诊。镜检见淋巴细胞弥漫增生。

12. 鉴别诊断最有用的一组抗体是

A. CD20、CD3、CD23、CD43、GrB、EMA

B. CD20、CD5、BCL2、cyclinD1、CD23、GrB

C. CD20、CD3、CD5、BCL2、BCL6、GrB

D. CD20、CD3、BCL2、CD30、CD23、ALK

E. CD20、CD3、CD5、CD23、GrB、CD30

【答案】B

13. 小淋巴细胞弥漫增生,可见浆细胞分化,周围上皮组织内见肿瘤细胞散在及小灶浸润。该患者最可能的诊断是

A. 小淋巴细胞淋巴瘤

B. 套细胞淋巴瘤

C. 淋巴组织反应性增生

D. MALT 淋巴瘤

E. 淋巴浆细胞淋巴瘤

【答案】D

【解析】镜下形态为小淋巴细胞弥漫增生,浆细胞散在及灶性分布,并见肿瘤细胞散在及灶性浸润周围上皮组织,符合 MALT 淋巴瘤的诊断。

(14~15 题共用题干)

女性,43 岁,体检发现右眼角膜周围睑缘见黑色素沉积。镜下见色素位于上皮层,局灶生长活跃,可见佩吉特样浸润。

14. 该患者最可能的病理诊断是

A. 结膜色素痣

B. 原发性获得性色素细胞增生性病变(PAM)

C. PAM 伴非典型增生

D. 恶性黑色素瘤

E. 佩吉特病

【答案】C

15. 如果肿瘤细胞表达 S-100 和 HMB45,则最可能的诊断是

A. 结膜色素痣

B. 原发性获得性色素细胞增生性病变(PAM)

C. PAM 伴非典型增生

D. 恶性黑色素瘤

E. 佩吉特病

【答案】D

【案例分析题】

案例一　女性,1 岁,母亲发现患儿双眼先后出现黄白色絮状物。眼底检查见圆形或椭圆形,边界清楚,白色或黄色结节状隆起。玻璃体内可见大小不一的白色团块状混浊。光镜下可见细胞呈菊形团和假菊形团排列,可见钙化和坏死。

提问 1:病理诊断最可能为

A. 视网膜母细胞瘤

B. 脉络膜黑色素瘤

C. 视盘血管瘤

D. 海绵状血管瘤

E. 脉络膜转移瘤

F. 髓母细胞瘤

【答案】A

提问 2:成年人最常见的眼内恶性肿瘤是

A. 视网膜母细胞瘤

B. 脉络膜恶性黑色素瘤

C. 海绵状血管瘤

D. 横纹肌肉瘤

E. 视盘血管瘤

F. 恶性淋巴瘤

【答案】B

提问 3:有关视网膜母细胞瘤的描述正确的是

A. 发病与 Rb 基因突变相关

B. 可见真假菊形团

C. 可通过视神经向后侵袭

D. 可通过巩膜侵袭眼眶

E. 主要由未分化的神经母细胞构成

F. 可出现上皮分化

【答案】ABCDE

【解析】视网膜母细胞瘤是婴幼儿最常见的眼内恶性肿瘤,起源于神经外胚叶,具有向视神经分化的特点。视网膜母细胞瘤主要是未分化的神经母细胞,起源于视网膜的任何一层。镜下见肿瘤细胞小,胞质少,弥漫分布。瘤细胞围绕着一个血管形成的细胞柱,其中可见部分瘤细胞坏死及钙质沉着,此称为假菊花型。分化较好时可见 Flexner-Wintersteiner 菊形团。

案例二　男性,32 岁,右耳部不适伴听力下降 1 月余。CT 示中耳占位性病变,行手术切除。

提问 1:病理检查示肿瘤无包膜,肿瘤细胞呈腺样、筛状、条索及实性排列,免疫组化标记表达 CAM5.2、CK7、CgA、Syn 等标志物。该病例最可能的病理诊断是

A. 鼓室球瘤

B. 耵聍腺腺瘤

C. 中耳化生性腺体增生

D. 中耳腺瘤

E. 中耳腺癌

F. 副神经节瘤

【答案】D

提问2:有关该疾病的描述正确的是

A. 具有腺上皮黏液分泌的特点

B. 具有神经内分泌的特点

C. 男性患者多见

D. 可表达 vimentin

E. 为良性肿瘤

F. 为低度恶性肿瘤

【答案】ABDE

提问3:如果肿瘤有明显的巢状结构,表达 CgA、Syn 等标志物,瘤巢周围可见 S-100 阳性的细胞散在分布,则最可能的诊断是

A. 鼓室球瘤

B. 耵聍腺腺瘤

C. 中耳化生性腺体增生

D. 中耳腺瘤

E. 中耳腺癌

F. 中耳类癌

【答案】A

【解析】中耳神经内分泌腺瘤为良性肿瘤,又称中耳腺瘤、中耳腺瘤样瘤和中耳类癌等,具有神经内分泌和黏液分泌双重分泌特点。镜下肿瘤无包膜,肿瘤细胞呈腺样、管状,以及实性片状、小梁状、囊性、筛状排列,形态似类癌。免疫组化标记表达 CAM5.2、CK7、CgA、Syn 等标志物。发病年龄分布广泛,最常见于 20~50 岁,男女比例相当。

案例三 男性,36 岁,因"听力进行性下降伴头痛加重"就诊。CT 检查发现左岩骨肿物,侵犯中耳及脑桥小脑三角。镜下肿瘤组织呈乳头状及腺样排列,肿瘤细胞立方及柱状,浸润性生长。

提问1:该患者**最不可能**的诊断是

A. 内淋巴囊肿瘤

B. 侵袭性内淋巴囊乳头状瘤

C. 中耳腺瘤

D. 脉络丛乳头状瘤

E. 转移性甲状腺乳头状癌

F. 转移性肺腺癌

【答案】D

提问2:免疫组化肿瘤细胞弥漫表达 CK,部分表达 S-100 和 GFAP,不表达 Tg、TTF-1、CgA、Syn。

该病最可能的病理诊断是

A. 内淋巴囊肿瘤

B. 内淋巴囊乳头状癌

C. 中耳腺瘤

D. 脉络丛乳头状瘤

E. 转移性甲状腺乳头状癌

F. 转移性肺腺癌

【答案】A

提问3:有关该肿瘤的描述正确的是

A. 生物学行为在良恶性之间

B. 侵袭性生长,并可发生转移

C. 发病与 von Hippel-Lindau 综合征相关

D. 肿瘤可有明显的多形性,但核分裂象少见

E. 需要和转移性癌进行鉴别

F. 可见甲状腺滤泡样结构和透明细胞

【答案】ACEF

【解析】内淋巴囊肿瘤侵袭性生长,但不发生转移。

案例四 女性,43 岁,因"右眼肿胀"就诊。检查示右眼眶内肿胀,可见软组织影,累及眼外肌。活检组织见大量淋巴细胞浸润,还可见浆细胞、组织细胞、嗜酸性粒细胞或中性粒细胞,并见数量不等的淋巴滤泡形成。

提问1:需要鉴别诊断的疾病包括

A. 眶内淋巴组织反应性增生

B. 眶内炎性假瘤

C. MALT 淋巴瘤

D. IgG4 相关性疾病

E. NK/T 细胞淋巴瘤

F. 软斑病

【答案】ABCD

提问2:如果病变伴有明显的纤维组织增生,纤维化及玻璃样变,最有可能的两个诊断是

A. 眶内淋巴组织反应性增生

B. 眶内炎性假瘤

C. MALT 淋巴瘤

D. IgG4 相关性疾病

E. NK/T 细胞淋巴瘤

F. 软斑病

【答案】BD

提问3：眼眶 IgG4 相关性疾病的诊断标准包括

A. 光镜大量淋巴细胞及浆细胞浸润

B. 浆细胞大量表达 IgG4，绝对值大于 50 个/HPF

C. 不同程度纤维化

D. IgG4/IgG 阳性浆细胞比值大于 40%

E. 血清学检测 IgG4 浓度大于 1.35g/L

F. 具有明显的亲上皮现象

【答案】ABCDE

（白辰光　张俊毅）

第二十章　细胞学诊断

【A1 型题】

1. 下列与人类肿瘤发生密切相关的病毒及其相应的癌症,对应**错误**的是
   A. 人乳头状瘤病毒(HPV)　宫颈癌
   B. 乙型肝炎病毒(HBV)　肝癌
   C. EB 病毒　鼻咽癌
   D. EB 病毒　Burkitt 淋巴瘤
   E. 腺病毒(Adv)　肠癌

   【答案】E

2. 细针吸取细胞学的优点中,对于临床应用**错误**的选项是
   A. 针吸细胞学可取代冰冻
   B. 患者损伤轻微
   C. 诊断准确性较高
   D. 诊断速度快
   E. 经济,花费少

   【答案】A

   【解析】针吸细胞学不可以取代冰冻。由于吸取物小,仍有一定的假阴性,即针吸细胞学阴性的病例不能完全排除恶性,不能完全代替病理组织学诊断。有些病变主要表现为组织结构异常而非细胞异常或高分化恶性肿瘤,此时用本法诊断,准确率不高。

【A2 型题】

1. 女性,56 岁,体健,末次月经:2017-10-16。本次体检行宫颈 TCT 检查为 NILM。**不应该看**到的细胞是
   A. 表层鳞状上皮细胞
   B. 中层鳞状上皮细胞
   C. 颈管细胞
   D. 子宫内膜细胞

   E. 多核巨细胞

   【答案】D

   【解析】45 岁后出现考虑病变。

2. 男性,65 岁,肉眼血尿 1 周,拟行尿液细胞学检查。在尿液判读的巴黎系统标准中,达到高级别尿路上皮癌的 N/C 比值至少为
   A. >0.4　　　　B. >0.5　　　　C. >0.6
   D. >0.7　　　　E. >0.8

   【答案】D

3. 男性,55 岁,肉眼血尿 1 周,进行尿液细胞学检查,初步考虑为非肿瘤性尿液细胞学。在非肿瘤尿液细胞学中**不可能**出现的成分是
   A. 移行上皮细胞　　　B. 间皮细胞
   C. 柱状上皮细胞　　　D. 鳞状上皮细胞
   E. 红细胞

   【答案】B

4. 女性,53 岁,颈部肿大,临床怀疑甲状腺肿瘤。如果考虑甲状腺恶性肿瘤,其细胞病理学特征**不正确**的是
   A. 肿瘤细胞呈圆形或类圆形
   B. 光镜下以上皮增生,形成乳头状
   C. 包膜完整,无浸润
   D. 肿瘤间质有钙化
   E. 细胞异型性大,可见核分裂

   【答案】C

   【解析】甲状腺细胞病理学观察不到包膜的情况。

5. 男性,69 岁,送检胸腔积液 200ml,如图所示,以下成分**不存在**的是
   A. 移行上皮细胞　　　B. 间皮细胞
   C. 中性粒细胞　　　　D. 淋巴细胞
   E. 组织细胞

   【答案】A

334

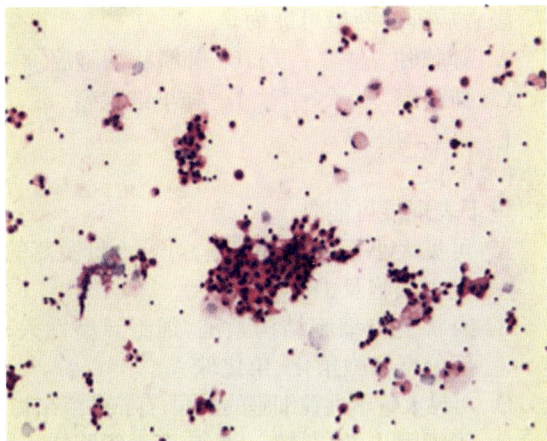

6. 男性,75岁,间断性咳嗽、咯血2周余,呼吸困难1周。临床专科检查,胸部叩诊浊音。CT提示有中等量胸腔积液,行超声引导下穿刺引流术。现胸腔积液100ml送检,所做细胞涂片,可见下列哪种细胞最可能怀疑为腺癌细胞

    A. 大量异型角化上皮细胞,呈巢样、洋葱皮样排列

    B. 可见胡椒盐样核的细胞排列呈簇,或呈线状排列

    C. 见大量细胞形成花环状,核浆比轻度增大

    D. 见呈团簇样立体排列的异型偏位核细胞,核染色质增粗

    E. 大量大小较一致的细胞分散分布于整张涂片

【答案】D

7. 女性,41岁,宫颈TCT可以见大量炎细胞、中间层上皮细胞,中等量表层上皮细胞,局部可见呈棉絮样结构团块,分散排列。棉絮样物考虑为

    A. 线索细胞　　　　B. 放线菌

    C. 滴虫　　　　　　D. 霉菌菌丝

    E. 衣原体

【答案】B

【解析】镜下大量炎细胞、中间层上皮细胞,中等量表层上皮细胞,局部可见分散排列的棉絮样结构团块,最可能是放线菌感染。

8. 男性,78岁,大量腹水。抽取腹水送检,镜下见大量腺癌细胞,无任何其他病史或既往史。首先考虑腹水来源为

    A. 乳腺　　　　　　B. 前列腺

    C. 消化道　　　　　D. 肺

    E. 甲状腺

【答案】C

【解析】消化道肿瘤最易引起腹水,而且镜下为腺癌细胞,更支持消化道来源。

【A3/A4型题】

(1~2题共用题干)

男性,3岁,因后腹膜肿物进行手术,术中取组织8cm×8cm×5cm,镜下无明显的组织学结构,细胞弥漫排列,细胞较小,大小一致,核深染,可见坏死和较多的病理性核分裂象。

1. 为了诊断和鉴别诊断,应该提出的免疫组化项目包括

    A. CK和EMA

    B. vimentin和desmin

    C. LCA

    D. NSE和CgA

    E. 以上均正确

【答案】E

2. 如果诊断尤因肉瘤,以下免疫组化结果正确的是

    A. vimentin(+),CK和EMA(−),NSE和CgA(+),LCA(−),desmin(−)

    B. vimentin(−),CK和EMA(−),NSE和CgA(+),LCA(−),desmin(−)

    C. vimentin(−),CK和EMA(+),NSE和CgA(+),LCA(−),desmin(−)

    D. vimentin(+),CK和EMA(−),NSE和CgA(−),LCA(+),desmin(−)

    E. vimentin(+),CK和EMA(+),NSE和CgA(−),LCA(−),desmin(−)

【答案】A

【解析】3岁男童,后腹膜肿物,而且镜下无明显的组织学结构,细胞弥漫排列,细胞较小,大小一致,核深染,可见坏死和较多的病理分裂象,应该诊断为小圆细胞恶性肿瘤。它包括一组疾病:尤因肉瘤、神经母细胞瘤、淋巴瘤、横纹肌肉瘤等,这些疾病需要应用一组免疫组化进行鉴别诊断。尤因肉瘤常vimentin(+),NSE和CgA(+);淋巴瘤常vimentin(+)和LCA(+);肉瘤常vimentin(+)。

(3~4题共用题干)

女性,52岁,右颈部触及一大小约1.5cm肿物,随吞咽动作肿物有移动。行超声检查发现,右侧甲状腺区域有大小约1.8cm×1.7cm×1cm的低

回声结节,局部似有钙化,可见强回声光团。行穿刺细胞学检查,可见细胞排列呈乳头状,细胞拥挤重叠。

3. 首先考虑的肿瘤是

  A. 乳头状癌   B. 鳞状细胞癌

  C. 滤泡癌   D. 髓样癌

  E. 未分化癌

  【答案】A

4. 该病变最常见的特征性病变

  A. 有细胞角化、角化珠

  B. 有包膜浸润

  C. 燕麦细胞样

  D. 可见核沟及核内包涵体

  E. 见大核仁

  【答案】D

  【解析】甲状腺穿刺可见细胞排列呈乳头状,细胞拥挤重叠,考虑甲状腺乳头状癌,其特征是可见核沟及核内包涵体。

(5~6题共用题干)

女性,59 岁,发现右肺肿物 25 天。行 CT 下穿刺细胞学检查。病理镜下示大量浸润性生长的异型细胞团,并可见呈腺管样结构。

5. 首先考虑的肿瘤是

  A. 腺癌   B. 鳞状细胞癌

  C. 错构瘤   D. 小细胞癌

  E. 肺类癌

  【答案】A

6. 如加做免疫组化,下列最合适的特异性标志物是

  A. CK5/6   B. P16

  C. NapsinA   D. Syn

  E. SMA

  【答案】C

  【解析】细胞异型,并可见腺管,考虑腺癌。NapsinA 是肺腺癌的特异性标志物。

(7~9题共用题干)

女性,57 岁。无吸烟病史,患者 1 个月前无明显诱因出现发热,咳嗽,伴有头痛全身不适,期间测体温 38℃,曾于当地诊所输液,治疗效果欠佳,住院治疗,诊断为肺占位,其间行 CT 引导下细胞学穿刺等检查。镜下见细胞有明显异型性,胞质丰富,并呈空泡状。

7. 患者病理诊断最可能为是

  A. 肺脓肿   B. 肺鳞状细胞癌

  C. 肺腺癌   D. 肺小细胞癌

  E. 以上均不是

  【答案】C

8. 镜下表现最可能是

  A. 可见大小不等异型细胞,可见大量脱落的上皮细胞及中性粒细胞

  B. 鳞状上皮细胞结构紊乱、细胞异型性大,部分有细胞角化、角化珠

  C. 可见大量中性粒细胞的浸润,有脓性渗出物

  D. 瘤细胞小,形态较一致,成燕麦细胞样

  E. 细胞异型性明显,呈实性团块或小条索状排列,有的可见腺腔形成

  【答案】E

9. 以下**不是**常在肺内进行检测的基因是

  A. *EGFR*   B. *ALK*

  C. *ROS1*   D. *BRCA1/2*

  E. *MET*

  【答案】D

  【解析】*BRCA1/2* 是乳腺癌、卵巢癌、前列腺癌和胰腺癌的分子标志物。

(10~12题共用题干)

男性,55 岁,咳嗽、咳痰,渐进性呼吸困难。超声检查考虑为中等量胸腔积液。临床拟进行胸腔积液抽检。现抽出 500ml 胸腔积液送检细胞学室,镜下可见异型细胞,若考虑肿瘤细胞。

10. 下列是恶性肿瘤细胞最主要的形态特点的是

  A. 核大   B. 病理性核分裂象

  C. 核仁明显   D. 核浆比大

  E. 以上都是

  【答案】E

11. 常用的间叶源性标志物是

  A. 角蛋白   B. 波形蛋白

  C. S-100   D. 溶菌酶

  E. EMA

  【答案】B

12. 常用的上皮源性标志物是

  A. 角蛋白   B. 波形蛋白

  C. S-100   D. 溶菌酶

  E. 结蛋白

  【答案】A

(13~14 题共用题干)

47 岁,未绝经,宫颈轻度糜烂,分泌物多。

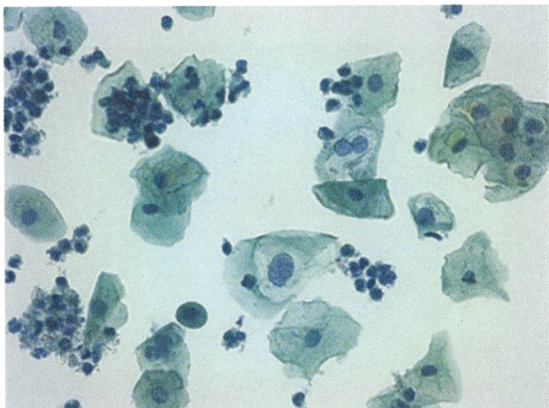

13. 请看图作出诊断
    A. LSIL
    B. 微生物感染—滴虫感染
    C. HSIL
    D. 微生物感染—细菌感染
    E. ASC-US
    【答案】A

14. 可能致病原因是
    A. 微生物感染:滴虫感染
    B. 微生物感染:细菌感染
    C. 微生物感染:霉菌感染
    D. HSV 感染
    E. HPV 感染
    【答案】E
    【解析】宫颈鳞状上皮内病变是由HPV感染引起的。

(15~16 题共用题干)

女性,59 岁,已绝经,行 TCT 检查如图所示。

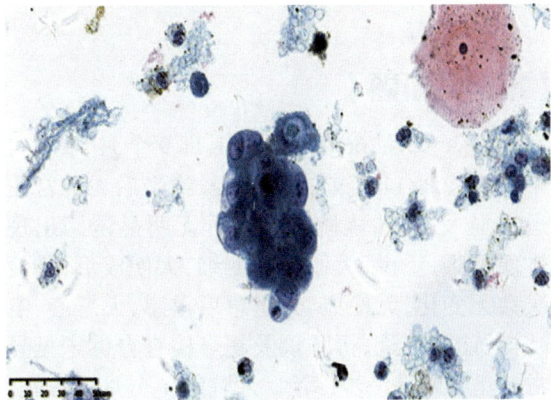

15. 诊断为
    A. 腺癌
    B. 非典型腺细胞,倾向瘤变
    C. 子宫内膜细胞
    D. 宫颈管原位腺癌
    E. 非典型腺细胞,无具体指定
    【答案】A

16. 追问病史,患者近 2 个月出现不规则流血,新鲜,量不多,首先考虑的细胞来源是
    A. 子宫颈来源
    B. 非角化鳞状上皮细胞
    C. 输卵管来源
    D. 子宫内膜来源
    E. 子宫外来源
    【答案】D
    【解析】瘤细胞较大,核大深染,形成三维立体结构,考虑腺癌。结合不规则流血的病史,考虑子宫内膜来源的腺癌。

(17~19 题共用题干)

女性,60 岁,教师,12 年前左乳腺浸润性导管癌行乳腺改良根治术,并放化疗治疗,右肺下叶占位,肺组织多发转移灶。支气管镜下:右下叶后基底段开口外压性狭窄,远端未见新生物。如图所示。

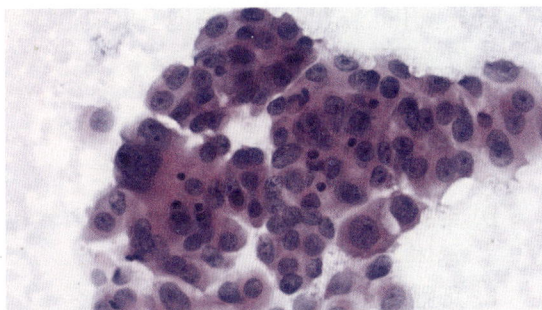

17. 送检肺泡灌洗液可见部分异型细胞,成团,拥挤,首先考虑为
    A. 未见恶性肿瘤细胞
    B. 见可疑癌细胞
    C. 见类上皮细胞
    D. 见非典型细胞
    E. 见小细胞癌细胞
    【答案】B

18. 常用于乳腺的标志物是
    A. SMA   B. CD117

C. desmin
D. ER
E. S-100

【答案】D

19. 免疫细胞化学诊断:CK7(+),CK20(−),TTF-1(1+),NapsinA(2+),ER(−),PR(−),CDX-2(−),Villin(−),可作出诊断为

    A. 见腺癌细胞,考虑乳腺来源
    B. 见腺癌细胞,考虑甲状腺来源
    C. 见腺癌细胞,考虑肠道来源
    D. 见癌细胞,考虑小细胞来源
    E. 见癌细胞,考虑肺来源

【答案】E

【解析】TTF-1 和 NapsinA 是肺来源的标志物。ER、PR 阴性排除乳腺来源,CDX-2 和 Villin 阴性排除肠道来源。

(20~21 题共用题干)

男性,60 岁,"右甲状腺乳头状癌根治术"后 9 年余,发现颈部肿块 7 年余,因近期发现颈部肿块较前有所增大而就诊,"结肠癌根治术"后 1 年。超声:右侧气管旁不均质团块 21mm×19mm(肿大淋巴结,转移可能,或残余甲状腺伴实质结节 TI-RADS:4a 类?)两侧颌下区、左侧残余甲状腺、左侧颈部、两侧锁骨上未见明显占位。遂行右侧气管旁结节超声引导下 FNA。

20. 经典型甲状腺乳头状癌,滤泡上皮细胞核特点说法**不正确**的是

    A. 细胞核增大、拉长
    B. 细胞核拥挤、重叠
    C. 细胞核核膜轮廓不规则
    D. 细胞核必须同时存在核沟及核内真性包涵体
    E. 细胞染色质磨玻璃样核

【答案】D

21. 经典型乳头状癌细胞结构特征表现为如下几点,最**不可能**出现的结构是

    A. 真乳头状
    B. 假乳头状
    C. 微滤泡结构
    D. 蜂窝片状
    E. 漩涡状排列

【答案】C

【解析】甲状腺乳头状癌的细胞核可有核沟及核内假包涵体,但不是必需。

(22~24 题共用题干)

女性,38 岁,右侧甲状腺结节,行超声检查,做细针穿刺检查,如图所示。

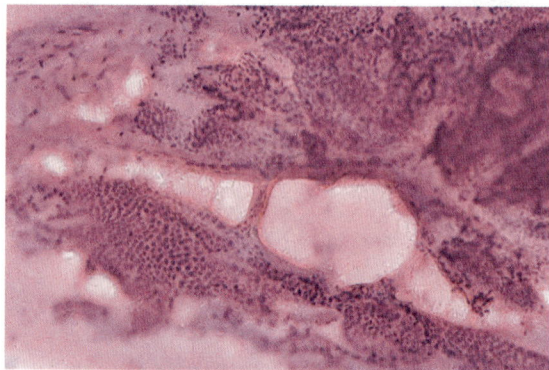

22. 对于该图请给出描述,**不正确**的是

    A. 滤泡上皮细胞小而圆
    B. 可见椒盐样核
    C. 细胞核轮廓光滑
    D. 滤泡上皮细胞排列呈蜂窝状
    E. 可见大滤泡结构

【答案】B

23. 根据上图中的表现,可以作出细胞学诊断是什么

    A. 甲状腺乳头状癌
    B. 甲状腺滤泡性肿瘤
    C. 结节性甲状腺肿
    D. 甲状腺髓样癌
    E. 意义不明确的细胞非典型病变

【答案】C

24. 所作出细胞学诊断,考虑 TBS 分级为

    A. TBSRTC Ⅵ级
    B. TBSRTC Ⅴ级
    C. TBSRTC Ⅳ级
    D. TBSRTC Ⅲ级
    E. TBSRTC Ⅱ级

【答案】E

【案例分析题】

案例一 女性,66 岁,排便困难 9 个月,腹胀 1 个月。患者 11 年前自然绝经,绝经后无异常阴道出血及排液,入院前 9 个月无明显诱因出现排便困难,量少,大便较前变细,大便成形,排便次数无变化,无便血、无里急后重感,无恶心、呕吐,就诊于外院,行肠镜及超声检查自诉未见异常。此后未进一步诊治。入院前 1 个月诉腹胀,

无腹痛,无发热,排便较前明显减少,每天仅能排出少量稀水样便,无腹泻,近半月自觉进食较前明显减少,进食后腹胀明显,伴恶心、呕吐,呕吐物为胃内容物,可间断少量排气,无反酸、嗳气,就诊于我院门诊,体检可见腹部膨隆,腹部叩诊浊音,无既往手术史。临床诊断:腹水原因待查;临床送检腹水,500ml,血性。镜下可见大量间皮细胞、淋巴细胞,部分核大异型细胞,细胞大小不一,拥挤重叠。细胞核偏位,染色质粗糙,可见核仁,部分异型细胞排列呈管状。

提问1:细胞学诊断为
A. (腹水)未见异型细胞
B. (腹水)见异型细胞
C. (腹水)见增生活跃的间皮细胞
D. (腹水)见腺癌细胞
E. (腹水)见恶性间皮瘤细胞
F. (腹水)见鳞状细胞癌细胞

【答案】D

提问2:建议来细胞室进行免疫细胞化学检查,首先考虑最合理的两种细胞来源是
A. 乳腺来源　　　　B. 卵巢来源
C. 消化道来源　　　D. 淋巴造血来源
E. 肺来源　　　　　F. 尿道来源

【答案】BC

提问3:患者来院要求做免疫细胞化学,可做的项目是
A. LCA
B. BerP4
C. D2-40、CR、WT-1
D. CA125、PAX-8
E. CDX-2
F. TTF-1,NapsinA

【答案】BCDEF

提问4:补充免疫细胞化学报告:(腹水)免疫细胞化学结果显示:
BerP4(2+),D2-40(−),CR(−),WT-1(3+),CA125(1+),CA19-9(+),CK5/6(−),CK7(1+),CK20(+),TTF-1(−),NapsinA(−),PAX2(−),PAX8(3+),CDX-2(−)
给出的诊断是
A. 结合免疫细胞化学考虑女性生殖系统来源
B. 结合免疫细胞化学考虑肺来源

C. 结合免疫细胞化学考虑尿道来源
D. 结合免疫细胞化学考虑乳腺来源
E. 结合免疫细胞化学考虑淋巴造血来源
F. 结合免疫细胞化学考虑消化道来源

【答案】A

案例二　男性,37岁,厨师,胸腔积液,收集200ml胸腔积液临床送检,镜下所见如图。

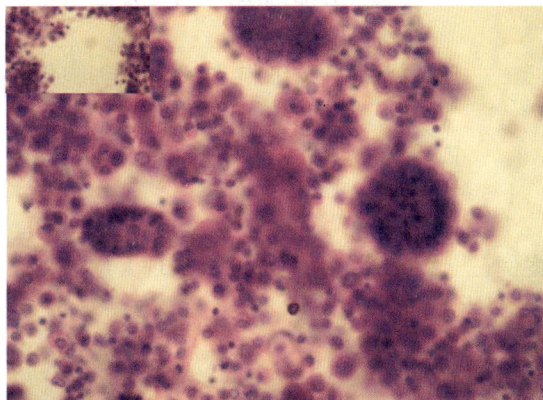

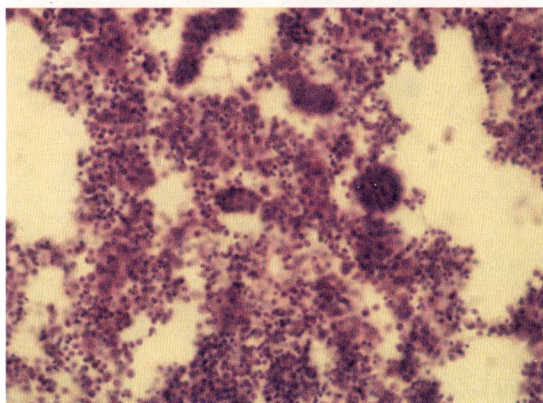

提问1:镜下所见的细胞,下列**并未**出现在视野中的细胞是
A. 间皮细胞　　　　B. 淋巴细胞
C. 组织细胞　　　　D. 腺癌细胞
E. 移行上皮细胞　　F. 中性粒细胞

【答案】DE

提问2:为明确诊断拟进行免疫细胞化学检测,下列抗体可以进行选取,**不是**必须选择的项目为
A. CK5　　　　　　B. desmin
C. BerP4　　　　　D. Syn
E. D2-40　　　　　F. TTF-1

【答案】D

提问3:若 CK5(+)、WT-1(+)、D2-40(+)、CR(+)、MC(+)、MOC-31(−)、TTF-1(−)、BerP4(−)、NapsinA(−)、desmin(−),给出的诊断是

    A. 见增生的间皮细胞,未见肿瘤细胞

    B. 见恶性肿瘤细胞,结合免疫细胞化学考虑为腺癌细胞

    C. 见恶性肿瘤细胞,结合免疫细胞化学考虑鳞状细胞癌细胞

    D. 见恶性肿瘤细胞,结合免疫细胞化学小细胞癌细胞

    E. 见恶性肿瘤细胞,结合免疫细胞化学符合恶性间皮瘤

    F. 见淋巴源性细胞,倾向淋巴造血肿瘤

【答案】E

案例三　女性,29岁,不明原因出现大量胸腔积液,镜上如图所示。

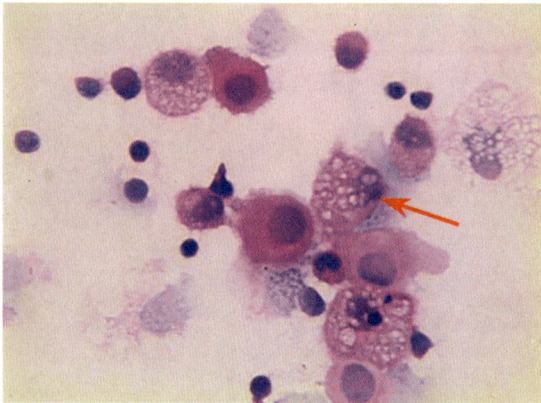

提问1:浆膜腔积液内的恶性肿瘤下列说法**不正确**的是

    A. 浆膜腔积液内的恶性肿瘤细胞绝大多数为转移

    B. 胸腔积液中以乳腺癌为原发灶最为多见,其次为卵巢癌、肺癌

    C. 女性腹腔积液的原发灶以卵巢癌多见,其次为胃肠道腺癌,肝胆系统来源腺癌

    D. 鳞状细胞癌在胸腔积液较少见

    E. 鳞状细胞癌在腹腔积液中较少见

    F. 腹腔积液中可看到前列腺癌、肺腺癌

【答案】B

提问2:如上图箭头所示,考虑的细胞类型为

    A. 增生的间皮细胞

    B. 间皮瘤细胞

    C. 腺癌细胞

    D. 鳞状细胞癌细胞

    E. 组织细胞

    F. 间叶来源肿瘤细胞

【答案】E

提问3:如果想证实以上判断,首先考虑上图中这种细胞应该表达的抗体是

    A. CD38　　　　B. CD68

    C. BerP4　　　　D. P40

    E. desmin　　　　F. NapsinA

【答案】B

【解析】胸腔积液的原发灶以肺腺癌多见。

案例四　男性,66岁,单侧胸腔积液,影像学左下肺门增大,胸腔积液500ml送检。镜下见大量细胞,如下图。

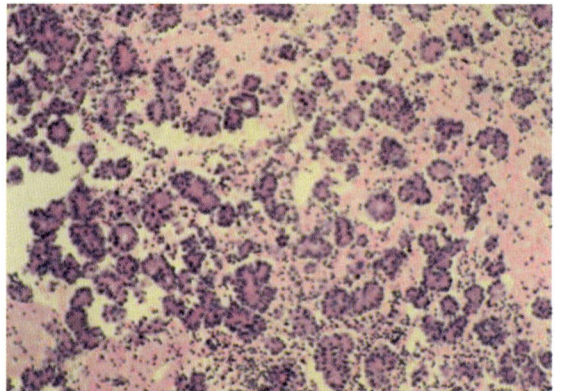

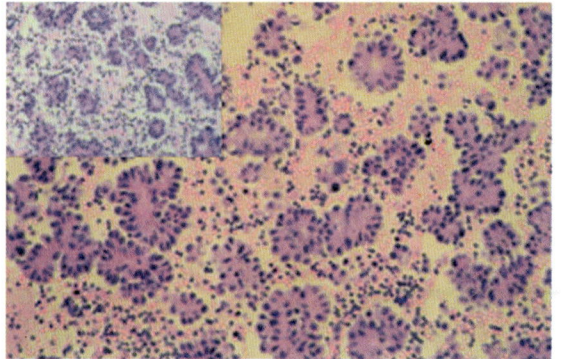

提问1:如上图中所示,可见大量细胞,对图片初步倾向

    A. 增生的间皮细胞

B. 大量组织细胞

C. 大量可疑恶性的间皮瘤细胞

D. 可疑腺癌细胞

E. 可疑鳞状细胞癌细胞

F. 可疑小细胞神经内分泌肿瘤

【答案】D

提问2:为明确诊断拟进行免疫细胞化学检测,最少需要选择的项目是

A. TTF-1,NapsinA

B. P40,P63

C. Syn,ChrA

D. WT-1,Moc

E. BerP4

F. desmin

【答案】ADE

提问3:根据免疫细胞化学表达:CK7(+),CK5(−),WT-1(−),D2-40(−),CR(−),BerP4(+),TTF-1(+),NapsinA(+),EMA(+)。确定的诊断是

A. 未见恶性肿瘤细胞

B. 见恶性肿瘤细胞,倾向乳腺来源

C. 见恶性小细胞肿瘤细胞,倾向肺来源

D. 见腺癌细胞,倾向肺来源

E. 见腺癌细胞,倾向消化道来源

F. 见鳞状细胞癌细胞,倾向肺来源

【答案】D

【解析】细胞异型性明显,呈实性团块或小条索状排列,有的可见腺腔形成,可疑腺癌细胞。结合免疫组化CK7(+),TTF-1(+),NapsinA(+),倾向腺癌,肺来源。

(吴鹤　姜勇)

第二十一章 病理标本送检、检查原则及取材规范

【A2 型题】

1. 女性,20 岁,1 个月前无明显诱因腹部增大。于当地医院超声示腹盆腔内巨大囊实性包块。遂行剖腹探查,发现右附件区巨大肿物,呈囊实性,术中快速示"交界性黏液性囊腺瘤"。术后常规对此标本的观察记录及取材,下述**不正确**的是
   - A. 观察记录实性区与囊性区的比例
   - B. 于囊性区域做一小切口使内容物流出,记录囊液的颜色和质地
   - C. 检查囊肿壁,寻找颗粒状或乳头状突起区域并取材
   - D. 相较于实性区,囊性区域取材更为重要
   - E. 肿物表面的可疑输卵管组织也需取材

   【答案】D
   【解析】囊性病变要取相对较厚或表面结构复杂的区域,如有实变区域需重点取材。

2. 女性,65 岁,发现胆囊息肉并结石 7 月余,行腹腔镜下胆囊切除术。对此标本的剖开及取材,下述正确的是
   - A. 胆囊光滑面被覆腹膜,粗糙面是从肝底面分离的胆囊外膜
   - B. 由胆囊管朝向胆囊底方向打开胆囊
   - C. 由胆囊外膜面纵向打开胆囊
   - D. 胆囊内检出的结石选取具代表性的取材
   - E. 以上都不对

   【答案】A
   【解析】应沿浆膜面长轴,从底部开始朝向胆囊管方向剖开胆囊,查找并记录结石的数目、大小、外观、质地及位置。

3. 男性,57 岁,2 个月前行胸部 CT 检查发现"左肺上叶肿物",行胸腔镜下左肺上叶切除并淋巴结清扫术,术后送检。对此标本取材,下述**不正确**的是
   - A. 肺组织可以在新鲜时取材,也可在固定后取材
   - B. 经气道沿最大面剖开肺组织
   - C. 检查肺的五大基本结构,包括气道、肺实质、浆膜、血管及肺组织切缘
   - D. 检查浆膜面时,若有皱缩表现,提示其下可能有肿物
   - E. 肿瘤与周围肺组织交界部位必须取材

   【答案】C
   【解析】检查肺的五大基本结构,包括气道、肺实质、浆膜、血管及淋巴结。

4. 女性,39 岁,左乳肿块 2 月余,结合影像学及临床表现考虑恶性肿瘤可能性大,腋窝淋巴结无明显肿大。术中快速送检前哨淋巴结。下述**不正确**的是
   - A. 需仔细检查明确送检前哨淋巴结的数目并记录其大小
   - B. 前哨淋巴结数目一般不少于 5 枚
   - C. 将每个淋巴结切成 2mm 厚的连续切片
   - D. 所有前哨淋巴结必须取材
   - E. 以上均不是

   【答案】B
   【解析】前哨淋巴结一般不多于 5 枚。

5. 男性,55 岁,因"语言表达障碍 1 月余"入院。颅脑 MRI 示左额叶占位性病变,考虑胶质母细胞瘤。遂行额叶胶质瘤切除术并送检标本。对此病例取材,以下说法**不正确**的是
   - A. 肿瘤切缘必须取材

B. 如查见中心性坏死,坏死及周边区域最具诊断价值

C. 肿物与脑组织交界区域必须取材

D. 巨检无明显异常者,需多取材

E. 如巨检示放疗后改变,需多取材

【答案】A

【解析】对于胶质瘤,通常切缘并不必须,除非外科医师特别强调,因其不会影响对患者的后期处理。

6. 女性,44 岁,因"经期延长、经量增加 1 年余"就诊。宫腔镜下查见子宫内膜息肉样病变,遂行宫腔镜下子宫内膜病变电切除术并将标本送检。对此标本的检查及取材,以下**不恰当**的是

A. 仔细核对病理申请单提供的相关信息

B. 描述其颜色、外观、体积及质地

C. 送检破碎组织较多时应尽量置于一个包埋盒内并全部取材

D. 较小或较碎的标本先用纱布包裹(必要时用滤纸)并滴伊红后放于包埋盒内

E. 组织大于 0.5cm 者,应切开包埋

【答案】C

【解析】送检破碎组织较多时,一个包埋盒内不可包埋得太多,以免镜下漏掉关键病变。

7. 男性,53 岁。常规查体消化内镜下于横结肠查见息肉样黏膜隆起,给予电凝切除并将标本送检。对此标本的检查及取材,以下**不恰当**的是

A. 若直径小于 0.1cm,可描述为"针尖大小"

B. 若直径大于 0.1cm,可描述为"米粒大小"或"绿豆大小"

C. 取材时尽量取完整纵切面

D. 取材时应取到蒂部

E. 以上都不对

【答案】B

【解析】直径大于 0.1cm 的标本记录实际大小,切忌用"米粒大小"或"绿豆大小"等字样描述。

8. 女性,35 岁,3 个月前宫颈活检示"高级别鳞状上皮内病变(HSIL/CIN Ⅲ 级)"。遂行宫颈锥形切除术并将标本送检。对此标本的检查及取材,以下**不恰当**的是

A. 描述锥形体的大小和形状

B. 取材前需用墨汁涂抹内外口手术切缘

C. 如无特殊说明,以系线处为 12 点逆时针取材

D. 间隔 2~3mm 依次做纵行切面,切取的每一面均应包含鳞柱交界处上皮

E. 必要时可修剪掉部分间质

【答案】C

【解析】如无特殊说明,以系线处为 12 点顺时针取材,间隔 2~3mm 依次做纵行切面,切取的每一面均应包含鳞柱交界处上皮,必要时可修剪掉部分间质。

9. 男性,67 岁,因回盲部占位行右半结肠切除术并将标本送检。对此标本的检查与取材,下述**不恰当**的是

A. 标本结肠部分的打开方式为避开肿瘤的前提下沿结肠带剖开

B. 需仔细辨认肿瘤浸润最深处并尽可能准确地描述浸润深度

C. 回肠切缘及结肠切缘均需单独取材

D. 需仔细查找肠周淋巴结并全部取材

E. 若肿物未累及阑尾,则阑尾无须单独取材

【答案】E

【解析】阑尾作为一个独立的器官,当无肿物累及时也需单独取材。

10. 男性,23 岁,因"右侧睾丸占位"入院。超声示右睾丸微小结石症,右睾丸实性占位性病变(精原细胞瘤?)。遂行右侧睾丸高位切除术,并将标本送检。对此病例取材,以下说法**不恰当**的是

A. 肿瘤取材时需包括肿瘤与未受累睾丸交界处

B. 肿瘤取材时需包括肿瘤邻近的白膜

C. 附睾组织需取材

D. 未受累睾丸组织无须取材

E. 切缘处精索及周围软组织需取材

【答案】D

【解析】未受累睾丸组织也需取材。

【A3/A4 型题】

(1~2 题共用题干)

女性,66 岁。患者 15 天前进食油腻食物后出现呕吐,就诊于当地医院行上腹部 CT 平扫 + 增强示:胆系扩张并胆囊体积增大;胆总管末端可疑病变。临床考虑十二指肠壶腹部占位,遂行"胰十二指肠切除术"并送检标本。

1. 首先,辨认标本的外部标志,以下说法**不正确**的是

A. 十二指肠近端常附着小部分胃

B. 胆管壁往往弹性较大

C. 从胆囊管插入探针可以确认胆总管

D. 胰头一般位于十二指肠"C"形环内

E. 胰腺位于胆管与十二指肠的连接根部

【答案】B

2. 进一步切割标本之前,需留取各个切缘,其中可以**不包括**

    A. 胆管切缘

    B. 胰腺切缘

    C. 近端十二指肠切缘

    D. 远端十二指肠切缘

    E. 主胰管切缘

【答案】E

【解析】定向该类型标本:第一,辨认十二指肠的远、近端,十二指肠近端常附着小部分胃;第二,辨认胆管,如果存在胆囊,从胆囊管插入探针可以确认胆总管,胆管壁往往弹性不大,近端管腔常扩张;第三,胰腺位于胆管与十二指肠的连接根部,而胰头一般位于十二指肠"C"形环内。进一步切割标本之前,需留取各个切缘,包括:胆管切缘、胰颈切缘、胰腺钩突缘、近端十二指肠切缘及远端十二指肠切缘。

（3~4 题共用题干）

女性,55 岁,自述发现子宫肌瘤 5 年余。妇科彩色超声示子宫肌壁间探及多个肌核回声,大者右后壁 3.3cm×3.1cm、左后壁 2.5cm×2cm、宫底后壁 1.8cm×1.2cm、宫底前壁 2cm×1.6cm、前壁 4.3cm×3cm、3.4cm×2.7cm,外凸。遂行"经腹子宫 + 双侧输卵管切除术"并将标本送检。

3. 关于子宫前后壁的定位,以下正确的是

    A. 前腹膜较后腹膜位置低

    B. 输卵管与卵巢的关系是卵巢在前,输卵管在后

    C. 子宫圆韧带残端一般位于附件前方

    D. 宫颈前唇常较后唇位置高

    E. 以上都不是

【答案】C

4. 对肌瘤样结节的必要描述**不包括**

    A. 大小   B. 位置

    C. 数量   D. 质地

    E. 距离宫颈外口的距离

【答案】E

【解析】定向子宫前后壁需要注意的是,前腹膜一般较后腹膜位置高,子宫圆韧带残端一般位于附件前方,

而往往输卵管在前,卵巢在后;宫颈后唇常较前唇位置高。对肌瘤样结节的描述需包括数量、大小、位置、质地及有无出血、坏死等。

（5~6 题共用题干）

女性,51 岁,半个月前查体发现左侧肾脏占位。CT示左肾上极软组织影,大小约 7.0cm×5.1cm×4.9cm,遂行腹腔镜下左肾根治性切除术并送检标本。

5. 定位该标本的解剖方向,以下**不正确**的是

    A. 输尿管上端指向肾脏下极

    B. 从前向后的位置关系是肾动脉、肾静脉、输尿管

    C. 从上到下的位置关系是肾动脉、肾静脉、输尿管

    D. 肾上腺位于肾周脂肪组织上部

    E. 以上都不是

【答案】B

6. 标本剖开后,紧邻被膜于肾上极实质内查见一多彩状肿物,对此标本,需要检查和取材的非肿瘤性成分。下列**不是**必须的是

    A. 肾被膜   B. 肾皮质、肾髓质

    C. 肾小盏、肾大盏   D. 肾周脂肪

    E. 输尿管断端

【答案】C

【解析】定向肾脏可参考输尿管与血管的位置关系,从前向后的位置关系是肾静脉、肾动脉、输尿管,从上到下的位置关系是肾动脉、肾静脉、输尿管。此病例为肾实质肿瘤,肿瘤与被膜关系密切,集合管系统未见明显受累,因此肾被膜、肾周脂肪、肾实质及作为切缘的输尿管断端均应检查与取材。

（7~8 题共用题干）

女性,68 岁,胃镜下查见食管距门齿 30~33cm可见约环 1/3 周 0~Ⅱb+Ⅱc 病变,卢格氏染色可见部分失染区,粉红征阳性,Flush 刀标记病变切缘,环周切开黏膜,暴露黏膜下层,最后完整剥离病灶,取出送病理。

7. 对于此病例,作为病理取材医师须完成的工作**不包括**

    A. 标本上标明口侧与肛侧相应位置

    B. 核对患者基本信息

    C. 拍照存档

    D. 组织信息观察记录

    E. 全标本取材

【答案】A

8. 关于此病例的取材,下述**不恰当**的是
    A. 先找出切缘距肉眼病灶最近的点,在该点和病灶间画一连线
    B. 以选项"A"中所述连线为基准,垂直于该连线进行切割
    C. 平行于第一刀切割线,按照 2~3mm 的宽度进行平行切割
    D. 标本切割前及切割后均须拍照存档
    E. 两侧水平切缘建议涂墨标记

【答案】B

【解析】内镜医师应标明标本口侧与肛侧的相应位置后送病理。病理取材医师应核对患者基本信息并对组织信息进行观察记录及拍照存档并按照规范全标本取材。首先,先找出切缘距肉眼病灶最近的点,在该点和病灶间画一连线;然后以此连线为基准,平行于该连线进行切割,第一刀在该连线旁 1mm 处下刀,以该切割线为基准,按照 2~3mm 的宽度进行平行切割直至全部取材。

(9~10 题共用题干)

男性,24 岁,因"左膝内侧肿痛 10 月余,加重伴活动受限 5 个月"入院。结合影像学等表现,临床考虑骨肉瘤可能性大,遂行左股骨骨肉瘤广泛切除并半髁异体骨重建术,术后标本送检。

9. 对于骨组织的标本,准确地切割至关重要,对此以下说法**不正确**的是
    A. 取材前戴上眼睛防护罩
    B. 选择合适的骨锯,以骨锯切割骨及周围软组织
    C. 沿骨的长轴锯开骨组织
    D. 骨组织切割厚度可为 3~4mm
    E. 可用软毛刷轻刷标本切面以去除表面粉末

【答案】B

10. 对病变所在切面进行取材,以下**不是**必须包括的为
    A. 肿瘤穿透骨皮质的部位
    B. 肿瘤疑似向软组织内扩散的部位
    C. 骨组织切缘
    D. 肿瘤与正常骨组织交界区域
    E. 肿瘤中央疑似坏死区域

【答案】E

【解析】对于骨组织的标本,准确地切割至关重要。

切割前需做好防护工作,如戴上眼睛防护罩。然后选择合适的骨锯沿骨的长轴锯开骨组织,软组织不建议以骨锯切割;骨组织切割要厚薄一致,厚度不能超过 3~4mm;可用盐水轻轻冲洗或软毛刷轻刷标本切面以去除表面粉末。对病变所在切面进行取材时,一些重要区域一定要进行取材。包括肿瘤穿透骨皮质的部位、肿瘤疑似向软组织内扩散的部位、骨组织切缘、肿瘤与正常骨组织交界区域等。

(11~12 题共用题干)

男性,63 岁,前列腺 MRI 示前列腺外周带右侧部占位。行穿刺活检示前列腺腺癌。遂行腹腔镜前列腺根治性切除术并将标本送检。

11. 对于此标本的检查及描述,以下说法**不恰当**的是
    A. 对于前列腺根治标本,可借助精囊腺及输精管的位置帮助定位前后方位
    B. 对于前列腺根治标本,与宽而扁的底部相比,前列腺尖呈更为尖细的锥形,有助于定位上下方位
    C. 对于前列腺根治标本,取材前切缘涂墨尤为重要
    D. 可根据颜色、色泽和质地对癌组织与非肿瘤组织进行很好的区分
    E. 需对肿物的大小、颜色、色泽、质地分别进行描述

【答案】D

12. 对此标本的取材,以下说法**不恰当**的是
    A. 进行涂墨后,须对前列腺底(近端切缘)及前列腺尖(远端切缘)分别取材
    B. 前列腺尖(远端切缘)的取材方法是:距远端 1cm 处切下前列腺尖,平行尿道做多个切面,全部取材
    C. 精囊腺的取材需包括精囊腺与前列腺的连接处
    D. 精囊腺的取材需至少包括一个完整的大面
    E. 肿瘤组织不易辨别时,于不同位置垂直尿道做多个厚 3mm 的平行切面并全部取材。

【答案】D

【解析】对于前列腺肿瘤标本,癌组织的颜色、色泽与非肿瘤组织相重叠的情况很多见,故不能通过颜色及色泽区分肿瘤与非肿瘤组织。对于前列腺根治标本,切

缘的取材十分重要。输精管、近端切缘及远端切缘需分别取材。癌组织可呈多种颜色,有时与均匀一致褐色的非肿瘤性前列腺组织形成鲜明的对比。当肿瘤组织不易辨别时,于不同位置垂直尿道做多个厚 3mm 的平行切面并全部取材。

(13~14 题共用题干)

男性,65 岁,因"声音嘶哑 6 个月,咽喉疼痛 1 个月"入院。电子喉镜示:会厌喉面可见淡黄色新生物,右侧声带全长可见新生物,右侧室带亦可见新生物。遂行气管切开 + 双侧择区性颈清扫 + 全喉切除 + 气管造瘘术,并将标本送检。

13. 对于此标本的解剖结构及定位,以下说法**不恰当**的是

    A. 喉部由三个解剖区域组成:声门上区、声门区和声门下区
    B. 定位此标本最简单的方法是辨认会厌
    C. 会厌位于喉最上方,向后合拢
    D. 甲状软骨呈盾形,构成了喉的前壁和侧壁
    E. "V"形的甲状软骨切迹指向喉的后方

    【答案】E

14. 对此标本的检查和取材,以下说法**不恰当**的是

    A. 肿瘤距切缘较近时,平行取切缘
    B. 切缘取材前,可于软组织和黏膜切缘涂墨标记
    C. 肿瘤的检查和描述需包括位置、大小、颜色、质地
    D. 肿瘤取材需取到浸润最深处
    E. 舌基底部黏膜切缘、侧面黏膜切缘及后环状黏膜切缘均需取材

    【答案】A

    【解析】对于全喉切除标本,掌握其解剖结构并正确定位十分重要。喉部由三个解剖区域组成:声门上区、声门区和声门下区。通常,辨认会厌是最简单的定位方法;此外,会厌及甲状软骨的位置也可帮助定位。会厌位于喉最上方,向后合拢;甲状软骨呈盾形,构成了喉的前壁和侧壁,而"V"形的甲状软骨切迹指向喉的前方。此类标本切缘取材需注意。切缘取材前,可于软组织和黏膜切缘涂墨标记。肿瘤距切缘较近时,垂直取切缘。舌基底部黏膜切缘、侧面黏膜切缘及后环状黏膜切缘均需取材。肿瘤的检查和描述需包括位置、大小、颜色、质地等,肿瘤取材需取到浸润最深处。

(15~16 题共用题干)

男性,61 岁。患者 2 个月前出现进食梗阻,电子胃镜示:距门齿 27~33cm 后壁见环 2/3 管腔的菜花状新生物,病理活检示:鳞状细胞癌。遂行胸腹腔镜联合食管癌切除+胃食管左颈部吻合术并将切除标本送检。

15. 对于此标本的检查及描述,以下说法**不恰当**的是

    A. 远端的袖状胃可有助于定位标本
    B. 食管的打开需经肿瘤剖开
    C. 肿瘤的生长方式必须检查并描述
    D. 肿瘤距两切缘的距离必须检查并描述
    E. 肿瘤的切面情况及切面积必须检查及描述

    【答案】B

16. 对此标本的取材,以下说法**不恰当**的是

    A. 肿瘤取材时需取到食管壁全层
    B. 肿瘤取材时需取到浸润最深处
    C. 肿瘤取材时需取到与周围非肿瘤组织交界处
    D. 如有吻合器,上附切缘需取材
    E. 食管周围软组织中的淋巴结不要求取材

    【答案】E

    【解析】食管的剖开需沿肿瘤对侧,以免破坏肿瘤的外观及肿瘤与周围结构之间的关系。肿瘤的各项特征均须检查及描述,包括生长方式、肿瘤距两切缘的距离、肿瘤的切面情况及切面面积等。取材时,肿瘤取材需取到肿瘤浸润最深处及食管壁全层,还需取材肿瘤与周围正常组织交界处。如有吻合器,上附切缘为实际手术切缘,需取材。最后,仔细解剖食管周边的软组织以寻找淋巴结并取材。

(17~18 题共用题干)

女性,46 岁。甲状腺彩色超声示:甲状腺左叶下极结节,TI-RADS 4b 类;FNA 示:(左叶)甲状腺乳头状癌,包含非经典型成分。遂行甲状腺左叶及峡部切除 + 左中央区淋巴结清扫术,并将切除标本送检。

17. 对于此标本的检查及描述,以下**不必须**的是

    A. 对甲状腺组织进行称重
    B. 检查并确定是甲状腺单结节病变还是多结节病变
    C. 结节的大小及囊实性特征
    D. 结节的颜色、质地及有无包膜
    E. 结节与甲状腺被膜的关系

【答案】A

18. 对此标本的取材,以下**不必须**的是
    A. 取材前对病变部分进行肿瘤印片以协助诊断
    B. 结节与邻近非肿瘤组织交界需取材
    C. 结节距被膜最近处需取材
    D. 如有包膜,"病变-包膜-甲状腺组织"这一界面需取材
    E. 如甲状腺周围有淋巴结,淋巴结组织需取材

【答案】A

【解析】相对于甲状腺病变部分的特征,甲状腺称重稍显次要。肿瘤印片可以进行快速和简易的细胞学诊断,是对冰冻切片诊断的有益补充。术后组织学切片对病变取材较为充分和全面,诊断时间也较为充裕,肿瘤印片非必须。

(19~20题共用题干)

女性,38岁,2个月前出现同房后阴道出血。TCT结果示:非典型腺细胞。行阴道镜宫颈活检病理示:(宫颈)低分化鳞状细胞癌。遂行经腹宫颈癌根治术并将切除标本送检。

19. 对于此标本的检查及描述,以下**不必须**的是
    A. 对子宫进行定位
    B. 检查肿瘤位置并沿对侧打开宫颈管
    C. 对肿瘤的检查及描述要选取能显示肿瘤最大厚度的区域
    D. 横向打开余子宫体部
    E. 检查并描述子宫内膜及肌层情况

【答案】D

20. 对此标本的取材,以下**不恰当**的是
    A. 如肿瘤距阴道切缘非常近,需垂直切片"病变-阴道切缘"这一界面以显示肿瘤与切缘的关系
    B. 肿瘤取材时需取到宫颈全层
    C. 肿瘤取材时需取到浸润最深处
    D. 左右两侧宫颈旁软组织切缘必须取材
    E. 如病变未明显累及颈体交界,则颈体交界无需取材

【答案】E

【解析】子宫切除标本,首先应进行定位。而后,可涂墨标记各切缘。剖开前,需检查肿瘤位置并沿对侧打开宫颈管,对肿瘤的检查及描述要选取能显示肿瘤最大厚度的区域。完成对肿瘤的检查后,打开余子宫体部并

检查子宫内膜及肌层情况,可"Y"字形切开或横向剖开。取材时,肿瘤取材需取到浸润最深处及宫颈全层;如肿瘤距阴道切缘非常近,需垂直切片"病变-阴道切缘"这一界面以显示肿瘤与切缘的关系;颈体交界、左右两侧宫颈旁软组织切缘必须取材。

【案例分析题】

案例一　女性,56岁,1个月前发现右乳肿块,超声示右乳实性占位,BI-RADS 4c类。行乳腺肿块穿刺示"右乳浸润性导管癌",遂行"右侧乳腺癌改良根治术"并将标本送检。

提问1:根据病理申请单提供的信息,取材前需核对的是
    A. 患者的姓名、科室
    B. 患者的住院号、病理号
    C. 手术方式
    D. 临床诊断
    E. 标本数目
    F. 临床是否做过标记,如系线等

【答案】ABCDEF

提问2:该标本的检查及描述,需包括
    A. 乳腺切除术的术式
    B. 标本大小
    C. 皮肤面积
    D. 观察并描述皮肤的外观特征
    E. 肿物的大小、形状、颜色、质地
    F. 前哨淋巴结的大小、数量

【答案】ABCDE

提问3:该标本的取材,以下**不恰当**的是
    A. 乳头、皮肤均需取材
    B. 肿瘤周围乳腺组织需取材1~2块
    C. 肿块至少取材3块
    D. 肿块与正常组织交界处需取材
    E. 若淋巴结过大,无法置于1个包埋盒中,切开置于2个包埋盒中,计数目为2枚
    F. 仔细查找并分离各组淋巴结,并全部取材

【答案】E

【解析】乳腺根治切除的检查及描述需包括:哪一侧及乳腺切除术的类型;列出标本包含的结构,如皮肤、乳头、乳腺、肌肉、筋膜、腋窝组织等;测量标本的大小及皮肤面积;描述皮肤外观特征及肿块的切面特征等。乳腺根治切除的取材需包括:肿瘤至少取3块,其中至少有

1块为肿瘤与正常组织交界处取材,如肿瘤距离乳头或皮肤较近,则尽量取到相互关系;乳头/皮肤要取材;肿瘤周围乳腺1~2块;仔细查找并分离各组淋巴结,一般乳腺癌根治术可找到20枚左右淋巴结。

案例二 女性,61岁,3个月前查体示 AFP 500μg/L,后定期复查 AFP 均浮动在 500~700μg/L。患者 10 天前行 PET/CT 示肝右前叶占位,肝癌不除外,遂行"肝肿瘤切除术"并将标本送检。

提问1:对于该病例的剖开、检查及描述,以下**不恰当**的是

    A. 沿瘤体最大直径,每隔 2cm 做平行剖面

    B. 做平行切面时,标本下方可不切断以保持标本的连续性

    C. 需描述肿瘤的大小、数量、颜色、质地等

    D. 需检查肿瘤与血管和胆管的关系

    E. 需检查肿瘤包膜的形成与侵犯情况

    F. 需检查周围肝组织情况

【答案】A

提问2:标本切开后,切面查见一单结节型伴结节外生长肿物,对此标本的取材,以下**不恰当**的是

    A. 遵循《肝癌病理诊断指南》,建议行肝癌标本"7点"基线取材方案

    B. 对单结节肿物及结节外卫星灶均应全部取材

    C. 肿瘤中心需取材

    D. 肿瘤与瘤旁肝组织交界处需取材

    E. 对质地和色泽有差异的肿瘤区域应增加取材

    F. 结节外卫星灶与主体结节交界区域应取材

【答案】B

【解析】肝肿瘤标本处理,需注意沿瘤体最大直径,每隔 0.5~1cm 做平行剖面,标本下方可不切断以保持标本的连续性。需检查及描述肿瘤的大小、数量、颜色、质地,肿瘤与血管和胆管的关系,肿瘤包膜的形成与侵犯情况,周围肝组织病灶情况等。遵循《肝癌病理诊断指南》,建议行肝癌标本"7点"基线取材方案,其中,肿瘤中心、肿瘤与瘤旁肝组织交界处均需取材,如肿瘤区域质地和色泽有差异,应增加取材;单结节型伴结节外生长类肿物,结节外卫星灶与主体结节交界区域应取材。对直径≤3cm 的肝肿瘤组织可以全部取材检查。

案例三 女性,31岁,因"停经 32^{+6} 周,辅助生殖双胎之一胎死宫内,纤维蛋白原偏低 2 天"入院。行子宫下段剖宫产术,术中娩出一活婴,脐带绕颈 2 周,羊水清亮;娩出一死婴,脐带扭转数周,羊水浑浊,为褐色,将两个胎盘送检。

提问1:对此标本的检查与描述,下述**不恰当**的是

    A. 两胎盘需分别检查

    B. 需仔细检查脐带情况,包括长度、直径、附着位置、有无打结等

    C. 胎儿面需检查分叶情况及是否有出血等

    D. 母体面需检查颜色、光泽及血管分支情况等

    E. 需仔细检查胎膜颜色及是否完整

    F. 胎盘组织切开,仔细观察切面有无出血、钙化及梗死等

【答案】CD

提问2:该标本的取材,以下正确的是

    A. 两胎盘需分别取材

    B. 胎盘最厚处和最薄处均应取材

    C. 胎盘中央区及边缘区均应取材

    D. 脐带需单独取材

    E. 胎膜需单独取材

    F. 死婴胎盘需重点取材

【答案】ABCDEF

【解析】胎盘检查中,胎儿面需检查颜色、光泽及血管分支情况等;母体面需检查分叶情况及是否有出血等。胎盘取材时,脐带、胎膜需分别取材,胎儿面和母体面、胎盘中央区及边缘区均需取材,胎盘最厚处和最薄处也应分别取到。

案例四 男性,69岁。2年前行"膀胱肿瘤电切术",术后病理示"膀胱恶性肿瘤(具体不详)"。术后复发,遂行腹腔镜膀胱全切术+输尿管皮肤造瘘术,并将标本送检。

提问1:对于该标本的检查及描述,以下必须的是

    A. 检查并描述膀胱大小、尿道长度

    B. 检查并描述前列腺大小及切面性状

    C. 检查并描述精囊腺大小及切面性状

    D. 检查并描述输精管长度及横径

    E. 检查并描述肿瘤特征,包括肿瘤位置、大小、颜色、质地及浸润深度等

    F. 检查并描述膀胱外膜内淋巴结情况

【答案】ABCDEF

提问2：标本切开后，于膀胱前壁查见一菜化样肿物，呈弥漫性生长，对此标本的取材，以下**不恰当**的是

  A. 肿瘤取材需取浸润最深处

  B. 肿瘤取材需取到膀胱壁全层

  C. 双侧输尿管切缘需取材

  D. 尿道切缘需取材

  E. 双侧输精管断端需取材

  F. 余正常膀胱壁组织取材非必需

【答案】F

【解析】膀胱根治术标本的检查及描述需包括标本包含所有器官：膀胱、尿道、前列腺、精囊腺及输精管的基本情况及肿瘤特征（位置、形状、大小、颜色、质地、浸润深度等）。膀胱肿物取材至少取3块，其中至少有一块要在肿瘤浸润最深处取材，并取到膀胱壁全层。另外，双侧输尿管切缘、尿道切缘、前列腺、精囊腺及输精管切缘及膀胱前壁、后壁、三角区及颈部也需取材，其余黏膜面外观异常处单独取材。

（高　鹏　李庆昌）

第二十二章　尸体剖检及规范

【A2 型题】

1. 男性,52 岁,急腹症,因未及时送医死亡。腹部解剖时肉眼发现胰腺出血,与周围组织粘连。关于急性出血性胰腺炎,以下正确的是
   A. 镜下见胰腺组织中红细胞分布,可诊断为急性出血性坏死性胰腺炎
   B. 镜下见胰腺组织大片凝固性坏死,周围大量红细胞及中性粒细胞浸润,可诊断为急性出血性坏死性胰腺炎
   C. 肉眼观胰腺组织出血,可诊断为急性出血性坏死性胰腺炎
   D. 镜下见胰腺组织萎缩伴纤维化,周围少量红细胞浸润,可诊断为急性出血性坏死性胰腺炎
   E. 以上均不对

   【答案】B
   【解析】急性出血性胰腺表面及切面均可见暗红色至黑色的出血区、质软灰白色的坏死间质及胰腺周围脂肪。镜下见胰腺组织大片凝固性坏死,细胞结构消失,血管壁坏死出血,大量中性粒细胞浸润。

2. 男性,62 岁,独居,既往高血压 10 余年、冠心病 10 余年。因急性心肌梗死发作死亡。以下描述正确的是
   A. 急性心肌梗死至死亡需超过 6 小时,肉眼才可观察到病变
   B. 肉眼观冠状动脉内膜面散在隆起性灰黄斑块,部分压迫深部
   C. 冠状动脉可继发出血、破裂、钙化、血管狭窄
   D. 可继发动脉瘤

   E. 以上均对
   【答案】E
   【解析】冠心病继发性病变包括出血、破裂、钙化、血管狭窄、动脉瘤。

3. 死者男性,58 岁。既往高血压 8 年余,平素用药不规律。晚饭后观看电视时突然昏迷不醒,送至医院时曾出现潮式呼吸。以下最可能的死因是
   A. 脑出血　　　　　B. 肾衰竭
   C. 脑缺血　　　　　D. 左心室肥厚
   E. 以上均不对

   【答案】A
   【解析】长期高血压病史易发生脑血管意外。

4. 女性,21 岁,哮喘史 10 余年。1 天前曾接触花粉,后哮喘发作死亡。以下描述**不正确**的是:
   A. 哮喘属于 I 型变态反应
   B. 哮喘多发生在季节交替时
   C. 镜下支气管管壁见较多嗜酸性粒细胞浸润
   D. 镜下可见较多嗜酸性粒细胞、肥大细胞分布在喉黏膜固有层和黏膜下层
   E. 肺因吸气困难而塌陷

   【答案】E
   【解析】哮喘属于 I 型变态反应;哮喘多发生在春夏、秋冬、冬天季节交替时;肺因呼气性呼吸困难致过度充气而膨胀;镜下支气管管壁见较多嗜酸性粒细胞浸润,基底膜增厚,平滑肌增生;大量嗜酸性粒细胞、肥大细胞分布在喉黏膜固有层和黏膜下层,肥大细胞可见脱颗粒。

5. 死者女性,36 岁。生前妇科检查:左附件区域触及 12cm×9cm×7cm 包块。超声检查提示为输卵管妊娠。死因为宫外孕破裂大出血。

输卵管妊娠最常见的部位是

A. 间质部　　B. 伞端　　C. 壶腹部

D. 漏斗部　　E. 峡部

【答案】C

6. 死者男性，50 岁。尸体解剖：胃窦小弯侧查见一椭圆形溃疡，直径 2cm，边缘整齐，底部平坦，溃疡周围黏膜皱襞自溃疡中心向四周呈放射状。以下说法**不正确**的是

A. 溃疡底部由内向外可以分为 4 层

B. 瘢痕层内常见增生性动脉内膜炎

C. 病因多有幽门螺杆菌感染

D. 长期可发生癌变

E. 溃疡周围黏膜也可呈火山口样隆起

【答案】E

【解析】胃溃疡可分为炎性渗出层、坏死层、肉芽组织层、瘢痕层；瘢痕层内常见增生性动脉内膜炎；病因多有幽门螺杆菌感染；并发症有出血、穿孔、幽门狭窄、癌变；溃疡周围黏膜呈火山口样隆起是溃疡性胃癌的大体表现。

7. 病理解剖，限制在教学、医疗、医学科学研究和医疗预防机构的病理科进行。以下**不符合**病理解剖条件的是

A. 死者生前遗嘱或家属愿供解剖者

B. 急死或有他杀、自杀嫌疑者

C. 死因不清楚者

D. 疑职业中毒、烈性传染病或集体中毒死亡者

E. 有科学研究价值者

【答案】B

【解析】急死或有他杀、自杀嫌疑者属于法医解剖的范畴。

8. 申请或委托尸检必须向受理尸检方递交的相关文书资料包含

A. 尸检申请书

B. 死者死亡证明

C. 死者家属或代理人委托尸检知情同意书

D. 申请或委托方当事人签名、负责人签名和加盖委托单位公章的尸检申请书或委托书

E. 以上均需要

【答案】E

9. 尸体解剖主检人员是具有中级以上专业职称，接受过尸体解剖训练。下列正确的是

A. 病理学医师、病理学技师及病理学教师

B. 病理学医师、病理学教师

C. 病理学技师

D. 只能是法医

E. 病理学医师、检验科医师

【答案】B

10. 关于尸检的目的和意义，以下描述**不正确**的是

A. 尸检能解决所有死亡的死因问题

B. 尸检包括体表观察、器官形态学，结合临床资料来明确疾病性质和死因

C. 尸检分为普通解剖、法医解剖、病理解剖

D. 尸检有强制尸检和非强制尸检

E. 尸检能够协助临床总结经验

【答案】A

11. 下列关于成人尸体大体剖检方法，下列**错误**的是

A. 暴露胸廓需用刀紧贴肋骨将胸大肌等组织自正中线剥离至腋前线止，完全暴露肋骨

B. 打开胸腔需从第二肋骨开始，在肋软骨与肋骨交界部内侧约 1cm 处用刀把两侧肋软骨及肋间肌切断

C. 颈部剖检需用长刃刀自下颌下缘正中刺入，从正中分别向左后及右后切割，将舌及口底软组织与周围之骨质分开，把舌自口腔内拉出

D. 大脑取出需用手将额叶向上后方轻轻拨开，右手持剪剪去神经、动脉、脑垂体柄，然后将两侧小脑幕剪开，依次剪断其余的脑神经，最后用小刀或弯剪自延髓下方尽可能低地将脊髓切断，取出大脑、脑干及小脑

E. 肺的切开需在各叶的大支气管内各插入探针两个，将长刀伸入各对探针之间，向肺之侧面将肺切开，不能从肺外侧凸缘向肺门做水平切面切开

【答案】E

【解析】切肺方法有两种：一种是先在上叶的大支气管内各插入两个探针，将长刀伸入各对探针之间，向肺之侧面将肺切开，这种方法能保证将各大支气管同时切开。另一种是从肺外侧凸缘向肺门作一水平切面。

12. 关于尸体解剖报告及尸检资料管理，下列**错误**的是

A. 尸体解剖操作完成后，一般应该及时根

据尸体解剖大体标本检查发现的病变，按主、次顺序列出大体解剖诊断及死因的初步诊断

    B. 由主诊医师最后签发的病理解剖报告书应包括解剖诊断、死因分析、临床病理联系及参考文献等

    C. 病理尸体解剖归档材料应包括尸体解剖申请单、死亡证明书复印件（成人尸体解剖）、尸体解剖知情同意书及尸体解剖诊断报告等

    D. 尸体解剖中留取的剩余组织或器官，在病理解剖报告书发出1年后，就可统一清理

    E. 病理尸体解剖报告还可包括诊断依据、鉴别诊断、分析各种病变间相互关系

【答案】D

【解析】尸体解剖中留取的剩余组织或器官，在病理解剖报告书发出1年后，可统一清理。如涉及医疗纠纷病例，剩余组织或器官应保留至纠纷处理完毕2个月后再清理。

13. 关于尸检，下列**错误**的是

    A. 尸体解剖分普通解剖、法医解剖及病理解剖

    B. 器官移植后死亡患者尸检应将排异反应纳入主要解剖观察内容

    C. 患者死亡，医患双方当事人不能确定死因或对死因有异议的，必须在患者死亡后48小时内进行尸检

    D. 尸体解剖后应缝合切口，还原衣物并做简单遗容整理

    E. 怀疑中毒或微生物感染，需按要求采集样本送毒理或微生物分析

【答案】C

【解析】患者死亡，医患双方当事人不能确定死因或者对死因有异议的，应在患者死亡后48小时内进行尸检；具备尸体冻存条件的，可以延长至7天。尸检应当经死者近亲属同意并签字。

14. 死者男性，1岁半，因"反复腹胀、面部水肿及发绀1个月，加重1天"急诊入院。查体：呼吸急促，二尖瓣病容，烦躁，全身发绀，水肿明显。急诊心脏彩色超声提示少量心包积液，右心房变大，右心室肥厚。入院胃肠减压见咖啡色胃内容物。临床诊断：①慢性缩窄性心包炎，结核；②心源性休克；③心脏

压塞；④消化道出血。死后尸检大体病理如图，该病变提示的是

    A. 慢性肝淤血   B. 结节性肝硬化

    C. 肝破裂   D. 肝癌

    E. 以上均不对

【答案】A

15. 死者男性，55岁，尸体解剖时查见主动脉壁灰黄粗糙，如图该病变描述正确的是

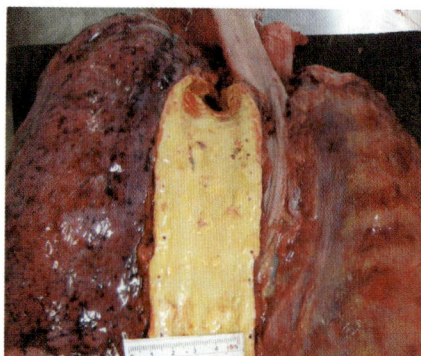

    A. 该病变为动脉粥样硬化

    B. 危险因素包括高脂血症、高血压、吸烟、致继发性高脂血症的疾病、遗传因素等

    C. 内皮损伤学说中，内皮细胞可通过释放扩血管物质对血管进行局部调节

    D. 内皮损伤学说中，内皮细胞可通过释放缩血管物质对血管进行局部调节

    E. 以上均对

【答案】E

16. 死者男性，46岁，醉酒驾驶发生车祸，入院抢救无效死亡，尸体解剖发现肝脏病变如图。该病变最可能是

    A. 肝硬化   B. 肝破裂

    C. 肝癌   D. 肝包虫病

    E. 以上均不对

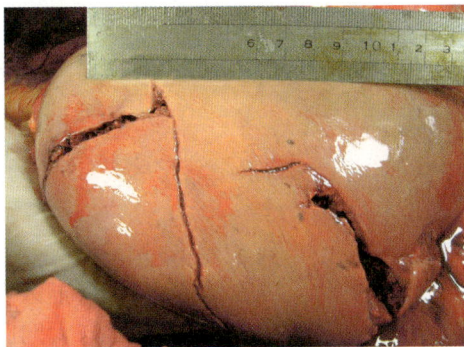

【答案】B

17. 死者男性,36 岁。因"车祸致下腹、外阴腰骶部外伤 2 小时"收入院治疗,行骨盆外固定术。半个月后患者右下肢肿胀疼痛,超声检查提示腘静脉血栓形成,经溶栓、活血化淤、抗凝治疗后患者右下肢肿胀疼痛有所缓解,超声复检示侧支循环建立。2 个月后,夜间患者在床头解小便时突发呼吸急促、意识丧失,经心肺复苏抢救无效死亡。尸体解剖发现肺病变如图。以下最有可能的是

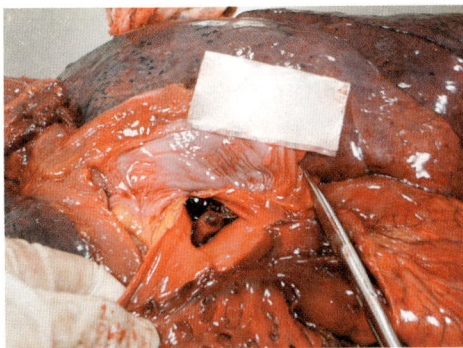

    A. 支气管腔内见一乳头状肿物

    B. 肺动脉的栓子不来自腘静脉

    C. 肺动脉主干血栓栓塞

    D. 肺动脉主干脂肪栓塞

    E. 以上均不对

【答案】C

18. 死者女性,45 岁。镜下见肺组织如图。该病变的诊断最可能是

    A. 大叶性肺炎　　　B. 肺结核

    C. 小叶性肺炎　　　D. 肺脓肿

    E. 以上均不对

【答案】B

【解析】镜下可见非典型上皮样结节。

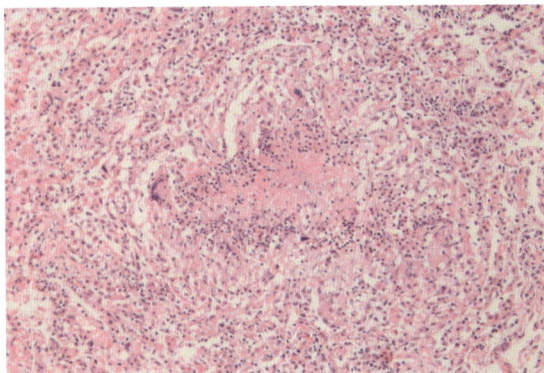

19. 死者女性,1 岁。因"反复发热、腹泻 16 天"入院治疗。双扁桃体Ⅱ度肿大,可见数个白色脓点,双肺呼吸音粗,可闻及明显干湿啰音,心率 140 次/min,律齐。胸部增强 CT 示:双肺多发结节、磨玻璃样变及条索影,多为肺内感染,考虑机会性感染可能,双肺胸膜增厚。临床考虑真菌或结核感染,先后给予抗真菌及试验性抗痨等治疗。患儿呼吸困难和缺氧进行性加重,呼吸、心跳停止死亡。尸体解剖肺组织,HE 切片及六胺银特殊染色如图。该病变的最有可能的诊断是

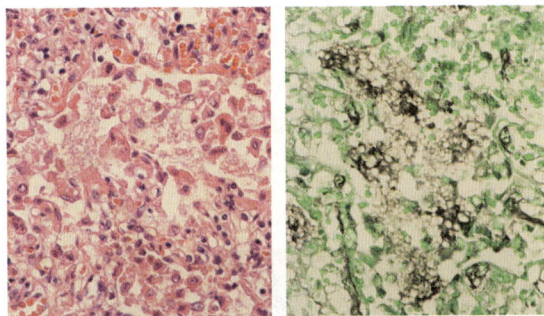

    A. 左图肺泡上皮细胞显著增生,肺泡腔内见病原体,间质血管扩张充血,大量炎细胞浸润

    B. 右图肺泡腔内病原体六胺银染色阳性,可见酵母样真菌

    C. 左图查见干酪样坏死及大量炎细胞浸润

    D. B 和 C 均对

    E. A 和 B 均对

【答案】E

20. 死者男性,52 岁,因"车祸伤致腰部、下腹部疼痛 1.5 小时"入院就诊。第 5 天患者出现

"感染性休克",病情加重,抢救无效死亡。尸体解剖镜下双肺见肺间质血管扩张充血,毛细血管/小血管腔内见多数淡红色无定形物形成,PTAH 染色阳性(紫蓝色)。关于该病变说法正确的是

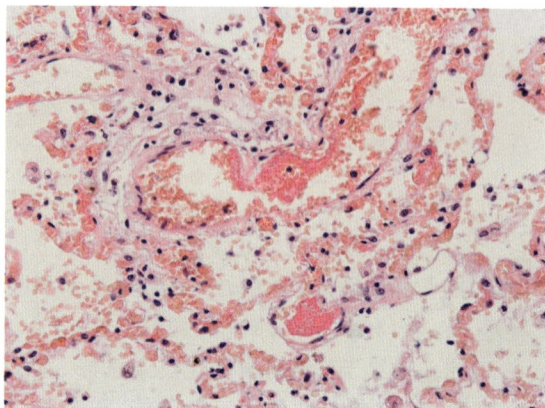

A. 淡红色无定形物为坏死物

B. 刚果红染色阳性,偏振光下可见苹果绿

C. 淡红色无定形物为透明血栓

D. 淡红色无定形物为淀粉样变

E. 以上均对

【答案】C

21. 死者女胎,28 周,病理解剖诊断:脐带扭转,近胎儿端脐带根部脐带扭转变细,如图。胎儿死因可能与脐带扭转,特别是脐带根部脐带扭细致宫内缺氧有关。则关于该疾病的描述正确的是

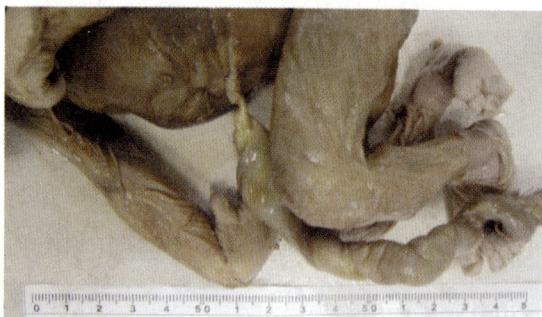

A. 肺泡腔内见一些大小不一的棕黄色胎粪小体

B. 脐血管管腔狭窄和闭陷

C. 双肺细支气管黏膜上皮脱落,肺泡腔程度不一膨胀

D. 肺泡腔内见一些角化/非角化鳞状上皮细胞和浅红染液

E. 以上均对

【答案】E

【A3/A4 型题】

(1~2 题共用题干)

死者女性,45 岁,全身营养差,左锁骨上区查见淋巴结肿大,腹部稍膨隆。胃小弯与大网膜粘连,可见灰白结节。胃大部黏膜僵硬,皱襞消失,胃壁弥漫性增厚,切面灰白实性质中。镜检胃壁全层见散在、胞质富含黏液的癌细胞弥漫浸润,肿瘤侵及浆膜、网膜。胃周、左锁骨上淋巴结、腹膜、大网膜均查见上述肿瘤转移。双侧卵巢可见灰白肿物,镜检同上述肿瘤。

1. 死者胃肿瘤最可能的诊断为
   A. 胃肠道间质瘤
   B. 淋巴瘤
   C. 印戒细胞癌
   D. 肾透明细胞癌胃转移
   E. 以上均不是
【答案】C

2. 卵巢肿块最可能的诊断是
   A. Krukenberg 瘤
   B. 浆液性囊腺癌
   C. 透明细胞癌
   D. 肾透明细胞卵巢转移
   E. 以上均不是
【答案】A
【解析】老年女性,胃壁全层见散在、胞质富含黏液的癌细胞弥漫浸润,考虑为胃印戒细胞癌,而印戒细胞癌易腹腔种植转移至卵巢,称 Krukenberg 瘤。

(3~4 题共用题干)

死者女性,28 岁,消瘦。双侧颈部淋巴结肿大融合,纵隔增宽。颈部淋巴结及纵隔淋巴结镜检在少量嗜酸性粒细胞的背景中,散在有双核瘤巨细胞,核仁显著增大、红染。

3. 淋巴结及纵隔最有可能的病理诊断是
   A. 低分化转移性癌   B. 霍奇金淋巴瘤
   C. 胸腺瘤   D. 生殖细胞肿瘤
   E. 以上均不是
【答案】B

4. 以下**不属于** R-S 细胞及其变异细胞的是
   A. 陷窝 R-S 细胞　　　B. 单核 R-S 细胞
   C. 多核 R-S 细胞　　　D. 朗格汉斯细胞
   E. L&H 细胞

【答案】D

【解析】镜影细胞是霍奇金淋巴瘤的典型病变,其包括陷窝 R-S 细胞、单核 R-S 细胞、多核 R-S 细胞、L&H 细胞。

(5~6 题共用题干)

男性,83 岁,因“反复咳嗽、咳痰 24 年,伴气促、心悸 4 年,下肢水肿 2 年,腹胀 2 个月”入院。入院后患者突发抽搐,烦躁不安,神志不清,抢救无效死亡。

5. 尸检时,患者最可能的体征或病理特征**不包括**
   A. 桶状胸,肺叶充气膨胀
   B. 支气管黏膜上皮杯状细胞增多,伴鳞化
   C. 肺动脉瓣下 2cm 右心室壁厚为 0.35cm,符合肺源性心脏病
   D. 心源性肝硬化,其他脏器淤血
   E. 双肺散在灰白实变区

【答案】C

6. 死者最可能的死因
   A. 肺源性心脏病
   B. 慢性阻塞性肺气肿
   C. 肺部感染
   D. 肺性脑病
   E. 以上均不对

【答案】D

【解析】肺动脉瓣下 2cm 右心室壁厚为 0.45cm,符合肺源性心脏病。

(7~8 题共用题干)

死者男性,37 岁,消瘦。结肠黏膜可见较多散在、大小不等的圆形溃疡,周边稍隆起。镜下见溃疡口小底大,从黏膜向下呈潜行性扩大,溃疡边缘查见一些比组织细胞体积更大的病原体吞噬红细胞。

7. 该疾病最常见病变部位是
   A. 盲肠、升结肠　　　B. 横结肠、升结肠
   C. 盲肠、横结肠　　　D. 横结肠、乙状结肠
   E. 盲肠、降结肠

【答案】A

8. 以下选项正确的是
   A. 急性期病变以液化性坏死为主
   B. 慢性期肉芽组织增生可形成局限性包块
   C. 临床症状多表现为腹痛、腹泻、暗红果酱样便
   D. 肠外多累及肝脏
   E. 以上选项均对

【答案】E

【解析】肠阿米巴最常见的病变部位是盲肠和升结肠,其次是乙状结肠和直肠,严重者累及整个结肠和小肠下段。

(9~10 题共用题干)

女性,37 岁,围产期。患者产后 30 分钟突然惊叫一声,血压陡降,脉搏测不到,胸痛,抢救无效死亡。

9. 该死者最可能的死因是
   A. 出血休克　　　B. 羊水栓塞
   C. 感染　　　　　D. 心肌梗死
   E. 以上均不对

【答案】B

10. 最可靠的病理诊断依据是
    A. 肺部血管内查见明显的角化物等成分
    B. 蛛网膜下腔出血
    C. 左心室前壁及心尖部弥漫梗死
    D. 肺动脉内查见血栓
    E. 以上均不对

【答案】A

【解析】羊水栓塞的诊断依据是肺部血管内查见明显的角化物等羊水成分。

【案例分析题】

案例一　男性,57 岁。高血压 11 年,高血脂 11 年,平素服药,控制佳。3 个月前头晕、头痛,逐渐加重。入院检查,血压收缩压 150/100mmHg;血脂高。夜晚患者突发昏迷,抢救无效死亡。

提问 1:患者最可能的血管病变为
    A. 冠状动脉粥样硬化
    B. 脑动脉粥样硬化
    C. 大动脉粥样硬化
    D. 中动脉粥样硬化
    E. 细小动脉硬化
    F. 主动脉夹层

【答案】E

提问2:患者最可能的死因是

    A. 脑出血

    B. 心肌梗死

    C. 脑梗死

    D. 高血脂

    E. 夹层破裂出血

    F. 以上均不对

【答案】A

【解析】患者为良性高血压,血管病变以小动脉、细动脉硬化为主;脑出血是高血压患者急性死亡的最常见原因。

案例二　死者男性,27岁。幼时曾患扁桃体炎。现劳动后偶感心悸气促,休息后好转。近7天心悸、气促加重入院。住院期间夜间突发呼吸困难,发绀,抢救无效死亡。尸检:心脏增大,左心室及左心房明显扩大,主动脉瓣明显增厚粘连,流出道狭窄。双肺明显淤血、水肿。

提问1:死者生前所患最主要疾病是

    A. 冠心病

    B. 感染性心内膜炎

    C. 风湿性心瓣膜病

    D. 高血压

    E. 卵圆孔未闭

    F. 以上均不对

【答案】C

提问2:患者最主要的死因是

    A. 脑出血

    B. 心肌梗死

    C. 全身多处血管栓塞

    D. 感染性休克

    E. 急性左心衰竭

    F. DIC

【答案】E

【解析】死者幼时感染扁桃体炎及平素症状可提示患者长期患风湿性心脏病,反复感染致主动脉瓣心瓣膜病(狭窄)形成,引发左心衰竭导致急性肺淤血死亡。

(姜 勇 吴 鹤)

第二十三章　常规病理技术

【A1 型题】

1. 对送检组织进行取材,以下描述中**错误**的是
   A. 脂肪、肺、纤维性肿瘤、平滑肌瘤等应略取薄一点
   B. 切取纤维结缔组织时,应尽可能选择与纤维的走向垂直,并以此为长轴切取
   C. 淋巴结取材时应尽量剔除周围脂肪组织
   D. 组织内有缝线、缝合针或骨组织,都必须除去或避开
   E. 发现固定不佳的大体标本,应查找原因并与送检医师联系
   【答案】B
   【解析】切取纤维结缔组织时,应尽可能选择与纤维的走向平行,并以此为长轴切取。

2. 固定是组织处理最重要的一步,组织固定时间依组织大小和厚度而有差异。下列所列固定时间**不恰当**的是
   A. 新鲜标本应该剖开固定 12~24 小时再取材
   B. 大体标本取材后仍需在室温下再固定 4~6 小时
   C. 小标本取材后室温下再固定 2~3 小时,新鲜小标本必须再固定 4~8 小时
   D. 需做免疫组化的标本,标本离体后总固定时间不要超过 24 小时,以免抗原破坏
   E. 如果室内温度过低,固定时间还需延长
   【答案】D
   【解析】需要做免疫组化的标本,从标本离体至组织脱水开始,总固定时间一般不要超过 48 小时,但也不要少于 24 小时。

3. 如固定液浓度太低且固定时间不足,可以造成以下组织表现
   A. 组织内水肿,出现大量空泡,细胞结构尚清

   B. 外周组织固定好,中间组织固定差
   C. 外周组织水肿,中间细胞结构不清
   D. 组织自溶,细胞结构不清
   E. 细胞结构不清
   【答案】C

4. 脱水就是利用脱水剂将组织内的水分置换出来,目前常用脱水剂是乙醇。关于乙醇脱水下列说法正确的是
   A. 高浓度乙醇脱水作用最强,因此增加高浓度乙醇脱水时间就能取得较好效果
   B. 低浓度乙醇穿透力强,比高浓度乙醇更容易渗透到组织内部
   C. 固定越充分的组织越不易脱水
   D. 丙酮可以代替乙醇,取得跟乙醇一样的脱水效果
   E. 乙醇脱水效果与温度相关,提高温度可以使乙醇分子运动加快,取得更好的脱水效果
   【答案】B
   【解析】低浓度乙醇比高浓度乙醇穿透力更强,固定越充分脱水效果越好。

5. 常规 HE 染色中,使用 1% 盐酸酒精分化作用的目的是
   A. 去除不应该着色组织的着色
   B. 去除应该着色组织的过染
   C. 使染色结果更加清晰,染色层次更加分明
   D. 分化后需将组织上残留的分化液冲洗干净
   E. 以上都对
   【答案】E

6. HE 切片着色不均、点状或片状不着色,核浆对比不清,最可能的原因是
   A. 固定不佳,固定液浓度过低或固定时间不够

B. 脱蜡不净,二甲苯质量不佳或二甲苯使用过久

C. 脱蜡时间过长,或更换脱蜡液体时次序放错

D. 烤片时间过长,造成切片局部干涸过度

E. 染片过程中,操作者失误

【答案】B

【解析】组织块脱蜡不彻底,二甲苯使用时间过长或质量差会导致组织染色不均。

7. 脱蜡、脱水及苏木素染液的更换要根据切片数量,500ml 苏木素可染片

A. 200~500 张   B. 500~1 000 张

C. 1 000~1 500 张   D. 1 500~2 000 张

E. 2 000~2 500 张

【答案】D

8. 切片染色后的脱水是为了去除切片上的水分,同时对伊红进行分化,正确的脱水程序是

A. 75% 乙醇 10~20 秒 —85% 乙醇 10~20 秒—95% 乙醇二道各 1~2 分钟—无水乙醇二道各 2~5 分钟

B. 75% 乙醇 20~30 秒 —85% 乙醇 20~30 秒—95% 乙醇二道各 0.5~1 分钟—无水乙醇二道各 2~5 分钟

C. 75% 乙醇 10~20 秒 —85% 乙醇 10~20 秒—95% 乙醇二道各 0.5~1 分钟—无水乙醇二道各 5~10 分钟

D. 75% 乙醇 20~30 秒 —85% 乙醇 20~30 秒—95% 乙醇二道各 0.5~1 分钟—无水乙醇二道各 5~10 分钟

E. 75% 乙醇 20~30 秒 —85% 乙醇 10~20 秒—95% 乙醇二道各 1~2 分钟—无水乙醇二道各 5~10 分钟

【答案】A

9. 显微镜下观察 HE 切片时,发现组织不在一个平面上,最不可能的原因是

A. 切片太厚不在一个平面上

B. 切片太薄造成组织不在一个平面上

C. 封片时粘有树胶的镊子尖碰到盖玻片

D. 镊子压盖玻片时将污垢留在盖玻片上

E. 固定或脱水不均匀

【答案】B

10. 恒温冷冻切片机机舱内的温度一般设置为

A. −40~−30℃   B. −35~−25℃

C. −30~−20℃   D. −25~−15℃

E. −20~−10℃

【答案】D

【解析】恒温冷冻切片机机舱内的温度一般为 −25~−15℃。

11. 常规病理切片时,发现组织发脆,其主要原因是

A. 透明、浸蜡时间过长

B. 组织处理是温度过高

C. 浸蜡时石蜡带过去的二甲苯含量过高

D. 标本量多但脱水试剂过少

E. 细胞丰富,蜡块太冰

【答案】E

【解析】组织蜡块过冰会导致切片时组织脆,用手蘸一下热水,再摸一下蜡块即可解决。

12. 对于发脆的组织,切片时下列操作错误的是

A. 切片厚度调薄

B. 蜡块放在冰水里 1~2 分钟

C. 边切边用嘴向拉片吹气

D. 用浓氨水在蜡块表面涂一下再切

E. 用手蘸一下热水,摸一下切面再切

【答案】D

【解析】浓氨水为化学物质,会损伤组织。

13. HE 切片中存在散在的水珠或片状、云雾状的水珠,其可能的原因是

① 脱水过快,导致脱水不彻底

② 脱水液中含水量过高

③ 空气中湿度太大

④ 在高浓度乙醇中停留时间过短

A. ①+②+③   B. ①+③

C. ②+④   D. ④

E. ①+②+③+④

【答案】A

14. 针对上述现象,正确解决方法是

① 去除盖玻片

② 用二甲苯溶解树胶

③ 用高浓度至低浓度乙醇洗去二甲苯

④ 重新脱水、透明、封片

A. ①+②+③   B. ①+③

C. ②+④   D. ④

E. ①+②+③+④

【答案】E

15. 术中快速病理制作冷冻切片时常出现使诊断医师不易观察的情况,如出现冷冻切片中细胞核严重退变,最可能的原因是
   A. 取材太厚　　　　B. 取材太薄
   C. 没有及时固定　　D. 冷冻速度太慢
   E. 冷冻头温度过低
   【答案】C

16. 术中快速病理制作冷冻切片时常出现使诊断医师不易观察的情况,如冷冻切片细胞内含有大量冰晶,最可能的原因是
   A. 取材太厚　　　　B. 取材太薄
   C. 没有及时固定　　D. 冷冻速度太慢
   E. 冷冻头温度过低
   【答案】D
   【解析】组织温度不能迅速低于玻璃态转化点,晶核形成。

17. 术中快速病理制作冷冻切片时常出现使诊断医师不易观察的情况,如冷冻组织发脆,切片时组织呈丝状,切片中出现很多条状间隙,最可能的原因是
   A. 取材太厚　　　　B. 取材太薄
   C. 没有及时固定　　D. 冷冻速度太慢
   E. 冷冻头温度过低
   【答案】E

18. 术中快速病理制作冷冻切片时常出现使诊断医师不易观察的情况,如冷冻切片中出现大量细胞核的缺失,最可能的原因是
   A. 取材太厚　　　　B. 取材太薄
   C. 没有及时固定　　D. 冷冻速度太慢
   E. 冷冻头温度过低
   【答案】D

19. 术中快速病理制作冷冻切片时,冷冻头温度设定依组织不同略有差异,脑、肝组织冷冻头最佳温度是
   A. −15~−13℃　　　B. −19~−15℃
   C. −25~−19℃　　　D. −35~−25℃
   E. −40~−35℃
   【答案】B
   【解析】冷冻切片机温度设置为 −25~−20℃,但脑、肝组织冷冻头最佳温度是 −19~−15℃。

20. 术中快速病理制作冷冻切片时,冷冻头温度设定依组织不同略有差异,脂肪组织冷冻头最佳温度是
   A. −15~−13℃　　　B. −19~−15℃
   C. −25~−19℃　　　D. −35~−25℃
   E. −40~−35℃
   【答案】D
   【解析】冷冻切片机温度设置为 −25~−20℃。

21. 门诊患者领取病理报告单应凭
   A. 姓名
   B. 登记号
   C. 门诊挂号凭证
   D. 送检标本时的回执单
   E. 收费收据
   【答案】D

22. 住院患者领取病理报告单时
   A. 纸质报告单应登记患者的姓名、性别、科室、住院号、病理号
   B. 电子报告单应审核内容完整,诊断无误后再提交诊断
   C. 病理科应对纸质病理报告单进行审核
   D. 领取病理报告单要有签字交接记录
   E. 以上都对
   【答案】E
   【解析】领取病理报告应仔细核对基本信息,并签字交接。

23. 病理档案以下内容,**除外**
   A. 病理蜡块
   B. 病理切片
   C. 病理科化学药品及危险品的出入库记录
   D. 尸体解剖记录
   E. 标本取材记录
   【答案】C
   【解析】病理档案包括组织蜡块、切片、标本取材记录、病理申请单等,不包括危化品出入库记录。

24. 病理档案室应专人管理,并应具备的规章制度是
   A. 文字材料按顺序及年份装订成册,便于查阅
   B. 档案管理员应及时将蜡块等病理档案归档
   C. 应有严格的切片等档案借阅制度
   D. 未经主任允许,不许擅自将病理档案借给他人
   E. 以上都对
   【答案】E

25. 有关病理档案借阅制度,以下描述**错误**的是
    A. 病理蜡块属不可复制病理资料,原则上不外借;如确实需要,需履行借用手续
    B. 细胞学涂片属不可复制病理资料,原则上不外借;如确实需要,需履行借阅手续
    C. 借用病理蜡块或切片做科研使用时,蜡块和切片不能离开病理科,并应履行借用手续
    D. 患者或家属借用切片去上级医院会诊,需缴纳切片押金且规定借用时限
    E. 借用的切片如有破损或丢失,应按规定支付赔偿金并承担相应责任

【答案】A

【解析】组织蜡块原则上不外借,可由病理科提供白片,受理患方会诊的病理科确需有关蜡块,由有关病理科双方协商解决。

(李庆昌　吴　鹤)

第二十四章 细胞学技术

【A2 型题】

1. 男性,56 岁,右颈部出现一渐进性增大的肿块,拟行细针穿刺技术进行诊断。以下对于针吸细胞学方法应用范围说法正确的是
   A. 适用于皮肤、黏膜、软组织、骨组织等肿块
   B. 适用于淋巴结、涎腺、甲状腺、乳腺、前列腺、睾丸等器官组织
   C. 可能因创伤引起大出血、感染、癌瘤播散等不适宜手术切除或患者拒绝外科手术,而又必须明确诊断时,针吸细胞学诊断可为最佳选择
   D. 检测肿瘤对放疗、化疗的敏感性及预后判断
   E. 以上都正确
   【答案】E
   【解析】本题考查针吸细胞学的适应证及优点,用于各部位的占位性病变,无创或创伤轻微,方便快捷。

2. 女性,35 岁,体健,已婚,进行宫颈癌筛查。最佳的方案应选择
   A. 宫颈 TCT 检查　　　B. 宫颈 HPV 检查
   C. 宫颈抹片检查　　　D. A+B+C
   E. A+B
   【答案】E
   【解析】宫颈癌常见的筛查方法有 TCT、HPV 检查。

3. 女性,43 岁,有接触性出血。妇科医生怀疑宫颈有病变,拟进行宫颈细胞学涂片,应选用的染色方法是
   A. 巴氏(Papanicolaou)染色法
   B. 瑞氏(Wright)染色法
   C. 苏木精-伊红染色法

   D. 刚果红染色法
   E. 迈-格-吉(MGG)染色法
   【答案】A
   【解析】宫颈细胞学检查最佳方法为巴氏(Papanicolaou)染色法。

4. 细胞学检查时,下列**不适宜**用拉片法的是
   A. 痰液　　　　　　　B. 腹水
   C. 胸腔积液　　　　　D. 宫颈脱落细胞
   E. 穿刺细胞标本
   【答案】D
   【解析】拉片法制片适用于痰液、胸腹水和穿刺细胞标本。

5. 男性,66 岁,痰中带血 1 周,临床医生拟行痰脱落细胞学检查。痰脱落细胞学检查最好选用的染色方法是
   A. 苏木精-伊红染色法
   B. 瑞氏(Wright)染色法
   C. 巴氏(Papanicolaou)染色法
   D. 刚果红染色法
   E. 迈-格-吉(MGG)染色法
   【答案】C
   【解析】痰脱落细胞学检查为细胞学检查,最佳染色方法为巴氏(Papanicolaou)染色法。

6. 在细针穿刺技术应用中,关于操作过程描述**错误**的是
   A. 同时有原发灶和转移灶病变,应首选原发灶进行穿刺
   B. 通常可触及的头颈部肿物穿刺应采取坐位
   C. 应用左手食指及中指固定肿物进行穿刺
   D. 应该用左手拇指及示指捏起肿物进行穿刺

E. 在退针时要撤去负压拔针,以便于保证细胞量获取

【答案】D

【解析】若原发灶和转移灶均可行细针穿刺,首选原发灶,若原发灶的部位不宜行细针穿刺,也可穿刺转移灶。

7. 在细针穿刺技术应用中,操作过程叙述中**错误**的是

  A. 需要记录穿刺具体时间

  B. 需要记录穿刺体位及具体穿刺点

  C. 需要记录麻药起效时长及穿刺部位麻药后是否有皮肤反应

  D. 需要记录穿刺过程中所用的器械包括穿刺针,消毒方式

  E. 记录穿刺经过,进针角度、深度,提针次数,穿刺的针感,周围皮肤是否红肿

【答案】C

【解析】细针穿刺过程中不需要记录麻醉药的起效时长。

【A3/A4 型题】

(1~3 题共用题干)

女性,43 岁,劳力性呼吸困难,现临床考虑为心包积液和胸腔积液。查体:心音探查不清,呼吸音减弱,叩诊胸部,有浊音,随体位改变。

1. 考虑首先选择的检查是

  A. 超声探查   B. 胸腔镜检查

  C. 心电图   D. 24 小时心电监测

  E. 肺功能检测

【答案】A

2. 如果经过检查为心包积液,拟进行心包积液送检,现送检心包积液在条件允许的情况下,为获得相对满意的检测结果,送检的心包积液量为

  A. 10ml   B. 20ml   C. 30ml

  D. 40ml   E. 50ml

【答案】E

3. 若最后诊断为间皮增生,镜下可以看到的细胞学表现应为

  A. 间皮细胞核增大,核仁明显,局部可见核分裂

  B. 间皮细胞聚集成团改变,呈乳头样

  C. 间皮细胞增多,增大

D. 淋巴细胞大量增加,呈幼稚状态

E. 可见细胞内包涵体

【答案】C

【解析】浆膜腔积液首选超声检查,送检积液至少 50ml。

(4~5 题共用题干)

女性,67 岁,胸痛,呼吸困难,送检胸腔积液 200ml。

4. 患者由于进行胸腔积液引流,盛装所收集到的胸腔积液**不应**使用的容器是

  A. 干净封闭的空矿泉水瓶

  B. 胸腔引流瓶

  C. 盛装食品的塑料袋

  D. 标本接收瓶

  E. 硬质不吸水密闭洁净容器

【答案】C

5. 标本标识需要包含的内容应包括

  A. 有住院号就可以

  B. 有二维码就可以

  C. 有条形码就可以

  D. 有姓名+住院号+二维码

  E. 有姓名+床号+条形码

【答案】D

(6~7 题共用题干)

男性,50 岁。大量腹腔积液,在当地医院进行腹水送检。

6. 关于浆膜腔积液离体后符合规范的处理时间,下列内容**错误**的是

  A. 送检浆膜腔积液离体后 30 分钟内送检到病理科处理

  B. 离体浆膜腔积液如不能及时送检应保存在 −20℃冰箱

  C. 离体浆膜腔积液如不能及时送检应冷藏在 4℃冰箱

  D. 如果冷藏,时间应≤24 小时

  E. 胸腹腔积液应立即送检

【答案】B

7. 由于患者自身条件,不能在当地医院检查腹水,拟送检去外院,需要预处理。对于抗凝和预处理的说法**不正确**的是

  A. 长距离转送建议用 10% 0.106mol/L 枸橼

酸钠抗凝

  B. 隔日处理需要肝素抗凝

  C. 通常需要 50% 酒精与浆膜腔积液 1∶1 混合预固定

  D. 如不送检外院不建议抗凝和预处理

  E. 10% 中性甲醛溶液与浆膜腔积液 1∶2 混合预固定

【答案】E

（8~9 题共用题干）

正确及时地样本处理和涂片、细胞蜡块制作是浆膜腔积液细胞学检查的前提,规范优质的涂片及细胞蜡块切片可以提高检查的敏感性和特异性。

8. 浆膜腔积液的离心处理包括哪些内容,下列**不正确**的是

  A. 用 50ml 一次性尖底离心管离心处理

  B. 送检样本静止放置 15~30 分钟后取底部液体 50~100ml 进行离心沉淀处理（每样本 1~2 支离心管）

  C. 应用自动平衡功能的垂直离心机进行离心

  D. 初次离心 2 000r/min,转速离心 10 分钟

  E. 沉淀的血液含量大于沉淀物的 1/2 时,使用冰醋酸酒精液处理,并进行第二次离心

【答案】D

【解析】初次离心 2 500~3 000r/min,转速离心不少于 5 分钟。

9. 直接涂片法所采取的方法需要注意的项目中,**不准确**的叙述是

  A. 沉淀物量丰富时,选择下 1/3 沉淀物量进行涂片制作

  B. 尽量弃净上清液,使得沉淀物中残留的液体尽可能少

  C. 用吸管等不吸水工具提取沉淀物,直接涂片或用 2 张玻片对拉涂片,动作软柔快速

  D. 沉淀物量较少时尽量全部提取并制作涂片

  E. 每例每次涂片≥2 张,如果同时制作液基制片可减少制作常规涂片数量

【答案】A

【解析】沉淀物量丰富时,选择上 1/3 沉淀物量进行涂片制作。

（10~11 题共用题干）

浆膜腔积液细胞病理学检查的报告应有规范的模式。

10. 关于报告应包含的基本信息,下列说法中**欠妥当**的是

  A. 姓名、性别、年龄、病理号、门诊（住院）号、送检时间、报告时间

  B. 送检样本的取样手法、当时室温,取样所需时间

  C. 送检的标本类型

  D. 注明制片方法是传统涂片还是液基制片,是否有细胞块等

  E. 应由具有资质的经过细胞病理专科培训的病理医师签发

【答案】B

11. 推荐的标准四级报告方式,**不包括**

  A. 未见恶性肿瘤细胞

  B. 见非典型细胞,不能明确意义

  C. 见异型细胞,不能确定来源

  D. 可疑恶性肿瘤细胞

  E. 恶性肿瘤细胞

【答案】C

（12~14 题共用题干）

女性,60 岁,2 年前右肺下叶占位,行右肺下叶切除术,并行靶向药物治疗。近 1 个月来无明显诱因出现头晕、头痛、恶心、呕吐,遂就诊。临床送检脑脊液 2.5ml,检查脑脊液细胞学如图所示。

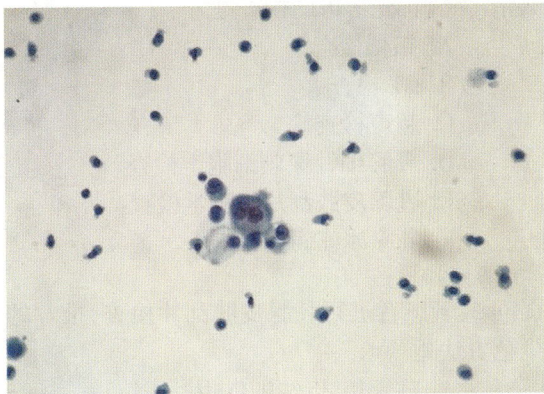

12. 正常脑脊液中通常**不能**查见的细胞是
    A. 淋巴细胞　　　　B. 单核细胞
    C. 脉络丛细胞　　　D. 大量中性粒细胞
    E. 神经胶质细胞

【答案】D

【解析】脑脊液中出现大量中性粒细胞提示感染。

13. 上图中**不会**出现在神经系统良性病变的细胞是
    A. 浆细胞　　　　　B. 癌细胞
    C. 中性粒细胞　　　D. 嗜酸性粒细胞
    E. 巨噬细胞

【答案】B

14. 如上图所示,给出的诊断是
    A. 未见恶性肿瘤细胞
    B. 见鳞癌细胞
    C. 见小细胞癌细胞
    D. 见类上皮细胞
    E. 见腺癌细胞

【答案】E

【案例分析题】

案例一　女性,48 岁,2 年前出现右乳肿物。术后提示(右乳腺)浸润性乳腺癌,现化疗后 2 年复查。

提问 1:首选的检查方式是
    A. 钼靶检查
    B. CT 检查
    C. 超声检查
    D. 乳腺细针穿刺细胞学
    E. 乳腺组织脉络通活检
    F. 乳腺冰冻病理检查

【答案】C

提问 2:若患者复查时,发现术后皮肤持续溃烂,久治不愈,首先考虑的检查是
    A. 钼靶检查
    B. CT 检查
    C. 超声检查
    D. 乳腺细针穿刺细胞学检查
    E. 乳腺皮肤刮片细胞学检查
    F. 乳腺冰冻病理检查

【答案】E

提问 3:若患者进行乳腺皮肤刮片检查,推荐的染色方法是
    A. 苏木精-伊红染色法
    B. 瑞氏(Wright)染色法
    C. 巴氏(Papanicolaou)染色法
    D. 刚果红染色法
    E. 迈格吉(MGG)染色法
    F. PAS 染色法

【答案】C

【解析】A 选项苏木精-伊红染色法染色细胞质颜色单一,不易观察胞质角化程度。尤其对于乳头佩吉特病鉴别诊断效果较巴氏染色差。B、E 选项瑞氏染色及 MGG 染色常应用于血细胞涂片染色,对淋巴瘤的诊断意义重要。MGG 染色相较于瑞氏染色更优,还可进行细菌及病毒染色。D 选项刚果红染色常用于淀粉样变性。F 选项 PAS 染色通常用于细胞内糖类的染色。

案例二　女性,56 岁,宫颈 TCT 制片如图所示。

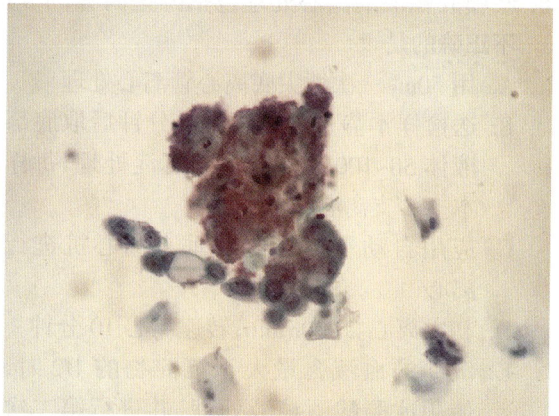

提问 1:如上图所示,染色方法为
    A. 苏木精-伊红染色法
    B. 巴氏(Papanicolaou)染色法
    C. 瑞氏(Wright)染色法
    D. 刚果红染色法
    E. 迈格吉(MGG)染色法
    F. PAS 染色法

【答案】B

提问 2:在图中可以看到的细胞是
    A. 中层上皮细胞
    B. 表层上皮细胞
    C. 腺上皮细胞
    D. 炎细胞
    E. 颈管上皮细胞
    F. 副基底层细胞

【答案】ACD

提问3：如图所示，考虑的细胞异型是

    A. 中层上皮细胞

    B. 表层上皮细胞

    C. 腺上皮细胞

    D. 炎细胞

    E. 颈管上皮细胞

    F. 副基底层细胞

【答案】C

案例三　女性，50岁，常规规范进行TCT检查。

提问1：若此次TCT结果正常，HPV结果不详，下次检查根据WHO及我国2017年《子宫颈癌综合防控指南》推荐的筛查模式，最恰当的是

    A. 1年之后进行TCT检查+HPV检查

    B. 2年之后进行TCT检查

    C. 1年后进行TCT检查

    D. 3年后进行TCT+HPV检查

    E. 1年后进行HPV检查

    F. 半年后进行TCT+HPV检查

【答案】D

【解析】我国指南（2017年《子宫颈癌综合防控指南》）推荐在25~29岁年龄组女性中使用细胞学检测，在30~64岁年龄组女性中采用HPV检测、HPV和细胞学联合筛查。针对上一次宫颈癌筛查阴性的人群，推荐细胞学检查作为筛查策略的筛查间隔为3年。由于该患者本次HPV结果不详，更适宜的筛查方式为HPV+宫颈细胞学联合筛查，结合选项选择D。

提问2：宫颈TCT推荐使用的染色方发为

    A. 迈格吉（MGG）染色法

    B. 苏木精-伊红染色法

    C. 瑞氏（Wright）染色法

    D. 刚果红染色法

    E. 巴氏（Papanicolaou）染色法

    F. PAS染色法

【答案】E

提问3：如果宫颈TCT中出现细胞凋亡，关于其生物化学表现，正确的是

    A. 早期即出现线粒体DNA损伤

    B. 不需要核基因表达

    C. 细胞核表现完好

    D. 细胞膜丧失功能

    E. 不需要谷氨酸转移酶的激活

    F. 细胞膜功能完好

【答案】F

【解析】细胞凋亡的特征是细胞由于降解酶，主要是水解酶（蛋白酶与核酸酶）的作用，在近乎正常的细胞质膜内趋向死亡，因此选择F选项，D选项错误。线粒体是细胞凋亡的控制中心，并非早期出现线粒体DNA的损伤，是由于线粒体的膜电位异常及通透性的改变导致细胞凋亡的生物化学途径，此过程存在钙离子内流等相关通路改变，此时需要谷氨酸转移酶参与进一步反应。细胞凋亡的形态学表现为细胞体积缩小，连接消失，与周围的细胞脱离，然后是细胞质密度增加，线粒体膜电位消失，通透性改变，释放细胞色素C到胞质，核质浓缩，核膜核仁破碎，DNA降解。故而其他选项错误，选择F选项。

案例四　女性，34岁，宫颈接触性出血，行宫颈TCT检查。

提问1：对于宫颈细胞学，**不适宜**进行雌激素水平测定的染色法是

    A. 六胺银染色法

    B. 瑞氏（Wright）染色法

    C. 巴氏（Papanicolaou）染色法

    D. 刚果红染色法

    E. 迈格吉（MGG）染色法

    F. HE染色法

【答案】AF

【解析】HE染色时染色细胞浆颜色单一，不易观察胞浆角化程度，因此不适宜做雌激素水平测定。六胺银染色主要适用于真菌、病毒等特殊染色，在激素水平呈现方面尚无文献支持。

提问2：所获得宫颈细胞学如图所示，提示

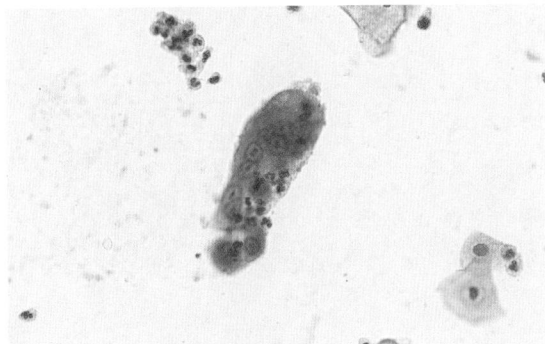

    A. 宫颈管细胞病变

    B. 鳞状上皮病变

    C. 输卵管上皮病变

    D. 病毒感染

    E. 细菌感染

    F. 寄生虫

【答案】D

提问3:对以上的结果作出描述,正确的是

    A. 核呈"磨玻璃样"外观

    B. 染色质在核膜聚集,使核膜增厚

    C. 致密的嗜伊红核内包涵体

    D. 具有镶嵌状上皮细胞

    E. 多核的上皮细胞

    F. 以上均正确

【答案】F

提问4:若为感染性病变,考虑的感染是

    A. 微生物感染:滴虫感染

    B. 微生物感染:细菌感染

    C. 微生物感染:霉菌感染

    D. HSV 感染

    E. HPV 感染

    F. EBV 感染

【答案】D

(吴 鹤 姜 勇)

第二十五章 特殊染色技术

【A2 型题】

1. 男性,72 岁,食管肿物活检。镜下示肿瘤细胞异型性明显,梭形细胞与不规则形细胞混合存在,怪异核细胞及瘤巨细胞可见,核分裂象多见,鉴别诊断包括癌和肉瘤。以下特殊染色有助于鉴别诊断的是

   A. 过碘酸雪夫(PAS)染色

   B. 刚果红染色

   C. 弹力纤维染色

   D. 网状纤维染色

   E. 苏丹Ⅲ染色

   【答案】D

   【解析】肉瘤的网状纤维常包绕单个细胞,癌的网状纤维包绕癌细胞聚集的巢团,因此网状纤维染色有助于二者鉴别。

2. 女性,70 岁,肺部结节,肿物切除。镜下示化脓性肉芽肿性炎,部分区域可见菌丝及孢子样物,考虑肺部真菌病。以下染色适合用于真菌检测的是

   A. PAS 染色和六胺银染色

   B. 刚果红染色和 PAS 染色

   C. 苏丹Ⅲ染色和六胺银染色

   D. 网状纤维染色和黏液卡红染色

   E. 苏丹Ⅲ染色和刚果红染色

   【答案】A

   【解析】常用的真菌染色有 PAS 染色、六胺银染色、黏液卡红染色,而刚果红用于显示淀粉样物,苏丹Ⅲ染色则显示脂质。

3. 男性,35 岁,全身皮肤广泛分布对称性红色斑块,边界欠清,伴有眉毛脱落、关节畸形及局部感觉消失。皮肤活检镜下示真皮层内弥漫性泡沫样组织细胞浸润,抗酸染色显示泡沫细胞内多量阳性杆菌。该患者的病理诊断是

   A. 结核病

   B. 麻风病

   C. 朗格汉斯细胞组织细胞增生症

   D. 结节病

   E. 梅毒

   【答案】B

   【解析】抗酸染色用于显示分枝杆菌,主要包括结核分枝杆菌和麻风杆菌,结核的主要表现为肉芽肿性炎伴干酪样坏死,而以上特点都是麻风病的特点。

4. 女性,56 岁,绝经后阴道出血,右侧卵巢类圆形肿物。切面灰黄色、细腻。镜下示梁状、绸带状和弥漫性排列的圆形或短梭形细胞,纵行核沟易见,可见瘤细胞围绕中心小圆形腔隙排列,腔隙内含嗜酸性物质。以下对该肿瘤的描述错误的是

   A. 多数患者以性激素紊乱为首发症状

   B. 纵行核沟使瘤细胞似咖啡豆样

   C. 网状纤维染色显示丰富的网状纤维包绕每个肿瘤细胞

   D. 瘤细胞围绕的圆形腔隙内嗜酸性物质过碘酸雪夫(PAS)染色阳性

   E. 为低度恶性肿瘤

   【答案】C

   【解析】老年绝经女性,卵巢结节肿物,核沟提示"咖啡豆"样形态,瘤细胞围绕中心小圆形腔隙排列,腔隙内含嗜酸性物质提示 Call-Exner 小体,以上特点均提示卵巢粒层细胞瘤,该肿瘤网状纤维较少,多包绕瘤细胞巢。

5. 男性,41 岁,喉镜下发现喉室及声带灰白色黏膜隆起,质硬。活检组织镜下示黏膜下、小

血管周围、血管壁及腺体周围可见粉染的云絮状、片状、团块状物质沉积,伴有炎细胞浸润及异物巨细胞反应,考虑淀粉样变。以下对该病描述**错误**的是

A. 分为系统性和局限性,原发性和继发性

B. 淀粉样物质刚果红染色呈橘红色

C. 淀粉样物质偏振光显微镜下呈绿色双折光

D. 甲基紫染色淀粉样物质呈蓝绿色

E. 硫黄素 T 染色可见阳性荧光

【答案】D

【解析】喉镜及活检特点均提示声带息肉伴淀粉样物沉积,淀粉样物甲基紫染色呈蓝紫色。

6. 女性,55 岁,腮腺肿物 3 年,肿物包膜不完整。切除肿物镜下示瘤细胞胞质丰富,颗粒状嗜碱性,核小、圆形、偏位,排列成腺泡状或片状,部分区域可见微囊结构,考虑腺泡细胞癌。以下描述**不支持**该诊断的是

A. 属低度恶性肿瘤,预后较好

B. 包括实性型、微囊型、滤泡型、乳头状囊性型

C. 腺泡样细胞 PAS 染色阳性,淀粉酶消化后阴性

D. 包括腺泡样细胞、闰管细胞、空泡样细胞、透明细胞、非特异性腺细胞

E. 部分肿瘤可出现高级别转化

【答案】C

【解析】涎腺腺泡细胞癌胞质内有嗜碱性颗粒,呈PAS 染色阳性,并可以抵抗淀粉酶消化,因此淀粉酶消化后仍然阳性。

7. 女性,37 岁,胃镜示胃壁弥漫增厚,蠕动差。活检组织镜下示黏膜内多量核偏位异型细胞浸润性生长,胞质黏液增多。对于该肿瘤描述正确的是

A. PAS 染色(−),阿辛蓝染色(+),黏液卡红染色(+)

B. PAS 染色(+),阿辛蓝染色(−),黏液卡红染色(+)

C. PAS 染色(+),阿辛蓝染色(+),油红染色(+)

D. PAS 染色(+),阿辛蓝染色(−),油红染色(+)

E. PAS 染色(+),阿辛蓝染色(+),黏液卡红染色(+)

【答案】E

【解析】依据描述最可能的诊断是印戒细胞癌,胞质内是黏液,而油红染色是显示脂质的,PAS 染色、阿辛兰染色和黏液卡红染色都可以显示黏液成分,因此都可以阳性。

8. 男性,35 岁,发现舌部类圆形突起,直径约0.8cm。活检后镜下示上皮下胞质丰富,含有嗜酸性颗粒的细胞片状分布,细胞核小而深染,瘤细胞免疫组化标记表达 S-100。对于该肿瘤描述**错误**的是

A. 表面上皮常见假上皮瘤样增生

B. 胞质颗粒呈抗淀粉酶的 PAS 染色阴性

C. 食管远端为常见发病部位

D. 肿瘤生长缓慢,常无明显包膜

E. 全身各部位均可发病

【答案】B

【解析】舌部肿物,胞质丰富嗜酸性颗粒的细胞,且表达神经标志物 S-100 均提示颗粒细胞瘤,此肿瘤胞质内嗜酸性颗粒 PAS 染色阳性,并可抗淀粉酶消化,因此抗淀粉酶的 PAS 染色阳性。

9. 男性,45 岁,白血病骨髓移植后,全身严重感染。死亡后尸检发现软脑膜弥漫性不透明,脑沟内见小结节,脑内肉芽肿形成,伴多量巨噬细胞、上皮样细胞及淋巴细胞、浆细胞,巨噬细胞内见多个空泡状或亮环状小体样结构。对于该疾病描述**错误**的是

A. 脑脊液检查有助于诊断

B. 六胺银染色及 PAS 染色有助于诊断

C. 黏液卡红染色常阴性

D. 晚期可形成纤维瘢痕

E. 可以是全身病变的局部表现

【答案】C

【解析】病史提示患者免疫抑制,容易伴有机会性感染,脑膜弥漫性肉芽肿性结节,巨噬细胞内空泡状或亮环状小体,均提示隐球菌感染。脑部隐球菌多属于全身病变的一部分,脑脊液内可查到菌体,PAS、六胺银、黏液卡红染色均为阳性。

10. 女性,69 岁,外阴发现红色结节样突起。活检显示真皮层内多量上皮样、梭形或多形性细胞混合,呈簇状、片状或假腺样向表皮内伸入,部分细胞具有重度异型性,神经侵犯可见。免疫组化显示瘤细胞表达 HMB45 和 Melan-A。以下染色有助于诊断的是

A. 网状纤维染色

B. Masson 三色染色法

C. Crocott 银染色法

D. Masson-Fontana 氨银染色法

E. 过碘酸雪夫（PAS）染色

【答案】D

【解析】外阴侵犯表皮的异型细胞，形态多样，且表达 HMB45 和 Melan-A，均提示恶性黑色素瘤；黑色素有将氨银液还原为金属银的能力，所以 Masson-Fontana 氨银染色法可用于鉴别黑色素颗粒与其他颗粒性质。

11. 男性，7 岁，发现颈部软组织包块，近期快速增大，直径约 5cm。切除标本镜下示弥漫短梭形或小圆形原始间叶细胞，散在胞质丰富、嗜酸性的梭形或大圆形细胞，部分细胞核空泡状。免疫组化 desmin 和 MyoD1 阳性，考虑胚胎性横纹肌肉瘤。以下对该病描述正确的是

A. PAS 染色和 Masson 染色对诊断没有价值

B. 属于低度恶性肿瘤，预后较好

C. 成年人不发生此肿瘤

D. Mallory 磷钨酸-苏木素（PATH）染色有助于诊断

E. 肿瘤细胞均为原始细胞形态

【答案】D

【解析】横纹肌肉瘤嗜酸性胞质可有横纹肌分化，PATH 可以将胞质内的横纹肌纤维染成蓝紫色；Masson 也可使肌纤维染色，有助于诊断；胚胎性横纹肌肉瘤虽然儿童多见，但成人也可发生，高度恶性；肿瘤虽然多为原始细胞形态，但可伴有分化良好的横纹肌细胞。

12. 女性，45 岁，胃部不适伴反酸半年。胃镜示胃窦部黏膜充血、出血并糜烂，分泌物较多。病理活检示黏膜固有层水肿，伴较多淋巴细胞、浆细胞及中性粒细胞浸润，Warthin-Starry 银染法如图。对此疾病描述**错误**的是

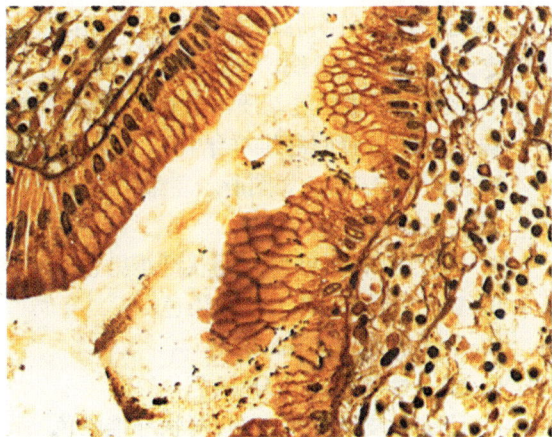

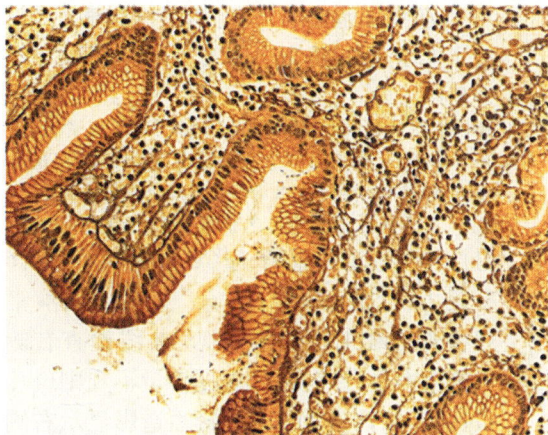

A. 可为非萎缩性胃炎或萎缩性胃炎

B. 固有层常形成有生发中心的淋巴滤泡

C. 规律有效的抗菌药可治愈

D. 与胃黏膜相关淋巴组织结外边缘区淋巴瘤的发生具有相关性

E. 是 A 型慢性萎缩性胃炎的致病因素

【答案】E

【解析】图片中可见小凹内黑色杆状小体，即幽门螺杆菌（HP），慢性胃炎包括萎缩和非萎缩胃炎都可伴有 HP 感染，萎缩性胃炎常有淋巴滤泡形成，部分胃黏膜相关淋巴组织结外边缘区淋巴瘤明确与 HP 感染相关。HP 感染同细菌感染，有效的抗生素可以治愈。A 型慢性萎缩性胃炎的发病与自身免疫机制相关，而 B 型慢性萎缩性胃炎才与 HP 感染密切相关。

13. 女性，60 岁，绝经后阴道出血 2 月余，体检发现右侧卵巢质硬肿物，大小 5cm×4cm×4cm，结节状。切面实性、淡黄色；镜下示梭形或卵圆形细胞交错、编织状排列，胞质淡染或空泡状，核圆形或卵圆形，无核沟，核分裂象罕见，苏丹Ⅲ染色如图。该病变的病理诊断是

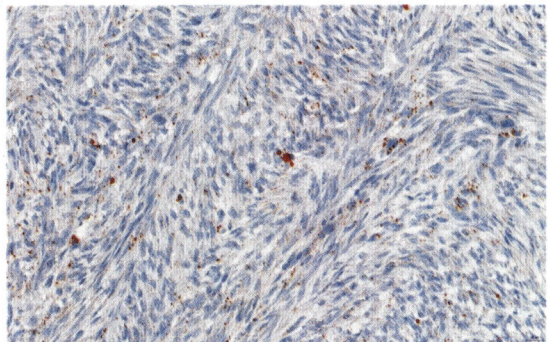

A. 平滑肌瘤　　　　B. 卵巢粒层细胞瘤

C. 卵泡膜细胞瘤   D. 神经纤维瘤

E. 胃肠道外间质瘤

【答案】C

【解析】卵巢单侧结节状肿物,切面实性、淡黄色,镜下为梭形细胞,且伴有雌激素增多常见的绝经后阴道出血,均提示卵巢性索-间质来源肿瘤,卵泡膜细胞胞质内富含脂质,苏丹Ⅲ可显示橘黄色脂滴,有助于鉴别诊断。

14. 男性,25岁,以"尿频、尿急、尿痛3个月,伴有乏力、低热、消瘦1年余"入院。尿液常规检查见红细胞及脓细胞。X线检查右侧肾脏增大呈分叶状,其内见多量不规则斑片状、云雾状钙化灶。静脉肾盂造影显示右侧肾功能完全丧失。手术切除右侧肾脏,大体显示肾脏呈囊性,皮质显著萎缩,多个空洞形成,内附干酪样坏死物,抗酸染色如图。对此疾病描述**错误**的是

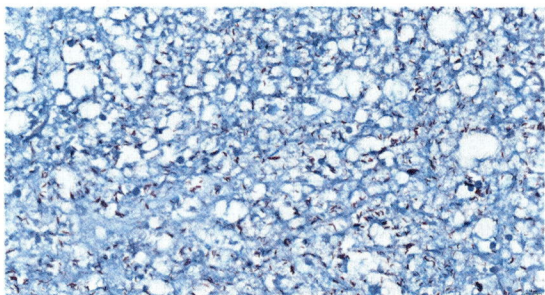

A. 病变常起始于肾髓质、皮髓质交界处

B. 多由原发灶血行播散所致

C. 肉芽肿性炎伴干酪样坏死为特征性改变

D. 浸润的炎症细胞以富含脂质的泡沫样组织细胞为主

E. 临床症状轻微,可有膀胱刺激征

【答案】D

【解析】图片示抗酸染色,可见多量玫红色阳性杆菌,提示结核病。乏力、低热、消瘦是结核常见全身症状,X线表现提示肾结核,该疾病往往临床表现轻微,而坏死物进入膀胱时,常引起尿频、尿急、尿痛的膀胱刺激征。病变常始于肾皮髓交界或肾乳头处,多由肺结核血行播散所致,肉芽肿性炎伴干酪样坏死是结核的典型镜下表现,炎症细胞主要是类上皮样细胞和淋巴细胞,而富含脂质的泡沫样组织细胞多见于黄色肉芽肿性肾盂肾炎。

15. 女性,55岁,反复腹泻2年余。体检发现颈部无痛性结节,随吞咽移动,血清降钙素124ng/L。手术切除右侧甲状腺见灰白色质硬肿物,界清,有砂粒感;镜下示多角形或圆形的中等大小细胞,呈条带状排列,部分胞质颗粒状,间质胶原玻璃样变,伴粉染的均一物沉积,钙化明显,特殊染色如图。对此疾病描述**错误**的是

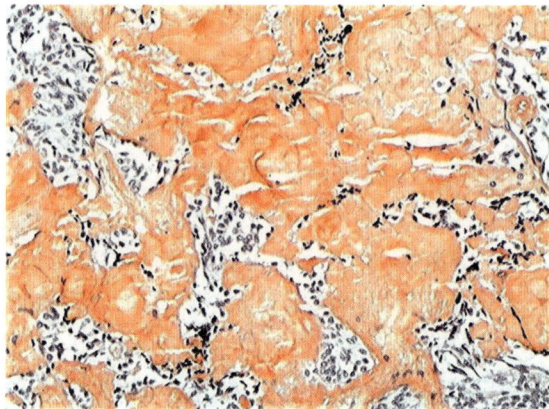

A. 刚果红染色阳性有助于诊断

B. 免疫组化显示calcitonin、CgA、Syn阳性,Tg阴性

C. 刚果红染色偏光显微镜下呈苹果绿色双折光

D. 大部分患者为家族性

E. 肿瘤起源于甲状腺的C细胞

【答案】D

【解析】图片示刚果红染色可见多量橘红色阳性物质,提示淀粉样物沉积,结合组织形态,首先考虑甲状腺髓样癌,髓样癌起源于甲状腺C细胞,能分泌降钙素,可导致腹泻。刚果红阳性物质在偏振光显微镜下呈苹果绿色双折光。髓样癌属于神经内分泌肿瘤可表达CgA和Syn,因不是来自滤泡上皮细胞,所以Tg阴性。大部分髓样癌是散发性,仅10%~20%为家族性。

16. 女性,63岁,无意间发现左肩胛骨下角处类圆形无痛包块1个月。MRI显示背阔肌深部无包膜软组织肿块,密度与肌肉相似,内含条纹状脂肪组织。切除肿物,HE染色镜下示无定形嗜伊红基质内散在粗纤维状、串珠状淡红色胶原纤维样结构。为进一步明确诊断,特殊染色如图所示。最可能的诊断及特殊染色是

A. 孤立性纤维性肿瘤,网状纤维染色

B. 弹力纤维瘤,弹力纤维染色

C. 平滑肌瘤,Masson染色

D. 结节性筋膜炎,PAS染色

E. 隆突性皮肤纤维肉瘤,网状纤维染色

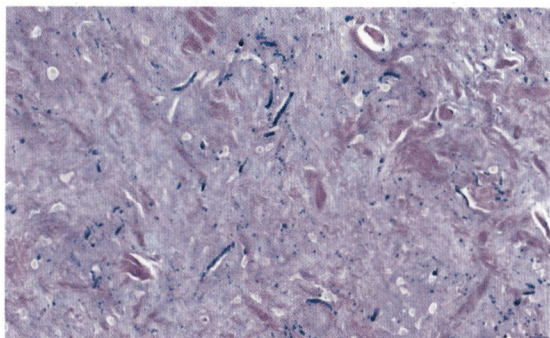

【答案】B

【解析】老年人,肩胛下角处软组织肿物,MRI提示内含脂肪组织,HE染色显示嗜伊红基质内粗纤维样物,图片示红染基质内串珠状蓝染物质,均支持弹力纤维瘤和弹力纤维染色,且其他染色方法均与图片不符合。

17. 男性,55岁,左侧鼻塞、脓涕伴恶臭1月余。有慢性鼻窦炎病史。CT显示左侧上颌窦不均匀密度增高伴斑点状钙化,无明显骨质破坏。鼻内镜手术清出黄绿色质硬、易碎团块,六胺银染色如图。最可能的诊断是

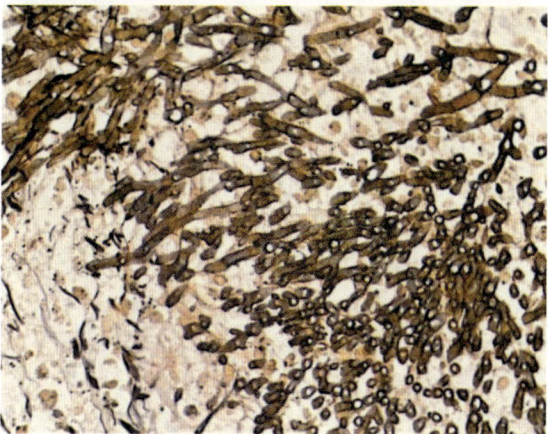

A. 鼻硬结症　　　　B. 鼻毛霉菌病
C. 梅毒　　　　　　D. 鼻孢子菌病
E. 鼻曲霉菌病

【答案】E

【解析】图片示六胺银染色,多量阳性的菌丝,提示真菌感染,可除外硬结病和梅毒,孢子菌病孢子体积较大,菌丝少见,可除外,图片示菌丝有分隔、分支呈45°锐角,提示曲霉菌,而毛霉菌菌丝宽而不一致,少分隔,分支不规则,多为直角。

18. 男性,53岁,双下肢水肿1月余。既往有类风湿关节炎病史。发现尿蛋白阳性,总量4.2g/d,血浆白蛋白23g/L,胆固醇7.1mmol/L,临床考虑肾病综合征。为进一步明确疾病类型,行肾脏穿刺及病理检查,特殊染色如图。对该染色描述**错误**的是

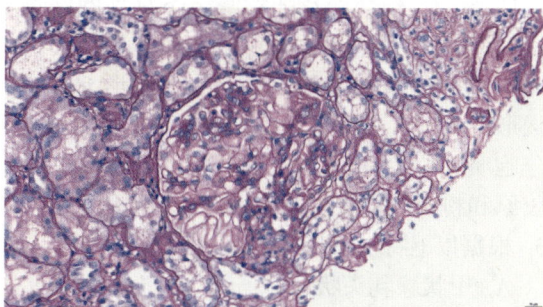

A. 用于观察肾小球基底膜状态
B. 名称:过碘酸雪夫染色
C. 常用于真菌感染的鉴别诊断
D. 可显示黏多糖
E. 无法显示软骨基质

【答案】E

【解析】图片所示肾小球及肾小管周围玫红色膜状结构,结合患者肾病综合征肾穿刺常用染色方法,提示为用于显示肾小球基底膜的PAS染色,即过碘酸雪夫染色,该染色与黏多糖结合,可用于显示真菌、软骨、基底膜等物质。

【A3/A4型题】

(1~2题共用题干)

男性,15岁,伴有乏力、低热、消瘦。颈部肿大淋巴结活检示:淋巴结结构部分破坏,呈模糊结节样,结节中央见粉染无结构坏死组织,周边类上皮样细胞及花环样多核巨细胞围绕。

1. 做何种特殊染色有助进一步诊断
　　A. Masson染色　　　B. 网状纤维染色

C. PAS 染色　　　　D. 刚果红染色

E. 抗酸杆菌染色

【答案】E

2. 患者最可能的病理诊断是

　A. 麻风

　B. 伤寒

　C. 结核病

　D. 组织细胞坏死性淋巴结炎

　E. 淋巴瘤

【答案】C

【解析】肉芽肿性炎伴坏死,伴有乏力、低热、消瘦症状,首先考虑结核,抗酸染色是显示结核分枝杆菌的重要特殊染色方法。

(3~4 题共用题干)

女性,50 岁,颈部触及随吞咽上下移动的肿物。手术切除,大体可见甲状腺内灰白色质硬肿物,无包膜,界清,有砂粒感;镜下示多角形、圆形或梭形的中等大小细胞,呈片状或条带状排列,部分胞质颗粒状,被富含血管的间质、玻璃样变的胶原和粉染的均一物分割,钙化明显。

3. 根据以上特点,最可能的疾病是

　A. 甲状腺乳头状癌

　B. 结节性甲状腺肿

　C. 甲状腺髓样癌

　D. 甲状腺未分化癌

　E. 甲状腺腺瘤

【答案】C

4. 采用何种特殊染色有助于诊断

　A. 刚果红染色　　　B. 弹力纤维染色

　C. 抗酸杆菌染色　　D. PAS 染色

　E. Masson 染色

【答案】A

【解析】颈部随吞咽移动的肿块首先考虑甲状腺来源,多角形细胞条带状排列,间质玻璃样变性和粉染均一物沉积均符合甲状腺髓样癌形态特点。髓样癌间质的粉染均一物属淀粉样物质沉积,刚果红染色阳性。

(5~7 题共用题干)

女性,55 岁,左侧卵巢结节样质硬肿物,直径 7cm,切面实性、细腻、淡黄色。镜下示梭形或卵圆形细胞弥漫分布,胞界不清,胞质丰富、淡染或空泡状,核圆形或卵圆形,无核沟,核分裂象罕见。

5. 根据以上特点,最可能的病理诊断是

　A. 卵巢粒层细胞瘤　　B. 卵泡膜细胞瘤

　C. 畸胎瘤　　　　　　D. 卵黄囊瘤

　E. Brenner 细胞肿瘤

【答案】B

6. 进行苏丹Ⅲ染色,以下提示胞质内含有脂类的改变是

　A. 胞质内见蓝色脂滴

　B. 胞质内见绿色脂滴

　C. 胞质内见粉色脂滴

　D. 胞质内见橘红色脂滴

　E. 胞质内见紫红色脂滴

【答案】D

7. 对苏丹Ⅲ染色,以下描述不正确的是

　A. 苏丹染料易融于脂肪

　B. 染色需要用冷冻切片

　C. 染色切片不能长期保存

　D. 染色要用石蜡切片

　E. 用于区别脂肪变性与糖原沉积

【答案】D

【解析】老年女性,卵巢结节样肿物,切面细腻,镜下见梭形细胞,胞质淡染,且无核沟,首先考虑性索间质来源的卵泡膜细胞瘤,此类肿瘤胞质内含有脂肪颗粒。苏丹Ⅲ染料可溶于脂肪,能区分脂肪变与糖原沉积,在胞质内显示橘红色脂滴,但只能用冰冻切片染色,且容易褪色,不能长期保存。

(8~9 题共用题干)

男性,70 岁,有多发性骨髓瘤病史。近期肠镜活检发现黏膜下血管周围及血管壁内见多量嗜酸性均一物质,考虑免疫球蛋白沉积,进行刚果红染色。

8. 刚果红染色,提示淀粉样物质沉积的表现是

　A. 淀粉样物质呈苹果绿色,偏光显微镜下呈橘红色双折光

　B. 淀粉样物质呈紫蓝色,偏光显微镜下呈苹果绿色双折光

　C. 淀粉样物质呈橘红色,偏光显微镜下呈苹果绿色双折光

　D. 淀粉样物质呈金黄色,偏光显微镜下呈蓝紫色双折光

　E. 淀粉样物质呈橘红色,偏光显微镜下呈蓝紫色双折光

【答案】C

9. 构成淀粉样物质的是
   A. 异常蛋白质
   B. 纤维蛋白-糖蛋白
   C. 纤维胶原组织
   D. 黏液物质
   E. 钙盐
   【答案】B
   【解析】淀粉样物质沉积,用刚果红染色显示为橘红色,偏振光下呈苹果绿双折光,淀粉样物质主要由纤维蛋白-糖蛋白构成。

(10~11题共用题干)
男性,45岁,胃镜示胃黏膜皱襞消失,蠕动差。活检组织镜下示黏膜内见多量异型细胞呈浸润性生长,细胞圆形,胞质丰富,核偏位易见,部分细胞胞质内可见蓝色黏液样物。

10. 最可能的病理诊断是
   A. 淋巴瘤   B. 印戒细胞癌
   C. 慢性萎缩性胃炎   D. 黄色瘤
   E. 类癌
   【答案】B

11. 为明确诊断,需要进行的特殊染色是
   A. Masson 染色
   B. 网状纤维染色
   C. 过碘酸雪夫(PAS)染色
   D. 刚果红染色
   E. 抗酸杆菌染色
   【答案】C
   【解析】胃壁蠕动差,异型细胞浸润,核偏位,且胞质内为黏液,均符合印戒细胞癌的特点,本题中的各选项中只有过碘酸雪夫染色(PAS染色)可以显示癌细胞胞质中的黏液成分。

(12~13题共用题干)
男性,40岁,以呼吸困难入院。肺部穿刺活检发现:肺泡及细支气管腔内充满粉染颗粒样物,组织细胞增多,胞质粉染。

12. 最可能的病理诊断是
   A. 放线菌病   B. 肺隐球菌病
   C. 肺部曲菌病   D. 结核病
   E. 肺泡蛋白沉积症
   【答案】E

13. 描述支持以上病理诊断的是
   A. PAS 染色可见菌丝有隔,呈锐角分支状

B. HE 染色中央可见淡蓝色区的"硫黄颗粒"
   C. 抗酸染色显示玫红色细小杆状物
   D. PAS 染色显示肺泡腔内多量红色粗颗粒状物质
   E. 黏液卡红染色显示红色圆形或出芽的菌体
   【答案】D
   【解析】肺泡及细支气管内多量粉染物高度提示肺泡蛋白沉积症,其他选项均为感染性病变不符合此特征,PAS染色可将肺泡蛋白沉积物染成红色颗粒状,其他选项表述虽正确,但与肺泡蛋白沉积症的诊断无关。

(14~15题共用题干)
男性,10岁,长期癫痫史。MRI 显示皮质浅层囊性肿物伴附壁结节。镜下示瘤细胞表现多样,梭形细胞、单个或多核瘤巨细胞混合,散在嗜伊红颗粒小体。免疫组化瘤细胞表达 GFAP,CD34,*BRAF* V600E 有突变。

14. 最可能的病理诊断是
   A. 弥漫型星形细胞瘤
   B. 间变型星形细胞瘤
   C. 多形性黄色瘤样星形细胞瘤
   D. 胶质母细胞瘤
   E. 少突胶质细胞瘤
   【答案】C

15. 以下特殊染色有助于明确诊断的是
   A. 网状纤维染色
   B. 弹力纤维染色
   C. 过碘酸雪夫(PAS)染色
   D. 刚果红染色
   E. 神经髓鞘染色
   【答案】A
   【解析】儿童,囊性肿物伴附壁结节,GFAP 阳性提示胶质细胞来源,CD34 阳性提示有神经元分化,且伴有 *BRAF* V600E 突变,只有多形性黄色瘤样星形细胞瘤符合各项特征,此类肿瘤常有多量网状纤维增生,因此网状纤维染色有助于诊断。

(16~17题共用题干)
女性,54岁,绝经后阴道出血。左侧卵巢肿物,类圆形,表面光滑,切面灰黄色、质软,镜下示圆形或短梭形小蓝染细胞,可见似"咖啡豆"纵行核沟,细胞呈梁状、绸带状和弥漫性排列,瘤细胞围绕中心小圆形腔隙排列呈 Call-Exner 小体,内含嗜酸性物质。

16. 最可能的病理诊断是
    A. 卵巢成年型粒层细胞瘤
    B. 卵巢卵泡膜细胞瘤
    C. 卵巢不成熟型畸胎瘤
    D. 卵巢卵黄囊瘤
    E. 卵巢无性细胞瘤
    【答案】A

17. Call-Exner 小体中心腔内嗜酸性物质的特点是
    A. 苏丹Ⅲ染色阳性
    B. 弹力纤维染色阳性
    C. 抗酸杆菌染色阳性
    D. 过碘酸雪夫(PAS)染色阳性
    E. 刚果红染色阳性
    【答案】D
    【解析】老年绝经女性，卵巢肿物有"咖啡豆"样纵行核沟和 Call-Exner 小体，阴道出血提示激素紊乱可能，以上特征均符合卵巢粒层细胞瘤，此肿瘤的一个特征就是 Call-Exner 小体中心腔内嗜酸性物质 PAS 染色阳性。

(18~19 题共用题干)
女性,50 岁,右侧卵巢肿物,表面光滑,结节性。切面实性、质地中等,镜下弥漫性小圆细胞。考虑卵巢粒层细胞瘤与卵泡膜细胞瘤鉴别诊断。

18. 以下特殊染色有助于鉴别诊断的是
    A. 刚果红染色
    B. Masson 三色染色法
    C. 六胺银染色
    D. 弹力纤维染色
    E. 网状纤维染色
    【答案】E

19. 对于特殊染色描述正确的是
    A. 弹力纤维染色显示弹力纤维阳性支持卵巢粒层细胞瘤的诊断
    B. 刚果红染色显示橘红色物质支持卵泡膜细胞瘤的诊断
    C. 网状纤维染色显示网状纤维丰富,包绕每个肿瘤细胞则支持卵泡膜细胞瘤
    D. 六胺银染色显示胞质内黑褐色小球支持卵泡膜细胞瘤
    E. Masson 染色显示肿瘤细胞呈红色支持卵泡膜细胞瘤
    【答案】C

【解析】卵巢性索间质肿瘤中的粒层细胞瘤与卵泡膜细胞瘤,卵泡膜细胞瘤常有网状纤维增生,因此用网状纤维染色可以鉴别,多量网状纤维缠绕每个肿瘤细胞支持卵泡膜细胞瘤,少许网状纤维围绕瘤细胞巢片则提示粒层细胞瘤。

(20~21 题共用题干)
女性,65 岁,背部肩胛骨下角之间扁圆形肿物,边界欠清。切面实性,灰白灰黄相间,HE 染色镜下示无定形嗜伊红基质内散在粗纤维状、串珠状、锯齿状或颗粒状淡红色纤维样结构。

20. 最可能的病理诊断是
    A. 孤立性纤维性肿瘤
    B. 弹力纤维瘤
    C. 平滑肌瘤
    D. 结节性筋膜炎
    E. 隆突性皮肤纤维肉瘤
    【答案】B

21. 以下染色有助于诊断的是
    A. 网状纤维染色   B. 刚果红染色
    C. PAS 染色   D. 弹力纤维染色
    E. 六胺银染色
    【答案】D
    【解析】老年人,肩胛下角处软组织肿物,嗜伊红基质内串珠状粗纤维样物,均提示弹力纤维瘤,该肿瘤诊断的重要依据是弹力纤维染色显示串珠状弹力纤维。

(22~24 题共用题干)
男性,82 岁,走路不稳、记忆障碍并间歇性失语。诊断脑血栓及阿尔茨海默病 5 年,意外跌倒后死亡。尸检发现脑重减轻,体积萎缩,脑回变窄,脑沟加深,局部大面积出血,镜下示神经细胞减少,胶质细胞增生,血管淀粉样变性。

22. 根据以上病史,下面叙述错误的是
    A. Bielschowsky 染色显示神经元纤维缠结
    B. Weil 染色显示髓鞘无明显缺失
    C. Bielschowsky 染色显示神经元及神经纤维
    D. 神经元纤维变性、缠结表现支持阿尔茨海默病
    E. 银染可将神经元纤维染成绿色
    【答案】E

23. 脑缺血后,神经元尼氏小体变化,描述错误的是
    A. 尼氏小体染色显示正常神经元中有粗颗粒状斑块

B. 尼氏小体可被碱性染料染成深红色

C. 脑缺血缺氧后,可出现尼氏小体溶解

D. 硫堇染色法是常见的尼氏小体染色方法

E. 尼氏小体染色是观察神经细胞损害的灵敏指标

【答案】B

24. 关于胶质细胞增生,描述**错误**的是

A. 胶质细胞染色不能用于胶质瘤的诊断及鉴别诊断

B. 特殊银染可显示胶质细胞及其胞突的整体形态

C. 缺血、缺氧可导致胶质细胞反应性增生

D. Cajal 染色是常用的神经胶质细胞染色

E. HE 染色一般只能显示胶质细胞核

【答案】A

【解析】阿尔茨海默病主要是神经元变性疾病,一般髓鞘无改变。Bielschowsky 染色属于银染,可将神经元纤维染成黑色,显示整个神经元纤维形态变化;尼氏小体属于嗜碱性物质,硫堇染色后呈蓝紫色粗颗粒状,脑缺血后可溶;胶质细胞染色可用于胶质瘤与脑膜瘤、室管膜瘤的鉴别诊断,Cajal 染色可将胶质细胞及突起染成紫红或紫黑色。

(25~26 题共用题干)

男性,28 岁,有冶游史,全身淋巴结肿大。淋巴结活检示淋巴结内滤泡增生,广泛浆细胞浸润,动脉炎和静脉炎可见,血管内皮肿胀,可见非干酪样肉芽肿,密螺旋体血清学检测阳性。

25. 根据以上特点,最可能的病理诊断是

A. 结核   B. 梅毒

C. 淋巴瘤   D. 结节病

E. 麻风病

【答案】B

26. 何种特殊染色有助明确诊断,描述正确的是

A. 六胺银染色显示轮廓呈黑色的空泡状真菌

B. 网状纤维染色显示多量纤维组织增生

C. Warthin-Starry 染色显示金黄色背景中黑色的螺旋体结构

D. 刚果红染色显示多量橘红色淀粉样物沉积

E. 抗酸杆菌染色显示玫红色杆菌

【答案】C

【解析】根据病史及血清学检测,最可能的诊断是梅毒,Warthin-Starry 染色可将梅毒螺旋体染成黑色,其余选项分别是隐球菌、纤维、淀粉样物和结核的染色特征,都不符合题干描述。

(27~29 题共用题干)

男性,40 岁,上腹胀痛不适、纳差半年余。胃镜检查发现胃腔变窄,充气后扩张不佳,胃壁蠕动消失,黏膜充血糜烂,活检组织 2 块。

27. 活检组织镜下形态如图所示,最有可能的诊断是

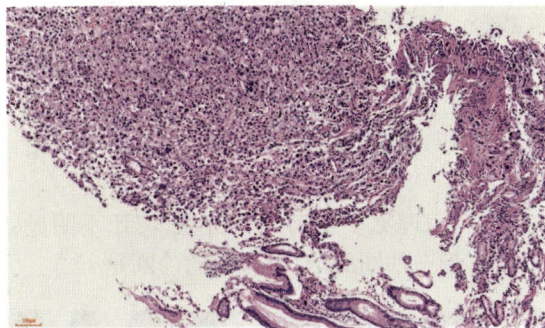

A. 黄色瘤   B. 印戒细胞癌

C. 脂肪瘤   D. 胃肠道间质瘤

E. 淋巴瘤

【答案】B

28. 下述两个阳性标志物最有可能的是

A. AE1/AE3,CEA   B. CD68,CD163

C. S-100,vimentin   D. CD117,DOG-1

E. LCA,CD20

【答案】A

29. 为进一步明确诊断,特殊染色如图所示,最可能的染色方法是

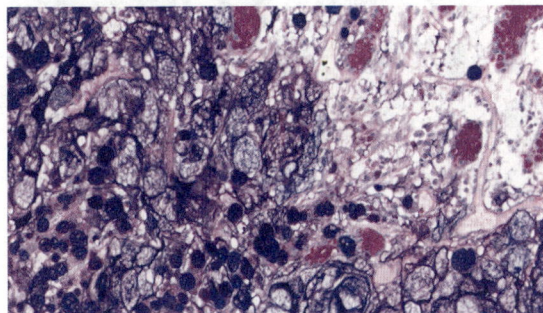

A. 刚果红染色   B. 六胺银染色

C. PAS/AB 染色   D. Masson 染色

E. 黏液卡红染色

【答案】C

【解析】HE 染色图片示黏膜内多量核偏位的印戒样细胞呈浸润性生长,结合胃镜所示皮革胃的表现最可能的诊断就是印戒细胞癌。黄色瘤组织形态虽有类似之处,但细胞没有异型性和浸润性生长,且胃镜表现多为黏膜淡黄色斑块。印戒细胞癌表达上皮标志 AE1/AE3 和 CEA。印戒样癌细胞因胞质内含有黏液,AB/PAS 染色(阿辛蓝-过碘酸雪夫染色)呈阳性,即胞质内黏液呈蓝紫色,如图片所示。

(30~31 题共用题干)

男性,45 岁,反复咳嗽 2 月余,无咯血、发热和体重减轻。CT 检查发现右肺上叶肿块 2 个,直径分别为 1.2cm 和 0.9cm,密度较均匀,边缘光滑,增强后病灶轻度强化,纵隔肺门淋巴结未见明显肿大。手术楔形切除肿物 2 个,大体边界清晰,质地中等。

30. 术后病理见多量肉芽肿性炎,坏死不明显,HE 形态如图所示,最可能的诊断是

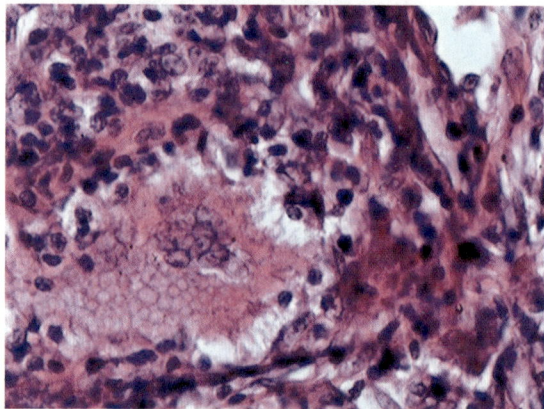

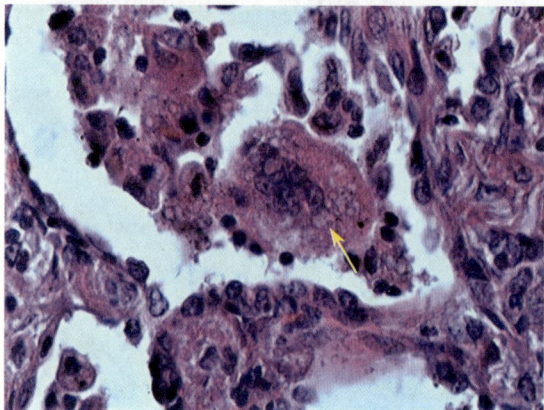

  A. 结核病   B. 结节病

  C. 肺癌   D. 肺真菌病

  E. 肺硅沉积病

【答案】D

31. 为进一步明确诊断,黏液卡红染色阴性,PAS 染色如图所示,最可能的诊断是

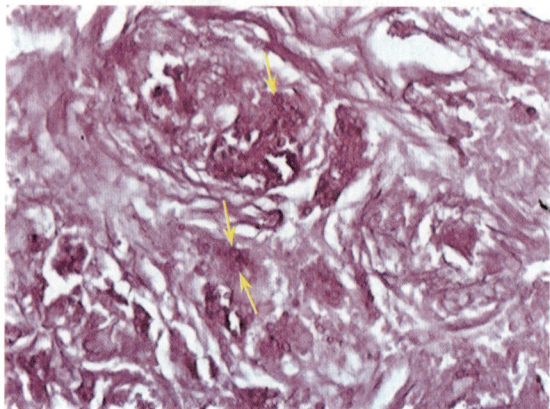

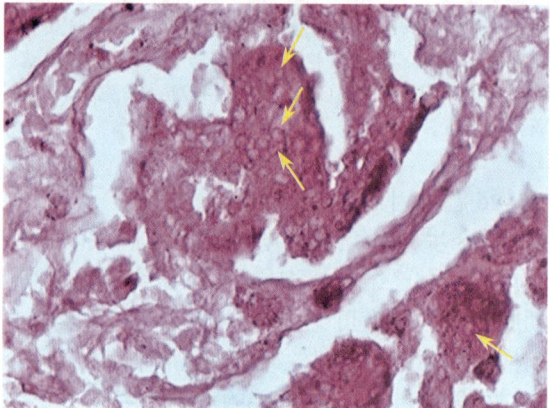

  A. 肺组织胞浆菌病   B. 肺隐球菌病

  C. 肺曲霉菌病   D. 肺毛霉菌病

  E. 肺放线菌病

【答案】A

【解析】(1) 肉芽肿性炎,多核巨细胞的胞质内可见多量淡染或透亮的亮泡,即孢子样结构,首先应考虑的就是真菌感染。

(2) 特殊染色可见胞质内多量簇状分布的孢子样物,PAS 染色阳性,且黄色箭头提示孢子内可见暗染的圆点,这些都提示肺组织胞浆菌,通过排除法也可以得到正确答案:曲霉菌、毛霉菌及放线菌都以菌丝为主,本病例主要是孢子,未见菌丝,且黏液卡红染色阴性可排除隐球菌。

(王力夫　孙 璐)

第二十六章　免疫组织化学技术

【A1 型题】

1. 下列有关免疫组化描述**错误**的是
   A. 是利用抗原抗体特异结合的原理进行检测
   B. 抗体类型分为单克隆抗体及多克隆抗体
   C. 已知抗原结构时,可以用其合成肽来作为抗原
   D. 单克隆抗体敏感性强,多克隆抗体特异性高
   E. 某些抗体既有单克隆抗体,又有多克隆抗体

   【答案】D

   【解析】单克隆抗体特异性高,多克隆抗体敏感性强。

2. 关于间接法免疫组化染色原理说法正确的是
   A. 将标志物标志在一抗上进行显色
   B. 优点为特异性高、非特异性染色轻
   C. 缺点为敏感性低,要求抗体浓度高
   D. 每一种抗体均需要用酶来标记
   E. 该染色方法的缺点是特异性差

   【答案】E

   【解析】免疫组化染色间接法是将标志物标志在第二抗体上,故特异性差。

3. 免疫组化染色方法的类别包括
   A. 直接法　　　　　B. 间接法
   C. PAP 法　　　　　D. ABC 法
   E. 以上都是

   【答案】E

   【解析】免疫组化染色方法包括直接法、间接法、PAP 法、ABC 法、SP 法等。

4. 关于免疫组化染色结果特点的描述,**错误**的是
   A. 染色结果具有特异性

   B. 免疫组化着色分布均一
   C. 免疫组化着色强度不均一
   D. DAB 染色剂显色为棕黄到棕褐色
   E. 免疫组化染色可特定于细胞或组织

   【答案】B

   【解析】免疫组化染色因细胞内抗原分布情况而出现分布不均。

5. 免疫组化染色结果判读中,细胞核着色的抗体是
   A. AE1/AE3　　　　B. PD-L1
   C. TdT　　　　　　D. Kappa
   E. CD23

   【答案】C

   【解析】TdT 为细胞核着色,其他为细胞膜着色。

6. 进行免疫组化染色时,阴性对照包括
   A. 空白对照　　　　B. 替代对照
   C. 抑制试验　　　　D. 已知阴性组织
   E. 以上都是

   【答案】E

   【解析】免疫组化染色的阴性对照包括已知阴性组织、抑制试验、替代对照、空白对照。

7. 导致免疫组化结果假阴性的原因,描述**错误**的是
   A. 操作过程中冲洗不充分
   B. 抗体间相互不匹配
   C. 标本固定不及时或固定过久
   D. 抗原修复方法不当
   E. 切片制作不当

   【答案】A

   【解析】操作过程中冲洗不充分会导致非特异性着色,一般不会产生假阴性结果。

8. 关于 PAP 免疫组化染色方法描述**错误**的是
   A. 需加入识别抗原的特异性抗体(第一抗体)

B. 需加入识别第一抗体种属免疫球蛋白 Fc
段的第二抗体

C. 需形成 PAP 复合物

D. 最后进行酶的底物显色

E. PAP 复合物是由 1 个抗辣根过氧化物酶的抗体分子与 2 个辣根过氧化物酶分子预先形成的

【答案】E

【解析】PAP 复合物是由 2 个抗辣根过氧化物酶的抗体分子与 3 个辣根过氧化物酶分子预先形成。

9. 免疫组化染色过弱时,解决方法正确的是

A. 降低抗体滴度

B. 升高孵育温度

C. 缩短 DAB 显色时间

D. 降低 DAB 浓度

E. 缩短一抗孵育时间

【答案】B

【解析】免疫组化染色过弱时,可以通过升高孵育温度、延长抗孵育时间、提高抗体滴度等方法解决。

10. 可以采用免疫组化方法进行检测,并且具有相应靶向治疗药物的抗体是

A. HER2　　　　　B. KRAS

C. SMARCA4　　　D. PIK3CA

E. STAT6

【答案】A

【解析】HER2 免疫组化染色结果 3+ 的乳腺癌患者可以接受赫赛丁靶向治疗。

11. 胃癌患者手术标本中,HER2 免疫组化染色结果 2+ 判断的阈值是

A. 1%　　　B. 5%　　　C. 10%

D. 20%　　　E. 50%

【答案】C

【解析】胃癌 HER2 免疫组化染色结果 2+ 阈值为 10%。

12. 检测结直肠癌患者微卫星不稳定性时,免疫组化指标包括

A. MLH1　　　　　B. MSH6

C. PSM2　　　　　D. MSH2

E. 以上都是

【答案】E

【解析】结直肠癌微卫星不稳定性的免疫组化指标包括 MLH1、MSH6、PSM2、MSH2。

13. 区别卵巢苗勒管上皮癌与卵巢性索间质细胞肿瘤特异性的抗体为

A. AE1/AE3　　　　B. EMA

C. CK7　　　　　D. CK20

E. P53

【答案】B

【解析】EMA 在卵巢苗勒管上皮癌中为阳性,在性索间质肿瘤中为阴性。

14. 卵巢高钙血症型小细胞癌特征性免疫组化指标为

A. CgA　　　　　B. Syn

C. TTF-1　　　　D. SMARCA4

E. calcitonin

【答案】D

15. 下列特殊染色方法中,在石蜡切片中**不适宜**开展的技术是

A. 油红 O 染色　　　B. 六胺银染色

C. Masson 染色　　　D. 刚果红染色

E. PAS 染色

【答案】A

【解析】特殊染色方法包括六胺银染色、Masson 染色、刚果红染色和 PAS 染色。

16. 流式细胞的样本包括

A. 血液　　　　　B. 悬浮细胞培养液

C. 新鲜实体瘤　　　D. 脑脊液

E. 以上都是

【答案】E

【解析】流式细胞的样本包括外周血、骨髓、各类体液(如脑脊液、胸腔积液、腹水)及人体的组织(如淋巴结、脾、肝等)。

【A2 型题】

1. 男性,60 岁,胃镜下发现胃壁肿物,最大径约 1.5cm,肿物凸向胃腔,表面黏膜光滑,中央略凹陷。镜下肿瘤细胞呈梭形,编织状排列,核分裂约 5 个/50HPF。免疫组化结果显示 CD117 阳性,DOG-1 阳性,SMA 阴性。此患者最可能的诊断为

A. 平滑肌瘤　　　　B. 平滑肌肉瘤

C. 神经鞘瘤　　　　D. 胃肠道间质瘤

E. 卡波西肉瘤

【答案】D

【解析】胃肠道间质瘤的特征性免疫组化指标为 CD117 和 DOG-1 阳性。

2. 女性,50 岁,因子宫内膜癌术前腹部 CT 检查发现阑尾尖端有一直径约 1.0cm 的占位,性质待定。术中行阑尾切除,肿物界清。镜下

见肿瘤细胞大小一致。免疫组化染色 Syn 阳性。首先考虑的诊断是

A. 阑尾囊肿

B. 阑尾神经内分泌肿瘤

C. 阑尾腺瘤

D. 阑尾转移癌

E. 化脓性阑尾炎

【答案】B

【解析】细胞大小一致，Syn 阳性，考虑阑尾神经内分泌肿瘤。

3. 男性，59 岁，体检发现左肾上极一直径 9cm 的肿物。大体可见肿物呈分叶状，无包膜，切面呈均质黄棕色。镜下可见肿瘤细胞呈大圆形或多边形，细胞膜较厚，界限较清楚有如植物细胞。丰富的磨玻璃样胞质，透明核周晕明显，Hale 胶状铁染色阳性，高分子量 CK 阳性，vimentin 局部弱阳性。该患者应诊断为

A. 透明细胞性肾细胞癌

B. 嗜酸细胞腺瘤

C. 嫌色性肾细胞癌

D. 颗粒性肾细胞癌

E. 集合管癌

【答案】C

【解析】Hale 胶状铁染色阳性为嫌色性肾细胞癌的典型特征。

4. 男性，35 岁，发现左侧睾丸无痛性肿物，直径 4cm，实性，切面为淡黄色，质韧细腻。镜下为均匀一致的胞质透明的多边形肿瘤细胞排列成巢状，纤维组织间质内有炎细胞浸润。免疫组化 PLAP、CD117 阳性。最可能的诊断是

A. 精原细胞瘤　　　B. 卵黄囊瘤

C. 胚胎型癌　　　　D. 间质细胞瘤

E. 睾丸结核

【答案】A

【解析】根据镜下特点及 IHC 阳性指标考虑精原细胞瘤。

5. 女性，9 岁，纵隔肿块。CT 引导下穿刺活检，见弥漫增生的小淋巴细胞，散在有吞噬核的巨噬细胞，呈"星空现象"，免疫组化 TDT 阳性，提示为

A. 霍奇金淋巴瘤

B. 小淋巴细胞淋巴瘤

C. 淋巴母细胞性淋巴瘤

D. MALT 淋巴瘤

E. B1 型胸腺瘤

【答案】C

【解析】弥漫增生的小淋巴细胞，散在有吞噬核的巨噬细胞，呈"星空现象"，免疫组化 TDT 阳性，均为淋巴母细胞性淋巴瘤的特点。

6. 男性，65 岁，发现右肺支气管肿物 10 天。行支气管镜活检，病理镜下示弥漫分布的异型细胞，细胞较小，呈燕麦样。免疫组化结果显示 AE1/AE3（+）、Syn（+）、CgA（+）、CD56（+）、TTF-1（+）、P40（−）、NapsinA（−）、Ki-67 指数约 80%（+）。首先考虑的肿瘤是

A. 腺癌　　　　　　B. 鳞状细胞癌

C. 小细胞癌　　　　D. 非典型类癌

E. 转移性癌

【答案】C

【解析】细胞较小，呈燕麦样，是小细胞癌的镜下特征，Syn、CgA、CD56 三个神经内分泌指标均为阳性，考虑神经内分泌肿瘤，Ki-67 指数 80%，符合小细胞癌的免疫组化表达，因此考虑为小细胞癌。

【A3/A4 型题】

（1~2 题共用题干）

男性，50 岁，咳嗽、痰中带血半年。X 线片示肺门有肿大的不规则密度影，支气管镜活检确诊非小细胞肺癌。

1. 可以作为非小细胞肺癌伴随诊断，指导患者用药的免疫组化指标为

A. P53　　　　　　B. HER2

C. EGFR　　　　　D. ALK

E. RB

【答案】D

2. 该项免疫组化指标的阳性部位为

A. 细胞膜　　　　　B. 细胞核

C. 细胞质　　　　　D. 细胞膜+细胞质

E. 细胞膜+细胞核

【答案】C

（3~4 题共用题干）

某医院病理科接收到的病理标本剖开固定后，因遇到假期而放置固定了 7 天。该批标本制作成蜡块后，进行免疫组化染色，效果差。

3. 导致免疫组化染色效果差的主要原因为

A. 过度固定增加了内源性 HRP

B. 过度固定导致组织交联掩盖抗原性

C. 过度固定增加了内源性生物素的含量

D. 过度固定增加了抗体的非特异性结合

E. 过度固定导致细胞膜表面抗原的降解

【答案】B

4. 美国临床肿瘤学会和美国病理学医师学院发布的临床实践指南中规定的最佳固定时间为

A. 3~36 小时　　　B. 6~24 小时

C. 12~24 小时　　　D. 6~48 小时

E. 12~48 小时

【答案】D

(5~6 题共用题干)

男性,81 岁,因体检发现腹部包块。大体:肿物大小 10.5cm×7cm×5cm,一侧可见胃壁,面积 2cm×2cm,肿物位于肌层与网膜之间,切面灰白质稍硬,可见坏死囊性变,一侧附少许网膜大小 5cm×4cm×0.5cm。

5. 镜下肿瘤细胞呈弥漫片状分布,细胞呈梭形,胞质嗜双色性,与周围组织界限清。最有可能的诊断是

A. 低分化癌　　　B. 平滑肌瘤

C. 胃肠道间质瘤　　D. 纤维瘤病

E. 神经鞘瘤

【答案】C

6. 免疫组化染色阳性的标志物最有可能是

A. AE1/AE3、EMA　　B. SMA、desmin

C. S-100、vimentin　　D. CD117、CD34

E. ALK、BCL2

【答案】D

【解析】胃肠道间质瘤的特征免疫组化标志为 CD117、CD34、DOG-1。

(7~8 题共用题干)

女性,38 岁,超声发现右侧乳腺占位,大小 3cm×2cm×2cm。镜下见病变与周围组织界限不清,细胞大多呈单行排列,于纤维胶原化背景中杂乱分布,细胞异型性小,核分裂象少见,部分胞质内似含黏液。

7. 对该病变最具有鉴别意义的免疫组化染色是

A. P63　　　B. P120　　　C. CK14

D. EGFR　　　E. P53

【答案】B

8. 对该病变行 ER、PR、HER2 免疫组化染色,最可能的结果是

A. ER(80% 强阳);PR(80% 强阳);HER2(0)

B. ER(−);PR(20% 弱阳);HER2(3+)

C. ER(−);PR(−);HER2(1+)

D. ER(80% 强阳);PR(80% 强阳);HER2(3+)

E. ER(−);PR(80% 强阳);HER2(3+)

【答案】A

(9~10 题共用题干)

女性,52 岁,发现甲状腺无痛性结节 3 个月。穿刺标本中,镜下形态表现为肿瘤细胞排列呈乳头状,排列拥挤,有异型性,细胞核增大,染色质空亮,偶见核内包涵体。

9. 该肿瘤最常见的基因改变为

A. BRAF　　　B. ALK　　　C. EGFR

D. TP53　　　E. EWSR1

【答案】A

10. 下列免疫组化指标在该肿瘤中阴性表达的是

A. TTF-1　　　B. calcitonin

C. CK19　　　D. galectin-3

E. thyroglobulin

【答案】B

【解析】根据镜下特点诊断为甲状腺乳头状癌,常见的基因改变为 BRAF,不表达 calcitonin。

(11~12 题共用题干)

男性,51 岁,发现腹膜后淋巴结肿大 3 个月。活检淋巴结显微镜下病理形态为:淋巴结正常结构消失,内可见弥漫增生的淋巴样细胞,细胞体积大;细胞核圆形,核仁明显,染色质细腻,细胞核内可见 2~4 个核仁。

11. 诊断该病变最有用的免疫组化标志物为

A. CD5、CD23、CD30

B. CD38、CD138、BCL6

C. SOX11、cyclinD1、CD45

D. CD3、CD4、CD8

E. CD20、PAX5、CD79a

【答案】E

12. 有助于针对该肿瘤细胞起源的进一步分型的免疫组化标志物为

A. BCL2、BCL6、CD10

B. BCL2、BCL6、Mum1

C. BCL2、CD10、Mum

D. BCL6、CD10、Mum1

E. BCL2、CD79a、CD10

【答案】D

【解析】Hans 分类方法将弥漫大 B 细胞淋巴瘤分为生发中心源性及非生发中心源性两大类。CD10、BCL6、Mum1 三个指标作为分类依据，每个指标的阳性率超过 30% 肿瘤细胞时即为阳性。CD10 阳性时提示为生发中心源性，另外 BCL6 和 Mum1 在生发中心细胞中互斥表达。

（13~14 题共用题干）

男性，50 岁，发现腮腺肿物 3 年，近期逐渐增大。肿物切除后，镜下见肿瘤呈多结节状生长，结节被纤维组织分隔，结节内肿瘤细胞生长方式多样，呈管状、乳头状、实性等，肿瘤细胞形成的腺腔内可见粉染分泌物。细胞质嗜酸性，细胞核小而均匀一致。

13. 对于该病理诊断最具有支持意义的阳性的免疫组化指标为

A. CD117　　B. DOG　　C. S-100

D. P63　　E. CK7

【答案】C

14. 该疾病特征性的基因改变为

A. *ETV6-NTRK3*　　B. *PLAG1*

C. *HMGA2*　　D. *EWSR1*

E. *HER2*

【答案】A

【解析】该病变病理诊断为涎腺类似于乳腺的分泌型癌。该病变特征性免疫组化为阳性表达 S-100，大多数病例阴性表达 DOG1。特异性基因改变为 *ETV6-NTRK3* 重排。

（15~16 题共用题干）

男性，42 岁，鼻出血就诊。鼻黏膜组织活检可见黏膜下层内弥漫分布的异型肿瘤细胞，细胞中等大小，核有异型性，核膜扭曲，肿瘤细胞常聚集在血管周围或浸润血管壁，肿瘤内可见片状坏死。

15. 该患者最可能的病理诊断为

A. 弥漫大 B 细胞淋巴瘤

B. 低分化鳞状细胞癌

C. NUT 中线癌

D. NK/T 细胞淋巴瘤

E. 外周 T 细胞淋巴瘤

【答案】D

16. 下列免疫组化抗体在该病例中阴性表达的是

A. CD56　　B. cCD3（胞质）

C. TIA-1　　D. Grazyme B

E. sCD3（胞膜）

【答案】E

【解析】根据临床特征及镜下特点诊断为 NK/T 细胞淋巴瘤，IHC 表达 CD56、cCD3、TIA-1、GrazymeB，不表达 sCD3。

（17~18 题共用题干）

女性，42 岁，体检发现肺部实性占位，直径 1.5cm。胸腔镜下楔形切除肺组织及肿物。肿物镜下形态表现为结节状生长，边界尚清楚，肿瘤细胞呈多种排列方式，如实性生长及乳头状生长，偶可见间质硬化区域。乳头状表面被覆立方状肿瘤细胞，乳头间质内为小圆形肿瘤细胞。

17. 该患者最可能的病理诊断结果为

A. 肺侵袭腺癌　　B. 肺鳞状细胞癌

C. 肺转移癌　　D. 类癌

E. 硬化性肺泡细胞瘤

【答案】E

18. 该肿瘤间质细胞阴性表达的免疫组化标记物为

A. TTF-1　　B. EMA

C. AE1/AE3　　D. CK7

E. CAM5.2

【答案】C

【解析】根据临床资料诊断为硬化性肺泡细胞瘤，本病多为体检发现，界清，CK 常阴性。

（19~20 题共用题干）

女性，40 岁，双肺弥漫性病变，呈蜂窝状。穿刺标本肺间质中可见不成熟的平滑肌细胞多灶性增生，肿瘤细胞类似上皮细胞、组织细胞或蜕膜细胞，细胞呈梭形或短梭形。

19. 该患者最可能的病理诊断是

A. 肺内脑膜瘤

B. 淋巴管平滑肌瘤病

381

C. 平滑肌瘤

D. 肺肉瘤样癌

E. 孤立性纤维性肿瘤

【答案】B

20. 对于该诊断最具有支持意义的免疫组化指标为

A. CD34　　　B. BCL2　　　C. desmin

D. S-100　　　E. HMB45

【答案】E

【解析】淋巴管平滑肌瘤病主要发生在肺部,本病可能与雌激素有一定的关系。表现为肺病变的结节性的硬化,平滑肌细胞增生,IHC 表达 HMB45。

(21~22 题共用题干)

女性,30 岁,发现胰腺占位,临床高度怀疑该病变为胰腺实性假乳头状瘤。

21. 关于该病变描述正确的是

A. 该肿瘤为良性肿瘤

B. 该病变不会发生转移

C. 肿瘤一般直径超过 10cm,无包膜

D. 瘤细胞核一致,常有纵沟,胞质中等、嗜酸性

E. 基本结构为肿瘤细胞呈巢状排列,间质内偶见血管

【答案】D

22. 该肿瘤阴性表达的免疫组化标志物为

A. CD99　　　　　　B. CgA

C. Syn　　　　　　　D. β-catenin

E. CD10

【答案】B

【解析】胰腺实性假乳头状瘤多为良性,较大,8~10cm,分界清楚,少数可发生转移。镜下细胞一致,核染色质均匀,常有核沟,IHC 的内分泌标志物阴性。

(23~24 题共用题干)

男性,60 岁,发现肾脏占位 3 个月。肿物切面呈多彩状,肿瘤排列呈巢状,细胞呈圆形或多边形,体积较大,包膜清楚,胞质丰富,透明或颗粒状。该病理诊断为透明细胞性肾细胞癌。

23. 如果 10 倍物镜下见肿瘤细胞核增大(直径约 15μm),略显不规则,呈细颗粒状,核仁不明显,则该肿瘤的 WHO 分级为

A. Ⅰ级　　　B. Ⅱ级　　　C. Ⅲ级

D. Ⅳ级　　　E. Ⅴ级

【答案】B

24. 该肿瘤阴性表达的免疫组化标志物为

A. CD10　　　B. CA9　　　C. CK7

D. RCC　　　E. PAX-8

【答案】C

【解析】肾细胞癌分级:(10 倍物镜下)1 级细胞核小(直径约 <10μm),核仁不可见,染色质增多。2 级细胞核增大(直径约 15μm),略显不规则,呈细颗粒状,核仁不明显。3 级细胞核不规则(直径约 20μm),核仁易见。4 级核多形性,有 1 个或多个大核仁。

(25~26 题共用题干)

女性,40 岁,发现子宫肌壁多发占位,行子宫切除术。术后病理提示子宫肌壁间可见一梭形细胞结节,结节周围与肌壁大部分分界清楚,结节内肿瘤细胞形似增生期子宫内膜间质细胞,结节内有明显增生的螺旋动脉样小血管;结节周围可见多发(4 个)指状突起插入子宫肌壁。

25. 该病变最可能的病理诊断为

A. 富于细胞性平滑肌瘤

B. 子宫内膜间质结节

C. 低级别子宫内膜间质肉瘤

D. 高级别子宫内膜间质肉瘤

E. 炎性肌纤维母细胞瘤

【答案】C

26. 该肿瘤阴性表达的免疫组化标志物为

A. CD10　　　B. desmin　　　C. ER

D. PR　　　E. SMA

【答案】B

【解析】低级别子宫内膜间质肉瘤为增生的子宫内膜间质侵入肌层,不表达 desmin。

(27~28 题共用题干)

女性,40 岁,发现子宫下段占位 4 个月。血清检测 hCG 升高。镜下肿瘤细胞侵入子宫肌壁平滑肌束但不破坏平滑肌细胞,肿瘤细胞单核,核圆或卵圆且深染,胞质丰富,嗜酸性或嗜双色性。

27. 该患者最可能的疾病是

A. ETT

B. PSTT

C. 非角化型鳞状细胞癌

D. 低分化子宫内膜样癌

E. 绒癌

【答案】B

28. 下列免疫组化指标在该肿瘤中阴性表达的是
   A. AE1/AE3　　　　B. hPL
   C. hCG　　　　　　D. E-cadherin
   E. P63

【答案】E

【解析】胎盘原位滋养细胞瘤（PSTT）较少见，多见于生育期女性，患者多因闭经、流产、葡萄胎或足月妊娠后阴道不规则出血而就诊。PSTT 是由于妊娠后中间型滋养层细胞过度增生形成的肿瘤，瘤细胞与胎盘种植部位的细胞相似，免疫组化显示 HPL（胎盘泌乳素）阳性细胞比 hCG 阳性细胞更多，但 P63 不表达。患者预后良好，少数可发生转移。临床罕见，多数呈良性临床经过，一般不发生转移，预后良好。

(29~30 题共用题干)

女性，45 岁，既往有宫颈腺癌病史。本次超声发现双侧卵巢多房囊性占位。镜下可见囊肿表面被覆黏液上皮，大部分表现为单层柱状上皮，小灶可见交界性黏液性肿瘤改变，初步考虑卵巢病变为转移性宫颈癌。

29. 以下病理特征**不符合**转移性病变特征的是
   A. 双侧卵巢病变
   B. 卵巢肿物直径小于 10cm
   C. 同时伴发卵巢成熟型囊性畸胎瘤
   D. 卵巢表面受累
   E. 卵巢内可见脉管内瘤栓

【答案】C

30. 以下免疫组化阳性支持该转移癌诊断的是
   A. CK7　　　B. CK20　　　C. STAT6
   D. PAX-8　　E. P16

【答案】E

【解析】宫颈癌一般不伴发卵巢成熟型囊性畸胎瘤，P16 阳性表达。

(31~32 题共用题干)

男性，50 岁，发现肩背部肿瘤 1 年。肿物生长缓慢，呈圆形，境界较清楚。镜下见肿瘤细胞位于真皮内，由大小一致的梭形成纤维细胞组成，富于细胞，细胞核深染，核分裂可见，肿瘤内血管丰富，瘤细胞排列呈席纹状，局灶浸润生长至真皮内脂肪组织。

31. 该患者最可能的疾病是
   A. 孤立性纤维性肿瘤

B. 隆突性皮肤纤维肉瘤
C. 真皮纤维瘤
D. 深部良性纤维组织细胞瘤
E. 未分化肉瘤

【答案】B

32. 该肿瘤特征性的免疫组化标志物为
   A. AE1/AE3　　　　B. desmin
   C. CD34　　　　　　D. CD99
   E. SMA

【答案】C

【解析】隆突性皮肤纤维肉瘤细胞特征性的免疫组化标记物为 CD34，提示可能为神经鞘膜细胞起源。

(33~34 题共用题干)

男性，75 岁，发现前列腺增大 4 个月，伴有小便不畅。血清检测 PSA 升高。肛门指诊可扪及肿块，并伴发腹股沟淋巴结肿大。

33. 该患者最可能的疾病是
   A. 慢性前列腺炎
   B. 前列腺结节状增生
   C. 前列腺癌
   D. 睾丸囊肿
   E. 黄色瘤

【答案】C

【解析】患者为老年男性，是前列腺癌的好发人群，PSA 升高，有肿块及淋巴结肿大等信息都提示前列腺癌的可能性大。

34. 如需加做免疫组化，则下列指标最合适的是
   A. PLAP　　　　　　B. P504S
   C. P40　　　　　　D. PTH
   E. PAX-2

【答案】B

【解析】P504S 是前列腺癌的较敏感的标志物，在正常前列腺组织中不表达。

(35~36 题共用题干)

男性，40 岁，右肩部皮下见一隆起型肿物，直径 1.5cm，生长缓慢，质硬，界不清。镜下见梭形细胞呈编织状排列，有异型性，核分裂象 3 个/10HPF。免疫组化 CD34 弥漫强阳性。

35. 最可能的诊断是
   A. 增生性肌炎
   B. 纤维组织细胞瘤
   C. 纤维肉瘤

D. 隆突性皮肤纤维肉瘤

E. 恶性纤维组织细胞瘤

【答案】D

36. 关于该病下列说法**不正确**的是

A. 肿物无完整包膜

B. 表皮隆起

C. 有一定的异型性

D. 切除后不复发

E. 肿瘤细胞 vimentin、CD34 阳性

【答案】D

【解析】隆突性皮肤纤维肉瘤为低度恶性,复发率高,且常多次复发,转移率低。治疗以扩大切除为主,切除后易复发。

(37~38 题共用题干)

男性,22 岁,膝关节肿痛 1 月余,近日疼痛加剧,夜间为甚。局部红、肿、痛。X 线示股骨下端呈小斑片状破坏,可见钙化及新骨形成。镜下见大量肿瘤性软骨细胞及软骨基质区,花边骨及不规则编织骨,并见梭形肉瘤细胞。

37. 该患者的病理诊断应为

A. 成骨细胞型骨肉瘤

B. 软骨肉瘤

C. 骨肉瘤

D. 成软骨细胞型骨肉瘤

E. 去分化软骨肉瘤

【答案】D

38. 其免疫组化结果最有可能出现阳性的是

A. S-100　　　B. NSE

C. AE1/AE3　　D. Syn

E. CD34

【答案】A

【解析】当肿瘤组织中除见到肿瘤性骨样组织和骨组织外,并出现 1/2 以上的肿瘤性软骨细胞和软骨基质(软骨肉瘤样结构)成分时,即为成软骨细胞型骨肉瘤。

(39~40 题共用题干)

女性,65 岁,发现右肺肿物 10 天。行 CT 引导下穿刺活检。病理镜下示大量浸润性生长的异型细胞团,并可见粉染角化珠。

39. 首先考虑的肿瘤是

A. 腺癌　　　B. 鳞状细胞癌

C. 错构瘤　　D. 小细胞癌

E. 肺类癌

【答案】B

40. 如加做免疫组化,下列最合适的特异性标志物是

A. CK5/6　　　B. P16

C. NapsinA　　D. Syn

E. CEA

【答案】A

【解析】细胞异型,并可见角化珠,考虑角化性鳞状细胞癌。CK5/6 是鳞状细胞癌的特异性标志物。

(师晓华　姜勇)

第二十七章 分子病理技术

【A2 型题】

1. 女性,47 岁,因"发现颈部淋巴结肿大"就诊。CT 发现肺部有 1.8cm×1.2cm×1.0cm 占位,穿刺结果为非小细胞肺癌。行 *EGFR* 基因突变检测,未发现突变,欲进行 *ALK* 检测。下列可以进行检测的方法是

   A. IHC   B. NGS   C. FISH

   D. RT-PCR   E. 以上均可

   【答案】E

2. 男性,32 岁,因"胃部不适"就诊。发现胃小弯大小约 3.5cm×2.0cm×1.0cm 肿物,术后确诊为胃肠道间质瘤(GIST)。胃肠道间质瘤目前发病机制研究比较透彻的,尤其基因水平主要表现在 *C-KIT* 的基因及 *PDGFRA* 基因的突变,靶向药物可以使患者获得良好的获益。*C-KIT* 及 *PDGFRA* 基因突变常见发生的外显子是

   A. *C-KIT*:exon 9、10、13、17;*PDGFRA*:16、18

   B. *C-KIT*:exon 9、10、15、17;*PDGFRA*:16、18

   C. *C-KIT*:exon 10、11、13、17;*PDGFRA*:16、18

   D. *C-KIT*:exon 10、11、15、17;*PDGFRA*:12、18

   E. *C-KIT*:exon 9、11、13、17;*PDGFRA*:12、18

   【答案】E

3. 女性,44 岁,自查发现乳腺肿物,大小约 1.5cm×1.3cm×1.0cm,术后确诊乳腺浸润性导管癌,Ⅱ级。面对下一步治疗及预测治疗疗效,可以使用 oncoltype DX 进行检测的条件是

   A. 腋窝淋巴结转移阴性,IHC 报告 ER(90% 强阳性),PR(80% 强阳性),HER2(0)

   B. 腋窝淋巴结转移阴性,IHC 报告 ER(0),PR(0),HER2(0)

   C. 腋窝淋巴结 3/3 转移,IHC 报告 ER(90% 强阳性),PR(90% 强阳性),HER2(3+)

   D. 腋窝淋巴结 3/3 转移,IHC 报告 ER(90% 强阳性),PR(90% 强阳性),HER2(3+)

   E. 腋窝淋巴结转移阴性,IHC 报告 ER(0),PR(0),HER2(3+)

   【答案】A

4. 男性,65 岁,因"消瘦 2 个月伴发热、咳嗽 1 个月"入院。胸部 CT 显示胸壁实性占位。行穿刺活检,病理诊断结果为间皮瘤。免疫组化有助于诊断的标志物为

   A. CK   B. calretinin   C. CEA

   D. EMA   E. CD99

   【答案】B

5. 老年男性,咳嗽伴咯血半年余。CT 显示右肺实性占位,术后诊断为肺腺癌。行 *EGFR* 基因检测时用一代 EGFR-TKI 治疗无效的突变是

   A. *EGFR G719X*   B. *EGFR Ex19del*

   C. *EGFR T790M*   D. *EGFR L858R*

   E. *EGFR S768I*

   【答案】C

   【解析】EGFR G719X、EGFR Ex19Del、EGFR L858R、EGFR S768I 为一代 EGFR-TKI 敏感突变,EGFR T790M 为一代 EGFR-TKI 耐药突变。

6. 女性,68 岁,发现乳腺肿物,术后确诊为乳腺浸润性导管癌,为进行靶向治疗。患者要求进行 *HER2* 基因原位杂交检测,原位杂交前对玻璃切片进行处理最重要的目的是

   A. 除去 DNA   B. 除去 RNA

C. 除去 DNA 酶　　　D. 除去 RNA 酶

E. 除去蛋白酶

【答案】D

7. 关于表观遗传学—DNA 甲基化检测,以下**不是** DNA 甲基化处理方式的是

A. 亚硫酸氢盐法

B. 甲基化免疫共沉淀法

C. APOBEC 脱氨酶法

D. Bisulfite 法

E. 甲酰胺法

【答案】E

8. 女性,38 岁,发现颈部肿物半年,进行性增大。CT 显示腋下、纵隔、腹股沟多发淋巴结肿大,考虑淋巴瘤可能性大。有助于明确诊断的基因检测是

A. *TCR* 基因重排　　B. *EGFR*

C. *C-KIT*　　　　　D. *BRAF*

E. *KRAS*

【答案】A

【解析】*TCR* 基因重排技术是检测 T 淋巴细胞克隆性增生的金标准,对于恶性淋巴瘤的早期诊断和鉴别诊断有重大意义。

9. 男性,45 岁,吸烟 20 年,发现颈部淋巴结肿大半年。CT 平扫可见右肺上叶占位,淋巴结穿刺结果为腺癌。以下最可能突变的基因为

A. *EML-ALK* 基因重排

B. *EGFR-L858R* 基因突变

C. *EGFR-L861Q* 基因突变

D. *EGFR-S768I* 基因突变

E. *CD74-ROS1* 基因重排

【答案】B

【解析】在肺癌患者中,*EGFR-L858R* 基因突变在所有选项中突变率最高,约为 20%。

10. 如图所示,非小细胞肺癌患者血清样本 NGS 检测后 *EGFR* 基因突变结果。以下说法正确的是

A. 检出 *T790M* 突变,丰度为 0.47%,突变丰度较低,可认为是假阳性

B. 检出了 *C797S* 顺式突变,丰度为 0.55%。是导致奥希替尼耐药最常见的继发突变。对目前获批的 EGFR-TKI 单药或联合治疗均耐药

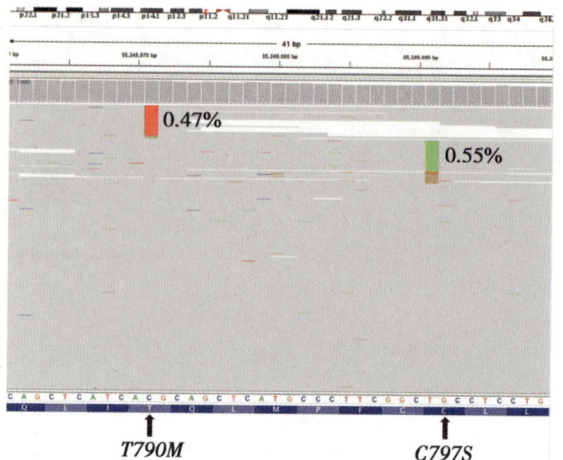

T790M　　　　　　　C797S

C. 检出了 *C797S* 反式突变,丰度为 0.55%。肿瘤细胞对奥希替尼耐药,但对第一代 EGFR-TKI 和奥希替尼联合治疗敏感

D. 检出了 *C797S* 反式突变,丰度为 0.55%。对目前获批的 EGFR-TKI 单药或联合治疗均耐药

E. 检出了 *C797S* 顺式突变,丰度为 0.55%。肿瘤细胞对奥希替尼耐药,但对第一代 EGFR-TKI 和奥希替尼联合治疗敏感

【答案】C

11. 去分化脂肪肉瘤的使用荧光原位杂交法检测得到下图结果。最有可能使用的探针是

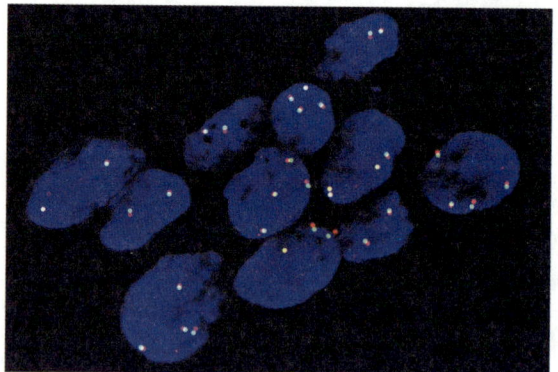

A. MDM2 分离探针

B. SS18 分离探针

C. DDIT3 分离探针

D. FOXO1 分离探针

E. EWSR1 分离探针

【答案】A

【A3/A4 型题】

（1~2 题共用题干）

女性,64 岁,11 个月前体检发现右肺上叶 1.5cm×1.0cm×0.8cm 肿物,穿刺确诊为肺腺癌。行 *EGFR* 基因突变检测结果为 19 号外显子 p.E746_A750del 突变,后按周期服用易瑞沙治疗。1 个月前胸闷气短,CT 示出现右侧胸腔积液。

1. 以下突变**最不可能**发生的是
   A. *EGFR* 20 号外显子 *T790M* 突变
   B. *KRAS* 拷贝数扩增
   C. *MET* 拷贝数扩增
   D. *ROS1* 基因 *CD74-ROS1* 融合突变
   E. *ERBB2* 拷贝数扩增
   【答案】C

2. 若检测结果为 *EGFR* 20 号外显子 p.C797S 反式突变,下一步治疗可以选用
   A. 阿法替尼
   B. 奥西替尼
   C. 厄洛替尼+奥西替尼
   D. 厄洛替尼+阿法替尼
   E. 厄洛替尼
   【答案】C

（3~4 题共用题干）

男性,74 岁,胃癌术后,氟尿嘧啶 + 铂类化疗疗效不佳,预行靶向治疗,用 FISH 法检测 *HER2* 基因。

3. 对于 HER2 探针,正确的是
   A. 红色荧光标记 *HER2* 基因,蓝色荧光探针标记 17 号染色体着丝粒
   B. 蓝色荧光标记 *HER2* 基因,红色荧光探针标记 17 号染色体着丝粒
   C. 绿色荧光标记 *HER2* 基因,红色荧光探针标记 17 号染色体着丝粒
   D. 红色荧光标记 *HER2* 基因,绿色荧光探针标记 17 号染色体着丝粒
   E. 蓝色荧光标记 *HER2* 基因,绿色荧光探针标记 17 号染色体着丝粒
   【答案】D

4. 可以使用赫赛汀进行治疗的情况是
   A. 计数细胞:20 个;HER2 信号总数:55
   CEP17 染色体信号数:47;HER2/CEP17 比值:1.15
   HER2 平均拷贝数:3.15;CEP17 平均拷贝数:2.35
   B. 计数细胞:20 个;HER2 信号总数:61
   CEP17 染色体信号数:57;HER2/CEP17 比值:1.07
   HER2 平均拷贝数:3.05;CEP17 平均拷贝数:2.85
   C. 计数细胞:20 个;HER2 信号总数:72
   CEP17 染色体信号数:57;HER2/CEP17 比值:1.26
   HER2 平均拷贝数:3.60;CEP17 平均拷贝数:2.85
   D. 计数细胞:20 个;HER2 信号总数:56
   CEP17 染色体信号数:51;HER2/CEP17 比值:1.10
   HER2 平均拷贝数:2.80;CEP17 平均拷贝数:2.55
   E. 计数细胞:20 个;HER2 信号总数:163
   CEP17 染色体信号数:83;HER2/CEP17 比值:1.96
   HER2 平均拷贝数:8.15;CEP17 平均拷贝数:4.15
   【答案】E

（5~6 题共用题干）

男性,33 岁,便血 3 天入院。影像学发现结肠占位。术后诊断为低分化癌侵及肠周组织,未见淋巴结转移。患者进行微卫星不稳定检测。

5. 进行 MSI 检测方法可以有
   A. IHC+PCR
   B. IHC+PCR+NGS
   C. PCR+NGS
   D. 一代测序+NGS
   E. 一代测序+IHC+PCR+NGS
   【答案】B

6. NCCN 推荐对所有具有结直肠癌病史的患者进行 MSI 检测,筛查林奇综合征。下列**错误**的是
   A. 一种家族性的常染色体显性遗传病,超过 90% 的 HNPCC 是由微卫星不稳定引起

B. 大多数患者会发生其他相关的肿瘤

C. 致病原因:生殖细胞中携带有 *MMR* 基因突变,因而 MMR 功能易缺陷导致 MSI 结直肠癌出现

D. 约一半的偶发性 MSI 结直肠癌会累积 *BRAF*(*V600E*)突变,但一般不会发生在林奇综合征引起结直肠癌患者中

E. *BRAF*(*V600E*)突变预示 MSS 结直肠癌患者生存率良好,适合作为 MSS/MSI-L 结直肠癌患者预后指标

【答案】E

(7~8 题共用题干)

男性,73 岁,气短 3 个月,加重 10 余天入院。影像学发现右肺门肿物,支气管活检回报肺鳞状细胞癌。患者行 NGS 检测指导后续治疗,测序结果回报:*EGFR* 21 号外显子 *L858R* 突变及 21 号外显子 *L833V* 突变。

7. *EGFR* 21 号外显子 *L833V* 突变是

A. 亮氨酸突变成了精氨酸

B. 亮氨酸突变成了缬氨酸

C. 苏氨酸突变成了蛋氨酸

D. 苏氨酸突变成了精氨酸

E. 苏氨酸突变成了缬氨酸

【答案】B

8. *EGFR* 20 号外显子 *L833V* 是 *EGFR* 罕见敏感突变类型,其他 *EGFR* 罕见突变**不包括**

A. 18 外显子 *G719X* 突变

B. 18 外显子 *E709X* 突变

C. 18 外显子 delE709_T710insD 突变

D. 20 外显子 *T790M* 突变

E. 20 外显子 *S768I* 突变

【答案】D

(9~10 题共用题干)

女性,65 岁,咳嗽胸闷 1 年,咯血 1 个月入院。CT 显示右肺实性占位,大小约 2cm×1.5cm×1.2cm。随进行手术切除,术后病理诊断为肺腺癌,后进行 *ALK* 基因检测。

9. 最常见的 *ALK* 基因融合方式为

A. *KIF5B-ALK* 融合

B. *EML4-ALK* 融合

C. *TFG-ALK* 融合

D. *PTPN3-ALK* 融合

E. *STRN-ALK* 融合

【答案】B

10. 若 *ALK* 基因检测结果为阳性,则最有效的靶向治疗为

A. 吉非替尼 B. 奥西替尼

C. 厄洛替尼 D. 阿法替尼

E. 克唑替尼

【答案】E

(11~12 题共用题干)

女性,48 岁,因"胃部不适 2 年,加重 1 个月"入院。就诊发现胃小弯肿物,后进行手术切除,术后病理结果为胃肠道间质瘤。为进一步治疗行 *C-KIT* 基因及 *PDGFRA* 基因检测。

11. 进行基因检测应选取的检测方法首选为

A. Sanger 测序 B. FISH

C. PCR D. RT-PCR

E. 流式细胞术

【答案】A

12. 若基因检测结果为 *C-KIT* 11 号外显子突变,则首选的靶向药物为

A. 色瑞替尼 B. 奥西替尼

C. 厄洛替尼 D. 伊马替尼

E. 劳拉替尼

【答案】D

(13~14 题共用题干)

男性,53 岁,因"大便带血 1 年"入院。直肠镜显示可见一菜花样肿物,镜身无法通过,考虑恶性肿瘤可能性大,后进行手术切除,术后病理回报为腺癌。

13. 为进一步治疗进行基因检测,发现 *EGFR* 基因突变。最有效的靶向用药为

A. 克唑替尼 B. 奥拉帕尼

C. 西妥昔单抗 D. 伊马替尼

E. 赫赛汀

【答案】C

14. 若检测出 *KRAS* 基因突变,则

A. 色瑞替尼有效 B. 吉非替尼有效

C. 厄洛替尼有效 D. 无有效靶向药物

E. 劳拉替尼有效

【答案】D

（15~16 题共用题干）

女性,66 岁,2 个月前意外发现右大腿肿块,无不适,无治疗。近 1 周右大腿疼痛,休息后缓解。MRI 示右大腿软组织肿块。入院后超声检查示右小腿静脉血流缓慢。镜下见分叶状脂肪组织,较成熟的软骨及骨小梁成分,大部分脂肪组织分化较成熟,部分细胞核略大,上述成分镶嵌生长,分界不清。

15. 为进一步诊断,需进行的基因检测是

　　A. *SYT* 基因　　　　　B. *EWSR1* 基因

　　C. *DDIT3* 基因　　　　D. *MDM2* 基因

　　E. *BCL2* 基因

【答案】D

【解析】镜下见分叶状脂肪组织,较成熟的软骨及骨小梁成分,大部分脂肪组织分化较成熟,部分细胞核略大,脂肪组织分化较好,略有异型,考虑为高分化脂肪肉瘤,最常见 *MDM2* 基因表达。

16. 以上基因首选的检测方法是

　　A. 荧光原位杂交

　　B. 实时荧光定量 PCR

　　C. 免疫组化

　　D. 一代测序

　　E. 二代测序

【答案】A

【解析】*MDM2* 基因首选荧光原位杂交,即 FISH 法检测。

（17~18 题共用题干）

女性,50 岁,间断咳嗽 3 个月,偶有白色痰液,无发热及夜间盗汗。CT 平扫示左肺上叶可见低密度软组织结节影,胸膜下可见钙化。

17. 为进一步确诊患者应进行的检查是

　　A. 活检　　　　　　　B. MRI

　　C. PET　　　　　　　D. 结核菌素实验

　　E. 血常规

【答案】A

18. 患者活检病理可见非典型上皮样结节及坏死,下图是采用 PCR 法检测患者结核分枝杆菌复合群的结果,以下结果及解读判断正确的是(蓝色:内控曲线,红色:检测曲线)

　　A. 阳性,可直接诊断结核病

　　B. 阴性,患者可能存在结核感染,需结合患者其他检测结果判断

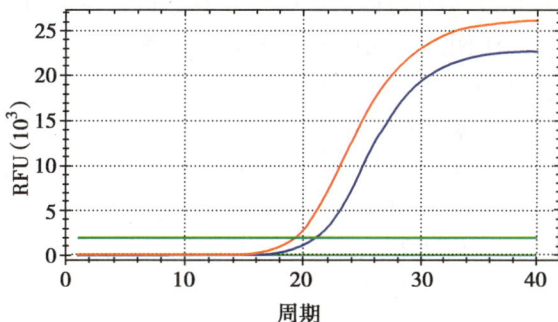

　　C. 阳性,患者可能存在结核分枝杆菌感染

　　D. 阴性,患者不排除有结核分枝杆菌感染

　　E. 以上说法均不对

【答案】C

【解析】PCR 结果为阳性,提示存在结核分枝杆菌感染。

（19~20 题共用题干）

男性,20 岁,1 个月前发现左小腿肿物,大小约 5cm×3cm。质韧,活动性差。术后病理镜下可见肿瘤由小圆细胞组成,小叶间为宽窄不等的纤维性间隔。瘤细胞排列紧密,形态基本一致,核呈小圆形或卵圆形,核膜清晰、核染色质细致、均匀,可见菊形团样结构。免疫组化 CD99 弥漫强阳性表达。

19. 以下基因检测可能阳性的为

　　A. *FOXO1* 基因　　　　B. *ERBB2* 基因

　　C. *EWSR1* 基因　　　　D. *ETV6* 基因

　　E. *TFE3* 基因

【答案】C

【解析】通过病理镜下描述及免疫组化可判断为骨外尤因肉瘤,而此类肿瘤 90% 可见 *EWSR1* 基因重排。

20. 如果该肿瘤患者出现 *EWSR1-FLI1* 基因融合,以下最可能的诊断为

　　A. 骨外尤因肉瘤

　　B. 单相型滑膜肉瘤

　　C. 去分化脂肪肉瘤

　　D. 双相型滑膜肉瘤

　　E. 腺泡状横纹肌肉瘤

【答案】A

【案例分析题】

案例一　女性,62 岁,发现乳腺肿物半年,近 1 个月自觉明显体积增大而就诊。术后病理回报:乳腺浸润性导管癌Ⅲ级,可见脉管瘤栓及神

经受侵,腋窝淋巴结4/5转移。IHC报告:ER(0),PR(0),HER2(0),Ki-67(阳性细胞数80%)。病史询问时发现患者母亲、姐姐均因卵巢癌去世。

提问1:患者最有可能的发生的基因突变是

  A. *TP53*

  B. *MSI*

  C. *BRCA1/2*

  D. *NTRC*

  E. *P16*

  F. *APC*

 【答案】C

提问2:进行基因检测的方法为

  A. 一代测序

  B. NGS

  C. ddPCR

  D. RT-PCR

  E. FISH

  F. 以上方法均可

 【答案】B

提问3:行基因检测后发现患者为高危人群,以下说法**错误**的是

  A. 患者对铂类药物更敏感

  B. 双侧乳房切除对于患者的生存没有影响

  C. 患者不适宜做保乳手术

  D. 使用奥拉帕尼可以使患者获益

  E. 一级亲属中应进行基因检测

  F. 可对健侧乳房行预防性切除

 【答案】B

提问4:若女儿想要进行相关筛查,方案为

  A. 每年定期行影像学检查

  B. 抽取新鲜外周血,离心后取血浆进行检测

  C. 抽取新鲜外周血,离心后制成细胞蜡块进行检测

  D. 粗针穿刺进行基因检测

  E. 收取足量唾液进行检测

  F. 收取任一体液进行检测

 【答案】E

案例二 女性,70岁,1年前确诊为晚期肺腺癌,行 *EGFR* 基因检测结果为 *EGFR* 21 外显子 *L858R* 基因突变,进行靶向治疗使用一代 EGFR-TKI 吉非替尼后病情得到缓解,现因骨转移再次入院。

提问1:为行基因检测明确突变位点首选的检测方法为

  A. 收集1年前组织样本进行基因检测

  B. 收集痰液进行基因检测

  C. 收集外周血进行基因检测

  D. 收集尿液进行基因检测

  E. 收集脑脊液进行基因检测

  F. 收集唾液进行基因检测

 【答案】C

提问2:行基因检测后根据结果使用靶向药物奥西替尼治疗疾病得到控制,则最可能出现的基因突变为

  A. 18 外显子 *G719X*

  B. 19 外显子 *Ex19Del*

  C. 21 外显子 *L861Q*

  D. 21 外显子 *L858R*

  E. 20 外显子 *T790M*

  F. 20 外显子插入突变

 【答案】E

提问3:患者使用奥西替尼进行靶向治疗半年后又出现脑转移,再行基因检测,则最可能出现的基因突变为

  A. 20 外显子 *C797S*

  B. 19 外显子 *Ex19Del*

  C. 21 外显子 *L861Q*

  D. 21 外显子 *L858R*

  E. 18 外显子 *G719X*

  F. 20 外显子插入突变

 【答案】A

案例三 女性,29岁,半个月前发现右小腿肿物,大小约 4cm×4cm。质韧,活动性差。CT平扫示右侧胫骨内侧肌组织类椭圆形低 T_1WI、高 T_2WI 信号,边界清楚,信号均匀,长径 3.5cm,周围肌组织片状 T_2WI 高信号。右侧胫骨骨质未见破坏征象。镜下可见梭形瘤细胞成分由相互交织密集呈束的伸长细胞组成。细胞有明显异型性,可显示有明显的血管外皮瘤样血管形成,以及局灶性致密透明变的纤维化区。如图所示。

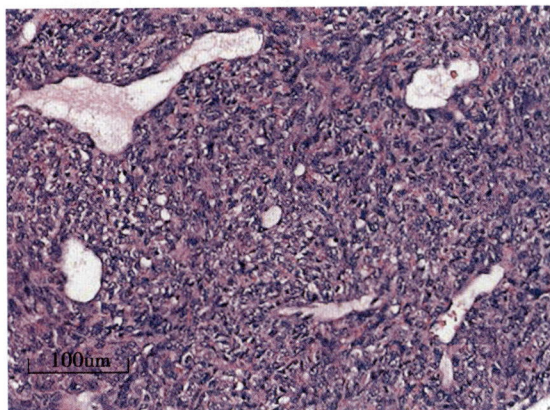

100μm

提问 1:根据以上征象,下列免疫组化组合最适合的是

    A. AE1/AE3、vimentin、BCL2、CD99、CD34、EMA

    B. AE1/AE3、vimentin、CK19、SMA、Des、calponin

    C. EMA、vimentin、CK5/6、S-100、CD56、CD31

    D. vimentin、CD34、S-100、Des、CD31、ERG

    E. EMA、vimentin、CK7、SMA、CD68、calponin

    F. vimentin、CD34、STAT6、SMA、S-100

【答案】A

提问 2:如需基因检测,患者最适合检测的基因是

    A. *EWSR1* 基因　　　B. *MDM2* 基因

    C. *DDIT3* 基因　　　D. *ALK* 基因

    E. *SYT* 基因　　　　F. *STAT6* 基因

【答案】E

提问 3:患者最可能的诊断是

    A. 纤维组织细胞瘤

    B. 单相型滑膜肉瘤

    C. 双相型滑膜肉瘤

    D. 血管周细胞肿瘤

    E. 平滑肌肉瘤

    F. 孤立性纤维性肿瘤

【答案】B

案例四　女性,56 岁,发现颈部肿物 1 年,近期进行性增大。CT 显示腋下、纵隔、腹股沟多发淋巴结肿大。

提问 1:为进一步治疗,患者应进行的检查为

    A. 血常规

    B. 淋巴结活检

    C. PET/CT

    D. MRI

    E. 骨髓活检

    F. 血液流式细胞检测

【答案】B

提问 2:患者淋巴结活检病理镜下可见丰富的中等至大的淋巴细胞弥漫增生,淋巴结结构破坏,可见大量中心母细胞,核呈圆形椭圆形或空泡样,染色质较细,有 2~4 个靠近核膜的核仁,胞质较少,双嗜性到嗜碱性。根据此描述,最可能阳性的免疫组化标志物为

    A. CD20、CD10、BCL2

    B. CD20、CD15、CD30

    C. CD20、cyclinD1、CD5

    D. CD20、CD5、MUM1

    E. BCL2、BCL6、MYC

    F. CD20、CD5、CD23

【答案】A

提问 3:经淋巴结活检病理为非霍奇金弥漫大 B 细胞淋巴瘤。患者进行了基因检测,以下说法正确的是

    A. *MYC* 和 *BCL2* 重排,该患者为双打击 B 细胞淋巴瘤

    B. *BCL2* 和 *BCL6* 重排,该患者为双打击 B 细胞淋巴瘤

    C. *MYC*、*BCL2*、*BCL6* 重排,该患者为三打击 B 细胞淋巴瘤

    D. *MYC* 和 *BCL2* 拷贝数扩增,该患者为双打击 B 细胞淋巴瘤

    E. *MYC* 和 *BCL6* 拷贝扩增,该患者为双打击 B 细胞淋巴瘤

    F. 以上说法均不正确

【答案】A

【解析】双打击 B 细胞淋巴瘤伴有 *MYC*、*BCL2* 和/或 *BCL6* 重排,以及 *BCL2* 重排和/或 *BCL6* 重排。伴有 *MYC*、*BCL2* 和/或 *BCL6* 的拷贝数获得或扩增,或伴有 *MYC*、*BCL2* 和 *BCL6* 单个基因重排,或同时伴有 *BCL2* 和 *BCL6* 基因重排均不属于双打击 B 细胞淋巴瘤。

(邓会岩　刘月平)

第三篇　模拟试卷及答案与解析

【A1 型题】

1. 关于多形性腺瘤,下列说法**错误**的是
   A. 在涎腺组织中最多见的良性肿瘤
   B. 约占涎腺良性肿瘤的 60%
   C. 大小涎腺均可发生
   D. 舌下腺发生最多
   E. 瘤细胞形态多样,组织结构复杂

2. 小肠腺帕内特细胞的特点**不包括**
   A. 位于腺底部
   B. 细胞呈锥形
   C. 三五成群
   D. 顶部胞质充满粗大的嗜酸性分泌颗粒
   E. 分泌黏液

3. 对于儿童咽部乳头状瘤来说,正确的是
   A. 常单发性
   B. 基底窄,不影响喉腔
   C. 常发生于声带,声带活动不受限
   D. 手术切除后不易复发
   E. 不容易恶变

4. 发生于鼻腔的肿瘤应**除外**
   A. 蕈样肉芽肿
   B. 淋巴上皮癌
   C. NK/T 细胞淋巴瘤
   D. 腺样囊性癌
   E. 黏液表皮样癌

5. 风湿性心肌炎病变主要累及
   A. 心肌细胞
   B. 心肌间质纤维组织
   C. 心肌间质神经组织
   D. 心肌间质结缔组织
   E. 二尖瓣

6. 下列病变**不属于**肝细胞癌的癌前病变的是
   A. 肝细胞异型增生灶
   B. 肝硬化再生结节
   C. 早期肝细胞癌
   D. 肝细胞腺瘤
   E. 异型增生结节

7. 关于多囊性间皮瘤,叙述**错误**的是
   A. 良性或惰性生长的肿瘤
   B. 肉眼为多灶性,多房性囊性肿物
   C. 镜下囊壁为增生的纤维间质,内衬单层或复层扁平或立方的间皮细胞

D. 囊内容物 PAS 阳性

E. CK、CK5/6、EMA、WT-1 阳性

8. 关于 Rathke 裂囊肿,下列叙述**错误**的是

A. 起源于 Rathke 囊残余

B. 直径通常大于 5mm

C. 囊肿可由纤毛柱状上皮构成

D. 对低分子量角蛋白免疫反应强阳性

E. Rathke 裂囊肿边缘可见钙化

9. 关于嫌色性肾细胞癌,下列说法**错误**的是

A. 最常见的肾细胞癌亚型

B. 平均发病年龄 50~60 岁

C. 约占肾肿瘤的 5%

D. 肿瘤呈实性,边界清楚,表面呈分叶状

E. 胞质呈大多角形,胞质透明略呈网状

10. 关于胚胎性癌,下列说法**错误**的是

A. 是由未分化的上皮细胞组成的睾丸恶性肿瘤

B. 常见于 25~35 岁,婴儿和儿童一般不发生该肿瘤

C. 形态单一,细胞体积较大,包膜清楚

D. 部分病例 AFP 阳性

E. 临床表现为无痛性肿大,多为单侧

11. 尖锐湿疣的镜下特点包括

A. 鳞状上皮增生、变厚

B. 鳞状上皮假上皮瘤样增生,无异型

C. 真皮浅层有少量淋巴细胞浸润

D. 真皮乳头层均质透明变性带

E. 真皮见中等量慢性炎细胞浸润,浅、中棘层呈现挖空细胞

12. 关于乳腺导管扩张症的描述正确的是

A. 多见于育龄期妇女

B. 多同时合并乳头佩吉特病

C. 不会出现乳头溢液和橘皮样外观

D. 肉眼观大导管扩张,可挤出奶黄色牙膏样物

E. 不会出现导管狭窄或闭塞

13. 霍奇金淋巴瘤最常见的组织学类型是

A. NLPHL　　　B. NSHL　　　C. LRHL　　　D. MCHL　　　E. LDHL

14. 免疫组化 ALK 阳性的肿瘤是

A. 血管球瘤

B. 横纹肌肉瘤

C. 纤维肉瘤

D. 脂肪肉瘤

E. 血管平滑肌瘤

15. 符合成骨细胞瘤特点的是

A. 多见于老年女性

B. 好发于骶骨、颅面骨和颌骨

C. 不伴发骨痛

D. 肿瘤大小多为 0.2~1cm

E. 瘤组织富含成骨细胞,细胞异型性明显,核分裂象多见。

16. 最常见的神经胶质肿瘤是

A. 星形细胞瘤

B. 少突胶质细胞瘤

C. 室管膜瘤

D. 小胶质细胞瘤

E. 多形性胶质母细胞瘤

17. 以下**不符合**鲍恩病的是

A. 是特殊类型的鳞状上皮原位癌,发展缓慢

B. 多见于中老年人,可发生于任何部位的皮肤

C. 表皮角化亢进,棘层不规则增生

D. 表皮灶性异型增生,但无浸润

E. 棘上皮局限性增生肥厚,明显角化亢进

18. 关于交感性眼炎,下列说法**错误**的是
    A. 多发生于眼球穿孔伤、钝器伤、破裂伤或眼内手术后
    B. 慢性肉芽肿性葡萄膜炎
    C. 急性前方积脓性葡萄膜炎
    D. 受伤眼称刺激眼或引交感眼
    E. 健眼在受伤后也可发生相同的炎性病变

19. 以下关于腺癌细胞描述正确的是
    A. 瘤细胞群集或散在,排列紧密或呈腺样
    B. 可见异常角化细胞、早熟角化细胞,有时可见角化珠
    C. 瘤细胞小、形态较一致,不规则条索状或紧密排列,核仁不明显
    D. 瘤细胞弥漫分布,无一定排列
    E. 细胞梭形或圆形,可见怪异细胞,核分裂象多

20. 病理组织取材块的大小最好为
    A. 2.0cm×2.0cm×0.5cm   B. 2.0cm×1.5cm×0.5cm
    C. 2.0cm×2.0cm×0.3cm   D. 2.5cm×1.5cm×0.5cm
    E. 2.0cm×1.5cm×0.3cm

21. 尸检主检人员是受过尸检训练,具有
    A. 初级以上专业职称的病理学医师或病理学教师
    B. 中级以上专业职称的病理学医师或病理学教师或病理学技师
    C. 高级以上专业职称的病理学医师或病理学教师
    D. 中级以上专业职称的病理学医师或病理学教师
    E. 中级以上专业职称的病理学医师或病理学教师或外科医师

22. 切片染色后常用中性树胶(加拿大树胶)封片,主要是因为
    A. 树胶的折射率为1   B. 树胶性状稳定,长期保存不变质
    C. 树胶与玻璃的折射率几乎相等   D. 树胶的折射率比玻璃大
    E. 树胶的折射率比玻璃小

23. 细胞学标本常用的涂片方法**不包括**
    A. 涂抹法   B. 拉片法   C. 推片法   D. 磨片法   E. 印片法

24. 关于黏液物质染色的应用**错误**的是
    A. 动脉粥样硬化   B. 黏液样脂肪肉瘤   C. 软骨黏液样纤维瘤
    D. 胃癌   E. 甲状腺乳头状癌

25. 高分化胎儿型腺癌一般使用的特异性标志物为
    A. SOX-10   B. S-100   C. PAX-8   D. SALL4   E. CD10

26. 关于PCR,下列说法**错误**的是
    A. 不仅可用于基因分离、克隆和核酸序列分析等基础研究,还可用于疾病的诊断
    B. 底物只能为DNA,RNA等不能进行
    C. 由变性-退火-延伸三个基本反应步骤构成
    D. 由高温变性、低温退火及适温延伸组成一个周期
    E. 原则是碱基配对原则

27. 胃肠道最常见的间叶源性肿瘤是
    A. 炎性肌纤维母细胞瘤   B. 平滑肌瘤   C. 胃肠间质瘤
    D. 神经鞘瘤   E. 淋巴管瘤

28. 可出现泡沫细胞的胆囊病变是
   A. 胆囊腺肌症　　　　　　　B. 胆固醇性息肉　　　　　　C. 胆囊腺瘤
   D. 胆囊腺癌　　　　　　　　E. 胆囊出血

29. 与食管癌发生无关的因素是
   A. 遗传因素　　　　　　　　B. 食管痉挛　　　　　　　　C. 食物中含较多亚硝胺
   D. 缺少微量元素　　　　　　E. 反流性试管炎

30. 结肠癌最常转移到
   A. 肝　　　　B. 脑　　　　C. 肺　　　　D. 骨　　　　E. 卵巢

31. 癌变率较高的大肠病变是
   A. 炎性息肉　　　　　　　　B. 增生性息肉　　　　　　　C. 管状腺瘤
   D. 绒毛状腺瘤　　　　　　　E. Peutz-Jeghers 息肉

32. 属于神经内分泌肿瘤的是
   A. 胰岛素瘤　　　　　　　　B. 胃泌素瘤　　　　　　　　C. 生长抑素瘤
   D. 胰高血糖素瘤　　　　　　E. 以上都是

33. 下列关于支气管哮喘的描述，错误的是
   A. 免疫学属于I型变态反应　　　　　　　B. 病理切片中可见嗜酸性粒细胞浸润
   C. 发作时常引起吸气性呼吸困难　　　　　D. 发作时可自行缓解，也可药物缓解
   E. 可引发自发性气胸

34. α1- 抗胰蛋白酶缺乏最易引起的疾病是
   A. 特发性肺间质纤维化　　　B. 过敏　　　　　　　　　　C. 急性自发性气胸
   D. 肺气肿　　　　　　　　　E. 支气管哮喘

35. 风湿性关节炎属于
   A. 化脓性炎　　　　　　　　B. 浆液性炎　　　　　　　　C. 变质性炎
   D. 纤维素性炎　　　　　　　E. 出血性炎

36. 肾盂肾炎的疾病特点不包括
   A. 主要是细菌感染
   B. 以感染革兰氏阴性菌为主
   C. 也可由真菌、衣原体、支原体或者病毒感染造成
   D. 可以出现低蛋白血症
   E. 诱因以反复的尿路结石、尿路梗阻、机体抵抗力低为主

37. 与女性外阴尖锐湿疣感染相关的是
   A. HPV 6、11 型　　　　　　B. HPV 16、18、33 型　　　C. 巨细胞病毒
   D. HIV 1 型　　　　　　　　E. 腺病毒

38. 好发于肾上腺的脂肪源性肿瘤是
   A. 脂肪肉瘤　　　　　　　　B. 冬眠瘤　　　　　　　　　C. 肌间脂肪瘤
   D. 髓性脂肪瘤　　　　　　　E. 脂母细胞瘤

39. 子宫内膜异位症最常见的部位是
   A. 输卵管　　　　　　　　　B. 子宫肌壁　　　　　　　　C. 卵巢
   D. 子宫韧带　　　　　　　　E. 阴道壁

40. 下列甲状腺肿瘤预后最好的是
   A. 乳头状癌　　　　　　　　B. 嗜酸性细胞腺癌　　　　　C. NIFTP
   D. 髓样癌　　　　　　　　　E. 滤泡癌

41. 以下**不属于**乳腺幼年性纤维腺瘤特点的是
    A. 通常发生于青少年女性乳腺　　　　B. 肿瘤界限清楚
    C. 上皮与间质同时增生　　　　　　　D. 可以有裂隙样结构
    E. 间质无细胞异型性

【A2 型题】

42. 男性,67 岁,发现舌头上有一黄豆大小肿物,近期肿物加速增大,外观呈菜花样,灰褐灰白,触之出血伴疼痛。以下诊断正确的是
    A. 转移首先经血行转移
    B. 舌鳞状细胞癌
    C. 肿瘤生长缓慢,一般不需要手术治疗
    D. 光镜下可见细胞呈腺腔样结构
    E. 此病与抽烟喝酒无关

43. 男性,35 岁,体检时超声检查发现肝左叶有一圆形无回声暗区,大小 1cm×1cm×0.8cm,囊壁规整,囊壁薄,可见分隔,内部透声好,后方回声明显增强。最可能的诊断是
    A. 肝血管瘤　　　　　　B. 肝细胞癌　　　　　　C. 肝囊肿
    D. 肝内胆管腺癌　　　　E. 肝转移肿瘤

44. 男性,46 岁,半年来鼻腔不规则出血,近来加重伴有鼻塞头痛,颈部淋巴结肿大。患者最可能的诊断为
    A. 慢性单纯性鼻炎　　　B. 慢性萎缩性鼻炎　　　C. 结核
    D. Wegener 肉芽肿　　　E. 鼻咽癌

45. 女性,44 岁,1 个月前无明显诱因出现活动后气短,伴乏力,夜间呼吸困难。CT 示肝内多发囊性病变,以第Ⅳ肝段为著。大体见肝组织内大小 15cm×12cm×5cm 的灰红质软区,界限欠清。术后病理如图。该病变免疫组化阳性的是

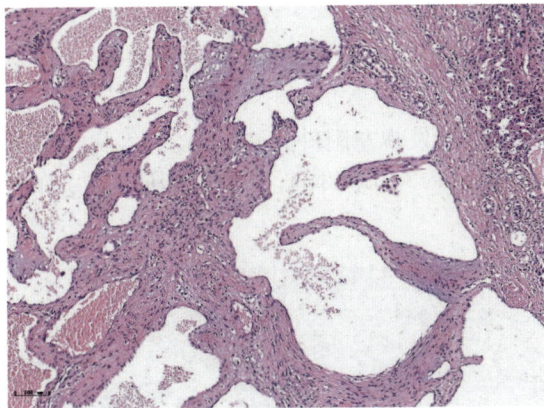

    A. CD34、CD31、F8　　　　B. HepPar-1、GS、Gly-3　　　　C. D2-40、CR、MC
    D. AE1/AE3、CK19、Villin　　E. HMB45、Mart-1、Fli-1

46. 男性,69 岁,右上肺癌根治术后第 3 天胸腔闭式引流管内持续大量气体逸出。胸部 X 线示右侧液气胸。首先应考虑的诊断是
    A. 自发性气胸　　　　　B. 肺大疱破裂　　　　　C. 切口感染合并脓胸
    D. 吻合口破裂　　　　　E. 支气管胸膜瘘

47. 男性,35岁,体检发现肝脏肿物。CT显示肿瘤边界清楚,长径4.5cm。术后切除标本切面海绵状,暗褐色;镜下可见大量扩张的血管,内衬扁平内皮细胞。此病例诊断应是

    A. 肝母细胞瘤 　　　　　　B. 海绵状血管瘤 　　　　　　C. 血管母细胞瘤

    D. 上皮样血管内皮瘤 　　　E. 肝细胞腺瘤

48. 男性,60岁,间断腹痛、腹胀1年。CT显示腹腔肿物,长径5cm,边界清楚。术后标本切面质韧,细腻、鱼肉状,可见出血及坏死;镜下可见假腺样或裂隙样结构。下列有关诊断叙述**错误**的是

    A. 镜下肿瘤呈双相分化

    B. 常见的组织亚型有双相型、上皮型、肉瘤样型、促结缔组织增生型

    C. 间皮细胞标志物阴性

    D. PAS可呈阳性

    E. 可表达NSE、CD99

49. 女性,18岁,发现右颈前肿物2周。右侧甲状腺可扪及一2cm×2cm的肿物,质硬,边界欠清,随吞咽上下活动,左侧未触及。右侧颈部可扪及数枚肿大淋巴结。术中冰冻提示甲状腺乳头状癌。下列镜下特点与诊断**无关**的是

    A. 毛玻璃样细胞核,核大,可见重叠

    B. 可见砂粒体

    C. 肿瘤形成真正的乳头(具有纤维血管轴心)

    D. 乳头具有分支,排列方向无序,被覆单层或复层立方细胞

    E. 肿瘤由大小不等的滤泡构成,肿瘤周围可见纤维包膜

50. 男性,72岁,近半年出现肉眼血尿,伴腹部疼痛,于当地医院就诊。超声显示膀胱内有一实性占位。以下诊断正确的是

    A. 腺性膀胱炎 　　　　　　B. 尿路上皮癌 　　　　　　C. 内翻性乳头状瘤

    D. 血管平滑肌脂肪瘤 　　　E. 横纹肌肉瘤

51. 男性,70岁,阴茎肿物6个月。术后病理检测,镜下可见肿瘤细胞呈实性巢状或片状,由排列致密的未分化基底细胞样小细胞构成,巢中央有坏死,部分区域可见角化。下列最有可能的是

    A. 鳞状细胞癌,基底细胞样型 　　　　B. 结节病

    C. 肉瘤样癌 　　　　　　　　　　　　D. 颗粒细胞瘤

    E. 透明细胞癌

52. 女性,26岁,因"痛经4年,体检发现左附件囊肿1月余"入院。超声示左附件区囊性占位。大体见囊壁样组织2块,(2~5)cm×3cm×0.8cm,内壁可见陈旧性出血,壁厚0.2~0.4cm。镜下表现如图。该病变的病理诊断是

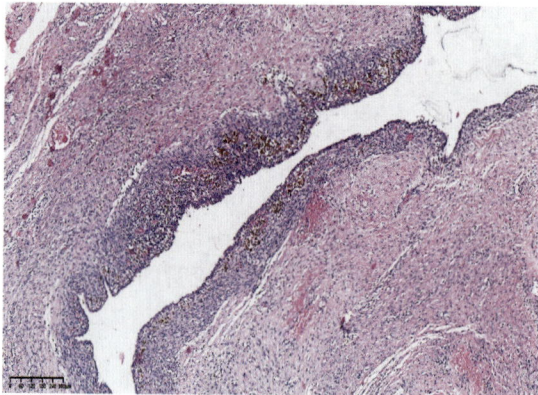

A. 卵巢囊性畸胎瘤　　　　　B. 卵巢黏液性肿瘤　　　　　C. 卵巢子宫内膜异位囊肿

D. 卵巢浆液性肿瘤　　　　　E. 卵巢囊性腺纤维瘤

53. 女性,52 岁,左乳腺发现无痛性肿块半月余。肉眼见肿物呈结节状,界清,无包膜,切面灰白质韧分叶状,见裂隙;镜下见腺上皮细胞和肌上皮细胞呈裂隙状排列;间质富于细胞,并呈叶状突入腺腔,异型性小,核分裂象罕见。最可能的诊断是

A. 乳腺纤维腺瘤　　　　　　B. 乳腺腺病瘤　　　　　　　C. 乳腺腺病

D. 乳腺良性叶状肿瘤　　　　E. 乳腺恶性叶状肿瘤

54. 男性,67 岁,外伤后腹痛,呈持续性,面色渐苍白,血压下降。查体左上腹疼痛,且有反跳痛和肌紧张。行开腹探查术,术中见腹腔内脾脏出血,行脾脏切除术。标本肉眼见脾门处不规则被膜及实质破裂,破裂处有凝血块;镜下见出血边缘区有中性粒细胞浸润。应诊断为

A. 脾大　　　　　　　　　　　　　B. 完全性脾破裂

C. 被膜下脾破裂　　　　　　　　　D. 淋巴造血系统肿瘤累及脾脏

E. 血管瘤

55. 女性,32 岁,左手中指指甲长期疼痛、隆起、深蓝色。手术切除直径 0.5cm 的肿物,镜下见圆形细胞围绕小血管形成袖套样结构。最可能的诊断是

A. 毛细血管瘤　　　　　　　B. 海绵状血管瘤　　　　　　C. 蔓状血管瘤

D. 血管球瘤　　　　　　　　E. 血管周细胞瘤

56. 男性,18 岁,股骨干骺端肿物。X 线显示骨皮质虫蚀状缺损,葱皮状骨膜增生,还可见针状骨形成和 Codman 三角。肉眼见肿瘤位于骨髓腔,灰白色、质软,有出血坏死;镜下见瘤细胞为小圆细胞,弥漫分布,或排列呈索状或团块状。免疫组化 Vimentin、NSE 阳性。最可能的诊断是

A. 骨肉瘤　　　　　　　　　　　　B. 软骨肉瘤

C. 尤因肉瘤　　　　　　　　　　　D. 成骨细胞瘤

E. 骨恶性纤维组织细胞瘤

57. 男,65 岁,头晕、耳鸣、听力下降 3 年,近期加重,遂来就诊。CT 提示左侧小脑占位性病变。行手术切除。术后病理:细胞呈梭形,境界不清,核呈梭形,相互紧密平行排列呈栅栏状或不完全的旋涡。该病最有可能为

A. 神经纤维瘤　　　　　　　B. 脑膜瘤　　　　　　　　　C. 神经鞘瘤

D. 节细胞瘤　　　　　　　　E. 髓母细胞瘤

58. 男性,70 岁,右面颊部有一直径 1cm 的浅溃疡,周围隆起,质硬。光镜下可见到成片状排列的细胞,细胞有角化,有角化珠形成,可见明显的细胞间桥。病理诊断是

A. 鳞状细胞癌　　　　　　　B. 基底细胞癌　　　　　　　C. 鲍恩病

D. 老年角化病　　　　　　　E. 腺鳞癌

59. 女性,25 岁,近期自觉右眼有异物感,翻转眼睑检查时可以发现在眼睑结膜面有紫红色或者灰红色隆起,与周围组织、皮肤没有明显粘连。诊断为睑板腺囊肿。该病说法中正确的是

A. 属于慢性肉芽肿性炎　　　　　　B. 属于寄生虫病

C. 镜下有丰富的中性粒细胞　　　　D. 恶变可能性大

E. 发病急骤

60. 女性,80 岁,诊断肺癌 2 年,近 2 个月自觉呼吸困难,喘憋严重。行胸腔积液穿刺进行脱落细胞学检查,可见细胞大小、形态不一致,群集或散在,紧密排列呈腺样,胞质可见空泡,核呈印戒样,核膜较厚,核仁大。最可能的诊断是

A. 鳞状细胞癌　　　　　　　B. 未分化癌　　　　　　　　C. 腺癌

D. 肉瘤　　　　　　　　　　E. 小细胞癌

61. 男性,69 岁,因"上腹痛 10 天,发现左肾上腺区肿物 8 天"入院。CT 示脾肾间隙实性肿物。大体见肿物大小 3cm×2.5cm×2cm,切面灰黄质韧。镜下如图所示,关于该疾病说法**错误**的是

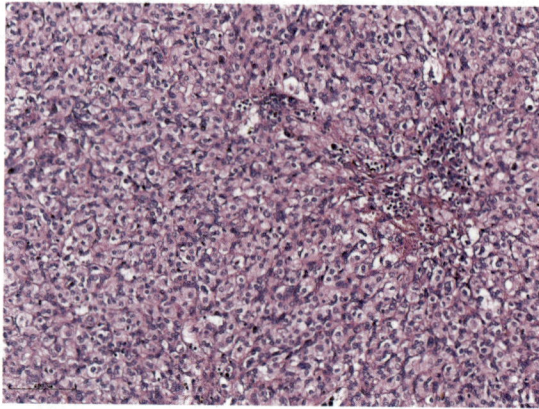

    A. 多数为单侧发生,也可双侧发生
    B. 该肿瘤只发生于肾上腺
    C. 瘤细胞胞浆可嗜酸性、嗜双色性或嗜碱性
    D. 间质可见淀粉样物质沉积、黏液样变及灶状淋巴细胞浸润
    E. 免疫组化 S-100、CgA 阳性

62. 女性,62 岁,体检发现左肾上腺占位 1 月余,切除肿物送检。大体见肿物直径 3.5cm,包膜完整,切面灰黄色质软,镜下如图所示,免疫组化 MPO、CD163 阳性。该疾病的诊断是

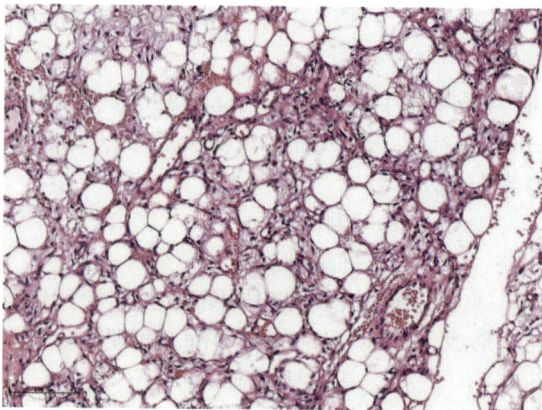

    A. 脂肪母细胞瘤   B. 髓性脂肪瘤   C. 脂肪瘤
    D. 脂肪瘤样脂肪瘤   E. 肌间脂肪瘤

63. 男性,65 岁,发现右肺支气管肿物 10 天。行支气管镜咬检,病理镜下示弥漫分布的异型细胞,细胞较小,呈燕麦样;免疫组化结果显示 AE1/AE3(+)、Syn(+)、CgA(+)、CD56(+)、TTF-1(+)、P40(−)、NapsinA(−)、Ki-67(80%)。首先考虑的肿瘤是
    A. 腺癌   B. 鳞状细胞癌   C. 小细胞癌
    D. 非典型类癌   E. 转移性癌

64. 男性,68 岁,近 50 年吸烟史,咳嗽,咯血 2 周,伴有胸痛、憋气、气喘。CT 示右肺门处占位,右侧少量胸腔积液。行支气管镜咬检,诊断为低分化鳞状细胞癌。患者进行基因检测,以下正确的是
    A. 鳞状细胞癌基因检测突变率小,可以不用进行检测,先直接用药

B. 胸腔积液也可以进行基因检测

C. 咬检组织块过小,不宜进行基因检测

D. 咬检组织蜡块与大体组织蜡块处理步骤完全相同

E. 咬检组织蜡块小,切蜡卷时可以不用每次换刀片

65. 女性,35 岁,发现颌下腺肿块 3 个月。镜下见颌下腺体积增大,导管、腺泡周围的炎大量浆细胞、淋巴细胞浸润,腺泡萎缩,腺体的间质有明显的纤维化和闭塞性静脉炎。最可能的诊断是

A. IgG4 相关性涎腺炎　　　　B. Sjogren 综合征　　　　C. 慢性阻塞性唾液腺炎

D. 淋巴上皮性唾液腺炎　　　　E. 慢性颌下腺炎

66. 男性,52 岁,上颌腭中线前部出现肿胀 3 个月。X 线片提示为囊肿。镜下见囊肿由纤维囊壁及上皮衬里组成,衬里上为纤毛柱状上皮和立方上皮,囊壁内可见黏液腺及软骨。诊断为

A. 支气管源性囊肿　　　　B. 正中囊肿　　　　C. 畸胎样囊肿

D. 腺牙源性囊肿　　　　E. 鼻腭管囊肿

67. 男性,47 岁,胃镜显示胃窦部不规则隆起性病变,活检病理诊断提示为黏膜相关淋巴组织淋巴瘤。与该疾病密切相关的微生物是

A. CMV　　　B. HP　　　C. EBV　　　D. HIV　　　E. HPV

68. 男性,59 岁,胃镜显示贲门部巨大不规则隆起,镜下显示为高分化腺癌。以下免疫组化指标对于靶向治疗有提示意义的是

A. HER2　　　B. CD10　　　C. Ki-67　　　D. CK8/18　　　E. S-100

69. 男性,43 岁,1 个月前无明显诱因出现咳嗽,咳脓痰,发热,最高体温 38.8℃,当地抗炎治疗未见明显好转。镜下可见多核巨细胞,可见小脓肿形成。可能的诊断是

A. 结核病　　　　B. 肺结节病　　　　C. 肺真菌病

D. 异物肉芽肿　　　　E. 软组织巨细胞瘤

70. 女性,53 岁,胆囊壁明显增厚,有巨大息肉样肿块。如考虑恶性,最可能为

A. 腺癌　　　　B. 乳头状癌　　　　C. 鳞状细胞癌

D. 腺鳞癌　　　　E. 未分化癌

【A3/A4 型题】

(71~72 题共用题干)

女性,68 岁。患者半年前发现右腮腺区肿块,触之不易推动,近 2 个月肿块进行性增大,曾于当地医院进行肿物切除,肿瘤包膜不完整,切开有小囊腔,腔内为黏液样物。

71. 患者病理诊断最可能是

A. 腮腺鳞状细胞癌　　　　B. 淋巴瘤　　　　C. 黏液表皮样癌

D. 腮腺炎　　　　E. 以上均不是

72. 镜下表现最可能是

A. 肿瘤由表皮样细胞、中间细胞及黏液细胞构成

B. 细胞结构正常、细胞异型性不大,无核分裂象

C. 胞质嗜碱性,呈细颗粒状

D. 瘤细胞小,形态较一致,成燕麦细胞样

E. 肿瘤由腺上皮和肌上皮构成,腺上皮细胞围成腺管状,外有透明的肌上皮细胞环绕

(73~74 题共用题干)

男性,61 岁,5 年前胸骨后灼痛并伴有吞咽困难,食管镜活检诊断为 Barrett 食管,由于未接受正规治

疗,近半年来吞咽困难加重,甚至对流食也有困难,有时出现食物反流,再次进行食管镜检查。

73. 第二次食管镜检查最可能出现的结果是

  A. 食管高分化鳞状细胞癌   B. 食管黏液表皮样癌   C. 食管小细胞癌

  D. 食管腺癌   E. 食管未分化癌

74. 首次食管镜诊断为 Barrett 食管的依据是

  A. 食管黏膜内出现胃黏膜柱状上皮化生 B. 病变处为苍白色

  C. 溃疡长轴与食管纵轴垂直   D. 溃疡表浅,为累及肌层

  E. 食管黏膜萎缩

(75~78 题共用题干)

男性,81 岁,因"体检发现腹部包块"入院。CT:腹腔占位性病变,恶性,间叶来源肿瘤,请结合临床。大体见肿物大小 10.5cm×7cm×5cm,其上可见胃壁,面积 2cm×2cm,肿物位于肌层与网膜之间,切面灰白质稍硬,可见坏死囊性变,附少许网膜大小 5cm×4cm×0.5cm。

75. 组织学形态如图所示,最有可能的诊断是

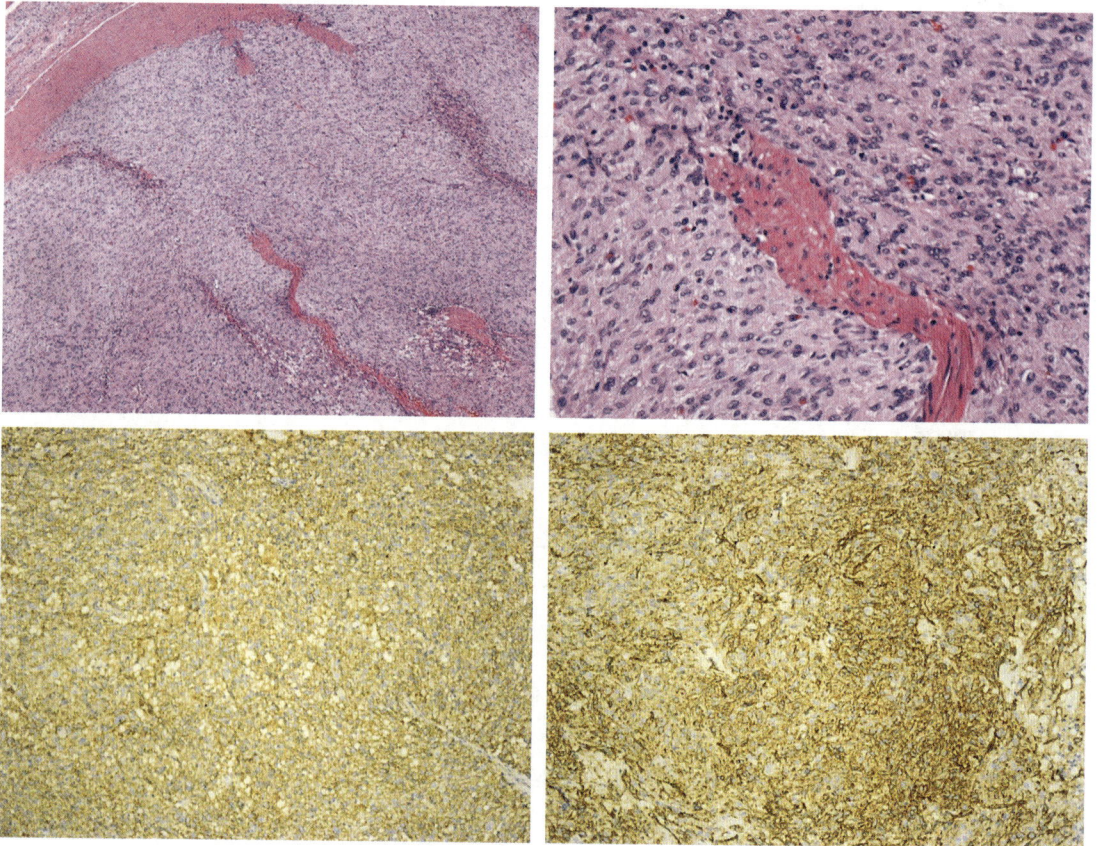

  A. 低分化癌   B. 平滑肌源性肿瘤   C. GIST

  D. 纤维/肌纤维母细胞性肿瘤 E. 神经源性肿瘤

76. 最有可能为阳性的一组标志物是

  A. AE1/AE3,EMA   B. SMA,desmin   C. CD117,CD34

  D. ALK,Bcl2   E. S-100,vimentin

77. 该病例 IHC 结果显示:CD117(+),DOG1(+),CD34(+).该类肿瘤最常见的发病部位是
    A. 食管　　　　B. 胃　　　　C. 小肠　　　　D. 结肠　　　　E. 直肠

78. 镜下计数核分裂象 2 个/50HPF,则肿瘤的危险度分组属于
    A. 极低危　　　B. 低危　　　C. 中危　　　D. 高危　　　E. 极高危

(79~80 题共用题干)

男性,37 岁。无既往史,身体健康。4 天前有急事赶路遇大雨、全身淋湿后,第 2 天开始发热。高热 3 天,咳铁锈色痰,伴胸痛。查体:右肺下叶叩诊浊音,听诊可闻及支气管呼吸音。X 线检查见大片 致密阴影。细菌学检查,铁锈色痰中检出多量肺炎双球菌。诊断为大叶性肺炎。

79. 该疾病的诊断依据是
    A. 肺泡间隔内毛细血管弥漫性扩张充血,肺泡腔内无液体渗出
    B. 肺泡间隔内毛细血管弥漫性扩张充血,肺泡腔充满纤维素及大量红细胞,其间夹有少量中性 粒细胞核巨噬细胞
    C. 肺泡间隔内毛细血管受压,肺泡腔充满大量红细胞
    D. 肺泡间隔内毛细血管受压,血流量明显减少
    E. 肺泡间隔内毛细血管受压,肺泡腔内少量变性、坏死的中性粒细胞

80. 该患者肺组织病变进展最可能处于
    A. 充血水肿期　　　　　B. 红色肝样变期　　　　　C. 灰色肝样变期
    D. 溶解消散期　　　　　E. 肺肉质变期

(81~82 题共用题干)

女性,27 岁,劳累后心悸、气短 6 年。既往有游走性关节肿痛病史。查体:双颊紫红,口唇发绀,叩诊 心界饱满,心尖区可闻及局限性舒张期隆隆样杂音。

81. 应考虑的诊断是
    A. 亚急性感染性心内膜炎　　　B. 慢性风湿性心脏病　　　C. 二尖瓣脱垂
    D. 肥厚型心肌病　　　　　　　E. 冠心病

82. 本病**不会**引起
    A. 二尖瓣狭窄　　　　　　　　B. 主动脉瓣狭窄　　　　　C. 心包纤维素渗出
    D. 心肌间质小瘢痕形成　　　　E. McCallum 斑

(83~84 题共用题干)

女性,45 岁,左上腹胀痛 3 个月。CT 显示胰腺体尾部囊性占位性病变,体积大,边界清楚;周边囊壁 及内部的不规则分隔、壁结节,增强扫描均呈渐进中度强化。术后标本镜下见囊壁内衬高柱状黏液 上皮细胞,囊内可见黏液,乳头不明显,细胞有明显异型性,核大,核仁明显,偶见不典型核分裂象。

83. 此疾病最可能的病理诊断是
    A. 实性假乳头瘤　　　　　　　B. 浆液性囊腺瘤　　　　　C. 胰腺黏液性囊性肿瘤
    D. 胰腺透明细胞癌　　　　　　E. 腺泡细胞癌

84. 对此疾病描述正确的是
    A. 可见细胞丰富的实性巢,其间有丰富的小血管,血管周围细胞围绕血管形成假乳头状排列
    B. 切面蜂窝状,囊内含有透明液体,胞质透明
    C. 上皮下可见细胞丰富的卵巢样间质
    D. 肿瘤组织内无明显的腺体形成而为实性巢状排列,瘤细胞胞质透明
    E. 细胞密集成巢状或片状,癌巢中可见腺泡或小腺腔结构,核位于基底

(85~86题共用题干)

女性,37岁,腹部体检:蛙状腹,全腹可触及一约70cm×70cm的肿物。肉眼观分叶状,部分包膜,切面灰白色,胶冻状。镜下可见大量黏液及星形或梭形间叶细胞,可见印戒样细胞漂浮,间质可见丰富的毛细血管网。

85. 此病例最可能诊断为
    A. 脂肪母细胞瘤　　　　　B. 黏液样脂肪肉瘤　　　　　C. 纤维肉瘤
    D. 黏液性纤维肉瘤　　　　E. 黏液瘤

86. 与此疾病的描述有关是
    A. 免疫组化肿瘤细胞 S-100 阳性
    B. 镜下可见人字形、羽毛状或鱼骨样排列
    C. 肿瘤组织中可见黄色瘤样细胞或含铁血黄素沉着
    D. 成熟的梭形平滑肌细胞束状排列,核呈杆状,有嗜酸性丰富的胞质
    E. 瘤细胞被致密的纤维血管间隔分隔为巢状,瘤巢中央的细胞黏附性差,形成假腺泡样结构

(87~88题共用题干)

女性,43岁,自感颈部吞咽不适,双侧颈部肿块1年余。触诊双侧颈部肿块尚光滑,质软。彩超示:双侧甲状腺肿大。实验室检查:T_4/T_3比值明显增高,血清甲状腺球蛋白增高。

87. 本例最可能诊断是
    A. 弥漫性毒性甲状腺肿　　B. 甲状腺腺瘤　　　　　　C. 结节性甲状腺肿
    D. 亚急性甲状腺炎　　　　E. 桥本氏甲状腺肿

88. 关于此疾病叙述错误的是
    A. 结节具有完整的包膜　　　　　　　B. 滤泡上皮有乳头状增生者癌变率高
    C. 结节大小、数目不等　　　　　　　D. 结节内常有出血坏死纤维化
    E. 部分滤泡增生

(89~90题共用题干)

男性,64岁。患者半年前出现腰痛,可见肉眼血尿,体检发现肾脏实性占位。CT显示肿物大小3cm×2.2cm×1.6cm。术后切除肿物,质地脆,可见出血坏死。

89. 患者病理诊断最可能是
    A. 肾炎　　　　　　　　　B. 透明细胞性肾细胞癌　　　C. 肾结核
    D. 肾脓肿　　　　　　　　E. 以上均不是

90. 与该病表现不符合的是
    A. 最常见的肾细胞癌亚型　　　　　　B. 约占肾细胞癌的 70%~80%
    C. 肿瘤一般呈灰白色　　　　　　　　D. 常见出血、坏死、囊腔形成和钙化
    E. 胞质丰富,透明或颗粒状,透明胞质富含糖原和类脂质

(91~92题共用题干)

男性,75岁,发现前列腺增大4个月,伴有小便不畅。血清检测 PSA 升高。肛门指诊可扪及肿块,并伴发腹股沟淋巴结肿大。

91. 该患者最可能的疾病是
    A. 慢性前列腺炎　　　　　B. 前列腺结节状增生　　　　C. 前列腺癌
    D. 睾丸囊肿　　　　　　　E. 黄色瘤

92. 如需加做免疫组化，则下列指标最合适的是
    A. PLAP   B. P504S   C. P40   D. PTH   E. PAX-2

(93~94 题共用题干)

女性，48 岁，诊断颈部淋巴结 NHL 10 个月，类型不详。现发现双侧卵巢肿物，切面灰白，包膜完整；镜下见卵巢结构少许残存，肿瘤细胞排列成条索状、岛状、梁状，细胞中等大，一致，核居中，核仁明显。

93. 最先应该考虑的病理诊断是
    A. Krukenberg 瘤   B. 卵泡膜细胞瘤   C. 颗粒细胞瘤
    D. 内胚窦瘤   E. 卵巢淋巴瘤

94. 卵巢淋巴瘤最常见的类型为
    A. 弥漫大 B 细胞淋巴瘤   B. Burkitt 淋巴瘤   C. 滤泡性淋巴瘤
    D. 套细胞淋巴瘤   E. 边缘带淋巴瘤

(95~96 题共用题干)

女性，56 岁，发现左乳肿物 2 月余。肿块大小 3cm×2.5cm×2cm，不易推动，质硬，界不清。

95. 为确诊肿物性质，最好采用
    A. 钼靶 X 线摄影   B. 超声断层仪   C. 溢液涂片脉
    D. CT   E. 活体组织切片检查

96. 若镜下表现为肿瘤细胞单个散在或单行排列于纤维组织中，最可能的诊断是
    A. 乳腺浸润性导管癌   B. 乳腺导管原位癌   C. 乳腺浸润性小叶癌
    D. 乳腺髓样癌   E. 乳腺黏液癌

(97~98 题共用题干)

男性，30 岁，左腋下淋巴结肿大 4 个月。肿块大小 3.5cm×3.0cm×2.0cm，质实。

97. 对明确诊断最有意义的检查方法是
    A. 局部活检   B. 完整切除肿物活检   C. 穿刺活检
    D. 超声   E. 穿刺细胞学

98. 对诊断最可靠的技术方法是
    A. 细胞涂片   B. 冷冻切片   C. 石蜡切片
    D. 免疫组化   E. 组织印片

(99~100 题共用题干)

男性，40 岁，右肩部皮下见一隆起型肿物，直径 1.5cm，生长缓慢，质硬，界不清。镜下见梭形细胞呈编织状排列，有异型性，核分裂象 3 个/HPF。免疫组化 CD34 弥漫强阳性。

99. 最可能的诊断是
    A. 增生性肌炎   B. 纤维组织细胞瘤   C. 纤维肉瘤
    D. 隆突性皮肤纤维肉瘤   E. 恶性纤维组织细胞瘤

100. 关于该病，下列说法**不正确**的是
    A. 肿物无完整包膜   B. 表皮隆起   C. 有一定的异型性
    D. 切除后不复发   E. 肿瘤细胞 Vimentin、CD34 阳性

(101~102 题共用题干)

男性,22 岁,膝关节肿痛 1 月余,近日疼痛加剧,夜间为著。局部红、肿、痛。X 线示股骨下端呈小斑片状破坏,可见钙化及新骨形成。镜下见大量肿瘤性软骨细胞及软骨基质区,花边骨及不规则编织骨,并见梭形肉瘤细胞。

101. 该患者的病理诊断应为
  A. 成骨细胞型骨肉瘤   B. 软骨肉瘤   C. 骨肉瘤
  D. 成软骨细胞型骨肉瘤   E. 去分化软骨肉瘤

102. 其免疫组化结果可以出现阳性的是
  A. S-100   B. NSE   C. AE1/AE3   D. Syn   E. CD34

(103~104 题共用题干)

女性,65 岁,主诉间断头晕,遂去医院体检。CT 示左侧顶叶一类圆形高密度影,边界尚清。术后病理回报:脑膜瘤。

103. 关于该病的说法中**错误**的是
  A. 起源于蛛网膜帽状细胞   B. 是最常见的脑膜原发肿瘤
  C. 好发于中老年人,女性多于男性   D. 均为恶性,复发率和侵袭力较高
  E. 肿瘤细胞呈大小不等同心圆状或旋涡状排列

104. 分级中**不属于** I 级的是
  A. 内皮型   B. 乳头型   C. 纤维型   D. 过渡型   E. 微囊型

(105~106 题共用题干)

女性,68 岁,左侧鼻翼沟部生长痣 30 余年,生长缓慢,无不适感。近 2 年痣块渐长,痣色加深。病变为大小较一致的基底细胞组成,肿瘤细胞聚集成团状、巢状,周边一层细胞呈栅栏样排列突向网状真皮。

105. 该疾病可能为
  A. 脂溢性角化病   B. 鳞状细胞癌   C. 基底细胞癌
  D. 鲍恩病   E. 老年角化病

106. 关于该疾病的叙述,**不正确**的是
  A. 常见于中老年人
  B. 头面部多见
  C. 肿瘤细胞常侵及表皮,而致坏死和溃疡形成
  D. 肿瘤细胞可侵及真皮深层及皮下
  E. 可见鲍温细胞

(107~108 题共用题干)

男性,32 岁,右耳间断流脓 2 年,有恶臭味。既往中耳炎病史。耳镜检查:鼓室内有角化物堆积,分泌物有恶臭。诊断为胆脂瘤。

107. 镜下表现的叙述中,**错误**的是
  A. 囊壁常不完整,被覆复层鳞状上皮
  B. 囊内含大量葱皮样角化物
  C. 囊周纤维结缔组织内炎症细胞浸润
  D. 有异物巨细胞增生或胆固醇性异物肉芽肿形成
  E. 被覆鳞状上皮异型性明显

108. 关于该病的说法中,**不正确**的是
    A. 常有中耳炎病史
    B. 胆脂瘤局部压迫可致耳鸣、眩晕
    C. 该病均为继发性
    D. 急性感染可引起迷路和颅内并发症
    E. 该疾病也可发生于耳外

(109~110 题共用题干)

男性,78 岁,近 2 个月发现左锁骨上有肿块。遂行针吸细胞学检查,检查过程中突发喘憋,呼吸困难。

109. 以下最有可能发生的是
    A. 出血   B. 气胸   C. 肿瘤种植
    D. 低血压   E. 急性心肌梗死

110. 下一步首选的检查是
    A. CT   B. MRI   C. 超声
    D. X 线   E. 超声心动图

(111~112 题共用题干)

女性,58 岁,绝经 8 年,不规则阴道出血 2 周。妇科查体:子宫轻压痛。超声检查:子宫内膜厚而不规则。

111. 为明确诊断,最常用的方法是
    A. 宫颈活检   B. 阴道镜检查   C. 分段诊刮
    D. 腹腔镜检查   E. 血清肿瘤标志物测定

112. 最可能的诊断是
    A. 黏膜下肌瘤   B. 子宫内膜癌   C. 宫颈癌
    D. 子宫肉瘤   E. 子宫内膜息肉

(113~114 题共用题干)

女性,37 岁,出现低热(午后为著)、盗汗、乏力、纳差 2 个月。CT 检查示肺部 2cm 肿物。术后标本镜下显示肿物可见坏死及非典型上皮样结节。

113. 病理医师应做何种特殊染色进行检测
    A. 弹力纤维   B. Masson   C. AB
    D. 抗酸染色   E. PAS

114. 上述患者最可能的诊断为
    A. 肺腺癌   B. 肺结核   C. 肉芽肿性炎
    D. 硬化性肺泡细胞瘤   E. 结节病

(115~116 题共用题干)

男性,59 岁,右肺下叶肿物。PET/CT 发现右肺下叶肿物,伴代谢轻度增高。大体见肿物大小 3.5cm×2.5cm×2.5cm,切面灰白质稍硬。

115. 组织学形态如图所示,最有可能的诊断是
    A. 炎性肌纤维母细胞性肿瘤   B. 神经内分泌肿瘤   C. 上皮肌上皮源性肿瘤
    D. 脑膜瘤   E. 硬化性肺泡细胞瘤

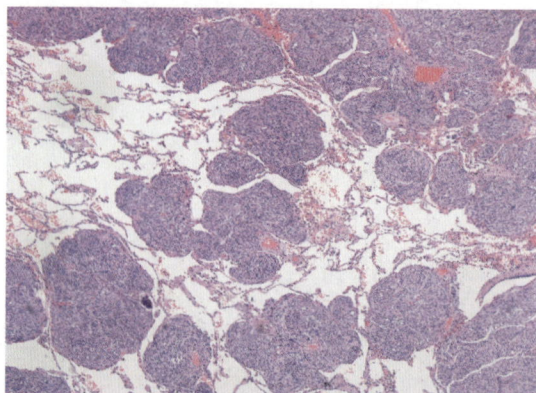

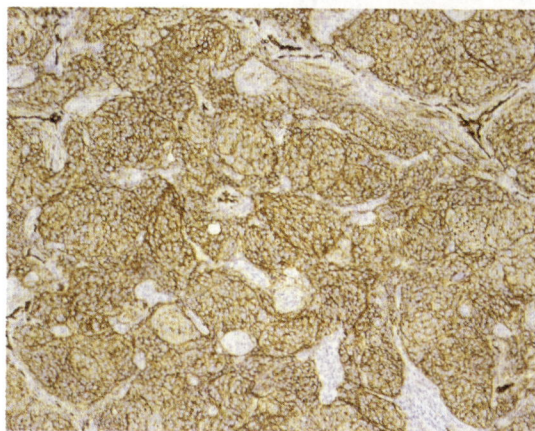

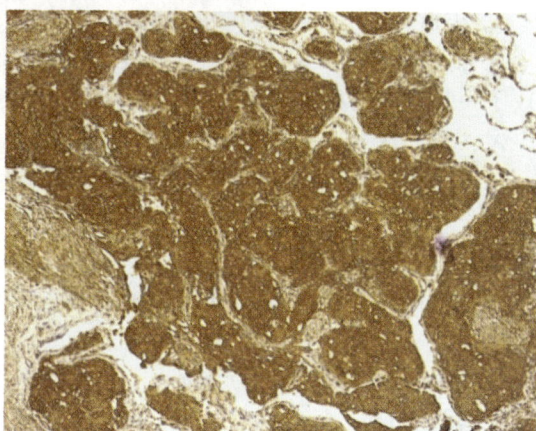

116. 以下最有可能为阳性的一组标志物是
    A. AE1/AE3、calponin
    B. CgA、Syn
    C. SMA、ALK
    D. TTF1、EMA
    E. EMA、Vimentin

（117~120 题共用题干）

男性,59 岁,咽喉部不适感 2 年,疼痛 2 个月。电子内镜检查:喉部会厌喉面可见菜花样肿物,考虑声门上喉癌(性质待活检病理)。大体见会厌喉面偏左侧见灰红隆起型肿物,大小 2.2cm×2cm×1.6cm,切面灰红质中,紧邻会厌软骨。

117. 组织学形态如图所示,最有可能的诊断是

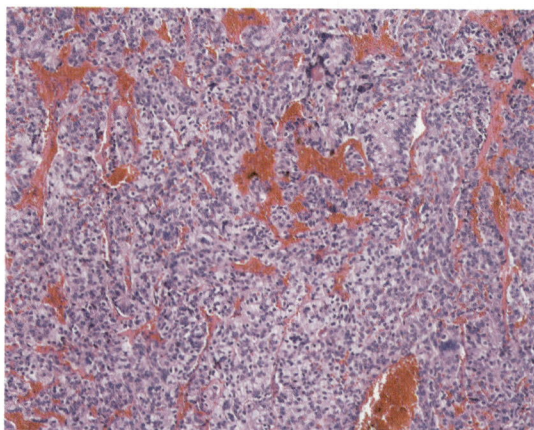

A. 神经内分泌肿瘤   B. 涎腺导管癌   C. 上皮-肌上皮源性肿瘤

D. 血管源性肿瘤   E. 鳞状细胞癌

118. 下图中显示的该病例最可能阳性的标志物是

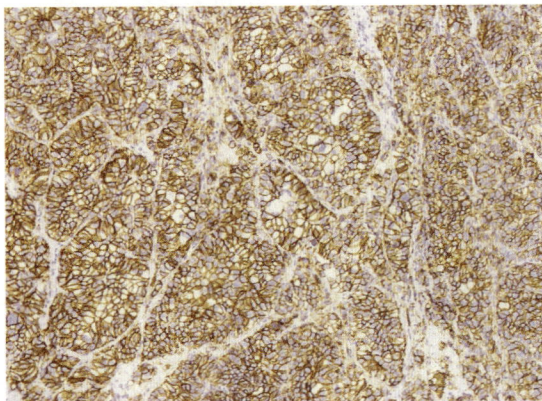

A. AR   B. CD56   C. CD10   D. CD34   E. EBER

119. 镜下呈实性巢片状排列,伴小灶坏死,核分裂象 5 个/10HPF。免疫组化结果:CK 1(+)、CD56(3+)、CgA(3+)、Syn(3+)、Ki-67(+10%)。最有可能的诊断是

A. 不典型类癌   B. 涎腺导管癌   C. 上皮-肌上皮癌

D. 血管内皮细胞瘤   E. 鳞状细胞癌

120. 补充免疫组化结果显示 CT(1+)、PTH(−),则下列合理的建议需**除外**

A. 建议临床检查血清降钙素水平

B. 和手术医师沟通病史,并建议完善相关检查

C. 需进一步除外甲状腺髓样癌转移

D. 需发补充报告考虑来源于甲状腺髓样癌

E. 除外转移癌的情况下可考虑会厌原发

(121~123 题共用题干)

女性,3 岁,体检发现胰腺占位,伴有 Becwith-Wiedemann 综合征。大体见肿物位于胰头,直径 10cm,质软,界清,包膜完整。镜下见肿瘤细胞密集,呈分叶状,有鳞状小体形成,肿瘤细胞呈多角形,细胞巢之间有丰富的间质带。

121. 该患者病理诊断为

A. 胰腺导管腺癌   B. 胰母细胞瘤   C. 胰腺腺泡细胞癌

D. 胰腺假囊肿   E. 破骨细胞样巨细胞未分化癌

122. 该病例免疫组化染色**不能**出现的结果是

A. CK8 阳性   B. AFP 阳性   C. EMA 阳性

D. CK7 阳性   E. CK19 阳性

123. 该病例最可能出现的基因改变是

A. *KRAS*   B. *BRAF*   C. *p16*   D. *TP53*   E. *APC*

(124~126 题共用题干)

男性,51 岁。有冠心病史,因"门静脉高压,上消化道急性大出血"入院。查体:巩膜黄染,有明显腹水。

124. 门静脉高压,急性上消化道出血紧急处理为

    A. 三腔管气囊压迫止血   B. 垂体后叶加压素   C. 脾、肾静脉分流术

    D. 门腔静脉分流术   E. 胃底周围血管离断术

125. 应用上述方式止血应注意

    A. 预防吸入性肺炎   B. 防止气囊滑出堵塞咽喉

    C. 每隔 12 小时将气囊放空 10~12 分钟   D. 拔罐前应给病人口服液体石蜡

    E. 以上都是

126. 如该病人需行分流术,分流指征为

    A. 脾大,脾功能亢进而无食管静脉曲张者

    B. 无腹水,血清胆红素 17μmol/L 以下,胃底曲张静脉破裂大出血

    C. 曾有大出血史,有腹水,但经治疗后腹水在短期内无消退者

    D. 有食管静脉曲张,但无出血史

    E. 以上都是

(127~128 题共用题干)

女性,45 岁,因"腰部隐痛"至医院检查。超声发现左肾肿瘤。患者不伴发热、腰痛、肉眼血尿等。超声造影示左肾癌。手术切除左肾标本,肿块大小 5cm×5cm×3cm,边界不清,切面呈灰褐色,有出血坏死,浸润性生长。

127. 最**不可能**的病理诊断是

    A. 高级别肾细胞癌   B. 肾母细胞瘤   C. 转移性恶性肿瘤

    D. 乳头状腺瘤   E. 尿路上皮癌

128. 下面说法中正确的是

    A. 乳头状肾细胞癌预后差于透明细胞性肾细胞癌

    B. 上皮样血管平滑肌瘤可发生转移

    C. 透明细胞肉瘤免疫组化 EMA 阳性

    D. 上皮样血管平滑肌脂肪瘤是来源于血管周细胞的良性间叶性肿瘤

    E. 上皮样血管平滑肌脂肪瘤约 10% 的患者伴有结节性硬化症

(129~130 题共用题干)

男性,37 岁,血清 AFP 和 β-hCG 增高,超声示睾丸占位。临床考虑为生殖细胞肿瘤,行右侧睾丸肿瘤切除术,术中见睾丸肿瘤 4.7cm 实性肿物,可见局灶出血坏死。镜下见肿瘤多种组织学构型,包括局灶的鳞状囊肿,不成熟软骨岛,散在的不成熟神经管;单核滋养层细胞和合体滋养层细胞伴出血坏死;大的多边形细胞呈管乳头状排列伴明显的中位核仁;周围生精小管内萎缩,于支持细胞和基底膜之间可见呈串珠状排列的异型生殖细胞伴 1~3 个小核仁。

129. 该患者睾丸肿瘤的生殖细胞成分**不包括**

    A. 原位生殖细胞肿瘤   B. 不成熟畸胎瘤   C. 胚胎性癌

    D. 绒毛膜癌   E. 卵黄囊瘤

130. 该患者睾丸肿瘤的遗传学基础为

    A. *TSC* 基因突变   B. *β-catenin* 基因突变   C. *EWSR1* 基因重排

    D. 12p 等臂染色体或扩增   E. *CDH1* 基因突变

(131~133 题共用题干)

老年女性,发现阴道肿块 1 个月,术后病理示阴道癌。

131. 阴道癌最常见的组织学类型为
　　A. 非角化鳞状细胞癌　　　　B. 腺癌　　　　　　　　C. 腺鳞癌
　　D. 角化鳞状细胞癌　　　　　E. 透明细胞癌

132. 阴道鳞状细胞癌常发生于
　　A. 阴道前壁下 1/3 段　　　　B. 阴道前壁上 1/3 段　　　C. 阴道后壁下 1/3 段
　　D. 阴道后壁上 1/3 段　　　　E. 阴道后壁中段

133. 阴道鳞状细胞癌最常见的症状为
　　A. 盆腔疼痛　　　　　　　　B. 阴道排液　　　　　　　C. 阴道出血
　　D. 瘙痒　　　　　　　　　　E. 异物感

(134~136 题共用题干)

男性,73 岁,发现右侧乳房肿物 3 天入院。CT 示右侧乳腺区可见 3cm×2cm 结节,边界不清,右肺上叶近肺门区可见 4cm×3cm 肿物,双肺内见多发小结节,纵隔及右侧肺门区可见多发肿大淋巴结影。镜下见瘤细胞呈巢团状、小梁状分布,核呈梭形、卵圆形,部分细胞拉长呈纺锤形,核染色质呈细颗粒状,缺乏核仁,胞质稀少,易见病理核分裂象,间质致密,在细胞巢周边呈放射状排列。

134. 可能的诊断是
　　A. 肺鳞状细胞癌转移至乳腺　　　　　B. 肺腺癌转移至乳腺
　　C. 肺腺鳞癌转移至乳腺　　　　　　　D. 肺小细胞癌转移至乳腺
　　E. 肺化生性癌转移至乳腺

135. 确诊最适宜的检查是
　　A. 钼靶　　　　　　　　　B. CT　　　　　　　　　C. B 超
　　D. 细胞学检查　　　　　　E. 组织活检

136. 最支持诊断的免疫组化结果是
　　A. CD3(+),CD4(+),CD8(+)　　　　　B. Syn(+),CgA(+),CD56(+)
　　C. CK5/6(+),P40(+),P63(+)　　　　　D. CK(+),S-100(+),Des(+)
　　E. ER(+),PR(+),HER2(+)

(137~140 题共用题干)

男性,15 岁,发热伴头痛、恶心 2 天,呕吐 3 次,为胃内容物。查体:体温 39.8℃,血压 120/80mmHg。精神萎靡,颈抵抗(+),克尼格征及巴宾斯基征均为阳性。

137. 该疾病最可能为
　　A. 流行性脑脊髓膜炎　　　　B. 流行性乙型脑炎　　　　C. 高血压脑病
　　D. 脑出血　　　　　　　　　E. 脑梗死

138. 该病最严重的部位是
　　A. 小脑皮质　　　　　　　　B. 丘脑　　　　　　　　　C. 脊髓
　　D. 延髓　　　　　　　　　　E. 大脑皮质、基底核和丘脑

139. 该病**不具有**的特征是
　　A. 血管周围淋巴细胞浸润和血管套形成
　　B. 神经细胞变性坏死,出现噬神经细胞现象和卫星现象
　　C. 筛状软化灶形成

　　　D. 形成小胶质细胞结节

　　　E. 蛛网膜下腔以中性粒细胞为主的炎性渗出

140. 关于该病的描述中,正确的是

　　　A. 好发于冬春季节　　　　　　　　　B. 病变多见于蛛网膜下腔

　　　C. 经消化道传播　　　　　　　　　　D. 经血道传播

　　　E. 经淋巴道传播

(141~143 题共用题干)

女性,27 岁,胸闷、呼吸困难 1 周。CT 检查提示前纵隔大包块。行 CT 引导下穿刺活检,送检 2 条病变组织。镜下见不规则结节状病变,结节间有粗大胶原纤维,结节内较多小淋巴细胞、嗜酸性粒细胞和浆细胞浸润,并有散在异型大细胞浸润。免疫组化染色示异型大细胞 CD30(+)、CD15(-)、PAX(5+)、CD20(强 +)、OCT(2+)、BOB(1+)。

141. 根据临床特征,最不可能的诊断是

　　　A. T 淋巴母细胞白血病/淋巴瘤　　　B. 经典型霍奇金淋巴瘤

　　　C. 弥漫性大 B 细胞淋巴瘤　　　　　D. 胸腺瘤

　　　E. 生殖细胞肿瘤　　　　　　　　　　F. 神经鞘瘤

142. 形态特征更符合的诊断是

　　　A. T 淋巴母细胞白血病/淋巴瘤　　　B. 经典型霍奇金淋巴瘤

　　　C. 弥漫性大 B 细胞淋巴瘤　　　　　D. 胸腺瘤

　　　E. 生殖细胞肿瘤　　　　　　　　　　F. 神经鞘瘤

143. 结合免疫表型,本例最终病理诊断是

　　　A. T 淋巴母细胞白血病/淋巴瘤

　　　B. 经典型霍奇金淋巴瘤

　　　C. 弥漫性大 B 细胞淋巴瘤

　　　D. 介于 CHL 与 DLBCL 中间特征的未分类 B 细胞淋巴瘤

　　　E. 胸腺瘤

　　　F. 生殖细胞肿瘤

(144~146 题共用题干)

女性,48 岁。体检超声显示左肾门肿物,直径约 5.5cm。行肿物切除术。镜下肿瘤边界清楚,瘤组织由厚壁血管、围绕血管周的梭形细胞和分化成熟的脂肪细胞构成,未见核分裂。

144. 该肿物最可能的病理诊断是

　　　A. 血管脂肪瘤　　　　　　　　　　　B. 血管肌纤维母细胞瘤

　　　C. 血管平滑肌瘤　　　　　　　　　　D. 血管平滑肌脂肪瘤

　　　E. 以上均不是

145. 梭形瘤细胞表达的免疫组化标志物是

　　　A. CD68、Mac387　　　　　B. CD34、BCL2　　　　　C. SMA、HMB45

　　　D. S-100、CD56　　　　　　E. desmin、myogenin

146. 该肿瘤可出现的基因异常是

　　　A. *EWSR1*　　　　　　　　B. *SYT*　　　　　　　　C. *CHOP*

　　　D. *ALK*　　　　　　　　　E. *TFE3*

(147~150题共用题干)

女性,16岁,股骨干骺端骨髓腔内肿瘤,破坏骨皮质,向周围软组织浸润性生长。肿瘤呈灰白色、半透明。穿刺活检见肿瘤由分化程度不同的软骨样肿瘤细胞构成,可见核肥大、深染、双核的瘤细胞。

147. 应首先考虑的疾病是

    A. 骨肉瘤　　　　　　　　B. 软骨肉瘤　　　　　　　C. 骨巨细胞瘤

    D. 尤因肉瘤　　　　　　　E. 软骨母细胞瘤

148. 最需要鉴别的疾病是

    A. 骨肉瘤　　　　　　　　B. 软骨肉瘤　　　　　　　C. 骨巨细胞瘤

    D. 尤因肉瘤　　　　　　　E. 软骨母细胞瘤

149. 形态学上最主要的鉴别要点是

    A. 细胞异型性　　　　　　B. 肿瘤大小　　　　　　　C. 肿瘤性成骨

    D. 患者年龄　　　　　　　E. 病变部位

150. 影像学上最重要的提示是

    A. 钙化　　　　　　　　　B. 日放线　　　　　　　　C. 边界是否清楚

    D. 有无破坏骨皮质　　　　E. 密度高低

【案例分析题】

案例一　男性,87岁,左侧后腰部长一黑色肿块,大小约2cm×2cm,伴瘙痒2个月。镜下见上皮样细胞呈巢索状排列,胞质较丰富,红染,富含黑色素,核仁显著。

提问1:该疾病最可能为

    A. 恶性黑色素瘤　　　　　　　　B. 色素痣

    C. 鳞状细胞癌　　　　　　　　　D. Merkel 细胞癌

    E. 基底细胞增生　　　　　　　　F. 皮脂腺癌

提问2:关于该疾病说法中,**错误**的是

    A. 该病为高度恶性,易早期血行或淋巴道转移

    B. 该病为良性,切除后预后良好

    C. 多发生于皮肤,但也可见于黏膜或其他部位

    D. 多见于老年人

    E. 瘤细胞间缺乏连接,巢内的瘤细胞较松散

    F. *BRAF* V600E 突变对靶向治疗不敏感

提问3:该病免疫组织化学染色可呈阳性的是

    A. EMA　　　　　　　　　　　　B. Melan-A

    C. S-100　　　　　　　　　　　 D. HMB-45

    E. CK　　　　　　　　　　　　　F. LCA

案例二　女性,2岁,母亲发现患儿眼睛先后出现浑浊的黄白色絮状物。眼底检查:可见圆形或椭圆形,边界清楚,单发或多发,白色或黄色结节状隆起,表面不平,大小不一,有新生血管或出血点。玻璃体内可见大小不一的白色团块状混浊。光镜下可见细胞呈菊形团和假菊形团排列,光感受体分化,可见钙化和坏死。

提问1:病理诊断最可能为

    A. 视网膜母细胞瘤　　　　　　　　B. 脉络膜黑色素瘤

C. 视盘血管瘤   D. 海绵状血管瘤

E. 脉络膜转移瘤   F. 小细胞癌

提问2:成年人最常见的眼内恶性肿瘤是

A. 视网膜母细胞瘤   B. 脉络膜恶性黑色素瘤

C. 海绵状血管瘤   D. 横纹肌肉瘤

E. 视盘血管瘤   F. 转移癌

案例三 女性,45岁,因"性交后出血"入院检查。自述月经规律,孕2产1。查体见宫颈部分区域可见糜烂,红色,子宫体及宫颈不大,双附件未触及。

提问1:首选的检查方法是

A. TCT   B. 超声

C. CT   D. MRI

E. 宫腔镜   F. 血液HPV检测

提问2:诊断LSIL的诊断标准是

A. 挖空细胞   B. 细胞核大于中层细胞核的3倍

C. 核膜不规则   D. 细胞核大于中层细胞核的2.5倍

E. 染色质粗颗粒   F. 不完全角化

案例四 男性,75岁,周期性上腹部疼痛10年,近半年疼痛不规律,自述为持续性隐痛。胃镜下见胃小弯有一个2cm的溃疡,周边部黏膜隆起,皱襞中断。胃镜活检确定为癌。

提问1:胃癌常见的组织学类型不包括

A. 透明细胞癌   B. 乳头状腺癌

C. 管状腺癌   D. 印戒细胞癌

E. 黏液腺癌   F. 肝样腺癌

提问2:与该患者发病关系最为密切的病原体是

A. HPV病毒   B. 金黄色葡萄球菌

C. 溶血性链球菌   D. 大肠杆菌

E. 幽门螺杆菌   F. EBV病毒

提问3:胃癌最主要的转移途径是

A. 淋巴道转移   B. 血行转移

C. 种植性转移   D. 直接浸润

E. 跳跃转移   F. 以上都不是

案例五 女性,13岁,步态不稳,易跌倒3年,近日因头痛入院。影像学提示小脑内占位性病变,MRI显示肿瘤边界较清,呈囊实性。镜下显示肿瘤细胞密度低且分布不均匀,胞质呈双极性,部分细胞核具有轻度异型性。免疫组化Ki-67极低,未见核分裂象。

提问1:最可能的诊断是

A. 少突胶质细胞瘤室   B. 管膜瘤

C. 毛细胞性星形细胞瘤   D. 髓母细胞瘤

E. 弥漫性星形细胞瘤   F. 神经母细胞瘤

提问2:以下特点支持此诊断,包括

A. 嗜酸性颗粒小体   B. Rosenthal纤维

C. *BRAF V600E* 突变   D. *BRAF-KIAA* 基因融合

E. *P53* 基因突变   F. *IDH1/2* 基因突变

提问 3：关于此肿瘤描述正确的是

    A. 与神经纤维瘤病 2 型关系密切   B. 此病好发于大脑皮质

    C. 该病在成人中比在儿童中多见   D. 通常伴有 H3K27M 突变

    E. 完整切除有望治愈   F. 通常伴有 *IDH1/2* 基因突变

答案与解析

【A1 型题】

1.【答案】D
【解析】涎腺肿瘤中多形性腺瘤在腮腺发生率最高。

2.【答案】E

3.【答案】E
【解析】幼年型乳头状瘤,常多发,基底宽,可充满喉腔致呼吸困难。术后易复发,一般不恶变。

4.【答案】A

5.【答案】D
【解析】风湿病是 A 组乙型溶血性链球菌感染引起的变态反应性疾病,病变主要累及全身结缔组织。

6.【答案】B

7.【答案】D
【解析】囊内容物为淡红或粉染的分泌物,阿辛蓝和胶体铁染色阳性,PAS 染色阴性。

8.【答案】B
【解析】Rathke 裂囊肿起源于 Rathke 囊残余,直径通常小于 5mm,囊壁主要由纤毛柱状上皮,很少量的杯状细胞和腺垂体细胞衬覆,对低分子量角蛋白免疫反应强阳性,Rathke 裂囊肿边缘可见钙化。

9.【答案】A
【解析】肾细胞癌最常见的亚型为透明细胞性肾细胞癌。

10.【答案】C
【解析】形态单一,细胞体积较大,包膜清楚是精原细胞瘤的特征,胚胎性癌的特点为肿瘤细胞呈多角形或柱状,肿瘤切面与睾丸组织境界不清楚。

11.【答案】E
【解析】A、B、C 选项为外阴增生性营养不良的特征,D 选项为外阴萎缩性营养不良的特征。

12.【答案】D
【解析】乳腺导管扩张症多见于绝经期妇女,乳头溢液或乳晕下肿物,局部皮肤可呈现橘皮样外观,晚期病变纤维化,导管狭窄或闭塞,但不与乳头佩吉特病合并发生。绝大部分乳头佩吉特病伴发乳腺癌。

13.【答案】B

14.【答案】B

【解析】ALK 是间变大细胞淋巴瘤的特异性标志物,但在其他一些肿瘤也可以表达,如炎性肌成纤维细胞瘤、横纹肌肉瘤等。

15.【答案】B

【解析】成骨细胞瘤由成骨细胞形成的骨样组织和不成熟骨小梁构成,小梁间为疏松纤维血管性间质;成骨细胞形态规则,异型性不明显,密集排列,核分裂象罕见。

16.【答案】A

17.【答案】E

【解析】E 为角化棘皮瘤的诊断要点。

18.【答案】C

【解析】交感性眼炎被认为是双眼非坏死性肉芽肿性葡萄膜炎。

19.【答案】A

20.【答案】E

21.【答案】D

22.【答案】C

23.【答案】D

24.【答案】E

25.【答案】D

26.【答案】B

【解析】PCR 的模板可以是 DNA,也可以是 RNA,甚至可以是 miRNA。

27.【答案】C

28.【答案】B

29.【答案】B

30.【答案】A

31.【答案】D

32.【答案】E

33.【答案】C

34.【答案】D

35.【答案】B

36.【答案】D

37.【答案】A

38.【答案】D

39.【答案】C

40.【答案】C

41.【答案】D

【A2 型题】

42.【答案】B

【解析】肿物进展快速,呈菜花样,灰白灰褐触之出血,诊断为舌鳞状细胞癌。

43.【答案】C

44.【答案】E

45.【答案】A

46.【答案】E

【解析】支气管胸膜瘘是指肺泡、支气管与胸膜之间形成的瘘管,多发生于肺叶切除术后。

47.【答案】B

48.【答案】C

【解析】此疾病应注意与纤维肉瘤鉴别,纤维肉瘤可见明显的鱼骨样排列,无腺样或裂隙样结构,间皮细胞标志物阴性。

49.【答案】E

50.【答案】B

51.【答案】A

【解析】镜下可见肿瘤细胞呈实性巢状或片状,由排列致密的未分化基底细胞样小细胞构成,是基底细胞样鳞状细胞癌的镜下特征。

52.【答案】C

53.【答案】D

【解析】绝经期女性,有裂隙的分叶状肿物,镜下双层上皮细胞围成裂隙,间质细胞增生并呈叶状突入腺腔,形成分叶状结构,间质细胞温和,符合良性叶状肿瘤的特点。

54.【答案】B

【解析】外伤性脾破裂大体上分被膜下和完全性,病理检查应注意标本是否有完整的被膜即有无小的裂痕或裂隙,表面如有凝血块应查其下是否有破裂处。

55.【答案】D

【解析】发病部位镜下特点符合血管球瘤。

56.【答案】C

57.【答案】C

58.【答案】A

59.【答案】A

【解析】睑板腺囊肿是因睑板腺阻塞引发的慢性肉芽肿性炎,病灶中央为脂质空泡,围以上皮样细胞、异物巨细胞、淋巴细胞和浆细胞。

60.【答案】C

61.【答案】B

62.【答案】B

63.【答案】C

【解析】细胞较小,呈燕麦样,是小细胞癌的镜下特征,Syn、CgA、CD56 三个神经内分泌指标均为阳性,考虑神经内分泌肿瘤,Ki-67 指数 80%,符合小细胞癌的免疫组化表达,因此考虑为小细胞癌。

64.【答案】B

【解析】靶向用药前需要明确进行基因诊断,鳞状细胞癌患者同样。胸腔积液样本细胞沉淀蜡块或胸腔积液上清均可作为基因检测样本。

65.【答案】A

【解析】IgG4 相关性涎腺炎属于 IgG4 相关的硬化病的表现之一。镜下特征是致密的腺小叶内外,特别是导管、腺泡周围的炎症浸润,以淋巴细胞和浆细胞为主。腺泡萎缩。淋巴细胞聚集成形态不规则的淋巴滤泡。腺体的间质有明显的纤维化。

66.【答案】E

【解析】鼻腭管囊肿也称切牙管囊肿,由胚胎性上皮残余形成。囊肿衬里上皮为复层鳞状上皮,也可为假复层纤毛柱状上皮,或两种兼有之。结缔组织囊壁内可含有大的血管或神经束。

67.【答案】B

【解析】胃淋巴瘤的发生与幽门螺杆菌密切相关。

68.【答案】A

69.【答案】C

【解析】化脓性肉芽肿性炎是真菌病最具特征、最常见的肉芽肿性反应。

70.【答案】A

【解析】胆囊癌的80%左右为分化不同程度的腺癌。

【A3/A4型题】

71.【答案】C

72.【答案】A

【解析】老年女性,右腮腺区肿块,近两个月肿块进行性增大,肿瘤包膜不完整,切开有小囊腔,腔内为黏液样物,最可能诊断为黏液表皮样癌。黏液表皮样癌的镜下特征为肿瘤由表皮样细胞、中间细胞及黏液细胞构成。

73.【答案】D

74.【答案】A

【解析】Barrett食管是指食管下段的复层鳞状上皮被单层柱状上皮(腺上皮)所替代,出现胃腺上皮或肠腺上皮化生。主要见于成年人,胃食管反流是主要病因,也具有遗传倾向。内镜检查可见该段食管正常苍白的鳞状上皮黏膜变成橙红色,黏膜充血、水肿呈斑块状或补丁状突起,可继发溃疡,其长轴与食管纵轴平行,可深达肌层。晚期可因局部纤维化导致食管狭窄。光镜下可见病变处食管黏膜由类似胃黏膜或小肠黏膜的上皮细胞和腺体所构成,易恶变为腺癌,多为高、中分化的管状或乳头状腺癌。

75.【答案】C

76.【答案】C

77.【答案】B

78.【答案】D

79.【答案】B

80.【答案】B

81.【答案】B

82.【答案】C

【解析】根据患者双颊紫红,心尖区舒张期隆隆样杂音,符合二尖瓣面容;既往有游走性关节肿痛病史,且绝大多数二尖瓣狭窄由风湿热引起,即风湿性心脏病。

83.【答案】C

84.【答案】C

【解析】胰腺黏液性囊性肿瘤多见于女性,通常为较大的多囊肿物,特征为囊壁内衬高柱状黏液上皮细胞,上皮下可见细胞丰富的卵巢样间质,囊内含有多少不等的黏液。

85.【答案】B

86.【答案】A

87.【答案】C

88.【答案】A

89.【答案】B

90.【答案】C

【解析】老年男性,腰疼,可见肉眼血尿,体检发现肾脏实性占位,肿物质脆,可见出血坏死最可能诊断为透明细胞性肾细胞癌;肿瘤因含丰富的脂质而呈金黄色,并可见出血坏死,切面可呈五彩状。

91.【答案】C

【解析】患者为老年男性,是前列腺癌的好发人群,PSA 升高,有肿块及淋巴结肿大等信息都提示前列腺癌的可能性大。

92.【答案】B

【解析】P504S 是前列腺癌的较敏感的标志物,在正常前列腺组织中不表达。

93.【答案】E

94.【答案】A

【解析】卵巢淋巴瘤分为原发性和继发性,后者更常见。1/2 病例累及双侧卵巢,镜下形态与其他部位淋巴瘤相似。

95.【答案】E

96.【答案】C

97.【答案】B

98.【答案】C

99.【答案】D

100.【答案】D

101.【答案】D

102.【答案】A

【解析】当肿瘤组织中除见到肿瘤性骨样组织和骨组织外,并出现 1/2 以上的肿瘤性软骨细胞和软骨基质(软骨肉瘤样结构)成分时,即为成软骨细胞型骨肉瘤。

103.【答案】D

104.【答案】B

【解析】脑膜瘤良性居多,乳头型为 Ⅲ 级。

105.【答案】C

106.【答案】E

107.【答案】E

108.【答案】C

【解析】胆脂瘤分为先天性和继发性,先天性多位于鼓室前上部,可发生于耳外;继发性多有中耳炎病史。

109.【答案】B

110.【答案】D

【解析】针吸细胞学常见并发症及处理。

111.【答案】C

112.【答案】B

【解析】分段诊刮能明确内膜的性质,是最常用的方法。绝经后女性,阴道不规则出血伴有子宫内膜的增厚,应首先考虑子宫内膜癌。

113.【答案】D

114.【答案】B

【解析】低热(午后为著)、盗汗、乏力、纳差为结核的症状,且肿物内可见坏死及非典型上皮样结节,不除外结核的可能,需行抗酸染色对结核分枝杆菌进行染色标志。

115.【答案】D

116.【答案】E

117.【答案】A

118.【答案】B

119.【答案】A

120.【答案】D

121.【答案】B

122.【答案】D

123.【答案】E

【解析】胰母细胞瘤在成人罕见,主要见于儿童。肿瘤呈分界清楚的肿块,质软。是一种发生于胰腺的上皮恶性肿瘤,以腺泡分化为主,可有不同程度的内分泌和导管分化,有鳞状小体形成。瘤细胞为较一致的多角形细胞,形成巢状、条索状、管状或腺泡状结构。其特征性的免疫组化表型为 CK8、CK18、CK19、EMA 阳性,而 CK7 阴性。*APC* 可出现基因突变。

124.【答案】A

125.【答案】E

126.【答案】B

【解析】对有黄疸、大量腹水、肝功能严重受损(Child C 级)的病人发生大出血,应采用保守治疗,重点是输血、注射垂体后叶激素、应用三腔管压迫止血等。

127.【答案】D

128.【答案】B

129.【答案】E

130.【答案】D

【解析】该患者睾丸肿瘤的描述中不包括卵黄囊瘤。睾丸青春期后型混合性生殖细胞肿瘤的遗传学基础为 12p 等臂染色体或扩增。

131.【答案】A

132.【答案】D

133.【答案】C

134.【答案】D

135.【答案】E

136.【答案】B

【解析】镜下见瘤细胞呈巢团状、小梁状分布,核呈梭形、卵圆形,部分细胞拉长呈纺锤形,核染色质呈细颗粒状,缺乏核仁,胞质稀少,典型小细胞癌表现,确诊有赖于组织学活检。

137.【答案】B

138.【答案】E

139.【答案】E

140.【答案】D

【解析】流行性乙型脑炎为病毒感染,浸润的炎细胞以淋巴细胞、单核细胞和浆细胞为主。

141.【答案】F

142.【答案】B

143.【答案】D

144.【答案】D

145.【答案】C

146.【答案】E

147.【答案】A

148.【答案】B

149.【答案】C

150.【答案】B

【案例分析题】

案例一

提问1【答案】A

提问2【答案】B

提问3【答案】BCD

【解析】镜下病理改变提示为恶性黑色素瘤,该病恶性程度较高,HMB-45、S-100等黑色素免疫组织化学染色标志物阳性。

案例二

提问1【答案】A

提问2【答案】B

【解析】视网膜母细胞瘤是婴幼儿最常见的眼内恶性肿瘤,是一种来源于光感受器前体细胞的恶性肿瘤。成年人最常见的眼内恶性肿瘤是脉络膜恶性黑色素瘤,早期可出现视力改变和视网膜脱离。

案例三

提问1【答案】A

提问2【答案】B

【解析】细胞核大于中层细胞核的2.5倍诊断为ASCUS。

案例四

提问1【答案】A

提问2【答案】E

提问3【答案】A

案例五

提问1【答案】C

提问2【答案】ABCD

提问3【答案】E